Beck'sche Elementarbücher

ALEXANDER STEPHAN

Die deutsche Exilliteratur
1933-1945

Eine Einführung

VERLAG C.H.BECK MÜNCHEN

Für meine Eltern

CIP-Kurztitelaufnahme der Deutschen Bibliothek

Stephan, Alexander:
[Die deutsche Exilliteratur neunzehnhundertdrei-
unddreißig bis neunzehnhundertfünfundvierzig]
Die deutsche Exilliteratur 1933–1945: e. Einf.
/ Alexander Stephan. – München: Beck, 1979. –
(Beck'sche Elementarbücher)
ISBN 3 406 05273 8

ISBN 3 406 05273 8

Umschlagentwurf: Walter Kraus, München.
Umschlagbild: Zeichnung von Heinrich Vogeler, in Johannes R. Becher,
Das Dritte Reich. Moskau 1934.
© C. H. Beck'sche Verlagsbuchhandlung (Oscar Beck), München 1979
Gesamtherstellung: C. H. Beck'sche Buchdruckerei, Nördlingen
Printed in Germany

Inhalt

1. Einführung: Erforschung der Exilliteratur, Exilforschung, Faschismuskritik

Im vierten Jahr seines dänischen Exils berichtete Bertolt Brecht von einem Traum, in dem er die Hütte der verbannten Dichter besucht. Anwesend sind Ovid und Po Chü-yi, Tu-fu, Villon und Dante, Voltaire, Heine, Shakespeare und Euripides. Ihr scherzendes Gespräch über Leben und Schreiben im Exil wird durch einen Ruf aus der dunkelsten Ecke der Hütte unterbrochen:

„ ,Du, wissen sie auch
Deine Verse auswendig? Und die sie wissen
Werden sie der Verfolgung entrinnen?' – ,Das
Sind die Vergessenen', sagte der Dante leise
,Ihnen wurden nicht nur die Körper, auch die Werke vernichtet.'
Das Gelächter brach ab. Keiner wagte hinüberzublicken. Der Ankömmling
War erblaßt."[1]

Brechts Alptraum kam der Realität näher, als die meisten der etwa 2000[2] deutsch schreibenden Exilanten der Jahre 1933 bis 1945 geahnt hatten. Viele ihrer bis 1933 geschriebenen Bücher waren im nationalsozialistischen Deutschland öffentlich verbrannt worden; anderes verfiel der Zensur, wurde umgeschrieben, angepaßt; einiges sogar zu propagandistischen Zwecken[3] mißbraucht. In den Asylländern hatte man diese verfemte Literatur ignoriert, sofern sie nicht bestimmte politische oder marktspezifische Bedingungen erfüllte.

In den beiden nachkriegsdeutschen Teilstaaten behinderten Restauration und sozialistisches Aufbauprogramm – trotz beiderseits erklärter Sympathie – während der ersten beiden Jahrzehnte nach 1945 ihre Aufnahme. Verlage scheuten das finanzielle Risiko von Nachdrucken und Neuauflagen. Für Kritiker und Massenmedien hatten Leben und Werke der 1933 Vertriebenen, ob links oder rechts, keinen Vermittlungswert. Auch die Hochschulgermanistik – selbst die nicht-deutsche – schwieg sich aus. In der Bundesrepublik erinnerte die Zeitgeschichtsforschung allenfalls an den 20. Juli 1944 und den Widerstand der Kirchen.[4] Ansonsten wurde die unbewältige Vergangenheit des Nationalsozialismus hinter Schlagworten wie „Nullpunkt" und „Kahlschlag" verborgen. In der DDR verstellte forciertes Kontinuitätsdenken die Tatsache, daß der Import von antifaschistisch-demokratischen Kulturprogrammen keineswegs über Nacht aus Bürgern eines faschistischen Staates aktive Sozialisten macht. Hier wie da verhinderte die exponierte Stellung Deutschlands in den vordersten Gräben des Kalten Krieges eine sachliche Auseinandersetzung mit der eigenen Vorgeschichte – auch mit der des Exils. Freilich gilt es schon hier anzumerken, daß die Exilanten selbst zu dieser Situation beigetragen haben. Realismus war ihre starke Seite nämlich nicht. Literarische Faschismusanalysen blieben zwischen 1933 und 1945 ebenso eine Rarität wie Entwürfe für eine nachkriegsdeutsche Kultur. Anstatt ein arbeitsfähiges Bündnis zu organisieren, das bei den alliierten Regierungen akkreditierbar gewesen wäre, zerstritt man sich über der Idee einer Volksfront, zu der das Volk freilich fehlte. Und statt angesichts des Faschismus systematisch über neue Schreibweisen nachzudenken und aus den eigenen Fehlern der Weimarer Jahre zu lernen, folgten die kommunistischen Autoren starr dem 1930/31 formulierten Konzept eines sozialistischen Realismus, während äußere und „innere" bürgerliche Emigranten die sich zur gleichen Zeit durchsetzenden regressiven literarischen Tendenzen in die Nachkriegsliteratur hineinzogen. Und schließlich kommt man wohl nicht um die Feststellung herum, daß viele der damals geschriebenen Bücher wohl ohnehin in Vergessenheit geraten wären. So wie „das Exil nicht ... für jeden Autor, der emigrieren mußte, zum gesellschaftlichen Fortschritt führte",[5] garantierte die Flucht aus Deutschland keineswegs automatisch eine besonders qualifizierte Literatur.[6] Mißerfolg und Verstummen ließen sich nicht ausschließlich aus den Produktionsbedingungen der nach Paris, Moskau oder New York Vertriebenen ableiten, literarische und zeitkritische Bedeutung eines Textes stimmten keineswegs von vornherein überein. Darüber hilft auch die Bemerkung nicht hinweg, daß die „absolute Authentizität" aller Exiläußerungen „die Unterschiede in der dichterischen Qualität beinahe bedeutungslos"[7] mache. In den seit 1945 deutlich nach Frankreich, den USA bzw. der Sowjetunion orientierten Literaturen West- und Ostdeutschlands wurde der Raum für Exilanten, die auch und gerade in ihren ausländischen Asylorten an der Bewahrung der deutschen Kulturtradition festhielten, immer enger.

Sieht man von dem überraschend gut informierten, borniert-selbstsicheren SS-Leitheft *Emigrantenpresse und Schrifttum* von 1937[8] ab, stammten die Berichte zur Exilliteratur denn auch lange Jahre aus der Feder der Betroffenen selbst:[9] Bilanzen wie die von Johannes R. Becher,[10] Hermann Kesten,[11] Kurt Kersten[12] und F. C. Weiskopf,[13] ein *Führer durch die deutsche Emigration* (1935) von Wolf Franck,[14] Alfred Döblins Büchlein *Die deutsche Literatur (im Ausland seit 1933)* (1938),[15] eine Reihe von kleineren Arbeiten von Hans Mayer, Porträts und Notizen in der Lizenzpresse[16] und, 1946 und 1948, die im Exil erarbeiteten Überblicke von Walter A. Berendsohn: *Die Humanistische Front. Einführung in die deutsche Emigranten-Literatur*[17] und von F. C. Weiskopf: *Unter fremden Himmeln. Ein Abriß der deutschen Literatur im Exil 1933–1947.*[18] Wert und Schwächen dieser frühen Arbeiten erklären sich dabei aus ihren Entstehungsbedingungen: Mangelnde Distanz und fehlendes Quellenmaterial werden durch Engagement und Sammlerfleiß aufgewogen.

Wichtiger ist, daß schon unmittelbar nach 1945 politische Differenzen eine gesamtdeutsche Rezeption der Exilanalysen verhinderten. Wie bei der schleppenden Aufnahme der Exilliteratur selbst, liegen die Gründe dafür bei den unterschiedlichen Konzepten der Besatzungsmächte für eine nachkriegsdeutsche Kultur. Weiskopfs Studie, die nicht nur in den ihr mitgegebenen Textproben marxistische und linksbürgerliche Autoren vorzieht, erschien mit der Lizenz-Nr. 341 der Sowjetischen Militär-Administration in Deutschland in der SBZ. Berendsohn, der bereits mit seinem Titel, *Humanistische Front*, politisch Farbe bekennt, vermochte für den zweiten Teil seiner Studie weder in Ost noch West einen Verleger zu finden – bis 1976.[19] Ebensowenig erntete Alfred Döblin Dank, als er, bei manch unnötiger persönlicher Polemik, 1947 in der Schrift *Die literarische Situation*[20] auf seine im Exil vorgenommene Einteilung der jüngsten deutschen Literatur in eine konservative, eine humanistische und eine geistesrevolutionäre Richtung zurückkam. Das Thema Exil brachte es an den Tag: Politische Positionsmeldungen waren schon während der Besatzungszeit nur dann erwünscht, wenn sie in das jeweilige Feindbild der einander gegenüberstehenden Parteien im rasch anlaufenden Ost-West-Konflikt paßten.

Die Folge war, daß die Exilforschung während der nächsten beiden Jahrzehnte in einem relativ unpolitischen Bereich überwinterte: in Bibliotheken und Archiven. Unmittelbar nach Kriegsende machte sich in Leipzig die Deutsche Bücherei daran, die zwischen 1933 und 1945 unter wachsenden Schwierigkeiten weitergesammelten Bestände an Exilbüchern bibliographisch zu erfassen und durch Ausstellungen bekannt zu machen. Insgesamt 12717 Titel, die im Dritten Reich nicht angezeigt werden durften, wurden in einem Ergänzungsband zur *Deutschen Nationalbibliographie* erfaßt.[21] Exakt 25 Jahre später, 1974, weist die Leipziger Sondersammlung „Exil-Literatur" 18367 Objekte auf, darunter über 3045 deutschsprachige Monographien und mehr als 13000 Zeitschriftenhefte und Zeitungsnummern.[22] Nicht gerechnet sind dabei die seit 1950 in der Deutschen Akademie der Künste in Berlin-Ost vereinigten Nachlässe von Einzelautoren[23] und die Bestände von Spezialsammlungen wie dem Zentralen Parteiarchiv am Institut für Marxismus-Leninismus beim ZK und SED, das Erinnerungsberichte von Exilanten, Resolutionen und Flugblätter erfaßt.[24]

Ungefähr zur selben Zeit, als die Deutsche Bücherei in Leipzig ihre Bestände sichtete, begründete in Frankfurt/Main Hanns W. Eppelsheimer, zunächst halbprivat, seit 1952 mit Unterstützung der öffentlichen Hand, die Exilsammlung der Deutschen Bibliothek. Ein Vierteljahrhundert später verzeichnet man dort 7920 Monographien, sechseinhalbtausend Zeitschrifteneinheiten und über 700 Mikrofilme.[25] Dazu kommen, weniger zentralisiert als in der DDR, die auf der Sammlung Hein Kohn basierenden Bestände der

Bonner Universitätsbibliothek,[26] Materialien in den Abteilungen der Westberliner Akademie der Künste[27] und Spezialsammlungen wie die des Instituts
für Zeitgeschichte,[28] des Zeitungswissenschaftlichen Instituts (Dortmund)
und der Exilarbeitsstelle an der Universität Hamburg.

Und schließlich spezialisierten sich im Ausland, zum Teil schon seit den
30er und 40er Jahren, die Wiener Library, heute in Tel Aviv,[29] und das Leo-
Baeck-Institut in New York auf die Judaica,[30] das Dokumentationsarchiv des
österreichischen Widerstands auf die österreichische Exilliteratur,[31] das Internationale Instituut voor Sociale Geschiedenis in Amsterdam auf sozialistische
Exilgruppen[32] und das Gorki Institut für Weltliteratur in Moskau auf die
kommunistische Literatur.

Benutzer, die nicht nur am Leben und Werk einzelner Vertriebener Interesse hatten, sondern am Phänomen Exil allgemein, fanden die Sammlungen
anfangs jedoch nur selten. Walter A. Berendsohn schrieb unter anderem den
Artikel ,Emigrantenliteratur' für das *Reallexikon*.[33] Hermann Kesten stellte
„das Exil und die innere Opposition" in puncto „moralische und geistige
Rettung der deutschen Literatur"[34] gleich und widmete 1963 dem Thema *Ich
lebe nicht in der Bundesrepublik* eine Umfrage.[35] Karl O. Paetel verfaßte
mehrere hellsichtige Essays über die Exilpublizistik und Exilpolitik.[36] Hermann Sinsheimer[37] und Arvid de Bodisco[38] schrieben in der *Deutschen Rundschau* über Aspekte des Exils; William M. Pfeiler[39] lotete im ersten Band
einer nie fortgesetzten Buchserie die Exillyrik mit dem Maß der Ästhetik auf
bleibende Werke hin aus – zur Freude von Alfred Kantorowicz, der 1978
wieder von einer „vorbildlichen"[40] Studie spricht. Eine erste Summe dieser
mageren Ausbeute zogen 1965 dann ein Aufsatz von Hildegard Brenner im
Handbuch der deutschen Gegenwartsliteratur[41] und eine als Buch veröffentlichte Dissertation von Matthias Wegner, die sich dem Trend der Zeit entsprechend die – nie beantwortete – „Kernfrage" stellte, „inwieweit ... sich
die Exil-Erfahrung auf die Struktur der Werke auswirkt".[42]

Eine Wendung trat in der Exilforschung erst Mitte bis Ende der 60er Jahre
ein, als die „Erforschung der Exilliteratur" durch das Auftreten von Grund-
forschern, Historikern, Soziologen und Psychologen zur „Exilforschung"
erweitert wurde.[43] Als auslösende Faktoren werden dabei die von Wilhelm
Sternfeld und Eva Tiedemann erarbeitete Bio-Bibliographie *Deutsche Exilliteratur 1933–1945*,[44] die weitgereiste und inzwischen legendäre Exilausstel-
lung der Deutschen Bibliothek, ihr rasch vergriffener Katalog *Exil-Literatur
1933–1945* und die ersten Versuche von Hans-Albert Walter über die Situation der Exilverlage,[45] Leopold Schwarzschilds Zeitschrift *Das Neue Tage-
Buch*[46] und Klaus Manns *Sammlung*[47] genannt.

Qualität und Bedeutung dieser Unternehmungen sind unbestritten. Die
eigentlichen Gründe für die rasch anlaufende Beschäftigung mit der zwanzig
Jahre lang verschmähten Literatur des Exils müssen jedoch tiefer gesucht
werden: beim Auftauen der ideologischen Fronten des Kalten Krieges und

dem Ende der Ära Adenauer/Ulbricht, bei den gesellschaftspolitischen Diskussionen der 6oer Jahre und dem aus ihnen resultierenden, nicht zuletzt als
Methodenstreit geführten Versuch einer germanistischen Vergangenheitsbewältigung. Dazu kam, daß um 1970 eine Wachablösung an den deutschen
Hochschulen vor sich ging. Lehrstuhlinhaber, die die Jahre 1933 und 1945 nie
als sonderliche Einschnitte in ihrer Forschungsarbeit erlebt hatten,[48] wurden
von einer Generation abgelöst, der die historische Distanz zu Drittem Reich
und Exil allein schon durch das Geburtsdatum gegeben war. Die Unterschrift
unter fadenscheinigen Entnazifizierungsprotokollen gehörte für diese
„Nachgeborenen" ebensowenig zu den Arbeitsvoraussetzungen wie die moralischen Kategorien der aus dem Exil Heimgekehrten oder die Einnahme
klarer Positionen im Kalten Krieg. So stand nach der Vertreibung der textim-
manenten Interpretationsverfahren aus den Seminarräumen und Vorlesungs-
sälen dem Griff nach dem politisch geladenen, interdisziplinäre Fragestellun-
gen ermutigenden Thema Exil nichts mehr im Wege: „Die formalistischen,
werkimmanenten, ja generell literatur- und kunstautonomen Interpretations-
methoden, deren sie [die Germanistik, A.S.] sich nach 1945 vor allem be-
diente, waren zur Erhellung einer so komplexen Materie ungeeignet ... Geistige Herkunft und politische Vergangenheit nicht weniger Germanisten taten ein übriges ... In der äußerst vielfältigen Exilliteratur liegt also geradezu
ein Modell vor, an dem die Beziehungen von Kunst und Gesellschaft, Literatur und Politik deutlich werden. Die deutsche Germanistik hätte die Chance,
an diesem Stoff einen möglichen Ausweg aus ihrer Krise zu erproben. Sie
könnte zu einer synthetischen Interpretationsmethode gelangen, bei der ihre
eigenen Kriterien durch die Erkenntnisse anderer Wissenschaftsbereiche ergänzt, korrigiert, erweitert und besser fundiert würden."[49] Hans-Albert Walter mag durch solche hochgeschraubten Ansprüche den eben ausbrechenden
Streit zwischen den Exilforschern und den Erforschern der Exilliteratur unnötig angeheizt haben. Sicher ist, daß die seither stetig anschwellende Flut
von Aufsätzen und Monographien, Kongreßprotokollen, Bibliographien und
Biographien dazu beitrug, der Exilliteratur endgültig ihren Platz in der Literaturgeschichte des 20. Jahrhunderts zu sichern.

In rascher Folge wurden Exilforschungszentren in Berlin-West und Berlin-
Ost an den Akademien, in Hamburg an der Universität, in Dortmund am
Institut für Zeitungsforschung und in München am Institut für Zeitgeschichte begründet. In der Bundesrepublik ermöglichte die Deutsche Forschungsgemeinschaft (DFG) seit 1967 unter anderem, daß gut ein Drittel der
über 400 bekannten Exilzeitschriften auf Mikrofilm übertragen wurde, Hans-
Albert Walters mal auf neun, mal auf zehn und zuletzt auf sechs Bände
projizierte *Deutsche Exilliteratur 1933–1950*,[50] ein Verzeichnis von Dichter-
nachlässen in den USA,[51] eine Studie zum Exiltheater in der Sowjetunion,[52]
Untersuchungen zu Film und Bauhaus, zu Pädagogik und zu Max Reinhardts
Workshop im Exil. Seit 1969 erarbeitet, wiederum mit Unterstützung der

DFG, ein Konsortium von fünf Archiven[53] eine *Dokumentation zur Emigration 1933–1945,*die ungedruckte politische (Dokumentation I)[54] und literarische (Dokumentation II) Quellen sowie gedruckte autobiographische Zeugnisse (Dokumentation III) sammelt und über ein Katalogsystem erschließt. Die Koordinationsstelle für Exilforschung an der Deutschabteilung der Universität Stockholm informierte zwischen 1970 und 1975 in „Berichten" und „Rundschreiben" über Forschungsprojekte, Materialfunde und Adressen.[55] Das Institut für Zeitgeschichte und die Research Foundation for Jewish Immigration in New York erstellen gemeinsam ein *Biographisches Handbuch der deutschsprachigen Emigration nach 1933.* An der Universität Hamburg ist ein Lehrstuhl für Exilforschung eingerichtet worden, in Worms gibt der Einzelgänger Georg Heintz eine inzwischen auf dreizehn Bände angewachsene Schriftenreihe zum Exil heraus. Exilkongresse in Stockholm 1969,[56] Madison (Wisconsin)[57] und Lexington (Kentucky)[58] 1971, Kopenhagen[59] und St. Louis (Missouri)[60] 1972, Wien[61] und Tuscaloosa (Alabama) 1975 und Columbia (South Carolina) 1976,[62] 1977, und 1979 haben der Exilforschung neue Impulse vermittelt und Möglichkeiten zum Erfahrungsaustausch geboten. Fernsehprogramme, Rundfunkserien, Ausstellungen und ein Bildband[63] popularisierten den Weg der Exilanten, während seit 1965 weit über 500 Aufsätze und Bücher die spezielle Forschung bereicherten. Kaum eine Tagung zur neueren deutschen Literatur, auf der sich nicht ein Vortrag mit dem Exil befaßt. Kaum eine größere Deutschabteilung, in der nicht ein Doktorand an einem Thema über die Jahre 1933–1945 arbeitet, kaum ein Verlag, der nicht auf der Wiederentdeckungswelle der Verschollenen mitreitet.[64] In der Tat, „Exilologen", wie sie Peter Laemmle spöttisch betitelt hat,[65] sind heutzutage ebenso weit über die Welt verstreut wie dazumal die Exilierten selbst: von Albany und New York bis nach Moskau, von Stockholm und Los Angeles bis nach Zürich und Wien.

Beschrieben wurden – und es seien hier nur einige typische, neuere Buchveröffentlichungen herausgegriffen – von Einzelnen und von Kollektiven die Fluchtwege der Vertriebenen,[66] Ausbürgerungs- und Repatriierungsbedingungen,[67] die Lebens- und Arbeitsverhältnisse in den Asylländern Tschechoslowakei,[68] Schweden,[69] Mexiko,[70] USA[71] und Niederlande,[72] die Tätigkeit des Zürcher Verlegers Emil Oprecht,[73] die Rolle der Volksfront,[74] die Reaktion der Nationalsozialisten auf das Exil,[75] die Situation in den französischen Internierungslagern[76] sowie Aspekte der Vor- und Nachgeschichte[77] des Exils. Monographien beschäftigen sich mit Klaus Manns politischer Position[78] und Ludwig Marcuses Essayistik im Exil,[79] mit Johannes R. Bechers Publizistik in der Sowjetunion[80] und Anna Seghers Prosa,[81] mit dem Exiltheater[82] und dem historischen Roman,[83] mit der Exilpresse[84] und sozialkritischer Prosa.[85] Eine Vielzahl von Anthologien macht theoretische Texte[86] und Briefe,[87] Dramen[88] und Erzählungen,[89] Gedichte,[90] Zeitungsartikel[91] und Radiointerviews[92] zugänglich.

Würde man Vollständigkeit anstreben und Zeitschriftenaufsätze hinzufügen, ließe sich diese Aufzählung um ein Vielfaches verlängern. Jedenfalls deuten Zahl und Umfang der Neuerscheinungen und Projekte, die dem Verfasser allein während der Niederschrift der vorliegenden Einleitung bekannt wurden, darauf hin, daß der „Exilboom" auch am Anfang seines zweiten Jahrzehnts nicht an Kraft verloren hat: Aus der Bundesrepublik wird da eine Untersuchung zu Brechts Gedichten über das Exil angekündigt.[93] Die DDR vermeldet unter anderem das Erscheinen von Studien zu Hanns Eislers USA-Exil[94] und zur Volksfrontliteratur,[95] eines Buches zum deutschen Theater in der Sowjetunion,[96] das ein für 1978 bis 1980 angesetztes mehrteiliges Projekt des Henschelverlags zum Exiltheater deutscher Emigranten einleitet, und einer Arbeit zum *Exil in der Schweiz*[97] als Teil eines sechsbändigen Unternehmens bei Reclam (Leipzig) zu „Kunst und Literatur im antifaschistischen Exil 1933–1945". Und aus Nordamerika werden ein Tagungsprotokoll sowie eine Buchpublikation und Aufsätze zum Exil in der Sowjetunion angezeigt.[98]

Trotz dieses kaum mehr zu steigernden Interesses für die Exilliteratur hat sich die Hoffnung Hans-Albert Walters auf eine Abklärung der germanistischen Methodenkrise mit Hilfe der Exilforschung nicht erfüllt. Eher schon mehren sich die Zeichen, daß die sicherlich wünschenswerte Zusammenschau der politischen, soziologischen, psychologischen und literarischen (thematischen, formalen, sprachlichen, rezeptionsästhetischen usw.) Aspekte des Exils – wenn überhaupt – nicht in naher Zukunft zu erbringen sein wird. Walters Geschichte der Exilliteratur, die als einziges Projekt in diese Richtung zielt, ist auf jeden Fall seit mehreren Jahren ins Stocken geraten. Trotzdem sollte nicht übersehen werden, daß der Streit um die Exilforschung jenseits der unnötigen persönlichen Querelen zur klareren Herausarbeitung von Positionen beigetragen hat, die der Literaturwissenschaft auch in Zukunft von Nutzen sein werden – gleich in welche Richtung die politischen und kulturellen Pendel während der nächsten Jahre schwingen.

So stand am Anfang der neueren Exilforschung die Quelle. „Grundforschung" war das Wort, das um 1970 in aller Munde lag. Und das nicht zufällig. Ging es damals doch in der Tat erst einmal darum, die in Deutschland verbotenen und in alle Welt verstreuten Bücher, Zeitschriften und Nachlässe der Exilierten aufzutreiben, zu sammeln und zugänglich zu machen. Die Überlebenden 60, 70 und 80jährigen Augenzeugen des Exils mußten nach ihren Erfahrungen befragt werden. Verläßliche Informationen galt es in Handbüchern, Bibliographien und Karteien zu vereinigen, Verlage zur Herausgabe kritischer Ausgaben und Neudrucke anzuregen. „Wir sehen unsere Aufgabe nicht oder nicht mehr nur in der Beschäftigung mit der Exilliteratur, auch wenn man den Begriff so weit faßt, daß man alles Gedruckte damit meint. Exil interessiert als ein Gesamtphänomen, also eine Gesamterscheinung, zu der z.B. besonders auch der unbekannte Emigrant gehört, dessen

Schicksal für die Kennzeichen der Exilexistenz sicher typischer ist, als das bekannter Autoren und Politiker."⁹⁹

Daß die archivarische „Kärrnerarbeit"¹⁰⁰ notwendig war, wäre wohl auch von niemandem kritisiert worden, wenn sie sich weiter in der Stille der Archive abgespielt hätte. In dem Moment jedoch, in dem die Grundforscher, nicht zuletzt durch Einführung des Terminus „Exilforschung", ihren interdisziplinären Totalitätsanspruch zu einem Programm erhoben, das auf dem Umweg über die gesellschaftskritischen Tendenzen der Exilliteratur in die literaturwissenschaftliche Methodendiskussion eingriff, wurden selbst die trockensten Schlagwortverzeichnisse zu einem Politikum. In der Tat war es denn auch kein Germanist, sondern ein Mitarbeiter des zuvorderst auf Materialbereitstellung bedachten Instituts für Zeitgeschichte, der 1972 in Kopenhagen auf dem II. Internationalen Symposium zur Erforschung des deutschsprachigen Exils auf die Historizität der Exilforschung hinwies: „Denkweisen, soziale Verhaltensnormen, politische Situationen und der Standort des Betrachters ... bestimmen ... die Fragen, die an die Vergangenheit herangetragen werden, und sie bestimmen dann die Aspekte, unter denen Geschichte gesehen und geschrieben wird." Die Folge sei eine „Polarisierung der Widerstandsforschung in der BRD", die sich Mitte der 60er Jahre bemerkbar zu machen beginnt: „Viele junge Historiker wenden sich – bei spürbarem Desinteresse am bürgerlich-militärischen Widerstand – dem antifaschistischen Widerstand der Arbeiterbewegung zu, und das politische Exil wird gleichzeitig in das Begriffsfeld ‚Widerstand' ... hineingenommen. Diese Polarisierung spiegelt die – in weitestem Sinne sozialistische – kritische Einstellung in der jüngeren Akademikergeneration gegenüber politisch-sozialen Strukturmängeln und restaurativen Tendenzen in der BRD – manifest geworden in den außerparlamentarischen Aktivitäten am Ende der 60iger Jahre ...; sie spiegelt weiter die Rezeption marxistischer Ideen und Theorien ...; und schließlich ist sie Ausdruck der damit einhergehenden Infragestellung von Wissenschaftsinhalten und Wertsetzungen ..."¹⁰¹

„Grundlagenforschungs-Fetischismus und Vulgärmarxismus"¹⁰² oder nicht – allein schon die These, „daß jede Methodenwahl eine weltanschauliche Entscheidung"¹⁰³ sei, wirkte 1972 wie ein rotes Tuch auf weite Teile der Literaturwissenschaft. Ein Bericht vom Kopenhagener Exiltreffen spricht denn auch von zwei verfeindeten „Gruppen von Forschern: ... die einen, die sich mit dem Aufstöbern und Sichten von Material befassen und darüber nicht hinausgehen wollen oder oft auch nicht können, und die anderen, die eine etwas gediegenere methodologische Schulung besitzen" und „die eigentliche literaturwissenschaftliche Arbeit"¹⁰⁴ verrichten. Ulrich Seelmann-Eggebert qualifizierte die Beschäftigung mit den „Verdienstmöglichkeiten und Lebensbedingungen im Exil" als eine „aufs Quantitative zielende Realienakkumulation" ab, die dem „Wirrwarr in wissenschaftlich ungeschulten Köpfen"¹⁰⁵ entspringt. Und selbst *Welt*-Leser mochten gestaunt haben, als ihnen die Grundforscher als Produzenten von „bibliographischen Wachsfiguren-kabinetten" und von Bergen „auf Leben geschminkter Karteileichen"[106] vor-gestellt wurden.

Nimmt man den Polemiken die persönlichen Spitzen, dann haben die Kri-tiker der Materialsammler so unrecht nicht. Die Frage, „inwieweit der Quel-len-Positivismus der Historiker die engere literaturwissenschaftliche For-schung zu leiten vermag",[107] blieb nämlich in der Tat unbeantwortet – auch nach Kopenhagen. „Ihre eigene Sprache" sprechen die „akkumulierten Quel-len"[108] bis heute nicht. Was nicht heißt, daß die methodisch selbstbewußte Literaturwissenschaft, der die Erforschung der Exilliteratur mehr als die Exil-forschung am Herzen lag, zu schlüssigeren Modellen gekommen wäre. Wer-ner Vordtriede, der bereits 1968 erste Vorschläge für eine Typologie der Exilliteratur unterbreitete, beläßt es bei einigen gescheiten Andeutungen zu Topoi wie Bett, Heimweh, Krankheit und Tod und den Sprechweisen Par-odie, Komik und Haß;[109] Schule hat sein Beispiel nicht gemacht. Peter Laemmle, für den die Grundforschung „grotesk-komische Züge"[110] trägt, spitzt frei nach Peter Szondi auf Erkenntnis statt Kenntnis – und endet, kaum daß die Exilforschung in Bewegung geraten war, bei der Binsenweisheit, „daß auch die Exilliteratur von historischen Ablösungsprozessen beeinflußt ist, daß sie entdeckt und vergessen werden kann, wie jede andere Literatur der Vergangenheit".[111] Andere, Henri Paucker etwa, verstehen das Exil als Teil einer existentiellen Grundsituation, die irgendwo zwischen der „Loslösung von der Welt als Folge der Krise der Ratio" und dem „Wiederhineinspringen in der Form des Engagements"[112] angesiedelt ist. Wieder andere haben über die Komparatistik den – womöglich ergiebigen – Weg einer Internationalisie-rung der Exilliteraturforschung eingeschlagen.[113] Verläßliche Ergebnisse lie-gen, mit der bezeichnenden Ausnahme des historischen Romans, selbst dort nicht vor, wo sie die Literaturwissenschaften am ehesten erbringen sollten: über die Form der draußen entstandenen Werke, über die Dominanz be-stimmter Genres, über Sprachproblematik und Themenwahl. Das von Man-fred Durzak formulierte Ziel der Exilliteraturforschung, „den komplizierten Vorgang der Vermittlung von historischer Situation im sprachlichen Text aufzuschlüsseln",[114] bleibt ebenso unerreicht wie der Totalitätsanspruch der „Jäger und Sammler".[115]

Nun hätte sich die Kontroverse um Grundforschung und Werkanalyse womöglich beilegen lassen, wenn sie nicht schon früh Teil des Streits zwi-schen der bürgerlichen und der marxistischen Literaturwissenschaft gewor-den wäre. Spätestens seit der Kopenhagener Tagung und dem Erscheinen des 10. Bandes der DDR-eigenen *Geschichte der deutschen Literatur*[116] meldeten sich nämlich immer lautstärker auch Exilforscher aus dem anderen Teil Deutschlands zu Wort mit Nachdrucken und Zeitschriftenbibliographien, mit Studien zum Geschichtsroman[117] und zum Theater im Exil,[118] mit Wolf-gang Kießlings musterhafter Darstellung und Dokumentation zum Asylland

Mexiko, mit einem Exil-Heft der *Weimarer Beiträge*[119] (mit Rundgespräch, Forschungsbericht und verschiedenen Grundsatzessays), mit Beiträgen zur Volksfront[120] und mit neuen Analysen der Expressionismusdebatte.[121] Zugute kam dem relativ kleinen Team von DDR-Exilexperten dabei, daß dortzulande bereits während der 50er und 60er Jahre zahlreiche Aspekte des Widerstands gegen den Nationalsozialismus aufgearbeitet worden waren. So lagen um 1970 zu den wichtigsten kommunistischen und progressiven bürgerlichen Autoren des Exils Monographien und Bibliographien vor.[122] Exiltexte wurden seit Jahren massenhaft verbreitet (Anna Seghers Deutschlandroman *Das siebte Kreuz* etwa in anderthalb Millionen Exemplaren).[123] Einzelstudien hatten die Rolle des Nationalkomitees „Freies Deutschland",[124] die Entwicklung der *Neuen Weltbühne*,[125] Heinrich Manns antifaschistische Publizistik[126] und die Verbindung zwischen innerdeutscher Widerstandsliteratur und Exil untersucht.[127] Und mit Klaus Jarmatz' Dissertation war 1964 gar ein erster Versuch unternommen worden, „Grundprobleme" der antifaschistischen Literatur abzustecken.[128]

Doch diesem Haben der DDR-Exilforschung steht ein ideologisches Soll gegenüber, das der westlichen Aufarbeitung des Exils spiegelbildlich entspricht. Es wird geprägt durch Abhängigkeit von dem für antifaschistische Propaganda wenig geeigneten Aufbaumodell der Sowjetliteratur;[129] von einem forcierten Kontinuitätsdenken, das für 1932/33 die eigenen Fehler, für die Jahre nach 1945 die Beharrungskraft der faschistischen Denkweise unterschätzt; und von einer vordringlich mit politischen Maßstäben messenden Wertung der Exilwerke. „Was die äußeren ... Bedingungen der Exilsituation betrifft, so hatten sich", nach Meinung von Werner Herden, „Schriftsteller wie Becher und Brecht, Friedrich Wolf und Willi Bredel, Hans Marchwitza und Bodo Uhse in nicht geringerem Maße als bürgerliche Autoren in den Prüfungen des Exils zu behaupten ... Im Ergebnis einer historisch-materialistischen Analyse und Wertung der Ereignisse verstanden sie diese Bedrohung jedoch nicht als eine schicksalhafte, in ihren Ursprüngen in mystisches Dunkel gehüllte Grundsituation menschlicher Existenz, sondern als den konkreten Ausdruck realer geschichtlicher Konstellationen und Auseinandersetzungen."[130] Neben die Begriffe „Grundforschung" und „Erforschung der Exilliteratur" stellte man in Berlin-Ost und Leipzig fortan das Konzept einer „antifaschistischen Literatur".[131] Diese Literatur des Widerstands wird als gesetzmäßige Folge der kommunistischen Einheits- und Volksfrontkonzeptionen verstanden und mehr oder weniger bruchlos in die antifaschistisch-demokratische Phase der DDR-Kulturpolitik überführt. „Die *Exilproblematik* erscheint somit als Teil der *Epochenproblematik*",[132] die den „Übergangsprozeß vom Kapitalismus zum Sozialismus"[133] zum Zentrum hat.[134] „Antifaschistisch" bedeutet gleichzeitig antikapitalistisch, da der Faschismus als extreme Form des bürgerlichen Verfalls interpretiert wird. „Widerstand" garantiert den kämpferischen Ton und die Führungsrolle der Partei.

An eine umfassende Zusammenarbeit von Exilforschern aus Ost und West etwa in einer Gesellschaft zur Erforschung des deutschsprachigen Exils,[135] verwirklicht auf regelmäßigen Arbeitstagungen oder in einem gemeinsam edierten Jahrbuch, ist angesichts solch unterschiedlicher Ausgangspositionen vorerst also leider kaum zu denken. Das hatte sich beim Exiltreffen in Kopenhagen angedeutet und wurde vollends bei dem Eklat um das für 1975 in Wien geplante III. Internationale Symposium zu Fragen des deutschsprachigen Exils klar.[136] Werkimmanenzler fühlen sich seither vom politischen und interdisziplinären Ansatz der DDR-Exilologen und Grundforscher bedroht. Marxisten wittern hinter der „Exilforschung" einen besonders perfiden Versuch, „den imperialistischen Staat zu stabilisieren"[137]: „Aufgerichtet wird das Bild eines bis in die Gegenwart reichendes Kampfes gegen ‚totalitäre Staaten'; Antifaschismus wird umgemünzt in eine ‚antitotalitäre' und damit ‚antikommunistische' Haltung ... An den neuen Gegenstand der Literaturforschung wurde die Hoffnung herangetragen, nicht allein abstraktes historisches Wissen zu vermitteln, sondern Antwort zu geben auf drängende Fragen des gegenwärtigen Lebens in der BRD selbst."[138] Und die Grundforscher schließlich stilisieren ihren Platz zwischen allen Stühlen zur Position des „ehrlichen Maklers"[139] hoch. Hier glaubt man, eine „östlich zentral gelenkte Renaissance ältester Tricks kommunistischer Volksfrontpolitik"[140] aufzuspüren; dort weiß man „eindeutig", daß die Exilforschung von der SPD ins Leben gerufen worden ist, um „den westdeutschen imperialistischen Staat mit einer rechtssozialdemokratischen Führung an der Spitze als die Krönung deutscher Geschichte" der „sozialistischen Entwicklung in der DDR"[141] entgegenzustellen. Und im neutralen Österreich setzt sich ein ehemaliger Exilant dadurch von den Kritikern „westlicher Gesinnungsschnüffelei" ab, daß er sich selbst und „gerne" den Ehrentitel eines „Kalten Kriegers"[142] verleiht.

Resümiert man, so befindet sich die Exilforschung heute weniger in einer „Sackgasse",[143] als auf einem Marsfeld, das nach Breite und Tiefe keineswegs vermessen ist. Einen Alleinanspruch auf das eine oder andere methodische Modell erhebt die vorliegende Arbeit deshalb nicht. Versucht wird vielmehr, wo möglich, die Aufarbeitung von Faktenmaterial mit kritischen Analysen zu verbinden, Originalquellen auszuwerten, den wechselseitigen Bezug von gesellschaftlichen Verhältnissen und literarischen Produktionsbedingungen aufzuzeigen, Werkanalysen, wenn angebracht und nötig, mit historischen Überblicken zu verknüpfen und in der erdrückenden Materialfülle typische Beispiele aufzuspüren. Negativ ausgedrückt: zu vermeiden war „blanke Faktenhuberei"[144] ebenso wie das Ziehen voreiliger Schlüsse, die nur spezialisierte Einzeluntersuchungen erbringen können. Da eine chronologische, geographische oder strikt personenorientierte Gliederung des Exilstoffs zu Wiederholungen geführt hätte, mußte die Verteilung von sozio-politischen und literarischen Aspekten auf verschiedene Kapitel in Kauf genommen werden. Keineswegs soll deshalb einer getrennten Erforschung des „historisch-politischen Vorfeldes"[145] und der literarischen Texte des Exils das Wort geredet werden. Abhilfe mögen hier häufige Vor- und Rückgriffe schaffen. Bewußt steht im Titel das Wort „Einführung" statt „Geschichte". Denn einmal konnten nicht alle Themenkomplexe des Exils behandelt werden: so etwa die Rezeption und Wirkung der übersetzten Exilwerke in den verschiedenen Asylländern, das Verhältnis des deutschsprachigen Exils der Jahre 1933 bis 1945 zu anderen Exilliteraturen, Faschismustheorien, die Reaktion der Nationalsozialisten auf die Exilunternehmungen oder auch das Verhältnis der Exilanten zur sogenannten inneren Emigration.[146] Zum anderen soll der Begriff „Einführung" unterstreichen, daß Exil und Exilierte keinen „monolithischen Block" bilden, eine „generalisierende Beschreibung der Exilliteratur" bis auf weiteres also „nur auf dem kleinsten gemeinsamen Nenner"[147] möglich ist. Und schließlich liegen für wichtige Teilgebiete des Exils, wie die Sowjetunion, nur derart fragmentarische Informationen vor, daß zur Zeit bestenfalls Zwischenberichte gegeben werden können. Thesen, Zitate und Beispiele, die hier nicht ausinterpretiert werden, mögen so zum Weiterdenken und -arbeiten anregen. Für Definitionen und Alternativen zu den inzwischen eingebürgerten Begriffen „Exilliteratur" und „deutschsprachig" sowie zu den Daten 1933 und 1945 sei auf die Überblicke von Helmut Müssener[148] und, zuletzt, Manfred Auer[149] verwiesen. Die außerordentlich große Zahl von Veröffentlichungen zum Thema Exil während der letzten Monate machte es nicht immer möglich, die allerneuesten Forschungsergebnisse gleichmäßig in alle Kapitel des vorliegenden Textes einzuarbeiten. Neuerscheinungen wurden jedoch noch weitgehend in die Bibliographie aufgenommen.

Für Hinweise und Kritik sei Heinz Ludwig Arnold gedankt. Finanziell wurde die Arbeit vom American Council of Learned Societies, dem National Endowment for the Humanities und der Universität von Kalifornien unterstützt.

2. Vorgeschichte und Beginn des Exils

2.1. Behördliche Einschränkungen der Literatur im Weimarer Staat

Als der 85jährige Reichspräsident und ehemalige Generalfeldmarschall Paul von Hindenburg am Morgen des 30. Januar 1933 die Staatsgewalt an das Kabinett Hitler übergab, war der Desintegrationsprozeß der Weimarer Republik endgültig beendet.[1] Der erste Versuch, eine parlamentarische Demokratie auf deutschem Boden zu errichten, mußte als gescheitert angesehen werden. Dafür gibt es mehrere Gründe: tiefgreifende soziale Reformen waren in Weimar-Deutschland ausgeblieben; die mit ihnen verbundenen gesellschaftlichen Umschichtungen fanden nicht im nötigen Ausmaß statt; die unvollendete Revolution der Jahre 1918/20, das Erbe des Weltkriegs und eine problematische Verfassung lähmten das politische Leben. So hatte sich das nötige Vertrauen in die neue Staatsform nie herausbilden können. In Kreisen der konservativen Opposition, die in Verwaltung, Justiz und Hochschulen so fest wie eh und je im Sattel saß, blickte man lieber auf die scheinbar ruhmreiche Vorkriegszeit zurück. Unter den Kommunisten behinderten interne Querelen, ideologische Haarspaltereien und der wachsende Einfluß der Moskauer Zentrale die Aktionsbereitschaft der Basis. Bei den „Unpolitischen" jagte man – gerade als Literat – einem abstrakt-utopischen Konzept von Geist, Internationalismus und Innerlichkeit nach. Und selbst für die liberalen und „vernunftliberalen"[2] Anhänger der Republik wurde es immer schwerer, jene Ideale zu konkretisieren, die sie bei Kriegsende proklamiert hatten.[3]

Sei es, daß man das Programm der Nationalsozialisten nicht durchschaute, sei es, daß man einem starren Legalitätsdenken verhaftet war oder sich mehr oder wenig desillusioniert ohnehin schon auf die Suche nach alternativen Staatsformen gemacht hatte – unter den Politikern und Kulturschaffenden waren schon Jahre vor 1933 viele nicht mehr gewillt, sich aktiv für die Republik einzusetzen. Hindenburg entließ das eben eingeschworene Kabinett Hitler mit den in der Rückschau gleichsam grotesk anmutenden Worten: „Und nun, meine Herren, vorwärts mit Gott!" Papen, gewarnt, daß er fortan im Schatten Hitlers stände, spielte weiter Intrige: „Sie irren sich, wir haben ihn uns engagiert."[4] Die Sektion für Dichtkunst der Preußischen Akademie der Künste, der unter dem Vorsitz von Heinrich Mann immerhin so bekannte Schriftsteller wie Heinrichs Bruder Thomas, Alfred Döblin, Gerhart Hauptmann, Franz Werfel, Georg Kaiser und Leonhard Frank angehörten, gab noch am 6. Februar 1933 zu Protokoll, daß für eine Kundgebung „gegen die ansteigende Woge der Kulturreaktion"[5] „ein zwingender Anlaß ... gegen-

wärtig nicht gegeben sei ... Man müsse abwarten und wachsam bleiben".[6]
Die Schriftsteller Franz Werfel, Erich Kästner und Leonhard Frank bezogen
wie schon 1918/19 Stellung jenseits von oder „links über den Parteien".[7]
Hesses reichlich weltfremde Selbsteinschätzung gegenüber Thomas Mann im
Zusammenhang mit seiner Weigerung, der Preußischen Akademie der Künste beizutreten, war ein Beispiel für viele: „Ich sehe Vorgängen zu, die ich als
sinnlos empfinde, und bin seit 1914 und 1918 statt des winzigen Schrittes
nach links, den die Gesinnung des Volkes getan hat, um viele Meilen nach
links getrieben worden."[8]

Den Kurs, den die Weimarer Republik spätestens seit 1929/30 steuerte,
scheint nur eine verschwindend kleine Zahl der Betroffenen richtig interpretiert zu haben. Für die überwiegende Mehrheit – und auch das gilt besonders
für die Kulturschaffenden – bedeutete die Übergabe der Regierungsgeschäfte
an Hitler nichts mehr als eine weitere Episode im Reigen der Kabinettskrisen,
Neuwahlen, Putschversuche, Notverordnungen und Ermächtigungsgesetze.
„Außenseiter" waren sie ja, wie Peter Gay nachgewiesen hat, in den fünf-
zehn, zwanzig vorhergehenden Jahren ohnehin gewesen.[9] Experimentierfreudigkeit, Freizügigkeit, ein merkwürdig widersprüchliches l'art pour l'art
und die Funktionalisierung vieler Lebensbereiche hatten die „Eigenschaftslo-
sigkeit" zum Stil der Epoche erhoben. Wer nicht Mitglied einer Partei oder
Propagandist einer Weltanschauung war, proklamierte den Zerfall aller
Werte, das Ende der Kultur und ein von Bürokratie, Großstadt und heteroge-
ner Massengesellschaft produziertes Chaos.

Vieles, was das Frühjahr 1933 bringen sollte, hatte denn auch schon zur
Weimarer Szene gehört: Presseverbote, Zensur, die Beschlagnahme von Bü-
chern, das Verbot von Theateraufführungen und Hochverratsprozesse gegen
Schriftsteller, Verleger und selbst Buchhändler waren zwischen 1918 und
1933 keine Seltenheit gewesen. Brecht war Nummer fünf auf der Liste von
Personen, die nach dem Münchener Putsch zu verhaften gewesen wären.[10]
Oskar Maria Graf berichtet, daß nach der Veröffentlichung von *Wir sind
Gefangene* (1927) des öfteren kleine Galgen mit der Unterschrift „Für dich!"
an den Wänden seines Treppenhauses auftauchten.[11] Hannes Meyer wurde
1930 wegen Kulturbolschewismus aus dem Dessauer Bauhaus ausgeschlossen
und emigrierte in die Sowjetunion.[12] Ein Vorläufer der nationalsozialistischen
Verbotslisten erschien im August 1932 im *Völkischen Beobachter*.[13] Skandale,
Diffamierungen, Störtrupps und physische Bedrohung gehörten zur Tages-
ordnung. Die literarischen Gruppen hatten sich, sofern es sie überhaupt noch
gab, mehr um politische Parteiprogramme als zur Propagierung gemeinsamer
künstlerischer Theorien zusammengefunden. So verfeindeten sich die Arbei-
terdichter der SPD und KPD,[14] während im Bund proletarisch-revolutionärer Schriftsteller (BPRS) Proletarier und Linksbürgerliche[15] zusammenarbei-
teten. Heinrich Mann und Erwin Guido Kolbenheyer saßen nebeneinander
in Ausschüssen der Preußischen Akademie der Künste, und die ehemaligen

Expressionisten Becher und Benn stritten sich in der *Neuen Bücherschau* und im Rundfunk über politische Dichtung. Toller und Brecht, Barbusse, Tretjakow und Ehrenburg wurden vom BPRS als Formalisten diffamiert; die Dichter der KPD von den Geistesrevolutionären um Kurt Hiller und die Kulturpessimisten aller Couleurs vom nationalsozialistischen Kampfbund für deutsche Kultur angegriffen.

Einige ganz Gewiefte, wie Papen, glaubten sogar, bei einer nationalsozialistischen Machtergreifung aus diesem Chaos Nutzen ziehen zu können. Die Kommunisten verbreiteten über die Komintern die These, daß einem ökonomisch und politisch abgewirtschafteten Naziregime zwangsläufig die proletarische Revolution folgen müsse.[16] In konservativen Kreisen applaudierte man Ernst Jünger, der schon 1931 nicht ohne einen guten Schuß Zynismus konstatierte, daß der Bürger in einen Zustand der Verzweiflung gefallen sei, „in dem er bereit ist, alles in Kauf zu nehmen, was bisher der unerschöpfliche Gegenstand seiner Ironie gewesen ist, wenn nur die Sicherheit gewährleistet bleibt".[17] Und in der *Jüdischen Rundschau* erschien 1930, zwei Wochen nach den Wahlerfolgen der Nationalsozialisten vom 14. September, ein Aufsatz zum Thema „Pogromangst", in dem es heißt: „So paradox es klingt, die Gefährdung der Juden durch Brachialgewalt seitens der Nationalsozialisten wird so lange dauern, bis diese zahlenmäßig in den Vertretungskörperschaften entscheidend geworden sind. Dann natürlich werden sie im Wege der Gesetzgebung versuchen, die Juden auf kaltem Wege zu pogromieren. Gegenüber den kleinen und armseligen jüdischen Existenzen werden sie sicherlich Erfolge erzielen. Mit den großen und reichen Juden jedoch werden sie früher oder später so oder so ihren Frieden machen."[18] Eine Einstellung, die übrigens auch Kurt Tucholsky nicht fremd war.[19]

Golden waren die 20er Jahre zumindest in Deutschland also keineswegs, eher schon nach dem amerikanischen Schlagwort *roaring*. Einige der Beteiligten hatten das frühzeitig gemerkt – und nicht nur Kommunisten.[20] Trotzdem wurde der Mythos einer „glücklichen Zeit", in der „die Kunst und das Leben aus allen Nähten platzen", erst im Laufe der 60er und 70er Jahre von einer politisch und soziologisch aufgeschlosseneren Literaturwissenschaft abgebaut. Die Diskrepanz zwischen dem „kreisenden, steppenden, sprühenden, Charleston tanzenden Sternenhimmel", in dem „Engel ... das Schlagzeug" bedienen, und den darunter trillernden „Polizeipfeifen",[21] war nicht länger zu verkleistern. Seltener wurde fortan die Tatsache, daß „in den Automobilen ... nicht nur wie bisher einige mit Staubmänteln und Schutzbrillen verpackte Industrielle hinter livrierten Chauffeuren" saßen, „sondern junge Ärzte, Architekten, Journalisten, Hochzeitsreisende am Steuer",[22] mit sozialem Fortschritt verwechselt. Der „auffallende Unterschied zwischen traditioneller politischer Geschichte und herkömmlicher Geistesgeschichte" bei der „Vergegenwärtigung des Lebens der Weimarer Republik"[23] ließ sich nicht mehr überdecken: die Relevanz der durchweg negativen politökonomischen

Zustände für die kulturellen Strömungen der Zeit verlangte eine distanziertere Auseinandersetzung mit den zuvor recht kritiklos bewunderten künstlerischen Experimenten.[24] Damit sollen die individuellen Leistungen von Künstlern, Schriftstellern, Regisseuren und Redakteuren der 20er Jahre nicht gemindert werden. Andererseits wirkt die Zahl der Beispiele für die mittelbare oder unmittelbare Vorbereitung des Desasters des Jahres 1933 beängstigend.

Deutlich spürbar wird das repressive Klima der Weimarer Kulturpolitik bei der Verfolgung der Kulturproduzenten durch die Justiz. Verbote wurden ausgesprochen gegen die Filmversion von Remarques *Im Westen nichts Neues*, Berta Lasks Leuna-Drama, Döblins Stück *Die Ehe*, Neukrantz' Roman *Barrikaden am Wedding*, die von Lilly Korpus herausgegebene Anthologie *Rote Signale*, Teile von Brechts Film *Kuhle Wampe*, die Piscator Inszenierung von *Frauen in Not § 218* und Gedichte von Kurt Huhn. Vor Gericht standen, oft mehrfach des Hochverrats, der Gotteslästerung oder der Diffamierung öffentlicher Personen angeklagt, Georg Grosz wegen seiner Zeichnung *Christus mit der Gasmaske*,[25] der Schauspieler Josef Gärtner, weil er auf einer Feier revolutionäre Gedichte rezitiert hatte, Drucker, Verleger und Buchhändler wie Max Härzer, der in Jena Johannes R. Bechers *Der Leichnam auf dem Thron* vertrieb, Friedrich Wolf wegen seines dramatischen Plädoyers für den Schwangerschaftsunterbrechungsparagraphen 218 in dem Stück *Cyankali* und der Redakteur Slang (d. i. Fritz Hampel) wegen eines Berichts über die Polizeiaktionen bei der Mai-Demonstration 1929. Zu Zuchthaus, Gefängnis und Festung wurden verurteilt Carl von Ossietzky, Willi Bredel, Josef Gärtner und der Schriftleiter der *Süddeutschen Arbeiterzeitung*, Fritz Rau.

Diese Liste ließe sich beinahe beliebig verlängern. Die *Linkskurve* berichtete, daß allein im ersten Halbjahr 1931 44 kommunistische Zeitungen und Zeitschriften für insgesamt 1043 Tage verboten worden waren.[26] Erich Weinert erwähnt in *Chronik einer Verfolgung* für die Zeit vom 20. Juni bis zum 24. Oktober 1931 beinahe wöchentlich ein Auftrittsverbot oder eine Verhaftung.[27] In der *Arbeiter-Illustrierten-Zeitung* waren Anfang 1931 die Fotos von 65 Redakteuren abgebildet, die 1929 und 1930 wegen Hochverrats oder ähnlichem abgeurteilt worden waren.[28] Und die *Rote Fahne*, das Organ der legal als eine der größeren Parteien im Reichstag vertretenen KPD, beschreibt vier Monate vor ihrer endgültigen Liquidierung in einem Eigenbericht ihre Verbotsgeschichte: insgesamt 819 Tage in 13 Jahren, davon allein 84 und 63 Tage während der Jahre 1931 und 1932.[29]

Emil Julius Gumbels Dokumentation über die einseitige Rechtsprechung der politischen Justiz der Weimarer Republik[30] entspricht auf dem kulturellen Sektor die Denkschrift der Vereinigung linksgerichteter Verleger: *Jeder Deutsche hat das Recht ... Die deutsche Rechtsprechung im Klassenkampf gegen linksgerichtete Literatur*.[31] Aus der Fülle von Fällen sei hier der Prozeß gegen den Schriftsteller Johannes R. Becher als Beispiel herausgegriffen. Becher, der als Expressionist bekannt geworden war, wurde zum erstenmal im August 1925 in Urach in der Wohnung seines Freundes Karl Raichle verhaftet. Die Anklage umfaßte einen ganzen Katalog von Vergehen: Hochverrat, Beschimpfung der republikanischen Staatsform, Gotteslästerung, Aufforderung zum gewaltsamen Umsturz der Verfassung und Teilnahme an einer geheimen Verbindung. Als Beweisstück legte der Oberreichsanwalt ein Drama sowie eine Reihe von Gedichten und Prosastücken vor, die alle seit 1923 entstanden waren – also nach Beginn von Bechers aktivem Eintreten für die Kommunisten. Doch diese künstlerisch zum Teil recht fragwürdigen Werke standen weniger zur Debatte als Bechers Bindung an die KPD: „Auch gibt er selbst an", heißt es in der Anklageschrift, „daß er seine literarischen Arbeiten der Partei zur Verfügung stelle, die sie dann, soweit sie für ihre Zwecke brauchbar seien, auch verwerte. So habe er auch Honorar von den Zeitungen bekommen und namentlich von dem kommunistischen Verlage Viva als Honorar für die Schrift: ‚Der Leichnam auf dem Thron' etwa 100 RM erhalten."[32]

Hier wird ein Schema deutlich, das für die Mehrzahl der literarischen Prozesse in der Weimarer Republik zutrifft: Ziel der Justizmaßnahmen sind vor allem solche Werke und Autoren, die sich offen zu den Programmen der Linksparteien bekennen. Wer dagegen in mythisch-verschwommener oder ästhetisierender Manier den Zerfall der Werte oder das Ende der Zivilisation beschwor, blieb als Künstler ungefährlich und unbehelligt. Das trifft auch für die erklärtermaßen völkischen und nationalsozialistischen Autoren Hanns Johst, Hans Grimm, Erwin Guido Kolbenheyer und Hans Zöberlein zu, die für die faschistische Revolution aus der „mythenbildenden Erinnerung des Volkes" (Heinz Kindermann) „die Verinnerlichung der erwünschten Normen und Gehalte im Bildungsprozeß"[33] abzuleiten suchten. Dagegen bezeichnete die Anklageschrift gegen Becher als „wesentliches Ergebnis der Voruntersuchung" gerade den „Nachweis", „daß die KPD in der fraglichen Zeit den bewaffneten Aufstand wollte und Becher entsprechende Propaganda getrieben habe".[34] Begründet wurde diese für ein Gericht reichlich merkwürdige politische Verallgemeinerung mit Hilfe des „Gesetzes zum Schutz der Republik" aus dem Jahre 1922, das ursprünglich im Zusammenhang mit der Ermordung Walther Rathenaus zur Eindämmung rechtsradikaler Verbände wie der Orgsch und dem Oberland erlassen worden war, seither aber vornehmlich gegen die politische Linke gerichtet wurde.

Oft genug war es also gar nicht der Weimarer Staat, der durch Gesetze wie das zum Schutz der Republik und das gegen Schund und Schmutz oder die Notverordnungen des Jahres 1931 die künstlerische Freiheit beschnitt, sondern seine sogenannten Diener in Justiz und Verwaltung. Hier machten sich die seit Jahren überfälligen Reformen in der soziopolitischen Struktur der Gesellschaft besonders bemerkbar. Was Heinrich Hannover und Elisabeth

Hannover-Drück für das Justizwesen nachgewiesen haben,[35] gilt ebenso für die Hochschulgermanistik, die Beamten in den Kultusministerien und die Offiziellen der Sektion für Dichtkunst der Preußischen Akademie, des Schutzverbandes Deutscher Schriftsteller usw.: Klassenherkunft, Ausbildung und Gesellschaftsstandpunkt rückten die Vertreter des Weimarer Staates schon Jahre vor der Machtübergabe an Hitler in eine mehr oder weniger offene Frontstellung gegen einen Gutteil der nach 1933 Emigrierten.

Besonders sichtbar wird das in der Literaturwissenschaft. Zu einer Zeit, in der die Neue Sachlichkeit, die Konstruktivisten und die Arbeiterkorrespondenten die industrielle Welt und das Leben der werktätigen Bevölkerung literaturfähig machten, und in der eine operative, politische Kunst ebenso wie die neuen Medien Film und Funk oder auch die technische Reproduzierbarkeit der Kunst diskutiert wurden, jonglierte man in den Hörsälen weiter mit Begriffen wie Urphänomen, Typus und Weltgeist. Eine humanistisch gebildete Kaste, von Fritz K. Ringer als „Mandarine" kritisiert,[36] glaubte, die Forderungen der modernen Massenkultur auf Dauer hinter „reiner Erkenntnis" und der a-historischen Beschäftigung mit zeitlos-metaphysischen Problemen verbergen zu können. Julius Petersen, der sich schon 1914 zeittypisch hervorgetan hatte, propagierte Mitte der 20er Jahre erneut den „allumfassenden Begriff Deutschkunde", indem er „die Dichtung als Erzieherin des Volkstums"[37] verstand. Ebenso deutlich sprach sich 1925 die Eröffnungsnummer der *Zeitschrift für deutsche Bildung,* das Organ des 1920 in Gesellschaft für deutsche Bildung umbenannten Germanistenverbandes aus: „... der Weg der Erziehung zum deutschen Staatsbewußtsein führt über die Erziehung zum deutschen Volksbewußtsein, und die Erziehung zum deutschen Volksbewußtsein geht über die Erziehung zum deutschen Heimatbewußtsein. In der Heimat liegt das Geheimnis aller Urkräfte völkischen Staatslebens beschlossen."[38] Eberhard Lämmert, der sich 1966 auf dem Deutschen Germanistentag mit gleichaltrigen Kollegen daran machte, die unbewältigte Vergangenheit der Literaturwissenschaft zu durchleuchten, kam denn auch zu dem Ergebnis, daß die Germanistik spätestens um 1930 jenen Weg eingeschlagen hatte, der ihre nationalen Anfänge mit dem rassisch-völkischen Mythos der Nationalsozialisten verband.[39]

Ähnlich deutlich wie in der Hochschulgermanistik spiegelt sich die Problematik der Weimarer Kultur in der Geschichte der Sektion für Dichtkunst der Preußischen Akademie der Künste zu Berlin wider. Blindes Legalitätsdenken und Weltfremdheit, ein übertriebenes Selbstvertrauen und mangelnde Entschlußfähigkeit hatten hier eine Organisation, die durch die Sammlung der bürgerlichen Kulturelite einmal so etwas wie eine deutsche Académie Française hatte werden wollen, geradenwegs in die Arme des Faschismus geführt. So fragte Max Krell in Stefan Großmanns und Leopold Schwarzschilds *Tagebuch* schon 1923, drei Jahre vor der Gründung der Sektion, an, „inwieweit hier völkische Tendenzen die ihr bisher unbekannte Ebene des deutschen

Geistes erobern möchten".[40] Daß dieser Verdacht keineswegs aus der Luft gegriffen war, wurde schon bald unter Beweis gestellt: Erst 1928 erhielt die zunächst auf Heinrich Mann beschränkte Vertretung linksliberaler Kräfte durch die Wahl von Leonhard Frank und Alfred Döblin Zuwachs. So lange hatte es gedauert, bevor das Gründungsmitglied Thomas Mann seine Bedenken gegen die „gesellschaftliche Person"[41] Döblins zu überwinden vermochte. Bei den späteren nationalsozialistischen Sympathisanten und inneren Emigranten Hermann Stehr, Walter von Molo, Erwin Guido Kolbenheyer, Josef Ponten und Wilhelm von Scholz scheint ihm das leichter gefallen zu sein: Sie alle gehörten der Sektion seit ihrer Gründung 1926 an.[42]

Völkische Aufrufe gegen die Überfremdung der deutschen Literatur, gegen Großstadtdichtung und gegen die Berufsbezeichnung Schriftsteller (gegenüber Dichter) erhielten, zumindest bis zum Austritt einiger Rechter im Jahre 1931, ebensoviel Aufmerksamkeit wie Proteste über Zensur und gerichtliche Verfolgung von Künstlern. Dagegen wurden Stellungnahmen der Sektion gegen das Schund- und Schmutzgesetz, den Versuch des preußischen Landtags, die Zensur wieder einzuführen, die Verbreitung von Paul Fechters nationaler Literaturgeschichte und das Aufkommen der Kulturreaktion 1932/33 kurzweg in die Ausschüsse abgedrängt oder unter endlosen Verfahrensdebatten begraben. Den *Entwurf eines Protestes gegen Übergriffe in literarischen Rechtsfällen* etwa, den Heinrich Mann im Zusammenhang mit dem Becher-Prozeß vorlegte, wies ein solches Gremium mit der Begründung zurück, daß er in einer „allgemeineren, mehr auf das Grundsätzliche gerichteten Form"[43] abgefaßt werden solle. Einziges Ergebnis blieben schließlich einige recht abstrakte Stellungnahmen von Ricarda Huch, Heinrich Mann, Walter von Molo und Alfred Döblin zum Thema *Politik und Dichtkunst* im *Sektions-Jahrbuch* (1929).

An ähnlich kleinlichen politischen Querelen scheiterte auch einer der wenigen praktisch-didaktischen Pläne der Sektion: eine vom Preußischen Kultusministerium angeforderte Leseliste für die Schulen konnte nicht zusammengestellt werden, weil sich die Akademiemitglieder wegen des von Ricarda Huch vorgeschlagenen Buchs von August Winnig, *Das Reich als Republik,* zerstritten. Und als im Frühjahr 1933 die Sektion um die Hälfte ihrer Mitglieder „gesäubert" wurde, haben nicht zuletzt die Ausgeschlossenen selbst durch ihre unentschiedene Haltung zum Ende einer der führenden bürgerlichen Kulturinstitutionen beigetragen. Für den Sprachkünstler Thomas Mann jedenfalls scheiterte eine eindeutige Stellungnahme „in Sachen der Kundgebung der Akademie gegen die Kultur-Reaktion" noch am 20. Januar 1933 an formalen Skrupeln: „Eine Stellungnahme der Akademie gegen die herrschende Reaktion wäre schon gut, aber die große Schwierigkeit besteht eben darin, die Vielheit dessen, was da zu sagen wäre, mit der für ein solches Manifest gebotenen Knappheit zu vereinigen."[44]

Nun machten aber die Sektion für Dichtkunst und ihre zumeist konservativ-bürgerlichen Mitglieder wie Gerhart Hauptmann, Thomas Mann, Oskar Loerke und Ricarda Huch nur einen Teil der literarischen Szene jener Jahre aus. Eine politisch brisantere Mischung hatte sich an einem ganz anderen Ort herausgebildet: an jener schwer zu lokalisierenden Nahtstelle zwischen den liberalen, sozial, politisch und ästhetisch aufgeschlossenen Autoren aus dem Bürgertum und einer Gruppe von jungen revolutionären und proletarischen Schriftstellern. Brecht und Becher, Anna Seghers und Friedrich Wolf, Georg Lukács, Hans Marchwitza und Willi Bredel gehören hierhin, aber auch Kurt Tucholsky, Erwin Piscator, Ernst Toller, Leonhard Frank, Arnold Zweig, die Brüder Herzfelde, Heinrich Mann, Alfred Döblin und Lion Feuchtwanger. Diese auf den ersten Blick recht heterogene Gruppe ist für die Vorgeschichte des Exils allein schon deshalb interessant, weil aus ihr die aktivsten Exilanten und die hartnäckigsten Antifaschisten hervorgehen sollten. Wenn ihr dennoch sowohl während der Weimarer Republik als auch im Exil konkrete Erfolge bei der Bekämpfung des Faschismus versagt blieben, lag das sowohl an der Nicht-Konkretisierbarkeit als auch am Dogmatismus der vorgeschlagenen Perspektiven und Konzeptionen. Organisatorische Geschlossenheit und realisierbare Programme blieben aus. Vereinigungen wie die „Rote Gruppe"[45] und die „Gruppe 1925"[46] wurden nie funktionsfähig; die Möglichkeiten des Schutzverbandes Deutscher Schriftsteller (SDS) und des Bundes proletarisch-revolutionärer Schriftsteller (BPRS) blieben beschränkt. Gemeinsame Aktionen an der Basis kamen nur in Ausnahmefällen zustande. Anstatt sich mit dem Faschismus auseinanderzusetzen, vergeudeten Kommunisten und Sozialdemokraten, Linksextreme und Geistesrevolutionäre, Anarchisten und Unabhängige ihre Energie lieber darauf, sich voneinander abzugrenzen.

So war man auch im SDS wie in der Preußischen Akademie zunächst einmal mit Statuten- und Protokollfragen beschäftigt. Statt sich mit der „Nationalsozialistischen Gesellschaft für deutsche Kultur" (ab 1928 „Kampfbund für deutsche Kultur"), dem „Warthburgkreis deutscher Dichter" oder auch dem „Nationalverband deutscher Schriftsteller" auseinanderzusetzen, erschöpfte sich die mehr oder wenig unpolitische Bundesleitung des SDS und deren von Kommunisten und Geistesrevolutionären geführte Berliner Ortsgruppe in kleinlichen Querelen darüber, wer wie und wann für den Bund zu sprechen vermöge. Proteste gegen die Zensur, die Wiederaufrüstung, die Notverordnungen, das Verbot von Büchern wie Klaus Neukrantz' *Barrikaden am Wedding* oder die Verhaftung von Ludwig Renn und Carl von Ossietzky blieben ohne Wirkung. Dazu kommt, daß die kommunistischen Führer der oppositionellen Berliner Ortsgruppe seit 1928/29 auf die recht enge Linie des BPRS festgelegt waren. Kurt Tucholsky, der sich wie viele der parteilosen Linksbürgerlichen deshalb isoliert fühlte, trat schließlich schon zwei Jahre vor seiner Ausbürgerung aus dem SDS aus. Andere, wie Wieland Herzfelde, Erich Mühsam, Berta Lask und Ludwig Renn, fielen den Intrigen der Bundesleitung um Theodor Bohner, Robert Breuer und Werner Schendell zum Opfer und wurden ausgeschlossen. Johannes R. Becher, Leo Lania und Kurt Kläber wurden von der Mitgliederliste gestrichen; Erich Kästner stellte einen Antrag auf Selbstausschließung. Herbert Ihering charakterisierte die Lage im SDS unmittelbar vor Übergabe der Regierungsgeschäfte an die Nationalsozialisten also ziemlich genau, wenn er im *Börsencourier* klagt: „Der SDS beschäftigt die Öffentlichkeit leider mehr durch Konflikte mit seiner Ortsgruppe Berlin als durch selbständige Handlungen (die in dieser Krisenzeit notwendig wären)."[47]

Was Ihering über den SDS sagt, trifft mit veränderten Vorzeichen auch für den BPRS zu. Anstatt sich mit der faschistischen Gefahr auseinanderzusetzen, stritten sich Lukács, Becher und Andor Gábor auf der einen mit Willi Bredel, Ernst Ottwalt und dem im Hintergrund verbleibenden Bertolt Brecht auf der anderen Seite über Reportage und Gestaltung, Tendenz und Parteilichkeit, Spontaneität und epische Breite, das bürgerliche Kulturerbe und die kommunistische Perspektive. Lukács und Becher übertrugen die in der Sowjetunion entwickelte Konzeption des sozialistischen Realismus auf die völlig anders geartete soziopolitische Situation der Weimarer Republik: Eine Aufbauliteratur, die von der Struktur einer nachrevolutionären, also konstruktiv denkenden Gesellschaft ausging, sollte jetzt plötzlich auch Verbindliches über die Probleme eines unter Wirtschaftskrisen, raschen Regierungswechseln und politischer Radikalisierung rapide desintegrierenden kapitalistischen Landes aussagen.[48] Becher machte sich 1929/30 denn auch daran, ein Epos über die Erfolge des sowjetischen Fünfjahrplans zu schreiben: *Der große Plan*. Lukács war bereits vor dem Exil vordringlich um die Rezeption der bürgerlich-realistischen Literatur des 19. Jahrhunderts besorgt. Den Proletariern Marchwitza und Bredel ging es, wenn auch in anderen literarischen Formen, vor allem um Abgrenzung von der Sozialdemokratie. Und Brecht setzte sich in den Lehrstücken nicht mit dem Faschismus, sondern mit taktischen Fragen der Parteidisziplin und didaktischen Aufgaben des Theaters auseinander.

Die Isolierung des BPRS, der wichtigsten Schriftstellerorganisation, die einen absolut unversöhnlichen Standpunkt gegenüber der Blut- und Boden-Kultur einnahm, ließ denn auch nicht lange auf sich warten. Von außen wurde der Bund als kommunistische Propagandaorganisation abqualifiziert, in der die Kunst zur Waffe erniedrigt werde und Tendenz allemal über literarischer Qualität stehe. Intern kam es zeitweise zu krassem Sektierertum, das selbst wohlwollende Mitläufer wie Ernst Toller, Henri Barbusse, Ilja Ehrenburg und Upton Sinclair mehr an ihrer Bereitschaft zur aktiven Mitgliedschaft in der KP als an ihren literarischen Stellungnahmen maß. So trug die proletarisch-revolutionäre Literatur schon in den Weimarer Jahren ihren Teil zu jener Versteifung der Positionen im Lager der Antifaschisten bei, an der dann zu Beginn des Exils die Volksfrontidee scheitern sollte.

Gelang es schon den liberalen und kommunistischen Kulturorganisationen und -gruppen kaum, eine Front gegen die Kulturreaktion zu bilden, was konnte man dann von der sozialdemokratischen und der unpolitischen bürgerlichen Literatur bzw. ihren Vertretern erwarten? Max Barthel, Karl Bröger, Gerrit Engelke und Kollegen hatten die Themen Arbeitskampf und Ausbeutung so gründlich durch die Imitation von mythisch-emotionalen und nationalen Sujets aus der bürgerlichen Kitsch- und Massenliteratur ersetzt, daß ihre Werke vielfach ohne Revision von der NS-Literatur übernommen werden konnten. Heinrich Lersch rückte 1933 auf einen der frei gewordenen Sitze in der Preußischen Akademie nach. Und Max Barthel erinnerte sich während der Aufrüstungsjahre daran, daß er schon einmal zu den Sängern eines deutschen Krieges gehört hatte: 1936 erschienen von ihm *Erzählungen aus dem Weltkrieg* unter dem Titel *Sturm im Argonner Wald;* zwei Jahre später sieht er bereits *Deutsche Männer im roten Ural.*

Anspruchsvoller, aber womöglich noch unzeitgemäßer, muten das Desinteresse vieler bürgerlicher Autoren an den Zeitereignissen, ihr blindes Legalitätsdenken und die weltfremde Vergeistigung von konkreten politökonomischen Zusammenhängen an. Eduard Spranger sprach sich gegen die ehrlich gemeinten Ziele der nationalsozialistischen Studentenbewegung nur deshalb aus, weil sie undiszipliniert in der Form waren.[49] Karl Jaspers warnte zwar vor der persönlichen Unfreiheit des Massen- und Maschinenzeitalters, vertraute im gleichen Atem dann aber ausgerechnet auf eine kleine Elite von Geistesaristokraten als Führern aus dem Untergang.[50] Karl Mannheim verwendete in seiner Auseinandersetzung mit dem keineswegs zimperlich argumentierenden Robert Curtius[51] Begriffe wie „freischwebende Intelligenz", jedoch nun, um sich, wie Ernst Bloch anmerkte,[52] für keine der politökonomischen Stellungen, die er so gut verstehe, entscheiden zu müssen. Und Stefan Zweig interpretierte die nationalsozialistischen Wahlerfolge von 1930 in aller Öffentlichkeit gar als „Revolte der Jugend gegen die Langsamkeit und Unentschlossenheit der ‚hohen' Politik".[53] „Stefan Zweigs a-politische Naivität; die snobistische Neugier Bermann-Fischers und Zuckmayers; das mit linken Utopien versetzte Elitedenken Döblins, schließlich die erfolgreichen Verdrängungsversuche Ludwig Marcuses: diese Verhaltensvarianten sind durchaus repräsentativ für bürgerliche Intellektuelle."[54]

Kein Wunder also, daß die so raren bürgerlichen Stellungnahmen gegen den Faschismus heute von der Literaturwissenschaft und in autobiographischen Erinnerungsbänden der Beteiligten über Gebühr strapaziert werden. Thomas Manns Novelle *Mario und der Zauberer* (1930) gehört hierher, seine *Deutsche Ansprache* (1930), sein *Bekenntnis zum Sozialismus* (1933) und verstreute Zeitungsartikel, in denen er den „Bewunderern der seelenvollen ‚Bewegung', die sich Nationalsozialismus nennt", vorwirft, „schwatzend" einer „Volkskrankheit" nachzulaufen, die ein Mischmasch „aus Hysterie und vermuffter Romantik"[55] sei. Heinrich Manns Adresse an den Amsterdamer

Antikriegskongreß (1932) ließe sich anführen, seine Unterschrift zusammen mit Käthe Kollwitz und Albert Einstein unter einen Aufruf des Internationalen Sozialistischen Kampfbundes zur Einigung von SPD und KPD (1933) und die Essays *Die deutsche Entscheidung* und *Das Bekenntnis zum Übernationalen* (1932), in denen der Kulturkritiker über die „Weltanschauung für Imbécile"[56] vermerkt: „Der verfallende Hochkapitalismus macht sich reif für eine letzte Verzweiflungstat, der Nationalsozialismus hofft auf die letzte Runde, nachdem er schon alle verloren hatte."[57] Auf der richtigen Fährte befand sich zeitweilig auch Alfred Döblin in seinem Aufsatz *Kunst ist nicht frei, sondern wirksam. Ars militans:* „Es ist die Kettung dieser [Kunst-, A.S.] Produzenten, also auch ihrer Produktion, an eine einzige kleine Gesellschaftsschicht, wenigstens in Deutschland, an Begüterte und ihren Anhang."[58] Anna Seghers schätzte ihre Zeitgenossen hellsichtig ein: „Wenn ihnen eines Tages gut vorbereitete Lehrer und Pfaffen vorpredigen, daß die heiligen Güter der Menschheit auf dem Spiel stehen, dann werden sie einmütig wie die Jugend von 1914 in den Krieg ziehen ..."[59] Und schließlich mag die Kontroverse um Gottfried Benn in der *Neuen Bücherschau* in diesem Zusammenhang erwähnt werden: Verärgert durch einen positiven Aufsatz von Max Herrmann-Neiße über *Gottfried Benns Prosa*, waren Johannes R. Becher und Egon Erwin Kisch 1929 aus dem Redaktionskollegium der Zeitschrift ausgetreten. Ohne auf seinen marxistischen Klassenstandpunkt einzugehen, gab Becher in einem Rundfunkgespräch, das das kulturelle Klima der absterbenden Weimarer Republik recht gut widerspiegelt, als Grund für seinen Entschluß an, daß er nicht mehr „an einen Geist" glauben könne, „der über den Wassern schwebt": „Wer sich als Dichter dieser Zeit entzieht, hat sich der Aufgabe entzogen, die ihm als Mensch und Dichter von der Zeit gestellt ist."[60] In welche Richtung dagegen Benn und mit ihm ein Großteil der deutschen Literatur steuerte, macht Benns zynische Antwort auf Bechers angesichts der politischen Tatsachen des Jahres 1930 beinahe naives Bekenntnis deutlich: „Knechtschaft scheint ein Zwang der Schöpfung zu sein und Ausbeutung eine Funktion des Lebendigen ... Aber nach drei Jahrtausenden Geschichte darf man sich wohl dem Gedanken nähern, daß das alles weder gut noch böse ist, sondern rein phänomenal."[61]

Sicherlich wäre die Liste von Stellungnahmen gegen den Faschismus ohne weiteres zu verlängern. Man denke nur an Lion Feuchtwangers *Erfolg* (1930), Bruno Franks *Politische Novelle* (1928), Friedrich Wolfs *Die Jungen von Mons* (1931), die Debatte um die Kulturkrise im Jahre 1930, Leitartikel, Reden, Rezitationsabende und die spontanen Agitpropszenen bei Arbeiterveranstaltungen. Gemein war vielen dieser Aussagen jedoch entweder ein Mangel an gesellschaftspolitischer Konkretheit oder, wie bei den Kommunisten, die Überbewertung von parteipolitischen Interessen. Selbstkritisch hat Heinrich Mann deshalb Jahre später seine politische Frontstellung gegen den aufkommenden Faschismus mit den „Verrichtungen eines moralischen Sonn-

tagspredigers"[62] verglichen. Lukács behauptete 1968 steif und fest, damals
nur einer „‚Eintrittskarte'" zurück in die kommunistische Bewegung nachge-
jagt zu sein.[63] Und für Thomas Mann resümiert Urs Bitterli in einer Arbeit
über die politischen Schriften des Dichters zum Nationalsozialismus: „Die
neoimperialistischen, pangermanischen und antisemitischen Postulate der
Parteidoktrin fanden beim Dichter kaum Beachtung; ihn beunruhigten weit
mehr gewisse Äußerlichkeiten: das anmaßende Auftreten der Nationalsozialisten etwa, ... ihre Respektlosigkeit gegenüber kulturellem Erbe und bürgerlicher Lebensart. Eine Analyse des Nationalsozialismus ... geben Manns
politische Schriften nicht, ... weil, nach des Dichters Meinung, Hitler und
seine Parteigänger es nicht wert waren, daß man sich mit ihnen systematisch
auseinandersetzte ..."[64]

Ein einigermaßen standfestes Bollwerk gegen den Faschismus hatte also
niemand errichten können oder wollen: den humanistischen Bildungsidealen
des internationalen Bürgertums, den Utopien der Geistesrevolutionäre, dem
idealistischen Republikanismus, den verschwommenen Idealen eines Europäertums und nicht zuletzt auch der fehlgeleiteten proletarisch-revolutionären Literatur – allen war im Frühjahr 1933 das gleiche Schicksal beschieden.
Im Fazit sind die 20er Jahre eher grellfarbig und schattenreich als golden. Ihre
Trümpfe und Schwächen prägten auch das Exil: Zeitschriften, Gruppen und
Organisationen aus der Weimarer Zeit wurden nach 1933 weitergeführt, literarische Pläne und Skizzen verwirklicht, persönliche und intellektuelle Kontakte enger geknüpft, finanzielle Hilfsleistungen angesichts der wachsenden
Not intensiviert, neue Freundschaften in der Enge der Exilenklaven Sanary-
sur-Mer, Princeton und Santa Monica geschlossen. Doch als folgenreicher
und andauernder als all dies sollte sich das angesichts der Größe der historischen Ereignisse überraschende Maß an politischer Naivität, Ziellosigkeit
und Zersplitterung erweisen. Kleinbürgerliche Begrenztheit, elitäre Borniert-
heit, parteilicher Gruppenklüngel, ein gerüttelt Maß an Weltfremdheit und
eine merkwürdige Mischung von Legalitätsgläubigkeit und Mißtrauen gegenüber republikanischen Idealen und sozialen Reformen hatten dem politischen
Verfall der Republik in die Hand gearbeitet. Von ihnen wurde auch die
deutsche Literatur im Exil beherrscht. Selbst in den Jahren extremer Prüfung
und Isolierung vermochten nur wenige der Vertriebenen diese Mängel und
Schwächen abzubauen. Entscheidende Aspekte des literarischen Exils erklären sich infolgedessen zunächst einmal aus einer nur geographisch verlagerten
Fortsetzung der Weimarer Szene.[65]

2.2. Nationalsozialistische Kulturpolitik

Die Umfunktionierung des Kulturbetriebes der Weimarer Republik durch
die Nationalsozialisten stand der Übernahme der politischen Institutionen an

Geschwindigkeit und Konsequenz in nichts nach. Die neuen Inhaber der Staatsgewalt besaßen ein viel zu sicheres Gespür für Propaganda, um den Beitrag von Presse, Literatur und Kunst zur Befestigung ihrer Positionen zu unterschätzen. Ziel ihrer ersten Aktionen war deshalb, noch vor der Verwirklichung eines eigenen Kulturprogramms, die Ausschaltung aller tatsächlichen und potentiellen Gegner. Da man sich dabei weder über die eigene Macht noch über die Reaktion des Auslandes oder den Einfluß der Oppositionellen innerhalb des Reiches im klaren war, wurden die entscheidenden Schritte zunächst unter dem Deckmantel der Legalität unternommen. Die einen Tag nach dem Reichstagsbrand am 28. Februar 1933 erlassene Verordnung zum Schutz von Volk und Staat gab die Handhabe für die schon lange geplanten Maßnahmen gegen Kommunisten und extreme Linke. In den Wochen und Monaten nach dem hohen Sieg der NSDAP bei den Reichstagswahlen vom 5. März wurde dann mit Hilfe einer Reihe von mehr oder weniger legalen Verordnungen, Willenserklärungen und Neuwahlen dem zweiten Hauptfeind der Nazis die Existenz- und Schaffensgrundlage entzogen: den bürgerlichen Schriftstellern des „Nihilismus", der „liberalistischen Freizügigkeit"[1] und des sogenannten Salonbolschewismus. Und schließlich wurden die Autoren, Journalisten und Verleger jüdischer Abstammung in die Front der öffentlich Verfemten gestellt, als ihre Verfolgung mit dem Gesetz zum Schutz des deutschen Blutes und der deutschen Ehre „legalisiert" wurde.

So hatten die Nationalsozialisten noch vor Gründung des Reichspropagandaministeriums, der Reichsschrifttumskammer und des Amtes für Überwachung der gesamten geistigen und weltanschaulichen Schulung und Erziehung der NSDAP ihre Herrschaft auf dem kulturellen Sektor befestigt. Nahezu die Hälfte der wahrlich nicht radikal zu nennenden Mitglieder der Sektion für Dichtkunst der Preußischen Akademie der Künste war durch systemkonforme Autoren ersetzt worden. Der Schutzverband deutscher Schriftsteller hatte sich widerspruchslos in den Reichsverband deutscher Schriftsteller (RDS) eingliedern lassen. Die neu formierte Sektion des deutschen PEN erklärte nach dem Zusammenstoß mit einer Emigrantendelegation auf der PEN-Tagung in Ragusa ihren Austritt aus der internationalen Organisation. Über 14 Prozent der Lehrer an deutschen Hochschulen waren aus den Hörsälen vertrieben worden.[2] Zeitschriften und Tageszeitungen hatten ihr Erscheinen einstellen müssen. Redaktionen waren dezimiert, Ensembles umbesetzt, Verlage geschlossen, Bücher vernichtet und Verbotslisten gedruckt worden.[3]

Zerstörende Aktionen und negativ abgrenzende Definitionen der nationalsozialistischen Kulturfunktionäre waren zu Anfang des Jahres 1933 häufiger als die Formulierung eigener Positionen. Ohne Vorwarnung seitens der Behörden und ohne Gegenwehr seitens der Betroffenen wurden in den Tagen nach dem Reichstagsbrand zunächst die kommunistischen Funktionäre, Schriftsteller und Journalisten festgesetzt. Durch Flucht entzogen sich der

Haft unter anderem Johannes R. Becher, Bertolt Brecht, Willi Münzenberg, Erich Weinert und Friedrich Wolf. Autoren, Verlage und Buchhandlungen, Zeitungen und Zeitschriften der linken Parteien wurden enteignet, nazifiziert oder zur Überwechslung ins Ausland gezwungen. Spätestens Mitte März konnte von einer kommunistischen und sozialdemokratischen Literatur auf reichsdeutschem Boden nicht mehr die Rede sein.

Nahezu gleichzeitig mit der Kommunistenverfolgung wurden die ersten Maßnahmen gegen den anderen Hauptfeind der nationalsozialistischen Kultur, die kulturpessimistische bürgerliche Literatur getroffen. In rascher Abfolge verfiel das Gros jener Bücher der nazistischen „Feme", die anderthalb Jahrzehnte lang die kulturelle Szene der Weimarer Republik mit geprägt hatten.[4] Da viele dieser Werke von jüdischen Autoren verfaßt oder von jüdischen Verlagen gedruckt worden waren,[5] verbanden die Faschisten ihre Säuberungsaktionen mit der Rassenfrage. Begriffe wie „jüdisch" und „kulturbolschewistisch" bezogen sich im nationalsozialistischen Sprachgebrauch fortan nicht nur auf die religiöse bzw. parteiliche Herkunft eines Autors, sondern auf die weltanschaulichen Positionen bzw. Schreibweisen moderner und politisch im Gegensatz zu den Nationalsozialisten stehender Politiker, Intellektueller und Schriftsteller. Literatur, die sich mit Triebleben und Dekadenz, mit der Großstadt und dem Verfall des Bürgertums, den Kriegsgreueln und dem Materialismus der industrialisierten Klassengesellschaft beschäftigte, wurde aus den Bibliotheken und Buchhandlungen entfernt, unter Verschluß eingelagert oder verbrannt.[6] Ihre Verfasser wurden an weiteren Veröffentlichungen gehindert, durch psychologischen und physischen Druck zur Flucht gezwungen oder vereinzelt auch verhaftet. Zeitkritik und Formenexperimente hatten ebensowenig Platz im „neuen, willensmäßig-organischen Welt- und Lebensbild"[7] der Nation wie der Marxismus, alles Nicht-Arische und die „entarteten" Experimente der avantgardistischen Literatur der vorhergehenden Jahrzehnte. An die Stelle von Vernunft und Aufklärung, auch wenn sie durchweg pessimistisch sich artikuliert hatten, trat ein verschwommener, pseudo-religiöser Schein-Mythos von Rasse, Blut, Boden und einem tausendjährigen Reich;[8] an die Stelle einer sich selbst und ihre Umwelt in Frage stellenden Literatur trat der Dichter (und mit ihm der Literaturwissenschaftler) als Seher und geistiger Führer des Volkes.

Eine forciert konstruktive, aus propagandistischen Gründen gezielt mit Versatzstücken aus der Trivialliteratur operierende Massenkunst setzte der bürgerlichen Verfalliteratur vom Naturalismus über den Expressionismus bis zur Neuen Sachlichkeit das Bild einer gesunden und lebenskräftigen Nation entgegen: Gerhart Hauptmanns frühe „Anklagedramen" „bis herauf zu Kaisers *Gas*, zu Unruhs *Phaea*, zu Bruckners *Krankheit der Jugend*" konnten so als Produkte einer „brüchig und hilflos gewordenen, weil dem Individualismus und Materialismus verfallenen Epoche" verboten werden. Ebenso erging es Döblins *Berlin Alexanderplatz*, „Erich Kästners mephistophelisch-zersetzender ‚Gebrauchslyrik‘" und mit einiger Verspätung Thomas Manns „bürgerlichen Untergangsspiegelungen in den ‚Buddenbrocks‘":[9] „... die Literatur von gestern lagerte ihre Problemwelt um den internationalen Kernbegriff der unrettbaren Krisis; die volkhafte Dichtung dagegen ist erfüllt vom inbrünstigen Glauben an eine große deutsche Sendung. Die Literatur von gestern ging aus von einer Menschengestaltung, der selbst noch im snobbistischen [!] oder im proletarischen Haß- und Zerrbild das Schein-Ideal eines entarteten, weil eigensüchtig und des Kämpfens müde gewordenen Bürgertums als uneingestandenes Vorbild vorschwebte; das Menschenbild der volkhaften Dichtung dagegen strebt ... einer ausgesprochen heldischen Lebensgestaltung zu, für die die Begriffe der Treue, des Opfers, der Verantwortung zu selbstverständlichen Bewährungswerten vor Volk und Rasse werden. Die Literatur von gestern spiegelte den zum äußersten vorgeschrittenen Vereinzelungsprozeß des Individuums ... Die volkhafte Dichtung dagegen läßt dieses Einzel-Ich ... nur gelten als Glied der blutbedingten und erdverwurzelten Einheit: Volk ..."[10]

Was in den neuen Literaturgeschichten und in den Reden Hitlers recht verworren und schwülstig geklungen haben mag, erhielt durch wohlorganisierte Propagandaspektakel und ebenso unscheinbare wie tiefgreifende bürokratische und halblegale Maßnahmen eine beachtliche Durchschlagskraft. Dabei wurden von der ausländischen Presse, von der Geschichtsschreibung und nicht zuletzt von den Betroffenen selbst vor allem die quasiplebiszitären, in Wirklichkeit natürlich präzise organisierten Großaktionen wahrgenommen: die Bücherverbrennung vom 10. Mai, die Verbotslisten[11] und frühen Femeausstellungen sowie das Gesetz über die Aberkennung der Staatsbürgerschaft für politisch und rassisch unerwünschte Exilanten.[12] Folgenreicher als diese weithin sichtbaren und vom massenpsychologischen Standpunkt aus zweifellos interessanten Fanale waren jedoch die von langer Hand hinter den Kulissen eingeleiteten „kalten" Maßnahmen gegen unerwünschte Autoren. Verfassungskonforme Gesetze wie jenes zur „Wiederherstellung des Berufsbeamtentums" entzogen den Bedrohten oft noch vor Veröffentlichung der Verbotslisten den Lebensunterhalt. Unscheinbare Fragebogenaktionen zwangen auch die am Tagesgeschehen Uninteressierten zu politischen Willenserklärungen. Und Neuwahlen in den Schriftstellerorganisationen nahmen den Dissidenten die letzten legalen Formen für Protestkundgebungen.

Das eklatanteste Beispiel gab einmal mehr die Preußische Akademie der Künste ab. Fast genau zwei Wochen nach der Machtübergabe an Hitler forderten Hanns Johst im Namen des Rosenbergschen Kampfbundes für Deutsche Kultur[13] und Bernhard Rust, der neu ernannte Reichskommissar im Preußischen Ministerium für Wissenschaft, Kunst und Volksbildung,[14] in einer konzertierten Aktion die Umgestaltung und gegebenenfalls Auflösung der Sektion für Dichtkunst. Als Begründung für diese Maßnahme wurde die Unterzeichnung eines zu den Märzwahlen abgefaßten Aufrufes des Interna-

tionalen Sozialistischen Kampfbundes durch die Akademiemitglieder Heinrich Mann und Käthe Kollwitz angeführt. Sekundiert von Gottfried Benn,
der ausdrücklich auf die Legalität der neuen Regierung hinwies,[15] erwirkten
Rust und Johst über den Präsidenten der Akademie, Max von Schillings, noch
am selben Abend das Ausscheiden der beiden Angeklagten. Sechs Tage später, als die Presse eine kaum mehr ernst gemeinte Dankadresse der Akademie
an ihren ehemaligen Sektionsvorsitzenden veröffentlichte, hatte Heinrich
Mann bereits in seinem Taschenkalender notiert: abgereist.[16]

Proteste aus den Reihen der Akademiemitglieder oder der damals noch
relativ unbehinderten bürgerlichen Presse wurden kaum laut. Einzig Alfred
Döblin hatte zusammen mit dem Berliner Stadtbaurat Martin Wagner und
dem Schriftsteller Ludwig Fulda eine Abstimmung der Sektion über das opportunistische Vorgehen von von Schillings gefordert. Nachdem diese Resolution, wie zu erwarten, keine Unterstützung gefunden hatte, schloß der Vizepräsident der Akademie die Sitzung vom 15. Februar mit der denkwürdigen
Begründung, daß es „in diesem Hause ... nur um Kunst, nicht um Politik"[17]
gehe. Zu einem „herzlichen Lächeln",[18] von dem die *Thüringische Allgemeine Zeitung* noch im November 1930 angesichts des Übertünchens der
Schlemmerschen Wandfresken in den Vereinigten Kunstlehranstalten durch
den nationalsozialistischen Innenminister Wilhelm Frick und seinen Fachbe-
rater Paul Schultze-Naumburg berichtet hatte, schien jetzt niemand mehr zu
finden.

Knapp einen Monat später löste eines jener „unpolitischen" Akademiemitglieder, Gottfried Benn, die erste Welle von Austritten und Ausschlüssen aus.
In einem von ihm angeregten, nur mit ja oder nein zu beantwortenden Rundschreiben verlangte die Sektion für Dichtkunst von ihren Mitgliedern unter
wiederholtem Hinweis auf die „veränderte geschichtliche Lage", jegliche
„öffentliche politische Betätigung gegen die Regierung" einzustellen und
statt dessen deren „nationale kulturelle Aufgaben"[19] zu unterstützen. Alfred
Döblin, Ricarda Huch, Thomas Mann und Alfons Paquet erklären daraufhin
ihren Austritt. Ausgeschlossen wurden – mit Hilfe des auf die Akademie gar
nicht zutreffenden Gesetzes zur Wiederherstellung des Berufsbeamtentums
vom 7. April 1933 – Leonhard Frank, Georg Kaiser, Bernhard Kellermann,
Alfred Mombert, René Schickele, Fritz von Unruh, Franz Werfel, Rudolf
Pannwitz und Jakob Wassermann. Wenig später wurden die 15 (von 31)
ausgeschiedenen Mitglieder der Literaturabteilung durch 22 zugewählte NS-
Schriftsteller ersetzt, u. a. von völkischen Schriftstellern wie Hans Friedrich
Blunck, Hans Grimm, Erwin Guido Kolbenheyer, Börries von Münchhau-
sen und Will Vesper. Lange vor der Institutionalisierung der berüchtigten
Zensur- und Propagandaabteilungen von Goebbels und Rosenberg war so
auch die Umgestaltung der Sektion für Dichtkunst abgeschlossen. Zwei Jahre
später stellte Rudolf G. Binding, seit 1932 Mitglied der Akademie, in einem
Brief an Hans Grimm fest, daß man von offizieller Seite zwar nichts mehr

gegen die Akademie vorzubringen habe, sie aber „für das öffentliche Dasein, wie man es sich vorstellt, als unwichtig und jedenfalls kaum verwertbar"[20] erachte.

Ähnlich geräuschlos und „legal" ging das „große Reinemachen"[21] im SDS vor sich, obwohl es hier in den ersten Wochen nach der Machtübergabe an Hitler noch auf Initiative der oppositionellen Berliner Ortsgruppe Protestversammlungen und Aufrufe gegen die Kulturreaktion gegeben hatte. So war in der Februar-Ausgabe des Blattes *Der oppositionelle Schriftsteller* eine Warnung „An alle Oppositionellen im Verband!" erschienen, in der es hieß: „Es ist die letzte Stunde; wer heute schweigt, wird morgen den Mund nicht mehr aufmachen können."[22] Und am 17. Februar trat in einer geschlossenen Versammlung des SDS in einem kleinen Saal am Bayerischen Platz in Berlin der eben erst aus der Haft entlassene Carl von Ossietzky mit dem Bekenntnis auf: „Ich gehöre keiner Partei an. Ich habe nach allen Seiten gekämpft; mehr nach rechts, aber auch nach links. Heute jedoch sollten wir wissen, daß links von uns nur noch Verbündete stehen ... ich, der Pazifist, reihe mich nun ein in das große Heer, das für die Freiheit kämpft."[23]

Elf Tage darauf wurde von Ossietzky erneut verhaftet. Weitere zehn Tage später sprengten Mitglieder der seit 1931 im SDS bestehenden „Arbeitsgemeinschaft nationaler Schriftsteller" die letzte legale Hauptvorstandssitzung des Verbandes. Sie erzwangen den Rücktritt des Vorstands und leiteten über einen ad hoc-Ausschuß die sofortige Säuberung des SDS von Schriftstellern ein, die „gegen deutsches Wesen" und „gegen nationales Gefühl" verstoßen hatten. H.H. Mantau-Sadila, einer der neuen Wortführer, berichtete im Bundesorgan *Der Schriftsteller* über den Ablauf der Aktion: „Der Hauptvorstand in seiner Mehrheit hielt eine vertrauliche Besprechung ab. Und plötzlich erschienen wir, begrüßten die Herrschaften ungemein höflich und legal und baten sie ergebenst, sofort zurückzutreten, da bolschewistische Hetzer und pazifistische Lumpen und Landesverräter, die ihre Gelder und ihren Geist zum Großteil aus dem Auslande bezögen, in das neue Deutschland nicht mehr paßten! ... Zehn Minuten später begann schon das große Reinemachen im SDS."[24] Unter den Ausgeschlossenen waren nach einem Bericht der *Neuen Weltbühne* vom 13. April Anna Seghers, Theodor Plivier, Arnold Zweig, Rudolf Olden und Heinz Pol. Das endgültige Aus für den SDS kam dann im Juni 1933, als der neue Vorsitzende Götz Otto Stoffregen den Schutzbund in den eben gegründeten Reichsverband Deutscher Schriftsteller eingliederte, der bald darauf in der Reichsschrifttumskammer aufging.

Ebenso widerstandslos und rasch wie die kommunistische und sozialdemokratische Literatur und wie die Preußische Akademie der Künste und der SDS ließ sich auch die bürgerliche Presse ausschalten. Vielen der späteren Exilanten war damit eine Haupteinnahmequelle entzogen: Rezensionen, Essays, Kurzgeschichten und Vorabdrucke aus Romanen ließen sich fortan im Reich kaum mehr unterbringen; Neuerscheinungen fehlte die Ankündigung durch Buchbesprechungen und Anzeigen. Dabei wurden bürgerliche Blätter, im Gegensatz zu kommunistischen und sozialdemokratischen Zeitungen, die schon vor den Märzwahlen so gut wie völlig aus den Kiosken verschwunden waren, zunächst vorsichtiger behandelt. Entlassungen, interne Umbesetzungen und mit psychologischem und materiellem Druck durchgesetzte neue Richtlinien sollten nach außen eine ungestörte Kontinuität vortäuschen. Verbote wurden im allgemeinen nach wenigen Tagen wieder aufgehoben (außer bei Zeitschriften wie der *Weltbühne* natürlich); jüdische Redakteure oft weiter im Impressum geführt. Hier und da tolerierten die neuen Machthaber bei Zeitungen von internationalem Ansehen sogar ein gewisses Maß an Kritik. So konnten zum Preis fortschreitender Anpassung die *Literarische Welt* unter Willy Haas bis zum April 1933, Rudolf Pechels *Deutsche Rundschau* bis Anfang 1942 und die *Frankfurter Zeitung* sowie das *Berliner Tageblatt* sogar bis zum Ende des tausendjährigen Reiches erscheinen.

Relativ vorsichtig taktierten Goebbels und seine Untergebenen zunächst auch bei der Umfunktionierung der Verlage, Theater[25] und Hochschulen. Gottfried Bermann-Fischer durfte seinen Konzern bis 1936 weiterführen und erhielt schließlich gar die Genehmigung, einen beträchtlichen Teil des Verlagsvermögens inklusive der Lagerbestände nach Wien zu transferieren. Darauf wird noch zurückzukommen sein. In den Theatern traten nach der anfänglichen Boykotthysterie hier und da wieder jüdische Schauspieler auf; jüdische Bühnen wurden bis 1938 aus ähnlichen Motiven wie die zionistischen Organisationen von den Nazis sogar in Maßen unterstützt.[26] Und in den Universitäten entschloß sich die überwältigende Mehrheit der vornehmlich mit abstrakten Problemen beschäftigten Geisteswissenschaftler auch ohne großen Druck zum Weitermachen.[27] Paul Kluckhohn führte in einem Forschungsbericht aus dem dritten Kriegsjahr die Entwicklung der „Deutschen Literaturwissenschaft 1933–1940" denn auch konsequent auf Diltheys geistesgeschichtlichen, Wölfflins formanalytischen und Nadlers ethnologischen Ansatz zurück: „Solche Strömungen und Strebungen der deutschen Literaturgeschichte ... haben auch nach der nationalsozialistischen Machtergreifung von 1933 weitergewirkt. Dieser Umbruch erhöhte und verstärkte die Bedeutung der gesamten Deutschwissenschaft als der Wissenschaft vom deutschen Menschen und von deutscher Kultur und damit auch die der Wissenschaft der deutschen Literatur als der Aussprache der deutschen Seele."[28]

Nennenswerter Widerstand gegen die nationalsozialistischen Aktionen war auf dem kulturellen Sektor nirgends zu verzeichnen. Darüber können weder die relativ unbehinderte Fortsetzung des Weimarer Kulturbetriebs bis zum Reichstagsbrand[29] noch die regional unterschiedliche Durchsetzung der neuen administrativen Richtlinien[30] oder die vereinzelten Aktionen der Kommunisten hinwegtäuschen. Wenn Samuel Fischer am 4. Februar 1933 an Thomas Mann schreibt, daß er den „unerquicklichen Dingen, die sich hier abspielen",[31] lieber aus dem Wege gehe und wenige Tage später tatsächlich zu

seinen üblichen Ferien nach Rapallo fuhr, wenn Erika Mann ihre Pfeffer-
mühle im Münchner Fasching weitermahlen ließ,[32] Willi Münzenberg nach
einer „leidenschaftlichen Rede"[33] gegen die Nazis zum Mainzer Rosenmon-
tagszug fuhr, Harry Graf Kessler nach einem Diner bei von Seeckt den
Abend des 30. Januar 1933 mit „zwei blonden Nutten"[34] im Bierhaus ab-
schließt und wenn eine Versammlung der Liga für Menschenrechte am selben
Abend vor dem Hintergrund des siegestrunkenen Lärms der Berliner SA
ruhig zu Ende tagte,[35] dann zeugt das von der Kurzsichtigkeit vieler Beteilig-
ter und bald Betroffener. Nicht viel besser stand es um die Handvoll der seit
dem 30. Januar mehr oder weniger aus der Illegalität heraus operierenden
kommunistischen Schriftsteller. Zwar machte sich in den Splittergruppen des
bezeichnenderweise schon 1932 auseinandergefallenen BPRS niemand, wie so
mancher im bürgerlichen Lager, Illusionen über die Ziele der Faschisten.
Andererseits war man trotz der Erfahrungen aus den halblegalen Jahren der
Weimarer Republik so schlecht auf den Ernstfall vorbereitet, daß die literarische Untergrundarbeit auf einige wenige Unternehmen wie die Herausgabe
der Zeitschrift *Stich und Hieb* (1933–1935) und daß der Protest auf den auf-
sehenerregenden Auftritt des maskierten Jan Petersen auf dem Internationalen Schriftstellerkongreß zur Verteidigung der Kultur (Paris, 1935) beschränkt blieb.[36]

Was zu dieser beinahe völligen Passivität der antifaschistischen und nicht-
faschistischen Literatur geführt hat, ist hier nicht zu rekonstruieren. Rückblicke und Selbstanalysen der Beteiligten sind jedenfalls selten so offen wie
das Geständnis von Oskar Maria Graf über sein Zögern beim Verlassen
Deutschlands: „Manchmal standen wir in aller Frühe auf und beschlossen,
fortzureisen, einfach irgendwohin, bis das Schlimmste vorüber sei, denn
beide waren wir felsenfest davon überzeugt, daß so ein Fanatiker sich höch-
stenfalls einige Monate lang halten konnte. Wer heute den Klugen spielen will
und behauptet, er sei damals vom Gegenteil überzeugt gewesen, dem bleibt es
unbenommen; ich glaube es ihm nicht."[37] Selbst bei denen, die ihre bisherige
Existenz gegen die Ungewißheit des Exils einzutauschen gewillt waren,
scheint so eine „merkwürdige Mischung von theoretischer Einsicht und
praktischem Nichtverstehen, von Illusion und Resignation, Eskapismus und
politischer Aktivität, von spekulativen Hoffnungen und Unkenntnis des
Gegners"[38] vorgeherrscht zu haben. Samuel Fischer, charakterisiert von
Gottfried Bermann-Fischer und Peter de Mendelssohn, mag noch einmal als
Beispiel dienen: „... Fischer war bisher vom Ernst der Lage nicht zu über-
zeugen gewesen; sein getrübtes Bewußtsein hatte ihm ,das Verständnis für die
politischen Vorgänge verschlossen'; er weigerte sich entschieden, die Frage
einer Auswanderung auch nur zu erörtern: ,Wie ein Segen Gottes hatte ihn
diese Trübung des Geistes vor der bitteren Erkenntnis der Lage bewahrt.'"[39]

2.3. Das Jahr 1933: Flucht und erste Zufluchtsorte

So wie die Gründe für das passive Verhalten gegenüber dem Nationalsozialismus sind auch die Motive für die Flucht vieler Künstler, Intellektueller und Journalisten aus Deutschland bei weitem nicht so leicht festzulegen, wie zu erwarten wäre. Unmittelbare physische Bedrohung findet sich da als Anlaß für das plötzliche Aufgeben des gewohnten Lebens ebenso wie ein vager Abscheu vor dem Stil der neuen Machthaber; psychischer Druck ebenso wie rassische Diffamierung; ein tatsächlicher oder antizipierter Verlust der Existenzgrundlage ebenso wie die permanente Unruhe jener, die sich schon vor 1933 in einer Art von geistigem Exil befunden hatten. Nicht selten gerieten Opportunismus und Abenteuerlust mit ins Spiel oder auch ein zufällig geplanter Auslandsaufenthalt, der sich schließlich auf zwölf und mehr Jahre ausdehnte; andere mußten fliehen, weil sie selbstlos Opfer bei der Rettung Bedrohter gebracht hatten. Für die meisten der Exilierten sind wenigstens zwei oder drei Motive für ihre Flucht anzuführen. Weltanschauliche Position, Parteimitgliedschaft, persönliche und wirtschaftliche Aspekte sind nur einige der variablen Gründe, die in diesem Zusammenhang von Bedeutung sind. Während der Faschismus und seine Maßnahmen für alle Exilanten als gemeinsamer Feind figurierte, blieb der unmittelbare Anlaß zur Flucht weitgehend an den Einzelfall gebunden.

Wie unklar zudem die Absichten der Nationalsozialisten damals waren, belegen die verschiedenen Ausbürgerungslisten. Da finden sich die Namen von Lion Feuchtwanger, Kurt Grossmann, Alfred Kerr, Heinrich Mann, Leopold Schwarzschild und Ernst Toller schon auf der ersten Liste vom 23. August 1933. Heinrichs Bruder Thomas dagegen wurde bis zur Liste 7 (2. Dezember 1936) nicht behelligt, was allerdings weniger mit seinem Ruhm als mit seinem vorsichtigen Taktieren zwischen Exilschriftstellern und Faschismus zu tun hatte. Albert Einstein, ebenfalls ein Nobelpreisträger, wurde zusammen mit Johannes R. Becher, Oskar Maria Graf und Theodor Plivier bereits auf der zweiten Liste vom 24. März 1934, Bertolt Brecht, Hermann Budzislawski, Kurt Hiller, Walter Mehring, Franz Pfemfert und Friedrich Wolf wurden durch Liste 4 am 8. Juni 1934 ausgebürgert. Ludwig Marcuse, der Verleger Fritz Landshoff und Alfons Goldschmidt sahen sich sogar noch später, zum Teil erst kurz vor Kriegsbeginn, expatriiert; ebenso die KPD-Funktionäre Wilhelm Florin und Walter Ulbricht, deren Namen 1937 auf den Listen 8 und 11 auftauchten.[1]

Merkwürdig mutet auch an, daß die Zahl der Verhaftungen von Schriftstellern und schon gar die Zahl der Todesfälle in Gestapokellern und Konzentrationslagern gemessen an der Gesamtzahl der Exilanten und der Opfer des Faschismus recht klein gewesen ist. Damit kann und soll das Leiden der Carl von Ossietzky, Erich Mühsam, Klaus Neukrantz und Erich Baron nicht verringert werden. Dennoch ist diese Tatsache nicht allein mit der raschen Flucht der Betroffenen oder der mangelnden Organisationsfähigkeit der neuen Machthaber zu erklären. Immerhin waren 1933 zum Teil recht populäre kommunistische Autoren wie Willi Bredel, Hermann Duncker, Egon Erwin Kisch, Kurt Kläber, Berta Lask, Ludwig Renn, Anna Seghers und Karl August Wittfogel in die Hände der nationalsozialistischen Behörden gefallen. Mit Ausnahme von Renn, der wegen Hochverrats eine zweieinhalbjährige Gefängnisstrafe absitzen mußte, waren alle der Genannten spätestens 1934 wieder frei. Mißhandlungen scheinen nicht die Regel gewesen zu sein. Was die nationalsozialistischen Dienststellen im einzelnen zu diesem Verhalten veranlaßt haben mag, ist schwer zu durchschauen. Einige der Entlassungen geschahen zweifellos auf Grund der ausländischen Staatsbürgerschaft der Betroffenen: Kisch war Tscheche, Anna Seghers durch ihren Mann Ungarin, Sperber kam nach Intervention der polnischen Botschaft frei. Abwerbungsversuche spielten in anderen Fällen eine Rolle: Ludwig Renn, der unter seinem eigentlichen Namen Arnold Vieth von Golßenau im ersten Weltkrieg Offizier gewesen war, und der Arbeiterschriftsteller Karl Bröger wurden umworben. Bei Renn ohne, bei Bröger, wie manchen anderen SPD-nahen Arbeiterdichtern der 20er Jahre, mit Erfolg. Der eigentliche Grund für das überraschende Verhalten der Nazis dürfte jedoch darin gelegen haben, daß die neuen Machthaber sich mit der Absicherung ihrer eben gewonnenen Positionen gegen ihre politischen und kulturellen Hauptgegner zunächst zufrieden gaben: Das Exil galt ihnen, Joseph Goebbels' Satz von den Exilanten als „Kadavern auf Urlaub"[2] weist darauf hin, anscheinend ebensoviel wie Inhaftierung oder Tod.

Verwirrung scheint 1933 auch unter den Exilanten selbst geherrscht zu haben. Viele von ihnen nutzten nämlich das nach der Hysterie der Februarwochen entspanntere Klima, um nach Deutschland zurückzukehren. So fuhr außer den illegal einreisenden Funktionären der verschiedenen Parteien Ödön von Horváth ins Reich, um Recherchen für ein neues Projekt anzustellen. Arnold Zweig brannte darauf, zu sehen, „was in Berlin eigentlich geschehe".[3] Thomas Mann war Mitte März, also nach dem Reichstagsbrand und dem Fall Bayerns, von seinen Kindern Erika und Klaus nur mit Mühe telefonisch von einer Rückkehr nach München abzuhalten. Erika wagte sich Anfang Mai nach der Beschlagnahme des Mannschen Vermögens in München sogar noch einmal in das Haus in der Poschingerstraße, um die bis dahin gediehene Niederschrift des Joseph-Romans zu retten.[4] Ebenfalls im Mai kehrte Bermann-Fischer, vier Wochen später der Rest der Familie aus dem Urlaub in Rapallo nach Berlin zurück.[5] Kurt Pinthus berichtet, noch im Jahre 1937 „in abenteuerlicher Weise" seine „gesamte Bibliothek nebst Papieren gestohlen und nach New York geschafft"[6] zu haben. Fritz Kortner, der nach Aussage von PEM (d.i. Paul Marcus) schon 1932 nach Ascona gegangen war, mußte erneut fliehen, weil er Ende Januar doch wieder am Deutschen Theater probte.[7] Und Egon Erwin Kisch, seit Jahren einer der Intimfeinde der Nazis, verließ am 30. Januar seinen Lehrauftrag für Journalistik an der Universität Charkow, um aus Berlin über die Regierung Hitler zu berichten. Am 28. Februar als einer der ersten verhaftet, war er schon am 11. März wieder frei, um gleich darauf für die *Arbeiter-Illustrierte-Zeitung* einen Bericht mit dem Titel *In den Kasematten von Spandau* zu schreiben.[8] Einige wenige, wie Ernst Glaeser, gingen auf Dauer zurück ins Reich. Bernard von Brentano wurde 1940 selbst nach eifrigem Bekenntnis zur Politik des „Führers" nicht wieder in die Reichsschrifttumskammer aufgenommen.[9]

Trotz dieser recht verwirrenden Situation lassen sich gewisse Kategorien aufstellen, die den Exodus der Jahre nach 1933 überschaubarer machen. So gilt es zunächst einmal, die später unter verschiedenen Bedingungen und mit anderen Resultaten stattfindende jüdische Massenflucht vom eigentlichen Exil zu trennen.[10] Für die verbleibende, relativ kleine Zahl der literarisch-künstlerischen Exilanten zeichnen sich sodann zwei Gruppen ab: jener, numerisch stärkere, Teil der Exilanten, der aus politischen Gründen unmittelbar nach der Machtübergabe an Hitler floh; und jene (Spät)-Exilanten, die bis 1939/1940 aus moralischen, künstlerischen und religiösen Gründen aus Deutschland weggingen.

Kennzeichnend für die erste, politisch-literarische Gruppe ist vor allem, daß sie seit dem 30. Januar 1933 den halblegalen Schikanen der SA und seit dem Reichstagsbrand dem legalen Terror der „Verordnung des Reichspräsidenten zum Schutz von Volk und Staat" ausgesetzt war. Hierher gehören schreibende Funktionäre wie Alexander Abusch und politisch aktive Schriftsteller wie Johannes R. Becher, Bertolt Brecht, Ludwig Renn, Friedrich Wolf und Heinrich Mann ebenso wie der unpolitische Künstler Erich Maria Remarque, der sich vor allem mit pazifistischen Büchern hervorgetan hatte. Andere waren den Nationalsozialisten allein deswegen verdächtig, weil sie, wie Käthe Kollwitz, den Wahlaufruf einer der Linksparteien unterzeichnet hatten. Wilhelm Herzog, Alfred Kerr, Robert Neumann, Walter Mehring und – nach mehreren Warnungen unter anderem durch den französischen Botschafter – Heinrich Mann verließen noch vor dem 28. Februar Deutschland. Einige, die sich im ersten Monat des tausendjährigen Reiches mehr oder weniger zufällig im Ausland aufhielten, kehrten nicht zurück. Walter Hasenclever lebte seit 1930 als Korrespondent des *8 Uhr Abendblatts* in Paris; Kurt Tucholsky wohnte seit 1924 in Paris, seit 1929 in Schweden. In der Sowjetunion arbeiteten seit 1926 Bernhard Reich und seit 1932 Herwarth Walden. Georg Grosz war am 12. Januar 1933 in die USA gereist, Hanns Eisler besuchte damals gerade Wien. René Schickele hatte sich im Herbst 1932 im späteren Exilzentrum Sanary-sur-Mer niedergelassen, weil es ihm „schon unter Papen und Schleicher ... in die Nase zu stinken"[11] begann. Hermann Hesse blieb in der Schweiz, Jakob Wassermann in Österreich. Thomas Mann, der in Holland, Belgien und Frankreich auf Festveranstaltungen zu Richard

Wagners 50. Todestag seinen Vortrag *Leiden und Größe Richard Wagners* hielt, vermerkte in seinem Tagebuch: „Wunderliches Erlebnis, daß einem, während man gerade draußen ist, sein Land irgendwohin davonläuft, so daß man es nicht wiedergewinnen kann."[12]

Da im Laufe des Februars die Ausreisebestimmungen von den Behörden noch wie in normalen Zeiten gehandhabt wurden, war in diesem Zeitabschnitt in der Tat eine Flucht nur schwer von privaten und geschäftlichen Reisen zu unterscheiden. Das sollte sich mit dem Brand des Reichstags, der von den Nazis bekanntlich den Kommunisten zu Lasten gelegt wurde, rasch ändern. Nach den linksorientierten Schriftstellern und Journalisten wurden jetzt auch alle anderen politisch engagierten Nichtfaschisten im wahrsten Sinne des Wortes über Nacht Ziel von polizeilichen Maßnahmen. Noch am 28. Februar wurden die Grenzstationen mit den seit langem vorbereiteten Listen der Gesuchten versorgt. Kontrollen an den Bahnsteigen begannen die Abreise zu erschweren. Die oft recht spärlichen Geldmittel der Flüchtlinge schmolzen nach der Sperrung vieler Konten bedenklich zusammen.

Trotzdem wurden auch jetzt nur in Ausnahmefällen Reisepässe durch die Behörden eingezogen. Die Paß-Verordnung vom 7. Juni 1932 kam selten zur Anwendung.[13] Und ein Sichtvermerk für Ausreisen aus dem Reichsgebiet wurde erst im April eingeführt. Weniger die offiziellen Schritte der Regierung, als halblegale Verhaftungen, Hausdurchsuchungen und Beschlagnahmungen durch die SA und die politische Polizei schienen jene Atmosphäre der Angst und Nervosität geschaffen zu haben, die sich, angereichert durch allerlei Gerüchte, bis zu einer regelrechten Panik und Fluchtromantik auswuchs. So kam es, daß selbst Kulturschaffende, die unmittelbar nicht bedroht waren, Ende Februar und Anfang März unter Zurücklassung ihres Hab und Guts, ihrer Familienmitglieder und ihrer Mitarbeiter Hals über Kopf flohen. Neben den Gefährdeten Becher, Brecht, Döblin und Ludwig Marcuse verließen am 28. Februar auch Karl Wolfskehl und Bruno Frank Deutschland. Es folgten im Laufe des März zusammen mit Theodor Lessing, Harry Graf Kessler, Alfred Kantorowicz und Theodor Plivier Alexander Moritz Frey, Max Herrmann-Neisse und Balder Olden, der seine Absage an den Faschismus mit den berühmten Worten „Mir wäre nichts Besonderes passiert ..."[14] überschrieb.

Andererseits schienen sich einige der tatsächlich Bedrohten anfangs noch sicher genug gefühlt zu haben, um bis Ende März oder länger im Reichsgebiet zu bleiben. So gingen zum Beispiel Friedrich Burschell, Ruth Fischer, John Heartfield, Wieland Herzfelde, Else Lasker-Schüler, Hans Marchwitza, Gustav von Wangenheim und Paul Zech alle erst im Laufe des Frühsommers 1933 ins Exil. Heartfield, der illegal bei verschiedenen Freunden gelebt hatte, konnte sich während dieser Zeit mehrfach nur durch seine Geistesgegenwart und eine Reihe von Zufällen der Verhaftung entziehen. Ein Genosse brachte ihn schließlich „bei anbrechender Dunkelheit"[15] über die tschechische

Grenze. Andere kommunistische Schriftsteller erhielten gefälschte Papiere, Fahrkarten und Unterkunft, meist durch Initiative mutiger Genossen auf der unteren Ebene.

Wer sich im Sommer 1933 noch in Deutschland aufhielt, arbeitete also entweder illegal für eine Partei oder Organisation, oder er gehörte der zweiten, unpolitischen Gruppe von Exilanten an. Da die Grenz- und Bahnhofskontrollen der Nazis im Laufe der Zeit nachzulassen begannen – am 1. Januar 1934 wurde sogar die Genehmigungspflicht für Auslandsreisen wieder aufgehoben –, können für die Spätexilanten die Gefahren der illegalen Flucht kaum mehr als Grund für das Hinauszögern der Abreise angeführt werden. Vielmehr scheint es sich hier um einen Personenkreis zu handeln, der zunächst einmal die Entwicklung des Faschismus abwarten wollte, sich dann aber aus moralischen Gründen oder angewidert vom Stil der hysterischen Parolen und Massenkundgebungen der Nazis zur Übersiedlung ins Ausland entschloß. Manch einer machte sich auch, wie vor 1933, Illusionen über die Regierungsfähigkeit der Nazis. Andere hielten trotz Pogromen und Terrorakten verbissen an ihrem Legalitätsdenken fest. Wieder andere überschätzten ihren Einfluß beim passiven Widerstand. Die große Mehrzahl der Nachzügler schien jedenfalls so wenig an den Zeitereignissen interessiert, daß es eines kräftigen Eingriffs in ihre private Lebens- und Schaffenssphäre bedurfte, um ihnen die Augen für die Ziele der neuen Regierung zu öffnen. Thomas Mann kann hier erwähnt werden, der weiterhin in Deutschland veröffentlichte, während er sich vorsichtshalber in der Schweiz und in Frankreich aufhielt. Ähnlich handelten der Verleger Gottfried Bermann-Fischer und die Schriftsteller Ernst Glaeser und Kurt Hiller. Stefan Zweig gab sein Haus in Salzburg erst auf, als nach der Zerschlagung des Schutzbundes durch die Regierung Dollfuß bei ihm nach Waffen gesucht wurde. Zwischen 1934 und 1940 verließen Deutschland unter anderem Kurt Kersten, Stephan Hermlin, Franz Jung, Karl O. Paetel, Kurt Pinthus, Udo Rukser und Hermann Ullstein. Georg Kaiser reiste im November 1938 aus, Nelly Sachs flüchtete 1940. Alfred Mombert, der dieser „Kinder-Affaire" trotzte, weil er „seit langem in einer geistigen Region" lebte, „die dem Einbruch der Dämmerung und Dämonen unzugänglich bleibt",[16] konnte 69jährig im Oktober 1941 nur durch die Hilfe von Schweizer Freunden aus dem französischen Örtchen Idron par Pau gerettet werden.

Aber auch viele politische Flüchtlinge der ersten Stunde hatten den Nazis derart unvermittelte und drastische Verstöße gegen die Weimarer Verfassung nicht zugetraut. So verlief die Mehrzahl der Fluchtwege zunächst recht zufällig. Vorkehrungen für den Ernstfall hatten jedenfalls weder die großen Parteien noch die meisten Privatpersonen getroffen. Erstes Ziel der Fliehenden war folglich die nächstliegende Grenze – also für Berliner die Tschechoslowakei, für die Westdeutschen Frankreich, das Saargebiet und Holland, für andere die Schweiz und Österreich. Weiter brauche man, so lautete die beinahe einstimmige Meinung, ohnehin nicht zu flüchten, da der „Spuk" in Deutschland kaum länger als ein paar Wochen dauern könne.[17] Freunde, Parteigenossen, hier und da auch schon ein rasch gegründetes Komitee, halfen den Exilierten mit dem Nötigsten. Mitgenommen hatte die Mehrzahl nur das, was man auf dem Leib trägt oder was sich rasch in ein, zwei Handkoffer verstauen läßt. Plivier überquerte die tschechische Grenze in einem unauffälligen Personenzug. Friedrich Wolf begab sich auf eine fingierte Skireise. Alfred Kantorowicz täuschte eine Kur in Davos vor. Arnold Zweig ging im Erzgebirge wandern. Erika Mann verließ Bayern am 12. März in Richtung Arosa, ihr Bruder Klaus ging einen Tag später nach Frankreich. Ein Fall wie der Döblins, der seine gesamte Wohnungseinrichtung aus Deutschland herausbekam, blieb die Ausnahme.[18]

Die Tschechoslowakei, die Schweiz, Österreich und Frankreich nahmen die ersten Flüchtlingswellen auf. Mit Ausnahme von Frankreich, das für viele Exilanten wegen ihrer langjährigen Vertrautheit mit seiner Sprache und Kultur besonders anziehend war, liegen die Gründe für die Wahl der anderen Zufluchtsorte auf der Hand: neben der geographischen Nähe zu Deutschland boten sie die Möglichkeit zur Weiterverwendung der Muttersprache. Zudem herrschte, zumindest in der ČSR und in geringerem Maße auch in Frankreich, dort ein relativ liberales politisches Klima, das bald um so attraktiver wurde, als sich Österreich dem deutschen Faschismus anzupassen begann und die Schweiz aufgrund ihrer unnachgiebigen Fremdenpolitik ein reines Transitland blieb. In die ČSR gingen 1933 von den bekannteren Schriftstellern und Intellektuellen Ruth Fischer, Kurt Grossmann, Julius Hay, John Heartfield, Stefan Heym, Alfred Kerr, Theodor Plivier, Adam Scharrer, Ernst Weiß, Alfred Wolfenstein und Arnold Zweig. Österreich wählten als vorläufiges Exil Bertolt Brecht, Ferdinand Bruckner, Wieland Herzfelde, Ödön von Horváth, Robert Musil, Leopold Schwarzschild, Friedrich Wolf und Carl Zuckmayer. Die Schweiz war für Hermann Budzislawski, Alfred Döblin, Leonhard Frank, Hans Henny Jahnn, Alfred Kantorowicz, Else Lasker-Schüler, Hans Marchwitza und Theodor Wolff die erste Station ihrer Flucht. Nach Frankreich entkamen unter anderem Walter Benjamin, Wilhelm Herzog, Harry Graf Kessler und Ernst Erich Noth. Italien, Ungarn und Polen wurden von den Exilanten wegen ihrer faschistischen oder national-konservativen Regierungen nur in Ausnahmefällen als Aufenthaltsorte gewählt. Zu den Niederlanden, Skandinavien und England schien die Mehrzahl der Exilanten kein engeres Verhältnis gehabt zu haben. Allein Paul Zech ging über Italien unmittelbar nach Übersee; ein Freund hatte ihn nach Argentinien eingeladen.

Unübersichtlicher wurden die Wege ins Exil erst gegen Ende der 30er Jahre. Wer damals das Reichsgebiet verließ bzw. durch den Anschluß Österreichs und das Münchner Abkommen erneut vertrieben wurde, schloß sich meist den inzwischen aus West- und Nordeuropa Weiterziehenden an und ging über England und Skandinavien in überseeische Länder. Mit dem Fall des Saargebiets und der Tschechoslowakei begann sich nun auch bei den weltfremdesten Exilanten die Einsicht durchzusetzen, daß eine Rückkehr nach Deutschland in naher Zukunft nicht möglich sei. Gleichzeitig drängten vor allem die Jüngeren unter den Vertriebenen immer stärker nach gesicherten Lebens- und Arbeitsverhältnissen, worauf in Frankreich, Schweden oder der Schweiz wegen der verschärften Aufenthaltsbestimmungen nicht zu hoffen war. Spätestens mit dem Ausbruch des zweiten Weltkriegs im Herbst 1939 wurde die erneute Umsiedlung der vor dem Nationalsozialismus geflohenen Exilschriftsteller dann zu einer Notwendigkeit auf Leben und Tod.[19]

3. Die Schriftsteller im Exil

3.1. Allgemeine Existenzprobleme[1]

Wer Deutschland im Jahre 1933 auf der Flucht vor den Nationalsozialisten verließ, machte sich im allgemeinen erhebliche Illusionen über die Lebensfähigkeit der neuen Regierung. In der *Neuen Weltbühne* gab Hermann Budzislawski anläßlich der Röhm-Affäre der Hitlerei nur noch „eine begrenzte Zeit und jedenfalls nicht Jahre".[2] Emil Ludwig und Albert Einstein machten sich 1935/36 über den „Ansichtskartenkünstler a.D."[3] und „lieben Hitler"[4] lustig. Walther Korodi spekulierte zur gleichen Zeit darauf, daß die Armee wegen des „atemberaubenden"[5] Abwirtschaftens der NSDAP bald zuschlagen werde. Und Heinrich Mann schrieb noch im Mai 1939 an seinen Bruder: „Zum Jahreswechsel muß Hitler am Boden liegen; oder, was folgt, wäre unabsehbar, wenigstens für mich."[6] Kaum einer der Exilanten rechnete anscheinend mit einer Abwesenheit von mehr als einigen Wochen oder Monaten. Daß daraus einmal zwölf und mehr und damit für viele die letzten Jahre ihres Lebens werden würden, hatte fast niemand erwartet.

Dementsprechend lax wurden die grundsätzlichsten Existenzprobleme gehandhabt. Zwar kam man zu einer Zeit ins Ausland, als allenthalben ökonomische Krisen, Arbeitslosigkeit, Nationalismus und „Autarkie"[7] vorherrschten – Visa, Aufenthaltserlaubnis und Arbeitsgenehmigungen, so glaubte man, würden keine besonderen Probleme darstellen. Daß die bei Auslandsreisen gewohnte rasche und zuvorkommende Abfertigung durch die ausländischen Behörden gerade jetzt in eine ökonomisch, politisch oder antisemitisch aufgeladene Animosität umschlagen könnte, schien undenkbar. Die Asylländer würden, davon war man überzeugt, den politischen und moralischen Mut der Naziverfolgten durch die großzügige Abwicklung bürokratischer Fragen anerkennen.

So hatte man zwar seine Barschaft, soweit sie flüssig gewesen war, mitgenommen – nach einem neuen Lebensunterhalt taten sich die Exilautoren anfangs nur in Ausnahmefällen um. Kaum einer der Geflüchteten sah voraus, daß die bisherige Einnahmequelle, also das Schreiben, beinahe über Nacht verstopft werden könnte. Die Notwendigkeit, sich und seine Familie auf die neuen Lebensverhältnisse umzustellen, die Auswirkungen eines oft schwer definierbaren Kulturschocks und die Folgen der Trennung vom gewohnten Anschauungsmaterial und den Quellen für die literarische Arbeit – all das waren Probleme, die erst im Laufe der Jahre in den Vordergrund der Exilantenbiographien treten sollten. Vom verbalen Protest gegen den Nationalsozialismus, das mußte bald auch der letzte Flüchtling erkennen, ließ sich draußen nicht leben.

Von den allgemeinen Existenzproblemen trafen die Einwanderungsbestimmungen der Gastländer die Exilschriftsteller am unerwartetsten und vielfach am härtesten. Beinahe jeder von ihnen konnte von Erlebnissen berichten, die denen der Flüchtlinge in Anna Seghers beziehungsreich *Transit* genanntem Roman in nichts nachstanden. Viele waren aus Deutschland ohne Reisepapiere geflüchtet oder mit Pässen, die gefälscht oder ungültig waren oder bald abliefen. Thomas Mann, der 1934 bei der Deutschen Gesandtschaft in Bern wegen der Verlängerung seines Ausweises nachsuchte, ließ seinen Rechtsanwalt betonen, daß er ein ganz und gar unpolitischer Dichter sei: „Es handelt sich hier nur darum, den Gedanken auszuschließen, daß Herr Dr. Thomas Mann jemals Tages- oder Parteipolitik hätte treiben oder ein politisches Programm propagieren wollen. Seit dem Umbruch 1933 vollends hat mein Klient über die deutschen Dinge grundsätzlich geschwiegen und mit keinem Wort das Dritte Reich, dessen Führer und den Kreis seiner Mitarbeiter berührt und in diesem Sinne nicht nur abgesehen von jeder Mitarbeit an Blättern und Werken von Emigranten, die dem heutigen Deutschland feindlich gegenüberstehen, sondern sich in aller Öffentlichkeit ausdrücklich dagegen verwahrt."[8]

Einreisevisen hatten sich nur die wenigsten Exilanten noch besorgt; ebensowenig den in den meisten Staaten für die Ausstellung einer Arbeitsgenehmigung vor der Grenzüberquerung abzuschließenden Vertrag mit dem künftigen Arbeitgeber. Begriffe wie Carte d'Identité, Titre de Voyage, Ressortissants de pays ennemis, Quota und Wid na schitelstwo bes graschdanstwa oder auch Expulsion, Refoulement, Avvisning, Förpassning, Utvisning, Camps de rassemblement und Curfew gehörten bald ebenso in die Alpträume der oft doppelt und dreifach Ausgestoßenen wie die Berichte aus der Heimat. Brecht – und nicht nur er – hat diesen Zustand in einem Gedicht überliefert:

Erhabener Vizekonsul, geruhe
Deiner zitternden Laus
Den beglückenden Stempel zu gewähren! ...

Viermal
Ist es mir gelungen, bis zu dir vorzudringen.
Einige meiner Worte
Ausgedacht in schlaflosen Nächten
Hoffe ich in deine Nähe gelangt.

Ich habe mir zweimal die Haare geschnitten deinetwegen
Nie
Ging ich zu dir ohne Hut, meine schäbige Mütze
Habe ich vor dir immer versteckt ...

Keine Angst, kleiner Mann hinter dem Pult!
Deine Oberen
Werden dir schon den Stempel nicht übelnehmen.
In monatelangen Inquisitionen
Hast du den Applikanten durchforscht ...
Haue das Stempelchen herein, deine Oberen
Werden dich schon nicht auffressen![9]

Versuche, die meist hoffnungslos antiquierten und ausnahmslos auf den sogenannten Normalfall eingestellten Immigrationsgesetze der einzelnen Länder
zu vereinheitlichen oder wenigstens mit Bezug auf die deutschen Exilanten zu
lockern, schlugen durchweg fehl. Weder der sogenannte Nansenpaß für Staatenlose noch die Ernennung eines Hohen Kommissars für die deutschen
Flüchtlinge durch den Völkerbund, noch auch verschiedene nationale Kom-
missionen wie das Comité consultatif in Frankreich oder das Comité National Tschéco-Slovaque pour les Refugiés provenant d'Allemagne, das dem
tschechischen Außenministerium nahestand, schufen dauerhafte Abhilfe.
Visaabkommen, die nach dem Muster jenes 1938 zwischen der Schweiz und
Deutschland ausgehandelten Protokolls die Signierung der Pässe von deutschen und österreichischen Juden mit dem berüchtigten „J"-Stempel anerkannten, blieben zwar im allgemeinen die Ausnahme; andererseits führten
Konferenzen, wie die von Evian (Juli 1938) in kaum einem der 32 Teilneh-
merstaaten zu spürbaren Erleichterungen. Wem es trotzdem gelang, in einem
Land Fuß zu fassen, hatte dies gewöhnlich einem Glücksfall, den Beziehungen einflußreicher Freunde oder den Fehlleistungen irgendeiner Behörde zu
verdanken. Zuckmayer erhielt die österreichische Staatsbürgerschaft wohl
nur auf Grund des Einspruchs von Franz Werfel. Hans Habe hatte durch
seinen Vater in Budapest Beziehungen.[10] Gustav Regler machte sich durch
seinen Dienst in der Internationalen Brigade um Spanien verdient. Die Mitglieder der Familie Mann standen unter Protektion der tschechischen Staatspräsidenten Masaryk und Benesch; hätten sie sich die zur Erlangung der
tschechischen Staatsbürgerschaft vorgeschriebenen zehn Jahre in ein und derselben Gemeinde aufhalten wollen, wären sie ungefähr zur Zeit des Einmar-
sches der sowjetischen Truppen eingebürgert worden. Döblin verdankte den
französischen Paß seinen Söhnen, die sich zur Armee meldeten. Für den
österreichischen Komponisten Erich Zeisl intervenierte Darius Milhaud in
Paris bei den Behörden.[11] Erika Mann wurde Engländerin, als sie W. H. Auden heiratete. Emil Ludwig, der 1940 sein Besuchervisum in ein Einwande-
rungsvisum umtauschen wollte, erhielt aus dem Weißen Haus den Rat, pro
forma noch einmal aus Mexiko einzureisen.[12]

Unmittelbar mit der Aufenthaltsgenehmigung verknüpft war ein zweites
zentrales Existenzproblem der Exilierten: das geregelte Einkommen. Eine
Arbeitsgenehmigung bekam nämlich nur, wer auch eine Aufenthaltserlaubnis

vorweisen konnte; eine Aufenthaltserlaubnis gab es aber allein auf gültige deutsche Papiere, und die wiederum besaß spätestens nach Veröffentlichung der Ausbürgerungslisten keiner der Betroffenen mehr.[13] Gleichzeitig wurde der legale und illegale Transfer der in Deutschland befindlichen Guthaben ins Ausland durch das Sperren von Konten, Beschlagnahmen und die Erhebung einer Fluchtsteuer auf ein Minimum reduziert. Wobei allerdings anzumerken ist, daß selbst einige der bekannteren Autoren schon in den Weimarer Jahren mehr Schulden als Rücklagen besessen hatten. Theodor Däubler, Reinhard Goering, Hans Henny Jahnn, Johannes Schlaf, Carl Sternheim und Herwarth Walden hatten 1930 in zum Teil mitleiderregenden Bittbriefen bei der Preußischen Akademie der Künste um finanzielle Unterstützung nachgesucht. Musil, dem durch Thomas Manns Intervention noch im Januar 1933 500 oder 1000 Mark für den *Mann ohne Eigenschaften* überwiesen werden sollten, mußte sich für eine derart lumpige Summe auch noch Kritik von Gottfried Benn und Heinrich Mann an Umfang und Ziel seines Projektes gefallen lassen.[14] Im Schweizer Exil fristete er ein bescheidenes Dasein, das von Zuwendungen der American Guild for Cultural Freedom, dem Comité International pour le Placement des Intellectuels Réfugiés und privater Hand abhing.[15] Und Else Lasker-Schüler teilte selbstlos, wie auch später im Exil, ein Stipendium von 1000 Mark kurzerhand auf vier ihrer Meinung nach „hochbegabte Künstler"[16] auf.

Beschränkt blieben schließlich auch die Möglichkeiten, sich durch die Mitarbeit an Exilunternehmen einen Lebensunterhalt zu erwerben. Weder die Honorare der Exilzeitschriften und die Tantiemen aus den spärlichen Theateraufführungen, noch die Einkünfte aus den Büchern, an denen man oft jahrelang unter Aufbietung aller Kräfte gearbeitet hatte, noch die Vergütung für einen Aufsatz oder eine Kritik, die man hier und da meist illegal in einem Blatt der Landespresse unterbrachte, reichten für längere Zeit aus. Zwar argumentierte etwa das *Neue Tage-Buch* mit vielen Exilanten, daß das nach Frankreich eingeführte Vermögen mehr Arbeitsplätze geschaffen habe, als von Flüchtlingen besetzt würden[17] – an der negativen Einstellung der meisten Staaten bei der Vergabe von Arbeitsgenehmigungen änderten jedoch solche Appelle nichts. Wenn Döblin schon 1935, zu einem Zeitpunkt, als die Exilverlage noch relativ gut florierten, berichtet, daß „eine Arbeit von 1 Jahr Arbeitszeit ... mit dem Betrag für 3 Monate"[18] bezahlt werde, entsprach das zweifellos mehr der Regel als den Ausnahmen. Selbst angesehene Zeitschriften wie Klaus Manns *Sammlung* sahen sich zuzeiten gezwungen, ein bestelltes Manuskript wegen 100 ffrs. (dem Gegenwert von anderthalb Jahresabonnements) Mehrforderung des Autors – in diesem Fall immerhin Walter Benjamin – wieder zurückzuschicken.[19] „Seit ich Berlin verlassen habe", berichtet Benjamin an Gerhard Scholem und Jula Radt, „werde ich im Durchschnitt pro Monat etwa 100 Mark verdient haben[20] ... meine Lebensbedürfnisse und Lebenskosten habe ich ... auf ein kaum mehr unterbietbares Minimum gesenkt."[21]

Bliebe als letzte und von vielen verständlicherweise nur in höchster Not angezapfte Quelle die Großzügigkeit besser bemittelter Kollegen und die Wohltätigkeit der verschiedenen Hilfskomitees in den Gastländern. Erich Maria Remarque, Emil Ludwig und Stefan Zweig haben hier in selbstloser Weise viel Gutes getan. Größere Geldmittel, zum Teil in Form von Arbeitsstipendien, wurden für Schriftsteller ansonsten nur von zwei Gruppen vergeben: von der 1935 durch Hubertus Prinz zu Löwenstein in New York gegründeten American Guild for German Cultural Freedom, die sich ein Jahr später mit der Deutschen Akademie verband, und dem 1937 von 29 exilierten Intellektuellen ins Leben gerufenen Thomas-Mann-Fonds. Wie eng die Möglichkeiten dieser Organisationen gesteckt waren, belegt das Budget der Am-Guild: insgesamt $ 30.000 wurden an über 160 Bewerber verteilt – eine Gesamtsumme, die nach Aussage von Vicki Baum etwa viereinhalb Monatsgehältern eines besseren Skriptenschreibers in Hollywood entsprach.[22] Andere Gruppen, wie das aus Paris operierende Comité National de secours aux réfugiés allemands victimes de l'antisémitisme, Hugo Simons Deutsche Kommission, der Central British Fund, die jüdische Hilfsorganisation Hicem oder auch der Academisch Steunfonds voor Intellectueelen in Holland, unterstützten notleidende Autoren nur beiläufig.

Während die Visa- und Geldprobleme der Vertriebenen noch relativ einfach zu durchschauen, wenn auch nicht zu bewältigen waren, schlug die Reaktion der Exilanten auf die fremden Lebensverhältnisse, Gebräuche und kulturellen Ansprüche oft bis auf die Schaffenskraft und den Lebenswillen des Einzelnen durch. „Jeder Intellektuelle in der Emigration", stellte Theodor Adorno fest, „ohne alle Ausnahme, ist beschädigt ... Er lebt in einer Umwelt, die ihm unverständlich bleiben muß, auch wenn er sich in den Gewerkschaftsorganisationen oder dem Autoverkehr noch so gut auskennt; immerzu ist er in der Irre ... Enteignet ist seine Sprache und abgegraben die geschichtliche Dimension, aus der seine Erkenntnis die Kräfte zog."[23]

Sieht man von den wenigen, im allgemeinen relativ rasch etablierten wohlhabenden und mit ihren Werken erfolgreicheren Autoren wie Lion Feuchtwanger, Franz Werfel, Vicki Baum und Thomas Mann ab, ergibt sich also auch hier ein recht trübes Bild. Ernst Weiß klagte in seinen Briefen aus Paris über Einsamkeit und Krankheit: „Jetzt habe ich wieder eine langweilige Grippe hinter mir, und die Last des Lebens und der Zeit drückt mich gewaltig, – doch wozu davon sprechen."[24] Georg Bernhard, ehemals Chefredakteur der *Vossischen Zeitung*, isolierte sich, „verbittert" vom Exil, im New Yorker Hotel Park Plaza von seinen Leidensgenossen, bis er im Februar 1944 in einem Armenkrankenhaus verstarb.[25] „Seelische Einsamkeit" verdarb Curt Goetz und Valerie von Martens „Sonnenschein und Überfluß"[26] in Kalifornien. Joseph Roth beging, im Exil endgültig und hoffnungslos dem Alkohol verfallen, am 27. Mai 1939 Selbstmord. Ernst Toller war, verarmt und deprimiert, im entfernten New York fünf Tage zuvor den gleichen Weg gegangen.

Stefan Zweig, den äußere Lebenssorgen nicht plagten, versank auf seiner Flucht via England in das fremde Brasilien in Pessimismus und Ekel vor der Welt und nahm sich im Februar 1942 zusammen mit seiner Frau das Leben.[27] Manch einer teilte die Exilproblematik mit Paul Zech, der Berthold Viertel erklärte: „Meine Arbeit hatte bereits im Triebsand zerbröckelnder Verhältnisse begonnen. Sie blieb provisorisch und auf Abruf getan."[28] Andere zogen sich, isoliert vom kulturellen Leben ihrer Gastländer, auf einen aus der Heimat vertrauten eher konservativ und kleinbürgerlich anmutenden Lebensstil zurück. Jedenfalls stehen in Briefen und Tagebüchern die Klagen um das zurückgelassene Dienstmädchen oder die nicht aufzutreibenden Zutaten zu irgendeinem Rezept bisweilen noch vor der Beschreibung künstlerischer Schaffensprobleme. Döblin mokierte sich im April 1933 darüber, daß seine Frau alle Mahlzeiten selbst zubereiten müsse.[29] Einen Monat vorher hatte Thomas Mann an Larima Mazzucchetti geschrieben: „Ich bin ein viel zu guter Deutscher, mit den Kultur-Überlieferungen und der Sprache meines Landes viel zu eng verbunden, als daß nicht der Gedanke eines jahrelangen oder auch lebenslänglichen Exils eine sehr schwere, verhängnisvolle Bedeutung für mich haben müßte. Dennoch haben wir notgedrungen begonnen, uns nach einer neuen Lebensbasis, womöglich wenigstens im deutschen Sprachgebiet, umzusehen. Mit 57 Jahren mag ein *solcher* Verlust der bürgerlichen Existenz, in die man sich eingelebt und in der man schon ein wenig steif zu werden begann, keine Kleinigkeit sein."[30] Und aus Los Angeles berichtet Ludwig Marcuse ironisch: „Wir spielten ein bißchen Premiere in den Kammerspielen des Deutschen Theaters ... Wir inszenierten Society – und ahmten wenigstens nach, was uns versagt war."[31]

Die Spannweite der Reaktionen auf die äußere Belastung durch das Exil reicht also von einem Extrem ins andere: von der überraschend großen Zahl derer, die wie Paul Zech, Bertolt Brecht, Stefan Zweig und Hermann Broch schon vor 1933 mehr oder weniger bewußt in einer Art geistigem Exil gelebt hatten,[32] bis hin zu jenen, für die eine konkrete politische Betätigung den Aufenthalt an jedem Ort der Welt sinnvoll werden ließ; von solchen, die aus Übersee gebannt auf Deutschland starrten, „als säßen sie noch in Paris oder Prag", hin zu vielen jüdischen Intellektuellen, die, wie Bloch feststellte, aus verständlichem Haß „einen Strich ... unter Deutschland gesetzt, ... es abgeschrieben" hatten; von den zumeist jüngeren „Schnellamerikanern"[33] bis hin zu Arnold Zweig und Martin Buber, die in ihrem Gastland Palästina als Exilanten statt Immigranten erneut das Dasein von Ausgestoßenen fristeten.

Am produktivsten und effektivsten reagierten, so läßt sich wohl verallgemeinern, jene Schriftsteller auf die Existenzprobleme des Exils, die durch die aktive Mitarbeit an (zumeist politischen) Gruppierungen ihrem täglichen Leben eine Richtung, einen Sinn und einen Zweck zu geben vermochten. Kurt Kersten, der dafür stellvertretend die Linksliberalen und Kommunisten Heinrich Mann, Lion Feuchtwanger, Willi Bredel, Johannes R. Becher, Ber-

tolt Brecht, Anna Seghers, Oskar Maria Graf, Franz Weißkopf und Gustav
Regler nennt, wies darauf schon im Jahre 1937 hin: „Was man vom emigrierten Schriftsteller verlangt, ist nicht nur Besinnung auf sich selbst, nicht nur
Anspannung seiner höchsten geistigen Kraft, schon gar nicht nur die Fähigkeit, sich über materielle Schwierigkeiten hinwegzusetzen, sondern vor allem
auch moralische Kräfte zu entwickeln ... sich stets der Verantwortung bewußt zu sein als Repräsentant des lebenden, des kommenden geistigen
Deutschlands zu gelten."[34]

Wenn sich im folgenden herausstellt, daß gerade diese politisch bewußten
Exilautoren von den Regelbüchern der präskriptiven Ästhetik des sozialistischen Realismus, von parteiinternen Machtkämpfen, taktischen Kompromissen und stalinistischen Säuberungsaktionen in ihrer intellektuellen Integrität,
ihrer künstlerischen Bewegungsfreiheit und ihrer persönlichen Sicherheit bedroht waren, wird die Tragik der gesamten Exilsituation vollends evident.

3.2. Geographie des Exils

Es gibt keinen Erdteil und wohl kaum ein größeres Land, in das zwischen
1933 und 1945 nicht einige der aus Deutschland Vertriebenen verschlagen
wurden. Die Landkarte des Exils reicht von Taschkent bis in den Tessin, von
Neuseeland nach New York, von Santiago de Chile nach Schanghai und von
Prag nach Paris. „... öfter als die Schuhe die Länder wechselnd"[1] durchwan-
derten die Flüchtlinge fast immer mehrere Länder. Brecht floh vor dem Krieg
durch die Tschechoslowakei, Österreich, die Schweiz, Skandinavien und die
Sowjetunion bis an die Westküste der USA. Louis Fürnberg erhielt nach
mehrmonatiger KZ-Haft am Vorabend des zweiten Weltkriegs die Ausreise
aus der Tschechoslowakei nach Italien und Jugoslawien nur mit Hilfe eines
gefälschten Schiffsbilletts für die Route London–Schanghai; seine Frau mußte
die Reise nach Rom via Lissabon buchen.[2] Jedenfalls bestimmten persönliche
Wünsche oder politische Weitsicht in den seltensten Fällen die Wahl des
Exillandes. Nur wer reich und unpolitisch oder außergewöhnlich berühmt
war, konnte sich dort niederlassen, wo er wollte. Thomas Mann fand ohne
Probleme in Küsnacht Asyl, während Hunderte und Tausende an Leib, Leben und Habe bedrohte Flüchtlinge an der Schweizer Grenze abgewiesen
wurden. Gustav Regler, ehemals Münzenberg-Mitarbeiter und Spanienkämpfer, wurde im Mai 1940 bei einer Reise in die USA telephonisch von der
Präsidentengattin Eleanor Roosevelt begrüßt;[3] der Philosoph Ernst Bloch
verlor im selben Land ein Jahr darauf seine Stelle als Tellerwäscher, weil er
das vorgeschriebene Tempo nicht mithalten konnte.[4] Stefan Zweig besaß ein
Haus in dem bekannten Kurort Bath und wurde schon bald Staatsbürger
jenes Landes, das seine weniger bemittelten Landsleute in Internierungslager
steckte. Und die gleichen französischen Behörden, die nichts dagegen hatten,

daß sich Lion Feuchtwanger in Sanary-sur-Mer eine feudale Villa zulegte, zwangen zigtausende weniger glückliche Flüchtlinge unter dem üblichen Druck in die Fremdenlegion.[5]

Unter diesen Umständen nimmt es nicht wunder, daß es ein Zentrum der deutschen Exilliteratur nie gegeben hat. In Frankreich, wo sich immerhin so bekannte Autoren wie Thomas und Heinrich Mann, Lion Feuchtwanger, Alfred Döblin und Joseph Roth aufhielten, existierte weder ein bedeutender Exilverlag noch eine literarische Zeitschrift mit Einfluß. Holland und die Schweiz dagegen besaßen mit den Verlagen Allert de Lange, Querido und Oprecht und den Zeitschriften *Die Sammlung* und *Maß und Wert* ein Monopol an Publikationsmöglichkeiten, das in keinem Verhältnis zu ihrer Bedeutung als Asylländer stand. In der Tschechoslowakei wiederum, dem wohl wichtigsten europäischen Asylland, entstand kaum ein bedeutendes Werk der Exilliteratur; die *Deutschen Blätter*, für die einige der berühmtesten Exilanten in Los Angeles, New York und Princeton schrieben, erschienen im abgelegenen Santiago de Chile. Anna Seghers ließ ihren Roman *Das siebte Kreuz*, der ein überwältigender Erfolg in den USA wurde, in Mexiko erscheinen, wo sie als Mitglied einer Gruppe kommunistischer Schriftsteller lebte, denen die amerikanischen Behörden kaum eine Aufenthaltsgenehmigung erteilt hätten.

Negativ wirkte sich die Zersplitterung des Exils vor allem dort aus, wo man Gemeinschaftsprojekte – wie die Herausgabe von Zeitschriften und Sammelbänden – in die Wege zu leiten suchte. Das in Moskau erscheinende *Wort* zum Beispiel sollte von Willi Bredel, Lion Feuchtwanger und Bertolt Brecht redigiert werden. Da nur Bredel am Erscheinungsort lebte, konnten literarische und politische Entscheidungen wegen der unzulänglichen Post- und Reisebedingungen oft nicht rechtzeitig abgesprochen werden. So wurde aus einer breit angelegten Volksfrontzeitschrift bald eine interne Sache der Moskauer Exilanten. Noch verwirrender erscheint die Veröffentlichungsgeschichte mancher Bücher. Erich Maria Remarques Roman *Liebe Deinen Nächsten* etwa sollte ursprünglich bei dem in Amsterdam beheimateten Querido-Verlag herauskommen. Erschienen ist er wegen der Besetzung Hollands durch deutsche Truppen und der Flucht der Verlagsleitung nach London jedoch mit der Ortsangabe Batavia (Niederländisch-Indonesien) auf der Titelseite, während Druck und Auslieferung in Stockholm über die Niederlassung des Bermann-Fischer Verlags abgewickelt wurden.[6] Entsprechend klein blieb der Einfluß der Exilliteratur auf die Landesliteraturen und die Rezeption ausländischer Werke durch die Exilanten.

Wenn man schon über die verschiedenen Gastländer nur sehr allgemein etwas auszusagen vermag, so bietet deren jeweilige politische Lage für solche Aussagen noch den besten Anhaltspunkt. Relativ wohlwollend aufgenommen wurden die in ihrer Mehrzahl sozialliberal und kommunistisch orientierten Exilautoren nämlich nur in solchen Ländern, in denen sie nicht mit den bestehenden politischen Verhältnissen in Konflikt gerieten. Was der viel um-

fangreicheren russischen Emigration nach der Novemberrevolution zugute
gekommen war, sollte also manch einem der Hitlerflüchtlinge das Leben
sauer machen: zu einer Zeit, in der sich Faschismus, Nationalismus und
Antisemitismus in der westlichen Hemisphäre allerorts auf dem Vormarsch
befanden, war das internationale Bürgertum kaum gewillt, seinen internen
Gegnern die potente Unterstützung der deutschen Exilanten zukommen zu
lassen. Ein beschwichtigter Faschismus, so glaubte man, könne den eigenen
Interessen nützlicher sein als das schwer kalkulierbare Wagnis einer Öffnung
nach links. Verborgen wurden solche politischen Erwägungen hinter ökonomischen Argumenten: Die im Gefolge der Weltwirtschaftskrise aufgetretene
Arbeitslosigkeit würde durch die Aufnahme von Exilanten verschärft; das
besonders für die kleineren Länder bestehende wirtschaftliche Abhängig-
keitsverhältnis von Deutschland allzusehr strapaziert. In einer Zeit, in der
Länder wie England, Frankreich und die Sowjetunion eine opportunistische
Appeasementpolitik betrieben, war von einem mittelmäßigen Provinzjourna-
listen irgendwo in West- und Nordeuropa kaum zu erwarten, daß er sein
Einkommen mit einem Flüchtling aus Deutschland teile. Kommunisten und
Sozialliberale gingen so noch am ehesten in die Sowjetunion, die Tschechoslowakei, das Spanien der Bürgerkriegsjahre und das Mexiko der Regierung
Cárdenas. Mit einigen Abstrichen kann hier auch Frankreich, besonders während des Volksfrontfrühlings 1936/37 unter Léon Blum genannt werden. In
der Schweiz und in England suchten politisch Uninteressierte (meist vergeblich) Fuß zu fassen, nach Skandinavien gingen führende Sozialdemokraten, in
Österreich hielten sich viele jener Exilanten auf, die den deutschen Nationalsozialismus vorwiegend wegen seiner Rassentheorie ablehnten. Walter Hasenclever, Karl Wolfskehl und Otto Zoff vermochten sich zum Teil bis 1938/
39 im Italien Mussolinis zu halten.

Am Rande des großen Exilstroms lagen Polen und Jugoslawien, Spanien,
die Türkei, Schanghai und Palästina. Franz Theodor Csokor berichtete über
seine Irrfahrten durch Polen und Rumänien ins jugoslawische Internierungslager Korčula.[7] Nach Spanien kamen, mit Ausnahme von Harry Graf Kessler,
Walter Benjamin und Karl Otten nur solche Exilanten, die aktiv am Bürgerkrieg teilnahmen bzw. auf dem Zweiten Internationalen Schriftstellerkongreß
zur Verteidigung der Kultur gegen Krieg und Faschismus in Madrid und
Valencia auftraten. Ludwig Renn stieg nach seiner Entlassung aus einem
deutschen Gefängnis zum Kommandanten des Bataillons Thälmann und zum
Stabschef der XI. Internationalen Brigade auf. Gustav Regler war Kriegskommissar der XII., Alfred Kantorowicz Offizier in der XIII. Brigade. Als
Soldaten oder Propagandisten hielten sich Erich Arendt, Eduard Claudius,
Bodo Uhse, die Arbeiterromanciers Willi Bredel und Hans Marchwitza, der
rasende Reporter Egon Erwin Kisch, der Lyriker Erich Weinert, der Komponist Hanns Eisler und sein Interpret Ernst Busch in Spanien auf. In die Türkei
wanderte eine bedeutende Gruppe von Wissenschaftlern aus, um auf Einla-

dung von Präsident Mustafa Kemal Atatürk eine Bildungsreform durchzu-
führen.[8] Schanghai wurde 1938 für viele zum Zielort – nur weil man hier ohne
Visum einreisen durfte. Unter ihnen befanden sich eine Gruppe Theaterleute[9]
sowie der 19jährige W. Michael Blumenthal, der später unter Jimmy Carter
Finanzminister der Vereinigten Staaten wurde.

Einen Sonderfall hingegen stellte Palästina dar, das als ausgesprochenes
Immigrationsland von den Exilanten eine möglichst rasche und reibungslose
Akkulturation verlangte. „Bemerkenswert und typisch für das Kulturleben
der deutschen Emigration ... ist", berichtete Willy Verkauf im *Wort* über
Palästina, „daß Vorträge kultureller Art in deutscher Sprache ... niemals von
den offiziellen, das heißt zionistischen deutschen Vereinigungen, sondern
von Privatpersonen oder Buchhandlungen veranstaltet werden."[10] Ein Bom-
benanschlag auf den deutschsprachige Literatur in Haifa verlegenden Orient-
Verlag im Jahre 1943 bestätigt Verkaufs Report. Unter 70 000 deutschsprachigen Einwanderern, die bis 1939 ins Land kamen, waren folglich nur wenige
bekannte Autoren: Arnold Zweig, der 1948 in die damalige sowjetische Besatzungszone ging, Else Lasker-Schüler, die 1945 in Jerusalem starb; und
Louis Fürnberg, der seit 1946 wieder in der Tschechoslowakei, seit 1954 in
Weimar lebte. Max Brod gelang es als Journalist, Martin Buber als Hochschullehrer, in ihrer neuen Heimat Fuß zu fassen.

3.2.1. Mittel-, West- und Nordeuropa

Das attraktivste Asylland des europäischen, vielleicht sogar des gesamten
Exils war die Tschechoslowakei. „Der deutschen Literatur, in dem Augenblick, da sie auszuwandern gezwungen war", berichtet Bruno Frei, „wurde es
zur glücklichsten Gelegenheit, daß Prag sich als Auffangstation anbot, Prag
wurde für viele zu einer Art Ersatz-Heimat."[1] Dafür gibt es eine Reihe von
Gründen: Einreise und Aufenthalt waren für deutsche Staatsbürger visa-
bzw. genehmigungsfrei, für Staatenlose relativ unkompliziert. Eine große
Zahl von Hilfskomitees zum Teil mit halboffiziellem Charakter sorgte seit
Ankunft der ersten Flüchtlingswelle für die Obdach- und Mittellosen. Die
künstlerische Arbeit der Exilanten blieb bis auf wenige Ausnahmen unzen-
siert; politische Aktivitäten wurden unter den liberalen Politikern Masaryk
und Benesch im Vergleich zu anderen Ländern wenig behindert – das galt
selbst für Kommunisten; Auslieferungsgesuche der deutschen Behörden blieben wegen des gespannten Verhältnisses zwischen den beiden Staaten durchweg unbeachtet. Drohte einem Exilanten wegen Verstoßes gegen die Arbeits-
und Aufenthaltsbestimmungen dennoch die Deportation, rettete ihn zumeist
die Hilfsbereitschaft oder der Schlendrian untergeordneter Behörden. Proteste tschechoslowakischer Intellektueller taten ein übriges: 1933 warnte ein
Aufruf mit über 30 Unterschriften vor der „Entziehung oder auch nur ...
Verstümmelung des Asylrechts".[2] Und im Sommer 1937 ging „ein Sturm der

Empörung"[3] durch die tschechische Öffentlichkeit, als die Behörden die Einweisung der Emigranten in bestimmte Bezirke des Landes verfügen wollten. Die Exilierten nahmen es mit Dankbarkeit auf: „Was sich in Prag sammelt", war in der *Wahrheit* zu lesen, „und dank der demokratischen und europäischen Einstellung der überwiegenden Mehrheit des tschechischen Volkes sammeln darf, ist jener Teil des Deutschtums und des Europäertums, den die Nazis niemals zur Abdankung zwingen werden ..."[4]

Zu diesen politischen Erwägungen kam die für das literarische Exil bedeutende Tatsache, daß die Tradition der Prager deutschen Literatur und das relativ umfangreiche deutschkundige Publikum die Fortsetzung der eigenen Arbeit erleichterten. So erschien schon drei Wochen nach dem Reichstagsbrand die *Arbeiter-Illustrierte-Zeitung* in Prag in ihrer alten Aufmachung und Qualität mit einer Auflage von immerhin 12000 Exemplaren. Im April folgte, von derselben Redaktion verantwortet, der *Gegenangriff*. Wieland Herzfelde baute den Malik Verlag wieder auf und fungierte als Mitherausgeber der *Neuen Deutschen Blätter*. Willi Schlamm brachte die *Neue Weltbühne* nach Prag. Ungefähr zur gleichen Zeit begannen Exil-SPD und Exil-KPD, ihre Zentralorgane *Neuer Vorwärts* und *Rote Fahne* herauszugeben. Johannes R. Becher, der im Sommer 1933 im Auftrag der Internationalen Vereinigung Revolutionärer Schriftsteller (IVRS) Westeuropa bereiste, kam denn auch zu dem Ergebnis, daß in Prag zumindest unter den Mitgliedern des ehemaligen BPRS „die Emigrationsstimmung ... ziemlich überwunden"[5] sei – eine Feststellung, die er in bezug auf die westeuropäischen Exilzentren nicht wiederholte. Ein Jahr später liest sich sein Bericht von einer zweiten Reise nach einer Zusammenkunft mit Kurt Hiller, Hermann Budzislawski und Manfred Georg zwecks Gründung eines literarischen Klubs, einem Gespräch mit Heinrich Mann und einer Lesung seiner neuesten Sonette vor Max Brod, Heinz Pol und Alfred Wolfenstein sogar noch enthusiastischer: „Unsere Freunde kommen regelmäßig zusammen, das Diskussionsniveau ist befriedigend ... Die öffentlichen Abende sind zahlreich besucht. Der Bund ist zu einem Mittelpunkt der literarisch und kulturell interessierten Emigration geworden."[6] Daß Bechers Beobachtungen nicht nur einem bei ihm recht häufig anzutreffenden Zweckoptimismus entsprangen, bestätigt ein Bericht der deutschen Gesandtschaft vom 10. August 1933 für Berlin: Die Aktivität der Emigranten, wird hier konzediert, wirke sich „für uns in einer überaus abträglichen Weise aus".[7]

Freilich hatten die unter extremen finanziellen und personellen Schwierigkeiten erkämpften Erfolge der Exilantengemeinde in der Tschechoslowakei auch ihre Schattenseiten. Louis Fürnbergs Agitproptruppen „Echo von links", „Das neue Leben" und „Der rote Stern" mußten sich bei Vorstellungen in Böhmen häufig gegen Anhänger der faschistischen Henlein-Partei zur Wehr setzen. Die deutsche Botschaft veranlaßte 1934 die Entfernung einer Reihe von Fotomontagen John Heartfields aus einer Ausstellung des Künstlervereins Mánes. Drei Jahre später zogen der Sopade-Vorstand und der *Neue Vorwärts* wegen der Zensur ihrer anti-deutschen Propaganda nach Frankreich um. Und am 11. März 1938, zwei Tage vor dem Einmarsch der deutschen Truppen in Österreich, ordnete die tschechische Regierung gar die Schließung der Grenze zu ihrem südwestlichen Nachbarn an. „Seit der Besetzung Österreichs hat die von Henlein betriebene Politik der Einschüchterung, des Boykotts und der Gleichschaltung auch auf dem Kulturgebiet eine noch nicht dagewesene Intensität erreicht", resümiert K. K. Regner ein halbes Jahr später im *Wort*. „Mit allen Mitteln versucht die ‚Sudetendeutsche Partei' das gesamte deutsche Kulturleben unter ihren Einfluß zu bringen."[8] Das traditionsreiche Deutsche Theater in Prag flüchtete sich mit der Mehrzahl der deutschsprachigen Provinzbühnen vor dem propagandistischen Bombardement des Referats „Theaterwesen im Ausland" im NS-Propagandaministerium immer häufiger in Aufführungen politisch harmloser Lustspiele und klassischer Stücke. Ferdinand Bruckners Erfolgsstück *Die Rassen* erreichte 1934 in Paris 104 Aufführungen – von einer etablierten tschechischen Bühne wurde es ebensowenig inszeniert wie Friedrich Wolfs *Professor Mamlock*, ein Stück, das in Warschau (300 Aufführungen) und in Tel Aviv, in Zürich (50 Aufführungen) und in Amsterdam, Oslo, Tokio, Tschungking und der Sowjetunion das Publikum begeisterte.

Spannungen traten schließlich auch bei der Einbürgerung von Heinrich Mann auf. Das „stark faschisierte Reichenberg"[9] ließ nämlich, trotz einer Intervention von Staatspräsident Masaryk, den Antrag so lange liegen, bis Mann sich durch einen indignierten Brief an das *Prager Tageblatt* aus dieser „zu propagandistischen Zwecken"[10] verwendeten Angelegenheit zurückzog. Als daraufhin eine ganze Reihe von Gemeinden spontan der Vergabe des Bürgerrechts an Heinrich Mann zustimmte, erhielt die Angelegenheit doch noch einen positiven Schluß. Heinrich Mann wurde am 21. August 1935 mit 15:9 Stimmen von dem Ort Proseč als tschechischer Bürger aufgenommen. Thomas, Katja, Golo, Elisabeth, Michael und Klaus Mann folgten wenig später nach.

Trotz solcher Zwischenfälle und entgegen der Kritik, der die tschechische und ostdeutsche Exilforschung die neutrale Politik der damaligen bürgerlichen Regierung heute aussetzt,[11] ist Heinrich Manns Resümee über das Asylland Tschechoslowakei durchaus repräsentativ: „Hier ist ein Staat, der, weit und breit allein gelassen in einer feindlichen Umgebung – darum zuletzt auch ausgeliefert –, dennoch nichts aufgegeben hat von seiner sittlichen Reife ... Wir – das ganze verfolgte Deutschland, das intellektuelle, das freiheitliche, waren in dem einzigen Lande nicht nur teilnahmslos geduldet: Prag empfing uns als Verwandte."[12]

Frankreich hat ein derart ungeteiltes Lob in den Tagebüchern und Memoiren der Exilanten nicht erhalten, obwohl es nach Zahl und Bedeutung der Hitlerverfolgten als Zufluchtsort zweifellos vor der Tschechoslowakei rangierte. Einige Exilanten wie Lion Feuchtwanger,[13] Alfred Döblin,[14] Arthur Koestler[15] und Hanna Schramm[16] haben sogar mit erstaunlicher Härte über das „unholde Frankreich" geschrieben. Dabei richtete sich ihre Polemik nicht so sehr gegen die latente Faschisierung, die Angst vor dem Kommunismus, verbreitete Ressentiments gegen alles Deutsche und das völlig veraltete Fremdengesetz aus dem Jahre 1849 – all das gab es in den anderen Exilländern auch – geklagt wurde vor allem über die ungewöhnlich harte und politisch kurzsichtige Internierungspolitik der französischen Behörden nach 1939, in deren Gefolge Antifaschisten, Juden und Reichsdeutsche ohne Unterschied in drei Phasen (September 1939, Mai 1940, Oktober 1940) mit zunehmender Rücksichtslosigkeit erfaßt, in Lager gesperrt und bisweilen nach Artikel 19, Absatz 2 des Waffenstillstandsabkommens an die Nationalsozialisten ausgeliefert wurden.[17] Für Leonhard Frank, Walter Benjamin, Kurt Wolff und Hermann Kesten, die in Paris wohnten, begann die Internierung in Colombes im „Rassemblement étranger au stade olympique Yves-du-Manoir" – einer Radrennbahn ohne Dach, sanitäre Anlagen und Verpflegungsmöglichkeit. Franz Schoenberner saß im Lager Antibes, Klaus Gysi und Maximilian Scheer in Vierzon, Walter Benjamin in Nevers an der Loire. Zu den Häftlingen des „harten" Lagers Le Vernet, das ursprünglich für republikanische Spanienflüchtlinge eingerichtet und nach Verbot der KPF zu einem allgemeinen Kommunistenlager wurde, gehörten Gerhart Eisler, Franz Dahlem, Rudolf Leonhard und Gustav Regler. Leonhard Frank erinnert sich daran, wie er auf dem Marsch in das Camp Audierne „von den haßerfüllten Einwohnern, die zu beiden Seiten der Straße standen, angespuckt, mit Fäusten und Stöcken geschlagen"[18] wurde; als das Lager wenig später ordnungsgemäß den Deutschen übergeben wurde, gelang ihm nur mit knapper Not unter Schüssen der Wachmannschaft die Flucht. Andere Berichte sprechen davon, daß nach der Bombardierung von Paris ein Transport Internierter vor der empörten Bevölkerung als Kriegsgefangene ausgegeben worden sei.

Trotz dieses Chaos war, wie schon 1933/34 in Deutschland, die Zahl der Opfer unter den flüchtenden Schriftstellern relativ klein, nicht zuletzt wegen der Hilfsbereitschaft der französischen Bevölkerung und dem Einsatz internationaler Hilfsorganisationen. Walter Hasenclever und Hermann Kesten kamen nach Fürsprache von Jean Giraudoux, Franz Schoenberner und Walter Benjamin durch Protektion Jules Romains und Gustav Regler nach dem Eingreifen von Mrs. Eleanor Roosevelt und Ernest Hemingway aus Internierungslagern frei. Verschont blieb auch, wer seine deutsche Staatsbürgerschaft eingetauscht hatte: Heinrich Mann, Franz Werfel und Alfred Wolfenstein besaßen tschechische Pässe; Alfred Döblin, Joseph Breitbach und Siegfried Trebitsch waren Franzosen geworden. Lion Feuchtwanger und Alfred Kantorowicz waren sich ihrer Sache gar so sicher, daß sie am 21. Mai 1940, 11 Tage nach dem deutschen Angriff, „ein wenig bitter",[19] aber durchaus unbesorgt zum zweitenmal in das Lager Les Milles fuhren – per Taxi. Recht lange blieb nach der Etablierung der Regierung Pétain-Laval auch das Schlupfloch im Südwesten Frankreichs offen. Anna Seghers, Wilhelm Herzog, Alfred Kantorowicz und Kurt Kersten gehörten zu den vielen, die über Marseille entkamen; Heinrich und Golo Mann, Feuchtwanger und Werfel überquerten illegal die Grenze nach Spanien. Selbstmord begingen auf der Flucht Walter Benjamin, Carl Einstein, Walter Hasenclever, Ernst Weiß und möglicherweise auch Willi Münzenberg. Johannes Wüsten und Theodor Wolff fielen den Deutschen in die Hände; Rudolf Leonhard, ohnehin „stark französisiert",[20] Ferdinand Lion und Alfred Wolfenstein überwinterten mehr schlecht als recht im Lande.[21]

Doch die Klagen über die französische Internierungspolitik betreffen nur das unglückliche Ende der immerhin siebenjährigen Asylgeschichte Frankreichs. Wer wie die Familie Mann, Hermann Kesten, Gustav Regler und der Komponist Erich Zeisl Paris oder die Côte d'Azur bis zum Frühjahr 1940 verlassen hatte, wird Lion Feuchtwangers Bericht *Unholdes Frankreich* kaum Authentizität zuschreiben. In der Tat konnten die Exilanten bis dahin künstlerisch und in überraschendem Umfang auch politisch ungehindert tätig sein. Anna Seghers ging in Paris rasch vor „Anker",[22] um weiterzuschreiben. Willi Münzenberg baute sein Nachrichtenimperium relativ ungestört auf. Und für Heinrich Mann war Frankreich eher „Domizil" als Exil.[23] Zwar wurden Aufenthalts- und Arbeitsgenehmigungen, wenn überhaupt, auch in Frankreich nur nach den umständlichsten Prozeduren erteilt. Hinzu kam, daß der Stavisky-Skandal und die Ermordung Louis Barthous Pressekampagnen gegen die im Land ansässigen Ausländer entfachten. Und schließlich taten Vorurteile gegen die jüdische Emigration[24] sowie der – nicht immer zuungunsten der Exilanten arbeitende – Schlendrian der Behörden ein übriges. Im großen und ganzen durften Konservative und Geistesrevolutionäre, Kommunisten, Sozialdemokraten und Parteilose jedoch relativ ungestört Zeitschriften herausgeben, Kongresse organisieren und ihre Meinung in der Exilpresse verbreiten.

Schon im Sommer 1933 wurde auf Initiative ehemaliger Mitglieder der Berliner Ortsgruppe der Schutzverband deutscher Schriftsteller in Paris neu begründet. Alfred Kantorowicz rief am 10. Mai 1934, dem ersten Jahrestag der Bücherverbrennung, die Deutsche Freiheitsbibliothek ins Leben, die schon bald einen umfangreichen Bestand an Exilwerken und Literatur zum Faschismus vorwies. Das *Neue Tage-Buch*, das *Pariser Tageblatt*, die *Pariser Tageszeitung* und ab 1938 die aus der Tschechoslowakei geflüchtete *Neue Weltbühne* und der *Neue Vorwärts* boten auch literarischen Exilanten Veröffentlichungsmöglichkeiten. Französische Zeitschriften wie *Europe*, *Vendredi* und *Nouvelles Littéraires* druckten Beiträge von und über deutsche Literaten im Ausland. Walter Benjamin schrieb regelmäßig für die *Cahiers du Sud*, Heinrich Mann hatte eine Kolumne in der *Dépêche de Toulouse*. Das in Paris zusammengestellte *Braunbuch über Reichstagsbrand und Hitlerterror*, an dem neben Willi Münzenberg, Alexander Abusch, Alfred Kantorowicz, Arthur Koestler, Bodo Uhse u. a. mitgearbeitet hatten, wurde in 15 Sprachen übersetzt und mit einer Auflage von 600000 Exemplaren sogar zu einem regelrechten Verkaufserfolg. Andere Unternehmen wie die Editions du Carrefour und der Verlag Sebastian Brant kamen nie über den Druck einiger weniger Titel hinaus. Das Brecht/Weill-Ballett *Die sieben Todsünden* wurde 1933 von einem französischen Ensemble, Brechts Szenenfolge *Furcht und Elend des Dritten Reiches* unter dem Titel *99%* 1938 und 1939 auf einer Pariser Exilantenbühne aufgeführt. 1937 teilten sich Brecht und Slatan Dudow die Regie für die Uraufführung der *Gewehre der Frau Carrar*. In Frankreich entstanden Alfred Döblins *Babylonische Wanderung* und der autobiographische Gesellschaftsroman *Pardon wird nicht gegeben*, Lion Feuchtwangers *Der falsche Nero* und Hermann Kestens historische Romane *Ferdinand und Isabella* und *König Philipp II.* Die Geschichte ihres Gastlandes behandelten Heinrich Mann in den zwei Bänden des *Henri Quatre*, Joseph Roth in *Die hundert Tage*, Franz Werfel in *Das Lied der Bernadette*, Erich Maria Remarque mit *Arc de Triomphe*, Klaus Mann in *Vulkan* und Anna Seghers in *Transit*.

Ermöglicht wurden manche dieser Projekte, besonders wo es sich um Kollektivarbeiten und autobiographische Berichte handelt, durch die geographische Konzentration der Exilanten in Paris und Sanary-sur-Mer, „neben Eichkamp" für Ludwig Marcuse die „heimatlichste Heimat".[25] Hier konnte man sich über die Lage in Deutschland informieren, Bekannte und Freunde wiedertreffen, Bücher und Ideen austauschen und durch die Unterstützung wohlhabender Kollegen wenigstens zeitweilig von den bedrückenden Sorgen des Exilalltags Befreiung finden. Während Paris auch für die deutschen Autoren das politische, publizistische und intellektuelle Zentrum blieb, fand sich im Süden Frankreichs die „Geisteselite"[26] der exilierten Literaturschaffenden ein: Heinrich Mann und René Schickele, der Elsässer, der schon einmal im ersten Weltkrieg vor der Zensur aus Deutschland geflohen war; Lion Feuchtwanger, Fritz von Unruh, Balder Olden und von den ruhelos Umherziehenden ab und an Ludwig Marcuse, Hermann Kesten und Klaus Mann. Andere kamen zu Besuch oder hielten durch die Post die Verbindung aufrecht.

Ludwig Marcuse, der seine Jahre in Sanary in den glühendsten Farben schildert, vergißt freilich zu sagen, warum dieses verschlafene Fischerdorf für so viele eine derartige Anziehungskraft besessen hat: das milde Klima der Mittelmeerküste erlaubte selbst den Mittellosen und Kranken ein menschenwürdigeres Dasein, als das etwa in Paris möglich gewesen wäre. Schickele, vor 1933 Mitglied der Preußischen Akademie, war nicht nur schwer an Asthma erkrankt, sondern seit Jahren so tief in finanziellen Schwierigkeiten, daß er die AmGuild (American Guild for Cultural Freedom) um Unterstützung bitten mußte. Hasenclever erklärt seine relativ gesicherten Verhältnisse vor allem damit, daß er in Cagnes-sur-Mer „mit Haus, Garten, Gemüse,

Tieren, Garage, Auto in der herrlichen Landschaft nebst Weib mit 75 Dollar im Monat als ‚besserer Herr' existieren kann – für welchen Betrag mir in Amerika die Badeschnur des armen Toller winken würde".[27] Heinrich Mann besaß als Lohn für seine harte Arbeit nicht viel mehr als eine „bescheidene", „asketische"[28] Wohnung. Und Ludwig Marcuse läßt in seinem idyllischen Schäferbild unerwähnt, daß das Gärtnerhäuschen mit Abort „unter einem Ölbaum" die einzige Behausung, eine „Fischerhose und Espradrillos"[29] die Hauptkleidung war, die er sich hatte leisten können. Wie in den anderen Asylländern verteilten Hilfsorganisationen wie das Comité National de Secours aux Réfugiés Allemands Victimes de l'Antisémitisme, die Deutsche Kommission, die Assistance Médicale aux Enfants d'Emigrants und nach dem militärischen Zusammenbruch des Landes eine Reihe von amerikanischen Komitees Essen, Kleidung, Unterkunft und Schiffspassagen nur in geringem Umfang an die flüchtenden Schriftsteller.

Neben der Tschechoslowakei und Frankreich erscheint die Bedeutung der anderen Asylländer West- und Nordeuropas relativ gering. Das kann im Fall von Österreich und dem Saargebiet kaum überraschen. Karl Kraus' Bonmot von den Ratten, die das sinkende Schiff betreten, umschreibt auch die Lage der Exilanten in diesen beiden Ländern durchaus treffend. In der Tat herrschte im Saargebiet schon vor der Volksabstimmung vom 13. Januar 1935 und der „Heimkehr" ins Reich eine derart deutschfreundliche Stimmung, daß der faschistische Terror und die Gefahr, entführt zu werden, die propagandistische und journalistische Beteiligung der Exilierten am Wahlkampf nahezu unmöglich machten.[30] Nicht viel anders verlief die Entwicklung in Österreich. Hier schränkten die Regierungen Dollfuß und Schuschnigg seit Anfang 1933 systematisch die Versammlungs- und Pressefreiheit ein, entmachteten das Parlament, zerschlugen im Februar 1934 mit Hilfe der Heimwehr den republikanischen Schutzbund und übergaben ihr Land schließlich im Juli 1936 und März 1938 etappenweise an die deutschen Nationalsozialisten. Zwei der wichtigsten deutschsprachigen Gebiete außerhalb des Reichs, die sich seit Jahren in ihren literarischen Kontakten, dem Buchhandel, dem Verlagswesen und der Theaterarbeit nicht wesentlich vom deutschen Kulturbetrieb unterschieden hatten, kamen deshalb von Anfang an nur als reine Transitländer in Frage.

Johannes R. Becher, Bertolt Brecht, Ferdinand Bruckner, Wieland Herzfelde und Leo Lania hielten sich im Februar und März 1933 kurz in Österreich auf – und zogen bald weiter in die Sowjetunion und die Tschechoslowakei, nach Dänemark, England und in die USA. Ödön von Horváth und Hellmut von Gerlach kamen nach der Absetzung der bayerischen Regierung Held über die Grenze; gestorben sind sie wenig später im Exil in Frankreich. Hubertus Prinz zu Löwenstein verließ Österreich in Richtung USA. Der Österreicher Robert Musil siedelte sich in der Schweiz an. Stefan Zweig, gewiß kein Agitator, deutete die Zeichen der Zeit im Frühjahr 1934 richtig und verlegte seinen Wohnsitz nach England. Ein Jahr zuvor hatte Franz Theodor Csokor mit dem Fremdsprachenstudium begonnen, weil er „seelisch bereits im Exil"[31] lebte.

Wer von den deutschen Exilanten und den österreichischen Autoren nach den Februarereignissen des Jahres 1934 oder gar bis zum Anschluß 1938 in Wien und Umgebung blieb, mußte also an der politischen Entwicklung des Landes recht unbesorgt vorbeigesehen haben. Darüber können auch die anfänglichen Rivalitäten zwischen dem deutschen und dem österreichischen Nationalismus nicht hinwegtäuschen, die sich etwa darin niederschlugen, daß Österreichreisenden von den Behörden des Reiches auch nach den neuen Bestimmungen vom 1. Januar 1934 eine „im voraus zu erstattende Steuer von 1000 Mark"[32] abverlangt wurde. Carl Zuckmayer begab sich erst nach langem Zögern über Hollywood auf eine kleine Farm im US-Staat Vermont. Elias Canetti, Hermann Broch und Ödön von Horváth blieben, ohne direkt mit dem Regime zu kollaborieren, aber auch ohne Nutzen für ihre literarische Arbeit, bis 1938 in Österreich. Franz Werfel glaubte, sich nach seinem Hinauswurf aus der Preußischen Akademie mit den Machthabern in Wien besser arrangieren zu können. Und Gottfried Bermann-Fischer verlagerte noch 1936 seinen Restverlag aus dem Berliner Regen in die Wiener Traufe – nicht ohne damit bei manchem Altexilanten kritische Kommentare zu provozieren.

Exilzentren, Zeitschriften und Verlage konnten unter diesen Umständen in Österreich nicht entstehen. Eine Notverordnung gegen den „Mißbrauch der Pressefreiheit" aus dem Frühjahr 1933 sorgte mit dafür, daß selbst Journalisten wie Hans Habe schließlich ihre Hilfsdienste für das Schuschnigg-Regime einstellten.[33] Der Inhaber des recht bedeutenden Zsolnay-Verlags war 1933 aus dem PEN-Club ausgetreten, weil er sich wie viele seiner schreibenden Landsleute dem Protest gegen die Bücherverbrennung in Deutschland nicht anschließen wollte. Gottfried Bermann-Fischer hatte zwar die Rechte für die indizierten Autoren Alfred Döblin, Alfred Kerr, Thomas Mann und Carl Zuckmayer für die Wiener Verlagsfiliale mitnehmen dürfen, die erneute Flucht nach Stockholm im Jahre 1938 setzte seinen Zukunftsplänen jedoch zum zweiten Mal ein rasches Ende.

Während in Österreich die Faschisierung für alle Welt sichtbar parallel zu der in Deutschland verlief, schien es der Schweiz zu gelingen, ihre äußere und innere Unabhängigkeit bis 1945 zu wahren. Den Preis für diese Neutralität zahlten nicht zuletzt die deutschen Flüchtlinge. Aufgenommen wurde in das „klassische Asylland" Schweiz nämlich nur, wer wohlhabend und unpolitisch war, den einheimischen Schreibern keine Konkurrenz machte oder über ein internationales Ansehen verfügte, das seinem Gastland Ehre zu machen versprach. Brecht sieht das in den *Flüchtlingsgesprächen* unter der Überschrift „Die Schweiz, berühmt durch Freiheitsliebe und Käse" so: „Ziffel: Die Schweiz ist ein Land, das berühmt dafür ist, daß sie dort frei sein können. Sie müssen aber Tourist sein. Kalle: Ich war dort und hab mich nicht sehr frei

gefühlt ...: Sie haben recht, es ist verdächtig, wenn wo viel von Freiheit die Rede ist ... Dann heißt es sofort: ‚Bei uns ist Meinungsfreiheit. Bei uns könnens jede Überzeugung haben, die Sie wünschen.‘ Das stimmt, indem es überall stimmt. Nur äußern könnens Ihre Überzeugung nicht."[34]
In der Tat wurde das 1931 verabschiedete Ausländergesetz der Schweiz schon im Frühjahr 1933 novelliert, um die „Überfremdung" durch eine Festsetzung „wesensfremder Elemente", besonders „Israeliten", zu verhindern: „Diese Regelung könne freilich in Einzelfällen zu Härten führen. Die Betroffenen dürften aber nicht vergessen, daß sie dankbar sein müßten, wenn die Schweiz ihre Grenzen offengelassen habe ..."[35] Richtlinien und Einzelgutachten des Schweizerischen Schriftstellervereins (SSV) für die Eidgenössische Fremdenpolizei warnten wiederholt vor „verantwortungs- und charakterlosen Skribenten, die weder zu den Prominenten noch zu den politisch Verfolgten zu zählen sind, und die in die Schweiz kommen, weil sie glauben, hier ein bequemes Leben führen zu können".[36] So wurde dem Journalisten Max Hochdorf mit der Begründung, daß er „einer der jüdischen Vielschreiber"[37] sei, ein Veröffentlichungsverbot auferlegt. Alfred Polgar und Golo Mann wurde das Dauervisum verweigert, während Thomas Mann eine Exilzeitschrift gründen durfte. Der politisch für ungefährlich erachteten Lyrikerin Else Lasker-Schüler schrieb der SSV ein positives Gutachten; den Verlegern Daniel Brody und Gottfried Bermann-Fischer dagegen wurde die Übersiedlung ihrer Unternehmen in die Schweiz verwehrt; im Fall von Bermann-Fischer mit der doppelten Begründung, daß „nur der nicht arische Teil des S. Fischer Verlages in die Schweiz kommt" und „der Name des S. Fischer Verlages wie ein Magnet auf Autoren und Sortiment wirken würde".[38] Robert Musil, damals noch recht unbekannt, fristete bis zu seinem Tod 1942 in Genf ein einsames und kärgliches, nur durch die Hilfsbereitschaft von Freunden noch ermöglichtes Leben. Jochen Klepper, dem die Einreise in die Schweiz verwehrt blieb, beging am 11. Dezember 1942 in Berlin mit seiner Familie Selbstmord.
Die Schuld für die fremdenfeindliche Asylpolitik der Schweiz wurde verschiedentlich dem Leiter der Fremdenpolizei Dr. Heinrich Rothmund zugeschoben. Eine solche Personalisierung des Problems hilft jedoch kaum weiter. Deshalb sind inzwischen – neben Schweden[39] und Holland[40] eine erfreuliche Ausnahme – in der Schweiz selbst eine Reihe von neuen Gesichtspunkten erarbeitet worden. Wirtschaftliche und politische Erwägungen stehen dabei im Vordergrund: das Tourismusgeschäft, die bis 1936 wachsende Arbeitslosigkeit, die Propagandaarbeit der Nationalsozialisten und die gewiß nicht unbegründete Angst vor ökonomischen Sanktionen bzw. einer militärischen Intervention durch Deutschland. Dazu kommen kaum zu unterschätzende soziologische Faktoren: die den Gefühlen des deutschen Kleinbürgertums nicht unähnlichen schweizerischen Ressentiments gegen Juden und politisch engagierte Intellektuelle, eine unbestimmte Angst vor Fremden, ein

recht ausgeprägter Nationalstolz und der bekannte Futterneid. Sieht man von einer gewissen Dunkelziffer ab, blieb die Zahl der deutschen Exilanten in der Schweiz im Vergleich zu den Zivilinternierten (55000) und den ausländischen Truppenangehörigen (100000) verschwindend klein. Im Jahre 1933 zählte man ganze 2000 Flüchtlinge, 1938: 10–12000, 1939: 7–8000 und während der Kriegsjahre ca. 9900.[41] Vor 1939 hielten sich durchschnittlich nur 120 anerkannte politische Flüchtlinge in der Schweiz auf; bis 1945 verblieben lediglich 18 mehr oder weniger prominente Autoren in dieser letzten Enklave der freien deutschen Sprache.[42]

Trotzdem verzerrt Kurt Tucholsky der Pointe willen die Proportionen, wenn er an Heinz Pol in bezug auf die Schweiz schreibt, daß sich das Land „vor Angst in die Hosen macht, wenn einer der Asylisten auch nur ein Wort gegen Hitler sagt".[43] Gegenüber der zugegeben düsteren Sollseite ihrer Asylpolitik kann die Schweiz immerhin eine durchaus liberale Rezeption der Exilliteratur verbuchen. In Emil Oprecht besaß sie einen der vielseitigsten und engagiertesten Verleger des Exils; mit der Zeitschrift *Maß und Wert* ein hervorragendes Organ der unpolitisch-literarischen Hitlerflüchtlinge; und im Zürcher Schauspielhaus[44] und den Stadttheatern von Basel und Bern die einzigen deutschsprachigen Bühnen von Bedeutung, die exilierten Dramatikern, Regisseuren und Schauspielern noch offenstanden. In Brechts „klassischen" Stücken *Der gute Mensch von Sezuan*, *Leben des Galilei* und *Mutter Courage*, die zwischen 1941 und 1943 in Zürich uraufgeführt wurden, spielten Flüchtlinge wie Therese Giehse und Wolfgang Langhoff mit. Georg Kaiser fand in Basel und Zürich ein Theater, Bruckners *Die Rassen* und *Napoleon I.* und Werfels *Jacobowsky und der Oberst* gingen in Zürich, Basel und Luzern über die Bühne. Friedrich Wolfs *Professor Mamlock* wurde – wie bereits erwähnt – über 50mal in Zürich, Bern und Basel gespielt. Daß gleichzeitig den Nationalisten eine Infiltration des Schweizer Theaterwesens nur in geringem Umfang (St. Gallen) gelungen zu sein scheint, gestand die Deutsche Gesandtschaft in Bern in einem Bericht an das Auswärtige Amt 1936 ein: „Nach mehr als dreijährigen Versuchen schriftlicher und mündlicher Proteste ist die Feststellung nötig, daß sich dieses Interventionsmittel abgenutzt hat und stumpf geworden ist."[45]

Dennoch blieb die Schweiz ein Asylland der ersten Stunde. Alfred Kantorowicz reiste unmittelbar nach dem Reichstagsbrand nach Davos. Ihm folgten während der nächsten Tage und Wochen Bruno Frank, Karl Wolfskehl, Kurt Wolff und Max Herrmann-Neiße. Nach der Besetzung Bayerns gingen Leopold Schwarzschild, Leonhard Frank, Klaus und Erika Mann sowie Franz Schoenberner ins Schweizer Exil, etwas später Else Lasker-Schüler, Hans Henny Jahnn, Hans Marchwitza und Hermann Budzislawski. Keiner der Genannten aber blieb bis 1945.

Eine untergeordnete Rolle spielten die Benelux-Staaten, England und Skandinavien für das literarische Exil. Durch Holland zogen auf ihrer Flucht

Max Herrmann-Neiße und Joseph Roth, in Luxemburg begann Annette Kolb ihre Odyssee durch sechs Länder, in Belgien wohnte schon seit Jahren Carl Sternheim. Sei es die Angst vor einer deutschen Intervention, sei es das Desinteresse an den innerdeutschen Auseinandersetzungen – weder die humane Asylpraxis noch die Tatsache, daß die publizistische Arbeit von den Behörden und der Selbstzensur der Verleger nur geringfügig behindert wurde, hat die Niederlande zu einem Zentrum für das literarische Exil machen können. Wenn Amsterdam trotzdem in die Annalen der Exilgeschichte eingegangen ist, dann vor allem wegen der Arbeit der Verlage Querido und Allert de Lange. Darauf wird an anderer Stelle noch zurückzukommen sein. Vorweg nur die Anmerkung, daß weder Hermann Kesten, der bei Allert de Lange als Lektor tätig war, noch Klaus Mann, der bei Querido *Die Sammlung* herausgab, permanent in den Niederlanden ansässig war.

Immerhin bot das kleine Holland bis 1938 mit 30–40000 Emigranten beinahe fünfmal so vielen Flüchtlingen Obdach wie das wirtschaftlich und politisch viel bedeutendere England. Dazu dürften einmal die britischen Einwanderungsbestimmungen beigetragen haben, die von jedem Einreisenden einen genauen Nachweis darüber verlangten, daß er dem Staat finanziell nicht zur Last fallen werde. Folgenreicher war aber wohl die bis 1938/39 betriebene Appeasementpolitik der Briten, die den politischen Flüchtlingen suspekt vorkam: „Die Behandlung, die man der deutschen Emigrationsliteratur angedeihen läßt, ... hat ein ganz bestimmtes Ziel. Das Ziel ist die Diffamierung des Antifaschismus. Die Literatur ist hier ein Spiegel der Außenpolitik."[46] Hans Flesch mag mit dieser Feststellung über das Ziel hinausschießen. Fest steht, daß eine kontinuierliche Kulturarbeit in England erst zustande kam, als nach der Okkupation der Tschechoslowakei und der sogenannten Kristallnacht die britischen Einwanderungsregeln gelockert wurden. Innerhalb weniger Monate konnten jetzt an die 70000[47] deutschsprachige Flüchtlinge auf die Insel kommen – darunter ca. 400 Schriftsteller und Theaterkünstler. Ende 1938 konstituierte sich in London der Freie Deutsche Kulturbund (FDKB; German League of Culture in Great Britain), dessen Präsidium anfangs u. a. Alfred Kerr, Oskar Kokoschka, Berthold Viertel und Stefan Zweig angehörten. Ein Jahr später rettete Alfred Wiener seine Bücherei nach London, wo sie bis vor kurzem als „die wohl umfangreichste Sammlung dieser Art auf dem europäischen Kontinent"[48] verblieb. Ebenfalls 1939 kam es zu den ersten Theateraufführungen des FDKB, darunter eine Szenenfolge aus Brechts *Furcht und Elend des Dritten Reichs*. Dennoch sollte die Bedeutung des literarischen Exils in England nicht überschätzt werden. Das „Nudelbrett" im FDKB-Haus in Hampstead etwa konnte nur mit einer geliehenen Ausrüstung spielen.[49] Vom „Laterndl" wird berichtet, daß es Zuckmayers *Hauptmann von Köpenick* „auf einer etwas größeren Tischplatte und unter Zuhilfenahme von nur sieben dafür geeigneten Schauspielern"[50] realisierte. Andere Bühnen beschränkten sich auf die Aufführung von Klassikern, weil sie die

Kosten für die Rechte zeitgenössischer Stücke nicht aufbringen konnten. Und der von Wilhelm Sternfeld und Hans Rehfisch als Gegenorganisation zu dem von Kommunisten mitgeleiteten FDKB gegründete „Club 1943" kam bei damals 25 000 deutschsprachigen Flüchtlingen bis Kriegsende über 200 Mitglieder nicht hinaus. Mehr war von den Exilanten wegen der alten Querelen aus der Zeit vor 1933, der Dezentralisierung über den gesamten Inselbereich und des Schocks der Internierungen, die im Sommer 1940 auch in England durchgeführt wurden, allem Anschein nach nicht zustande zu bringen.

Erfolg hatten beim englischen Publikum Arthur Koestler, Hans Habe, Sebastian Haffner und Stefan Lorant, der ehemalige Chefredakteur der Münchner *Illustrierten Presse* – Journalisten also und nicht Schriftsteller. Weit verbreitet, wenn auch schwer meßbar in ihrer Wirkung, waren auch die propagandistischen Arbeiten von Martin Esslin, Robert Lucas, dem Hörspielautor Hans Flesch-Brunninger, Friedrich Burschell und anderen deutschen Mitarbeitern der BBC. Literarische Exilverlage gab es in Großbritannien dagegen ebensowenig wie eine deutschsprachige Zeitschrift, wenn man von dem englischen Propagandablatt *Zeitung* absieht, in dem Peter de Mendelssohn und Hilde Spiel veröffentlichten.

Nach dem Krieg siedelte sich Robert Neumann in der Schweiz an; Hilde Spiel hat ihre erste *Rückkehr nach Wien* 1946 in Tagebuchform beschrieben, bevor sie sich 1963 endgültig in Österreich niederließ; Wilhelm Unger ging 1957 wieder nach Deutschland. In England blieben Richard Friedenthal, Jakov Lind und Martin Esslin.

Noch mehr am Rand der großen Flüchtlingsströme lag Skandinavien. Das hat auch hier seine Ursache wohl nicht zuletzt in der bisweilen recht fragwürdigen Neutralitätspolitik der skandinavischen Länder. Schweden erkannte nicht nur den deutschen J-Stempel an, sondern besaß in seinem eigenen Fremdengesetz von 1927 einen Passus gegen die „Überfremdung Schwedens und der ‚schwedischen Rasse‘".[51] Über die Dänen läßt Brecht seinen Flüchtling Ziffel in den *Flüchtlingsgesprächen* sagen, daß sie zu schwach gewesen seien, um sich zu verteidigen, weil sie Schweine verkaufen mußten.[52] Und Finnland, das die militärischen Operationen der Achsenmächte gegen die Sowjetunion unterstützte, weckte als Asylland kaum Interesse.

So kommt es, daß sich Ende 1937 nur wenig über 1000 registrierte Exilanten in Schweden, dem wichtigsten skandinavischen Exilland, aufhielten. Neben einer recht umfangreichen und bedeutenden Gruppe sozialdemokratischer und kommunistischer Hitlerflüchtlinge sind für das literarische Exil in Schweden eigentlich nur Bertolt Brecht, Hans Henny Jahnn, Nelly Sachs, Kurt Tucholsky und Peter Weiss zu nennen. Tucholsky lebte allerdings schon seit 1929 in Schweden und hatte aufgehört zu veröffentlichen; Nelly Sachs wurde erst 1940 durch Intervention von Selma Lagerlöf aus Deutschland gerettet. Und Peter Weiss begann nach dem Krieg als schwedischer

Autor und schrieb erst Jahre später wieder in deutscher Sprache. Scheinbar unberührt von äußeren Umständen produzierte Brecht im skandinavischen Exil weiter. In seinem Bauernhaus in Skovsbostrand auf Fünen entstanden zwischen 1933 und 1939 u. a. der *Dreigroschenroman* und das Lehrstück *Die Horatier und die Kuriatier*, der Zyklus *Furcht und Elend des Dritten Reichs* und Teile von *Die Rundköpfe und die Spitzköpfe*, die erste Fassung von *Leben des Galilei* und das Romanfragment *Die Geschäfte des Herrn Julius Caesar*, (ungedruckte) Polemiken gegen Georg Lukács und eine Fülle von Gedichten über Deutschland und über das Exil. Die einjährige Atempause im schwedischen Lidingö reichte aus, um neben vielem anderen die *Mutter Courage* niederzuschreiben. In Finnland produzierte der Stückeschreiber in knapp 13 Monaten den *Guten Menschen von Sezuan*, die *Flüchtlingsgespräche*, den *Aufhaltsamen Aufstieg des Arturo Ui* und den *Puntila*. Daneben trat, trotz aller materiellen und politischen Einschränkungen, eine rege Theaterarbeit mit Laienspielgruppen, die Auseinandersetzung mit der jeweiligen Landesliteratur, die Herausgabe von Zeitschriften und die Teilnahme an internationalen Konferenzen. *Was kostet das Eisen*, ein Einakter gegen die Appeasementpolitik Schwedens, kam in einer Stockholmer Volkshochschule auf die Bühne; eine Aufführung von *Die sieben Todsünden* im Königlichen Theater von Kopenhagen endete gar mit einem Skandal, als König Christian X. unter Protesten das Theater verließ.

Bedeutende Exilzeitschriften hat es in Skandinavien ebensowenig wie in England gegeben. Und für das Gastspiel des Bermann-Fischer Verlags, der zwischen 1938 und 1948 in Stockholm ungefähr 130 Titel u. a. von Thomas Mann, Erich Maria Remarque, Franz Werfel, Carl Zuckmayer und Stefan Zweig herausgebracht hat, resümierte Helmut Müssener: „In der Geschichte des Bermann-Fischer Verlages ... waren die Jahre 1938–1948 und der Aufenthalt in Schweden nur eine Zwischenstation, die keine tiefere Wirkung hinterlassen hat."[53] Etwa 30 Prozent der Exilanten kehrten nach 1945 aus Schweden in das ehemalige Reichsgebiet zurück,[54] darunter 3–5 Prozent der jüdischen und 60 Prozent der politischen Flüchtlinge.[55]

3.2.2. *Sowjetunion*

Die Sowjetunion ist mit anderen Exilländern nur schwer zu vergleichen. Ihre selektive Asylpolitik, die nur Mitgliedern und Sympathisanten der Kommunistischen Parteien Aufenthalt gewährte, die totale Abhängigkeit der Exilanten von internen politischen und kulturellen Trends, aber auch die schier unbegrenzten Veröffentlichungsmöglichkeiten und die relativ großzügige Beseitigung materieller Sorgen der Exilanten ließen sie zu einem Ausnahmefall des Exils werden.

Massenemigration oder illegale Einreisen in die Sowjetunion hat es nicht gegeben. Vielmehr weisen eine Reihe von Dokumenten aus den 30er Jahren darauf hin, daß den sowjetischen Behörden daran gelegen war, daß möglichst alle Emigranten in den kapitalistischen Ländern[1] unterkamen. Grossmann berichtet, daß Ende 1935 von 6000 bis 8000 kommunistischen Exilanten (bei insgesamt 65 000 Flüchtlingen) nur 500 in der Sowjetunion Zuflucht gefunden hatten.[2] Sei es aus einem Bedürfnis nach innerer Sicherheit, sei es wegen der in der Tat recht beschränkten materiellen Aufnahmefähigkeit des Landes für eine große Zahl mehr oder weniger anspruchsvoller westeuropäischer Flüchtlinge – die bisweilen recht unglücklich wirkende Asylpolitik der Sowjets hatte zur Folge, daß zwischen 1933 und 1939/40 nach Moskau nur kam, wer eine Einladung der Partei, des Schriftstellerverbandes oder einer Massenorganisation besaß. Voraussetzung für eine solche Einladung waren die Mitgliedschaft in der KPD, aktive Parteiarbeit in der Weimarer Republik oder der Nachweis physischer Bedrohung.[3] Johannes R. Becher hatte vor 1933 den BPRS und dessen Organ *Linkskurve* geleitet, war Mitglied der IVRS und hatte zusammen mit Georg Lukács die Übertragung des sozialistischen Realismus auf die deutsche proletarisch-revolutionäre Literatur bewirkt. In Moskau gab er jetzt die *Internationale Literatur* heraus, saß in verschiedenen Führungsgremien der KPD und gehörte zu den meistgedruckten Autoren des Exils. Willi Bredel, 1936 bis 1939 Mitherausgeber des renommierten *Worts,* hatte sich während der Weltwirtschaftskrise als Autor revolutionärer Betriebsromane profiliert. Und der Präsident des Nationalkomitees Freies Deutschland (NKFD), Erich Weinert, gehörte seit vielen Jahren zu den Mitarbeitern der *Roten Fahne,* der *Arbeiter-Illustrierten-Zeitung* und der *Linkskurve.* Ähnliches ließe sich für Béla Balázs, Fritz Erpenbeck, Hans Günther, Hugo Huppert, Alfred Kurella, Berta Lask, Franz Leschnitzer, Ernst Ottwalt, Frida Rubiner, Gustav und Inge von Wangenheim und den Rest der ca. 35köpfigen[4] literarischen Exilgruppe in Moskau sagen. Parteilos waren anscheinend nur Theodor Plivier und Adam Scharrer.

Oskar Maria Graf, Klaus Mann und Lion Feuchtwanger besuchten als Mitglieder der deutschen Delegation den 1. Unionskongreß der Sowjetschriftsteller (1934). Drei Jahre später löste Feuchtwanger mit einem recht widersprüchlichen Reisebericht eine ausgedehnte Debatte über die Sowjetunion aus. Bertolt Brecht, der 1935 zum letztenmal in Moskau gewesen war,[5] reiste 1941 von Finnland über Wladiwostok nach Kalifornien. Erwin Piscator gab seine Pläne zur Errichtung eines deutschen Theaters in Engels (Wolgarepublik) während der stalinistischen Säuberungen 1936 auf und kehrte von einer Auslandsreise nicht mehr zurück. Curt Trepte und, nach kurzer Haft, Alexander Granach[6] folgten ihm 1938 in den Westen. Umgekehrt lehnte Willi Münzenberg, der sich 1936 nur durch den Hinweis auf seine Propagandatätigkeit für das republikanische Spanien der Verhaftung in Moskau hatte entziehen können, eine zweite „Einladung" in die Sowjetunion ab. Friedrich Wolf, der 1938 nach mehrjährigem Warten endlich die Ausreisegenehmigung nach Spanien erhalten hatte, wurde drei Jahre später vom sowjetischen Konsul in Marseille durch die Verleihung der sowjetischen Staatsbürgerschaft aus dem französischen Kommunistenlager Le Vernet gerettet;[7] Johannes R. Becher hielt sich seit 1933 im Auftrag der IVRS in verschiedenen westeuropäischen Exilzentren auf. Sieht man von solchen Ausnahmen ab, waren Reisen der Exilanten von und nach Moskau Sonderfälle.

Den Säuberungsaktionen in der Sowjetunion fielen Hans Günther, Maria Leiko, Carola Neher,[8] Ernst Ottwalt und Herwarth Walden[9] zum Opfer. Zeitweilig inhaftiert waren u. a. Hugo Huppert, Georg Lukács und Karl Schmückle. Ellen Walden, die Frau Herwarth Waldens, gehört zu der kleinen Schar, die zwischen 1939 und 1941 nach Deutschland zurückkehrte.

Es versteht sich von selbst, daß es in einer derart monolithischen Exilgruppe keine grundsätzlichen Meinungsverschiedenheiten über die Aufgaben der antifaschistischen Literatur gab. Eigenwilligen Auslegungen der marxistischen Ästhetik wurden durch die gleichzeitig stattfindenden sowjetischen Literaturdiskussionen Grenzen gesetzt. Da die sowjetische Literatur ihrerseits von den innen- und außenpolitischen Wendungen der KPdSU-Führung bestimmt war, hingen sowohl die kulturpolitischen Entscheidungen der KPD als auch die Literaturproduktion der Exilanten von den realpolitischen Interessen ihres Gastlandes ab. Gekennzeichnet wurden diese Interessen zwischen 1933 und 1945 durch die Spannung zwischen einem ausgeprägten außenpolitischen Sicherheitsbedürfnis und der offensiven Ideologie des Marxismus. Propagandistische Parolen und Verbalinjurien gegen die kapitalistischen Demokratien des Westens und den Faschismus gingen so bis tief in den zweiten Weltkrieg Hand in Hand mit jenem ungeduldigen Werben um potentielle Bündnispartner, das mit dem Hitler-Stalin-Pakt zu einer erneuten Teilung Polens führte und während des Zweiten Weltkrieges Mißtrauen unter den Alliierten säte. Einige Beispiele mögen die Auswirkungen dieser Politik auf die Exilliteratur skizzieren.[10]

Politisches Kalkül bestimmte schon die zögernde Reaktion der *Internationalen Literatur* auf die Übergabe der Macht an die Faschisten in Deutschland. Die Frontstellung gegen den seit Jahren vorausgesagten Interventionskrieg der Westmächte und die Hoffnung, daß ein rasch abgewirtschafteter Faschismus in Deutschland die Revolution beschleunigen würde, ließ die Redaktion der *Internationalen Literatur* erst im dritten Heft (Mai/Juni 1933) auf die veränderte Lage eingehen. Friedrich Wolfs Theaterstück *Floridsdorf* wurde mit zweijähriger Verzögerung erst im November 1936 aufgeführt, als die in ihm enthaltene Kritik an der Rolle der SPÖ bei der Niederschlagung des österreichischen Februaraufstandes ihre Brisanz verloren hatte. Die Sudetenkrise spiegelte sich in der *Internationalen Literatur* „nur in einer Kurzgeschichte und in einer – im Juni 1939 – veröffentlichten Erzählung von Bodo Uhse („Ausmarsch im September')"[11] wider; über die Appeasementpolitik war mit Rücksicht auf Frankreich so gut wie gar nichts zu lesen. Zweifellos das krasseste Beispiel für den absoluten Primat der Sowjetpolitik über die deutsche Exilliteratur bietet jedoch der Hitler-Stalin-Pakt. Noch am Abend des 23. August 1939 wurden nicht nur der antideutsche historische Film *Alexander Newski*, sondern auch die Filmversion von Friedrich Wolfs *Professor Mamlock* und Lion Feuchtwangers *Die Familie Oppenheim* abgesetzt.[12] Die *Internationale Literatur* mußte ihre kritischen Kommentare zum Geschehen in Deutschland streichen. In der im Oktober mit einmonatiger Verspätung als Doppelheft (9/10) erschienenen Septembernummer wurden die bei der 2. bzw. 12. Folge angelangten Fortsetzungsabdrucke von Anna Seghers *Das siebte Kreuz* und Lion Feuchtwangers *Exil* abgebrochen. Aufsätze von Stefan Zweig und Georg Lukács, die im August angekündigt worden waren, wurden nicht gedruckt. Alfred Kurellas Essay *Fragmente über die Intellektuellen* blieb mit unfreiwillig ironischer Anspielung auf den Titel ohne Schluß. In den Lesesälen der Bibliotheken und Klubs ersetzten nicht selten faschistische Blätter die Exilzeitschriften. Ein knappes Jahr später richtete die *Internationale Literatur* bei der Firma Koehler & Volckmar in Leipzig gar eine deutsche Auslieferungsstelle ein.

Wie den Mitarbeitern der *Internationalen Literatur* erging es im Herbst 1939 allen antifaschistischen Autoren in der Sowjetunion. Erich Weinert, einer der erfolgreichsten Agitationsdichter und Rezitatoren der Weimarer Jahre, widmete sich bis zum Frühjahr 1941 der Übertragung von Lermontow.[13] Ein Kollektiv mit Erich Weinert, Hugo Huppert, Hedda Zinner, Erwin Johannes Bach, Klara Blum und Maximilian Schick erarbeitete eine Nachdichtung von Taras Schewtschenkos *Kobsar*.[14] Becher mußte einen Gedichtband umarbeiten, der sich bereits im Satz befand. Von seinem im Juni 1938 in der *Internationalen Literatur* abgedruckten Gedicht *Klage um Österreich* blieb danach nur noch „Edelweiß", „Jodlers Jubellaut" und „Tannenforst" übrig.[15] Aus dem antifaschistischen *Barbarenzug* (Vorabdruck in *Internationale Literatur* 2/1939) wurde eine Pauschalkritik am Bürgertum.[16] Das Gedicht *Der Jude* (Vorabdruck in *Internationale Literatur* 4/1939) hieß jetzt *Spanische Inquisition;*[17] und eine Hymne auf ein Widerstandsgedicht versteckte sich hinter dem zweideutigen Titel *Auf einen Dichter der Renaissance* (Vorabdruck in *Internationale Literatur* 2/1939).[18] Freilich war den Sowjets weniger an einer Knebelung der deutschen Exilliteratur als an der Einhaltung taktisch motivierter Konzessionen gelegen. Ihr Ziel war, vom neuen Bündnispartner die für den Aufbau der eigenen Verteidigungsstellen notwendige Zeit zu erkaufen. Darauf verweisen Verse wie das folgende Hölderlin-Zitat, das Becher dem Band *Wiedergeburt*, der mit einiger Verspätung 1940 ausgeliefert wurde, als Widmung vorstellte:

Denn die Gerechten schlagen, wie Zauberer
Und ihre Vaterlandsgesänge
Lähmen die Knie der Ehrelosen.[19]

Hans-Albert Walter führt im gleichen Zusammenhang Aufsätze aus der *In-*

ternationalen Literatur von Becher über Gorki (8/40), Kurella über Barbusse (8/40) und dem Russen Victor Fink zum Thema *Krieg, Revolution, Literatur* (3/41) an.[20]

Trotz dieser – vorsichtig ausgedrückt – Behinderung entwickelte sich in der Sowjetunion eine umfangreichere und vielfältigere Exilliteratur als in den meisten anderen Gastländern. Dazu trug nicht zuletzt die Tatsache bei, daß viele der Exilanten schon seit den 2oer Jahren mit den Verhältnissen in der Sowjetunion vertraut waren. Becher hatte 1927 und 1930 auf den beiden Internationalen Konferenzen proletarisch-revolutionärer Schriftsteller referiert. Lukács brachte im Sommer 1931 seine Thesen gegen die Reportagen Willi Bredels und Ernst Ottwalts von einem einjährigen Moskauaufenthalt mit nach Berlin. Bernhard Reich, Hugo Huppert, Alfred Kurella und Herwarth Walden lebten zum Teil schon seit Jahren in der Sowjetunion. Frida Rubiner, Hans Günther und andere waren besuchsweise dort gewesen oder in Deutschland mit russischen Autoren und Kulturfunktionären wie Wladimir Majakowski, Sergej Tretjakow, Ilja Ehrenburg und Leopold Auerbach zusammengetroffen. Und schließlich bahnte sich schon bald nach 1933 eine für beide Seiten fruchtbare Zusammenarbeit mit dem sowjetdeutschen Bevölkerungsteil an, die sich in Vorlesungen, Theaterprojekten und gemeinsamen Beratungen im Schriftstellerverband niederschlug.[21]

Wichtiger für die Entwicklung der Exilliteratur dürften jedoch die materiellen Zuwendungen der sowjetischen Regierung und der verschiedenen Kulturorganisationen gewesen sein. So subventionierte der Jourgaz-Verlag jeden Monat eine Auflage von 10000 bis 20000 Kopien der Zeitschrift *Das Wort*. Die Verlagsgenossenschaft ausländischer Arbeiter in der UdSSR, der Verlag für fremdsprachige Literatur und der Deutsche Staatsverlag standen nicht nur ortsansässigen Exilanten offen, sondern druckten auch Werke von Arnold Zweig, Heinrich Mann, Lion Feuchtwanger und den Exilautoren in Mexiko. Becher, der schon vor seiner Flucht aus Deutschland 23 Titel mit einer Gesamtauflage von mehr als 150000 Exemplaren in der Sowjetunion herausgebracht hatte, ließ weitere 33 Bücher mit der enormen Auflage von über 250000 erscheinen – davon allein 40000 Exemplare des Romans *Abschied* und 50000 Exemplare einer Auswahl von Gedichten.[22] Der von Lukács kritisierte Roman *Maschinenfabrik N & K* des Arbeiterschriftstellers Willi Bredel brachte es in russischer Übersetzung bis 1936 auf 200000 Exemplare. Von Heinrich Manns *Lidice* wurde mitten im Krieg im Verlag für fremdsprachige Literatur eine Auflage von gut 50000 Exemplaren in der Originalsprache gedruckt.[23]

Neben dem Verlagswesen und den Zeitschriften, bei denen zusammen mit der *Internationalen Literatur* und dem *Wort* auch die *Deutsche Zentral-Zeitung* genannt werden muß, entfalteten vor allem die geflüchteten Theaterleute eine beachtliche Aktivität. Friedrich Wolf erzielte mit seinen Stücken *Floridsdorf, Das trojanische Pferd* und *Professor Mamlock* sowohl beim deutschsprachigen Publikum als auch durch Wsewolod Wischnewski-Übersetzungen auf russischen Bühnen ungeheure Erfolge. Gustav von Wangenheim gelang es, Teile der „Kolonne links" und der „Truppe 1931" im Moskauer Klub Ausländischer Arbeiter zum „Deutschen Theater ‚Kolonne links'" zusammenzufassen. Erwin Piscator plante als Präsident des Internationalen Revolutionären Theaterbundes (IRTB) ein Kulturkombinat, das neben einer Zeitschrift einen Bühnenvertrieb, eine Filmgesellschaft und durch die Reorganisation des Akademischen Deutschen Staatstheaters in Engels eine Bühne umfassen sollte, auf der er seine Experimente der Weimarer Jahre fortführen konnte. Obwohl keines von Piscators Projekten realisiert wurde, gelang es einer Gruppe von Exilschauspielern und ortsansässigen Laienkräften unter der Leitung von Bernhard Reich und Maxim Vallentin, zwischen 1934/35 und 1937 mit insgesamt 21 Inszenierungen ein recht beachtliches Programm auf die Bühne zu bringen.[24] Andere Exilanten wie Ilse Berend-Groa und Curt Trepte waren im allukrainischen „Deutschen Kollektivistentheater" bzw. dem „Deutschen Gebietstheater in Dnepropetrowsk" tätig, spielten wie Heinrich Greif und Hans Klering mit Erfolg in russischen Filmen[25] oder agierten wie Maxim Vallentin, Lotte Löbinger,[26] Fritz Erpenbeck und Gustav von Wangenheim[27] als Sprecher und Texter der deutschsprachigen Sendungen des Moskauer Rundfunks und des Senders „Freies Deutschland". Hugo Huppert, Herwarth Walden, Albert Hotopp, Franz Leschnitzer, Klara Blum und Dora Wentscher waren als Hochschullehrer angestellt, meist für das Fach Deutsch.[28] Alfred Kurella leitete die bibliographische Abteilung der Staatsbibliothek für ausländische Literatur,[29] Alfréd Durus-Kéményi arbeitete als Sekretär für das Moskauer Komitee des Verbandes bildender Künstler der UdSSR,[30] die Frau Andor Gábors, Olga Halpern-Gábor, fertigte Übersetzungen an,[31] das Ehepaar Willmann war beim internationalen Gewerkschaftsbüro und dem Staatlichen Rundfunkkomitee tätig.[32] Keine dieser Positionen war sonderlich lukrativ. Wolfgang Leonhard spricht davon, daß das Monatsstipendium, das ihm als Student der Hochschule für Fremdsprachen zustand, kaum „zur Bestreitung der notwendigsten Lebensbedürfnisse" ausreichte.[33] Ebensowenig ließen sich mit den Gagen der Schauspieler besondere Ansprüche erfüllen: Hermann Greid berichtet, daß Amy Frank, Friedrich Richter, Gerhard Hinze und Leo Biber beim Gebietstheater Dnepropetrowsk mit „Gagen bis zu 500 Rubel im Monat"[34] rechnen konnten. Das war, verglichen mit den 200 bis 300 Rubeln, die ein Facharbeiter erhielt, immer noch recht passabel.[35] Andererseits belegt ein Brief von Erwin Piscator an Otto Wallburg, daß sich viele Probleme des Alltagslebens in Sowjetrußland für Westeuropäer weder mit Geld noch mit Sonderzuteilungen lösen ließen: „Ihre Gage würde zirka 2000.– Rubel monatlich betragen", schreibt Piscator, „wovon Sie bequem leben können. Natürlich muß ich die Einschränkung hinzufügen, daß Sie vieles von Ihren europäischen Ansprüchen vermissen werden."[36]

Genau betrachtet war das Spektrum der Lebensbedingungen der Exilanten selbst in der Sowjetunion überraschend breit: während Alfred Kurella im Exilantenhotel Lux und Johannes R. Becher im Hochhaus des Schriftstellerverbandes logierten, vermeldete der *Rechenschaftsbericht der Deutschen Sektion des Sowjetischen Schriftstellerverbandes* 1939 mit dem Erwerb einer Datscha in Bolschewo einen eher bescheidenen Erfolg bei der Wohnraumbeschaffung.[37] Der damals in Sowjetrußland vielgerühmte Julius Hay mußte sich anfangs mit vier anderen Familien eine Fünfzimmerwohnung teilen.[38] Plivier lebte in dem Dorf Paulkoje (Wolgarepublik) zeitweise unter recht primitiven Bedingungen.[39] Das gleiche gilt für die Evakuierten im September/ Oktober 1941: Funktionäre und bekanntere Autoren fanden in Karaganda, Ufa und Alma-Ata relativ bequeme Lebensverhältnisse vor; der „unzuverlässige Ausländer" Herwarth Walden überstand die Strapazen der weiten Reise nicht.

Trotzdem hat Erich Weinert mit seiner Feststellung, daß in der Sowjetunion die Tätigkeit der Kulturschaffenden „besser ... als irgendwo in der Welt"[40] honoriert worden sei, wohl allein schon deshalb nicht ganz unrecht, weil hier den Autoren, Schauspielern und Regisseuren gute Möglichkeiten zum Weiterarbeiten und Weiterveröffentlichen geboten wurden. Tatsächlich ist es „einmalig in der Sozialgeschichte dieser Emigration, daß Exilierte eigens für sie geschaffene Sozialeinrichtungen benutzen konnten, die nicht mit dem Odium von Almosen und Wohltätigkeit behaftet ... waren".[41]

Der Preis, der für diese Hilfe zu zahlen war, wird bei der Analyse der im sowjetischen Exil entstandenen Werke noch zu ermitteln sein.

3.2.3. Nord- und Südamerika

Die USA waren sowohl nach Zahl als auch nach Bedeutung der Asylsuchenden das wichtigste Exilland für die Hitlerflüchtlinge. Insgesamt 280 000[1] aus Europa Vertriebene fanden hier eine Zuflucht, dreimal mehr als in England und 46mal mehr als in Schweden. Unter ihnen waren über 7600[2] Wissenschaftler, die Nobelpreisträger Albert Einstein und Thomas Mann, politische Größen der Weimarer Republik wie Heinrich Brüning, Albert Grzesinski und Hermann Rauschning, die Journalisten Hermann Budzislawski, Manfred Georg, Alfred Kantorowicz und Willi Schlamm, die Verleger Gottfried Bermann-Fischer, Wieland Herzfelde und Friedrich Ungar, die Komponisten Hanns Eisler, Ernst Křenek, Arnold Schoenberg, Ernst Toch und Erich Zeisl, die wichtigsten Mitglieder des Frankfurter Instituts für Sozialforschung, Max Horkheimer, Theodor W. Adorno und Herbert Marcuse und nahezu die gesamte Elite der deutschen Literatur: Bertolt Brecht, Hermann Broch, Alfred Döblin, Lion Feuchtwanger, Leonhard Frank, Oskar Maria Graf, Hermann Kesten, Emil Ludwig, Thomas, Heinrich, Klaus und Erika Mann, Erich Maria Remarque, Franz Werfel und Carl Zuckmayer. Hatte Ludwig

Marcuse Jahre zuvor Sanary-sur-Mer zur „Hauptstadt der deutschen Kultur"[3] erklärt, so bemerkte Thomas Mann jetzt, anläßlich eines geselligen Abends in seinem Haus in Pacific Palisades, mit noch mehr Berechtigung über Südkalifornien: „Nicht Paris noch das München von 1900 hätte einen Abend von intimerer Kunststimmung, Verve und Heiterkeit zu bieten gehabt."[4]

Attraktiv als Asylland wurden die USA allerdings erst gegen Ende der 30er Jahre, nachdem Österreich, die Tschechoslowakei und 1940 auch Frankreich von den Faschisten besetzt worden waren. Bis dahin hatten nur Einzelne die geographische und kulturelle Distanz nach New York und Hollywood zu überwinden versucht. Manch einer dieser Frühankömmlinge war dabei mehr von den Arbeitsmöglichkeiten und dem Glanz Hollywoods angelockt als vom faschisierten Europa abgestoßen worden. Berthold und Salka Viertel, Marlene Dietrich, die Architekten Richard Neutra und R. M. Schindler und die Erfolgsschriftstellerin Vicki Baum gehörten zu jenen, die bereits vor 1933 bzw. als Österreicher vor 1938 in die USA kamen. Brüning, Einstein und Horkheimer, der schon einmal 1930 die politische Entwicklung vorausgeahnt hatte, als er Filialen des Frankfurter Instituts für Sozialforschung in Genf und Paris eröffnete,[5] kamen im Laufe der 30er Jahre als Vorhut der großen Exilantenwelle. Andere streckten zunächst vorsichtig und meist ohne rechten Erfolg Fühler in die Neue Welt aus. Brecht hoffte 1935, mit der Adaption von Gorkis *Mutter* den Broadway zu erobern – zog sich aber schon bald wieder, enttäuscht vom amerikanischen Theater, nach Dänemark zurück.[6] Thomas Mann brachte es 1934 anläßlich einer Vortragsreise durch die Staaten zwar zu einer Einladung bei Präsident Roosevelt – den Entschluß, in die USA überzusiedeln, faßte er jedoch erst vier Jahre später während einer zweiten Tournee.[7] Von einer Vorläuferorganisation der German American Writers Association wird gar berichtet, daß nach 1935 aus Mangel an Berufsschriftstellern ein Arzt den Vorsitz übernommen habe.[8]

Doch spätestens 1940 verloren mit der drastisch veränderten Situation in Europa die Vorbehalte gegen das Asylland USA an Gewicht. Wer aus dem unbesetzten Süden Frankreichs, aus Lissabon oder dem von deutschen Truppen bedrohten England und Skandinavien fliehen wollte, konnte kaum mehr wählerisch sein, zumal die USA im Gegensatz zu den vielfach faschistoid regierten Ländern Südamerikas in dem Ruf standen, politisch und wirtschaftlich relativ freizügig zu sein. Und schließlich waren selbst viele der gebildeteren Exilanten derart schlecht über das soziopolitische und kulturelle Gefüge ihres zukünftigen Gastlandes informiert, daß sie recht unbefangen den üblichen Vorstellungen von unbegrenzten Möglichkeiten und sagenhaftem Reichtum unterlagen.

Tatsächlich erwiesen sich die USA zunächst als recht großzügig. Die Einwanderungsbestimmungen waren zwar nicht mehr so liberal wie vor der Einführung des Quotensystems, das die Zahl der Einwanderer aus jeder Na-

tion auf 357000 Personen begrenzte. Die Stimmungsmache gegen die „Rote
Gefahr", Arbeitslosigkeit und ein latenter Antisemitismus taten ein übriges.
Im allgemeinen gelang es jedoch vor allem den prominenteren Asylsuchenden
eher, die bürokratischen Hindernisse aus dem Weg zu räumen, als es in
Europa möglich gewesen wäre.[9] Ein President's Advisory Committee on
Political Refugees empfahl 1940/41 die Ausstellung zahlreicher „danger
visa". In der Arbeitsministerin Frances Perkins, der bis 1940 die Einwande-
rungsbehörden unterstanden, besaßen die Exilanten eine einflußreiche Freun-
din.[10] Und selbst Präsident Roosevelt und seine Frau Eleanor brachten den
Flüchtlingen durchaus Wohlwollen entgegen. Das Ergebnis war, daß durch
die vereinten Anstrengungen von bereits etablierten Exilanten und insgesamt
110 amerikanischen Hilfsorganisationen[11] die meisten Intellektuellen, Künstler und Wissenschaftler vor dem Zugriff der Gestapo in Europa gerettet
wurden.

Das Emergency Rescue Committee (ERC), im Juni 1940 unmittelbar nach
Unterzeichnung des Waffenstillstandsvertrags zwischen Frankreich und
Deutschland von einer Reihe führender Persönlichkeiten aus dem Universi-
tätsleben in New York gegründet,[12] vermittelte innerhalb eines Jahres vielen
hundert Personen die Einreise in die Vereinigten Staaten: darunter Max
Ernst, Leonhard Frank, Hans Habe und Franz Werfel, aber auch dem Franzosen André Breton, dem russischen Emigranten Marc Chagall und dem
polnischen Schriftsteller Josef Wittlin. Unterstützt und beraten durch den
ERC-Envoy Varian Fry, der im August 1940 nach Marseille geschickt wurde,
sowie das mit dem ERC zusammenarbeitende Unitarian Service Committee
in Lissabon wurden Alfred Döblin, Lion Feuchtwanger, Heinrich Mann und
Anna Seghers sowie über 100 weitere deutschsprachige Autoren.[13] Heinrich
Mann, der auf Schleichpfaden über die Pyrenäen, per Lufthansa nach Madrid
und auf einem griechischen Dampfer aus Lissabon geflüchtet war, wurde
sogar zu einem derart umworbenen Hilfsobjekt, daß er nach seiner Ankunft
in New York gleichzeitig vom ERC und vom Exiled Writers Committee der
linksstehenden League of American Writers zu einem Wohltätigkeitsbankett
eingeladen wurde. Mann täuschte Müdigkeit vor; dem Exiled Writers Committee brachte der Abend dessen ungeachtet $ 14000 ein.

Wer nicht vom ERC, der League of American Writers oder, als rassisch
Verfolgter, von einer der zahllosen jüdischen Hilfsorganisationen unterstützt
wurde, konnte auf einen sogenannten Lebensrettervertrag aus Hollywood
oder Zuwendungen, Affidavits und Schiffsbilletts von wohlhabenderen Mitexilanten hoffen. Leonhard Frank, Heinrich Mann, Alfred Neumann und
Friedrich Torberg wurden von den Warner Studios unter Vertrag genommen; Alfred Döblin, Jan Lustig, Walter Mehring und Wilhelm Speyer kamen
bei MGM unter. Alle erhielten Einjahresverträge, die, wie Döblin berichtet,
$ 100 oder mehr in der Woche dafür zahlten, daß man „acte de présence"[14]
machte und die Zeit mit „Nichtstun"[15] verbrachte. Liesl Frank, die durch

ihre Beziehungen zur Hollywood-Filmkolonie eine Reihe dieser Verträge vermittelt hatte, war auch die Organisatorin des European Film Funds, der jahrelang einer illustren Liste deutschsprachiger Exilanten mit kleinen Summen unter die Arme griff.[16] Überhaupt war trotz der üblichen Uneinigkeiten und unnötigen Streitereien die Zahl der privaten Hilfsaktionen im amerikanischen Exil überraschend groß. Der Verleger Benjamin Huebsch ermöglichte Feuchtwanger, Werfel, Zuckmayer und vielen anderen durch die Ausstellung von Affidavits die Einreise in die USA; Thomas Mann sammelte einmal auf einer einzigen Gesellschaft in seinem Haus in Brentwood „Zehntausende von Dollar"[17] für das ERC; der Regisseur William Dieterle unterschrieb eine Bürgschaft für Brecht und seine Familie.[18] Marlene Dietrich, Peter Lorre und Max Ophüls unterstützten den European Film Fund; die Schiffspassagen für Döblin und seine Familie wurden gar von sieben verschiedenen Spendern aufgebracht, während fünf namhafte Personen des Kulturlebens Bürgschaften für die einzelnen Familienmitglieder gaben.

Doch mit der Rettung der bedrohten Exilanten aus Europa war das Interesse der amerikanischen Öffentlichkeit an den Neuankömmlingen zumeist erschöpft. Humanitäre Pflichten hatte man erfüllt, jetzt wurde es nach amerikanischer Tradition jedem einzelnen überlassen, sich auf eigene Faust das entsprechende Leben aus dem scheinbar unbegrenzten Angebot herauszugreifen. Wie nicht anders zu erwarten, erwiesen sich die Geschichten vom schnellen Reichtum oft als Illusion. Vicki Baum, Habe, Goetz, Remarque und Werfel brachten es mit Bestsellern und Filmdrehbüchern zu Summen von einigen hunderttausend Dollar. Feuchtwanger und Thomas Mann residierten in repräsentativen Villen am Pazifischen Ozean. Andere, wie Brecht und Leonhard Frank, trafen das große Geld nur ein- oder zweimal. Döblin und Heinrich Mann blieben in diesem Sinne ebenso glück- wie mittellos.

Im allgemeinen jedoch kann man sagen, daß im amerikanischen Exil – trotz Arbeitslosigkeit und Krieg – der gewohnte bürgerliche Komfort für viele der Flüchtenden relativ häufig und rasch wiederzuerlangen war. Die überwiegende Mehrheit der akademischen Exilanten kam an Forschungszentren und Universitäten unter: Einstein, Johann von Neumann und Paul Frankl am Institute for Advanced Studies in Princeton; Albert Salomon und Emil Lederer an der New Yorker New School for Social Research; das exilierte Frankfurter Institut für Sozialforschung an der Columbia University; andere an der University of Chicago (Leo Strauss, Paul Tillich, Hans J. Morgenthau), der University of California in Los Angeles (Rudolf Carnap, Arnold Schoenberg) und der University of Southern California (Ludwig Marcuse).[19] Der im amerikanischen Exil nicht sehr erfolgreiche Brecht leistete sich von seinem Honorar für den Film *Hangmen Also Die* immerhin ein Häuschen in Santa Monica. Und selbst Heinrich Mann litt wohl mehr unter der fehlenden politischen und publizistischen Resonanz sowie unter Familienproblemen als unter extremer materieller Not.[20]

Trotzdem stößt man beim Durchblättern von Tagebüchern und Brief-
wechseln aus dem amerikanischen Exil häufiger auf kritische Stimmen gegen
das Gastland als man es aus den Europaberichten gewohnt war. Dafür gibt es
eine Reihe von Gründen: sie reichen von der wachsenden Fremdenfeindlichkeit der amerikanischen Behörden und dem ungeschriebenen Zwang zur Akkulturation bis zu dem völlig anders ausgerichteten Kulturbetrieb.

Fremdenfeindlichkeit, das sei vorausgeschickt, hat es auch im US-Exil so
gut wie gar nicht auf persönlicher Ebene gegeben. Das gestand selbst Brecht
zu, der gegenüber der amerikanischen Gesellschaft sonst sicher alles andere
als positiv eingestellt war: „... sie [die Amerikaner, A. S.] haben nicht das
verkniffene neurotische Wesen der deutschen Kleinbürger, noch die Unter-
würfigkeit und Überheblichkeit. Sie bewegen sich freier, mit mehr Anmut,
und keifen nicht."[21] Wenn es im Laufe der 30er Jahre trotzdem zu Verhören
vor Committees on Un-American Activities kam, die die Methoden eines
Joseph R. McCarthy vorwegnahmen, wenn 1940 die Anmeldepflicht für
Ausländer eingeführt wurde, wenn im selben Jahr „über sechzig Gesetzesan-
träge zur Einschränkung der Einwanderung oder zur Beschneidung der Freiheit von Ausländern"[22] im Kongreß zur Debatte standen, wenn ebenfalls
1940 der Immigration and Naturalization Service durch seine Überführung
aus dem Arbeits- in das Justizministerium erheblich politisiert wurde und
wenn ein Mitglied des US-Senats in einer Rede ausführlich über ein kurzes
Interview einer durchaus einflußlosen Exilantin wie Erika Mann herfiel,[23]
dann sind das Erscheinungen, die vor allem den angesichts der zugespitzten
politischen und wirtschaftlichen Weltlage mit erneuter Heftigkeit ausbrechenden Spannungen zwischen den amerikanischen Interventionisten und
Isolationisten zuzuschreiben sind. Resümiert Joachim Radkau: „Wenn die
Flüchtlinge von Isolationisten oder auch von Antikommunisten angegriffen
wurden, ist in jedem Fall zu untersuchen, ob der Angriff wirklich die Flüchtlinge meinte ... Im allgemeinen wird es so gewesen sein, daß in Wirklichkeit
andere Gruppen getroffen werden sollten: die Interventionisten, die Liberalen, das amerikanische Judentum, die Kommunismus-Sympathisanten. Die
Refugees boten als Angriffsobjekt taktische Vorzüge: sie waren eine macht-
lose Gruppe, und man verlor keine Wählerstimmen, wenn man sie angriff ...
Indem man jedoch die Refugees als Interventionisten angriff, konnte man
dem gesamten Interventionismus das Stigma des ,Unamerikanischen' anhef-
ten ..."[24]

Bedeutend empfindlicher als auf politische Gängeleien und auf das Anstehen nach Aufenthalts- und Arbeitsgenehmigungen reagierten die Exilanten in
den USA auf den permanenten Druck, sich dem amerikanischen Lebensstil
anzupassen.[25] Während man in Europa noch recht ungestört als „chez nous"
durchkommen konnte, erwartete das klassische Einwanderungsland USA
eine möglichst rasche und vollständige Amerikanisierung.[26] Für Fremde, die
während politischer Notzeiten in ihrer Heimat hier überwintern wollten,

hatte man kein Verständnis. Zu weit lag das damals noch wenig amerikanisierte Europa politisch und kulturell außerhalb des Blickfeldes; zu unwichtig erschienen zwischen New York und dem fernen Kalifornien politische Differenzen und literarische Experimente der Europäer. Peter Baulands Einschätzung des New Yorker Theaterlebens ist typisch: „The years between 1930 and 1945 in New York were actually without much European drama of any kind, but the German offered the least likely choice."[27]

Isoliert und frustriert ob ihrer Unfähigkeit, auf die Ereignisse in Deutschland einzuwirken, reagierte sich die Unzufriedenheit der Exilanten deshalb unverhältnismäßig häufig an ihrer freundlich-gleichgültigen Umwelt ab. Das Wetter, die Eßgewohnheiten, die Vegetation und die Art der Menschen zu reden, sich zu kleiden und sich zu bewegen – selbst die kleinsten Kleinigkeiten im täglichen Umgang schienen den Vertriebenen das Leben sauer zu machen. Thomas Mann, ansonsten durchaus amerikafreundlich, klagte in einem Brief an Bruno Walter: „Wir leben zwischen unseren Palmen und lemon trees so den längst gewohnten Wartesaal-Tag, in geselligem Reihum mit Franks, Werfels, Dieterles, Neumanns, immer dieselben Gesichter, und wenn es mal was Amerikanisches ist, so ist es auch so sonderbar öde und freundlich stereotyp, daß man für längere Zeit wieder genug hat."[28] Leonhard Frank war der Ansicht, daß die Indianer, die Manhattan einst „für den Gegenwert von zwanzig Dollar" verkauft hatten, die Siedler hereingelegt hätten: „Das Klima in Manhattan brüllt – hier soll der Mensch nicht leben."[29] Brecht mokierte sich über das „Unedle, Infame, Würdelose"[30] seiner Umgebung:

Nachdenkend, wie ich höre, über die Hölle
Fand mein Bruder Shelley, sie sei ein Ort
Gleichend ungefähr der Stadt London. Ich
Der ich nicht in London lebe, sondern in Los Angeles
Finde, nachdenkend über die Hölle, sie muß
Noch mehr Los Angeles gleichen.

Auch in der Hölle
Gibt es, ich zweifle nicht, diese üppigen Gärten
Mit den Blumen, so groß wie Bäume, freilich verwelkend
Ohne Aufschub, wenn nicht gewässert mit sehr teurem Wasser.
  Und Obstmärkte
Mit ganzen Haufen von Früchten, die allerdings
Weder riechen noch schmecken. Und endlose Züge von Autos
Leichter als ihr eigener Schatten, schneller als
Törichte Gedanken, schimmernde Fahrzeuge, in denen
Rosige Leute, von nirgendher kommend, irgendhin fahren.
Und Häuser, für Glückliche gebaut, daher leerstehend
Auch wenn bewohnt."[31]

Fast an keinem Ort sei ihm denn auch „das leben schwerer als hier, in diesem schauhaus des easy going",[32] gewesen: „Die geistige isolierung hier ist ungeheuer; im vergleich zu hollywood war svendborg ein weltzentrum."[33] Und während Frank auf der Fahrt an die Westküste vermißte, daß es „in ganz Amerika ... nicht einen einzigen Misthaufen"[34] gebe, konnte sich Döblin, alternd, erfolglos und ohne Sprachkenntnisse, noch nicht einmal mit dem subtropischen Klima Südkaliforniens anfreunden: „... man ist eingesperrt nicht in einem Hotelzimmer, sondern in einer Bretterbude, die sich hier bungalow oder flat nennt; und in der Tat, man ist viel und ausgedehnt im Grünen, – bin ich aber eine Kuh?"[35]

Vollends hoffnungslos wurde die Situation für jene Exilanten, die erwarteten, im amerikanischen Exil an die Erfolge ihrer früheren Arbeit anknüpfen zu können. Die Filmindustrie von Hollywood, dem wohl „amerikanischsten" der US-Exilzentren, mag als ein Beispiel dienen, das ebenso auf den Broadway[36] und die Bestsellermache der Verlage zutrifft. Erfolg konnte in den anonymen und verkaufsorientierten Filmfabriken nämlich nur haben, wer gewillt war, die althergebrachten Kunstideale über Bord zu werfen. An Stelle von künstlerischer Originalität und geistigem Eigentumsrecht galt hier Teamarbeit. Der Fortentwicklung des abendländischen Kulturerbes standen Massenwirksamkeit und Marktanalysen gegenüber. Und anstatt frühere Leistungen galt es immer neue, erfolgreichere Ideen vorzuzeigen. Nicht ohne Grund spricht deshalb Hans-Bernhard Moeller in seinem Aufsatz über „Exilautoren als Drehbuchautoren" von einer Konfrontation der traditionellen künstlerischen Produktionsmethoden mit der „Frühphase des anonymisierenden Kulturwandels": „Sei es ein Rückschritt oder eine Wendung zu einer veränderten Zukunft, die Drehbuchautoren des deutschsprachigen Exils seit 1933 waren unter den ersten, die den Eintritt in diese neue nach- oder spätbürgerliche Kunstepoche vollzogen: sie wurden überwiegend von der Kulturindustrie vereinnahmt und büßten damit ihre Stellung als Einzelschöpfer zeitweilig fast ein."[37]

Da sich besonders die älteren bürgerlichen Autoren wie Heinrich Mann, Thomas Mann und Döblin auf solche Produktionsbedingungen nicht mehr einstellen wollten oder konnten, fielen Erfolg und Tantiemen jenen Autoren zu, die schon länger für ein Massenpublikum geschrieben hatten. Remarque, der bereits vor seiner Ankunft in Amerika verschiedene Romane nach Hollywood verkauft hatte, setzte seine Erfolge mit der Verfilmung des Bestsellers *Arc de Triomphe* (Regie: Lewis Milestone, Hauptrollen: Ingrid Bergman, Charles Boyer, Charles Laughton) fort. Vicki Baum konnte es sich leisten, nur halbzeits für die Studios zu schreiben. Hans Habe trieb die Akkulturation gar soweit, daß er sich in Hollywood lieber in der Gesellschaft amerikanischer Drehbuchschreiber als deutscher Exilgrößen bewegte.

Komplizierter war dagegen der Fall Brecht. Hier brachte ein Exilant Filmerfahrung, Interesse an Teamarbeit, Gespür für die Massenwirksamkeit neuer Medien und einen überwältigenden Drang nach künstlerischer und finanzieller Anerkennung mit. Wenn trotzdem nur zwei seiner weit über 20 Exposés und Drehbuchentwürfe akzeptiert wurden, lag das wohl weniger an der Filmindustrie als an Brechts schwieriger Persönlichkeit und seinem Festhalten an einem Verfremdungsverfahren gegenüber Happy-End und Einfühlung.[38] Ganz zu schweigen von seinen politischen Ambitionen, die weder bei der amerikanischen Unterhaltungsindustrie noch bei jenen Künstlerkreisen ankamen, die sich marxistisch gaben.[39]

Sei es aufgrund ihrer bürgerlichen Beschränktheit, ihrer politischen Ziele oder einfach der Unfähigkeit der Autoren, sich in das amerikanische Kulturleben einzufügen – die Verbreitung und Wirkung der Exilliteratur in den USA stand in keinem Verhältnis zur Bedeutung der hier ansässigen Autoren.[40] Während zur gleichen Zeit eine unverhältnismäßig kleinere Gruppe von kommunistischen Exilanten mit dem Verlag El Libro libre und der Zeitschrift *Freies Deutschland* vom abgelegenen Mexiko aus erfolgreich operierte, schien das bürgerliche Exil in den USA mit der politischen und kulturellen Konzeptlosigkeit der Weimarer Republik auch deren Funktionsunfähigkeit geerbt zu haben. Dieser Verdacht erhärtet sich, wenn man sich in das Dickicht der Exilorganisationen begibt, die als konfessionell, ideologisch, kulturell oder parteilich gefärbte Gruppen und Grüppchen vor allem in New York und Los Angeles aus dem Boden schossen. Joachim Radkau und Manfred Durzak führen die wichtigsten unter ihnen auf: German American Writers Association, Deutsch-Amerikanischer Kulturverband, Exiled Writers' Committee der League of American Writers, European PEN Club in America, Emergency Rescue Committee, Jewish Club of 1933, German American Emergency Conference, German American Congress for Democracy, American Guild of German Cultural Freedom, Council for a Democratic Germany, American Association for a Democratic Germany, German Labor Delegation usw. Der Umfang dieser Liste macht deutlich, daß die Exilanten nicht fähig waren, ein gemeinsames kulturelles oder auch politisches Programm zu verfolgen bzw. ihre Ziele auf einen gemeinsamen Nenner zu bringen. Charakteristisch für alle Gruppen war, daß sie ihre Kräfte in langatmigem Geplänkel über unwichtige Detailfragen verschlissen. Selbst der Council for a Democratic Germany – die wohl vielversprechendste dieser Gruppen – mußte seine Antwort auf die Konferenz von Yalta aus sechs verschiedenen „Stellungnahmen" zusammenklittern.[41]

Die fortschreitende Akkulturation, die Distanz zu Europa und der Mangel an konkreten Plänen für ein Nachkriegsdeutschland trugen dazu bei, daß die Zahl der Exilanten, die zu Immigranten und schließlich zu Staatsbürgern ihres Gastlandes wurden, in den USA besonders groß war. Hinzu kam, daß die wirtschaftliche und politische Zukunft Deutschlands, die in den frühen 30er Jahren zu einer Rückwanderungswelle unter den Deutsch-Amerikanern[42] geführt hatte, nach 1945 recht finster aussah. Viele Exilanten begannen sich deshalb, auch wenn sie nicht zur jüdischen Massenemigration zählten, auf Dauer einzurichten: für 1945 sind ganze zwei, für 1946 57, für 1947 1148 und für 1948 953 Rückwanderungen nach Deutschland verzeichnet.[43] Während Kulturfunktionäre aus Moskau unmittelbar nach dem Ende der Straßenkämpfe nach Berlin zurückkehrten, zog es das bürgerliche Exil vor, erst einmal abzuwarten. Thomas Mann erklärte noch Ende der 40er Jahre, ein verständiger Amerikaner werden zu wollen.[44] Heinrich Mann reagierte auf die wiederholten Einladungen aus Ost-Berlin zunächst materiell: „Für alle Fälle wüßte ich gern, welche der manchmal angedeuteten Vorteile mir ernstlich zugedacht sind: Villa (wo?) Bedienung (wer?) Wagen und Chauffeur (ohne Scherz?).''[45] Feuchtwanger setzte seinen Fuß nie mehr auf deutschen Boden. In den USA verblieb, zumindest bis zur Pensionierung, im allgemeinen auch, wer in der Filmindustrie, als Journalist und Universitätslehrer tätig war: Georg Froeschel, Felix Jackson und Walter Reisch; Kurt Kersten, Karl O. Paetel und Otto Zoff; Hannah Arendt, Leo Strauss und Paul Tillich. Auf sie alle trifft mehr oder weniger zu, was Friedrich G. Friedmann über Hans J. Morgenthau und Henry A. Kissinger gesagt hat: Sie seien zwar „zufällig Deutsche ...", aber in Amerika wirken sie als Amerikaner".[46]

Andere sahen sich Deutschland erst einmal als Angehörige der Besatzungsmächte an: Döblin als Berater der Direction de l'Éducation Publique in der französischen Zone; Hans Habe als Offizier der Spionageabwehr und Herausgeber der deutschsprachigen Zeitungen der US-Armee und Franz Schoenberner, ehemals Chefredakteur beim *Simplizissimus*, als Offizier des Office of War Information. Habe und Remarque pendelten fortan zwischen der Alten und Neuen Welt. Döblin ging 1953 enttäuscht zum zweiten Mal ins Exil. Schoenberner starb 1970 in den USA. Um eine rasche Rückführung in die Heimat bemühten sich auch im amerikanischen Exil vor allem die Kommunisten und ihre Sympathisanten. Schon im Mai 1945 bewarben sich nach einem Bericht von Ruth Fischers antikommunistischem Informationsblatt *The Network* sechzehn Kommunisten um die Ausreise nach Deutschland, darunter der Schriftsteller Hans Marchwitza.[47] Sie sollten, ebenso wie Alfred Kantorowicz und der Journalist Max Schroeder, erst anderthalb Jahre später die Erlaubnis dazu erhalten.

Lateinamerika hat, verglichen mit den USA, für das deutschsprachige literarische Exil nur eine untergeordnete Rolle gespielt.[48] Sieht man von der kommunistischen Kolonie in Mexiko ab, hielt sich kaum ein namhafter Exilant in Mittel- oder Südamerika auf. Randgebiet war Lateinamerika auch für die jüdische Massenemigration. Während zwischen 1933 und 1943 allein 190000 (23,5%) Juden in den USA Aufnahme fanden, gewährten die 42 Staaten Südamerikas nur 128000 (15,6%) jüdischen Flüchtlingen Asyl.[49] Einreisevisen wurden dabei oft genug für horrende Summen gehandelt. So soll ein bolivianischer Delegierter in Paris an die 1000 Visen zu einem Stückpreis von 4000

Francs verkauft haben. Kuba gab den begehrten Stempel für $ 800 bis $ 1200 aus, und von den Argentiniern wird berichtet, daß sie für die Aufnahme von 800 Juden vom Joint Distribution Committee die ansehnliche Summe von $ 250000 einstrichen.[50] Für Wohlhabende, die in Südfrankreich oder Lissabon vergeblich auf ein Transit oder ein Affidavit für die USA warteten, bedeutete diese „unbürokratische" Handhabe der Visaanträge freilich oft die letzte Rettung. Valeriu Marcu und Bruno Frank sollen mit Pässen aus Honduras bzw. Panama gereist sein.[51] Hans Habe besorgte sich für die Flucht per Rennwagen nach Lissabon einen gefälschten bolivianischen Paß, nachdem Emil Oprecht bestätigt hatte, daß er mit einem gewissen Juan Becessi identisch sei.[52] Und Leon Matthias beschreibt detailliert und mit einer gewissen Schadenfreude, was sein guatemaltekischer Paß alles zu leisten vermochte.[53]

Unattraktiv als Asyl war Südamerika vor allem aber aus politischen und wirtschaftlichen Gründen. Fast in allen Ländern gab es bis in die Kriegsjahre in den Regierungsspitzen Sympathisanten mit dem deutschen Faschismus: Germán Busch in Bolivien, General Saturnino Cedillo in Mexiko und Juan Perón in Argentinien, das gar bis Ende März 1945 in deutschlandfreundlicher Neutralität blieb. Gleichzeitig gelang es der faschistischen Auslandspropaganda über industrielle Kontakte, das Länderamt VII (Iberoamerika) der NSDAP und eine Fülle von halbprivaten Clubs und Organisationen, die deutsche Kolonie zu kontrollieren.[54] Allerdings war für viele der alteingesessenen Kulturorgane der Weg zu den Nazis auch beträchtlich kürzer als zu den Exilanten.[55] Die *Deutsche La Plata Zeitung*, die *Deutsche Zeitung von Mexiko* und das traditionsreiche Deutsche Haus in Mexiko City sind nur drei von vielen Beispielen. In Buenos Aires kam es anläßlich der Aufführung von Bruckners *Die Rassen* im Teatro Comico Ende 1934 zu offiziellen Protesten der deutschen Botschaft, zu Krawallen und einem kurzfristigen Verbot des Stückes.[56] Vom selben Ort berichtet Balder Olden, daß Republikaner und Nationalsozialisten in zwei getrennten „Dörfern" leben: „... wir haben jeder eine Zeitung, jeder eine Schule, Vereine, Vorträge – in einem Wort: deutsche Welt und deutsche Unwelt."[57]

Da Südamerika während der 30er und 40er Jahre wirtschaftlich durchweg noch nicht sehr weit entwickelt war, hatten die Exilanten neben den politischen und den kulturellen Barrieren auch besondere ökonomische Schwierigkeiten zu überwinden. Zwar gab es, nicht zuletzt aufgrund der weit verbreiteten Bestechungsmethoden, keine Umstände mit Arbeits- und Aufenthaltsgenehmigungen. Stellen waren für Intellektuelle und Künstler aber zumeist ungleich schwerer zu finden, als für Landwirte, Kaufleute und Techniker. Und schließlich begannen die meisten Länder Mittel- und Südamerikas Ende der 30er Jahre, als die Exilanten sich nach Zufluchtsorten in Übersee umzutun begannen, aus Furcht vor der jüdischen Massenimmigration ihre Grenzen zu schließen: Peru und Ecuador 1937, Bolivien 1940. Chile nahm ab 1939 nur noch „verwandte Rassen" auf.[58]

Relativ liberal war dagegen, zumindest bis Anfang 1942, die Einwanderungspolitik von Mexiko, dem bedeutendsten lateinamerikanischen Asylland. Neben der jüdischen Massenemigration fand hier vor allem eine sonst fast überall geächtete Gruppe von Exilanten Zuflucht: die Kommunisten. In der Tat sollte Mexiko nach der Sowjetunion zum zweiten Exilzentrum der KPD werden. Die Schriftsteller und Funktionäre Alexander Abusch, Theodor Balk, Bruno Frei, Egon Erwin Kisch, Paul Mayer, Ludwig Renn, Anna Seghers, Kurt Stern und Bodo Uhse arbeiteten hier. Die Zeitschrift *Freies Deutschland* und der Verlag El Libro libre operierten von Mexico, D.F., aus. Die Bewegung Freies Deutschland und das Lateinamerikanische Komitee der Freien Deutschen gehörten zu den aktivsten und weitestverzweigten Organisationen des gesamten Exils. Garant für den Erfolg dieser kleinen, mit klangvollen Namen versehenen Exilgruppe war das, was dem bürgerlichen Exil in Europa und den USA durchweg fehlte: organisatorische und ideologische Geschlossenheit. Zielstrebig, ohne sich durch die Rückschläge des Hitler-Stalin-Paktes, das Mißtrauen der alteingesessenen deutschen Kolonie, die geringe Resonanz bei der einheimischen Bevölkerung und die prekäre finanzielle Lage irre machen zu lassen, trugen alle Mitglieder der Gruppe zur Tagesarbeit bei.

Die Entwicklung des Heinrich-Heine-Klubs mag als Beispiel dienen. Absicht des Klubs, der Anfang November 1941 ins Leben gerufen wurde, war die „Förderung deutscher freiheitlicher Kunst, Literatur und Wissenschaft durch Wort und Schrift, Belehrung und Schulung, durch gesellschaftlichen Zusammenschluß, gegenseitige Hilfe und durch öffentliche Veranstaltungen künstlerischen, literarischen und wissenschaftlichen Charakters sowie durch Zusammenarbeit mit Organisationen verwandter Zielsetzung".[59] Anna Seghers, die im Sommer 1941 über San Domingo und Ellis Island, USA, aus Marseille in Mexiko eingetroffen war, übernahm die erste Präsidentschaft. Sie war es auch, die die Eröffnungsveranstaltung des Klubs bestritt: eine Lesung aus den *Sagen vom Räuber Woynok* und zwei Kapiteln des Manuskripts des Romans *Das siebte Kreuz*. Es folgten 68 weitere Abende mit der stolzen Gesamtbesucherzahl von über 13 000 Personen. Balk, Kisch, Mayer, Renn und Uhse lasen aus ihren Manuskripten; Thomas Manns 70. und Kischs 60. Geburtstag wurden gefeiert; Werke der deutschen Exilanten in der Sowjetunion vorgestellt; der Bücherverbrennung gedacht; klassische deutsche Literatur von Goethe bis Heine rezitiert und mit einer Handvoll erfahrener Schauspieler Kischs *Himmelfahrt der Galgentoni*, Brecht/Weills *Dreigroschenoper*, Szenen aus Bechers *Winterschlacht*, Bruckners *Denn seine Zeit ist kurz* und drei weitere Inszenierungen auf die Bühne gebracht. Am 1. Februar 1946 löste sich der Heinrich-Heine-Klub auf, nachdem seine Organisatoren nach und nach via Wladiwostok und Murmansk in die Sowjetische Besatzungszone zurückgekehrt waren. Bei der letzten Zusammenkunft resümierte Kisch, daß der Klub seinen Teil dazu beigetragen habe, die Befürchtung

Goebbels vom Haß, den die Exilanten in der Welt gegen das nationalsozialistische Deutschland erweckt haben,[60] wahr zu machen.

Weniger gibt es vom bürgerlichen Exil in Mittel- und Südamerika zu berichten – sieht man zunächst einmal von den in Buenos Aires bzw. Santiago de Chile von August Siemsen und Udo Rukser/Albert Theile herausgegebenen Zeitschriften *Das Andere Deutschland* und *Deutsche Blätter* ab. Franz Pfemfert, ehemals ein führender Expressionist, besaß ein Fotoatelier in Mexico, D.F. Otto Rühle war als pädagogischer Berater im mexikanischen Unterrichtsministerium tätig. Gustav Regler engagierte sich für Victor Serges in spanischer Sprache erscheinende Trotzkisten-Zeitschrift *Analisis*. Brasilien erlangte im Februar 1942 durch den Selbstmord Stefan Zweigs Berühmtheit unter den Exilanten, in Kolumbien begann Erich Arendt seine umfangreichen Übersetzungen aus dem Spanischen. In Uruguay waren Balder Olden und Alfred Heller beim Sender Montevideo beschäftigt. Am selben Ort versuchte sich ein Kammertheater unter der Leitung von Albert Maurer und Alfred Heller an Inszenierungen von Brecht, Kaiser, Molnár und Werfel. Bedeutender war dagegen schon die Arbeit der Freien Deutschen Bühne (FDB), die im April 1940 in Buenos Aires von Paul W. Jacob ins Leben gerufen wurde. Die Aktivitätenliste dieses Theaters scheint auf den ersten Blick in der Tat recht beeindruckend zu sein: weit über 100 Inszenierungen zwischen 1940 und 1945, ein ansehnlicher Fundus und das nötige Hinterland, um nach Beendigung der Saison auf Tournee zu gehen. Schaut man genauer hin, stellt sich jedoch heraus, daß neben den üblichen Boulevardstücken, den in Lateinamerika populären Operetten und einer Fülle von zeitgenössischen Erfolgsdramen nur drei Exilwerke auf dem Spielplan standen: Werfels *Jacobowsky und der Oberst*, die Dramatisierung eines jiddischen Romans von J. Aialti und *Europa, wir warten!*, das Widerstandsstück eines lokalen Autors.[61]

Die Spuren der deutschen Exilschriftsteller in Lateinamerika wurden denn auch schon bald nach 1945 wieder verwischt. Wer nicht wie Erich Arendt, Paul W. Jacob, Anna Siemsen, Albert Theile und die kommunistische Exilkolonie nach Europa zurückkehrte, verschwand im Dunkel. Balder Olden nahm sich 1949 das Leben; Paul Zech starb 1946, Udo Rukser 1971 im südamerikanischen Exil.

3.3. Veröffentlichungsmöglichkeiten

3.3.1. Verlage

Die Bedeutung einer jeden Exilliteratur steht und fällt mit der Aktivität ihrer Exilverlage. Sie retten die vertriebenen Autoren vor dem Vergessenwerden, helfen ihnen, die Öffentlichkeit wiederherzustellen, dienen als Sammelpunkte für die Versprengten und gewähren eine gewisse finanzielle Stütze. Das gilt auch für das deutschsprachige Exil. Hätten sich nach 1933 in Amsterdam, Zürich, Prag und Paris keine Verleger gefunden, die die Manuskripte der Exilanten druckten, hätte das Exil weitgehend an Bedeutung und Resonanz verloren. Die Polemiken gegen den Nationalsozialismus wären auf Zeitschriften und gelegentliche Übersetzungen in die Sprachen der zahllosen Gastländer beschränkt geblieben – Medien, die Bücher in der Originalsprache, selbst wenn sie nur in kleinen Auflagen erschienen, an Kurzlebigkeit bei weitem übertrafen.

So nimmt es nicht wunder, daß in fast allen Exilzentren schon in den ersten Wochen und Monaten nach der Flucht verbotene Verlage wiedereröffnet und neue Verlage gegründet wurden. „Wer wird uns verlegen? Das war die brennende Frage, mit der die deutschen Schriftsteller im Exil ihre Arbeit wieder aufnahmen. Sie erhielten überraschend schnell Antwort",[1] schreibt Wieland Herzfelde, selbst Autor und Verleger, in seinem Überblick *Vier Jahre deutsche Emigrationsverlage*, ein Optimismus, der 1937 berechtigt gewesen sein mag. Zieht man jedoch Bilanz für das gesamte Exil, so entsteht – trotz aller Initiativen, Risiken und persönlichen Opfer von Verlegern, Lektoren, Druckern und Autoren – ein düstereres Bild. Weder hat es während der 12 Jahre (oder danach) einen zentralen Exilverlag gegeben, der einen großen Teil der Vertriebenen hätte aufnehmen können, noch blieb von den über 600 Verlagen, in denen nach einer Aufstellung von Horst Halfmann[2] Werke der Exilanten erschienen, auch nur ein geringer Teil auf die Dauer erfolgreich. Die Hunderte von zugewanderten und einheimischen Klein- und Kleinstverlagen bemühten sich – oft vergeblich – wenigstens ein einziges deutschsprachiges Buch eines vertriebenen Schriftstellers zu drucken.

Gerade jungen und unbekannten Autoren blieb daher häufig kein anderer Weg, als nach noch abgelegeneren Lösungen zu fahnden. Walter A. Sternheim und Erich Stern, aber auch Paul Zech, Else Lasker-Schüler und Hans Marchwitza verlegten ihre Werke selbst. Von Brechts *Gedichten im Exil* zirkulierten in den USA eine Reihe von Photokopien eines Typoskripts.[3] Der einstmals bekannte Expressionist Kurt Hiller ließ einen Band Gedichte in Peking drucken. Oskar Maria Graf verkaufte seine selbstverlegten Bücher in den Vereinigten Staaten eigenhändig nach Vortragsabenden und auf Reisen,[4] nachdem er schon einmal 1938 bei der Flucht aus der Tschechoslowakei 100 Restexemplare des *Sprungs ins Helle* für fünf Kronen als Altpapier verkauft hatte.[5] Und selbst ein Großmäzen der Exilliteratur wie der Zürcher Verleger Emil Oprecht erwartete von dem Lyriker Hans Reinowski, daß er für seine Sammlung *Lied am Grenzpfahl* (1940) erst einmal eine kostendeckende Zahl Subskribenten auftreibe.[6]

Die Gründe für die prekäre Situation der Exilverlage liegen auf der Hand. Sie sind trotz der unterschiedlichen Bedingungen in den Aufnahmeländern und den verschiedenartigen Verlagsprogrammen für die meisten exilierten Verlage dieselben. An der Spitze stehen sicherlich die finanziellen Probleme.

Vorgesorgt wie Herzfelde, der Gelder des Malik Verlags im Ausland deponiert hatte[7] und deshalb schon im April 1933 in Prag sein Verlagsprogramm mit Rudolf Oldens *Hitler der Eroberer* fortsetzen konnte, hatten die wenigsten Verleger. So wuchsen mit der leeren Kasse die einfachsten Probleme zu unüberwindlichen Hindernissen. Da nahm, wie bei Bermann-Fischer, der trotz seiner finanziell reibungslosen Loslösung vom Dritten Reich in Wien plötzlich mit einem knappen halben Dutzend Mitarbeitern auskommen mußte,[8] die Beschaffung von Verlagsräumen, Werbung, Versand und Buchhaltung oft mehr Zeit und Kraft in Anspruch, als früher das Lektorieren. Oder es stellte sich heraus, daß Satz und Druck der deutschsprachigen Texte die einheimischen Fachkräfte hoffnungslos überforderte. Berichte, wie der von Bodo Uhse über den Druck der Zeitschrift *Freies Deutschland* in Mexico, D.F., verstehen sich durchaus nicht als Kuriosa: „Da unsere Maschinensetzer Mexikaner waren, konnten sie wohl den Text vom Manuskript absetzen, aber wie in aller Welt sollten sie wissen, wo diese seltsamen mit Konsonanten so überreich beladenen Worte zu trennen waren? Man mußte es ihnen mit leichten Bleistiftstrichen andeuten. Die Manuskripte bekamen dadurch ein seltsames Aussehen ... Die kleinen Druckereien, bei denen wir aus Geldmangel arbeiten ließen, hatten keine Setzmaschinen. Aber sie standen in Verbindung mit Maschinensetzern, meist älteren Leuten, die nach langen Arbeitsjahren eine eigene Setzmaschine erworben hatten, zumeist ein klappriges, längst ausrangiertes Ding, ebenso alt und abgearbeitet wie sein Besitzer ... Dorthin also zogen wir mit unseren Manuskripten. Von dort schleppten wir den Satz – eine schwere Last – zum Drucker, um die Fahnenabzüge zu machen. Mit den fertigen Korrekturbogen eilten wir wieder zum Setzer, warteten auf die Korrekturen und jagten dann durch die ganze Stadt zum Drucker zurück."[9]

Verschärft wurde die schwierige wirtschaftliche Situation der Exilverlage durch die ständig schrumpfende Zahl der Buchkäufer. Die Besetzung der deutschsprachigen Gebiete durch die Faschisten und der Ausbruch des Krieges ließen nicht nur die wichtigsten Absatzgebiete für Exilliteratur ausfallen, sie trieben neben den Verlegern und ihren Autoren auch die exilierte Leserschaft auf eine unstete Wanderung von Land zu Land. Gleichzeitig verlor die jüdische Massenemigration, die durchweg der Schicht des lesenden Bürgertums entstammte, im Zuge der Akkulturation immer mehr das Interesse an deutschem Schrifttum. Daß dieser Prozeß nicht überall so friedlich wie in den USA, dem wichtigsten Asylland für deutsche Juden, vonstattenging, beweist die Geschichte des Orient Verlags in Haifa. Als Arnold Zweig und Wolfgang Yourgrau hier in deutscher Sprache einen links gefärbten Antifaschismus zu propagieren begannen, kam es neben den üblichen Verbalinjurien[10] gar zu einem Bombenattentat auf das Verlagshaus.[11] Und schließlich bewirkten bis in die ersten Kriegsjahre hinein die politischen Erfolge der Nationalsozialisten einen Leserschwund. Wo sich, wie etwa in Mexiko, die Söhne der deutschen Altemigranten freiwillig zum Wehrdienst in Deutschland meldeten, war mit einem nennenswerten Absatz von Exilliteratur kaum zu rechnen.

Zu den finanziellen Schwierigkeiten der Exilverlage gesellten sich bald auch politische. Zwar gelang es den meisten Verlegern – zum Teil auf recht krummen Wegen –, die Aufenthalts- und Arbeitsrestriktionen ihrer Gastländer zu unterlaufen. Den versteckten Pressionen der Reichsregierung und ihrer ausländischen Sympathisanten vermochten sie sich jedoch besonders in den kleineren Exilländern schwerer zu entziehen. Ein Artikel in Will Vespers *Neuer Literatur* drohte dem Wiener Verlag Herbert Reichner, der in Deutschland weiter für Stefan Zweigs Werke warb: „Es muß künftig verhindert werden, daß etwa der jüdische Verlag Reichner (Wien und Zürich) mit Prospekten, die die Werke Stefan Zweigs und anderer Juden anpreisen, Deutschland überschwemmt (Mit Bestellkarte nach Wien).“[12] Andere Verlage wurden öffentlich verlegerischer Rassenschande angeklagt, weil sie ihren jüdischen Autoren nicht kündigten.[13] Und selbst ein so angesehenes Exilunternehmen wie Allert de Lange in Amsterdam sah sich bisweilen gezwungen, Manuskripte abzulehnen, „weil sie aus politischen Gründen dem Inseratengeschäft des Verlags geschadet hätten“.[14] Edwin Maria Landau, der seinen Verlag Die Runde in die Schweiz überführen wollte, beschied die Fremdenpolizei, daß sein Unternehmen für die Schweiz „von keinem besonderen Interesse“[15] sei. Nicht viel besser erging es Wieland Herzfelde, der seine Hoffnung, den Malik Verlag 1939 in den USA zum dritten Mal zu eröffnen, getäuscht sah, „… weil nach Kriegsausbruch der Kampf für ein besseres Deutschland unsinnig, wenn nicht verdächtig erschien, der Nichtangriffspakt der Sowjetunion in der Presse als Bündnis mit Hitler ausgelegt wurde und der Krieg gegen Finnland Anlaß zu maßlosen Beschimpfungen und Beleidigungen derjenigen war, die nach wie vor die Sowjetunion für den Hauptfeind der Nazis hielten“.[16]

Negativ im Wettbewerb mit den Buchexporteuren aus Deutschland machte sich auch das Fehlen einer gemeinsamen Produktion, Werbung und Auslieferung bemerkbar. Zwar standen sich die Exilverlage nicht mehr wie in Deutschland offen im Konkurrenzkampf gegenüber. Auf eine gemeinsame Aktion einigten sich die Häuser Querido, de Lange und Bermann-Fischer (Stockholm) dennoch erst knapp vor Kriegsausbruch, als sie ihre Herstellung und den Vertrieb zusammenlegten und die „billige Bücherreihe“ *Forum* gründeten, in der u. a. Erzählungen von Thomas Mann, Werfels *Musa Dagh* und Stefan Zweigs *Maria Stuart* erschienen.[17] Solch ein Schritt war um so nötiger, als reichsdeutsche Behörden beschlagnahmte Werke verbotener Autoren zu Schleuderpreisen im Ausland verramschten.[18] Eine Praxis, gegen die sich viele Autoren noch nicht einmal rechtlich zur Wehr setzen konnten, weil ihre Verträge mit den inzwischen gleichgeschalteten Verlagen noch nicht abgelaufen waren.[19]

Echte Exilverlage, also Unternehmen, die von Exilanten geleitet wurden und hauptsächlich Exilliteratur druckten, haben sich unter diesen Umständen kaum über Wasser halten können. Ohne größere Verluste und mit festen Auflagen arbeiteten im allgemeinen nur solche Unternehmen, die an finanzstärkere einheimische Verlage gebunden waren oder von den großen Parteien Unterstützung erhielten. So druckten die deutschen Abteilungen von Querido und von Allert de Lange gewöhnlich 3000 Exemplare, brachten es in Ausnahmefällen wie bei Jakob Wassermanns *Joseph Kerkhovens dritte Existenz* und Lion Feuchtwangers *Die Geschwister Oppenheim* aber auch schon einmal auf 10000 oder 20000 Exemplare.[20] Der Malik Verlag, der mit 29 Titeln bereits zur zweiten Garnitur der Exilverlage zählte, druckte eine ansehnliche Durchschnittsauflage von 4000 Exemplaren.[21] Münzenbergs von der Kommunistischen Internationalen (KI) subventionierte Editions du Carrefour brachte es selbst ohne die zugkräftigen *Braunbücher* durchschnittlich auf über 3000 Exemplare.[22] Als Faustregel läßt sich sagen, daß Unterhaltungsliteratur, aktuelle Berichte und Reportagen zum Zeitgeschehen höhere Auflagen erzielten als die sogenannte „schöne Literatur". Während die aufgelegten 6000 Exemplare von Döblins *Babylonischer Wanderung* bei Querido offensichtlich nachträglich Bedenken verursachten,[23] wurde Remarques *Drei Kameraden* vom selben Verlag innerhalb von zwei Wochen 10000mal verkauft.[24] Nicht viel anders erging es Brecht, der in den USA sechs Jahre lang ohne Verleger blieb und mit Verbitterung zusah, wie Feuchtwanger, Vicki Baum und andere durch den Verkauf ihrer Bücher zu Wohlstand kamen.

Wie zu erwarten, siedelten sich die Exilverlage zunächst in den wichtigeren europäischen Exilzentren an: in Zürich, Prag und Paris. Eine Ausnahme machten allein die Niederlande, wo 1933 in den Verlagen Querido und Allert de Lange zwei Zentren der Exilliteratur entstanden, die der Bedeutung der Niederlande als Asylland weit voraus waren. Dabei handelten Emanuel Querido und Gerard de Lange – wie auch der große schweizerische Exilverleger Emil Oprecht – mehr aus persönlicher Abneigung gegen den Faschismus als aus geschäftlichem Interesse. Klaus Mann, der bei Querido die *Sammlung* herausgab, berichtet von seinem Verleger: „Der alte Sozialdemokrat haßte den Fascismus in jeder Form, besonders aber in der deutschen; gerade deshalb war ihm die Betreuung der antifaschistischen deutschen Literatur eine Herzenssache."[25] Querido kam 1942, der de Lange-Lektor Walter Landauer drei Jahre später in einem Konzentrationslager um.

Leiter der deutschen Abteilungen in den beiden holländischen Verlagen waren ehemalige Mitarbeiter des Berliner Kiepenheuer Verlags: bei Querido Fritz Landshoff, bei de Lange Landauer und Hermann Kesten. Sie brachten bis zum Frühjahr 1940 zusammen fast 200 Titel von über hundert Autoren heraus. Querido begann im Herbst 1933 mit neun deutschsprachigen Büchern, darunter Lion Feuchtwangers *Die Geschwister Oppenheim* und *Der jüdische Krieg*, Heinrich Manns *Der Haß* und Anna Seghers *Der Kopflohn*. Im selben Jahr machte Hermann Kesten bei de Lange mit der Anthologie

Novellen deutscher Dichter der Gegenwart einen Anfang. Es folgten unter anderem Bertolt Brechts *Dreigroschenroman* (1935), Ferdinand Bruckners *Mussia* (1935), Ödön von Horváths Erfolgsroman *Jugend ohne Gott* (1938), sämtliche Romane von Alfred Neumann aus den Jahren 1933 bis 1940, Joseph Roths *Die hundert Tage* (1936) und Stefan Zweigs *Ungeduld des Herzens* (1939). Zu den Querido-Autoren zählten Vicki Baum, Bruno Frank, Oskar Maria Graf, Emil Ludwig, Erika, Klaus und Thomas Mann, Robert Neumann und Erich Maria Remarque. Bei de Lange veröffentlichten Max Brod, Sigmund Freud, Alfred Polgar, René Schickele und Theodor Wolff. Roth, Valeriu Marcu und Irmgard Keun wurden von beiden Verlagen gedruckt.

Wie bei Querido erhielten auch bei de Lange viele Autoren an Stelle der üblichen Abrechnungen über verkaufte Exemplare bereits bei Vertragsabschluß Monatsraten von 150 bis 250 Gulden. Diese Summe war bisweilen sogar höher; Plivier brachte es auf 300 Gulden,[26] Roth sogar auf 750 Mark.[27] Trotzdem klagte Roth in seinem Tagebuch: „Heute ist die Abrechnung des Verlages über mein siebzehntes Buch gekommen. ... Der Vorschuß ist noch lange nicht ‚abgedeckt‘ ... Ich habe schon sieben Verlage gehabt. Dies ist der Achte ... Und ich bin nicht der einzige Autor. Die Vorschüsse meiner Kollegen kommen auch nicht herein ..." Und dann, einen Tag später: „Ich habe gestern den Verlegern Unrecht getan. Sie sind wahrscheinlich wirklich Ersatz-Mäzene."[28] Wenn die miserable Finanzlage der Exilanten auf solchem Wege zwar nicht grundsätzlich verbessert wurde, so enthob diese Regelung die Autoren doch der damals sicherlich berechtigten Sorge um den Verkaufserfolg ihrer Bücher. Manch einem jüngeren Schriftsteller gelang es zudem, sich so lange genug über Wasser zu halten, um ein neues Manuskript fertigzuschreiben. Als 1940 die deutschen Truppen in den Niederlanden einmarschierten, versiegte auch diese spärliche Geldquelle. Neben Querido und de Lange mußten die Verlage Sijthoff (Leiden), bei dem Alfred Einstein und Karl Mannheim publizierten, Brill (Leiden) und Nijhoff (Den Haag) ihre Exilautoren gehen lassen.

Während in den Niederlanden zwei einheimische Verleger die deutsche Exilliteratur im großen Stil aufnahmen, fand sich in der Schweiz nur ein Helfer: Emil Oprecht. Seine Unternehmen Oprecht & Helbling, Europa, Der Aufbruch und Die Gestaltung stellten bis 1946 für 115 Autoren und 145 Titel die Öffentlichkeit her. Unter ihnen befanden sich Ferdinand Bruckner, Hans Habe, Georg Kaiser, Else Lasker-Schüler und Emil Ludwig. Hermann Rauschnings *Gespräche mit Hitler* (1940) und *Die Revolution des Nihilismus* (1938; Gesamtauflage 60 000) und Konrad Heidens *Adolf Hitler. Eine Biographie* (1936/37; 46 500)[29] erreichten sogar Bestsellerumsatz. Ein Lieblingsprojekt Oprechts, Thomas Manns Zeitschrift *Maß und Wert*, wurde dagegen zum Verlustgeschäft.[30]

Oprecht stand über seinen Bruder, der Nationalrat und Vorsitzender der Schweizer Sozialdemokratischen Partei war, mit den Exilzentren der SPD in

Kontakt. Deshalb kamen bei ihm auch sozialdemokratische und linksbürgerliche Autoren zu Wort: Im Europa Verlag und bei Oprecht & Helbling erschienen Willy Brandts *Krieg in Norwegen* (1942), Arthur Koestlers *Ein spanisches Testament* (1938), Heinrich Manns ‚Deutsches Lesebuch‘ *Es kommt der Tag* (1936), Ludwig Renns *Vor großen Wandlungen* (1936) und ein Gedichtband des Arbeiterlyrikers Bruno Schönlank. Friedrich Wolfs Dramen *Professor Mamlock* (1935) und *Floridsdorf* (1935) sowie der Roman *Zwei an der Grenze* (1938) kamen gleichzeitig bei Oprecht & Helbling und in der Sowjetunion heraus.[31] Als die Angriffe der Frontisten auf das Verlagsprogramm des „Kulturbolschewisten" und „Stehkragenkommunisten"[32] Oprecht im Sommer 1937 mit einer Verwarnung durch den Bundesrat[33] offiziellen Charakter annahmen, eröffnete der Europa-Verlag eigens eine Zweigstelle in New York. Im selben Jahr 1938 wurde Oprecht aus dem Börsenverein des Deutschen Buchhandels ausgeschlossen. Als Antwort steigerte er seine Unterstützung für die Vertriebenen. „Opis" Wohnung und Buchladen waren bald als Exilantentreffs bekannt. Für die in Frankreich internierten deutschen Schriftsteller besorgte der Schweizer Verleger Visa, Geld und Lesematerial. Von Hermann Rauschnings *Gespräche mit Hitler* stellte er unter dem Titel *Hitler. Gespräch und Enthüllung* (1940) eine kleinformatige Tarnausgabe für den illegalen Vertrieb im Reich her, obwohl ihm der Schweizer Zensor kurz zuvor noch deren Ausgabe des Europa-Verlags zusammengestrichen hatte.[34] Und als Präsident des Verwaltungsrats der Neuen Schauspiel AG trug Oprecht entscheidend dazu bei, daß das Zürcher Schauspielhaus zu einer der wichtigsten Exilbühnen wurde.

Neben Oprecht brachten es die anderen Schweizer Exilverleger nur zu Achtungserfolgen. Im Spiegel-Verlag (Zürich) erschien Wolfgang Langhoffs KZ-Bericht *Die Moorsoldaten* (1935), bei Humanitas in Zürich kamen Bücher von Robert Musil und Hermynia zur Mühlen heraus, und der neugegründete kommunistische Ring-Verlag (Basel) druckte neben Marx, Engels und Lenin Lyrik und Prosa von Johannes R. Becher, Hugo Huppert und Adam Scharrer. Im Mai 1933 machte sich unter dem Vorsitz von Emil Oprechts Bruder Hans die Schweizer Niederlassung der gewerkschaftseigenen „Büchergilde Gutenberg" selbständig und übernahm Werke von Döblin, Heinrich Mann und den Arbeiterdichtern Hans Marchwitza und Ernst Preczang. Mehr durch die Person seines Gründers Rudolf Roeßler als durch sein Sortiment ist schließlich auch der Luzerner Vita Nova Verlag von Interesse. Roeßler war nämlich primär nachrichtendienstlich tätig – und zwar sowohl für die Rote Armee als auch für alliierte und Schweizer Dienststellen.[35] Die Herausgabe von Arbeiten Walter Benjamins, Friedrich Wilhelm Foersters und Franklin D. Roosevelts diente nur als Tarnung.

Im Vergleich zu Amsterdam und Zürich waren die Erfolge der Verlage in Prag, Paris, London und Stockholm recht bescheiden. Zwar verzeichnet Halfmann allein für die Tschechoslowakei 270 Exilwerke in 78 Verlagen, tatsächlich aber gab es in Prag nur eine bedeutende Verlagsgründung: Wieland Herzfeldes Malik-Verlag. Von den Schwierigkeiten, die es beim Transfer dieses Unternehmens aus dem Reich zu überwinden gab, berichtet Herzfelde selbst: „Im April 1933 nahm ich die Arbeit in Prag wieder auf, unterstützt von F. C. Weiskopf, der tschechisch konnte und mir als Bürger des Landes die Wege zur KPČ wie auch zu sympathisierenden Bürgern und Lieferanten ebnete ... Zunächst stand im Druckvermerk und auf den Titelblättern unserer Bücher: Malik-Verlag Berlin, Direktion z. Z. Prag ... Denn als Ausländer genoß ich in der ČSR zwar Asylrecht, aber nicht das Recht, einen Verlag zu gründen ... Ab Juni 1934 war ich in der Lage, in Prag die Filiale der Firma ‚Malik-Verlag, London' legal zu betreiben. In England verhielt es sich nämlich umgekehrt wie in der ČSR: Ich genoß als Ausländer dort zwar kein Asylrecht, dafür aber das Recht, einen Verlag zu gründen."[36] 1938 mußte Herzfelde die Tschechoslowakei wieder verlassen. Bis dahin waren bei Malik außer der Zeitschrift *Neue Deutsche Blätter*[37] 40 Titel erschienen, darunter Willi Bredels Erzählungen *Der Spitzel* (1936), Oskar Maria Grafs *Der Abgrund* (1936), Bechers „Hohes Lied" *Der Glücksucher und die sieben Lasten* (1938) und eine Fülle von sowjetischen Autoren. Die Bände 3 und 4 von Brechts *Gesammelten Werken* waren 1938 bereits im Druck, kamen aber nicht mehr zur Auslieferung; in der Buchbinderei fielen sie den einrückenden deutschen Truppen in die Hände.

Alle andere in der Tschechoslowakei gedruckte Exilliteratur erschien in lokalen Verlagen oder in den Pressen der Exil-SPD. Th. Th. Heine, Friedrich Torberg, Alfred Wolfenstein u. a. fanden im Verlag Julius Kittls Nachf. (Mährisch-Ostrau) Aufnahme; Grunov in Prag druckte Otto Strassers Bücher; Kacha (Prag) brachte den *Almanach für das freie deutsche Buch* (1935) und Werke von Bruno Adler heraus; und mit ca. 30 sozialdemokratischen Schriften rangierte der SPD-eigene Graphia-Verlag in Karlsbad sogar unter den Großunternehmen des Exils.

Von politischen Gruppen subventioniert wurden auch die wichtigsten französischen Exilverlage: die Editions du Carrefour und die Editions Prométhée von der KPD und KI; die Editions Nouvelles Internationales vom Internationalen Sozialistischen Kampfbund. Während die Editions Nouvelles Internationales nicht über 12 Titel (u. a. von Wilhelm Herzog, Kurt Hiller und Alfred Kerr) hinauskamen, brachten es die beiden kommunistischen Verlage auf mindestens 70 Bücher.[38] Becher, Brecht, Kisch und Anna Seghers zählten zu den prominentesten Autoren der Editions du Carrefour; Bredel, Ernst Fischer, Wilhelm Pieck und Walter Ulbricht bestimmten das Bild der Produktion im Prometheus-Verlag. Willi Münzenberg, der schon vor 1933 über ein beachtliches Presseimperium herrschte, bescherte mit den *Braunbüchern* seiner Editions du Carrefour dem Exil sogar zwei Bestseller. Von dem kollektiv erarbeiteten *Braunbuch über Reichstagsbrand und Hitlerterror* (1933) erschienen 25 000 Exemplare[39] (nach anderer Quelle 80 000[40]), vom

Braunbuch II (1934) über 10000 Exemplare. (Ein nationalsozialistisches Anti-Braunbuch, von Adolf Ehrt in Deutschland publiziert, soll es auf eine Auflage von 50000 gebracht haben.[41]) Als sich Münzenberg 1937 von der KPD trennte, eröffnete er in Straßburg einen neuen Verlag, den Sebastian-Brant-Verlag. Hier kamen bis Herbst 1939 noch einmal 13, meist linksgerichtete Bücher heraus. Wie schlecht ansonsten Privatverlage selbst unter relativ günstigen äußeren Bedingungen florierten, beweist das Schicksal des Autorenverlags Editions du 10 Mai (Paris): Willi Bredels *Begegnung am Ebro* (1939) und Heinrich Manns *Mut* (1939) waren die beiden einzigen Titel, die dort erschienen.

Während in England, das erst recht spät für das Exil Bedeutung gewann, bis auf die Imago Publishing Company (Autoren: Sigmund Freud, Theodor Reik) niemand Exilliteratur in größerem Umfang verlegte, wies Schweden immerhin zwei wichtige Verlage auf: den 1944 von Max Tau ins Leben gerufenen Neuen Verlag mit den Autoren Johannes R. Becher, Lion Feuchtwanger, Th.Th. Heine, Heinrich Mann und Alfred Neumann und, seit dem 1. Juli 1938, den Bermann-Fischer Verlag. Helmut Müssener stellt freilich für Fischer lakonisch fest, daß der immerhin zehnjährige Aufenthalt des Hauses Fischer in Schweden nur eine „Zwischenstation" gewesen sei, die auf die deutsch-schwedischen Kulturbeziehungen „keine tiefere Wirkung hinterlassen hat".[42] Das mag vom schwedischen Standpunkt aus seine Richtigkeit haben; für die deutsche Exilliteratur aber war die Geschichte dieses Verlages von größter Bedeutung, und zwar aus zwei Gründen: Einmal gehörte der Fischer Verlag mit ca. 160 Titeln auch nach 1933 zu den aktivsten deutschsprachigen Verlagen; und zum anderen demonstrierte der Weg Gottfried Bermann-Fischers von Berlin über Wien, Stockholm, New York und Amsterdam zurück nach Frankfurt, welchen inneren und äußeren Spannungen damals selbst prominentere und wohlhabendere Exilanten ausgesetzt waren.

Problematisch für den Verlag war nämlich schon das Jahr 1933, als sich der Verlagsgründer Samuel Fischer weigerte, sein Unternehmen ins Ausland zu verlegen. Verdächtig schien vielen Exilanten damals, daß der Verlag während der folgenden Monate und Jahre trotz eines jüdischen Besitzers und – zum Teil – geflüchteter Autoren „nahezu ungestört"[43] seine Geschäfte fortführen konnte. Noch zweideutiger, um es vorsichtig auszudrücken, war dann im Herbst 1933 die Aufforderung des neuen Verlagsleiters Gottfried Bermann-Fischer an seine Renommierautoren Thomas Mann, Alfred Döblin und René Schickele, die Mitarbeit an Klaus Manns antifaschistischer Exilzeitschrift *Sammlung* einzustellen.[44] Denn was sich wie eine verlagsinterne Entscheidung anließ, wurde dadurch zu einem Politikum, daß Bermann-Fischer die privaten Stellungnahmen der Exilanten im *Börsenblatt für den Deutschen Buchhandel* abdrucken ließ[45] – eben jenem Rosenbergorgan, das kurz zuvor öffentlich gegen die *Sammlung* gehetzt hatte.[46] Döblin stellte hier, telegraphisch, „jede schriftliche und politische Gemeinschaft mit Herausgeber der

Zeitschrift ‚Sammlung'" in Abrede. Schickele war sprachwitzig „von politischer Charakter-‚Sammlung' peinlich überrascht". Und Thomas Mann versprach, seinen Namen aus der Zeitschrift seines Sohnes zu „tilgen". Hinzu kam, daß der Fall Fischer Schule machte. So forderte der Verlag J. Engelhorns Hermynia zur Mühlen – ohne Erfolg – auf, sich von den *Neuen Deutschen Blätter* zu trennen; und der Insel-Verlag desavouierte Stefan Zweig.[47]

Nicht ohne Grund wurden deshalb kritische Stimmen laut, als Bermann-Fischer 1936 seinen Verlag endlich doch aus dem Reich ins Ausland überführen wollte. Leopold Schwarzschild gab im *Neuen Tage-Buch* zu bedenken, daß durch einen solchen Schritt der ohnehin schmale Käuferstamm von Exilliteratur noch weiter aufgesplittert werde. Auch ließen ihn die merkwürdig großzügigen Konditionen des Transfers (keine Reichsfluchtsteuer; 40 Prozent des Verlagsvermögens, die Rechte der verbotenen Autoren und ein Lager mit 780000 Bänden durften ausgeführt werden, der Rest verblieb unter Leitung von Peter Suhrkamp in Deutschland) vermuten, daß Goebbels Propagandaministerium sich hier auf Schleichwegen eine Möglichkeit zum Verkauf der bis dahin im Ausland recht wirksam boykottierten reichsdeutschen Literatur verschaffen wollte. Als Thomas Mann daraufhin „seinen" Verlag erneut in Schutz nahm, erhielt Schwarzschild von ebenso unerwarteter wie unerwünschter Seite Schützenhilfe: Eduard Korrodi sprach sich in der *Neuen Zürcher Zeitung* ebenfalls gegen den Transfer aus, aber nicht, weil er Bermann-Fischers antifaschistischen Motiven mißtraute, sondern weil er das jüdische Exil, das er vom nichtjüdischen Exil in seiner Argumentation absonderte, nicht verstärkt sehen wollte. Ergebnis der Querelen war: Der Fischer Verlag siedelte sich in Wien und nicht in der Schweiz an; und Thomas Mann, nunmehr ohnehin ohne Verleger in Deutschland, hatte einen Grund mehr, sich endlich öffentlich zum Exil zu bekennen.[48]

Zwei – erfolgreiche – Jahre lang arbeitete Bermann-Fischer in Österreich. Dann mußte auch er weiterflüchten und den Verlag zum dritten Mal gründen: in Stockholm. Den 40 Titeln, die in Wien erschienen waren, folgten weitere 120, darunter die Stockholmer Ausgabe von Thomas Manns Werken, Romane von Franz Werfel, Stefan Zweig und Alfred Döblin, Erich Maria Remarques *Liebe deinen Nächsten* (1941), Thomas Manns gesammelte Radioreden *Deutsche Hörer* (1942, 1945), Carl Zuckmayers Drama *Des Teufels General* (1946) und eine Fülle moderner Weltliteratur in deutscher Übersetzung.

Doch auch in Schweden fand Bermann-Fischer keine Ruhe. Im Juni 1940 wurde er wegen illegaler politischer Aktivitäten ausgewiesen; sein Unternehmen mußte er fortan aus den USA über Mittelsleute weiterleiten. Außerdem versuchte er, sich auf dem amerikanischen Markt zu etablieren. Unterstützt durch den Verleger Alfred Harcourt und mit Fritz Landshoff als Kompagnon entstand 1941 die L. B. Fisher Publishing Corporation. Mit der Exilliteratur hatte dieses nunmehr vierte Haus Fischer allerdings nur noch am Rande zu tun: neben einigen photomechanischen Nachdrucken von Stockholmer Ausgaben erschienen erst 1945 in der Taschenbuchserie Neue Welt Texte von Leonhard Frank, Thomas Mann, Erich Maria Remarque, Franz Werfel, Arnold Zweig und Carl Zuckmayer für die amerikanische Propaganda in den POW-Lagern und im besetzten Deutschland. Ungefähr zur selben Zeit entschloß sich Bermann-Fischer, wieder nach Deutschland zurückzukehren. Als sich der Import von Büchern in die Besatzungszonen als schwierig erwies, verlegte er den Verlag zunächst nach Amsterdam; kurz darauf versuchte er, das unter Peter Suhrkamp in Deutschland verbliebene Stammhaus wieder in die Hand zu bekommen. Doch auch die Rückkehr sollte nicht ohne Schwierigkeiten vonstatten gehen. Peter Suhrkamp, selbst Naziverfolgter, hatte bereits im Herbst 1945 die Arbeit an dem seit 1936 in Bermann-Fischers Geschäftsauftrag arbeitenden Teilverlag wieder aufgenommen. Als Bermann-Fischer seine Rechte einklagte, trennten sich die beiden Verlage. Von 48 Autoren entschlossen sich nach 1950 33, bei Suhrkamp zu bleiben.[49]

Die großen „Vier", Fischer, Oprecht, de Lange und Querido, brachten bis 1945/46 zusammen ungefähr 500 Bände Literatur im Exil heraus. Bei einer Durchschnittsauflage von 3000–4000 entspricht das in etwa 1 750 000 Exemplaren. Im gleichen Zeitraum erreichten in der Sowjetunion allein Johannes R. Bechers Werke eine Gesamtauflage von über einer Viertelmillion, davon 23 Titel mit 100 000 Exemplaren auf deutsch, zwei in ukrainischer und einer in armenischer Übersetzung.[50] Ähnliche Auflagen erzielten in den sowjetischen Staatsverlagen selbst unbekanntere Autoren. Bücher von L. Hoffmann und Albert Hotopp wurden vom Deutschen Staatsverlag 10 000mal und mehr gedruckt; beim Internationalen Buch (Meshdunarodnaja Kniga, Moskau) kamen neben Becher Béla Balázs, Brecht, Bredel (viermal), Fritz Erpenbeck, Feuchtwanger, Berta Lask, Ruth Lenz, Theodor Plivier, Hans Rodenberg (zweimal), Adam Scharrer, Anna Seghers, Gustav von Wangenheim, Dora Wentscher und Friedrich Wolf auf diese Zahl. Andere Exilautoren hatten beim Staatsverlag der nationalen Minderheiten der UdSSR in Kiew, dem Verlag für fremdsprachige Literatur und der Verlagsgenossenschaft ausländischer Arbeiter der UdSSR (VEGAAR), beide in Moskau, ähnliche Erfolge.

Horst Halfmann errechnete für die Jahre 1933 bis 1945 eine Gesamtproduktion von wenigstens 2 000 000 Exilbüchern in der Sowjetunion.[51] Auf Grund der niedrigen Buchpreise dürften davon zumindest die bei westeuropäischen Exilverlagen üblichen Zweidrittel bis Dreiviertel[52] verkauft worden sein. Erhöht werden diese Zahlen noch dadurch, daß die wichtigsten Titel der Sowjetverlage noch einmal als Parallelausgaben oder Nachdrucke in Westeuropa erschienen. Johannes R. Bechers Gedicht- und Prosaband *Der verwandelte Platz* kam 1934 in Moskau und Zürich heraus, *Der Glücksucher und die sieben Lasten* 1938 in der Verlagsgenossenschaft ausländischer Arbeiter in der UdSSR und bei Malik, die Gedichte *Deutschland ruft* im Verlag für fremdsprachige Literatur (1942) und im Neuen Verlag (1944). Eine Untersuchung darüber, was diese Zahlen über Lesegewohnheiten, Bildungsgrad und politische Toleranz des russischen Volkes aussagen, steht noch aus.

Da die sowjetischen Verlage durchweg vom Staat subventioniert wurden, brauchten sie sich kaum um ein möglichst weitgefächertes und zugkräftiges Angebot zu sorgen. Das hieß allerdings nicht, daß deshalb nur linientreue Exilkommunisten zu Worte kamen. Die bewußte Rezeption des Kulturerbes, gerade auch des bürgerlichen, und der Versuch, über die Volksfront linksbürgerliche Exilanten anzuwerben, sorgten im allgemeinen für relativ offene Verlagsprogramme. So wurden neben den üblichen Klassikern des Marxismus auch Heinrich Manns *Untertan* (1938) und *Henri Quatre* (1938), Oskar Maria Grafs *Der Quasterl* (1938) und mehrere Titel von Feuchtwanger gedruckt. Brecht fand dreimal Aufnahme, Wolfgang Langhoff, Jakob Wassermann und Arnold Zweig je einmal.

Allerdings blieb die Freude dieser Autoren über den Erfolg ihrer Werke zurückhaltend. Devisen und damit auch Honorarzahlungen durften aus der exportschwachen Sowjetunion nicht ausgeführt werden. Wer über seine Gelder verfügen wollte, mußte das also im Lande selber tun – eine Notwendigkeit, die nach einem Bericht von Balder Olden über Oskar Maria Graf nicht ohne Probleme war: „Die Russen zahlen gut, aber man kann ihr Geld nicht mit nachhause nehmen ... Jetzt lief er [O. M. Graf, A. S.] ... durch Moskau, mit grimmigem Antlitz; er wollte kaufen, für seine Rubel nützliche, schöne wertbeständige Waren einhandeln ... aber Graf war doch nur ein Rubelkrösus und wollte nach Brünn – der Einfuhrzoll mußte in Kronen gezahlt werden."[53] „Überrascht und teilweise verstimmt" war nach einer Notiz von Johannes R. Becher auch Thomas Mann darüber, „daß drüben von ihm Bücher erscheinen und er nicht einmal Belegexemplare oder Abrechnungen bekommt. Von Valuta sprach er nicht, aber er möchte eben doch wissen, wie hoch dort sein Rubelkonto ist."[54] Ausnahmen von dieser Praxis, die ebenso die Mitarbeiter der Zeitschriften *Wort* und *Internationale Literatur* betraf, wurden allem Anschein nach nur bei Lion Feuchtwanger,[55] Arnold Zweig[56] und Heinrich Mann[57] gemacht.

Mit Kriegsausbruch erlosch die Tätigkeit der europäischen Exilverlage (mit Ausnahme der sowjetischen) nahezu völlig. Wer deshalb einen Verlagsboom in Übersee erwartete, sah sich jedoch enttäuscht. Die südamerikanischen Verlage Editorial Cosmopolita und Editorial Alemann y Cía (beide Buenos Aires) hatten ein regionales Wirkungsfeld. Und die Vereinigten Staaten, das wichtigste und wirtschaftlich stärkste Asylland, beherbergten überhaupt nur ein erwähnenswertes Exilunternehmen: den Aurora Verlag. Doch auch Aurora, von Wieland Herzfelde 1944 als Gemeinschaftsverlag von 11 Autoren (darunter Bloch, Brecht, Bruckner, Döblin, Feuchtwanger, Graf und Heinrich Mann) gegründet, kam nicht über 12 Titel hinaus. Von Bedeutung war allein die Ausgabe von Brechts *Furcht und Elend des Dritten Reiches* (1945).

Andere Verlage, wie die Frederick Ungar Publishing Company und Schokken Books, edierten zwar gesammelte Werke von Rainer Maria Rilke und Franz Kafka, kümmerten sich aber aus kommerziellen Motiven oder einfach aus Desinteresse um die Exilliteratur so gut wie gar nicht. In den Pantheon Books des schon 1931 via Südfrankreich emigrierten Altverlegers Kurt Wolff erschien Hermann Brochs *Der Tod des Vergil* (1945); Benjamin Huebsch, Teilhaber der Viking Press, beschränkte seine Kontakte mit den Exilautoren auf Übersetzungen von Erfolgsromanen und humanitäre Hilfsaktionen für bedrängte Autoren.[58] Heinrich Mann ließ seine Autobiographie *Ein Zeitalter wird besichtigt* 1946 beim Neuen Verlag in Stockholm erscheinen, nachdem Verhandlungen mit Alfred A. Knopf, Simon und Schuster und Modern Age an den „vielen Bedingungen und Änderungen"[59] gescheitert waren.

Wichtiger, auch für die Exilkolonien der USA, war deshalb ein anderes Unternehmen auf dem amerikanischen Kontinent: die 1942 gegründete Editorial El Libro libre in Mexico, D.F. Dabei waren auch hier die Startbedingungen alles andere als günstig. Die Mitglieder des kleinen, vorwiegend aus kommunistischen Autoren bestehenden Verlagskollektivs waren mit anderen Projekten überlastet: der Bewegung Freies Deutschland und ihrer gleichnamigen Zeitschrift, dem Heinrich-Heine-Club, der Parteiarbeit und, last not least, mit der Herstellung ihrer eigenen Manuskripte. Das Anfangskapital mußte mühsam zusammengebracht werden – aus privaten Spenden oder auch durch Vorträge vor amerikanischen Touristen im Hotel Reforma. Die technischen Voraussetzungen für Satz und Druck befanden sich auf Grund des Minimalbudgets an der Grenze des Akzeptablen. Und schließlich lag Mexico, D.F., so fernab von den anderen Exilzentren, daß ernsthafte Störungen bei der Beschaffung von Manuskripten und dem Vertrieb der fertigen Bücher zu erwarten waren. Wenn El Libro libre in den vier Jahren seines Bestehens dennoch verlegerisch und geschäftlich erfolgreich blieb, ist das vor allem dem Geschick und der Einsatzfreude seines Gründungsteams zu verdanken.[60] Stark linksorientiert, aber ohne sich weltanschaulich oder durch die Wahl seiner Autoren eindeutig festzulegen, nahm der Verlag neben belletristischen auch politische Bücher in sein Programm auf. Unter den 26 Titeln, die zwischen 1942 und 1946 herauskamen, befanden sich Anna Seghers *Das siebte Kreuz* (1942), Lion Feuchtwangers *Unholdes Frankreich* (1942), Heinrich Manns *Lidice* (1943), Theodor Pliviers *Stalingrad* (1946) und Gedichte des Cheflektors von El Libro libre, Paul Mayer, ebenso wie Reportagen von Kisch und Bücher zur Deutschlandfrage von Paul Merker und Alexander Abusch. Der Bestseller des Verlags, *El Libro Negro el Terror Nazi en Europa. Testimonios de escritores y artistas de 16 naciones* (1943),[61] fand sogar die Anerkennung des mexikanischen Staatspräsidenten Manuel Avila Camacho, der sich bereiterklärte, die Druckkosten für die erste Auflage zu übernehmen.[62]

El Libro libre vertrieb seine Bücher in der ganzen Welt. Vom *Schwarzbuch*, dessen Mitarbeiter aus 16 Nationen kamen, wurden insgesamt 200

Exemplare mit finanzieller Unterstützung aus den USA an lateinamerikanische Bibliotheken verschickt.[63] In Kalifornien, wo die Verlagsautoren Feuchtwanger, Heinrich Mann und Bruno Frank lebten, gingen die Bücher aus Mexiko ebenso von Hand zu Hand wie in New York und in England. Die Moskauer *Internationale Literatur* berichtete wiederholt über Neuerscheinungen bei El Libro libre. Und in Kriegsgefangenencamps in den USA, in Ägypten, in Frankreich und in der UdSSR standen Bücher des Verlags in den Lagerbibliotheken.[64] Als Mitte 1946 die Verlagsarbeit eingestellt wurde, hatte El Libro libre mehr als 40000 Pesos Gewinn erwirtschaftet.[65] Soweit diese Summe nicht bereits dem *Freien Deutschland* zugute gekommen war, wurde sie zur Rückführung der mexikanischen Exilantengruppe nach Europa verwendet.

　　Mit Querido, Allert de Lange, Oprecht, Malik, der Editions du Carrefour, Bermann-Fischer, den sowjetischen Staatsunternehmen und El Libro libre sind die bedeutendsten Exilverlage genannt. Dem selbstlosen Einsatz ihrer Eigentümer, Lektoren und Autoren ist es zu danken, daß die Exilliteratur über 12 Jahre und fünf Kontinente hinweg eine gewisse Geschlossenheit behielt. Zusammen mit einer Fülle von Klein- und Kleinstverlagen sorgten sie dafür, daß der wichtigste Teil der zwischen 1933 und 1945 entstandenen Exilbücher nicht nur in Übersetzungen oder mit jahrelanger Verspätung der Öffentlichkeit vorgelegt wurde.

3.3.2. Zeitschriften

Die Aufgaben und die Probleme der Exilzeitschriften[1] waren denen der Exilverlage recht ähnlich. Auch sie suchten den vertriebenen Autoren Gehör zu verschaffen, die Welt über den Faschismus in Deutschland aufzuklären, vor dem Krieg zu warnen, den illegalen Widerstand in der Heimat zu stärken und das kulturelle Erbe fortzusetzen.[2] Wie die Verlage litten die Zeitschriften unter Finanzierungsschwierigkeiten, dem ständig schrumpfenden Markt, Problemen bei Druck und Vertrieb, der Zensur und dem Zwang, immer wieder erneut vor den Nationalsozialisten flüchten zu müssen.

　　Trotzdem erfüllten die Exilzeitschriften eine Reihe von Aufgaben, die die Verlage allein kaum hätten bewältigen können. Zuerst ist hier sicherlich die Fähigkeit von Periodika anzuführen, unmittelbar auf die Zeitereignisse zu reagieren. Während gründlicher analysierende Bücher oft schon vor dem Druck veraltet waren, vermochten die Zeitschriften je nach Erscheinungsmodus mit Nachrichten und kritischen Kommentaren in das Tagesgeschehen einzugreifen.[3] Fast alle größeren Exilblätter richteten, neben dem üblichen Abdruck von Essays und Primärliteratur, Spalten für Nachrichten aus Deutschland ein, für Ereignisse in den Exilländern, für Ankündigungen von Verlagen, Kongressen und Organisationen und für praktische Hinweise über Visa, Hilfskomitees und behördliche Vorschriften. Im *Wort* nahmen diese

Exilinterna unter der Überschrift *An den Rand geschrieben* mit 10 oder 20 Seiten ungefähr 10% eines Heftes ein; in der *Sammlung* und im *Neuen Tage-Buch* wurden sie als Glossen geführt; das *Freie Deutschland (Mexiko)* richtete die Rubriken *FD berichtet, FD liest, FD hört* ein. In den *Deutschen Blättern* gab es Notizen und eine Zeitschriftenschau. Exilkongressen, Nachrufen und politischen Ereignissen wurden Sonderhefte gewidmet. Rezensionen stellten die wichtigsten Neuerscheinungen vor; Debatten über Sinn und Grenzen des Exils, über Thomas Mann und Gottfried Bermann-Fischer oder auch über aktuelle literarische Themen wie die Problematik des Expressionismus zogen sich nicht selten über mehrere Monate hin. Das *Wort* und das *Neue Tage-Buch* informierten ihre Leser durch ausführliche Bibliographien über die Arbeit der Exilverlage und Exilzeitschriften. Die *Neuen Deutschen Blätter* bildeten zwischen 1933 und 1935 die letzte Brücke zu den illegalen Autoren im Reich.

Zu der Übermittlung von Nachrichten trat eine zweite Aufgabe der Zeitschriften: die finanzielle Unterstützung der Exilanten. Sicherlich wurde ein Exilautor von den Honoraren der Exilblätter ebensowenig reich wie von den Tantiemen der geflüchteten Buchverlage: Die *Sammlung* bot pro Manuskriptseite ganze 12 ffrs.,[4] nach dem damaligen Wechselkurs etwa 2 Mark. Bei Thomas Manns *Maß und Wert* gab es für eine Druckseite 6 sfrs[5] – bei einem Preis von 2.50 sfrs. pro Einzelheft. Und beim *Wort,* das nach Fritz Erpenbeck „relativ hohe, in Valuta transferierte Honorare" gezahlt haben soll, scheint selbst eine „mittelgroße Arbeit" nur „für Tage oder manchmal Wochen Nahrung und Miete"[6] gesichert zu haben. Trotzdem hielt sich manch ein Romancier, dem die Muße zum Abfassen langer Manuskripte oder der passende Verlag fehlte, durch die Mitarbeit an den Exilblättern über Wasser. Avancierte Autoren mußten, besorgt um in Deutschland verbliebene Familienmitglieder und bedrängt von der politischen Zensur ihres Gastlandes, nicht selten unter Pseudonymen schreiben. Andererseits übernahm der eine oder andere Redakteur zweitrangige Arbeiten, nur um notleidenden Schriftstellern Unterstützung zukommen zu lassen[7] – eine Großzügigkeit, die um so schwerer ins Gewicht fällt, wenn man weiß, daß die Redaktionen, selbst von bekannteren Exilblättern, oft wenig lukrative Einmannunternehmen waren.[8] So schrieb Heinrich Mann bekanntlich nicht allein aus journalistischen Ambitionen über 70 Leitartikel für die *Dépêche de Toulouse,* sondern auch, weil er die 1000 ffrs. pro Aufsatz[9] nötig hatte. Walter Benjamin, der unter Pseudonymen zunächst noch in Deutschland veröffentlichte, hing schließlich völlig von den Almosen ab, die ihm das Institut für Sozialforschung für die Mitarbeit an der *Zeitschrift für Sozialforschung* bewilligte. Und Theodor Plivier bezog einen bedeutenden Teil seiner Einkünfte aus dem Fortsetzungsabdruck des Romans *Stalingrad* in der *Internationalen Literatur.*

Manche Zeitschriften beschäftigten neben geflüchteten Journalisten und Feuilletonisten gar eine völlig neue Gruppe von Mitarbeitern: Funktionäre der Massenorganisationen, Politiker und Parteioffizielle, die mit der Flucht ihren eigentlichen Wirkungskreis verloren hatten. Fritz Bauer war bis 1936 Richter in Stuttgart, um dann in Schweden Redakteur der *Sozialistischen Tribüne* zu werden. *Das Andere Deutschland* in Buenos Aires stand unter Leitung von August Siemsen, einem ehemaligen Studienrat und Reichstagsabgeordneten. Anderen Autoren und Herausgebern diente die Exilpresse als Sprungbrett in die Redaktionen von einheimischen Blättern und Rundfunkstationen. Joachim Joesten, der schon von seinem skandinavischen Exil aus rege in der Exilpresse mitgearbeitet hatte, wurde später Assistant Editor von *Newsweek*. Hans Habe, Mitte der 30er Jahre Korrespondent des *Prager Tageblatts*, managte, wie schon erwähnt, 1945/46 die deutschsprachigen Zeitungen der US-Armee. Willi Schlamm, in Wien und Prag verantwortlich für die *Neue Weltbühne*, gelang der Einstieg in die Hierarchie von *Time, Life* und *Fortune*. Alfred Kantorowicz war u. a. für NBC, Hans Priwin bei BBC und zahlreiche Exilanten in der Sowjetunion beim Moskauer Rundfunk, dem Deutschen Volkssender und der Welle des Nationalkomitees Freies Deutschland tätig. Hans-Albert Walter hat anhand des Sternfeld/Tiedemann für die europäische Auslandspresse folgende Zahlen ermittelt: 200 exilierte Mitarbeiter an 30 Schweizer Blättern, 85 an 23 Zeitungen der ČSR, 48 an 24 britischen, 39 an 28 französischen, 21 an 10 niederländischen und nur 20 Autoren bei 13 österreichischen Periodika.[10]

Besser als den Exilverlagen gelang es den Exilblättern schließlich auch, den verschiedenen Exilgruppen ein intellektuelles Zentrum zu bieten. Bunt und schwer überschaubar wie die Zusammensetzung der Exilanten war denn auch der Blätterwald des Exils. Jede politische, literarische, wissenschaftliche und weltanschauliche Gruppe und Splittergruppe suchte eine Zeitschrift oder wenigstens ein periodisch erscheinendes Mitteilungsblatt herauszugeben. Periodika erschienen zu aktuellen und zeitlosen Themen, zur Volksfront, dem spanischen Bürgerkrieg, zum anderen Deutschland oder einfach zur Bewahrung von „Maß und Wert": vom *Acht-Uhr-Abendblatt* in Schanghai über Otto Strassers *Die Deutsche Revolution*, die Lagerzeitungen in den Kriegsgefangenencamps und den *P. P. B.* (PEM's Personal Bulletins) bis zu Neugründungen solch berühmter Blätter wie der *Weltbühne*, dem *Simplizissimus*,[11] dem *Tagebuch* und der *Arbeiter-Illustrierten-Zeitung (AIZ)*.[12] In den USA, wo es keine bedeutende Exilzeitschrift gab,[13] räumte der *Aufbau*,[14] Organ des German Jewish Club, auch nicht-jüdischen Autoren und Themen Raum ein. In Palästina versuchten seit April 1942 Arnold Zweig und Wolfgang Yourgrau im *Orient* den Kontakt zum deutschen Kulturerbe aufrechtzuerhalten.[15] Willi Münzenberg managte von Paris aus zunächst mit Plazet der KPD, ab 1937 dann auf eigene Faust Erfolgs- und Volksfrontblätter wie die *AIZ* (seit 1936 *Die Volksillustrierte*), den *Gegen-Angriff* (seit 1936 *Deutsche Volkszeitung*), *Unsere Zeit* und *Die Zukunft*.[16] Georg Lukács, Johannes R. Becher, Franz Leschnitzer, Hans Günther, Willi Bredel und andere fanden in der

Deutschen Zentral-Zeitung Aufnahme, die seit 1926 die deutschsprachige Bevölkerung der Sowjetunion versorgte.[17] Sozialdemokratische Blätter erschienen u. a. in Prag, London, Stockholm und New York; die Bewegung Freies Deutschland verfügte über mehr als ein Dutzend Periodika; das österreichische Exil über ein Vielfaches dieser Zahl.[18]

Lieselotte Maas führt in ihrem *Handbuch der deutschen Exilpresse* mehr als 400 Titel auf. Gedruckt worden sind davon nur etwa die Hälfte. Wenig mehr als 10 Prozent bestanden über drei Jahre; fast die gleiche Zahl brachte es nur auf eine Nummer.[19] Die Leser der Exilpresse rekrutierten sich vorwiegend aus Exilanten, da die Mehrheit der Auslandsdeutschen ebenso wie bei Büchern eher zu nationalsozialistischen Periodika griff. Bei der Erscheinungsweise – und das gilt besonders für die reichlich zwei Dutzend kulturell-literarischen Blätter – ist ein „Übergewicht der Organe, die in großen Zeitabständen erschienen sind"[20] zu verzeichnen. Finanziert wurden die wichtigsten Exilzeitschriften durch Parteien und Massenorganisationen, andere wie *Maß und Wert*, das *Neue Tage-Buch* und die *Sammlung* lebten von der Großzügigkeit ausländischer Mäzene; wieder andere hingen von (oft im voraus kassierten) Abonnementszahlungen und dem mehr als spärlichen Anzeigengeschäft ab. Der *Simpl*, die *Zeitschrift für Sozialforschung* und die *Neue Weltbühne* verdanken ihr Erscheinen rechtzeitig angelegten Auslandsdepots. Die *Internationale Literatur* und die *Deutsche Zentral-Zeitung* gehören zu den wenigen Beispielen von bereits bestehenden auslandsdeutschen Zeitschriften, die sich nach 1933 der Sache der Exilanten annahmen.

Alles in allem dürfte Kurt Tucholsky also gar nicht so unrecht gehabt haben, wenn er sich 1933 über die Chancen der Exilblätter sarkastisch ausließ: „... anstatt *ein* gutes Journal zu gründen, gründet sich jeder seins, und natürlich werden sie alle miteinander eingehn. Es ist sehr schade."[21] Trotzdem spielten viele der Exilblätter zumindest innerhalb von spezifischen Gruppen eine wichtige Rolle: die *Internationale Literatur*, *Das Wort*, die *Neuen Deutschen Blätter*, *Die neue Weltbühne* und das *Freie Deutschland (Mexiko)* bei den Kommunisten; *Die Sammlung*, das *Neue Tage-Buch* und *Das Andere Deutschland* innerhalb der unabhängigen Linken; die *Deutschen Blätter* in konservativen Kreisen; *Maß und Wert* unter Literaturconnaisseuren und *Aufbau* sowie *Orient* als Organe deutsch-jüdischer Emigranten.[22]

Nach Zahl, Lebensdauer, Umfang und wohl auch nach der Bedeutung ihrer Mitarbeiter nahmen die den Kommunisten nahestehenden Blätter sicherlich eine führende Rolle unter den Exilzeitschriften ein. Ihr Vorteil war, daß sie sich auf Grund von Subventionen durch Partei und Massenorganisationen kaum der angespannten Marktlage anzupassen brauchten. Jüngeren und unbekannteren Exilautoren wurde wiederholt Raum zugestanden; die Arbeiten der in Deutschland untergetauchten Antifaschisten erhielten hier neue Foren: allein die *Neuen Deutschen Blätter* brachten über 60 Beiträge von Jan Petersen, Paul Körner-Schrader, Elfriede Brüning und anderen.[23] Und der Abonnementspreis blieb relativ konstant.

Kehrseite dieser Fürsorge war, daß die Redaktionen der kommunistischen Blätter von der politischen und kulturellen Linie der KPD und KPdSU abhängig waren. Auseinandersetzungen mit Zeitereignissen wie die Machtübergabe an die Nationalsozialisten, die Appeasementpolitik der Alliierten, der Hitler-Stalin-Pakt und die Kriegsanstrengungen der Westmächte wurden, wo politisch nicht opportun, ausgespart; Richtungswechsel in der Bündnispolitik mit den Sozialdemokraten und der sowjetischen Deutschlandpolitik kommentarlos und abrupt übernommen. Nicht ohne Grund standen viele der nicht-kommunistischen Exilanten diesen Blättern denn auch mit wachsendem Mißtrauen gegenüber. Als dieses Mißtrauen sich mit dem Scheitern der Volksfrontbewegung, den stalinistischen Säuberungen und dem Angriff auf Polen schließlich zu offener Ablehnung auswuchs, geriet die marxistische Exilpresse in die Isolation und verlor an Bedeutung.

Paradebeispiel der kommunistischen Exilzeitschriften ist zweifellos die *Internationale Literatur*. Ein redaktioneller Kommentar zu dem 1937 hinzugefügten Untertitel „Deutsche Blätter" erklärt die Ziele der Zeitschrift: „International sind und bleiben unsere ‚Deutschen Blätter' ihrem Mitarbeiter- und Leserkreis nach, international auch durch die grundsätzlich angestrebte Weite ihres Horizonts, international endlich im Sinne der neuen Humanität, die getragen ist vom Lebens- und Friedenswillen der werktätigen Schichten aller Völker ... ‚Internationale Literatur/Deutsche Blätter' wollen den besten Wertüberlieferungen deutscher Dichtung und Prosa eine freie Entwicklung bieten und durch deutsche Übertragung anderssprachiger Beiträge den Leser mit wichtigen Neuerscheinungen des Auslandes bekannt machen. ‚Internationale Literatur/Deutsche Blätter' bringen periodisch literarische ‚Dokumente der Vergangenheit' zum Abdruck: Zeugnisse großen Dichtens und freien Denkens aus den Jahrhunderten der deutschen Geschichte, geistiges Erbgut unseres freiheitlichen Schrifttums ... ‚Internationale Literatur/Deutsche Blätter' legen Wert auf die ernsthafte Abrechnung mit dem Gegner ... Hierzu gehören neben antifaschistischen Kulturkampfproblemen vor allem die großen zeitgeschichtlichen Fragen des sozialistischen Kulturaufbaus in der Sowjetunion ..."[24]

In der Tat war der Themenkreis, der zwischen 1933 und 1945 auf den ca. 15000 Druckseiten[25] der *Internationalen Literatur* behandelt wurde, ebenso weit gefächert wie die Nationalität und Herkunft der Mitarbeiter: Stalin, Michael Kolzow und Wjatscheslaw Molotow vermittelten die sowjetische Innen- und Außenpolitik; Michail Lifschitz, S. Dinamow, Karl Radek und Leitartikel aus der *Prawda* erläuterten die Theorie des sozialistischen Realismus; Platon Kershenzew, Ilja Ehrenburg, Jurij Tynjanow und andere steuerten Beiträge zur russischen Geschichte und zum Kulturerbe bei; N. Assejew, Eugène Knipowitsch und W. Jermilow würdigten Majakowski und Gorki;

Reportagen von Vera Inber, Alexander Afinogenow und Fjodor Gladkow berichteten von der Erschließung der fernöstlichen Gebiete; und ein erlesenes Feld von Autoren wie Theodor Dreiser, Ernest Hemingway, Henri Barbusse, W. H. Auden und Martin Andersen-Nexö setzte sich mit dem Kapitalismus auseinander. Ernst Fischer schrieb über österreichische Literatur; Georg Lukács, Johannes R. Becher, Anna Seghers, Hugo Huppert, Alfred Kurella und Hans Günther diskutierten Formalismus- und Realismustheorien. Ausführlich wurde über den ersten Unionskongreß der Sowjetschriftsteller berichtet, die Pariser und Madrider Kongresse zur Verteidigung der Kultur, den spanischen Bürgerkrieg, den Widerstandskampf in Deutschland und die Kriegsverbrechen in Osteuropa. Heinrich Manns Roman *Die Jugend des Königs Henri Quatre*, Theodor Pliviers *Stalingrad*, Willi Bredels *Die Väter*, Feuchtwangers *Exil* und Anna Seghers *Das siebte Kreuz* wurden in Fortsetzung vorabgedruckt; Kurt Kersten verfaßte zahlreiche Glossen; Alfred Döblin überließ der *Internationalen Literatur* einen Abschnitt seiner *Amazonas*-Trilogie; Erich Weinert, Schalom Ben-Chorin und Max Herrmann-Neiße veröffentlichten Lyrik.

Trotz dieser Meinungsvielfalt gelang Johannes R. Becher, der von Heft 3/1933 bis Heft 6/7 (1945) für die *Internationale Literatur* verantwortlich zeichnete, das Kunststück, den Tenor des Blattes offiziös zu halten. Die Haltung der *Internationalen Literatur* zur Volksfront muß hier als Beispiel genügen. Stichheft war die Nummer 5/1935, die Georgi Dimitroffs Aufsatz *Die revolutionäre Literatur im Kampf gegen den Faschismus* enthielt. Während vorher allenthalben die Rede vom Sozialfaschismus gewesen war, Alfred Kurella Thomas Mann angegriffen und Paul Reimann die *Neuen Deutschen Blätter* wegen einer Kritik eines Becher-Gedichts der Standpunktlosigkeit bezichtigt hatte, schien die *Internationale Literatur* jetzt plötzlich ihre Spalten relativ unpolitischen bürgerlichen Autoren wie Max Brod, Alfred Kerr, Ludwig Marcuse, Thomas Mann, Paul Zech und Arnold Zweig zu öffnen. Doch der Eindruck täuscht. Hans-Albert Walter hat nachgewiesen, daß die Präsenz der nicht-kommunistischen Exilanten nur optisch war – und auch das nur zeitweilig.[26] Sechs relativ unwichtigen Beiträgen von Thomas Mann und Arnold Zweig standen zwischen Heft 5/1935 und Heft 8/1939 knapp 100, zum Teil programmatische, Aufsätze von Kommunisten wie Johannes R. Becher, Hugo Huppert, Alfred Kurella und Georg Lukács gegenüber. Brecht dagegen wurde auch weiterhin „ohne Enthusiasmus" gedruckt, weil „hinter seinem eigenwilligen, von der literarischen Tradition des kritischen Realismus abweichenden Weg, Formalismus, geistige Verwandtschaft mit der L.E.F. (Linksfront)"[27] vermutet wurde.

Bis zur Auflösung der Internationalen Vereinigung Revolutionärer Schriftsteller im Dezember 1935 war die *Internationale Literatur* deren deutschsprachiges Organ. Zwischen 1936 und 1938 erhielt der Chefredakteur einen Beirat zugeordnet, dem u.a. Bredel, Lukács, Günther, Ottwalt, Plivier,

Wolf und Tretjakow angehörten. Auslandsredakteure waren zeitweilig F. C. Weiskopf und Albin Stübs (Prag), Johannes Wertheim (Wien), Otto Heller (Schweiz) und Alfred Kantorowicz (Paris).[28] Die Namen von Günther, Ottwalt und Tretjakow verschwanden 1936/37 aus dem Impressum. Als Becher 1945 nach Deutschland zurückkehrte, übernahm ein gewisser Nikolaus William-Wilmont die Zusammenstellung der letzten Hefte.[29]

Wo sich die *Internationale Literatur* offen und manchmal nicht ohne einen gewissen Stolz zum Sprachrohr der jeweiligen Linie der Exil-KPD und ihrer sowjetischen Gastgeber machte, sah sich das ebenfalls im Moskau erscheinende *Wort* als das eigentliche „Kind der Volksfront":[30] *„Noch nie bedurfte eine Zeitschrift so wenig der Begründung ihres Erscheinens wie ‚Das Wort'* . . . so haben viele, die vordem einsam wirkten und abseits von den großen Auseinandersetzungen unserer Zeit, die Notwendigkeit erkannt, ihre Kräfte mit allen, die verwandten Willens sind, zu verbinden, den Frieden und den Bestand der großen Kulturerrungenschaften des eigenen Volkes und aller übrigen Völker zu sichern."[31]

Erste Vorbesprechungen für die Gründung des *Worts* wurden denn auch auf dem Pariser Kongreß zur Verteidigung der Kultur geführt.[32] Fritz Erpenbeck, seit Anfang 1937 der eigentliche Herausgeber der Zeitschrift, berichtet von den Gesprächen der dort anwesenden Exilanten mit Michail Kolzow, dem Leiter des Verlags Jourgaz: „Er konnte von den finanziellen Überschüssen solch riesiger Verlagsobjekte wie beispielsweise der Unterhaltungszeitschrift ‚Ogonjok' die erforderlichen Mittel für ein so relativ kleines, von vornherein defizitäres Unternehmen . . . ‚abzweigen'".[33] Ob Kolzow die Bereitstellung der Mittel tatsächlich so leicht gefallen ist, bleibe dahingestellt; sicher ist, daß bei einer Auflage von 5000–12000 Exemplaren[34] und einem durchschnittlichen Umfang von gut über 100 Seiten pro Heft die Zuschüsse recht beträchtlich gewesen sein müssen.

Auf den Volksfrontcharakter des *Worts* weisen auch die Erscheinungsdaten (Juli 1936 bis März 1939), die relativ undogmatische Diskussionsfreudigkeit und nicht zuletzt die Besetzung des Redaktionskollegiums mit Willi Bredel, Lion Feuchtwanger und Bertolt Brecht hin.[35] Da sich das Blatt nach seinem Untertitel als „literarische Monatsschrift" verstand, blieben anders als bei der *Internationalen Literatur*, kontroverse politische Themen wie die neue Verfassung der Sowjetunion, die Wahlen zum Obersten Sowjet und die Schauprozesse automatisch im Hintergrund. Die Namen Stalin, Shdanow und Molotow tauchten jedenfalls kaum auf. Dagegen konnten Nicht-Kommunisten wie Döblin, Max Herrmann-Neiße, die Brüder Olden und Zweig häufig mehrere Beiträge dort veröffentlichen. Kurt Kersten und Ludwig Marcuse, beide keine KPD-Mitglieder, gehörten sogar zu den am häufigsten vertretenen *Wort*-Autoren. Bruno Frank, Emil Ludwig und Alfred Wolfenstein kamen erst nach mehrfacher Intervention durch Feuchtwanger zu Wort; René Schickele nützte auch die Protektion eines der Herausgeber nichts.[36]

All das heißt natürlich nicht, daß das *Wort* seine marxistische Parteilichkeit in Frage gestellt hätte. Wenn in seinen Spalten über Themen wie Volkstümlichkeit, Humanismus, Kulturerbe und Expressionismus diskutiert wurde, dann immer, um den bürgerlichen Exilanten die kommunistischen Positionen zu erläutern. Neben Klaus Manns idealistisch-nostalgischer Benn-Kritik steht deshalb Alfred Kurellas Anti-Modernismus Polemik *Nun ist dies Erbe zuende* ...; und während sich Lukács ausführlich mit Ernst Blochs Thesen zur modernen Kunst auseinandersetzt, konnte oder wollte[37] Brecht – immerhin einer der Herausgeber der Zeitschrift – keinen seiner Aufsätze zur Expressionismusdebatte im *Wort* unterbringen. Bisweilen wurde der Ton der Volksfront sogar noch deutlicher durchbrochen: Feuchtwanger polemisierte gegen André Gides kritischen Rußlandbericht, während er gleichzeitig in *Moskau 1937. Ein Reisebericht für meine Freunde* (1937) ein positives Bild von den Schauprozessen lieferte. Klara Blum kritisierte die fehlende Perspektive in Anna Seghers *Rettung*. Stefan Zweig, Else Lasker-Schüler, Carl Sternheim und Elias Canetti mußten sich Kritik an ihrer individualistisch-unpolitischen Schreibweise gefallen lassen.[38] Politisch „sauber" waren dagegen von vornherein in Deutschland spielende Erzählungen von Hans Marchwitza und Jan Petersen, Kischs Reportagen über Spanien und die hymnischen Lobgesänge von Becher und Hedda Zinner über die Sowjetunion.

Mit dem Märzheft 1939 stellte das *Wort* abrupt sein Erscheinen ein.[39] Zu einem Zeitpunkt, als sich die Sowjetunion nach dem internationalen Scheitern der Volksfront nicht nur in Frankreich und England, sondern auch in Deutschland nach neuen Sicherheitsgarantien umtat, scheint die dezimierte Verbreitung des *Worts* den hohen Kostenaufwand nicht mehr gerechtfertigt zu haben.[40]

Kommunistische Exilzeitschriften kamen jedoch nicht nur in Moskau, sondern auch in Prag, Mexico, D.F. und Paris, heraus. In Prag gründete Wieland Herzfelde[41] schon im Sommer 1933 in seinem neueröffneten Malik Verlag[42] die *Neuen Deutschen Blätter*. Welche Bedeutung die kommunistischen Kulturpolitiker diesem Unternehmen zumaßen, das noch nicht einmal ihrer unmittelbaren Kontrolle unterstand, wird aus Bechers Berichten an die Internationale Vereinigung revolutionärer Schriftsteller in Moskau deutlich: „Als ich in Prag ankam, erfuhr ich von den Plänen Klaus Manns, in nächster Zeit eine Zeitschrift ‚Die Sammlung' herauszugeben, ebenso von der Absicht von Willy Haas, die Zeitschrift ‚Literarische Welt' unter dem Namen ‚Wort der Welt' wieder neu aufzulegen. Da zu gleicher Zeit bereits deutlich spürbare trotzkistische Einflüsse innerhalb der Schriftsteller festzustellen waren, die wir zu unseren Bundesgenossen rechneten, entschloß ich mich in der Angelegenheit der Zeitschrift, als eines wichtigsten (!) Organisationsmoments der antifaschistischen Kräfte in der Literatur, rasch zuzugreifen ..."

Becher garantierte im Namen der IVRS die Finanzierung der ersten drei Nummern, „einige reiche Juden" stellten das Restgeld für die *Neuen Deut-*

schen Blätter zur Verfügung. Die KPČ gab ihre Zustimmung; Hans Günther aus dem Team der *Internationalen Literatur* half über die redaktionellen Startschwierigkeiten hinweg. Am 20. September, wenige Wochen nach Erscheinen der *Sammlung,* war das erste Heft der neuen *Monatsschrift für Literatur und Kritik* „an jedem Kiosk und bei jedem Zeitungsstand"[43] in Prag ausgelegt. Die Startauflage betrug 7000 Exemplare bei einer beinahe phantastisch anmutenden Zahl von 5300 Abonnenten. Als Herausgeber fungierten Oskar Maria Graf, Wieland Herzfelde, Anna Seghers und der als drei Sterne (Berlin) geführte Jan Petersen. Unter ihnen hat Herzfelde die eigentliche Redaktionsarbeit geleistet, während sich die drei anderen auf die Beschaffung von Manuskripten aus den verschiedenen Emigrantenkolonien bzw. der illegalen Berliner BPRS-Gruppe beschränkten.

Knapp zwei Jahre nach ihrer Gründung stellten die *Neuen Deutschen Blätter* mit dem 18. Heft ihr Erscheinen ein. Herzfeldes Hoffnung, die mit der Besetzung Österreichs und des Saarlands erlittenen Verluste durch eine erneute Finanzspritze der IVRS auszugleichen, erfüllte sich nicht.[44] Moskau ließ die Zeitschrift, die Becher kurz zuvor noch als „eine Durchbrechung zu einer Einheitsfrontbewegung aller antifaschistischen Kräfte der deutschen Literatur"[45] gefeiert hatte, ausgerechnet am Anfang der Volksfrontperiode wieder fallen. Was dazu geführt hat, wird wohl erst die Öffnung des IVRS-Archivs zutage fördern.

Das Programm der *Neuen Deutschen Blätter* lag seit dem ersten Heft fest: Kampf gegen den Faschismus, dem „organischen Produkt des todkranken Kapitalismus"; Kampf gegen die Wiederherstellung der „liberalistisch-demokratischen Verhältnisse" von Weimar-Deutschland; und Kampf gegen die Resignation der Exilanten.[46] Wer für die *Neuen Deutschen Blätter* schrieb, hielt sich im allgemeinen an diese Thesen – auch wenn er wie Lion Feuchtwanger, Kurt Kersten, die Brüder Olden, Theodor Plivier und Jakob Wassermann kein Kommunist war. Trotzdem hat Herzfelde Parteilichkeit nie mit Meinungszwang verwechselt: „... nichts liegt uns ferner, als unsere Mitarbeiter ‚gleichschalten' zu wollen. Wir wollen den Prozeß der Klärung, der Loslösung von alten Vorstellungen, des Suchens nach einem Ausweg durch gemeinsame Arbeit und kameradschaftliche Auseinandersetzung fördern und vertiefen."[47] So wurden die Kontroversen um die Mitarbeiter der *Sammlung* und um Karl Kraus' *Fackel* von den *Neuen Deutschen Blättern* aufgegriffen; der politische ‚Eskapismus' von Autoren wie Thomas Mann und Stefan Zweig kritisch durchleuchtet; aber auch eine Auseinandersetzung mit dem Prager *Sozialdemokrat* um Bechers sektiererisches Gedicht *Vier Proleten* mit Rücksicht auf die Einheitsfront abgeschwächt. Schärfer wurde der Ton nur bei Berichten über in Deutschland verbliebene Autoren sowie Darstellungen des Lebens in der faschistisch besetzten Heimat. Gerhart Hauptmann wurde des Konjunkturdenkens bezichtigt; Anna Seghers und Ilja Ehrenburg veröffentlichten Prosa zu den Februarereignissen in Österreich, denen im März

1934 ein Sonderheft gewidmet wurde; aus Berlin berichteten neben Jan Petersen u. a. Robert Gilbert unter dem Pseudonym Ohle, Elfriede Brüning als Elke Klent und Paul Körner-Schrader als Franz bzw. Hans Schnitter über die illegale Arbeit. Von den prominenten Exilanten kamen Bertolt Brecht, Lion Feuchtwanger, Heinrich Mann und Ludwig Marcuse zu Wort. Arbeiten von Ernst Bloch, Bernard von Brentano, Alfred Kerr, Klaus Mann, Kurt Tucholsky und über 20 weiteren Exilautoren, die ursprünglich ihre Mitarbeit zugesichert hatten, blieben aus – zum Teil wegen politischer Differenzen, zum Teil wohl aber auch wegen der Kurzlebigkeit der *Neuen Deutschen Blätter*.

Auf der politischen und kulturellen Linie der KPD bewegte sich schließlich auch das *Freie Deutschland*, das zwischen November 1941 und Juni 1946 in Mexico, D. F., erschien. Bruno Frei und Alexander Abusch, die Chefredakteure, waren KPD-Mitglieder, ebenso die in Mexiko ansässigen Mitarbeiter Ludwig Renn, Paul Merker, Anna Seghers, Egon Erwin Kisch und Bodo Uhse. Da das *Freie Deutschland* finanziell und organisatorisch auf eigenen Füßen stand, erfolgte die Übernahme der Moskauer Positionen gewissermaßen freiwillig. Abusch leitartikelte über die Prinzipien des antifaschistischen Kampfes. Renn analysierte die militärische Lage in der Sowjetunion – anhand des englischsprachigen Bulletins der sowjetischen Botschaft in Washington.[48] Aus der Moskauer Exilantenkolonie kamen Becher, Pieck, Ulbricht und Weinert zu Wort. Dimitri Schostakowitsch berichtete über „Musik im belagerten Leningrad". Mit der *Internationalen Literatur,* damals der ältesten bestehenden Exilzeitschrift, wurden Manuskripte ausgetauscht. Durch die Bewegung Freies Deutschland und das Lateinamerikanische Komitee der Freien Deutschen stand die mexikanische KPD-Gruppe in Kontakt mit dem Nationalkomitee Freies Deutschland.

Seit Nummer 1/1946 nannte sich das Blatt dann *Neues Deutschland*, nachdem es zuvor bereits seinen Untertitel von *Revista Antinazi/Antinazi Monthly* zu *Revista Democrática/German Democratic Monthly* geändert hatte. Berichte über die Bodenreform, die politische Reorganisation und den wirtschaftlichen und kulturellen Neuanfang in der damaligen SBZ und über Neonazismus und Amerikanisierung in den Westzonen machten das *Freie Deutschland/Neue Deutschland* zu einem der ersten Organe der auswärtigen Kulturpolitik der späteren DDR. Als mit der Rückkehr der aktiveren Exilanten nach (Ost-)Deutschland im Jahre 1946 die Zukunft der Zeitschrift in Frage gestellt war, übernahm die seit August 1943 von Rudolf Feistmann (Pseudonym Rudolf Fürth) für die Auslandsdeutschen in Lateinamerika herausgegebene *Demokratische Post/El Correo Democrático – The Democratic Post* diese Rolle. Seinen wohl spektakulärsten Erfolg verbuchte dieses Blatt dann 1947, als es Heinrich Mann beauftragte, den „Entwurf einer Verfassung für die Deutsche Demokratische Republik" zu kommentieren.[49]

Besondere Bedeutung erhielt das *Freie Deutschland* durch seine umfangreichen und wohlinformierten Rubriken mit Nachrichten aus dem Exil: *FD liest, FD hört, FD berichtet. Das Echo* druckte Repliken auf eigene Aufsätze. Bodo Uhse redigierte von Guernavaca aus die Spalte *Das Buch in unserer Zeit.* Hinzu kamen regelmäßige Hinweise auf die Arbeit der Bewegung Freies Deutschland und des Lateinamerikanischen Komitees der Freien Deutschen sowie bezahlte Anzeigen von Verlagen und Vereinigungen. Nicht zuletzt wegen dieses hohen Informationsniveaus zählten auch viele bürgerliche Exilanten, denen der marxistische Ton des Blattes sonst nicht gepaßt haben mag, zu den „etwa 20000 ständigen Lesern".[50] Außerhalb Lateinamerikas wurde das *Freie Deutschland* vor allem in Los Angeles und New York, aber auch in der Sowjetunion und in England gekauft. Einzelne Exemplare gelangten bis in ein holländisches Internierungslager auf Curaçao, nach Schanghai und in die POW Camps Nordafrikas[51] und Nordamerikas.[52] Für lateinamerikanische Interessenten machte Bruno Frei das spanische Informationsblatt *Alemania Libre*.

In seinem literarischen Teil beschränkte sich das *Freie Deutschland* auf den Abdruck von Texten der kleinen Formen. Wie im *Wort* und der *Neuen Weltbühne* wurde dabei nicht nur sozialistischen Schriftstellern, sondern auch dem bürgerlichen Exil Aufmerksamkeit geschenkt. So finden sich neben Gedichten von Becher, Brecht und Paul Mayer Arbeiten von Heinrich Mann, Oskar Maria Graf und Bruno Frank. Anna Seghers schrieb Essays über Tolstoi und die Volksverbundenheit der Schriftsteller. Thomas Mann sprach sich *Für eine neue Volksfront* aus und begrüßte die Gründung des Nationalkomitees Freies Deutschland in Moskau.[53] Bodo Uhse analysierte die sowjetische Kriegsliteratur. *Das Buch in unserer Zeit* brachte Rezensionen zu Veröffentlichungen aus fast allen großen Exilverlagen. Neben Heinrich Mann nennt Alexander Abusch Lion Feuchtwanger als den „politisch nahesten und allezeit getreuesten Freund der Zeitschrift".[54]

Als das *Freie Deutschland* im Juni 1946 mit der 54. Nummer sein Erscheinen einstellte, hatte es, so gut es ging, die Aufgabe erfüllt, die sich sein Gründungskollektiv knapp fünf Jahre zuvor gestellt hatte: „Jede Zeile, die für dieses Heft geschrieben wurde, will, wenn auch aus endlos großer Entfernung, und mit unendlich bescheidenen Kräften zum Siege beitragen ... Der glückliche Ausgang ist nicht zweifelhaft, wenn auch der Weg lang, dunkel und schwer ist, gepflastert mit Leiden und Opfern, die über alles Maß gehen."[55]

Schwieriger als bei den bisher behandelten marxistischen Blättern ist die weltanschauliche Position der in Prag und Paris erschienenen *Neuen Weltbühne* zu fixieren. Von den tschechischen Behörden als sozialdemokratisches Blatt geduldet,[56] in DDR-Nachschlagewerken als „Publikationsorgan für trotzkistische Ideen" verdammt, das die KPD „verleumdete" und „den spontanen unorganisieren Kampf der Arbeiter"[57] propagierte, und von Kurt Hiller und anderen als Eigentum der KPD[58] abgestempelt: ein nüchternerer

Betrachter würde von einer flexiblen, dem sowjetischen Kommunismus nicht unfreundlich gegenüberstehenden Linksposition sprechen. Dieses Urteil trifft allerdings nicht die ersten 58, von Willi Schlamm redigierten Hefte des Wochenblattes. Denn was Schlamm, sein profiliertester Mitarbeiter Leo Trotzki und bisweilen auch Heinrich Mann während dieser elf Monate zur Faschismusdiskussion, zur jüngsten Geschichte der Arbeiterparteien und zur derzeitigen Lage in Deutschland zu sagen hatten, entsprach zweifellos nicht den offiziellen Meinungen der KPD. Hans-Albert Walter hat die Konflikt-punkte herausgearbeitet: eine realistische und damit folgerichtig pessimisti-sche Haltung gegenüber den Schwächen des Faschismus; die Abwesenheit von utopischen Perspektivekonzeptionen und die Aufforderung an die Vor-stände von Sopade und KPD, einer neuen Massenpartei der Einheitsfront Platz zu machen.[59]

Das sollte sich schon im Frühjahr 1934, als die Redaktionsleitung unter recht undurchsichtigen Umständen an Hermann Budzislawski überging, än-dern. Mehr oder weniger deutlich übernahm fortan die *Neue Weltbühne* die Linie der KP. Arkadij Maslow und Stefan Pollatschek, der wiederholt über das Kulturleben im Reich berichtet hatte, schieden aus dem Mitarbeiterkreis aus. Heinrich Mann soll sich erst nach „längeren Verhandlungen"[60] zur Wei-terarbeit bereit erklärt haben. Neu war auch, daß Budzislawski, Heinrich Mann und Ernst Bloch plötzlich das baldige Ende des Faschismus voraussag-ten, „Defätismus" und „Sektenbilden"[61] dagegen wiederholt diffamierten. Die Niederlagen an der Saar und und in Österreich wurden verharmlost, kompromittierende Ereignisse wie die Schauprozesse in Moskau dilatorisch behandelt. Positiv wirkte die *Neue Weltbühne* schließlich nur noch dort, wo sich auch die Kommunistische Partei zeitweise aus ihrer starren Haltung zu lösen vermochte: bei den kritischen Analysen der Appeasementpolitik und der Volksfrontbewegung. Vor allem zum letzteren Thema äußerten sich auch eine Reihe von (oft nicht-kommunistischen) Schriftstellern: neben Heinrich Mann, dem Vorsitzenden des „Ausschusses zur Vorbereitung der deutschen Volksfront", Ernst Bloch, Lion Feuchtwanger und Kurt Hiller. Heft 5 vom 30. 1. 1936 war sogar völlig der Volksfront gewidmet. Von Louis Fischer erschienen Berichte über den Krieg in Spanien, von Alfons Goldschmidt Reports über die USA. Der Pole Grzyb machte unter dem Pseudonym Asia-ticus China und Japan zu seinen Spezialgebieten.[62]

Gerade der Literaturteil demonstriert recht anschaulich, daß die *Neue Weltbühne* trotz ihres kommunistischen Kurses nicht in dem Maße von par-teipolitischen Entscheidungen abhing wie die Moskauer Blätter. Zwar ließe sich argumentieren, daß sich Budzislawski (wie vor ihm auch Schlamm) mehr um Politik und Wirtschaft als um kulturelle Probleme gekümmert habe. Trotzdem beeindruckt sowohl die Qualität als auch die weltanschauliche Vielfalt der von ihm akzeptierten literarischen Beiträge. Bloch, in Moskau als Gegner von Lukács verschrien, gehörte mit 53 Beiträgen sogar zu den Viel-

schreibern der *Neuen Weltbühne*. Allein und zusammen mit Hanns Eisler
ließ er hier einige der zentralen Aufsätze zur Expressionismusdebatte druk-
ken, rezensierte Feuchtwangers Bericht *Moskau 1937* und Reglers Bauern-
kriegsromane und unterzog die spätbürgerliche Kultur eindringlichen Analysen. Von Brecht erschienen eine Reihe von Gedichten und ein Aufsatz zur
Sprache; Bredel und Kisch sandten Prosa aus Spanien; Arnold Zweig schrieb
über zwei Dutzend Essays und Rezensionen; Alfred Wolfenstein, Friedrich
Wolf und Berthold Viertel steuerten Gedichte, Glossen, Aufsätze und Auszüge aus längeren Arbeiten bei; Ernst Tollers „Rede auf dem Penklub-Kon-
greß" wurde wiedergegeben; und Walter Benjamin besprach Anna Seghers
Die Rettung sowie die Pariser Inszenierung von Szenen aus Brechts *Furcht
und Elend des Dritten Reiches*. Ergänzt wurde der kulturelle Teil durch
Informationen und Anzeigen aus dem Exilleben: Theaterereignisse, Voran-
kündigungen, Kongreßberichte und Neuigkeiten aus den Exilorganisationen.

Im Frühsommer 1938 mußte die *Neue Weltbühne* von Prag nach Paris
umziehen. Für die politische Linie des Blattes war dieser Ortswechsel ohne
Bedeutung. Wenn es im letzten Heft der Zeitschrift am 31. August 1939
schließlich doch noch zu einer späten Kritik an Moskau kam, lag das, will
man Budzislawski folgen, allein an der „europäischen Tragödie" des deutsch-
sowjetischen Nichtangriffspaktes: „Sollte es für diese Haltung der Sowjetunion Gründe oder gar Rechtfertigungen geben, so könnte ich sie nur auf
dem Gebiet der russischen Staatsraison sehen, und somit träfen diese Gründe
für Menschen, die nicht Sowjetbürger sind, keinesfalls zu."[63]

Im Gegensatz zu den marxistischen Exilzeitschriften fällt bei den linksliberalen und konservativen Blättern vor allem die größere Bevorzugung der
„reinen" Literatur gegenüber Tagesfragen und politischen Themen auf. Thomas Mann hat diesen Trend sogar zum Programm seiner Zeitschrift *Maß und
Wert* erhoben: „Sie soll nicht polemisch, sondern aufbauend, produktiv,
zugleich wiederherstellend und zukunftsfreundlich zu wirken suchen und
darauf angelegt sein, Vertrauen und Autorität zu gewinnen als Refugium der
höchsten zeitgenössischen deutschen Kultur für die Dauer des innerdeutschen Interregnums."[64] Wiederherstellend und zukunftsfreundlich, Vertrauen und Autorität – die Gegensätze und Unsicherheiten in Thomas Manns
Brief an Hermann Hesse weisen auf die Möglichkeiten und Grenzen der
parteilosen Exilpresse hin: ein oft außerordentlich stimulierender Meinungspluralismus auf der einen Seite; auf der anderen Seite die Gefahr, durch den
offenen Standpunkt die Stringenz der Analysen und damit die Wirkung beim
Publikum zu verwässern.

Thomas Manns Sohn Klaus Mann, der zwischen September 1933 und August 1935 bei Querido in Amsterdam die *Sammlung* herausgab, war sich
dieses Dilemmas wohl bewußt. „‚Die Sammlung' war schöngeistig, dabei
aber militant – eine Publikation von Niveau, aber nicht ohne Tendenz."[65]
Das Patronat seiner „literarischen Monatsschrift" übertrug Mann André

Gide, Aldous Huxley und Heinrich Mann – drei der profiliertesten zeitkritischen Schriftsteller jener Jahre. Und auch im programmatischen Vorspann zum ersten Heft der *Sammlung* geht es um Literatur und Politik: „Diese Zeitschrift wird der Literatur dienen; das heißt: jener hohen Angelegenheit, die nicht nur ein Volk betrifft, sondern alle Völker der Erde ... Eine literarische Zeitschrift ist keine politische; die Chronik der Tagesereignisse, ihre Analyse oder die Voraussage der kommenden macht ihren Inhalt nicht aus. Trotzdem wird sie heute eine politische Sendung haben. Ihre Stellung muß eine eindeutige sein ... Der Geist, der über Deutschland hinaus, Europa wollte ... dieser Geist darf sich in den Ländern, die ihm Gastfreundschaft gewähren, nicht nur dadurch manifestieren, daß er das Hassenswürdige immer wieder, immer noch einmal analysiert und anklagt ...; er muß sich auch ... wieder als das bewähren, was zu sein er behauptet: als jenes kostbarste Element, das fortfährt produktiv zu sein, während es kämpft; das blüht, während eine Übermacht es ersticken möchte, und, kämpfend-spielend, ein Licht hat, das die Finsternis überdauert ... Sammeln wollen wir, was den Willen zur menschenwürdigen Zukunft hat, statt dem Willen zur Katastrophe; den Willen zum Geist, statt dem Willen zur Barbarei und zu einem unwahren, verkrampften und heimtückischen ‚Mittelalter‘; den Willen zum hohen, leichten und verpflichtenden Spiel des Gedankens ..., statt zum Schritt des Parademarsches ...; den Willen zur Vernunft, statt zur hysterischen Brutalität und zu einem schamlos programmatischen ‚Anti-Humanismus‘ ...“[66]

Geist und Barbarei, Licht und Finsternis, Vernunft und Brutalität – Klaus Manns Vokabular stammte ebensowenig wie das seines Vaters aus dem Wörterbuch der politischen Wissenschaften. Trotzdem rief schon das erste Heft der *Sammlung,* das unter anderem auch zwei durchaus aktuelle Kommentare von Heinrich Mann und Alfred Kerr zur Lage in Deutschland enthielt, die „Reichsstelle zur Förderung des deutschen Schrifttums“ auf den Plan: „Wir sehen uns genötigt, festzustellen, daß der *deutsche Verlag* von folgenden der hier als Mitarbeiter der ‚Sammlung‘ angeführten Autoren in Deutschland herauskommende *Neuerscheinungen* angezeigt hat ... Wir erwarten, daß der deutsche Buchhändler und das deutsche Leserpublikum die richtige Antwort darauf erteilen.“[67] Genannt wurden André Maurois, René Schickele und Thomas Mann; gemeint waren ebenso Robert Musil, Stefan Zweig und Alfred Döblin. Klaus Manns ursprüngliche Intention, eine „ganz literarische“ Zeitschrift zu machen, die „recht schön und fein“ sei und „oppositionell nur auf eine würdige Weise“,[68] war so durch die Haßliebe des faschistischen Gegners für derartige Literaturtheorien verändert worden. Neben literarische Beiträge rückten fortan gleichberechtigt politische Analysen: Thomas Michel (d. i. Gustav Regler) berichtete über das Konkordat, Max Hochdorf über die Stavisky-Affäre, R. J. Humm über „Fronten, Freisinn, Faschismus“ in der Schweiz und Paul Mattick und Leo Trotzki über Planwirtschaft und Sowjets

in Amerika. Hans-Albert Walter hat an Hand der in der *Sammlung* ausgetragenen Faschismusdebatte das politische Spektrum der Mitarbeiter aufgezeigt:
es reicht von Kurt Hillers Demagogie-Phrasen und Klaus Manns Bild vom
„heimtückischen ‚Mittelalter'"[69] über die Gleichsetzung von Faschismus und
Kommunismus durch Hermann Kesten und Blochs zivilisationsgeschichtli-
che Interpretation der Idee vom Dritten Reich bis zu Alfred Kantorowicz'
marxistischer Theorie vom Untergang des „*materiell gesättigten* Bürgertums".[70]

Womöglich noch weiter als die Thesen zum Faschismus war das Spektrum
der literarischen Beiträge gespannt. Ein Stück Arbeiterliteratur von Adam
Scharrer steht da neben einer Kostprobe aus dem *Tarabas* von Joseph Roth,
den Franz Schoenberner ein paar Hefte später zum „gläubigen Künder einer
göttlich-geistigen Wahrheit mitten im apokalyptischen Chaos dieser Zeit"[71]
verklärt. Die Beschreibung Algiers aus Bruno Franks historischem Roman
Cervantes findet sich neben Deutschlandsonetten von Becher; Brechts anti-
amerikanisches Gedicht *Verschollener Ruhm der Riesenstadt Newyork* und
Walter A. Berendsohns Abrechnung mit den deutschen Bürgern, die „an
Goethe und Kant glauben, aber Marx für teuflisch halten",[72] werden in dem
gleichen Heft veröffentlicht, in dem ein recht esoterisches Gedicht von Else
Lasker-Schüler gedruckt wird. Themen aus dem jüdischen Kulturbereich
werden derart häufig behandelt, daß Schoenberner schon anläßlich des ersten
Heftes warnte, „es den Gegnern so leicht zu machen, die ja so gern die
Opposition und den Geist überhaupt als jüdische Erfindung darstellen".[73]
Aus der Sowjetunion kamen nur zwei Autoren, Ilja Ehrenburg und Boris
Pasternak; für das westliche Ausland sprachen u. a. Ernest Hemingway, Ald-
ous Huxley, André Gide und Jean Cocteau.

Einem Ausländer, dem Holländer Menno ter Braak, wurde es denn auch
überlassen, die politischen und geistesgeschichtlichen Schwächen des weitge-
faßten Programms der *Sammlung* aufzudecken. In einem bezeichnenderweise
Geist und Freiheit überschriebenen Essay fragte sich ter Braak, ob Klaus
Manns Lieblingsworte womöglich nicht „vollkommen leere Begriffe" seien,
unter denen sich niemand „etwas Konkretes vorstellen" könne. „Es ist hier
‚something rotten' in der Definition des Wortes ‚Geist' ... Denn: haben die
Nationalsozialisten, die jetzt in Deutschland die Musik machen, vielleicht
keinen ‚Geist'? Sind sie ‚Barbaren' in dem Sinn von: Menschen ohne kulturelle Bürde, ohne zivilisatorische Vergangenheit? Das Gegenteil ist wahr; die
Nationalsozialisten haben eher zuviel als zu wenig ‚Geist' ... Darum sollte
man sich zuerst einmal fragen, in wieweit ‚Geist' ein Vorrecht ist, das man für
sich selbst zu reklamieren hat." So gesehen, drohte Mann mit seinem Geist
wieder in jene schlechte Gesellschaft zu geraten, von der er sich in der Glosse
Gottfried Benn. Oder: Die Entwürdigung des Geistes eben erst unter beträchtlichen Anstrengungen losgesagt hatte. In der Tat setzt Menno ter Braak
seine Argumentation in diese Richtung fort: „Es wäre durchaus nicht un-

möglich, daß man sich hier an eine Legende festklammerte; an eine Legende, die nicht viel sinnreicher ist als die besonders schwer mit ‚Geist‘ getränkte Rassenlehre von Hitler und Rosenberg."[74] Das war direkt. Es dokumentiert aber auch Klaus Manns Stärke. Denn wer gewillt war, in seiner eigenen Zeitschrift seine tiefsten Prinzipien derart radikal in Frage stellen zu lassen, bewies ein Maß an Großzügigkeit und weltanschaulicher Aufgeschlossenheit, das manchen der parteigebundenen Exilzeitschriften wohl getan hätte. Doch auch der Geist mußte sich schließlich dem Geld beugen. Mit dem 24. Heft blieben die finanziellen Zuschüsse von Annemarie Schwarzenbach und dem Querido Verlag aus. Die *Sammlung* hatte „die Finsternis" nicht überdauert.[75]

Frei von parteilichen Bindungen war auch das *Neue Tage-Buch*, das Leopold Schwarzschild vom 1. Juli 1933 bis zum 11. Mai 1940 in Paris herausgab. Parteilosigkeit bedeutete aber auch in diesem Fall keineswegs Unparteilichkeit. Nur ging Schwarzschild den entgegengesetzten Weg von Klaus Mann: nach einer Periode relativ liberaler Federführung, in der das *Neue Tage-Buch* den Ton des Berliner *Tagebuchs* fortsetzte, steigerte er sich in einen zunehmend verbohrten Antikommunismus. Ludwig Marcuse, ein langjähriger Mitarbeiter des Blattes, verlieh Schwarzschild schließlich gar den fragwürdigen Titel eines „deutschen McCarthy",[76] während Klaus Mann von einem „ärgeren Martin Dies"[77] sprach. Anlaß für die Tendenzwende des *Neuen Tage-Buches* scheint die Affäre um das *Pariser Tageblatt* gewesen zu sein. In einer Art von Alleingang gegen die gesamte Pariser Exilgemeinde hatte Schwarzschild damals die – wie sich später herausstellte – aus volksfrontnahen Kreisen unterstützte Verleumdung des Herausgebers des *Pariser Tageblattes*, Wladimir Poliakoff, als Naziagenten kritisiert. Als ein Schiedsgericht des Verbandes Deutscher Journalisten in der Emigration aus taktisch-politischen Erwägungen die Rehabilitierung Poliakoffs trotzdem ablehnte, verließ Schwarzschild Ende 1936 den Volksfront-Ausschuß.[78]

Doch wie so oft bei enttäuschten Sympathisanten (Joseph Bornstein, der mit Schwarzschild die „Redaktion" der Zeitschrift ausmachte, war ehemaliger Marxist), kam auch bei Schwarzschild der Antikommunismus nicht von ungefähr. „Im tiefsten Grund war er, wie die meisten deutschen Juden, konservativ gesinnt; der Linken nur momentan und scheinbar zugehörig, weil die Rechte seinem klaren, von allem Schwindel angeekelten Geist nichts anderes übrigließ."[79] Was Golo Mann hier für das *Tagebuch* feststellt, trifft um so mehr auf die ersten Jahrgänge der Exilzeitschrift zu. Da begnügt sich der brillante Wirtschaftsjournalist Schwarzschild mit einer Faschismustheorie, die den Nationalsozialismus als „eine krampfige, rapide und allumfassende Rückbildung der Gattung Mensch in der Richtung auf die Stufe der Menschenfresserei" abtut. Nazigrößen werden als Pithecanthropi klassifiziert, weil sie – journalistische Kardinalsünde – noch nicht einmal einen „grammatikalisch richtigen und stilistisch klaren, festen, logischen deutschen Satz zu bilden"[80] vermögen. Die Appeaser aller Zeiten schert Schwarzschild ohne Rücksicht auf historische Verluste über einen Kamm. Und den Ländern der Anti-Hitler-Koalition verschreibt er, der einmal selbst mit der Volksfront sympathisiert hatte, Abstinenz von internen sozialen Auseinandersetzungen. Bisweilen gipfeln Schwarzschilds ansonsten so einsichtige Analysen der faschistischen Planwirtschaft gar in dem kaum mehr republikanisch zu nennenden Schlagwort vom Faschismus als „„kommunistischem Kapitalismus'".[81] Zuträger und Nutznießer des politischen und wirtschaftlichen Teils des *Neuen Tage-Buches* war denn auch eine recht gemischte Gesellschaft: Churchill, Chamberlain, André Géraud, Henri de Kerillis, *Temps* und *Capital;* kurz, „die Kultur-Oberschicht und die Politiker der wichtigsten Länder".[82]

Als mit der Jahreswende 1936/37 der letzte Rest von Schwarzschilds Sympathien mit linken Theorien in eine irrationale Kommunistenfresserei umschlug, schieden Ehrenburg, Feuchtwanger, Louis Fischer, Kersten, Kisch, Ludwig Marcuse und Balder Olden als Mitarbeiter des Blattes aus. Feuchtwanger mußte sich vom Herausgeber, der dem Kulturteil sonst recht wenig Aufmerksamkeit schenkte, anläßlich seines Berichts *Moskau 1937* vorhalten lassen, daß er mit „sublimer Ahnungslosigkeit" allerlei unstatthafte „Pseudo-Informationen"[83] verbreite. Klaus Mann, der sich ohne Eklat von Schwarzschild trennen wollte,[84] sah sich, als Kommunist attackiert, zu einem öffentlichen Dementi gezwungen.[85] Fortan wurden vom *Neuen Tage-Buch* in „allen Winkeln und Ritzen der Emigration" „Sowjet-Elemente"[86] aufgespührt: im Schutzverband Deutscher Schriftsteller, der German-American Writers Association und, nach Kriegsausbruch, sogar in den französischen Internierungslagern. Wer, so lautete Schwarzschilds Argumentation, vorher so naiv gewesen sei, sich in allerlei Organisationen locken zu lassen, von deren tatsächlichem Charakter als „Sowjet-Agenturen" er nichts wissen wollte, dem geschehe es jetzt recht, als unsicherer Kantonist interniert zu werden. Sollte eine „öffentliche, unzweideutige, robuste" Reuerklärung auch dann noch ausbleiben, täte die französische Regierung gut daran, solche Elemente an die Länder auszuliefern, „in denen ihr Heil teils immer lag, teils neuerdings liegt: nach Rußland oder Deutschland".[87]

Derartige Ausfälle blieben, sieht man einmal von den Polemiken gegen den Schutzverband Deutscher Schriftsteller ab, im kulturellen Teil des *Neuen Tage-Buches* selten. Das lag einmal daran, daß Schwarzschild der Exilliteratur nur wenig Raum zugestand. Zum anderen hat das Blatt nie einen Kulturredakteur besessen, der dem von einer recht umfangreichen Zahl freier Mitarbeiter gestalteten Kulturteil eine Linie hätte geben können. So fiel es auch nicht besonders auf, als ab 1937 linke Autoren nicht mehr rezensiert wurden. Thomas Mann und Arnold Zweig sandten trotzdem ihre Manuskripte ein; Joseph Roth,[88] Walter Mehring und Alfred Döblin blieben unter den meistgedruckten Mitarbeitern. In den letzten Jahrgängen tauchten die Namen Alfred Wolfenstein und Iwan Heilbut häufiger auf, während Emil Ludwig bisweilen wöchentlich die politischen Ereignisse kommentierte.

Der Kulturteil enthielt während all dieser Jahre Gedichte von Mehring, Herrmann-Neiße und Heilbut; Vorabdrucke aus Werken von Feuchtwanger, Heinrich Mann, Bruno Frank und Ödön von Horváth; Rezensionen von Kurt Kersten, Wilhelm Herzog, Ernst Toller und Lion Feuchtwanger; Kommentare von Paul Westheim zu den bildenden Künsten; Schwarzschilds Auseinandersetzungen mit Thomas Mann über den Fischer Verlag; eine 1934 von Menno ter Braak ausgelöste Debatte über Probleme der Emigrantenliteratur; verstreute literarische Essays von Ludwig Marcuse, Arnold Zweig, Balder Olden und anderen; und eine wohlinformierte Rubrik mit Hinweisen auf Neuerscheinungen, Übersetzungen, Inszenierungen, Vorträge, Filmprojekte und Emigrantentreffs „abseits von der Reichsschrifttumskammer". Das „bedeutendste literarische Forum der Emigranten"[89] war das *Neue Tage-Buch* trotzdem nicht.

Vorwiegend literarische Zeitschriften hatten im deutschsprachigen Exil Seltenheitswert. Karl O. Paetel führt in einem Überblick über die Exilpresse acht Blätter „mit *überwiegend* kultur*politischem* Charakter"[90] an; darunter zwei, die erst nach Kriegsende erschienen: *Die Neue Rundschau*, Amsterdam, und *Deutsche Nachrichten aus Kultur, Wirtschaft und Politik*, London; zwei weitere, die noch nicht einmal den ersten Jahrgang beendeten: *Das Blaue Heft*, Paris; *Ariel*, Jerusalem; und zwei regional bzw. thematisch begrenzte Blätter: *Literatura. Nachrichten für Bücherfreunde*, Buenos Aires; *Nachrichtenblätter der Thomas-Mann-Gruppe*, London; sowie *Die Sammlung* und *Maß und Wert*. Und selbst diese „*kulturellen Monatsschriften* waren natürlich – vor allem in den Analysen hitlerdeutscher Kulturpolitik und in der Auseinandersetzung mit bestimmten Schriftstellern des Dritten Reiches – auch im aktuellen Sinne ‚politisch' ..."[91]

So gesehen war auch *Maß und Wert*, die zwischen Herbst 1937 und Herbst 1940 von Thomas Mann und Konrad Falke[92] bei Oprecht in Zürich herausgegebene *Zweimonatsschrift für freie deutsche Kultur*, als politisch zu klassifizieren. Nur heißt politisch, das Vorwort zum ersten Heft belegt es, eben nicht auch schon progressiv. „Wir haben wohl einen und den anderen das Gesicht verziehen sehen beim Klang dieses Namens. ‚So artig? So konservativ?' schien er sagen zu wollen. ‚So esoterisch sogar und vornehm wollt ihr sein? Gab es keine zündendere, kecker werbende Parole einer deutschen Zeitschrift an die Stirn zu schreiben, die heute in Freiheit wirken darf und will? ... Nun denn, wir glauben, daß sehr bald kein Hund mehr vom Ofen zu locken sein wird mit den Fanfaren einer verlogenen Sieghaftigkeit und Zukünftigkeit ... Das Vokabular der Revolution ist heillos geschändet, kompromittiert und ins Läppische gezogen, seit es ein Jahrzehnt lang und länger dem Massenspießer hat dienen müssen ... Konservative Revolution. Was haben Dummheit, Renitenz und böser Wille ... gemacht aus dieser Parole, die von

Geistigen und Künstlermenschen einst ausgegeben wurde! ... Die *Wieder-*
herstellung des Begriffes aus Verdrehung und Verderbnis liegt uns am
Herzen."[93]

Soweit Thomas Mann. Polemiken und Experimente, politische sowie
künstlerische, wird man also vergebens suchen in *Maß und Wert*. Dafür
sorgte schon, bis es selbst dem „Meister" zuviel wurde, der Redakteur der
ersten 12 Hefte, Ferdinand Lion. Großzügig hat er das später selbst einge-
standen: „Armer F.L., dem eine Aufgabe gestellt wurde, die weit über seine
spielerische Freude am Neuen ging ... Sie [die Zeitschrift, A.S.] tat nichts,
um zu locken und anzuziehen, sie mied im Gegensatz zur Literatur der Weimarer Republik das Glänzende, das Virtuose; sie war streng, herb (im Stillen:
sie war hin und wieder etwas langweilig)."[94] In der Tat ließ sich Erich von
Kahler da gescheit und seitenlang über *Die preußische Ökonomie* aus, zur
Sache, dem Nationalsozialismus, kam er nicht. Klaus Mann beschäftigte sich,
vorwiegend aus persönlichem Interesse, mit der Romantik; sein Onkel Heinrich widmete seinen einzigen Beitrag Nietzsche. Andere Themen waren Lich-
tenberg (Gerhard Scholz), griechische Mythologie (Oskar Goldberg), Pro-
metheus (Alfred Döblin), Wagner (Thomas Mann), Mozart (Alfred Einstein),
Goethe (Ferdinand Lion) und Yeats (Erwin Jäckle). Ähnlich weit an der
politischen Realität der 30er Jahre vorbei zielte auch die Hoffnung des erst
kurz zuvor öffentlich gegen die Nazis aufgetretenen Herausgebers, *Maß und*
Wert zu einem „Treffpunkt der inneren und äußeren Emigration"[95] zu machen. Wurden mit Appeasement und deutscher Innenpolitik doch einmal
zeitgenössische Themen bearbeitet, befaßten sich die Interpreten „mehr mit
der historischen Entwicklung als mit der aktuellen politischen Lage".[96] Die
Redaktion und ein gewisser Anton Donner (d.i. Franz Klein) gingen, jeweils
nach vollzogener Annexion, auf die Lage Österreichs und der Tschechoslowakei ein. Hermann Rauschning, vormals nationalsozialistischer Senatsprä-
dent in Danzig, schrieb als konservativer Insider über innerdeutsche Verhältnisse.

Noch zwingender scheinen die Belege für den „esoterischen" Charakter
von *Maß und Wert*, wenn man den literarischen Teil der Zeitschrift hinzu-
zieht. Gleichsam beiläufig umreißt Lion in einer redaktionellen Notiz zu
einem Auszug aus García Lorcas *Bluthochzeit* seinen ästhetischen Standpunkt: „Wir möchten behaupten, daß niemals eine Politik so entfernt von
Seele, Blut, Boden, Trieb, Mythos war als die jener modernen rational voll-
kommenen Technokratie ... Gerade die Nacht, die große, ehrwürdige,
fruchtbare, und die Landschaften möchten wir ungern jenen frevelhaft eifri-
gen Neueuropäern überlassen. Viel lieber nehmen wir an, daß auch die Links-
seite von Europa neben ihren eigenen Ideen ein Verhältnis zu manchen Wer-
ten, die jene neuen Staaten propagieren, gewinnen kann, und daß wir fähig
sind, Tendenzen, die jene zu haben behaupten, nicht nur zu uns herüberzu-
ziehen, sondern zu erfüllen, wie jene es nie könnten."[97] Wer und was in *Maß*

und Wert gedruckt wurde, paßte mit wenigen Ausnahmen in dieses für das Exil sicherlich nicht repräsentativ zu nennende Programm: Hermann Hesse, ein Stückchen aus Robert Musils *Der Mann ohne Eigenschaften*, Gedichte von Franz Werfel, eine Szene aus Bernard von Brentanos *Phädra*, Annette Kolb, Georg Kaiser. Einer positiven Besprechung von Brechts epischem Theater fügte die Redaktion sogleich eine anonyme Kritik bei, die in dem im doppelten Sinn „merkwürdigen" Satz gipfelte: „Hätten die Nazis oder die Faschisten ein eigenes Theater geschaffen, so müßte es genau wie das von Brecht aussehen."[98] Rezensiert wurde, neben wichtigen Werken der Weltliteratur und unpolitischen Exilpublikationen, auch eine überraschend große Zahl reichsdeutscher Bücher. Dagegen tauchten die Namen von radikaldemokratischen und kommunistischen Autoren noch nicht einmal in den Verzeichnissen der zur Besprechung eingegangenen Bücher auf.

Soweit das „Müßige, Abseitige, Zeitflüchtige, Ästhetisch-Verspielte"[99] von *Maß und Wert*. Daß diese Haltung angesichts des Zeitgeschehens auf Dauer nicht ausreichte, sah schließlich auch Thomas Mann ein. Mit zunehmender Deutlichkeit ordnete er deshalb in den Vorworten zu den einzelnen Jahrgängen dem Esoterisch-Ästhetischen ein zweites, konkreteres, sozial-humanes Ziel bei. „Sozialisten? Wir sind es. Nicht, weil wir auf die marxistische Kulturphilosophie zu schwören bereit wären ... Die Werke der Kultur und des Geistes gehören unserer Meinung nach keiner Klasse an ... Und doch kann man mit dieser Überzeugung Sozialist sein – wenn sich nämlich die andere und weitere Überzeugung damit verbindet, daß es heute für den geistigen, den Kulturmenschen eine falsche und lebenswidrige Haltung wäre, auf die soziale, die politisch-gesellschaftliche Sphäre hochmütig herabzublicken und sie als zweiten Ranges zu erachten im Vergleich mit der Welt der Innerlichkeit, der Metaphysik und Religion."[100] Das war 1937. Ein Jahr später, die Volksfront war faktisch zusammengebrochen, schloß Mann seinen Überblick mit einem Aufruf für „überparteiliche, übernationale, überkontinentale Solidarität".[101] Und 1939 warnte er gar, daß allein eine „soziale Demokratie" „dem Ansturm des entmenschten Gewaltgeistes standhalten"[102] könne.

Thomas Manns politische Entwicklung in den Jahren des Exils ist an anderen Orten nachgezeichnet worden. Für *Maß und Wert* hatte sie zur Folge, daß Ferdinand Lion mit dem dritten Jahrgang die Redaktion an Golo Mann abgeben mußte. Ohne den Ton des Blattes grundsätzlich zu ändern, gab der neue Redakteur dem Unternehmen mehr Farbe. Die Rubrik *Glossen* mit ihren „notwendigen Bemerkungen" zu den politischen Umwälzungen wurde in *Zeitfragen* umbenannt. Der Untertitel auf *Zweimonatsschrift* verkürzt; die „publizistische Schwerfälligkeit"[103] aufgelockert. Alfred M. Bingham berichtete jetzt über *Wesen und Aussichten des amerikanischen New Deal;* Denis de Rougemont und Hermann M. Görgen beteiligten sich an der Debatte um Europas Zukunft – freilich immer noch durch die Blume historischer Parallelen gesprochen. Kahler setzte dem herrschenden Kapitalismus eine freiwillige, weltweite Planwirtschaft gegenüber. Golo Mann diskutierte mit Arthur Rosenberg über Karl Marx. Und Kuno Fiedler polemisierte als „deutscher Theologe"[104] gegen die Mitläufer im Reich.

Ob Golo Mann *Maß und Wert* hätte „retten können, wenn ihm nur mehr Zeit geblieben wäre",[105] sei dahingestellt. Angesichts der Übersiedlung von Thomas Mann in die USA, der Zerstreuung der Mitarbeiter und des Leserkreises durch den Krieg und der immer gespannter werdenden finanziellen Situation[106] erübrigt sich diese Frage. Mit dem Doppelheft 5/6 (September/Oktober/November 1940) des dritten Jahrgangs stellte *Maß und Wert* als letzte der großen Exilzeitschriften in Westeuropa das Erscheinen ein.

Mehr politisch als literarisch interessiert waren auch die beiden wichtigsten Exilzeitschriften Südamerikas: *Das Andere Deutschland (La Otra Alemania)* und die *Deutschen Blätter*. *Das Andere Deutschland* erschien, zunächst als hektographiertes Bulletin, seit Frühjahr 1938 in Buenos Aires. Die Auflage lag anfangs bei 2000, später zwischen 4000 und 5000 Exemplaren.[107] August Siemsen, ehemals sozialdemokratischer Reichstagsabgeordneter, besorgte die Redaktion; ein Freundeskreis aus Anhängern verschiedener politischer Richtungen gab dem Blatt eine aktive organisatorische Basis. Zahlreiche Aufsätze waren an österreichische Exilanten gerichtet; verschiedene spanischsprachige Beilagen und ein Pressedienst sorgten für die Verbindung mit dem Gastland. Ein klar formuliertes Programm besaß *Das Andere Deutschland* jedoch allem Anschein nach nicht. Siemsen „lehnte den Kurs des Emigrationsvorstandes der SPD ab und enthielt sich der offen antikommunistischen Propaganda; dennoch wirkte er – der ständig vorgab, die antifaschistische Einheitsfront zu erstreben – faktisch gegen sie ... Er propagierte verschwommene, auf idealistischen Vorstellungen beruhende Losungen über Freiheit und Demokratie ... verlangte eine ‚antikapitalistische Grundeinstellung‘ ... und erklärte, daß der Sturz Hitlers mit der sozialistischen Revolution zusammenfallen müsse."[108]

Wolfgang Kießling, der hier vom kommunistischen Standpunkt aus argumentiert, übersieht dabei, daß das *Andere Deutschland* jahrelang und zum Teil gegen erhebliche Widerstände für die sowjetische Außenpolitik eingetreten war.[109] Zudem wurden die Töne eines einsetzenden Antikommunismus, die nach dem russischen Angriff auf Polen und Finnland im *Anderen Deutschland* zutage traten, schwächer, als die Sowjetunion mit dem Überfall Hitlers ‚zur Auffassung des DAD [Das Andere Deutschland, A. S.] zurückgekehrt‘ war. Zum Erliegen kam die Zusammenarbeit mit der kommunistischen Bewegung Freies Deutschland erst, als Siemsen über die Lesezirkel des *Anderen Deutschland* und den spanischen Pressedienst *Informaciones* in Südamerika eine eigene Gruppe aufzubauen begann. Eine Initiative der Bewegung Freies Deutschland, Ende 1942 die antifaschistischen Exilanten in Mittel- und Südamerika in einem Lateinamerikanischen Komitee zusammenzufassen, scheiterte denn auch an einem Gegenkongreß, den Siemsen nach

Montevideo einberief. Fortan war im *Anderen Deutschland* zu lesen, daß die Mitarbeiter des *Freien Deutschland* „linientreu die opportunistische Parole der breitesten nationalen Einheitsfront" und der „demokratischen Tarnung"[110] propagierten.

Da die Zeitschrift bis auf die Beilage *Heute und Morgen. Jugendzeitung für Kultur und Fortschritt* keinen Kulturteil besaß, beschränkten sich die literarischen Beiträge auf gelegentliche Gedichte von Brecht, Graf, Herrmann-Neiße, Hans Jahn u. a. Trotzdem läßt sich erkennen, daß eine weltabgeschiedene Literatur nicht die Sache des *Anderen Deutschland* war: „Ich kenne keinen Menschen", heißt es da im Zusammenhang einer kleinen Debatte um den Brief eines „jungen Aestheten", „der Großes geleistet hätte, der sich auf sich in seinem elfenbeinernen Turm der Aesthetik und sublimer Selbstbefriedigung zurückgezogen hätte."[111] Als „schmerzlich" empfand es die Redaktion auch, daß die Freie Deutsche Bühne in Buenos Aires „so wenig Problem- und Gesinnungstheater"[112] ist. Und dem Konkurrenzunternehmen *Deutsche Blätter* warf *Das Andere Deutschland* gleich nach Erscheinen vor, „sich zumeist in einer ethisch-religiös-psychologischen Atmosphäre"[113] zu bewegen.

Während die Bedeutung des *Anderen Deutschland* weitgehend auf Südamerika beschränkt blieb, waren die seit Januar 1943 von Udo Rukser und Albert Theile mit einer Monatsauflage von ca. 2000–3000 Exemplaren[114] in Santiago de Chile herausgegebenen *Deutschen Blätter* auch in anderen Exilzentren verbreitet: Joseph Kaskel und Karl O. Paetel besorgten die Geschäfte der Zeitschrift in den USA; ein Übereinkommen mit amerikanischen Behörden ermöglichte den Vertrieb einer beachtlichen Zahl von Heften[115] in POW-Camps;[116] im fünften Kontinent vertrat Georg Berger die *Deutschen Blätter*. Die Finanzierung der einzelnen Nummern hing, wie üblich bei der Exilpresse, von Spenden und persönlichen Opfern der Herausgeber ab.[117] Als die Fehlbeträge Ende 1946 nicht mehr zu decken waren, mußte das Journal mit dem sechsten Doppelheft des vierten Jahrgangs sein Erscheinen einstellen.

Die Zielsetzung der *Deutschen Blätter* zeichnete sich schon in deren Untertitel ab: *Für ein europäisches Deutschland – gegen ein deutsches Europa*. Ausführlichere Programmerläuterungen bieten dann die redaktionellen Kommentare am Anfang jedes Jahrgangs: „Die ‚Deutschen Blätter' sind eine politische Zeitschrift. Unerbittlich in ihrem Kampfe gegen die Usurpatoren der Macht in Deutschland, vertritt sie dennoch keine bestimmte Partei. Offen für den Meinungsstreit des Tages will ihn die Zeitschrift auf die höhere Ebene der prinzipiellen Auseinandersetzung erheben. Indem sie die so folgenschweren Ereignisse des Tages mit dem tragenden Strom der Geschichte in Verbindung setzt, will sie den Blick für die Zusammenhänge weiten … Nach unserm Standpunkt in der prinzipiellen Auseinandersetzung gefragt, antworten wir am kürzesten mit der Forderung von Pestalozzi: Wir wollen keine Ver-

staatlichung des Menschen, sondern eine Vermenschlichung des Staates ...
Wir wollen mit unsrer Zeitschrift *versuchen*, in der grundsätzlichen moralischen Krise dieses technischen Zeitalters die so schwer erkämpften Ideale der
Menschlichkeit lebendig zu erhalten ... und daher *eintreten* für die Unter-
ordnung der Politik unter die Moral ..."[118]

Ein realisierbares politisches Programm ließ sich auf einer solchen Plattform kaum aufbauen. Angesichts der damaligen alliierten Europapolitik und
des sich anbahnenden Ost-West-Konflikts mußten die insistierenden Aufrufe
von Rukser, Theile und ihren Autoren für eine europäische Föderation mit
Deutschland als „geistigem Führer"[119] eher abstrus erscheinen. Zudem setzten sich die *Deutschen Blätter*, ähnlich wie in New York die dem rechten
Flügel der Sozialdemokratie angehörende *Neue Volkszeitung*, massiver Kritik aus, als sie sich gegen eine Bestrafung Deutschlands und die Ansprüche
der sowjetischen Besatzungsmacht aussprachen.[120] Ein Beitrag von Kaskel zu
Vansittarts Irrungen und Wirrungen führte sogar dazu, daß einer der Mäzene
des Unternehmens, Nikolaus Freiherr von Nagel, seine Zuwendungen einstellte.[121]

Womöglich noch konservativer und elitärer als der politische Teil fielen die
meisten literarisch-kulturellen Beiträge der *Deutschen Blätter* aus.[122] Gedichte von Hofmannsthal, Hesse, Heilbut, Rilke und Dehmel wurden nachgedruckt. Karl O. Paetel machte sich an die Aufgabe, die Brüder Jünger und
Stefan George für die deutsche Widerstandsbewegung zu retten – ein Unternehmen, das selbst Rukser nicht ganz geheuer war: „Mein einziges Bedenken
ist, daß Paetel sowohl wie Jünger vielleicht doch noch zu sehr in den Gedan-
kengängen nationalistisch-konservativer Art gefangen sind ..."[123] Aus dem
Reich kamen trotz strikter Überwachung der Exilpublikationen durch die
deutschen Auslandsvertretungen neben F. G. Jünger, Stefan Andres, Werner
Bergengruen, Edwin Dwinger, Martin Niemöller, Rudolf Alexander Schrö-
der und Ernst Wiechert, sowie nach 1945 Walter von Molo und Frank Thieß
mit ihren Polemiken gegen den Spätrückkehrer Thomas Mann zu Wort. Aus
den USA schickten Hermann Broch, Erich von Kahler, Thomas Mann, Werner Vordtriede und Carl Zuckmayer Manuskripte; aus England gingen Beiträge von Arthur Koestler, aus Brasilien Zuschriften von Stefan Zweig
(postum), aus Argentinien wiederholt Manuskripte von Paul Zech ein. Buchbesprechungen besorgten Rukser, Theile, Kaskel und Paetel zumeist selber,
wobei sie marxistische und radikaldemokratische Autoren nur in Ausnahmefällen berücksichtigten. Neben Politik, Wirtschaft und Literatur kamen regelmäßig Aufsätze zu den Themen Reisen und Religion zum Abdruck, seltener
wurde der Philosophie und den Wissenschaften Aufmerksamkeit geschenkt.
Südamerikanische Autoren kamen vor allem in den letzten Nummern in
Übersetzung zu Wort. Mehr einen Querschnitt durch die Weltzivilisation als
durch das deutschsprachige Exil vermittelten die Zitate, die hier und da als
Seitenfüller beigegeben wurden.

Die *Deutschen Blätter* hätten sich also sicherlich nie ins „Schlepptau der Moskowiter"[124] nehmen lassen, wie Udo Rukser feststellte. Im Gegenteil: „Wir können nur hoffen, durch die Sammlung einer gewissen Elite etwas abzuwirken. Darum müssen wir immer wieder vom Zeitungsniveau, vom Schlagwort und auch von der Kriegspropaganda und -psychose fort auf die tieferen Gründe hinstreben. Das klingt anspruchsvoll – aber wenn wir uns kein anspruchsvolles Ziel stellen, dann lohnt es nicht diese Mühe und Opfer."[125] Trotzdem blieb auch in Westdeutschland das Echo auf die Zeitschrift nach dem Krieg gering. So wie die Absicht, von Chile aus eine deutsche Exilregierung zu bilden,[126] war der Versuch, vom Ausland her am Wiederaufbau Deutschlands teilzunehmen, von Anfang an zum Fehlschlagen verdammt. August Siemsen[127] und Albert Theile kehrten 1952 in die DDR (Siemsen auf dem Umweg über die Bundesrepublik) bzw. in die Schweiz zurück; Zech, Rukser und – viel später – Paetel verstarben im Exil.

Als Fazit bleibt, daß die Wirkung der Exilpresse minimal war. Weder die innerdeutsche Entwicklung noch das Deutschlandbild der Gastländer[128] waren durch ihre Anstrengungen meßbar beeinflußt worden. Darüber vermag auch nicht die nervöse Reaktion einiger rechtsextremer auslandsdeutscher Blätter auf die Gründung einzelner Exilzeitschriften hinwegzutäuschen. Wie sicher sich die neuen Herren Deutschlands ihrer Sache schon nach wenigen Jahren waren, beweisen die kühlen Analysen in dem 1937 für die SS angefertigten „geheimen" Leitheft *Emigrantenpresse und Schrifttum*: „Die nach wie vor *aktivistischen Emigrantenkreise* begaben sich unter eine *eindeutig marxistische Führung*. Der andere Teil, wiederum vorwiegend jüdische Literaten, zog sich auf seine bereits früher in Deutschland ausgeübte Tätigkeit zurück. Er schriftstellerte in der alten Weise, richtete sich im Ausland, ohne Hoffnung auf eine baldige Rückkehr nach Deutschland, häuslich ein. Da das Ausland keinen weltanschaulichen und Geschmacks-Wandel durchgemacht hatte, finden ihre literarischen Produkte unvermindert Absatz."[129] Die zentrale Bedeutung der deutschsprachigen Exilblätter lag deshalb wohl vor allem in ihrer Funktion als Sammelpunkt für die über die ganze Welt verstreuten Hitlerflüchtlinge und als Warnsignal an die Nachgeborenen. Das allein war jedoch schon viel.

3.4. Exilorganisationen und Exilkongresse

Nirgends läßt sich die weltanschauliche Variationsbreite des deutschen Exils handgreiflicher demonstrieren als an der Geschichte der Exilorganisationen. Nirgends trat aber auch der lähmende Effekt von Cliquenwirtschaft, ideologischen Querelen, politischer Zersplitterung und das Fehlen eines gemeinsamen Arbeits- und Kampfprogramms unter den Exilanten konzentrierter zutage. Während die Hitlerflüchtlinge aus Polen, Frankreich und der Tschechoslowakei über arbeitsfähige Exilregierungen verfügten, blieb der einzige gemeinsame Nenner des deutschen Exils bis nach 1945 die Gegnerschaft zum Nationalsozialismus. Der beschwörende Aufruf Kurt Hillers, „Emigranten, vereinigt euch", war nicht der einzige der ungehört verhallte: „Wer sich selbst hilft, dem hilft ... vielleicht der Völkerbund. Hilfsbedürftigen, die sich nicht einmal zu organisieren verstehn, hilft er bestimmt nicht ... Die Parteien sollen bleiben! Die Komitees sollen bleiben! ... Doch darüber hinaus ... sollen sich die Emigranten zu einer Korporation zusammenschließen, die sie sämtlich umfaßt, zu einer Gemeinde, zu einer Art Gewerkschaft, die die gemeinsamen Interessen ihrer Mitglieder im Auftrage Aller gleichsam amtlich vertritt ..."[1] Ludwig Marcuses rückblickende Kritik an der exilierten „Linken" läßt sich durchaus auf das gesamte Exil anwenden: „Ich bekam den Eindruck: es gibt ein Dutzend linker politischer Sekten im deutschen Exil. Wenn ich sie jetzt aufzählen wollte, ich könnte es immer noch nicht."[2]

Gefördert wurde die Vereinsmeierei der Exilanten durch eine ganze Reihe von Faktoren: die politische Vielfalt der Naziverfolgten; die lange Dauer des Exils; und die große Entfernung zwischen den Exilzentren, die zur Bildung von Ortsgruppen und Parallelorganisationen führte. Hinzu kommt, daß es relativ leicht war, eine Exilorganisation ins Leben zu rufen. Finanzielle Mittel, wie sie beim Start eines Verlages vorhanden sein müssen, oder ein Mitarbeiter- und Abonnentenkreis, über den eine Zeitschrift zu verfügen hat, waren für die Gründung einer Exilvereinigung nicht nötig.[3] Und die Genehmigung durch die Behörden des Gastlandes ließ sich, wenn sie überhaupt vorgeschrieben war, oft durch eine simple Eintragung in das Vereinsregister erhalten.

Eine auch nur annähernd genaue Aufstellung der Exilorganisationen steht noch aus.[4] Sicher ist, daß die gut zwei Dutzend Gruppen, die im Ausstellungskatalog der Deutschen Bibliothek genannt sind, nur einen Bruchteil der tatsächlichen Zahl darstellen. Zusammengeschlossen haben sich im Exil Schriftsteller und Künstler, Theaterleute und Professoren, Christen, Gewerkschaftler und rassisch Verfolgte, Österreicher[5] und Sudetendeutsche, Kriegsgefangene und die Anhänger von Parteien aller möglichen Schattierungen. Sie gründeten Organisationen, Vereine und Komitees, um ihren Mitexilanten finanzielle Hilfe zu leisten, Gedanken auszutauschen, ein Forum für ihre literarische Produktion zu finden, nach Deutschland hinein zu wirken, mit Sympathisanten aus den Gastländern Kontakt aufzunehmen oder einfach auch aus Geselligkeit.

In Prag waren es der Bert-Brecht-Club,[6] die Schriftstellergruppe bei der Liga für Menschenrechte und der Thomas-Mann-Club, die Dichterlesungen, Schriftstellerseminare und Gedenkfeiern veranstalteten, unter anderem von und über Johannes R. Becher, Ernst Bloch, Lion Feuchtwanger, die Brüder Mann und Erich Mühsam. Aus Wien berichtete Becher im Herbst 1933 über

die außerordentlich günstige Lage in den deutsch-österreichischen Kulturorganisationen, obgleich im Schutzverband Deutscher Schriftsteller (Ortsgruppe Österreich) und im PEN-Club damals „heftige Kämpfe im Gange"
waren zwischen Nationalsozialisten, Frontisten und „einer ‚unabhängigen'
ziemlich verschwommenen linksradikalen Gruppe, zu denen [!] auch die
Mitglieder des Bundes sozialistischer Schriftsteller Österreichs gehören".[7]

Für die Schweiz, deren Behörden organisatorischen Aktivitäten der Exilanten wenig Sympathien entgegenbrachten, stellt Karl Hans Bergmann lakonisch fest: „Erst in den Jahren 1943 bis 1946 vollzog sich dort unter den
deutschen Emigranten ein bedeutender, auf die deutschen Flüchtlinge insgesamt ausstrahlender Organisationsprozeß, nachdem während der dreißiger
Jahre alle Bemühungen um eine überparteiliche Sammlung und Einigung der
politischen Flüchtlinge in der Schweiz, von wenigen, insgesamt nicht ins
Gewicht fallenden lokalen Ausnahmen abgesehen, schon nach den ersten
Versuchen gescheitert waren."[8] Und auch dann blieb es im großen und ganzen bei der Gründung einer Gesellschaft der Freunde freier deutscher Kultur
und einer Landesgruppe der Bewegung Freies Deutschland. Die Neugründung des Schutzverbandes Deutscher Schriftsteller und der Genossenschaft
deutscher Bühnenangehöriger wurde erst im Frühjahr 1945 in die Wege geleitet, als auch der Schweizer Bürokratie aufgegangen war, daß der Nationalsozialismus in Deutschland verspielt hatte.

Aus Paris ist aus dem Umkreis des Schutzverbandes Deutscher Schriftstel-
ler und des Volksfrontausschusses – auf die noch zurückzukommen ist – die
Gründung einer Freien Deutschen Hochschule und einer Deutschen Freiheitsbibliothek zu vermelden. Vor allem die Freiheitsbibliothek, von Alfred
Kantorowicz, Lion Feuchtwanger, Heinrich Mann, Willi Münzenberg,
André Gide, Romain Rolland, dem PEN-Präsidenten H. G. Wells u. a. zum
ersten Jahrestag der Autodafés im nationalsozialistischen Deutschland ins
Leben gerufen, entwickelte sich bald zu einem der aktivsten Exilantentreffs
überhaupt. In ihren Räumen wurden faschistische und antifaschistische Lite-
ratur gesammelt, Dichterabende veranstaltet, illegale Tarnschriften für den
Versand nach Deutschland vorbereitet und ein Mitteilungsblatt herausgege-
ben, in dem die Elite des Volksfrontausschusses von Heinrich Mann über
Willi Münzenberg bis zu Rudolf Breitscheid für den Zusammenschluß der
Exilanten warb.

In England gab es seit Ende 1938 einen Freien Deutschen Kulturbund
(FDKB), der es sich zur Aufgabe machte, „das große Erbe der deutschen
Kultur zu bewahren, die Entwicklung junger, schöpferischer Kräfte zu pfle-
gen und unsere Verbundenheit mit der englischen Kultur der Vergangenheit
und Gegenwart zu vertiefen".[9] Als bereits im ersten Jahr seines Bestehens
wegen der kommunistischen Präsenz ein Boykott der sozialdemokratischen
FDKB-Mitglieder auch gegen kulturelle Veranstaltungen einsetzte, geriet der
Bund in eine Krise. Alfred Kerr, der erste FDKB-Präsident, und Wilhelm

Unger schieden schon bald aus dem Vorstand aus, dem zeitweilig auch John Heartfield und Jürgen Kuczynski angehörten. Dessenungeachtet nahm die Resonanz auf die Veranstaltungen des Bundes in den folgenden Jahren zu: für die 1500 eingeschriebenen Mitglieder[10] und den sicherlich viel größeren Freundeskreis inszenierten die Theaterensembles des FDKB neben den üblichen Unterhaltungsstücken Brechts *Die Gewehre der Frau Carrar* und Bechers *Schlacht um Moskau (Winterschlacht)*.[11] In der *Freien Deutschen Kultur*, dem Mitteilungsblatt des FDKB, erschienen zwischen 1939 und 1945 Beiträge von Becher, Kuba (d.i. Kurt Barthel), Kuczynski, den Brüdern Mann, Plivier, Anna Seghers, Max Zimmering und Stefan Zweig. Zusammen mit der Association of Scientific Workers rief der Bund im Juli 1942 eine Freie Deutsche Hochschule (Free German Institute) ins Leben, die bereits in ihrem 4. Semester über 50 Vorlesungen veranstaltete. Diesen Erfolgen konnte selbst die Gründung einer Gegenorganisation im Jahr 1939 durch Kurt Hiller keinen Abbruch tun. Die Gruppe Unabhängiger Deutscher Autoren kam trotz ihres kräftigen Antikommunismus nie über die klägliche Zahl von 15 Mitgliedern hinaus.[12] Ein Club 1943, den Hans J. Rehfisch, Grete Fischer, Hans Flesch und andere besorgt über die kommunistische „Unterwanderung" des FDKB gründeten, blieb dagegen bis heute mit Vorträgen, Konzerten und Ausstellungen aktiv.

Für Schweden registriert Helmut Müssener eine sehr „vielfarbige Palette der primär politisch orientierten Vereinigungen und Diskussionskreise", vermeldet aber auch „das fast völlige Fehlen irgendwelcher Vereinigungen innerhalb der bürgerlichen Emigration".[13] Kulturelle Aktivitäten blieben so weitgehend auf den Freien Deutschen Kulturbund, der zwischen Januar 1944 und Mai 1946 bestand, und auf die seit 1943 aktive Freie Bühne beschränkt.

Auffallend wenig ist über die organisatorische Tätigkeit der in die UdSSR geflüchteten deutschen Autoren bekannt. Fast alle ehemaligen BPRS-Mitglieder waren in der 1975 aufgelösten Internationalen Vereinigung revolutionärer Schriftsteller organisiert, die schon vor 1933 die Verbindung zwischen der sowjetischen RAPP (Russische Assoziation proletarischer Schriftsteller) und den westeuropäischen proletarisch-revolutionären Schriftstellerverbänden hergestellt hatte. Erwin Piscator wurde 1934 zum Präsidenten des Internationalen Revolutionären Theaterbundes gewählt, weil er „auch bei den schwankenden und abwartenden Künstlern antikapitalistischer Gesinnung eine große Autorität hat".[14] Seine etwas überzogenen Hoffnungen, dem IRTB einen Bühnenverleih und eine Filmgesellschaft anzugliedern, scheiterten an finanziellen und technischen Schwierigkeiten. Becher, Olga Halpern-Gábor, Lukács, Scharrer und seit 1938 Erpenbeck waren in der Deutschen Sektion des Sowjetischen Schriftstellerverbandes tätig.[15] Und 1943 trat das auch international bedeutende Nationalkomitee Freies Deutschland[16] in Erscheinung, zu dessen Gründern und Funktionären die Schriftsteller Becher, Bredel, Weinert und Wolf gehörten (vgl. Kapitel 5.1).

Exilorganisationen existierten aber auch in den weniger wichtigen Asylländern. In Amsterdam etwa gründete die Neutraal Vrouwencomité voor de Vluchtelingen ein Klubhaus mit Leseräumen, Kindersaal und Kantine.[17] In Buenos Aires war die Freie Deutsche Bühne außerordentlich aktiv. In Südafrika richtete die Unabhängige Kultur-Vereinigung Kundgebungen zu Georg Büchners 100. Todestag, dem Jahrestag der Bücherverbrennung und dem Werk Klabunds aus.[18] In Schanghai taten sich 1939 einige jüdische Exilanten in einem Artist-Club (später European Jewish Artist Society) zusammen.[19] Der Lyriker Erich Arendt diente einer Gruppe von Exilanten in Kolumbien als Sekretär, die sich Antinazi-Freiheitsbewegung nannte. Balder Olden stand nacheinander der Comisión Coordinadora de los Alemanas Democraticos in Argentinien und dem Comité Alemán Antifascista in Uruguay vor. Im Mai 1943 berichtete das Lateinamerikanische Komitee der Freien Deutschen, daß sich ihm in den ersten drei Monaten seines Bestehens bereits antifaschistische Vereinigungen aus 10 mittel- und südamerikanischen Ländern angeschlossen hätten.[20]

Andere Exilorganisationen gingen vorwiegend auf die Initiative einzelner zurück. Arnold Zweig gründete 1941 in Palästina die sogenannte Liga V, die sich, unter argwöhnischer Kontrolle der Zionisten, für die Sowjetunion stark machte.[21] Alfred Wiener, der Sekretär des Centralvereins deutscher Staatsbürger jüdischen Glaubens, begann 1933 in Amsterdam die Wiener Library aufzubauen, die sechs Jahre später bei ihrer Verlegung nach London über einen Bestand von mehr als 40000 Titeln verfügte und heute unter dem Namen Wiener Library/Institute of Contemporary History als eine der „größten Quellen- und Literatursammlungen"[22] zu Judaika, Faschismus und Exil gilt. Veit Valentin und Fritz Demuth, ein Historiker und ein Verwaltungsbeamter, initiierten in London einen Luncheon Club, dem auch die Schriftsteller Max Herrmann-Neiße und Karl Otten angehörten.[23] Willi Münzenberg, langjähriges Organisationstalent der KPD, wirkte bis zu seinem Bruch mit der Partei im Jahre 1936 bei der Gründung von über 10 Exilvereinigungen mit, darunter das Komitee zur Schaffung der Deutschen Volksfront und ein Kriegshilfskomitee für das Republikanische Spanien.[24]

Es gab Dachorganisationen, wie das Ende 1938 in Paris ins Leben gerufene Deutsche Kulturkartell,[25] die die Aktivitäten verschiedener Gruppen in einem Exilzentrum zu koordinieren suchten; Vereinigungen bildender Künstler, wie den Deutschen Künstlerbund, dem Oskar Kokoschka vorstand; einen Bund deutscher Offiziere, der im September 1943 in Lunjowo bei Moskau auf Initiative kommunistischer Exilanten von Kriegsgefangenen gegründet worden war; ein Free Austria Movement der österreichischen Monarchisten in den USA; und eine Vielzahl von kulturorientierten deutsch-jüdischen Vereinigungen. Hans-Albert Walter,[26] Kurt Grossmann, Helmut Müssener und andere haben detailliert über die humanitäre Arbeit der wichtigsten Hilfskomitees berichtet: das Comité National de Secours aux Réfugiés

Allemands Victimes de l'Antisémitism, die Deutsche Kommission und die Assistance Médicale aux Enfants d'Emigrants in Frankreich; den Central British Fund, den Academic Assistance Council und das British Coordinating Committee for Refugees in Großbritannien; die Liga für Menschenrechte, das Šalda-Komitee und die Demokratische Flüchtlingshilfe in der Tschechoslowakei;[27] die Initiativen zur Milderung des Flüchtlingselends in der Schweiz und die humanitären Anstrengungen der Schweden; den Thomas-Mann-Fonds, die American Guild for Cultural Freedom und das Emergency Committee in Aid of Displaced German (seit 1938 „Foreign") Scholars in den USA; die jüdische Hicem, die kommunistische Rote Hilfe und die Internationale Arbeiterhilfe.

Neben den neu gegründeten Exilorganisationen und den von Exilanten übernommenen auslandsdeutschen Gruppen spielten zu Beginn des Exils vor allem die 1933 aus dem Reich geflüchteten Vereinigungen eine wichtige Rolle. Relativ rasch gelang es vor allem den großen Parteien KPD und SPD und den ihnen nahestehenden kulturellen und gewerkschaftlichen Gruppen, sich auf die neue Situation umzustellen. Versammlungen und Parteikongresse wurden in mehr oder weniger regelmäßigen Abständen abgehalten, Kontakte zu den im Reich verbliebenen Mitgliedern hergestellt. Mehrere Jahre lang erhielt der seit 1928 bestehende BPRS in der Tschechoslowakei, in Frankreich, Österreich, der Schweiz und natürlich in Moskau Ortsgruppen aufrecht. Jan Petersen reiste 1935 als Vertreter der verbotenen Berliner Sektion illegal zum Pariser Kongreß zur Verteidigung der Kultur und berichtete, maskiert zum Schutz gegen nationalsozialistische Spitzel, über die Lage der antifaschistischen Literatur im deutschen Untergrund. In dem sonst betont unpolitschen PEN-Verband übernahm ein PEN-Zentrum deutschsprachiger Autoren im Ausland mit Sitz in London[28] die Vertretung der deutschen Literatur, nachdem die nationalsozialistischen Mitglieder, kompromittiert durch einen Auftritt Ernst Tollers auf der PEN-Jahrestagung in Dubrownik,[29] am 8. November 1933 ihr Mandat niedergelegt hatten. Die 1933 geflüchteten Mitglieder der Arbeitsgemeinschaft kommunistischer Schriftsteller im Schutzbund deutscher Schriftsteller sahen dagegen bewußt von einer Neugründung ihrer Gruppe im Auslands-SDS ab, um zu unterstreichen, daß die legitimen „Hüter und Fortsetzer des deutschen Kulturerbes"[30] im Exil zu finden seien.

Problematischer wurde die Situation für die geflüchteten Organisationen und Parteien, als die Rückkehr nach Deutschland in eine immer ungewissere und fernere Zukunft zu rücken begann und die europäischen Asylzentren vom Zugriff der Nationalsozialisten bedroht wurden. Die SPD, als Massenpartei schon vor 1933 von Impulsen aus der Basis abhängig, reagierte auf die neue Situation mit Auflösungserscheinungen: einzelne Funktionäre näherten sich besonders während der Volksfrontperiode der KPD an; andere gingen zu kleinen, straffer organisierten Gruppen wie der SAP und Neu Beginnen über; wieder andere schlossen sich in England, Schweden und den USA zu

Zirkeln zusammen, die oft unabhängig voneinander oder sogar gegeneinander ein neues sozialdemokratisches Programm zu entwickeln versuchten; und schließlich rissen die nie sonderlich starken Fäden der SPD zu den Intellektuellen und Kulturschaffenden während der Exiljahre gänzlich ab.

Genau entgegengesetzt verlief die Entwicklung der Exil-KPD und ihrer Satellitenvereine. Hier konnten die Abwesenheit von Wählern und die Abweichungen einiger Renegaten die ideologisch und organisatorisch fest gefügten Kader kaum erschüttern. Auch war es, wie das Beispiel Mexiko beweist, für die Kommunisten recht gleichgültig, wo und wie lange sie im Exil tätig waren, da die Rückkehr nach Deutschland für sie nie in Zweifel stand. Andererseits bewirkte das Fehlen jeglicher inner- und außerparteilicher Korrektive und die zwangsläufig intensivierte Abhängigkeit von Moskau eine immer fataler werdende Verhärtung und Dogmatisierung der kommunistischen Positionen. Potentielle Mitläufer wurden so oft schon früh abgeschreckt und die Partei in eine ebenso unnötige wie hoffnungslose Isolierung manövriert.

Wohl am eindringlichsten wird die Inkompatibilität der verschiedenen sozialistischen Exilgruppierungen und ihrer intellektuellen Anhänger am Beispiel der kurzen Geschichte des Ausschusses zur Vorbereitung einer Deutschen Volksfront sichtbar. Dabei waren die Hoffnungen der Volksfrontanhänger anfangs nicht ohne Grund hoch gewesen. Heinrich Mann sprach durchaus für viele, wenn er im August 1935 an Arnold Zweig schrieb: „In Europa haben wir ‚Die Linke‘: noch ein ungewisses Gebilde, aber schon greifbarer als sonst, und wer es erlebt, sieht vielleicht eine Heimat heranwachsen. Die ‚Sozialistische Republik Deutschland‘ wäre ein Teil davon."[31] Dementsprechend war der Aufruf „Für die deutsche Volksfront!" formuliert, der u. a. von den Exilschriftstellern Becher, Bloch, Budzislawski, Feuchtwanger, Graf, Kersten, Kisch, den Brüdern Olden, Uhse, Arnold Zweig sowie Heinrich und Klaus Mann unterschrieben worden war: „Die Volksfront will keine neue Partei sein. Sie soll ein Bund aller derer werden, die entschlossen sind, ihre Kraft für Freiheit und Wohlstand des deutschen Volkes einzusetzen. Alle in ihr vereinten Parteien und Gruppen bleiben ihren besonderen weiterreichenden Zielen treu."[32] Heinrich Manns Einladung ins Pariser Hotel Lutetia zu einer Auslandstagung der deutschen Opposition war denn auch ein repräsentativer Querschnitt durch das Exil gefolgt. Unter den 118 Teilnehmern des Treffens befanden sich die Schriftsteller Alfred Kantorowicz, Alfred Kerr, Rudolf Leonhard und Leopold Schwarzschild; Kommunisten wie Alexander Abusch, Kurt Funk (d. i. Herbert Wehner) und Willi Münzenberg; die Sozialdemokraten Max Braun, Rudolf Breitscheid und Albert Grzesinski; sowie Vertreter der SAP, der ISK und der Gewerkschaften.[33] Selbstbewußt verwies man auf die Erfolge der französischen front populaire und die Resonanz auf den Internationalen Kongreß zur Verteidigung der Kultur, zitierte die versöhnenden Worte Georgi Dimitroffs auf dem VII. KI-

Kongreß und berief sich auf die hohe Integrität von Heinrich Mann, der zum ersten Vorsitzenden des Ausschusses gewählt wurde.

Doch der Volksfrontfrühling hielt trotz dieser Anfangserfolge nur wenige Monate an. Das Ideal von einem „Bund" all derer, die bei Beibehaltung „ihrer besonderen weiterreichenden Ziele" entschlossen sind, gemeinsam „ihre Kraft für Freiheit und Wohlstand des deutschen Volkes einzusetzen",[34] war allem Anschein nach zu hoch gesteckt. Der Sopade-Vorstand in Prag weigerte sich trotz der weitgefächerten Zusammensetzung des Lutetia-Kreises, mit der KPD zusammenzuarbeiten. Die Kommunisten pochten seit der Ablösung von Münzenberg durch Walter Ulbricht im Vorbereitungsausschuß allzu krude auf die Alleinherrschaft.[35] Die bürgerlichen Mitglieder wurden durch die Moskauer Prozesse und die Affäre um das *Pariser Tageblatt* aufgeschreckt. Und schließlich fehlte es Heinrich Mann an politischer Erfahrung, um die vielen Streitereien in der täglichen Kleinarbeit zu schlichten.[36] Übrig blieb ein Fülle von Aufrufen, Pamphleten und Aufsätzen. Mehr als verbale Übereinstimmung hatten sie nicht eingebracht. Während sich Heinrich Mann noch kurz vor Kriegsausbruch an die Hoffnung klammerte, daß „die deutsche Erhebung ... dem Krieg zuvorkommen"[37] werde, war die deutsche Volksfront längst zusammengebrochen. Was von ihr in der Bewegung Freies Deutschland (Mexiko), dem Lateinamerikanischen Komitee der Freien Deutschen und dem weitverzweigten Nationalkomitee ‚Freies Deutschland' bis 1945 weiterlebte, stand deutlich im Dienst der kommunistischen Planung für das Nachkriegsdeutschland.

Auf einer ähnlich weitgespannten weltanschaulichen Grundlage, wegen seiner Unabhängigkeit von politischen Parteien aber weit flexibler und erfolgreicher als die Volksfrontbewegung, operierte der Schutzverband Deutscher Schriftsteller. „Von Beginn an diente der SDS im Exil der Sammlung. Es gab in diesem Verbande schon so etwas wie eine Volksfront, als dieser Begriff noch nicht zur allgemeinverbindlichen Parole geworden war. Hier fanden sich viele, die früher einander mit Erbitterung bekämpft hatten."[38] Die Mitgliederliste und der Veranstaltungskalender des SDS geben Alfred Kantorowicz' und Bruno Freis[39] Laudatio zum fünften Exilgeburtstag des Verbandes recht. Johannes R. Becher, Bertolt Brecht, Willi Bredel und Hubertus Prinz zu Löwenstein, Georg Lukács, Franz Werfel und Paul Zech, Klaus Mann, Ludwig Marcuse und Stefan Zweig gehörten zu jenen Exilautoren, die im SDS eingeschrieben waren. Ossietzky, Tucholsky, Victor Hugo, Heinrich Mann und Kisch gaben fünf der 31 Autorenabende das Thema. *Deutsch für Deutsche* hieß eine Schrift, die 1935, getarnt als Heft 481/3 der Leipziger Miniatur-Bibliothek, den Lesern im Reich einen Überblick über die Arbeit von 41 Exilautoren zu vermitteln suchte. Thomas Mann, Louis Aragon, Kurt Kersten, Romain Rolland und Anna Seghers arbeiteten an einer zweiten Tarnschrift über den Krieg in Spanien mit. Landesgruppen in fast allen bedeutenden Exilzentren zwischen Prag, London und New York sorgten dafür, daß der Schutzbund nicht dem Provinzialismus zum Opfer fiel, der manchen anderen Exilorganisationen anhaftete. Die berühmten „Montagsgespräche" (bis Ende 1938 etwa 200), die Zeitschrift *Der Schriftsteller*, Diskussionsabende über den Saarkampf und die Exilkongresse in Paris und Valencia, die Veranstaltung zum I. Unionskongreß des Sowjetischen Schriftstellerverbandes, auf der Ilja Ehrenburg und André Malraux vor 400 Personen über die Moskauer Literaturdiskussionen berichteten,[40] die Ausstellung „Das deutsche Buch in Paris 1837–1937" zur Pariser Weltausstellung,[41] die „Deutsche Kulturwoche" im November 1938 mit ihrem Forum über den historischen Roman,[42] der 1934 auf dem Kongreß zur Verteidigung der Kultur gestiftete Heinrich-Heine-Preis: Vielfalt und anspruchsvolles Niveau seiner Aktivitäten machten den Schutzverband zur unbestritten führenden kulturellen Exilorganisation.

Das Ende des SDS kam mit dem Ausbruch des zweiten Weltkrieges, als die französischen Behörden den Verband wegen seiner kommunistischen Mitglieder auf die Liste „hauptsächlicher"[43] Sowjet-Agenturen setzten, sein Büro schlossen und die Mehrzahl seiner Anhänger internierten. Der Verband, der es sich in die Statuten geschrieben hatte, seine Mitglieder „vor der Willkür des Verlegers" und „vor der physischen Vernichtung durch den Faschismus"[44] zu schützen, war selbst Opfer der „behördlichen" Willkür geworden.

Politische und ideologische Erwägungen hatten die Tätigkeit fast aller Exilorganisationen zwischen 1933 und 1939/40 entscheidend beeinflußt. Daran änderte sich mit der Flucht der Exilanten nach Übersee nur wenig. Zwar degradierten die verstärkten Akkulturationserscheinungen außerhalb Europas manche Exilvereinigungen zu Emigrantenclubs mit den üblichen geselligen Abenden und Heimatfesten. Auch begannen viele der Vertriebenen mit der Zeit das Interesse an den Ereignissen in Europa zu verlieren. Andere sahen sich wegen der großen Entfernungen zwischen ihrem Wohnort und dem nächsten größeren Exilzentrum außerstande, aktiv an der Vereinsarbeit teilzunehmen. Und schließlich standen sowohl die USA als auch die meisten Staaten Südamerikas den Unternehmungen der – organisatorisch zumeist besonders aktiven – linken Exilanten mißtrauisch gegenüber. Alles in allem bleibt es jedoch dabei: auch auf dem amerikanischen Kontinent wurde den vielversprechendsten Exilorganisationen durch politische Querulanten und ideologische Haarspalter aus den verschiedensten Lagern die Arbeit schwer gemacht.

Dabei sah es Ende der 30er Jahre zumindest in den USA noch so aus, als ob politische Streitigkeiten aus den Exilvereinigungen herausgehalten werden könnten. Das hatte seinen Grund zu einem guten Teil darin, daß Thomas Mann, dem kaum politische Ambitionen nachzusagen waren, mit der Übersiedlung nach Nordamerika zu einer Art Praeceptor Germaniae geworden war. Gleichzeitig geriet sein in Tagesereignissen engagierter Bruder Heinrich, in Frankreich noch als ungekrönter König der Volksfront umjubelt, in Kalifornien zunehmend an den Rand des Geschehens.[45] Ideologischer Differenzen ungeachtet figurierte Thomas Mann in der Folgezeit gleichzeitig als Präsident des europäischen Senats der konservativen American Guild for Cultural Freedom, als Vorsitzender der Literaturabteilung der Deutschen Akademie und als Ehrenpräsident des Deutsch-Amerikanischen Kulturverbandes (DAKV) und der als kommunistische Tarnorganisation verschrieenen German-American Writers Association (GAWA).[46] Relativ unpolitisch waren auch die humanitären Hilfskomitees, die in den USA traditionell eine bedeutende Rolle spielten. Zwar unterhielten einige von ihnen Verbindungen zu politischen Bewegungen: Das kurzlebige Writers Committee etwa war ein Appendix der sozialistischen League of American Writers, dem Emergency Rescue Committee werden über Reinhold Niebuhrs American Friends of German Freedom Verbindungen zu Neu Beginnen nachgesagt,[47] jüdische Hilfsorganisationen wiesen zionistische Einflüsse auf und die AmGuild stand durch ihren Gründer Hubertus Prinz zu Löwenstein rechten Kreisen nahe. Tagespolitische Streitereien traten in den karitativen Vereinen angesichts der Notlage der Verfolgten jedoch durchweg hinter humanitäre Erwägungen zurück. Zu den 170 deutschsprachigen Exilanten, denen das ERC durch Affidavits of Sponsorship, Geld und Schiffspassagen die Flucht aus dem besetzten Frankreich ermöglichte, zählten denn auch Lion Feuchtwanger, Hans Marchwitza und Anna Seghers ebenso wie Friedrich Torberg, Franz Werfel und Karl O. Paetel. Dem Exekutivausschuß des ERC gehörten neben einer Reihe von liberalen Präsidenten renommierter US-Universitäten auch die Journalistin Dorothy Thompson an. Varian Fry, der 1940/41 das Komitee in Vichy-Frankreich über die Tarnorganisation Centre Américain de Secours vertrat, arbeitete, wenn angebracht, mit dem kirchlichen Unitarian Service Committee in Lissabon zusammen. Die New Yorker ERC-Zentrale koordinierte ihre Aktionen u. a. mit der New School for Social Research[48] und der Hebrew Sheltering and Immigrant Aid Society. Ebenso war für den European Film Fund (EFF) und die AmGuild Bedürftigkeit ein wichtigeres Kriterium als Weltanschauung oder Ansehen.[49] Alfred Döblin, Leonhard Frank und Heinrich Mann zählten beim EFF zu den Empfängern, Thomas Mann und Billy Wilder zu den Spendern milder Gaben. Die AmGuild unterstützte, zum Teil über die ihr angegliederte Deutsche Akademie, allein zwischen Sommer 1936 und Herbst 1938 mehr als 60 Stipendiaten, darunter Hermann Broch, Oskar Maria Graf, Paul Zech und Arnold Zweig. Ein literarisches Preisausschreiben, das aus über 200 Manuskripten einen Roman von Arnold Bender auswählte, entpuppte sich allerdings als Blamage: der amerikanische Sponsor zog sowohl das Preisgeld als auch die Druckgarantie zurück.

Doch diese Ruhe in politischen Angelegenheiten täuschte. Im Windschatten der einflußreichen kommunistenfreundlichen League of American Writers begannen noch vor Ankunft der großen Flüchtlingswelle der Jahre

1939/41 linksradikale Exilanten ihren Marsch durch die Institutionen der Vertriebenen. Sowohl die Geschichte des Deutsch-Amerikanischen Kulturverbandes und der als „Gehirn"[50] des DAKV angesehenen German-American Writers Association war denn auch mehr von internen politischen Auseinandersetzungen als von literarischen oder kulturellen Diskussionen geprägt. Dabei hatte sich die Kulturarbeit dieser Organisationen nach einem Bericht von *Direction* zunächst recht vielversprechend entwickelt: „The German-American Writers Association, representing more than 150 writers and most of those included in this issue, is very active in New York City. Founded over a year ago, it now cooperates with many colleges and cultural groups as well as with the German-American League for Culture, arranging lectures and literary evenings. Independently it also arranges evenings of unusual interest; last month, a meeting in the memory of Sigmund Freud; the middle of this month there will be an evening to commemorate the Czech poet, Karel Čapek. F.C. Weiskopf will speak. Toward the end of the month, Erika Mann and Curt Riess will conduct a discussion on *Modern Reportage*. In January, there will be a lecture by Ernst Cohn-Wiener on the subject of modern German art."[51]

Im DAKV, der 1935 von Otto Sattler, einem Funktionär der weitverzweigten sozialistischen Arbeiter-Kranken- und Sterbekasse, gegründet worden war, räumten die Sozialdemokraten den Kommunisten schon bald kampflos das Feld. In der GAWA, der die keineswegs linksradikalen Schriftsteller Oskar Maria Graf, Ferdinand Bruckner und Manfred George vorstanden, kam es im Herbst 1939 über dem Hitler-Stalin-Pakt zur ideologischen Nagelprobe. Gerhart Seger, Rudolf Brandl, Julius Epstein und Karl Jakob Hirsch reichten eine Resolution ein, die vom GAWA-Vorstand eine ausdrückliche Stellungnahme gegen Stalins Bündnis mit Hitler verlangte. Als die Eingabe mit großer Stimmenmehrheit abgelehnt wurde, zogen sich zunächst die Antikommunisten, wenig später auch die liberalen Bürgerlichen zurück. Schadenfroh kommentierte Leopold Schwarzschild die Kontroverse vom fernen Paris aus: „Auch der amerikanische Zweig [des SDS, A.S.] ist damit beschäftigt, die deutsche Exil-Geistigkeit, die er angeblich vertritt mit der Tatsächlichkeit seiner in Wahrheit rein sowjetischen Agentur-Aktivität zu belasten. Auch diese Zweig-Organisation ist erfolgreich beflissen, mit ihrer skrupellosen Irreführungs-Firma nichtsahnende, gutgläubige, schwachsichtige Vordergrunds-Intellektuelle in ihr Schaufenster zu ziehen."[52] Grafs 1938 anläßlich der GAWA-Gründung ausgesprochene Mahnung, ob der „politischen Kampf- und Zukunftsprogramme" die „deutsche Sprache", die „deutsche Kultur" und den „unvergänglichen deutschen Geist"[53] nicht zu vergessen, hatte sich als Selbstschuß erwiesen. Ebenso war, trotz einer beachtlichen Liste von Sponsoren (unter ihnen W.H. Auden, Archibald MacLeish, John Farrar, Sherwood Anderson und John Steinbeck), Grafs zweiter Programmpunkt fehlgeschlagen – eine Kontaktaufnahme mit der amerikanischen Öffentlichkeit fand nicht statt. Gleichzeitig zog sich Thomas Mann aus dem DAKV, der GAWA und der AmGuild, deren konservative Deutschlandpolitik ihm allzu stark mit den Interessen der US-Außenpolitik in Konflikt zu stehen schien, zurück.[54] Eine Nachfolgeorganisation der GAWA, die sich nach dem deutschen Angriff auf die Sowjetunion 1942 unter dem Namen German-American Emergency Conference um Sattler, Feuchtwanger, Graf, Kantorowicz und Rosenfeld konstituierte, blieb ohne Resonanz.[55] Über die 1941 einsetzende, recht umfangreiche Aktivität der Tribüne, Forum für freie deutsche Literatur, die ebenfalls durch Graf mit der GAWA verbunden war, berichtete Alfred Kantorowicz wiederholt im *Freien Deutschland* (Mexiko).[56]

Zwischen den politischen Fronten wurde schließlich auch die vielversprechendste Exilorganisation in Nordamerika zerrieben: der Council for a Democratic Germany. Anfang 1944 von dem Theologen Paul Tillich gegründet, suchte der Council eine „balancierte Front" von Exilanten zusammenzustellen, die „die zu erwartenden Kräfte eines demokratischen Wiederaufbaus in Deutschland abbilden soll".[57] Das Ergebnis fiel fatal aus. Zum einen konnten sich innerhalb des Councils die paritätisch mit Sozialdemokraten, Kommunisten, Mitgliedern der Gruppe Neu Beginnen, dem Zentrum und der SAP besetzten Ausschüsse zu keiner der anfallenden Fragen auf eine gemeinsame Plattform einigen.[58] Tillich kehrte allenthalben den Theologen heraus und erklärte Churchill, Roosevelt und auch Stalin zu „Männern von Gottes Rat", die „seine Absichten im Dienst an den leidenden Gottesknechten durchführen".[59] Joseph Kaskel, der zeitweilig die Position der in Santiago de Chile erscheinenden konservativen *Deutschen Blätter* im Council vertrat, schwärmte hemmungslos von „Scholle", „Familie", „Volksgesundheit" und einem „kräftigen Bauernstand"[60] im zukünftigen Deutschland. Albert H. Schreiner, der Leiter der kommunistischen Fraktion, vermißte konkrete Pläne für die Neuordnung der deutschen Nachkriegswirtschaft. Und der als ehemaliger Polizeichef von Berlin in organisatorischen Fragen versierte Sozialdemokrat Grzesinski war über die lockere Organisationsstruktur des Councils „leicht entsetzt".[61]

Zum anderen riefen die manchmal etwas naiv anmutenden Vorstellungen des Council von der Zukunft Deutschlands einflußreiche Kritiker von außerhalb des Tillich-Kreises auf den Plan: Emil Ludwig und Hans Jacob warfen dem Gründungsmanifest des Councils mit vansittartistischen Argumenten vor, „gradezu ekelerregend im Übergehen der Schandtaten" zu sein, „die das deutsche Volk in seiner Gesamtheit begangen hat".[62] Pangermanisch erschien der Council auch vielen jüdischen Kommentatoren.[63] Gleichzeitig witterten die Sozialdemokraten der *Neuen Volks-Zeitung* und natürlich die Ex-Kommunisten um Ruth Fischers *Network* geheime Beziehungen zwischen dem Council und dem acht Monate zuvor bei Moskau gegründeten Nationalkomitee Freies Deutschland.[64] Und Thomas Mann schließlich versagte dem Unternehmen seine Mitarbeit, weil er interne Informationen aus dem State

Department dahingehend auslegte, daß Washington ohnehin nicht an einer deutschen Exilregierung gelegen war.[65] Brecht, der dem Council womöglich eine Linie hätte geben können, lebte 3000 Meilen entfernt auf der anderen Seite der Vereinigten Staaten. Als der Council im Frühjahr 1945 nach der Konferenz von Jalta und der Unterzeichnung des Waffenstillstandsabkommens immer noch kein konkretes Programm vorweisen konnte, hatte die letzte bedeutende Organisation des deutschen Exils ihre Existenzberechtigung verwirkt.

Zwei politisch und organisatorisch relativ geschlossene Exilorganisationen gab es hingegen in Mittel- und Südamerika: die Bewegung Freies Deutschland (BFD) in Mexiko und Das Andere Deutschland in Argentinien. Die BFD ging als eine Art Vorläufer zum Moskauer NKFD um die Jahreswende 1941/42 aus dem kurz zuvor gegründeten Heinrich Heine-Klub, dem Redaktionsstab der seit Oktober 1941 erscheinenden Zeitschrift *Freies Deutschland* (Mexiko) und einer Gruppe von Exilanten hervor, die am 16. Dezember 1941 mit der Serpa Pinto in Veracruz gelandet waren (darunter Alexander Abusch, das Ehepaar Ewert und Georg Stibi). Zweifel über die kommunistische Tendenz des Unternehmens bestanden also von Anfang an nicht.[66] Darüber vermochte auch nicht hinwegzutäuschen, daß sowohl im Vorbereitungsausschuß wie in der BFD selbst nach Volksfrontart parteilose Exilanten und demokratische Mitglieder der deutschen Kolonie in Mexiko saßen. Mit Alexander Abusch, Otto Börner, Rudolf Feistmann, Erich Jungmann, André Simone (d. i. Otto Katz) und Georg Stibi gehörte nahezu die gesamte Leitung der Anfang 1942 zusammengetretenen mexikanischen KPD-Organisation der BFD an – durchweg in führenden Positionen. Langjährige Kommunisten waren auch die bekanntesten Schriftsteller in der Bewegung: Ludwig Renn leitete die BFD und das Lateinamerikanische Komitee des Freien Deutschland (LAK), die Auslandsorganisation der BFD; Anna Seghers saß im Ehrenpräsidium von BFD und LAK; Bodo Uhse gehörte dem BFD-Ausschuß an. Trotzdem beschränkte sich das Programm der Freien Deutschen zunächst auf „die Übergangszeit bis zum Sturz Hitlers ... und enthält für die spätere Zeit nur das Bekenntnis zur Demokratie".[67] Kommunistische Parolen über das zukünftige Deutschland, die bürgerliche Sympathisanten abgeschreckt hätten, fehlten: „Die Bewegung ‚Freies Deutschland' ... wird alle überflüssigen kleinlichen Erinnerungen an Gegensätze zwischen anti-hitlerischen Deutschen in der Vergangenheit zu überwinden trachten. Sie wird stets *Das große Einigende* in den Vordergrund stellen: die Sammlung aller Gutwilligen ... für die entscheidende Aufgabe der Stunde, den Menschenfeind Hitler ... zu schlagen".[68] Praktische Tagesfragen standen zumindest in den ersten Jahren der Bewegung im Vordergrund: die Organisation kultureller Veranstaltungen, eine Vorlesungsreihe in der Universidad Obrera und die Vorbereitungen zur internationalen Asamblea contra el terror nazi-fascista, die Kontaktaufnahme mit den Exilzentren in Nord- und Lateinamerika,[69] die Abgrenzung von der Bewegung Das Andere Deutschland, der Liga für deutsche Kultur und den nationalsozialistisch beeinflußten Organisationen in Mittelamerika; und nicht zuletzt die Auseinandersetzung mit dem Vansittartismus.

Während die Arbeit der BFD und des LAK bei kommunistischen und linksbürgerlichen Exilautoren von Moskau bis nach Los Angeles und von Uruguay bis nach London ein beachtliches Echo fand, litt die zweite bedeutende Exilorganisation Südamerikas, Das Andere Deutschland,[70] unter ideologischer und geographischer Isolierung. Hinzu kam, daß Das Andere Deutschland mehr ein loser Freundeskreis als eine straff gegliederte Organisation war. Kulturelle Fragen spielten in der 1937 als „Arbeitsgemeinschaft entschiedener politischer Gegner des Nationalsozialismus" gegründeten Bewegung jedenfalls nur eine untergeordnete Rolle. Die drei zentralen Programmpunkte waren vielmehr: „1. Hilfe für politische Emigranten; 2. Sammlung der deutschen Antifaschisten ...; 3. Aufdeckung und Bekämpfung der Nazipropaganda ..."[71]

Resümiert man, so war es – von Ausnahmen abgesehen – den Exilanten trotz aller persönlichen Opfer und Anstrengungen letztlich also nicht gelungen, Hitlers Worte auf dem Nürnberger Parteitag von 1935 Lügen zu strafen: „Alle diese Erscheinungen sind nur einig im Negativen, das heißt, sie sehen im heutigen Staat den gemeinsamen Feind. Allein ihnen ist nicht zu eigen auch nur die geringste gemeinsame Idee."[72]

Mit dem Unvermögen der Vertriebenen, sich auf eine zentrale Exilorganisation zu einigen, fiel auch die Möglichkeit zur Einberufung von repräsentativen Exilkongressen aus. Der Mehrzahl der Exilanten schien dies jedoch nur recht gewesen zu sein. Bevor sie ihren weltanschaulichen und künstlerischen Standpunkt öffentlich zur Diskussion stellten, ließen sie sich lieber in ihren jeweiligen Clubs und Clübchen von Gleichgesinnten längst Gesagtes bestätigen. Sozialdemokraten und Kommunisten trafen sich wie gehabt auf getrennten Parteitagen. Wer in Paris lebte und sich für liberal hielt, ging zu den Zusammenkünften des SDS. In New York rief die German-American League for Culture zu ihren National Conventions; in der Sowjetunion wurde auf Leserkonferenzen die Buchproduktion der Verlagsgenossenschaft ausländischer Arbeiter diskutiert und in Lagerversammlungen um Mitläufer unter den deutschen Kriegsgefangenen geworben. Johannes R. Becher war für die Treffen der Deutschen Sektion im Unionsverband der Sowjetschriftsteller verantwortlich; in Frankreich, der Tschechoslowakei und der Schweiz trafen sich die Landesgruppen des BPRS; in Moskau, Zürich und Paris die des Nationalkomitees Freies Deutschland. Ernst Toller, Rudolf Olden, Lion Feuchtwanger, Klaus Mann, Emil Ludwig, Wieland Herzfelde und Ernst Bloch vertraten die Exilschriftsteller auf den verschiedenen PEN-Kongressen.[73] Im Herbst 1943 hielten Thomas Mann und Feuchtwanger auf einem Schriftstellerkongreß, den die Hollywood Writers' Mobilization und die University of California in Los Angeles (UCLA) ausrichteten, Vorträge zur

Lage der Exilautoren.[74] Münzenberg beteiligte sich vor und nach seiner Auseinandersetzung mit der KPD an allerlei Meetings. Eines der wichtigsten unter ihnen, die Tagung des Ausschusses zur Vorbereitung einer deutschen Volksfront vom April 1937, bestätigte dann nur, was ohnehin schon offensichtlich war: die Unfähigkeit des deutschsprachigen Exils, sich auf eine gemeinsame Plattform zu einigen.

Sektierertum und Parteidisziplin trugen schließlich auch dazu bei, daß sich die nach Südamerika verschlagenen Exilanten weder auf eine Dachorganisation noch auf einen gemeinsamen Kongreß einigen konnten. Als August Siemsen die führenden Exponenten der lateinamerikanischen Exilorganisationen vom 29. bis 31. Januar 1943 zu einer Tagung nach Montevideo lud, folgten zwar über 40 Delegierte und 160 Gäste seinem Ruf: Aus Uruguay und Argentinien kamen Vertreter des Anderen Deutschlands und des Freien Deutschen Clubs; aus Porto Alegre, Brasilien, der Sozialdemokrat Friedrich Kniestedt; aus dem 3000 Kilometer entfernten La Paz der Kommunist Paul Baender. Offengehalten waren auch die Themen des Kongresses: ,,Kampf gegen die Quinta Columna und die Hitlerdiktatur'' und ,,Neuaufbau Deutschlands und Europas''.[75] Bereits auf der ersten Sitzung traten dann aber auch hier die üblichen politischen Unstimmigkeiten auf. August Siemsen versuchte, die Mandatsverteilung zugunsten des Anderen Deutschlands zu manipulieren; die Bewegung Freies Deutschland (Mexiko) pochte in ihrem Grußschreiben auf die wirtschaftliche Umgestaltung des zukünftigen Deutschland; ein an die Heimat gerichteter Radioaufruf August Siemsens vergriff sich im Vokabular, als er den nationalsozialistischen ,,Bonzen'' und ,,Untermenschen'' mit ,,Vertilgung'' und ,,Ausrottung'' drohte; die Sozialdemokraten mußten sich wegen ihres ,,100%igen sozialistischen Nachkriegs-, Nachrevolutions-Programms'' Ironie gefallen lassen, die kommunistische Zelle den Vergleich mit einem ,,Wespennest'' hinnehmen.[76] Kein Wunder, daß am Ende niemand mehr recht froh wurde an der Kompromißlösung, die Planung zukünftiger Veranstaltungen einem aus zwei DAD-Anhängern und einem Kommunisten gebildeten Organisationskomitee anzuvertrauen.[77] Mißtrauisch gegen linke Umtriebe aller Art, blieb das DAD fortan in Südamerika unter sich, während die kommunistische Bewegung Freies Deutschland und das Lateinamerikanische Komitee in ihrem mexikanischen Exil weiter vor sich hin arbeiteten. Ein Gegenkongreß, den die BFD im Mai 1943 in México, D. F., abhielt, wurde von den südamerikanischen Exilorganisationen nicht mehr beschickt. Unangefochten schalteten und walteten denn auch die Kommunisten Alexander Abusch, Paul Merker, Ludwig Renn, Anna Seghers und Bodo Uhse im Arbeitspräsidium der Zusammenkunft, während der Volksfrontgedanke in ein Ehrenpräsidium mit Leo Baeck, Bischof Graf Galen, Carlo Mierendorff, Martin Niemöller und Ernst Thälmann abgedrängt wurde.

Keines der bisher genannten Exilantentreffen war für die Mehrzahl der

schreibenden Hitlerflüchtlinge oder die Entwicklung der deutschen Exilliteratur nach 1933 von übergreifender Bedeutung. Auf keinem von ihnen wurde
ein Programm entwickelt, das für die Mehrzahl der Exilorganisationen ver-
bindlich gewesen wäre. Die Lektion des Jahres 1933 hatte auch für dieses
Kapitel der Exilgeschichte keine Folgen.

Bliebe noch auf zwei Kongresse hinzuweisen, die – obwohl nicht von oder
für Exilanten ausgerichtet – dennoch zu den Höhepunkten in der Geschichte
der verbannten deutschen Literatur gehörten: Der I. Unionskongreß der Sowjetschriftsteller, der vom 17. August bis 1. September 1934 in Moskau tagte;
und der knapp ein Jahr später in Paris abgehaltene Internationale Schriftstellerkongreß für die Verteidigung der Kultur.

Was hat eine Tagung des sowjetischen Schriftstellerverbandes mit deutscher Exilliteratur zu tun? Darauf gibt es mehrere Antworten. Zunächst einmal bot dieser Kongreß einer Reihe von liberalen bürgerlichen Exilanten die
Möglichkeit, sich persönlich mit den Verhältnissen in der Sowjetunion bekannt zu machen und für die Kooperation mit den Kommunisten hinderliche
Vorurteile abzubauen. Klaus Mann berichtete über seine „geistigen" Erfahrungen in der *Sammlung*[78] – auf Mannsche Art. Ernst Toller zeigte sich in
seinem Moskauer Diskussionsbeitrag vom sowjetischen Theaterleben beeindruckt.[79] Oskar Maria Graf verarbeitete seine Notizen gar zu einem erstmals
1974 aus dem Nachlaß veröffentlichten Buch *Reise in die Sowjetunion 1934.*[80]
Zum anderen begannen sich auf dem Moskauer Kongreß erste Ansätze zu der
wenig später von der KPD vorgeschlagenen Volksfrontbewegung abzuzeich-
nen. Johannes R. Becher, der als Vertreter der Republik der Wolgadeutschen
sprach, wies mit seinem Vortrag „Das große Bündnis" ebenso in diese Richtung wie die Lobeshymnen verschiedener sowjetischer Redner auf Heinrich
Mann und Lion Feuchtwanger.

Am folgenreichsten aber war – dies als dritter Punkt – die Wiederbelebung
der 1931/32 im BPRS abgebrochenen und im Exil verständlicherweise zunächst in den Hintergrund geratenen Diskussion der proletarisch-revolutionären Schriftsteller um die sozialistische Realismustheorie. Folgenreich deshalb, weil jene Argumente, die vor 1933 zur Not noch als interne Querelen
der literarischen Linken abgetan werden konnten, jetzt in der Exilsituation
zum Prüfstein für die Schlagkraft der antifaschistischen Literatur und – wie
die Expressionismusdebatte demonstrierte – der Bündnisfähigkeit der marxistischen Exilanten wurden. Friedrich Wolf, Wieland Herzfelde, Theodor Plivier und Willi Bredel nahmen denn auch kein Blatt vor den Mund, als sie
gegen die mechanische Übertragung der für die nachrevolutionäre Sowjetunion entwickelten Literaturkonzeption auf die antifaschistischen Literaturen Westeuropas protestierten. Wolf ging dabei von seinem eigenen Arbeits-
gebiet, dem Theater, aus: „Unsere Lebenswirklichkeit im Westen, unsere
Klassenlage, unsere historische Situation erforderte und erfordert das politische Kampfstück ... Unsere antifaschistische Dramaturgie kann sich ...

heute nicht befassen mit einem Persönlichkeitskult des Menschen, sondern auch sie muß Antwort geben auf die dringlichen Fragen der verzweifelten, suchenden, hoffenden, sich schon formierenden Massen ... Das Theater des Westens, das deutsche Theater wird noch für Jahre hinaus – auch in der ‚großen Form' – politisches Theater sein! ... Unsere Industrieländer im Westen haben nicht die technischen Aufbauprobleme der Sowjetunion. Bei uns werden die politischen Probleme im Vordergrund stehen."[81] Herzfelde antwortete vor allem auf Karl Radeks Verriß von James Joyce's Schreibweise: „Genosse Radek vergleicht Joyce mit einem Mann, der durch ein Mikroskop einen Misthaufen filmt ... Tatsächlich verhält es sich da etwas anders. Joyce zeigt, daß im Menschen Eindrücke, Erinnerungen, Reaktionen aufeinanderfolgen, etwa wie in einem Briefkasten die Briefe: obwohl sie sehr verschieden an Inhalt, Charakter und Wirkung sind, haben sie alle etwa den gleichen Umfang und gleiches Gewicht. Während bisher die Dichter nur die interessantesten Briefe öffneten und ordneten, die zum Thema gehörenden, öffnet Joyce alle und ordnet sie nicht, eben weil jenes sonderbar regellose Nebeneinander, einschließlich alles Unwesentlichen, Abstoßenden und Verschwiegenen im Denken und Fühlen des Menschen – die Maden im Mist, wie Genosse Radek sagt – Joyce als die eigentliche psychische Realität erscheint."[82] Plivier drehte den Spieß um und riet den Sowjetschriftstellern, bei ihren westlichen Kollegen, namentlich den Expressionisten, in die Schule zu gehen. Und Bredel schließlich wiederholte sein Plädoyer für die deutsche Arbeiterliteratur aus der *Linkskurve*-Debatte.[83]

Die negativen Ergebnisse dieses recht kühnen Vorstoßes der deutschen Delegation in Moskau sind bekannt. Auf sie wird im Zusammenhang mit der Expressionismusdebatte noch genauer einzugehen sein.[84] Zunächst gilt es, die 1934 erst recht zaghaften Ouvertüren zur Volksfront bis zum Pariser Kongreß zur Verteidigung der Kultur zu verfolgen.[85]

Gastgeber des Pariser Meetings war eine Gruppe französischer Schriftsteller, darunter Louis Aragon, Henri Barbusse, Jean-Richard Bloch, André Gide, André Malraux, Paul Nizan und Romain Rolland. Ort und Zeit: Paris, vom 21. bis 25. Juni 1935. Die Teilnehmer: Delegierte aus den wichtigsten europäischen und einigen überseeischen Ländern.[86] Die sechs Themen der Hauptsitzungen: *Das kulturelle Erbe, Humanismus, Individuum, Die Rolle des Schriftstellers in der Gesellschaft, Nation und Kultur,* sowie *Schöpferische Fragen und Würde des Geistes.*[87] Exilliteratur und Antifaschismus standen also auch in Paris keineswegs im Mittelpunkt. Dennoch spielte die deutsche Frage diesmal eine bedeutendere Rolle als in Moskau. Das lag einmal daran, daß deutsche Exilanten entscheidend an der Planung des Kongresses mitgewirkt hatten. Becher, der seit 1933 bei der IVRS wegen einer Weltkonferenz aller antifaschistischen Schriftsteller vorsprach,[88] scheint sogar der eigentliche Drahtzieher des Kongresses gewesen zu sein. Anna Seghers gab Ende 1934 auf einer SDS-Tagung den letzten Anstoß zum Start der Vorbereitungen.[89]

„Der Vorstand des SDS", berichtete Becher damals nach Moskau, „in den mit größtmöglicher Eile Hein[rich] Ma[nn] und Feu[chtwanger] einbezogen werden sollen, wird sich demgemäß in nächster Zeit sowohl an Euch, wie die russischen Freunde, an die AEAR [Association des Ecrivains et Artistes Révolutionnaires, A.S.] etc. etc. an Ba[rbusse], Mal[raux], Dreiser, Shaw, Wells etc. wenden und sie bitten, zu dieser Frage Stellung zu nehmen, wobei es selbstverständlich ist, daß bei der Organisierung und Vorbereitung dieser Konferenz den französischen Schriftstellern der Vorrang gelassen werden muß."[90] Zum anderen wurde die Lage der exilierten deutschen Kultur dadurch in die Diskussion gebracht, daß das Exil das bedeutendste Kontingent unter den Länderdelegationen stellte. Wortmeldungen kamen u.a. von Johannes R. Becher, Ernst Bloch, Bertolt Brecht, Lion Feuchtwanger, Leonhard Frank, Alfred Kantorowicz, Alfred Kerr, Egon Erwin Kisch, Rudolf Leonhard, Heinrich Mann, Hans Marchwitza, Ludwig Marcuse, Robert Musil, Gustav Regler, Anna Seghers, Bodo Uhse und Erich Weinert. Jan Petersen vertrat unter dem Pseudonym Klaus die Untergrundliteratur im Reich. Thomas Mann und Heinrich Mann wurden zusammen mit Edward Forster, Aldous Huxley und George Bernard Shaw (England), Sinclair Lewis (USA), Selma Lagerlöf (Schweden), Ramón Maria del Valle-Inclán (Spanien), Maxim Gorki (UdSSR), André Gide, Romain Rolland und Henri Barbusse (Frankreich) in das 12köpfige Präsidium der neu gegründeten Internationalen Schriftstellervereinigung zur Verteidigung der Kultur gewählt.

Doch die beeindruckende Schau von Solidarität und die breite Zusammensetzung des Teilnehmerkreises vermochten die entscheidende Schwäche der internationalen antifaschistischen Front nicht zu verdecken: die Unfähigkeit „zwischen Russen und Westlern, Bürgerlichen und Kommunisten, ... irgendwelche prinzipielle Übereinstimmung ... zu entdecken".[91] Außerstande, sich jenseits der Opposition gegen den Faschismus auf ein arbeitsfähiges Programm zu einigen, blieben auf dem Kongreß handfeste Ergebnisse aus.[92] Heinrich Mann setzte seine Hoffnung weiterhin auf die Intellektuellen, „Männer der allerhöchsten Erkenntnis und einer unvergleichlichen Geistesmacht", denn „nur der Geist sichert die nötige Autorität, um Menschen zu führen: gemeint ist ein Geist der Erkenntnis und Festigkeit."[93] Brecht blieb trotz der anwesenden Mitläufer aus dem Bürgertum dabei, daß „die Wurzel aller Übel unsere Eigentumsverhältnisse"[94] seien. Kisch stellte unbeachtet des Sozialistischen Realismus der „hohen Literatur" die „Reportage als Kunstform und Kampfform"[95] entgegen. Max Brod begeisterte sich für die Verbindung von „Traum und Vernunft, Tag und Nacht, tiefem Glauben an Gott und aktive Mitarbeit am Fünfjahresplan".[96] Musil, der im Präsidium des Kongresses saß, negierte kurzweg die politischen Aufgaben der Kultur. Klaus Mann ließ sich wie gehabt über Jugend und Geist aus.[97] Feuchtwanger verteidigte den historischen Roman gegen den Vorwurf der Zeitflucht. Ernst Bloch schwärmte von der „echten Phantasie" der „marxistischen Revolution".[98]

Und schließlich pochten, wie schon in Moskau, die zahlreich aus der Sowjetunion angereisten Delegierten (darunter Ilja Ehrenburg, Wsewolod Iwanow, Michail Kolzow, Nikolaj Tichonow, Alexej Tolstoi) auf die Perspektivekonzeption, die konstruktive und vorbildliche Themenstellung und die entsprechend gestaltenden, geschlossenen Formen der sozialistischen Kunst. Kein Wunder, daß Bechers geradezu heroisch anmutender Versuch, in seinem Referat *Im Zeichen des Menschen und der Menschheit* wenigstens die gröbsten Gegensätze auszugleichen und Humanismus, Aneignung des bürgerlichen Kulturerbes, Eroberung der Zukunft und Kampf gegen die Besitzverhältnisse im faschistischen Vaterland auf einen Nenner zu bringen, denn auch in einer heillosen Begriffsverwirrung endete: „Schafft Gedächtnis nach rückwärts, Visionen nach vorne ... Eschaton, Gilgamesch, Kalidasa, Homer – jedes Arbeitskommando der Stoßbrigaden ruft Jahrtausende wach ... Hölderlin im Seemannsklub, Hegel in der Zeltstadt der Roten Armee."[99]

Als die Internationale Schriftstellervereinigung zur Verteidigung der Kultur im Sommer 1937 zu einem zweiten Kongreß nach Valencia/Madrid/Barcelona/Paris und ein Jahr darauf zu einer außerordentlichen Tagung nach Paris einlud, kamen nur noch die Unentwegten. Thomas Mann sah sich durch „äußere Umstände"[100] verhindert. Heinrich Mann bat in einem Grußschreiben, sein „unfreiwilliges Versäumnis nicht als Ausreißen zu betrachten", nur sei er eben „nicht mehr dreißig Jahre alt".[101] Und Brecht zog es wegen der ungewissen Entwicklung der Kampfhandlungen in Spanien vor, seine Mitarbeiterin Ruth Berlau mit seinem Vortrag nach Madrid zu schicken.[102]

Ein Jahr später wurden die Exilanten erneut in alle Winde verstreut. Die Chance zu einem wahrhaft repräsentativen Exilkongreß war damit endgültig vertan.

4. Die Literatur im Exil

4.1. Allgemeine Schaffensprobleme

Der Kampf um Transits, Arbeitsgenehmigungen, Personalpapiere und die Sicherung des Lebensunterhalts war allen Exilanten gemeinsam: sozialistischen Gewerkschaftsfunktionären, jüdischen Kaufleuten und Universitätsprofessoren, ehemaligen Nazis und Kommunisten, Handarbeitern und Intellektuellen. Wer um sein Informationsniveau besorgt war, interessierte sich für das Schicksal der Exilzeitschriften; wer Bücher las, mag den Auf- und Abstieg der Exilverlage verfolgt haben. Heimweh und Einsamkeit trieben in der Fremde bisweilen merkwürdige Blüten: Hilde Spiel berichtet von einem Exilanten, den der Anblick einer Kolonne französischer Soldaten zu dem nostalgischen Seufzer verleitete, daß „„unsere SS ... strammer marschiert""[1] sei.

Doch so folgenreich und unangenehm die „kleinen, albernen Mißlichkeiten"[2] der Verbannung waren, für die Schriftsteller begannen die eigentlichen Probleme des Exils woanders. Ihnen raubte die Verbannung nicht nur die nötige Ruhe zum Schreiben, sie untergrub auch ihre Schaffenskraft und damit ihre Existenzgrundlage. Lion Feuchtwanger hat in einem Vortrag vor der Hollywood Writers' Mobilization in Los Angeles auf zwei der wichtigsten „Arbeitsprobleme des Schriftstellers im Exil" hingewiesen: die Trennung vom „lebendigen Strom der Muttersprache"[3] und die Beeinflussung der Schreibweise durch die fremdartige „äußere Landschaft des Dichters".[4] Andere Autoren stellten andere Probleme vor. Klaus Mann beklagte, daß es für den Künstler unendlich viel schwieriger sei, ein neues Publikum zu finden, als für den Arzt „neue Patienten" oder für den „Bankier neue Geschäftsverbindungen":[5] „Man kann auch in gebrochenem Englisch Geschäfte machen, ein Zahnarzt kommt mit einem relativ geringen Wortschatz aus, und niemand wird von einem Konditor oder Damenschneider die Eloquenz eines Winston Churchill erwarten."[6] Der Komponist Miklos Rozsa antwortete auf eine Rundfrage der *Los Angeles Times* über den Einfluß des Exils auf das Werk von Arnold Schoenberg, Igor Strawinsky, Erich Zeisl und anderen: „The impetus derived from the feeling that one is in demand is completely missing here and the inner urge of creation must completely replace the outward rewards of clamorous success. For the composer of European background this naturally means a complete readjustment of mental attitude toward his art ..."[7] Hermann Kesten verteidigte die Exilschreiber gegen den Vorwurf, an Stelle von politischen Aufrufen gegen den Faschismus allgemeinmenschliche Romane für den „Weltmarkt"[8] zu produzieren. Für F. C. Weiskopf war die fehlende Distanz zu den Ereignissen in Deutschland das Haupthindernis beim Schreiben antifaschistischer Romane,[9] während Brecht außer seinen Schülern vor allem das Theater vermißte. Ernst Bloch und Theodor Adorno schließlich bezeichneten die Exilsituation als „Zwischenzustand", als „Grenzexistenz"[10] des Intellektuellen in unserer Zeit: „Jeder Intellektuelle in der Emigration, ohne alle Ausnahme, ist beschädigt und tut gut daran, es selber zu erkennen, wenn er nicht hinter den dicht geschlossenen Türen seiner Selbstachtung grausam darüber belehrt werden will. Er lebt in einer Umwelt, die ihm unverständlich bleiben muß ... Zwischen der Reproduktion des eigenen Lebens unterm Monopol der Massenkultur und der sachlich-verantwortlichen Arbeit herrscht ein unversöhnlicher Bruch."[11]

Wer nicht an der „Weltlosigkeit" und dem „Sozialhunger"[12] des Exils zugrunde gehen wollte, mußte also sehen, wie er auf dem schmalen Grad zwischen Bewahrung eines womöglich längst überfälligen Erbes und den Verlockungen der Akkulturation sein Gleichgewicht bewahrte. Denn „Emigrationspanik",[13] wie sie Johannes R. Becher 1933/34 schon während der ersten Exiljahre auf seinen Kontaktreisen durch Westeuropa antraf, grassierte bis 1945 und danach allenthalben unter den Intellektuellen – nicht zuletzt bei Becher selbst: „... die zwölf Jahre, die ich außerhalb Deutschland leben mußte, waren für mich die härtesten Prüfungen meines Lebens; ich möchte beinahe sagen: es war das Fegefeuer, wenn nicht die Hölle."[14] Alexander Granach schrieb die Probleme, mit denen er beim Aufbau eines deutschen Theaters in Kiew konfrontiert wurde, dem psychologischen Zustand der Exilanten zu: „Es liegt vor allem an unseren lieben Deutschen selbst. Sie sind so unverträglich und bös. Teils sind sie ja so und teils ists doch die Emigrantenpsychose – es tut weh entwurzelt zu sein."[15] Hilde Spiel spricht in klinischer Terminologie davon, daß „das Exil ... eine Krankheit" sei, „eine Gemütskrankheit, eine Geisteskrankheit, ja zuweilen eine körperliche Krankheit".[16] Symptome dieser Krankheit treten in der Exillyrik von Heinz Wielek, Paul Zech und Alfred Wolfenstein zutage, in Klaus Manns „Engel der Entwurzelungsneurose" aus dem *Vulkan* und in Walter Hasenclevers Exil-Roman *Die Rechtlosen*: „Wir Verbannten. Wir Heimatlosen. Wir Verfluchten. Was haben wir noch ein Recht zu leben?"[17] „Jede Form von Emigration verursacht an sich schon unvermeidlicherweise eine Art von Gleichgewichtsstörung", bekannte Stefan Zweig. „Und ich zögere nicht zu bekennen, daß seit dem Tage, da ich mit eigentlich fremden Papieren oder Pässen leben mußte, ich mich nie mehr ganz als mit mir zusammengehörig empfand. Etwas von der natürlichen Identität mit meinem ursprünglichen und eigentlichen Ich blieb für immer zerstört".[18] „Emigrantenpsychologie"[19] war für Ernst Bloch mitschuldig an der negativen Reaktion vieler Exilanten auf die Moskauer Prozesse. Erich Stern entwickelte in der Schrift *Die Emigration als psychologisches Problem* (1937) für die jüdischen Flüchtlinge Kategorien wie

„Heimwehtypus",[20] „Anschlußneurose",[21] „heitere Resignation"[22] und „Beeinträchtigungsidee".[23]

Dominierend war keine dieser Verhaltensweisen. Das Modell des „typischen Exilanten" des deutschsprachigen Exils der Jahre 1933 bis 1945 gibt es nicht.[24] Während eine Gruppe der Vertriebenen mit Thomas Mann der Meinung war, trotz Nationalsozialismus und Exil einfach so wie früher weitermachen zu können („Was ist Heimatlosigkeit? In den Arbeiten, die ich mit mir führe, ist meine Heimat. Vertieft in sie, erfahre ich alle Traulichkeit der Zuhauseseins. Sie sind Sprache, deutsche Sprache und Gedankenform, persönlich entwickeltes Überlieferungsgut meines Landes und Volkes. Wo ich bin, ist Deutschland."[25]), beschleunigte das Exil bei anderen einen schon vor 1933 begonnenen inneren und äußeren Zerfallsprozeß. „Ewige" Exilanten, nicht selten aus den Rängen der deutsch-jüdischen Literatur, standen sozialistischen Realisten gegenüber, die unter dem Einfluß der innersowjetischen Entwicklung ausgerechnet jetzt zu einem neuen, klassi(zisti)schen Formbewußtsein gelangten. Eine Fluchtwelle zurück in historische und vorwärts in politische Themen sprang auf. Die Autobiographie erlebte einen Boom. Und stärker als in „normalen" Zeiten nahmen Generationszugehörigkeit und politische Einstellung Einfluß auf die Themen- und Formenwahl der Literatur. Ab und an wurden sogar Stimmen laut, die im Exil eine reinigende, straffende Kraft sahen oder sich hinter bitterem Humor verschanzten. Als Alfred Kerr in der *Neuen Weltbühne* einmal über die Verbannung spottete

Manchmal fühlt das Herz sich sehr erheitert
(Trotz der zugeschlagnen deutschen Tür):
Weil die Flucht den Horizont erweitert,
Ja, du dankst den Jägern fast dafür.

War dir noch so lausiges Leid geschehn –:
Wenn du (gleichviel, wo du her bist)
Ein Ulysses oder Ahasver bist,
Kriegst du zur Belohnung was zu sehn!
Bei der Dummheit aller Lebensschlachten
Ist ein solches Plus nicht zu verachten.[26]

wurde er gleich zum Zentrum einer kleinen Diskussion über die literarische Behandlung des Themas Exil.[27]

Welche verheerenden Wirkungen das Exilerlebnis mit sich bringen konnte, belegt das Schicksal jener Schriftsteller, die auf den psychologischen Druck und die Trennung von Anschauungsmaterial, Sprache, künstlerischen Strömungen, Publikum und Kritik hin in Selbstmord, Verzweiflung und Verstummen endeten. Klaus Mann zählte 1949, kurz bevor er selber ein verspätetes Opfer des Exils wurde, nüchtern die Suizide auf: „Man starb schnell in der Fremde – geschwinder, plötzlicher als daheim. Manche führten das Ende selbst herbei. Der berühmte Strafverteidiger und erfolgreiche Dramatiker Max Alsberg, zum Beispiel, hatte vom Exil bald genug: er brachte sich schon 1933 um. Der nächste war Kurt Tucholsky: er tat es in Schweden – nicht ohne vorher seiner Verzweiflung in Briefen von grausiger Aufrichtigkeit und umbarmherziger Schärfe Ausdruck gegeben zu haben. Egon Friedell flüchtete sich in den Tod, als die Nazis sein geliebtes Wien erobert hatten. Ernst Toller erhängte sich in seinem Hotelzimmer zu New York, kurz vor Ausbruch des Zweiten Weltkrieges. Der Dramatiker Walter Hasenclever, der Romancier Ernst Weiß und der Essayist Walter Benjamin begingen Selbstmord in Frankreich, 1940: sie hatten Angst, den Deutschen in die Hände zu fallen. Zwei Jahre später vergiftete sich Stefan Zweig mit seiner jungen Frau in Brasilien."[28] Nun ließe sich einwenden, daß Hasenclever, Weiss, Benjamin und auch Carl Einstein nicht als exilierte Schriftsteller, sondern als physisch bedrohte Naziflüchtlinge in den Tod gingen. Tucholsky hätte womöglich auch ohne die Ereignisse des Jahres 1933 aufgegeben. Joseph Roth, der den Umweg über den Alkohol nahm,[29] und Stefan Zweig gingen am Zusammenbruch einer Welt zugrunde, die sich bereits Jahrzehnte vor dem Exil aufgelöst hatte. Und von Klaus Mann ist bekannt, daß er sich seit seiner frühen Jugend mit Selbstmordgedanken trug.[30]

Doch so schwer es auch sein mag, das Gewicht des Exilerlebnisses beim Entschluß, aus dem Leben zu gehen, zu wägen – fest steht: jeder dieser Selbstmorde wurde von den Überlebenden als Schlag gegen die Funktionsfähigkeit der Exilliteratur gewertet. Noch Jahre nach seinem Selbstmord warf das *Freie Deutschland (Mexiko)* Tucholsky vor, daß er „mitten im Kampf an gebrochenem Herzen" gescheitert sei: „Ist denn jetzt Zeit zu sterben? . . . Sah denn der Mann, der einmal Freund Romain Rollands gewesen, . . . sah er denn nicht über die Dunkelheit der Schlachtfelder die ersten Strahlen der kommenden Morgenröte tasten?"[31] Franz Theodor Csokor und Kurt Hiller verurteilten Tollers Freitod als „Wahnwitz"[32] und „klare Kapitulation",[33] und ausgerechnet Klaus Mann rief den Mitexilanten zu: „Kämpft weiter."[34] Ähnlich erging es Joseph Roth, der sich schon einmal 1936 anläßlich eines resignierten Briefes an das *Neue Tage-Buch* („. . . die *Vergewaltigten von heute* scheinen mir vernünftigem Zuspruch ebenso unzugänglich, wie die Tyrannen. Ihre Hoffnungen sind Chimären zugerichtet . . ."[35]) von Ludwig Marcuse sagen lassen mußte, daß solche Töne eben diesen Tyrannen in die Tasche redeten. Jetzt, 1939, nach seinem Ableben, sprach Arnold Zweig von dem „Triumph, den Leute wie ein gewisser Goebbels"[36] beim Empfang der Todesnachricht empfinden werden.

Kritische eher als kondolierende Stimmen rief aber vor allem der Selbstmord von Stefan Zweig, einem der erfolgreichsten und wohlhabendsten Exilanten, auf den Plan. Da verspürte, wiederum im *Freien Deutschland (Mexiko)*, ein anonymer Kommentator (d. i. Bodo Uhse) „den Stachel der Bitterkeit" und fragte: „Liebte er denn uns nicht genung [!], daß er uns verlassen konnte? Haßte er denn die Barbaren nicht genug, daß er nicht – ihnen zum Trotz – am Leben und am Wirken blieb, ihnen zum Trotz und uns zur Freude – und zum Segen der Sache der Kunst, der Freiheit und Deutschlands?"[37]

Bruno Frank[38] und Carl Zuckmayer,[39] der auf einer Farm in Vermont stumm überwinterte, reagierten auf die Todesnachricht spontan mit Aufrufen zum Leben. Und während Arnold Zweig angesichts des Selbstmords seines Namensvetters zweifelte, ob es überhaupt noch sinnvoll sei, „in diese Welt des Untergangs Werke des Schrifttums zu stellen – abgezwungen einer vielleicht bald versagenden Schöpferkraft",[40] schrieb der sonst eher zurückhaltende Thomas Mann Friederike Zweig von der „entmutigenden Wirkung" solcher Abgänge – um dann mit der unverhohlenen Schärfe des selbst Bedrohten hinzuzusetzen: „War er sich keiner Verpflichtung bewußt gegen die Hunderttausende, unter denen sein Name groß war, und auf die seine Abdankung tief deprimierend wirken mußte? ... Betrachtete er sein Leben als reine Privatsache und sagte einfach: ‚Ich leide zu sehr. Sehet ihr zu. Ich gehe?' Durfte er dem Erzfeind den Ruhm gönnen, daß wieder einmal Einer von uns vor seiner ‚gewaltigen Welterneuerung' die Segel gestrichen, Bankrott erklärt und sich umgebracht habe?"[41]

Nun waren Kassandrarufe, die die Existenz der Kunst in Zeiten des Faschismus, des Kriegs und der Konzentrationslager in Frage stellten, vor allem unter bürgerlichen Exilanten keine Seltenheit. Während Becher, Brecht, Mayer und Arnold Zweig in Gedichten und Essays wie *An die Nachgeborenen, Ist es erlaubt ...*, *Den Toten der anti-faschistischen Kämpfe* und *Der Krieg und der Schriftsteller*[42] auch im Exil die Blumen, zögernd zwar, weiter blühen ließen, meditierte Döblin schon unmittelbar nach seiner Flucht aus Deutschland anläßlich der Rezension eines Romans von Jakob Wassermann über das klassische „inter arma silent – musae": „... wie bekommt man das nur fertig, heute Romane zu schreiben ...? Wühlt nicht ein fürchterliches Fieber in der Welt, sind nicht alle Perspektiven verschoben?"[43] Hermann Broch deutete an, daß „das Spielerische eines Kunstwerkes ... in einer Zeit der Gaskammern unstatthaft"[44] sei. Franz Werfel ließ seinem F. W. im *Stern der Ungeborenen* (1946) angesichts „dieses ungeheuerlichen Geschehens" gar die Luft zu knapp werden, „um den Marterschrei als Echo nachzuächzen".[45] Und in fast jeder Lyriksammlung aus dem Exil finden sich Gedichte wie Hans Sahls *De Profundis*:

Ich bin der Zeit und ihrem Reim entfremdet,
Es hat die Zeit mir meinen Reim entwendet.

Wo Welten stürzen, Völker sich vernichten,
Kann sich das Wort zum Reim nicht mehr verdichten.

Wer wagt es noch, das Grauen zu besingen,
Dem Ungereimten Reime zu entringen,

Wer, der noch Worte hat, im Wort zu wildern,
Den Knochenfraß der Sprache zu bebildern

Und leichten Sinn's, wo alle Worte fehlen,
Den Totentanz nach Silben abzuzählen?

Ich bin dem Reim in dieser Zeit entfremdet,
Es hat die Zeit mir meinen Reim entwendet.

Schwer ist mein Mund, und meine Lippen finden
Die Kraft nicht mehr, die Sätze zu verbinden.

Hier liege ich, verworfen von Epochen,
Es ist das letzte Wort noch nicht gesprochen,

Es ist der letzte Reim noch nicht gefunden
Auf diesen Jammer und auf diese Wunden.

Der tiefste Schrei, den je ein Mensch vernommen,
Er wird von uns, aus unserm Schweigen kommen.[46]

Wenn der Fall Stefan Zweig dennoch solch hohe Wellen schlug, lag das daran, daß er bereits einige Jahre zuvor durch eine Kontroverse zwischen Zweig und Becher politisch aufgeladen worden war. Auslöser war ein Interview gewesen, das Stefan Zweig Robert van Gelder für den *New York Times Book Review* gegeben hatte. „... what means psychology", war dort zu lesen, „what artistic perfection at such an hour, where for centuries the fate of our real and spiritual world is at stake? ... I had no more the courage to deal with private psychological facts and every ‚story' appeared to me today irrelevant in contrast to history ... If any one would print, without altering a single word, the documents of the refugees which are now kept in the offices of charity organizations, by the Society of Friends, in the Home Office in London, it would make a hundred volumes of stories more thrilling and improbable than those of Jack London or Maupassant ... in my opinion, the literature of the next years will be more of a documentary character than purely fictional and imaginative."[47] Derartige „avantgardistische Vorstellungen" waren für Becher, der selbst eben erst mit einiger Mühe bei einem neuen, psychologischen Realismus angekommen war, nicht ohne weiteres hinzunehmen. Bechers Antwort, die zusammen mit einer Übersetzung von Zweigs New Yorker Interview unter der Überschrift *Standhaftigkeit* 1941 in der *Internationalen Literatur* abgedruckt wurde,[48] mangelte es denn auch trotz ihres werbenden Tons nicht an Schärfe.[49] Zweigs Vorstellung von der „unergründlichen Rätselhaftigkeit" der Zeitereignisse stellt Becher das Wissen des marxistischen Autors um die „befreiende Antwort"[50] auf das Tohuwabohu der Geschichte gegenüber; der Flirt des weltberühmten Erzählkünstlers mit der Faktographie wird mit dem im sowjetischen Exil erlernten Prinzip des Sozialistischen Realismus konfrontiert: „Was ... den Dokumentalcharakter betrifft, den Stefan Zweig einer künftigen Literatur prophezeit, so ist uns jene Mode noch wohl in Erinnerung, welche die Kunst der Gestaltung durch die ‚Kunst‘ der Reportage ersetzen und ablösen wollte ... Gedankenleere, formalistische Spielerei besitzt keine Anziehungskraft mehr, platte, phantasielose Abschilderung kann nicht stark machen, nicht begeistern. Unsere Wirklichkeit, dieses oft noch undurchdringlich vor uns lagernde Heute, das der Gestaltung harrt, ergibt sich auch unter den Dichtern nur dem, der es erobert, den Vergnügungsreisenden und den Raritätensammlern bleibt es unzugänglich."[51]

Der Wiener Nostalgiker Stefan Zweig als avantgardistischer Experimentator und der kommunistische Ex-Expressionist Becher als Beschwörer der „Spannweite zwischen Termopylä, Gotik, Radio und Disneyfilm":[52] deutlicher ließen sich die Verwirrungen der Exilschreiber zwischen 1933 und 1945 kaum mehr fassen. Doch nicht genug damit. Zu den psychologischen, ideologischen und formalen Problemen beim Schreiben im Exil (auf letztere wird an anderer Stelle noch genauer eingegangen werden) kamen nicht minder schwer wiegende thematische, rezeptionsbedingte und vor allem sprachliche Hindernisse.

„Man schrieb hier und da", bemerkte Hermann Kesten im fünften Exiljahr, „die ‚Emigrationsliteratur‘ hätte ihre *Themen gewechselt* ... Andere warfen der ‚Emigrationsliteratur‘ vor, sie hätte ihre Themen *nicht* gewechselt. Man schriebe so fort, als sei nicht eine Katastrophe gekommen."[53] Hier Propaganda, politische Literatur, das Exil als Stoff und die Autobiographie, dort der historische Roman, psychologische Studien und Erfolgsliteratur: wie so vieles in der Geschichte des Exils, wurde auch die thematische Spannweite der Literatur von weltanschaulichen Trennungslinien markiert.[54] Wer sich wie Joseph Roth, Stefan Zweig, Robert Musil und Hermann Broch schon vor 1933 vorwiegend mit einer längst untergegangenen oder untergehenden Welt bzw. mit allgemeinmenschlichen Problemen auseinandergesetzt hatte, dem vermochte auch das Exil nur selten neue Themen aufzuzwingen. Höchstens, daß Stefan Zweig seinen Plan für eine Balzac-Biographie nach der Flucht aus Frankreich wegen der verlorenen Quellen fallenließ, Bruno Frank nach seinem Cervantes-Buch den autobiographischen Roman *Der Reisepaß* abfaßte und die eine oder andere Autobiographie früher als in erlebnisärmeren Zeiten begonnen wurde. Gestehen Broch im *Tod des Vergil* oder Stefan Zweig in der *Schachnovelle* dem Exilthema doch einmal Raum zu, scheinen Anlaß und Absicht zudem eher vertauscht: vor die Erhellung des gegenwärtigen Zustandes durch das historische oder psychologische Beispiel schiebt sich die Veranschaulichung des typischen Falls durch Selbsterlebtes und eben Geschehenes.

Anders gelagert waren die thematischen Probleme für jene Autoren, die sich bereits vor dem Exil mit ihrer Gegenwart auseinandergesetzt hatten. Ihnen wurde, wenn sie nicht als ausgesprochene politische Propagandisten wirkten, mit dem plötzlichen Abriß des Anschauungsmaterials auch die Zahl der Themen drastisch beschnitten. So gelang es Autoren wie Anna Seghers,

Arnold Zweig und Johannes R. Becher selbst während der ersten Exiljahre nur in Ausnahmefällen auf Grund eigener Erlebnisse aus den Weimarer Jahren und langwieriger Auswertung von Presse- und Augenzeugenberichten, die Stimmung im faschistischen Deutschland zu treffen. Spätestens mit Ausbruch des zweiten Weltkriegs und der Flucht nach Übersee war an eine glaubwürdige und wirksame Deutschlandliteratur im Exil nicht mehr zu denken. Andere Gegenwartsthemen, wie die Exilerlebnisse oder die im historischen Beispiel verschlüsselte Zeitkritik, litten dagegen häufig unter der mangelnden Distanz der Schreiber zu ihrem Sujet, unter dem Desinteresse des ohnehin spärlichen Publikums oder unter ihrer reißerischen Aufmachung. Heinrich Mann und Karl Wolfskehl stehen keineswegs als Einzelfälle da, wenn sie, ignoriert von der Presse ihrer Gastländer,[55] in der „Vereisung"[56] des Exils wie in ihren „ersten, obskuren Anfängen"[57] wieder „ganz aus dem Eigenen"[58] schöpfen.

Weitgehend ungenutzt blieb schließlich auch die offensichtlichste Quelle für Gegenwartsthemen im Exil: die neue, fremde Umgebung. Die Gründe liegen auf der Hand. Zu sehr waren die Exilanten auf Deutschland, die deutsche Kulturtradition und die zukünftige deutschsprachige Leserschaft orientiert, zu rasch wechselten die meisten von ihnen die Asylorte, und zu wenig flexibel waren vor allem die älteren, schon avancierten Autoren, um aus neuen Begegnungen literarisches Kapital schlagen zu können. Vereinzelte Ausnahmen, wie Paul Zechs südamerikanische und Curt Goetz' kalifornische Werke, Hans Sahls New York-Gedichte oder die schwedischen Bücher Kurt Friedländers und Herbert Connors, können an diesem Tatbestand ebensowenig ändern wie die oberflächliche Verarbeitung einer authentischen Hollywood-Adresse in Werfels *Stern der Ungeborenen*, die Anspielungen auf Roosevelts New Deal in Thomas Manns *Joseph der Ernährer* oder die nach Dorothy Thompson gemodelte Gestalt des amerikanischen Journalisten Buddy Lawrence in Zuckmayers *Des Teufels General*.

Standen fremdartige Schauplätze und Landesthemen doch einmal im Zentrum eines Exilbuchs, dann entweder aus kommerziellen Erwägungen[59] oder, wie im Fall Palästina, weil das Asylland als neue Heimat angesehen wurde bzw., wie im Falle Spaniens und der Sowjetunion, aus ideologisch-propagandistischen Gründen[60], oder einfach, weil der Autor, wie Egon Erwin Kisch, ohnehin Zeit seines Lebens als Reporter durch die Welt gerast war.[61] Resümierte Ernst Bloch in den USA: „Niemand mutet Autoren zu, daß sie ein Handwerk, worin sie zulänglich oder mit Gewinn für alle gearbeitet haben, aufgeben, um gefälschte Amerikaware hervorzubringen. Aber eine Enklave mit extrem deutscher, gar gewollt abgekehrter Problemstellung ist erst recht nicht haltbar. Diese Art Produktion würde sich, von der Absatzlosigkeit abgesehen, sehr rasch monotonisieren und am Inzest zugrunde gehen."[62]

Das Pendant zum Desinteresse der Schriftsteller an ihren Asylorten war die mangelhafte Resonanz einheimischer Autoren, Leser und Rezensenten

auf die Exilliteratur. „I am afraid that the answer is", stellte der Verleger
Benjamin W. Huebsch in einem Gutachten zu einigen Manuskripten von
Marie und Walther Victor fest, „that the run-of-the-mill writer is good for
home consumption and not for export."[63] Das mag hart klingen, doch auch
bei anerkannten Schriftstellern, die sich in pulsierenden internationalen Kul-
turzentren aufhielten, blieb im Gegensatz zu exilierten Naturwissenschaft-
lern, Universitätslehrern und Journalisten[64] die Zusammenarbeit mit einheimischen Institutionen , Verlegern und Autoren durchweg gering. Döblin, der
in Frankreich seine Mitexilanten noch dazu aufgerufen hatte, „in Beziehungen zum französischen Schrifttum" zu treten und sich „in das Denken und
Fühlen des Landes, in dem ihr lebt"[65] zu vertiefen, wurde im fernen Santa
Monica rasch zum verbiesterten Hypochonder. Stefan Zweig, oft übersetzt
und international geschätzt, bemühte sich in seinen Zufluchtsorten London
und Brasilien kaum um Kontakte mit einheimischen Kollegen.[66] Die Brüder
Mann und Lion Feuchtwanger kapselten sich während ihrer langjährigen
USA-Aufenthalte mit beachtlicher Konsequenz von der später in der Bundesrepublik so einflußreichen zeitgenössischen amerikanischen Literatur ab.
Und dem Teamarbeiter Brecht erklärte Georg Grosz bereits 1935/36, daß
man am Broadway „für die dämlichen vergötterten Massen ... weder Brecht
noch Grosz noch Heartfield" brauche: „Schweyk, leider, kennt hier niemand; ist auch kein ‚Humor' für hier ... Mach Dir keine falschen Illusionen ... Man hätschelt und wärmt den ‚linken' Schriftsteller, soweit er Kas-
senerfolg hat ... Täusche Dich nur ja nicht, lieber Bertie, Deine Sachen sind
den Massen ... Hekuba ... Was Du schreiben könntest wäre: eine Art Don
Quichote von heutzutage."[67]

Entsprechend lau fiel die Reaktion der – um beim Beispiel USA zu bleiben
– amerikanischen Literaturkritik auf die Exilliteratur aus. Wo es sich nicht
um hollywoodverdächtige Reißer oder ausstattungsträchtige Historienschinken handelte, übersprangen selbst renommierte Rezensionsorgane wie *New
York Times Book Review, Saturday Review of Literature* und *Books* nur
selten die kulturellen Barrieren.[68]

> ... hier wird niemand meine Verse lesen,
> ist nichts, was meiner Seele Sprache spricht;
> ein deutscher Dichter bin ich einst gewesen;
> jetzt ist mein Leben Spuk wie mein Gedicht.[69]

Politische Literatur war zwischen Wall Street und Disneyland ohnehin
verschrien, die intellektuelle Aktivierung des Rezipienten durch die Anwendung von Verfremdungseffekten unerwünscht. Als Berthold Viertel durch
„das melodramatisch übersteigerte und mit symbolischem Räsonnieren erfüllte Ende"[70] seines deutsch-amerikanischen Dramas *The Way Home* die
Absurdität der Kriegssituation hervorhob, ließ ihn sein Agent abblitzen.
Noch negativer reagierte die Mehrzahl der alteingesessenen deutschsprachi-

gen Zeitungen der USA auf das Exil. „Gleichgültigkeit oder gar Unfreund-
lichkeit und offene Feindschaft" scheinen hier die Regel gewesen zu sein.[71]
Anders lagen die Dinge in der Sowjetunion. Hier war das Auftreten –
geladener – Exilanten erwünscht; die Exilliteratur erfuhr offizielle Förderung, Übersetzungen wurden in großer Zahl und mit Riesenauflagen hergestellt. Gudrun Düwel hat kürzlich auf die enge Zusammenarbeit zwischen
Friedrich Wolf und Wsewolod Wischnewski hingewiesen.[72] Simone Barck
streifte Johannes R. Bechers publizistische Aktivität in russischen Journalen.[73] Und das in Frankreich erschienene Buch *Écrits de Moscou* deutet an,
welche entscheidende Rolle Georg Lukács während der 30er Jahre in den
innersowjetischen Debatten um die Monatsschrift *Literaturny kritik*
spielte.[74] Freilich darf ob der beachtlichen kulturellen Aktivitäten und riesi-
gen Auflagenerfolge der Moskauer Exilgruppe nicht vergessen werden, daß
die deutsch-sowjetische Zusammenarbeit auch beträchtlichen Konfliktstoff
in sich barg. Ein Gedicht wie Hedda Zinners *Moskau, Frühling 1936* spiegelt
das auf individueller Ebene wider:

> In solchen Nächten war's: Da kam's geschlichen
> und sprang mich an aus dunkler Zimmerecke ...
> Die Angst – In solchen Nächten war's wie heute.[75]

Die schon vor 1933 im Bund proletarisch-revolutionärer Schriftsteller und
dann wieder in der Expressionismusdebatte zutage tretenden Diskrepanzen
zwischen den literarischen Bedürfnissen der nachrevolutionären Sowjetunion
und den Aufgaben der vom Faschismus vertriebenen Exilanten, zwischen
einer sozialistisch-realistischen und einer operativen, formal experimentellen
Literatur also, betraf das gesamte sowjetische Exil.

Womöglich noch hinderlicher als die psychologischen, thematischen und
rezeptionsästhetischen Probleme war den vertriebenen Autoren das, was
Günther Anders „das Stammeldasein"[76] des Exils genannt hat: der Verlust
der Umgangssprache, die Stagnation des eigenen Schriftdeutschen, fremd-
sprachliche Einflüsse und die frustrierenden Versuche, in der Sprache des
Gastlandes weiterzuproduzieren. „Es gab Emigrationsgewinnler, gewiß ...
Aber wir, die sich mit Haut und Haaren der Sprache verschrieben hatten, was
war mit uns? Mit denen, die ihre Sprache nicht loslassen wollten und konnten, weil sie wußten, daß Sprache nicht ‚Sprache' war, sondern Denken,
Fühlen und vieles andere? Sich davon ablösen? Aber das heißt mehr, als sich
die Haut abziehen, das heißt sich ausweiden, Selbstmord begehen."[77] So wie
hier Döblin klagte fast jeder, der im Exil weiterzuschreiben versuchte. Ihnen
allen hat die Sprache „seit 1933 oft ein Bein gestellt".[78] Leonhard Frank
spricht vom „Kernschuß", der den Schriftsteller mit der Unterbrechung des
„lebensvollen, stetigen Zustroms aus dem Volk seiner Sprache" treffe: „Er
spielte in der Emigration auf einer Geige aus Stein, auf einem Klavier ohne
Saiten ..."[79] In dem von Fritz Kortner und Dorothy Thompson verfaßten

Theaterstück *Another Sun* (1940) geht ein berühmter Schauspieler stellvertretend für alle Exilanten an der Sprachbarriere des Exils zugrunde. Carl Zuckmayer reimte anläßlich von Thomas Manns 70. Geburtstag *Kleine Sprüche aus der Sprachverbannung:*

> ... ach, in Deiner stillen Kammer
> Spürest Du der Sprachverbannung Jammer,
> Krampfhaft suchend die korrekte Wendung ...[80]

Der Kommunist Johannes R. Becher[81] litt unter dem Sprachverlust ebenso wie der konservative Joseph Roth[82] und der parteilose Paul Mayer, der sich im mexikanischen Exil unter anderem als Deutschlehrer durchschlug:

> Perfekt von ‚tun‘. Ihr Guten, sagt es schnell.
> Gebt nicht zur Antwort mir: ‚Ich hab’ getutet.‘
> Enrique, Carlos, Carmen, Isabel,
> Ihr wißt ja nicht, wie meine Seele blutet,
>
> Wenn Ihr die Muttersprache mir entstellt
> Und sie zerhackt in krauser Silben Scherben.
> Zum zweitenmal zerstört Ihr mir die Welt,
> Die meine ist auf Sterben und Verderben.[83]

In der Exil-Debatte im *Neuen Tage-Buch* wurde der Ludwig Marcuse-Satz: „Ich glaube, daß man bereits eine wichtige Sendung erfüllt, wenn die deutsche Sprache über diese Zeit ihrer fürchterlichsten Schändung hinübergerettet wird"[84] von politisch denkenden Exilanten problematisiert. Und während für Alfred Polgar die Muttersprache, die ehemals „das himmlische Gefühl der Grenzenlosigkeit" verbürgte, in der Fremde zum engen „Gefängnis"[85] schrumpfte, geriet der Tscheche F. C. Weiskopf in die merkwürdige Lage, seine deutschsprachigen Werke in der tschechischen Exilantengazette *New Yorkske Listy* gegen die Angriffe seiner Landsleute verteidigen zu müssen: „... ist die deutsche Sprache vielleicht schuld an nationalsozialistischer Barbarei?"[86] Ernst Bloch schließlich machte in seinem Aufsatz über *Zerstörte Sprache – zerstörte Kultur* das Verhältnis der Vertriebenen zur Muttersprache zum Kriterium für die Definition zweier Exilantentypen: „Der erste Typus will sich von drüben völlig abwenden. Er verschmähte sogar, deutsch zu sprechen ..."[87] Neben vielen jüdischen Flüchtlingen gehören nach Bloch hierher vor allem jene „bankrott gemachten Bürger", die ihren Eintritt in Amerika nur deshalb so „reißerisch" markieren, weil sie Hitler „tausend Jahre" ohne weiteres zutrauen. „Der zweite Typ ist genauso abstrakt wie der erste, doch ihm völlig entgegengesetzt. Er will sein altes Sein und Bewußtsein behalten ..."[88] – und seine alte Sprache. Dabei entgeht ihm jedoch nach Bloch, daß er durch das Schaffen einer deutschen Kultur- und Sprachinsel in seinem Gastland den nationalsozialistischen Vorstellungen vom Auslandsdeutschtum in die Hand arbeitet:[89] „. . . beide Typen berühren sich, so widerwillig unbewußt, mit einem Stück Nazismus, sogar mit einer ganz bestimmten Nazipolitik in Amerika."[90]

Bloch hatte recht. Einerseits drohte jede Abkapselung von der neuen Umgebung, die Sprache der exilierten Schriftsteller auf einem überholten Entwicklungsstand einzufrieren. Andererseits zog übermäßige Akkulturation den Zwang nach sich, fortan in der Fremdsprache zu schreiben. „Das heißt nicht weniger", bestätigt Johannes Urzidil, „als daß jemand, um Autor in einer fremden Sprache werden zu können, sich eben in einen völlig anderen Menschen, in ein integrales Glied des anderen Sprachraums in seiner ganzen präsenten, historischen, geographischen und sozialen Kontinuität verwandeln müßte."[91] So oder so waren stilistische Brillanz, der über Jahrzehnte hinweg mühsam entwickelte persönliche Stil, ja die Glaubwürdigkeit des Dargestellten aufs höchste gefährdet. Die Sprache, jenes „einzige Gerät", mit dessen Hilfe sich die Vertriebenen noch „vor dem letzten Herunterkommen", vor der „restlosen Entwürdigung"[92] retten konnten, begann unzuverlässig zu arbeiten. Sprachliche Mischformen stellten sich ein, die mit einem „Schweben der Sprache im Übernationalen",[93] von dem Thomas Mann angesichts seines Altersstils euphorisch schrieb, recht wenig zu tun hatten. Die Sprachkrise, mit der sich viele der Schreibenden ohnehin schon seit Jahren auseinandersetzten, wurde im Exil um ein Vielfaches potenziert. Die Klage des verbannten Ovid hatte nach neunzehnhundert Jahren nichts an Relevanz eingebüßt:

Ich, ein römischer Dichter – oh, übet Nachsicht, ihr Musen –
spreche Sarmatisch meist, denn mir bleibt keine Wahl.
Nur mit Beschämung gesteh' ich, daß in der lateinischen Rede
Mir, der selten sie braucht, oft es an Worten gebricht.
Und so fürchte ich auch, dies Büchlein möge enthalten
Manches barbarische Wort – glaubt, nur der Ort ist dran schuld.
Um nicht ganz zu vergessen die Wörter Ausonischer Zunge,
Rede ich oft mit mir selbst und rufe zurück ins Gedächtnis
lange entbehrte Wörter – ach, welch traurige Müh![94]

Fritz von Unruh,[95] Alfred Döblin[96] und Konrad Merz[97] gingen in der Verbannung die Worte aus; Exilgrößen wie Alfred Neumann,[98] Hermann Broch, Heinrich Mann und Lion Feuchtwanger drohte die Muttersprache historisch zu werden. Broch rettete die jenseits von „kommunikativen Funktionen" in „repetitorischen Wortspiralen" erstarrte Schreibweise seines Romans *Der Tod des Vergil* nur dadurch vor Manieriertheit, „daß er in der Problematik seiner Sprache die Problematik Vergils thematisiert".[99] Heinrich Mann, dem im *Henri Quatre* noch die funktionale Verschmelzung von modernen und archaischen bzw. ausländischen Sprachelementen gelungen war, irrte ein Exiljahrzehnt später in *Der Atem* und *Empfang bei der Welt* in richtungslosem „Greisen-Avantgardismus"[100] zwischen Stilebenen und Sprachen umher: „produire à vide",[101] wie er es selber nannte. Und „der geachtetste aller Schriftsteller", Thomas Mann, „bleibt deutsch und wird sakral".[102]

Zur eigentlichen Cause célèbre für jenen Teil der Exilliteratur, der „in einem ‚toten Deutsch'"[103] abgefaßt ist, wurden, später in der Bundesrepublik zumindest, Lion Feuchtwangers Bücher: „Feuchtwanger war in Amerika ‚wohnhaft', aber gleichzeitig ein deutscher Schriftsteller geblieben." Beides ließ sich nach Hans Mayer „auf die Dauer nicht miteinander vereinigen. Der Emigrant Feuchtwanger begab sich selbst der Möglichkeit, seine sprachlichen Mittel mit der sprachlichen Wirklichkeit des heutigen Deutschland zu konfrontieren ... Noch dreizehn Jahre nach dem Kriegsende schuf er eine Literatur des Exils: in der einstigen Muttersprache, deren neue Entwicklungen er aber nicht mehr selbst und neu zu erleben gewillt war ... Literatur in einer Sprache, die aufgehört hatte, lebendiges Deutsch zu sein. Feuchtwanger bemühte sich immer verzweifelter um Stilisierung der Sprache ... Er glaubte sich einreden zu können, dies destillierte Deutsch eigne sich vorzüglich für seine Absichten eines epischen Geschichtsschreibers."[104]

Die Brüder Mann, Feuchtwanger und Broch hatten schon vor ihrer Flucht zu den etablierten Schriftstellern gezählt. Das Erlernen oder der Gebrauch einer Fremdsprache zu anderen als alltäglichen oder publizistischen Zwecken stand bei ihnen außer Frage.[105] Heinrich Mann, der zwar 1910 darüber geklagt hatte, daß er „Deutsch schreiben muß"[106] statt Französisch, verfaßte während seines achtjährigen Zwangsaufenthalts in Frankreich nur Honorararbeiten für die *Dépêche de Toulouse*. Fällt er angesichts des ihm sarmatisch klingenden Amerikanisch in seinen letzten Werken bisweilen doch wieder ins Französische und Italienische zurück, geschieht das eher aus „verzweifelter Sprachbegeisterung"[107] und „sprachlicher Unsicherheit"[108] denn aus Polyglottie.[109] Womöglich noch frustrierender gerieten Kurt Tucholskys Versuche, sich im schwedischen Exil Französisch als Schriftsprache anzueignen: zu mehr als einem Preis von 60 ffrs. bei einem Kurzgeschichtenwettbewerb des Pariser Verlagshauses Grasset reichte es nicht.[110] Und selbst Karl Wolfskehl, seit Jahren als Übersetzer tätig, klagte: „Seit wie lange muß ich auch im übertragenen Sinn von mir selber absehen, indirekt und verhüllt ausdrücken, also übersetzen, was im Urlaut nicht verständlich, weil zu verhüllt, zu gewagt, zu dunkel oder zu übertrieben klänge."[111]

Häufig führte das Aufeinanderprallen von verschiedenen Sprachen im Exil deshalb zu jenen Mischformen, die mit dem treffenden Ausdruck „Emigranto"[112] umschrieben wurden: Worten wie „behavten"[113] (Karl Wolfskehl) und „Panzerbil"[114] (Brecht); den Amerikanismen in Thomas Manns Werken und Briefen;[115] Stilblüten wie „mit der Zunge in den Backen" (Döblin) nach dem Englischen *tongue in cheek* oder „eine Katze an der Gurgel haben" (Ernst Weiß) nach französisch *avoir un chat dans le gorge;*[116] dem „Beinah-Englisch" Robert Neumanns, „das nur Nichtengländer für englisch halten konnten";[117] dem „I am very sorry"[118] am Ende jenes Briefes, mit dem sich Klaus Mann von Hubertus Prinz zu Löwenstein lossagte und den Spottgedichten im Ton von Mascha Kalékos *Momentaufnahme eines Zeitgenossen:*

> Wenn unsereins *se lengvitsch* spricht,
> So geht er wie auf Eiern.
> Der Satzbau wackelt, und die *grammar* hinkt.
> Und wenn ihm etwa ein *ti ehtsch* gelingt,
> Das ist ein Grund zum Feiern.
>
> Nicht so der Herr, den ich im Auge habe,
> Oder besser gesagt: uffm Kieker.
> Dem ist alles Emigrantische fremd.
> Er ist der geborene Inglisch-Spieker,
> Der Forrenlengvitsch-Göttin Auserkorner.
> Kommt es drauf an, so spricht der Mann
> Selbst Esperanto wie ein Eingeborner.[119]

Manch einer der Exilanten mußte sich gar seinen deutschen Stil von ausländischen Kritikern korrigieren lassen: Ludwig Marcuses Aufsatz *Freuds Ästhetik* wurde wegen stilistischer Beanstandungen nur mit Zögern in die *Publications of the Modern Language Association of America* aufgenommen.[120]

Den Sprung in die neue Sprache wagten fast nur Mitglieder der jüngsten Exilantengeneration: Jakov Lind, zur Zeit der nationalsozialistischen Machtübernahme sechs Jahre alt, Michael Hamburger, acht, Alexander Weiss, neun, Erich Fried, elf, Peter Weiss, sechzehn, Ernest Bornemann, siebzehn, Stefan Heym, neunzehn, Hertha Pauli, dreiundzwanzig, Ernst Erich Noth, dreiundzwanzig, und, schon fast eine Ausnahme, der damals sechsundzwanzigjährige Klaus Mann. Zu literarischem Weltruhm wie der Englisch schreibende Pole Joseph Conrad und der in den USA wirkende Russe Wladimir Nabokov gelangte keiner von ihnen.

Fried,[121] Lind, Herta Pauli[122] und Alexander Weiss kamen lange Jahre weder in ihrer neuen noch in ihrer alten Heimat zu mehr als Achtungserfolgen. Bornemann suchte im nachhinein seinen „Abstieg" zum Schreiber von Kriminalromanen und Filmskripten politisch zu motivieren: „Unsere Unkenrufe, unsere Warnungen, daß der Krieg vor der Tür stehe, wurden mit Unwillen aufgenommen. Da gab es nur einen Ausweg: Unsere Politik in sogenannte Unterhaltung einzuwickeln und das Paket an die Meinungsmacher zu verkaufen."[123] „Mein Niemandsland zwischen den Sprachen", klagte Michael Hamburger, „konnte eigentlich nur ein Land des Schweigens und der Nacktheit sein, denn nicht nur Kleider, sondern auch Wörter und Satzformen machen Leute ... Im Niemandsland wurde jedes Schreiben schwerer als je zuvor."[124] Proteste gegen McCarthyismus und DDR-Innenpolitik

brachten Stefan Heym, der auch in Europa fortfuhr, „seine Texte amerikanisch zu konzipieren und dann übersetzen zu lassen",[125] drüben wie hüben
an den Rand des Kulturbetriebs.[126] Klaus Mann war in den USA ein geschätz-
ter Redner – sein auf Englisch abgefaßtes Gide-Buch aber und die Autobiographie *The Turning Point* (1942) blieben so wenig erfolgreich wie seine
kurzlebige Zeitschrift *Decision*. Leichter taten sich Schriftsteller wie Yvan
Goll und René Schickele, die ohnehin zweisprachig waren, oder Journalisten
wie Curt Riess, Franz Schoenberner und Joseph Wechsberg bzw. Bestseller-
produzenten wie Vicki Baum und Arthur Koestler.

   Von besonderem Interesse ist dagegen der Fall Peter Weiss. Sprachverlust
und Doppelsprachigkeit wurden von Weiss nämlich bewußt problematisiert,
das drohende Verstummen als Ausgangspunkt der Suche nach Identität und
individuellem Schreibstil erkannt. Weiss leidet deshalb auch nicht an jenem
„Kopfzerbrechen", das Klaus Mann „selbst die einfachsten englischen Voka-
beln"[127] bereiteten. Ebensowenig haben seine Überlegungen mit Leo Spitzers
psycholinguistischer Einsicht zu tun, daß man beim Gebrauch einer Fremdsprache nicht mit Äquivalenten auskommt, sondern „umdenken"[128] muß.
Weiss' sprachlicher Werdegang verläuft komplizierter, tiefgreifender, exi-
stenzgefährdender. Ein „Fragment" überschriebener Prosabericht des jüngeren Bruders Alexander deutet an, warum: „Als ich geboren wurde, war ich
Ausländer. Als wir nach England kamen, war ich Ausländer, nicht weil ich
Deutscher, sondern weil ich Tschechoslowake war. Meine zwei Jahre in
einem englischen Internat machten mich nicht zu einem Engländer. In der
Tschechoslowakei wurde ich als Ausländer betrachtet – obwohl ich Tschechoslowake war –, weil ich aus England kam. In Schweden wurde ich als
Ausländer betrachtet, nicht weil ich Tschechoslowake war, sondern weil
meine Muttersprache deutsch war. Obwohl meine Muttersprache deutsch
war, konnte ich mich nicht als Deutscher betrachten. Ich konnte mich nicht
als Jude betrachten, weil mein Vater zum Christentum übergegangen und
meine Mutter Katholikin war. Als wir unmittelbar vor der deutschen Annexion in einem deutschsprachigen Gebiet in der Tschechoslowakei wohnten
und die Gegensätze zwischen den Deutschsprachigen, den Tschechen und
Slowaken sich verschärften und sowohl Slowaken als Deutschsprachige den
tschechoslowakischen Staat zu zersprengen suchten, konnte ich mich nicht
als Deutscher zählen – obwohl ich deutschsprachig war –, sondern galt als
Slowake, weil mein Vater in dem Teil Ungarns geboren war, der nach dem
Ersten Weltkrieg ein Teil der Tschechoslowakei wurde. Er hatte beschlossen,
tschechoslowakischer und nicht österreichischer Staatsbürger zu werden, obwohl er seine ganze Jugend über in Wien ansässig gewesen war. Und obwohl
er sich entschlossen hatte, tschechoslowakischer Staatsbürger zu werden, ließ
er sich in Deutschland nieder und heiratete meine Mutter, die in der Schweiz
geboren war."[129]

   Was Alexander Weiss biographisch faßt, vertieft sein Bruder in dem für ihn entscheidenden Jahr 1965 in der Lessing-Preis-Rede *Laokoon oder Über die Grenzen der Sprache* theoretisch. Mit dokumentarischer Genauigkeit wird hier nachgezeichnet, wie ein aus dem Kultur- und Seinszusammenhang gerissener Exilant über den Verlust seiner zu Rebuszeichen erstarrten Muttersprache, die gemalte Wiedergabe der inneren Bilder und den Versuch, sich in einer neuen Sprache, dem Schwedischen, anzusiedeln, zurück zur Sprechweise seiner Kindheit findet: „So wie er sich von dieser Sprache entfernt hatte, hatte er sich von sich selbst entfernt. So wie er seiner selbst nicht sicher war, war er auch der alten Sprache nicht mehr sicher. Gleichzeitig mit dem Versuch, sich wiederzuentdecken und neu zu bewerten, mußte auch diese Sprache wieder neu errichtet werden."[130] Peter Weiss' schwedische Bücher, seine Grafiken, der Prosatext *Im Schatten des Körpers des Kutschers* (1960, entstanden 1952), die autobiographischen Romane *Abschied von den Eltern* (1961) und *Fluchtpunkt* (1962) und schließlich die erste politische Positionsmeldung im *Marat/Sade* (1964) belegen, wie lange die Schäden des Exils nachwirkten. Erst 1965, 20 Jahre nach dem Ende des Dritten Reiches, gelang es dem nunmehr 49jährigen, die Isolation des Exils und die aus ihr resultierende ambivalente Suche nach „Teilnahme aufgrund offenen Austausches und freier Verständigung"[131] zugunsten einer „eindeutigen Parteinahme" und „entschiedenen Hinwendung zum Dokumentarischen"[132] und Politischen zu überwinden. „Nur der älteste Sohn [der Laokoon-Statue, A.S.] zeigt in seinen Gesten an, daß er des Sprechens, des Sichmitteilens noch fähig ist ... Listig rechnet er noch mit der Möglichkeit, verschont zu bleiben."[133]

Die materiellen, psychologischen und sprachlichen Schwierigkeiten drohten die künstlerische Produktion im Exil nahezu unmöglich zu machen. Dennoch vermochten einige der Vertriebenen mehr oder weniger willentlich, der Exilsituation gute Seiten abzugewinnen. „Der infernalische Haß gewisser Dantescher Terzinen, die blitzende Schärfe Victor Hugoscher Streitschriften, die schwermütig-heitere, süße und tiefe Heimatliebe Li-Tai-Poscher Verse, der elegante und tödliche Hohn Heinescher Gedichte, das alles ist nicht denkbar ohne das Exil der Autoren."[134] Andere Exilanten formulierten vorsichtiger als Feuchtwanger. Klaus Mann hoffte, daß in der Ausnahmesituation Exil seine geliebte „homogene Elite"[135] wiedererstehe. Günther Anders sprach vom Exil als „Lehrmeisterin".[136] Heinrich Mann schwärmte vom „großen und gefahrenreichen Glück", das erlaubt, „neue Erkenntnisse zu erobern ...": „Durch Verbannung, Not und Mühe werden die Begabungen vertieft, ganz abgesehen davon, daß die Schriftsteller streng gesiebt werden."[137] Für Brecht lassen sich recht handfeste Belege dafür anführen, daß er „geistig und künstlerisch erst im Exil seine wahre Heimat"[138] gefunden hat: das Wissen des unbehausten Exilanten um die „Relativität menschlicher – und besonders moralischer – Wertungen";[139] Ironie und Galgenhumor als „symptomatische Stilhaltung"[140] gegenüber der widersprüchlichen Exilsituation; und die – im Zusammenhang der *Flüchtlingsgespräche* genauer zu bestimmende – Einsicht, daß die Emigration „die beste Schul für Dialektik ist".[141] Hermann Kesten sah im Ausland „bessere und reichere Möglichkeiten, über Deutschland zu schreiben",[142] als in der Heimat und resümierte nach 1945: „Weltkenntnis und Welterfahrung haben wir in Fülle in der Emigration gewonnen und in die Speicher und Scheuern der deutschen Literatur heimgetragen."[143] Und selbst der vom Exil endgültig seines geliebten Österreichs beraubte Stefan Zweig bekannte drei Jahre vor seinem Selbstmord anläßlich des Erscheinens von Thomas Manns *Lotte in Weimar*, „daß für einen Künstler Exil nicht nur Verbitterung und seelische Verarmung bedeuten muß, sondern auch gesteigerte Anspannung und inneres Wachstum erschaffen kann".[144]

Kaum Neues bot das Exilerlebnis dagegen jenen – oft bürgerlichen und jüdischen[145] – Schriftstellern, für die das Exil schon vor 1933 eine Art von Lebensform[146] gewesen war. Ihnen bedeutete die Aufhebung von Provinzialität und nationalen Bindungen, die Lösung vom kommerzialisierten Kulturbetrieb, der Verlust gesellschaftlicher Bindungen, kurz: die „harte Schule"[147] der Exilerlebnisse wenig. Außenseiter, heimatlos, nachdenklich und mißtrauisch waren sie schon vor ihrer Flucht gewesen. Was Klaus Mann über Tschaikowski schrieb, traf auf ihn selber und viele seiner Mitexilanten zu:[148] „Er war ein Emigrant, ein Exilierter, nicht aus politischen Gründen, sondern weil er sich nirgends zu Hause fühlte, nirgends zu Hause war. Er litt überall."[149] „... was mein Exil betrifft", eröffnete auch Hermann Kesten, „so glaube ich zuweilen, ich bin im Exil geboren. Jeder originelle Literat lebt in seinem eigenen, ewigen Exil."[150] Und für die Marxisten fragte Ernst Bloch, ob „sich heute nicht die meisten Menschen in einem Zwischenzustand"[151] befinden: „Wir politisch-kulturellen Emigranten kommen uns daher gar nicht besonders exzeptionell vor. Wir sind, was Grenzsituation angeht, recht zeitgemäße und nur etwas übertrieben deutliche Erscheinungen."[152] Kurt Tucholsky und Joseph Roth[153] sind hier zu nennen, ebenso wie Stefan Zweig[154] und Robert Musil,[155] Hermann Broch,[156] Elias Canetti,[157] Alfred Döblin,[158] Leonhard Frank,[159] Karl Wolfskehl[160] und Heinrich Mann.[161] Sie alle empfanden das Exil als eine Art „potenzierte Entfremdungssituation", als Symbol für „das Anwachsen einer rational nicht erfaßbaren Bedrohung, die die Sicherheit menschlicher Existenz ebenso wie den Sinn des künstlerischen Schaffens radikal in Frage stellte".[162] Mit den Worten von Heinrich Mann: „Voltaire war eine europäische Macht, gleich, ob ein Staat ihn deckte ... Dagegen wird ein Zeitalter der staatlichen Propaganda eine ohnmächtige Literatur haben. Exiliert wird sie immer sein, ob draußen oder im Lande. Der offenkundige Landfremde wird zuletzt keine trüberen Demütigungen ausstehen als der scheinbar Beheimatete."[163]

Leicht gefallen ist das Schreiben im Exil letztlich wohl keinem der aus Heimat und Sprache Vertriebenen. Selbstmorde und Vereinzelung, Stammeln und Verstummen bedrohte sie alle, ob ihr Ruhm in der Fremde nun zunahm oder ihre Werke in der Vergessenheit verschwanden, ob sie sich aktiv an den literarischen und politischen Debatten des Exils beteiligten oder historische Themen und überlieferte Formen der propagandistischen Tagesliteratur vorzogen. In der Tat: Kaum einer der aus Deutschland vertriebenen Autoren überlebte die Jahre bis 1945 unbeschadet.

4.2. Debatten über die Exilliteratur

Ernst Ottwalt klagte noch zu Anfang des vierten Exiljahres: „Es fehlen bei uns die leidenschaftlichen Diskussionen um Ziel und Methoden des Kampfes. Die Probleme der Emigrationsliteratur werden nicht behandelt, und das Ergebnis unserer Unterlassungen wird über kurz oder lang unsere Front schwächen."[1] Wenig später notierte auch Alfred Kurella: „Wir haben seit langem verlernt, zu diskutieren; jede Auseinandersetzung wird uns unter der Hand zur Polemik."[2] Kurt Kersten schließlich schob die Schuld auf das Fehlen von „dokumentarischem Material"[3] im Exil, ohne das sich nicht schreiben und argumentieren lasse. Alle drei weisen auf dasselbe Phänomen hin: Literarische Debatten waren – selbst vor 1939, als es noch bedeutende Exilzentren und -zeitschriften gab – selten. Statt im Meinungsstreit die sonst so hinderliche politische und künstlerische Vielfalt der Exilanten fruchtbar werden zu lassen, schlossen sich Marxisten und Bürgerliche, Agitations- und Wortkünstler lieber voneinander ab. Mit Ausnahme von gelegentlichen Kontroversen um Neuerscheinungen wie Ernst Blochs *Erbschaft dieser Zeit* (1935) oder die Rußlandberichte von Lion Feuchtwanger und André Gide, saß man wie vordem in Berlin und München auch in Prag, London und New York im Elfenbeinturm.

Zu bedeutenderen Auseinandersetzungen mit Rede und Widerrede über ein spezifisches Thema kam es denn auch nur dreimal: 1934/35, als im *Neuen Tage-Buch* über die Existenz der Exil-Literatur diskutiert wurde; 1936, als es wiederum im *Neuen Tage-Buch* und in der *Neuen Zürcher Zeitung* um die Verbindungen von vertriebenen Autoren zu reichsdeutschen Verlagen ging; und schließlich – als hervorragendstes Beispiel – 1937/39, als im *Wort*, der *Internationalen Literatur* und der *Neuen Weltbühne* die Rolle von Realismus, Expressionismus und operativer Kunst im Kampf gegen den Faschismus zur Debatte stand. Dazu gesellten sich einige mehr oder wenig zusammenhängende Beiträge zum historischen Roman und der Rolle von Kunst im Krieg (auf sie wird an anderer Stelle eingegangen) und allerlei politische Kontroversen um Faschismustheorien, Volksfront und Vansittartismus. Eine letzte, folgenreiche Debatte, in die Exilanten verwickelt waren, gehört bereits der Nachgeschichte des Exils an: der Streit zwischen Walter von Molo und Frank Thieß auf der einen und Thomas Mann auf der anderen Seite um Exil und innere Emigration.[4]

Enttäuschend kurz war bereits die erste dieser Diskussionen 1934/35 im *Neuen Tage-Buch*.[5] Dabei ging ihr Thema – Möglichkeiten und Grenzen der Exilliteratur – durchaus alle schreibenden Exilanten an. Debattiert wurde von dem holländischen Romanautor und Kritiker Menno ter Braak; von Joseph Bornstein, der unter dem Pseudonym Erich Andermann die redaktionelle Meinung des *Neuen Tage-Buchs* vertrat; den Kritikern Ludwig Marcuse und Hans Sahl;[6] und dem Soziologen Leo Matthias. Auslöser war eine Kritik ter Braaks an der Qualität der Exilliteratur. „Die wirkliche Emigrationsliteratur ist", beklagte sich der Holländer, „trotz der beträchtlichen literarischen Ernte dieser Emigrationsjahre, noch ungeheuer klein. Und zwar deshalb, weil die Majorität der bei den holländischen, französischen, tschechischen und schweizerischen Verlegern erschienenen Bücher sich gar nicht wesentlich von der vorhitlerischen Produktion unterscheidet."[7] Völlig ausgeblieben seien gar jene Werke „de premier ordre",[8] die allein der „europäischen Aufgabe"[9] der Exilliteratur hätten gerecht werden können. Menno ter Braak weiß auch warum: es fehle dem Exil an kritischen Rezensenten, die der „Genialität der großen Persönlichkeit"[10] zum Aufstieg aus dem Wust technisch gut gemachter Bücher verhelfen könnten.

Berechtigte Kritik oder nicht – das Exil versagte kläglich vor ter Braaks Forderungen. Statt zum Gegenangriff zu blasen, blieb es stumm oder trat mit seinen Hauptsprechern, Bornstein und Marcuse, den Rückzug an. In der Tat negierten beide – zu bequem oder, wie Matthias es sah, zu „geistig",[11] um sich über die historischen Hintergründe ihrer Situation Gedanken zu machen – auf bürgerliche Art die Existenz einer spezifischen Emigrationsliteratur. Ter Braaks Tadel an der bruchlosen Fortsetzung des Weimarer Kulturbetriebs im Exil verkehrten sie kurzerhand ins Positive: „Nur weil der Hindenburg den Hitler an die Macht gelassen hat, soll Heinrich Mann das Wunder vollbringen, ab Januar 1933 mehr zu geben als die Fortsetzung seines bisherigen Werkes? ... auf keinen Fall hat sich das Weltbild der deutschen Schriftsteller, die Deutschland verließen, beim Überschreiten der deutschen Grenze verändert ..."[12] Der Nationalsozialismus wird ohne viel Federlesen, dafür aber mit bemerkenswert viel Selbstbewußtsein, als indiskutabel abgetan: „Es ist das gemeinsame Merkmal aller echten Gegner des Nationalsozialismus, daß sie in ihm *kein geistiges Ereignis* erblicken, keine ebenbürtige Antithese. So sind sie im tiefsten unbewegt von dieser Bewegung."[13] Und die Tatsache, daß ein Autor „unmittelbar nach dem Schock des deutschen Erdrutsches, in den unermeßlichen Schwierigkeiten des Exils"[14] sein vorhitlerisches Niveau zu halten vermochte, wird von Bornstein und Marcuse als ausreichendes Argument gegen die „Dreschflegel"[15] und „Henkerbeile"[16] einer unerbittlichen Literaturkritik zu Felde geführt.

Aggressiver, aber auch konstruktiver und zukunftsbezogener argumentierte dagegen Hans Sahl. Zwar schätzt auch er die „geistige Einheit" der Exilliteratur negativ ein; mit Andermannschen Formulierungen wie „Traditionen des deutschen Geistes" und „Pflege der deutschen Sprache"[17] kann er freilich nichts anfangen. Da auch der Nationalsozialismus an die altherge- brachten ästhetischen Kategorien anknüpft,[18] fordert Sahl vielmehr, in Zu- kunft die Frage nach dem „Sinn dieser Emigration",[19] nach den „neuen In- halten", den „neuen Erkenntnissen und Gestaltungsmöglichkeiten" in den Mittelpunkt zu rücken. Denn: „Emigration ist nicht nur ein von Hitler auf- gezwungener Verlagswechsel, Emigration ist eine geistige Haltung." Erste Beispiele für diese neue Exilliteratur sind für ihn die Sonette von Johannes R. Becher, Brechts *Dreigroschenroman*, Wolfs *Professor Mannheim (Mamlock)* und die Schriften von Heinrich Mann, Ernst Toller und Ernst Bloch. „Dies alles sind gewiß erst Ansätze. Aber die Arbeit geht weiter … Indem sie versucht, den geographischen Abstand, der sie von den deutschen Ereignissen trennt, durch *geistige Nähe* zu überwinden, arbeitet sie daran mit, ein neues Deutschland vorzubereiten, das schon heute fragend und Antwort heischend, sich seiner zukünftigen Repräsentanten vergewissert."[20]

Während Hans Sahl bereits von den Repräsentanten des neuen Deutsch- land schwärmt, machte sich der bekannteste Repräsentant des alten Deutsch- land, Thomas Mann, in einer zweiten Exildebatte Gedanken darüber, ob sein Platz bei den emigrierten oder den im Reich verbliebenen Autoren sei. Auslö- ser der Diskussion war diesmal eine triviale Geschäftsaktion: die reichlich verspätete Übersiedlung des Fischer Verlags von Berlin nach Wien.[21] Disku- tiert wurde von Leopold Schwarzschild im *Neuen Tage-Buch*, Eduard Kor- rodi und Thomas Mann in der *Neuen Zürcher Zeitung* und Ernst Ottwalt in der *Internationalen Literatur*.[22] Die Zeit: Anfang 1936. Das Resultat: Tho- mas Manns erste öffentliche Stellungnahme gegen das Dritte Reich und die prompt darauf erfolgte Aberkennung seiner Staatsbürgerschaft und Bonner Ehrendoktorwürde.[23]

Doch genau genommen handelte die Debatte weder von Gottfried Ber- mann-Fischer noch von Thomas Mann. Im Zentrum stand vielmehr die Frage, ob die Exilautoren als die einzigen legitimen Vertreter der deutschen Literatur anzusehen seien, ob also die Emigrationsliteratur *die* deutsche Lite- ratur sei. Schwarzschild wies als erster darauf hin: „Worum es geht in dieser Verlags-Frage? Es ist sehr einfach … Im Hintergrund steht das einzige deut- sche Vermögen, das – merkwürdigerweise – aus der Falle des Dritten Reichs fast komplett nach draußen gerettet werden konnte: um die Literatur … Tatsache ist … nahezu nichts von Bedeutung ist drüben geblieben."[24] Das war direkt an die Adresse von Thomas Mann gerichtet, der 1935 noch seine Bücher im Reich drucken ließ und der die suspekte Umsiedlung seines Stammverlags nach Wien soeben in der *Neuen Zürcher Zeitung* vorbehaltlos gutgeheißen hatte. Getroffen fühlte sich jedoch zunächst ein „Neutraler", Eduard Korrodi, Feuilletonchef eben dieses schweizerischen Blattes. Entrü- stet darüber, daß Schwarzschild „die deutsche Literatur mit derjenigen jüdi- scher Autoren identifiziert", galt seine Sorge vordringlich den in Deutschland

verbliebenen Autoren: Gerhart Hauptmann, Friedrich Georg Jünger und
Ernst Jünger, den „Herrlichkeiten der Gedichte Rud. A. Schröders" und
natürlich auch dem Werk Thomas Manns. Ins Exil gegangen waren für ihn
dagegen vor allem die Autoren der jüdischen „Romanindustrie": „Betrachte
sich diese als das Nationalvermögen der deutschen Literatur, dann ist es
allerdings erschreckend zusammengeschrumpft."[25]

Derart verkappte völkische Argumente gingen selbst Thomas Mann zu
weit. Zwar sah auch er in Schwarzschilds Gleichsetzung der Emigrantenliteratur mit der deutschen Literatur vorerst noch einen „ausgemachten polemi-
schen Mißgriff";[26] Korrodis Ausfälle gegen den modernen Roman und sein
„häßliches Verhalten"[27] gegen die jüdischen Exilanten aber wollte er nicht
mehr hinnehmen. Jüdisch, so Mann, könne das Exil allein schon deshalb
nicht sein, weil er, Thomas Mann, dazugehöre. Ebensowenig sei der zeitgenössische deutsche Roman eine rein jüdische Angelegenheit, denn er, Thomas
Mann, habe an seiner Erneuerung und Internationalisierung „nicht weniger
Anteil gehabt als Wassermann".[28] Diskret, aber betont nennt Mann so den
Preis für seine Absage an die neuen Herren Deutschlands: die Führerrolle im
Exil.[29]

Schwarzschild, Korrodi und Mann hatten damit trotz einiger weiterer
Wortmeldungen ihr Pulver verschossen. „Praktikable und bleibende Ergebnisse ... für die schöpferischen Positionen der Emigrationsliteratur"[30] hatten
sie nicht erarbeitet. Das gelang auch Ernst Ottwalt nicht, der als marxistischer
Exilant der Debatte in der *Internationalen Literatur* eine positive Perspektive
anzuhängen suchte: „Wir sind fest davon überzeugt, daß in der blühenden
Kraft dieser [im deutschen Untergrund entstehenden, A. S.] Literatur Namen
auftauchen werden, deren Träger wir heute nicht in der Emigration sehen."[31]
Wohl aber wies Ottwalt auf die Anfänge einer neuen Literaturdiskussion hin:
die „heftigen Debatten"[32] der sowjetischen Künstler um Formalismus und
Realismus, die wenig später unter dem Namen Expressionismusdebatte auch
auf die deutsche Exilliteratur übergriffen.

Die Expressionismusdebatte war zweifellos der bedeutendste und umfas-
sendste, zugleich aber auch der problematischste literarische Meinungsstreit
des Exils. Werner Mittenzwei zählt sie zudem neben der Sickingen-Debatte
„zu den wichtigsten Dokumenten der marxistischen Ästhetik".[33] Diskutiert
wurde in der zweiten Hälfte der 30er Jahre in den Exilzeitschriften *Wort*,
Internationale Literatur und *Neue Weltbühne*, in der *Deutschen Zentral-
Zeitung* und in einer Reihe russisch- und deutschsprachiger Publikationsor-
gane der Sowjetunion.[34] Die Teilnehmer gehörten verschiedenen Klassen und
weltanschaulichen Lagern an und lebten in verschiedenen Exilzentren: Marxisten, Bürgerliche, ehemalige und übriggebliebene Expressionisten aus Moskau, Prag und Paris. Angeführt wurde das illustre Feld der über 20 Debatten-
ten von Georg Lukács, Ernst Bloch, Alfred Kurella, Klaus Mann, Hanns
Eisler, Kurt Kersten, Rudolf Leonhard, Heinrich Vogeler, Herwarth Walden

und Gustav Wangenheim. Aus Paris meldete sich mit einiger Verspätung Anna Seghers in einem Briefwechsel mit Lukács zu Wort.[35] Ernst Fischer griff unter dem Pseudonym Peter Wieden 1939 einen wichtigen Teilaspekt der Debatte noch einmal auf. Brecht verfolgte in Skovsbostrand mit Walter Benjamin Rede und Widerrede, ließ seine ebenso brillanten wie bissigen Repliken jedoch ausnahmslos in der Schublade.[36] Und Johannes R. Becher, durch politische und persönliche Bedenken an einer unmittelbaren Teilnahme verhindert, hielt im Hintergrund der Debatte entscheidende Schaltstationen besetzt.[37]

Der Bedeutung der Teilnehmer entsprach die Bedeutung der Themen: Expressionismus und Realismus, Modernismus und Kulturerbe, der künstlerische Schaffensprozeß, Abbildtheorien und literarische Bündnispolitik. Kurz: Quellen, Formen, Inhalte und Aufgaben der zeitgenössischen (sozialistischen) Literatur. Kaum eine der wichtigeren Zuschriften hielt sich denn auch bei jener mißlichen These von Alfred Kurella alias Bernhard Ziegler auf, die die Diskussion ins Rollen gebracht hatte: „... heute [läßt, A. S.] sich ... klar erkennen, wes Geistes Kind der Expressionismus war, und wohin dieser Geist, ganz befolgt, führt: in den Faschismus."[38]

Sprecher für die drei wichtigsten Standpunkte in der Debatte waren Georg Lukács, Ernst Bloch/Hanns Eisler/Bertolt Brecht und Anna Seghers. Lukács vertrat dabei die während der 3oer Jahre in der Sowjetunion entwickelten Positionen der marxistischen Literaturtheorie: also Realismus, Gestaltung und Widerspiegelung gegenüber Reportage, Formexperiment und künstlerischer Subjektivität. Die Normen für seine Vorstellungen von Harmonie und Kontinuität bezog er, wie schon 1931/32 in der *Linkskurve*-Debatte, unmittelbar aus der deutschen Hochklassik und von Hegel. Hier glaubte er jene dialektische Mitte von extremem Subjektivismus und abstrakter Verallgemeinerung am einleuchtendsten vorformuliert, die ihm zugleich Argumente gegen die spätbürgerliche Literatur und die Reportagen der Arbeiterschriftsteller lieferte. Das Ergebnis war eine realitätsfremde, auf „reinen", gleichsam überhistorischen und weltanschauungsfreien gedanklichen Kategorien basierende Realismuskonzeption, die, wo nötig, mit der Intoleranz des Eiferers von Dekadenz, Verfall und den Widersprüchen der Übergangsgesellschaft gesäubert wurde. Voluntaristische Züge weist auch Lukács' Vorstellung vom künstlerischen Schaffensprozeß auf: „... erstens das gedankliche Aufdecken ... [der nicht unmittelbar wahrnehmbaren gesellschaftlichen, A. S.] Zusammenhänge; zweitens aber, und unzertrennbar davon, das künstlerische Zudecken der abstrahiert erarbeiteten Zusammenhänge – das Aufheben des Abstrahierens. Es entsteht durch diese *doppelte* Arbeit eine neue, gestaltet vermittelte Unmittelbarkeit, eine gestaltete Oberfläche des Lebens, die, obwohl sie in jedem Moment das Wesen klar *durchscheinen* läßt (was in der Unmittelbarkeit des Lebens selbst nicht der Fall ist) doch als Unmittelbarkeit, als Oberfläche des Lebens erscheint. Und zwar als die ganze Oberfläche des

Lebens in allen ihren wesentlichen Bestimmungen – nicht nur ein subjektiv wahrgenommenes und abstrahierend übersteigertes und isoliertes Moment aus dem Komplex dieses Gesamtzusammenhangs."[39]

Von einem genau entgegengesetzten Standpunkt aus argumentierte bei gleicher Zielsetzung – Stärkung der antifaschistischen Literatur – in Prag ein anderer marxistischer Philosoph: Ernst Bloch. Ihm sekundierten direkt und indirekt Hanns Eisler und Bertolt Brecht. Wo Lukács vom Standpunkt der nachrevolutionären Gesellschaft der Sowjetunion ausgeht,[40] zielen Bloch/Eisler/Brecht auf den Spätkapitalismus ab; wo es Lukács um Aufbau geht, suchen seine Opponenten den bürgerlichen Verfall zu beschleunigen; wo der Moskauer einen „unendlich vermittelten Totalitätszusammenhang" postuliert, fragen die anderen, ob „echte Wirklichkeit" auch „Unterbrechung"[41] sein könne, ob Kunst nicht den Auftrag habe, den „Oberflächenzusammenhang"[42] aufzureißen, statt ihn zu flicken.

Dabei bedarf allerdings auch der Theoretiker Bloch der Korrektur durch die Kunstproduzenten Eisler und Brecht. Statt seiner in die Nähe von Lukács' Idealismus geratenden Aufwertung der avantgardistischen Kunstwerke als „antizipierenden Bewegungen im Überbau",[43] führen der Komponist und der Stückeschreiber ein gewichtigeres Argument gegen Lukács' präskriptiven „Säulenklassizismus"[44] zu Felde: das dialektische Verhältnis zwischen der sich ständig verändernden Wirklichkeit und dem Streben des Künstlers nach adäquaten Ausdrucksformen zur Beschreibung und Beeinflussung dieser Veränderungen. Eisler nennt als Beispiel für die „Entwicklung der materiellen Produktivkräfte"[45] die Erfindung von Hammerklavier und Ventilhorn; Brecht spricht davon, daß auch die Unterdrücker „nicht zu allen Zeiten auf die gleiche Art"[46] vorgehen.

Bliebe noch auf Anna Seghers Diskussionsbeitrag hinzuweisen, der 1939 in Form eines Briefwechsels mit Georg Lukács in der *Internationalen Literatur* erschienen ist. Anna Seghers stimmt in allen wesentlichen Punkten mit der Position von Bloch/Eisler/Brecht überein – mit einer Ausnahme: dem künstlerischen Schaffensprozeß. Wo Lukács und, aus ganz anderen Gründen, Eisler und Brecht ihre Stoffe vorwiegend intellektuell, von vorformulierten Theorien her angehen, stellt Anna Seghers mit Tolstoi individuelles Erleben an den Anfang des Schreibens: „In seinem Tagebuch gibt Tolstoi an, daß dieser [spezifisch künstlerische, A.S.] Schaffensprozeß gleichsam zweistufig ist. Auf der ersten Stufe nimmt der Künstler die Realität scheinbar *unbewußt* und *unmittelbar* auf, er nimmt sie *ganz neu* auf, als ob noch niemand vor ihm dasselbe gesehen hätte, das längst Bewußte wird wieder unbewußt; auf der zweiten Stufe aber handelt es sich darum, dieses Unbewußte wieder bewußt zu machen usw."[47] Daß ein derart unmittelbarer, gleichsam „naiver" Subjektivismus in Lukács' Ideengebäude keinen Platz hatte, versteht sich von selbst. Daß er andererseits aber bei entsprechendem Erlebnismaterial auch in die Nähe des perspektivelosen Nihilismus der bürgerlichen Verfalliteratur geraten kann, deuten Seghers-Gestalten wie der namen- und geschichtslose Flüchtling in *Transit* und der „Abenteurer" Georg Heisler in *Das siebte Kreuz* an.

Die Bedeutung der Expressionismusdebatte für die deutsche (Exil-)Literatur liegt auf der Hand; auf sie ist oft genug hingewiesen worden.[48] Fragwürdig ist dagegen – und hier wird das Thema der Wechselbeziehungen zwischen Exil- und Landesliteratur angeschnitten, auf das in der vorliegenden Arbeit sonst nicht eingegangen wird –, ob die Beiträge ebenso wichtig für die internationale Diskussion der marxistischen Ästhetik waren. Neuland ist nämlich von Lukács, Bloch, Anna Seghers und den anderen Debattanten trotz aller tiefschürfenden Formulierungen kaum beackert worden. Das kann sowohl ein, hier nicht durchzuführender, Vergleich mit den vor 1933 in und um die *Linkskurve* ausgetragenen Diskussionen belegen, als auch ein Blick auf die Literaturdebatten gegen Mitte der 30er Jahre in der Sowjetunion. In der Tat zeichnet sich nach dem Material, das Simone Barck kürzlich vorgelegt hat, immer deutlicher ab, daß die Beiträge der in Moskau ansässigen Exilanten enger mit den sowjetischen Diskussionen als mit der Exilliteratur verbunden waren. Das aber hieße, daß ein Gutteil der Argumente jene bahnbrechende Bedeutung einbüßen würden, die ihnen während der letzten Jahre von einer Literaturwissenschaft zugeschrieben wurde,[49] die mehr Interesse für die Legitimierung ihres eigenen Ansatzes als für die komparatistische Aufklärung historischer Zusammenhänge zeigt.[50] Anders wäre es nur, wenn sich der unwahrscheinliche Nachweis erbringen ließe, daß Lukács, Kurella und Becher ihrerseits entscheidenden Einfluß auf die sowjetische Kulturpolitik der 30er Jahre ausgeübt hätten. Die – zugegeben unvollständigen – Fakten, die bislang vorliegen, weisen in die entgegengesetzte Richtung. Wo deutsche Exilanten in sowjetischen Journalen und auf sowjetischen Kongressen zu Wort kamen, berichteten sie im allgemeinen über die Exilliteratur oder demonstrierten an deutschen Beispielen ihre Übereinstimmung mit der herrschenden kulturpolitischen Linie.[51] Mehr zu wagen wäre ihnen angesichts der Säuberungen und der materiellen Abhängigkeit von ihren Gastgebern auch kaum wohl bekommen.

Ein kurzes Kalendarium der wichtigsten sowjetischen Literaturdebatten im Anschluß an den 1. Allunionskongreß muß als Beleg für diese These genügen. (1) März 1935 – 2. Plenum des Vorstandes des Sowjetischen Schriftstellerverbandes: Alexander S. Schtscherbakow, der Verbandssekretär, und Gorki greifen die lasche Behandlung der Aneignung des Erbes durch die Literaturkritik an. (2) Anfang Februar 1936 – in Leningrad findet eine sechstägige Lyrik-Diskussion statt: Becher weist in Fortführung seiner Pariser Volksfrontrede darauf hin, daß sich die Lyrik mehr mit dem „neuen Menschen" auseinanderzusetzen habe, wie er besonders in der Stachanowbewegung hervorgetreten ist.[52] (3) Mitte Februar 1936 – 3. Plenum des Vorstandes des Sowjetischen Schriftstellerverbandes in Minsk: Becher hält den Vortrag

„Aus der Welt des Gedichts".[53] Ein redaktioneller Bericht der *Internationalen Literatur* nennt als wichtigste Diskussionspunkte: „Fragen der Einheit des subjektiv-individuellen (lyrischen) Themas und seiner objektiv-sozialen Verallgemeinerung (Typisierung)",[54] Volkstümlichkeit und Erberezeption. Die anwesenden deutschen Autoren (Becher, Huppert) „bekannten sich ... zu der im Entstehen begriffenen sozialistischen Ästhetik und Poetik, die schon heute, in Gestalt der sowjetischen Stilentwicklung, ein *‚Erbe‘ bildet, dessen Aneignung und Meisterung für den fortschrittlichen Dichter westeuropäischer Prägung zur unmittelbaren Aufgabe wird*".[55] (4) 10. bis 31. März 1936 – Konferenz des Moskauer Schriftstellerverbandes über Formalismus und Naturalismus: Die *Internationale Literatur* übernimmt unter der Überschrift *Gegen Formalismus und Naturalismus. Zu den Prawda-Artikeln über Kunstfragen* einen anonymen Aufsatz aus *Literaturnyj kritik*, in dem, wie bei Lukács, Formalismus und Naturalismus als „rein bürgerliche"[56] Erscheinungen über einen Kamm geschoren werden: „Ist nicht Mangel an organischer Verbundenheit mit der Wirklichkeit, mangelndes Streben nach ihrer tiefen Erkenntnis, für Naturalisten und Formalisten gleich charakteristisch?! Ist für sie nicht kennzeichnend: Gleichgültigkeit gegen das lebendige Leben, leidenschaftslose Tatsachenregistrierung, Teilnahmslosigkeit gegenüber dem realen Menschen ...?"[57] Ebenfalls aus *Literaturnyj kritik* wird ein Aufsatz von M. M. Rosenthal nachgedruckt, der die historische Fundierung des sozialistischen Realismus fordert.[58] (5) 22. bis 26. Februar 1937 – auf dem 4. Plenum des Sowjetischen Schriftstellerverbandes setzen sich aus Anlaß von Puschkins 100. Todestag Voprekisten und Blagodaristen[59] mit vulgärsoziologischen Tendenzen in der Erberezeption auseinander. Becher weist in der *Deutschen Zentral-Zeitung* darauf hin, daß „gewisse Unarten, die besonders aus dem Expressionismus und der neuen Sachlichkeit herrühren",[60] durch das Studium von Klassikern wie Puschkin überwunden werden müssen. Aufsätze über Heine,[61] Gorki[62] und – mit Einschränkungen – Heinrich Mann[63] zielen in dieselbe Richtung. (6) Anfang 1938 – eine Debatte um Bürokratisierung und antidemokratisches Denken im Sowjetischen Schriftstellerverband greift auch auf die von Exilanten geleitete Deutsche Sektion über. Als Reaktion auf eine Kritik der *Deutschen Zentral-Zeitung*[64] organisiert die Sektion u. a. zwei Diskussionsabende mit Alfred Kurella über den Expressionismus und Vorträge von Georg Lukács über den historischen Roman und „Das marxistisch-leninistische Herangehen an das Kulturerbe".[65] (7) Ende 1939/Anfang 1940 – in *Literaturnaja gazeta* und der russischen Ausgabe der *Internationalen Literatur* entzündet sich eine „äußerst scharfe Diskussion"[66] um Arbeiten von M. A. Lifschitz und Lukács' Buch *Zur Geschichte des Realismus* (russ. 1939). Auf Beschluß des ZK der KPdSU muß *Literaturnyj kritik* sein Erscheinen einstellen. Der Gruppe „Novoje tetschenije" (Neue Strömung), der auch Lukács und Lifschitz angehören, wird Subjektivismus, ein falscher Begriff von Erbe und von Volkstümlichkeit sowie Vernachlässigung der gegenwärti-

gen sowjetischen Literatur zugunsten des bürgerlichen Realismus vorge-
worfen.[67]

Schon diese knappe Übersicht demonstriert die Abhängigkeit der Expressionismusdebatte von den innersowjetischen Auseinandersetzungen. Tonan-
gebend in der sozialistischen deutschen Literatur blieben denn auch, bis weit
in die Nachkriegsjahre, jene in Moskau von Lukács, Kurella und Becher in
Einklang mit den sowjetischen Diskussionsergebnissen formulierten Kategorien. Da diese jedoch für die Bedürfnisse einer nachrevolutionären, aufbau-
orientierten und noch dazu stalinistischen Gesellschaft entwickelt worden
waren, mußten sie den unmittelbaren Aufgaben der deutschen Antifaschisten
beim Kampf gegen Hitler hinderlich sein und die in der Volksfront versam-
melten bürgerlichen „Verfallskünstler" abschrecken. Lukács' Verbindung
von Humanismus und Volksfront „durch das vom realistischen Kunstwerk
vermittelte Verständnis der großen progressiven und demokratischen Ent-
wicklungsepochen der Menschheit"[68] erwies sich so als Kurzschluß.[69] Als
Peter Wieden (d. i. Ernst Fischer) Anfang 1939 noch einmal mit besonderer
Deutlichkeit darauf zurückkam,[70] reagierte Lukács entsprechend empfind-
lich. Mehr als jene mißlich formelhafte Wendung vom „*Realismus überhaupt*" hatte er allerdings auch diesmal nicht parat.[71] Fischers Einwand – und
nicht nur er allein, kommentiert Simone Barck zu Recht, – „signalisierte eine
Leerstelle in Lukács' System und eine wichtige Aufgabe für die marxistische
Kunsttheorie".[72] Über sie wird im Zusammenhang mit den Auswirkungen
des Exils auf formale Fragen der Literatur am Beispiel der „neoklassizistischen Glätte"[73] von Johannes R. Bechers Exilgedichten noch mehr zu sagen
sein.

Mit der Expressionismusdebatte war der letzte Rest von Diskussionsbe-
reitschaft unter den Exilanten erschöpft. Kurellas Hoffnung, „daß die Auseinandersetzung, [!] an Hand anderer Teilfragen weitergehen wird und weitergehen muß",[74] erfüllte sich nicht. Weder in London, New York und Los
Angeles, noch auch in Moskau lag den Exilanten an fortgesetzten Aussprachen über ihre literarische Produktion.

4. 3. *Exil als Thema und Flucht vor dem Thema Exil*

4. 3. 1. *Exil als Thema*

Nahezu alle Exilanten haben die Erfahrungen des Exils auf die eine oder
andere Weise in ihren Werken verarbeitet. Im Vordergrund standen dabei
Fluchterlebnisse, persönliche und literarische Begegnungen, das materielle
Elend des Exillebens, die politischen Auseinandersetzungen, Einsamkeit und
die Sehnsucht nach der Heimat. Eine Reihe von Exilautoren suchte in der
Geschichte nach Leidensgenossen;[1] andere überhöhten die Vertreibung zur

extremsten Position des von Entwurzelung bedrohten Menschen unseres Jahrhunderts. Verfolgung und Heimatlosigkeit wurden von den jüdischen Autoren in den Weg ihres Volkes eingeordnet. Das Thema Exil ging in Bestseller und in Schlüsselromane, in Essays, Erzählungen und in Dramen ein. Zahllose Lyriker von Max Barth und Alfred Kerr über Else Lasker-Schüler bis zu Erich Weinert und Hedda Zinner klagten über die Einsamkeit, die Angst und die Hoffnungslosigkeit im Exil.[2]

Eine Flut von Autobiographien und Erlebnisberichten, man spricht von 300 bis 400,[3] zeugt davon, wie nahe den Vertriebenen ihr Schicksal gegangen ist. Die Exilthematik trat in en passant verarbeiteten Anspielungen auf ein paar Straßen von Los Angeles in Alfred Döblins *Hamlet oder Die lange Nacht nimmt ein Ende* (1956)[4] ebenso wie in den teils elegisch-ängstlichen, teils kämpferischen Gedichten Johannes R. Bechers[5] auf. Sie wurde zum umstrittenen Hintergrund[6] für Franz Werfels Bernadette Soubirous-Roman, *Das Lied von Bernadette* (1941), geriet in Gestalt von Jean Namurs *L'appel de la conscience* (1938) in die Serie *Der illustrierte Liebesroman*,[7] verbarg sich hinter den Figuren des sterbenden Vergil und des verbannten Ovid in Hermann Brochs *Der Tod des Vergil*,[8] avancierte am Broadway als Musical *(Sound of Music)* und als Filmexposé in den Studios von Hollywood. Werfels *Jacobowsky und der Oberst* und Remarques *Arc de Triomphe* gehörten zu den Kassenerfolgen der Exilliteratur über das Thema Exil. Billy Wilder gewann der Scheinehe eines Exilanten in dem Film *Hold Back the Dawn* (1941) gar eine humorvolle Seite ab. Ab und an erschienen Beiträge zum Exil[9] in den führenden Exilblättern – meist in Form von Gedichten. Heinz Wielek sammelte für den Band *Verse der Emigration* (1935) Beiträge von 44 Lyrikern aus 15 Exilzeitschriften und fünf im Exil erschienenen Büchern. Die in Hans Reinowskis Sammlung *Lied am Grenzpfahl* (1940) vorgestellten Gedichte waren zuvor in „etwa zwei Dutzend deutschsprachigen Blättern in aller Welt veröffentlicht worden".[10] Als „zeitloses"[11] oder privates Ereignis stuften Ödön von Horváth in *Figaro läßt sich scheiden* (u. 1937), Ernst Weiß in *Ich-Der Augenzeuge* (1963) und Ernst Erich Noth in *Le désert* (1939) das Exil ein.[12] Die Chronisten des Exils bezogen ihre Informationen aus Selbsterlebtem und aus zweiter und dritter Hand Erfahrenem; Zeitungen und Zeitschriften wurden ausgewertet, oder auch, besonders wenn die Lage in Deutschland zur Sprache kam, fehlende Anschauung durch Erfundenes ersetzt. Die Schauplätze der Exil-Literatur waren, wie die Exilanten selber, über die ganze Welt verstreut: das Sudetengebiet, das Saarland und die Schweiz, Frankreich und die USA, Südamerika, Indien und Schanghai.

Trotzdem fehlt es der Exilliteratur an bedeutenden Büchern zum Thema Exil. Lion Feuchtwangers Weltruhm basiert auf seinen historischen Werken und nicht auf dem Roman *Exil* oder dem Bericht *Unholdes Frankreich*. Von Brecht werden aus den Jahren der Verbannung die Stücke um die Landstörzerin Courage, um Galilei und um die „dumme" Grusche immer wieder aufgelegt und inszeniert; die *Flüchtlingsgespräche* interessieren dagegen bestenfalls noch den Literaturhistoriker. Heinrich Manns autobiographischer Bericht *Ein Zeitalter wird besichtigt* (1946) und sein letztes Prosawerk zum Exil, *Der Atem* (1949), waren lange Jahre in Vergessenheit geraten.[13] Zwei Exilanten-Dramen, die Fritz Kortner in Zusammenarbeit mit Dorothy Thompson und Carl Zuckmayer zwischen 1937 und 1941 in den USA abfaßte, *Another Sun* und *Somewhere in France*, fielen nach wenigen Aufführungen durch. Paul Mayers Lyriksammlung *Exil* (1944), Paul Zechs *Neue Welt. Verse der Emigration* (1939), seine Szenenfolgen *Emigration* (c. 1935) und *Heuschrecken* (c. 1937), Renée Brands *Niemandsland* (1940) und Max Herrmann-Neißes Lyrikbände sind heute kaum noch aufzutreiben. Beinahe 15 Jahre lang suchte Hans Sahl einen Verleger für sein 1946 abgeschlossenes Manuskript *Die Wenigen und die Vielen* (1959). Von Feuchtwangers *Exil* (1940) liegt erst seit 1979 eine westdeutsche Ausgabe vor. *Der Reisepaß* (1937) von Bruno Frank mußte trotz[14] oder wegen[15] seines feinen Prinzenmilieus bis 1975 auf den Nachdruck warten. Exilreißer wie Erich Maria Remarques *Arc de Triomphe* (1946), Vicki Baums *Hotel Shanghai* (1939) und Hans Habes *Drei über die Grenze* (1937) erzielten zwar beachtliche Auflagen – literarische Bedeutung besaßen sie nicht. Übrig bleibt – neben einer Reihe von Gedichten Brechts – vor allem ein größeres Werk zum Thema Exil, das seinen Platz in den Literaturgeschichten behaupten wird: Anna Seghers Roman *Transit* (span., engl. 1944; dt. 1948).

Die Gründe für diesen Mangel an qualitativ hochstehenden Darstellungen des Exils liegen nicht ohne weiteres auf. Autoren wie Stefan Zweig und Joseph Roth scheinen durch ihren Degout vor politischen Auseinandersetzungen an der künstlerischen Reaktion auf die Exilerfahrung verhindert gewesen zu sein. Die Wanderungen des babylonischen Gottes Konrad auf den Exilpfaden seines Erfinders Alfred Döblin gehen in dem „Phantasiereichtum" unter, der den Schock des Exils in eine Burleske verwandeln soll: „ ... das hemmungslose Flunkern und Fabulieren, ist im Grunde ein Versuch, über die prekäre Wirklichkeit hinwegzukommen ... "[16] Anderen, etwa Klaus Mann und Walter Hasenclever, geriet die eigene Biographie in den Weg. Thomas Mann verbrachte die erste Hälfte seiner Jahre im Ausland mit der Fertigstellung der schwerlich aktuell zu nennenden Joseph-Tetralogie, nach seinen eigenen Worten ein Versuch, „vermittelst einer mythischen Psychologie eine Psychologie des Mythus"[17] zu schaffen. Und selbst Heinrich Mann vermochte Ende der 3oer Jahre in den Zeitereignissen keine literarischen Themen mehr zu entdecken: „Mit diesem Roman [*Henri Quatre*, A.S.] habe ich, soweit ich bis jetzt sehe, meine Erfahrungen so ziemlich ausgegeben. Ich finde noch keinen anderen vor mir liegen. Um einen historischen täte es mir, nach diesem, leid; aber auf Romane aus dieser Zeit lasse ich mich nicht ein. Was geht einen Schriftsteller, der in menschlichen Dingen einigermaßen belehrt ist, der krampfige Unfug dieses Geschlechtes an?"[18]

Marxisten wie Bürgerliche sahen nicht selten bis zum Kriegsausbruch das Exil als eine kurzfristige Wartestellung an, zu der man sich allenfalls journalistisch äußern konnte. Im Lager der kommunistischen Exilautoren waren zwar operative Tagesliteratur, Reportage und propagandistische Kleinkunst seit den Auseinandersetzungen im Bund proletarisch-revolutionärer Schriftsteller in Verruf geraten; ein geschlossen gestaltetes Epos, das die historischen Entwicklungslinien des Exils herausgearbeitet hätte, ließ sich inmitten der unruhigen Jahre der Verbannung aber nur schwer herstellen. Der Mehrzahl der Lyriker mangelte es an jener emotionalen Distanz, die Thomas Mann an Max Herrmann-Neißes *Um uns die Fremde* (1936) entdeckt zu haben glaubte: „Aber – sei es das Verdienst der läuternden Kunst selbst oder handle es sich um eine eigentümliche dichterische Leistung –: dies Schicksal [der Entwurzelten, Vertriebenen, Unbehausten, A.S.] ist durch seine sprachlich-ideelle Formung so sehr dem Persönlichen enthoben, so stark vermenschlicht und dem allgemeinen Erlebnis einer Zeit verschmolzen, die selbst und als Ganzes entwurzelt und unbehaust, glücksberaubt, unstät und unbeschirmt, von Mächten der Gewalt, der Lüge und der Zerstörung tyrannisiert und gejagt ist, daß man physisch durchaus noch nicht Flüchtling zu sein braucht, ... um dennoch das Leid dieser Lieder ... aufs Wort verstehen ... zu können."[19] Manch einer der Chronisten fiel den nicht geringen formalen Problemen bei der Bewältigung der chaotischen Stoffmasse Exil zum Opfer. „Die Überfülle der Eindrücke und Probleme will geordnet sein, ehe wir selbst zerfallen. Ich sitze in einem New Yorker Hotelzimmer", berichtet Klaus Mann über die Entstehung des *Vulkan*, „und bemühe mich, das wirre, reiche, trübe Exil-Erlebnis in epische Form zu bringen. Erinnertes und Geahntes, Traum und Gedanke, Einsicht und Gefühl, der Todestrieb, ... die Entwurzelungsneurose, das Heimweh als Geißel und Stimulans, befreundete Gesichter und geliebte Stimmen, Landschaften meines Lebens (Prag, Paris, Zürich, Amsterdam, das Engadin, New York, die Insel Mallorca, Wien, die Côte d'Azure), die Fratze der Infamie, ... viele Formen des Heroismus (Spanien! Und wußte man nicht auch von Beispielen des Heldentums im Dritten Reich?), Begegnungen, Abschiede, Ängste, Einsamkeit, Umarmung und Empfängnis, ... und wieder Kampf, und wieder Abschied, wieder Einsamkeit, das Pathos des ‚Umsonst', der Entschluß zum ‚Trotzdem': all dies galt es erzählerisch zu arrangieren, hineinzuweben in den wortreichen Teppich."[20]

Drei Ansätze zur literarischen Bewältigung des Themas Exil zeichnen sich trotz dieser inhaltlichen und formalen Vielfalt ab: die Autobiographie, die Verquickung von Selbsterlebtem und Erfundenem zum autobiographisch gefärbten Text, sowie das Exil-Gedicht und der Exil-Roman. Am unmittelbarsten, aber auch am oberflächlichsten erscheint das Thema Exil dabei sicherlich in den Tagebüchern, Reiseberichten,[21] Autobiographien und Memoiren der Vertriebenen. Hier wird, meist ohne sich sonderlich viel Gedanken über Stil und Form zu machen, zunächst einmal munter draufloserzählt. Den

Aufbau dieser Bücher bestimmt der Ablauf der Jahre; ihren Inhalt zufällige
Begegnungen, Gespräche, Lektüre und Reisen; ihre Perspektive die intellektuellen und ideologischen Scheuklappen des Berichtenden. Oft genug nimmt
das Exil dabei noch nicht einmal eine zentrale Stellung ein, denn wer seine
Biographie ins rechte Licht rücken wollte, hatte aus jenen Jahren meist nur
wenig Hervorragendes zu berichten. Martin Gumpert,[22] Wieland Herzfelde,[23] Wilhelm Herzog,[24] Egon Erwin Kisch,[25] Annette Kolb,[26] René Schik-
kele,[27] Gerhart Seger,[28] Carl Sternheim,[29] Walther Victor[30] und Theodor
Wolff[31] griffen in ihren noch im Exil zusammengestellten Lebensberichten
zur Aufhellung der Gegenwart häufig bis weit in die Jahre vor 1933 zurück.
Gottfried Bermann-Fischer,[32] Max Brod,[33] Hilde Domin,[34] Leonhard
Frank,[35] Bruno Frei,[36] Hans Habe,[37] Kurt Hiller,[38] Fritz Kortner,[39] Robert
Neumann,[40] Werner Vordtriede[41] und eine Vielzahl[42] anderer setzten sich erst
nach 1945 mit dem Exil auseinander. Vor allem Toller, der seine autobiogra-
phische Trilogie so wenig beendete wie Oskar Maria Graf die seine,[43] gelang
es dabei, durch den Bezug der Selbstbiographie auf die typisch deutsche
Macht-Geist Problematik das innere und äußere Exil der Dichter „zur Sym-
ptomatologie des Poetischen"[44] anzuheben. Während zum Leben von Otto
Zoff,[45] Harry Graf Kessler,[46] Rudolf Leonhard,[47] Günther Anders[48] und jetzt
auch Thomas Mann[49] und zur literarischen Arbeit von Bertolt Brecht[50] und
Kurt Tucholsky[51] Tagebuchaufzeichnungen vorliegen, verbirgt sich Leon-
hard Frank in seinem „Roman" *Links wo das Herz ist* (1952) hinter der
Gestalt eines fiktiven Michael. Johannes R. Becher, Ludwig Renn und Ernst
Toller ging es unter vielsagenden Überschriften wie *Abschied* (1940), *Adel im
Untergang* (1944), *Eine Jugend in Deutschland* (1933) und *Briefe aus dem
Gefängnis* (1935) mit wechselndem Erfolg[52] darum, ihre bürgerlichen Kin-
derstuben und ihre politischen Werdegänge zu legitimieren. Bei Peter[53] und
Alexander[54] Weiss und bei Jakov Lind,[55] Mitgliedern der jüngsten Exilan-
tengeneration, trat gar der merkwürdige Fall ein, daß sich ein Autor bereits am Anfang seiner literarischen Laufbahn von der eigenen Biographie
freischrieb.

Erfahrener, aber nicht weniger gefährdet, sucht Ernst Fischer in seinen
Erinnerungen und Reflexionen (1969) die „Bewußtseinsverdunklung" der
Stalin-Ära anhand der Diskussion der eigenen Exilschriften abzuklären:
„Heute, nach dreißig Jahren, zwinge ich mich, zu lesen, was ich damals
schrieb, und setze meiner sich wehrenden Erinnerung das gedruckte Wort
entgegen. Wenn ich diese Qual auf mich nehme, geht es nicht um Selbstzer-
knirschung, sondern um Darstellung dessen, wohin ein weder dummer noch
bösartiger Mensch geraten kann, wenn er aufhört, *kritisch* zu sehen, zu hö-
ren, zu denken ... "[56] Während Ludwig Marcuse in seinem Rückblick *Mein
zwanzigstes Jahrhundert. Auf dem Weg zu einer Autobiographie* (1960) sy-
billinisch murmelte, daß er zwar „kein falsches Zeugnis abgelegt", aber doch
„manches nicht gesagt"[57] habe, mußte sich Julius Hay vorhalten lassen, in

Geboren 1900 (1971) auf bedenkliche Art über Erinnerungslücken zu seinen Moskauer Exiljahren hinwegzupfuschen.[58]

Ordnet man die Exilautobiographien nach geographischen Gesichtspunkten, sind für Spanien Arthur Koestlers *Ein Spanisches Testament* (engl. 1937, dt. 1938) und *Die Geheimschrift* (1954), Alfred Kantorowicz' *Spanisches Tagebuch* (1948) und Willi Bredels *Begegnung am Ebro* (1939) anzuführen, die zu der Flut von Berichten über die Kämpfe der Internationalen Brigade in Spanien gehören.[59] Franz Theodor Csokor schrieb *Als Zivilist im polnischen Krieg* (1940).[60] Grete Fischer[61] war in Prag und London, Alfred Kerr *(Ich kam nach England,* 1978) und Carl Brinitzer waren in England mit dabei: *Hier spricht London. Von einem der dabei war* (1969). Willy Haas berichtete über seine Erlebnisse in *Die literarische Welt* (1957), Max Tau wurde mit *Ein Flüchtling findet sein Land* (1964) zum Informanten über die Exilregion Skandinavien. Zur deutschen Kolonie in Hollywood und Umgebung liegt ein Bericht von Erna M. Moore[62] vor, der sich unter anderem auf autobiographische Arbeiten von Alfred Döblin,[63] Curt Goetz und Valerie von Martens,[64] Fritz Kortner,[65] Alma Mahler-Werfel,[66] Thomas Mann,[67] Berthold[68] und Salka[69] Viertel und Carl Zuckmayer[70] stützt.[71] Unsere Informationen über das politische und literarische Exil in der Sowjetunion wären noch spärlicher ohne Berichte wie *Reise in die Sowjetunion* (1974) von Oskar Maria Graf und *Moskau 1937* (1937) von Lion Feuchtwanger und die Erinnerungsbücher von Heinrich Graf von Einsiedel, *Tagebuch der Versuchung* (1950), Julius Hay, Wolfgang Leonhard, *Die Revolution entläßt ihre Kinder* (1955), Ruth von Mayenburg, *Blaues Blut und rote Fahnen* (1969), Bernhard Reich, *Im Wettlauf mit der Zeit* (1970), Otto Rühle, *Genesung in Jelabuga* (1968) und die jüngst erschienenen Memoiren des NKFD-Generals Walter von Seydlitz: *Stalingrad. Konflikt und Konsequenz* (1977). Daß dabei gerade, aber beileibe nicht ausschließlich, die Texte von ehemaligen und neugebackenen Kommunisten mit einiger Vorsicht zu behandeln sind, versteht sich von selbst.[72]

Besonders häufig stand das Exilland Frankreich, seine Internierungspolitik und die abenteuerlichen Fluchtwege durch die Vichy-Region im Zentrum der Memoirenliteratur. Walter Hasenclever schrieb 1939/40, eben aus dem KZ bei Antibes entlassen, seinen Fragment gebliebenen Lagerbericht *Die Rechtlosen* (1963) nieder; kurz darauf beging er, erneut inhaftiert, in Les Milles Selbstmord. Alfred Döblin legte den ersten, Frankreich gewidmeten Teil seiner *Schicksalsreise* (1949) durch Europa und die USA als Rechenschaftsbericht der persönlichen Erschütterung und Wandlung an. Zusammenbruch und Zerfall der äußeren Welt werden dabei zum Spiegel einer inneren Krise, die sich schon vor der Vertreibung aus Deutschland angekündigt hatte: „In mir setzte sich 1932 ein merkwürdiges Bild fest, ich begreife seine Bedeutung nicht: ein uralter, verschimmelter Gott verläßt vor dem Eintritt der letzten Verwesung seinen himmlischen Wohnsitz, ein düsterer Strafbefehl, dem er sich nicht entziehen kann, zwingt ihn auf die Erde herunter. Er soll büßen für seine alten Sünden. Und so wandert er durch das heiße Land, zwischen Trümmern der Tempel, in denen er verehrt wurde."[73] Hans Marchwitza und Bruno Frei zeichneten 1949 und 1950 ihre Berichte *In Frankreich* und *Die Männer von Vernet* auf; es folgten von Maximilian Scheer *So war es in Paris* (o. J.), von Alfred Kantorowicz *Exil in Frankreich* (1971) und von Hanna Schramm *Menschen in Gurs* (1977). Problematischer, weil anspruchsvoller, war Lion Feuchtwangers Frankreichreport *Unholdes Frankreich* (1942). Seine Anspielungen auf die kollektivierende Kraft des Exilerlebnisses – ein Aspekt, der Bodo Uhse dazu verführt hat, Feuchtwangers Bericht den „impressionistischen Portraits"[74] von E. E. Cummings' *The Enormous Room* vorzuziehen – bleiben jedoch allzu oberflächlich. Die wiederholt eingerückten geschichtsphilosophischen Passagen stehen mit ihrem fatalistischen Grundton im Gegensatz zu Feuchtwangers Bekenntnis zum Marxismus. Und endlich hätten sich in einem weniger von persönlichen Erwartungen gefärbten Bericht Schlamperei und Zerfall der französischen Bürokratie für die von Auslieferung bedrohten Flüchtlinge doch wohl eher als lebensrettend denn als „teuflisch" erwiesen.

Weiter als die üblichen Autobiographien und Erlebnisschilderungen gingen vor allem Stefan Zweig und Heinrich Mann in ihren Lebensberichten. Privates und Zeitgeschichtliches wird von ihnen zu einem derart dichten „Muster (,pattern')"[75] verwoben, daß das eigene Leben zum Exempel für die intellektuellen, künstlerischen und politischen Strömungen des frühen 20. Jahrhunderts wird. „Mein Name ist Jx", stellt Mann sich im sechsten Kapitel von *Ein Zeitalter wird besichtigt* vor, „ich bin ebenso gewöhnlich wie auserlesen. Meinesgleichen kommt überall vor, aber jeder bleibt das einmalige Phänomen ... was ich denke, mache und kann, sollte eigentlich jeder fertigbringen. Nur wenig fehlt ihm dazu ... Eine Autobiographie sieht am besten von ihrem Urheber ab, wenn es anginge. Er trete als Augenzeuge auf – der Ereignisse und seiner selbst. Das verdirbt noch nichts."[76] Die äußeren Abenteuer der Exilzeit treten hier hinter die Analyse der Zeitgeschichte, der Entwicklung des Faschismus und der Zukunft Deutschlands zurück. Die Form der Autobiographie geht ins Romanhafte und Essayistische über: biographische Fakten werden sorgsam ausgewählt und verändert, Schwerpunkte neu gesetzt, die Chronologie durchbrochen, Vergangenes auf die Gegenwart bezogen, Essays, novellistische Skizzen und Porträts interpoliert. „Forsches Draufloserzählen, etwa gar in simpler, pedantisch eingehaltener Chronologie, konnte nicht die Sache dessen sein, der darauf aus war, im Spektrum der eigenen Existenz und Wandlung die Hauptwidersprüche und Haupttriebkräfte in der Entwicklung eines ganzen Zeitalters aufzudecken."[77] An Stelle einer oberflächlich-faktischen Objektivität zielen Mann und Zweig auf jene „absolute Authentizität", von der Werner Vordtriede in seiner „vorläufigen" Typologie der Exilliteratur spricht: „Im Exil aber wird jede Exilaussage authentisch. Sie braucht deshalb nicht wahr zu sein. Gerade die Unwahrheit kann die Authentizität herstellen."[78]

Maßstab für die Auswahl- und Darstellungsprinzipien ist nicht mehr die wahrheitsgetreue Wiedergabe der Vergangenheit, sondern wird so die Intention des Verfassers bei der Niederschrift des Lebensberichts. Zweig machte schon im Titel seiner Autobiographie deutlich, unter welchen Vorzeichen er sein Leben sieht: *Die Welt von Gestern* (span. 1942, dt. 1944) – das „goldene Zeitalter"[79] der k. u. k.-Monarchie, die Wertmaßstäbe des Besitzbürgertums und eine elitäre Auslegung von individueller Freiheit, Kosmopolitismus und Pazifismus.[80] Die Gegenwart des englischen und brasilianischen Exils, in dem Zweig 1942 aus dem Leben schied, dient nur noch als Beleg für den endgültigen Zerfall jener heilen Welt von „vor-vorgestern":[81] „ ... die Zeit gibt die Bilder, ich spreche nur die Worte dazu, und es wird eigentlich nicht sosehr *mein* Schicksal sein, das ich erzähle, sondern das einer ganzen Generation – unserer einmaligen Generation ... Mein Vater, mein Großvater, was haben sie gesehen? Sie lebten jeder ihr Leben in der Einform. Ein einziges Leben vom Anfang bis zum Ende, ohne Aufstiege, ohne Stürze, ohne Erschütterung und Gefahr ... Sie lebten im selben Land, in derselben Stadt und fast immer sogar im selben Haus ... Wir aber lebten alles ohne Wiederkehr, nichts blieb vom Früheren, nichts kam zurück; uns war im Maximum mitzumachen vorbehalten, was sonst die Geschichte sparsam jeweils auf ein einzelnes Land, auf ein einzelnes Jahrhundert verteilt."[82]

Zu einem genau entgegengesetzten Ergebnis gelangt Heinrich Mann bei dem Versuch, vom Autobiographischen aus das „Gesamtergebnis"[83] unserer Zeit zu umreißen. Statt wie Zweig einer längst vergangenen Welt nachzutrauern, macht er sich daran, die Zukunft vorzubereiten. Als Mann 1944, „am siebzehnten nach dem D-Day",[84] *Ein Zeitalter wird besichtigt* beendete, war das Exil für ihn bereits historisch geworden. Der 73jährige wendet deshalb angesichts der, wie er meinte, bevorstehenden Entwicklung der Menschheit zu einem humanistischen und rationalistischen Sozialismus seinen Blick ein letztes Mal nach vorn: „Ich danke dem Zeitalter und seinen Menschen: beide sind von bequemen Anfängen zu katastrophalen Vollendungen geschritten. Meinem Geschick bin ich dankbar – nicht, weil ich bald oben, bald unten war. ‚Wo ich sitze, ist immer oben.' Sondern, daß meine Verantwortung heute von vielen, genau sogar von allen mitgetragen wird ... Ein neuer Mensch, ein neues Zeitalter nehmen ihren Anfang hier. Die menschliche Fähigkeit der Verwandlung erreichte ihr relatives Höchstmaß diesmal. Eine sittliche Welt ohne Vorgang und Vergleich entsteigt – unnütz zu fragen, welchen weitläufigen Zusammenhängen."[85] „Wenn die Vereinigten Staaten nicht ihr europäisches Erbe hätten, der andere Erdteil ließe sie kalt ... Die Sowjetunion hält die bis jetzt höchste Stufe der europäischen Moral (deren innigster Bestand aus Asien kam). Ihr Kronzeuge und fester Grund ist Großbritannien."[86] Es gehört zu den tragischeren Aspekten des deutschen Exils, daß sich derartige Zukunftsvisionen vor der Realpolitik der de Gaulle, Churchill und Stalin, der ausbleibenden Resonanz auf den nie ernst gemeinten Beveridge-Bericht und auf Grund des rasch ausbrechenden Kalten Krieges sehr bald als hoffnungslose Illusionen entpuppten.[87] Das „Geistige", dem Heinrich Mann auch in der Summe seines Lebens „in der Geschichte den Vortritt"[88] gab, vermochte einmal mehr den realen Kräften nicht standzuhalten.

Heinrich Mann hatte mit der umfassenden Besichtigung seines Zeitalters die Form der Autobiographie gesprengt. Einen weiteren Schritt von der Wahrheit zur Dichtung gingen sein Neffe Klaus, Lion Feuchtwanger, Erich Maria Remarque und Hans Habe. Reziprok zu der durch die Informationslücke diktierten Abkehr vom Thema Deutschland, rückten bei ihnen „stark autofiktive Züge"[89] in den Vordergrund: „Wir sind so sehr abgeschnitten von Deutschland", klagt Marion in Klaus Manns *Vulkan* stellvertretend für alle Exilanten. „Natürlich, wir bekommen Berichte; wir haben Freunde, Verbindungsleute, die uns alles erzählen, was drinnen vorgeht. Aber genügt es? ... Vielleicht entgeht uns das Wesentliche. Wir können uns vielleicht die Atmosphäre im Reich gar nicht mehr vorstellen."[90] Zunehmend wird Selbsterlebtes aus dem Exil kaum verschlüsselt zu romanhaften Handlungen verarbeitet, die Verbannung, oft mit Rücksicht auf die marktspezifische Situation im Ausland, auf Kosten der literarischen Qualität nach Art der Unterhaltungsliteratur als Folie für spannungsgeladene Szenen verbraucht.

Klaus Mann hat neben dem obligaten autobiographischen Bericht, *The Turning Point* (1942; dt. *Der Wendepunkt*, 1952), zwei Romane zum Thema Exil vorgelegt: *Flucht in den Norden* (1934) und *Der Vulkan. Roman unter Emigranten* (1939). Beide sind mehr oder weniger mißraten. *Flucht in den Norden*, die Geschichte einer zwischen Liebe und Pflicht schwankenden Antifaschistin, spiegelt die unruhige Atmosphäre der Exilantenhotels wider, in denen das Manuskript 1933/34 hastig hingeschrieben wurde. *Der Vulkan* leidet unter dem ebenso „ehrgeizigen"[91] wie hoffnungslosen Unterfangen, sämtliche Aspekte des Exils behandeln zu wollen: die Lebensverhältnisse in den verschiedenen Asylländern, die Einheitsfrontdiskussion, die jüdische Wirtschaftsemigration und die Schuldfrage des deutschen Volkes, den Gegensatz Kunst-Macht und die psychologische Entwurzelung der Vertriebenen. Außerdem gerät Klaus Mann, wie vor ihm schon Lion Feuchtwanger, wiederholt in gefährliche Nähe zur Schlüsselliteratur: Marion von Kammer ähnelt Erika Mann, in der Gestalt des Professor Abel ist „Fritz Strich mit Martin Gumpert vermählt", Martin Korella hat sein Vorbild in Wolfgang Hellmert und in Marcel Poiret könne man nach Erika Mann „mit Zutaten und Weglassungen René Crevel"[92] wiedererkennen. Mit gutem Grund fragte denn auch Alexander M. Frey in *Maß und Wert*, ob Klaus Mann hier nicht weniger einen Roman vorlege, als „einen dichterisch durchsetzten Tatsachenbericht"[93] mit „all seinen krausen Unmittelbarkeiten".[94] Und auch der Vater

Thomas zweifelte an der Formkraft seines Sohnes: „Das Atmosphärische der
Städte und Länder ist vorzüglich gelungen ... trotz der fast kindlichen Naivität, mit der die literarischen Einflüsse sich aufdrängen. In technischen Einzel-
heiten und Manipulationen tut der große Onkel sich mächtig hervor, gegen
das Ende hin wird, wie mir scheint, stark gezaubert, und wie überdeutlich ein
paarmal Hamsun sich meldet, den es doch eigentlich gar nicht mehr geben
sollte, hat mich besonders frappiert. Ein Erbe bist Du schon auch, der sich,
wenn man will, in ein gemachtes Bett legen durfte."[95]

In der Tat treten Darstellungsprobleme besonders am Schluß des *Vulkans*
auf, als es darauf ankam, die verwirrende Vielzahl der Handlungsstränge und
Personen, die endlosen Diskussionen um den Sinn dieser Emigration und die
möglichen Verhaltensmuster im Exil zusammenzufassen. Statt eine konkrete
Perspektive zu entwerfen, flüchtet sich Mann ausgerechnet hier in die be-
währte metaphysische Überhöhung der chaotischen Geschichte: die beiden
Hauptfiguren des Romans, die Schauspielerin Marion von Kammer und der
Literaturhistoriker Benjamin Abel zeugen ein Kind, das die Aufgaben der
Zukunft mühelos bewältigen wird; Kikjou, der Geliebte des Schriftstellers
Martin Korella, macht sich nach einer religiösen Vision daran, das Lebens-
werk seines Freundes, einen Roman über das Exil, zu Ende zu führen; und
schließlich wird gar ein leibhaftiger „Engel der Entwurzelungs-Neurose"[96]
bemüht, um „in einer Art von epischem Kehraus"[97] die unkontrolliert wu-
chernden Episoden zusammenzuraffen. Kommentiert Balder Olden: „Um
drei Monate längere Schaffensfrist, dann wäre dies Werk zweihundert Seiten
kürzer, und Klaus Mann könnte stolzer darauf sein."[98]

Oldens Kritik trifft nicht nur Klaus Mann. Lion Feuchtwangers „Wartesaal"-Trilogie,[99] deren dritter Band, *Exil*, den Jahren 1935/36 gewidmet ist,
übernimmt sich an der Erhellung von womöglich noch umfassenderen Zusammenhängen: den Geschehnissen in Deutschland zwischen den Kriegen
von 1914 und 1939, dem Einbruch der Barbarei in Deutschland und ihrem
Sieg über die Vernunft – „diese schlimme Zeit des Wartens und des Über-
gangs, die dunkelste, welche Deutschland seit dem Dreißigjährigen Krieg
erlebt hat ... "[100] Eine Methode, die Stoffmasse formal zu bewältigen, findet
auch Feuchtwanger nicht. Einerseits siedelt er – der größeren Objektivität
wegen – *Exil* formal in der Nähe des Bayern-Romans *Erfolg* (1930) an, der so
abgefaßt war, „als schriebe ihn ein Autor des Jahres 2000".[101] Andererseits
verarbeitet er wie im zweiten Teil der „Wartesaal"-Trilogie, *Die Geschwister
Oppenheim* (1933), der größeren Authentizität wegen aktenkundige Exilbe-
gebenheiten. So etwa die Entführung von Berthold Jacob, die Skandalaffäre
um das *Pariser Tageblatt* und die Intrige um die Saarbrückener Zeitung
Westland.[102] Angereichert wird das Ganze zudem durch Ingredienzen der
Trivialliteratur: eine frei erfundene Erpressungsgeschichte, die Affäre eines
Gestapospitzels mit einer reichen Halbjüdin und weitschweifige Diskussio-
nen um Kunst und Gewalt. Sepp Trautwein, wie Feuchtwanger zunächst ein

„unpolitischer Mensch", der „nichts als Musiker"[103] ist, wird in *Exil* durch die Entführung eines befreundeten Zeitungsschreibers, Friedrich Benjamin, gezwungen, seine künstlerische Arbeit zugunsten des journalistischen Kampfes um die Befreiung Benjamins zurückzustellen. Erst als dieses Ziel erreicht ist, kann er die Sinfonie „Der Wartesaal" beenden. In sie geht eine Zukunftsvision ein, die nun auch auf das Wissen um die politische Kraft der Exilanten gegründet ist. Doch inzwischen hat Trautweins Frau vor den Anforderungen des Exils kapituliert und sich das Leben genommen, während sein Sohn Hanns als Symbol einer neuen Generation zum Architekturstudium nach Moskau reist. Feuchtwanger, im Leben und in der Literatur von „Nichtentscheidungen und falschen Entscheidungen"[104] verfolgt, begnügt sich auch in seinem Roman damit, die Verhaltensmöglichkeiten der Vertriebenen Revue passieren zu lassen. Vor die Wahl zwischen Kommunismus und Kapitalismus gestellt, entscheidet sich Trautwein mit seinem „Herz"[105] für einen liberalistischen Mittelweg. Die ins Nachwort abgeschobene Perspektive erfüllte sich nicht: „Ich selbst bin überzeugt, daß die ungeheure, blutige Groteske, die sich in uns und an uns allen austobt, enden wird mit dem Sieg der Vernunft über die Dummheit. Darum setze ich auch kein ,finis' unter diesen dritten Teil des Roman-Zyklus ,Der Wartesaal'. Ich rechne damit, daß ich das Werk mit einem Epilog ,Rückkehr' werde schließen können."[106]

Der Vulkan und *Exil* (wie auch Heinrich Manns Altersroman *Der Atem*, auf den an anderer Stelle eingegangen wird) litten darunter, daß sie die anspruchsvollen Diskussionen der „geistigen" Exilanten nicht mit den publikumswirksamen Passagen über Rauschgift, Homosexualität, Abtreibung, Entführung, Mord und Scheinehen in Einklang zu bringen vermochten. Hans Habe und Erich Maria Remarque kannten solche Strukturprobleme nicht und fuhren – macht man Verkaufsziffern und Übersetzungen zum Maßstab – besser damit. In Habes 1937–38 eilig zusammengeschriebenen Romanen *Drei über die Grenze* (1937) und *Zu Spät?* (engl. 1939, dt. 1940), werden Flucht und Liebe, Sentimentalität und Politik zu einem ebenso anspruchslosen wie starken Cocktail gemischt. *Arc de Triomphe* (engl. 1945, dt. 1946, als Film „Arch of Triumph", 1948), der in einer Weltauflage von 4–5 Millionen Exemplaren[107] verbreitetste Remarque-Roman über das Exil, fabuliert von einem heruntergekommenen Arzt, der durch Liebesabenteuer, Bordelle, Trunksucht und Mord widerstandslos in die Hände der französischen Internierungsbehörden treibt.

Ähnlich geht es in allen Exil-Romanen von Remarque und Habe zu: in *Liebe deinen Nächsten* (engl. in *Colliers* 1939, dt. 1941; als Film „So Ends Our Night", 1941), in *Die Nacht von Lissabon* (1962), in *Schatten im Paradies* (1971) und in *Ob Tausend fallen* (engl. 1941, dt. 1943; 23 weitere Übersetzungen;[108] als Film „Cross of Lorraine", 1943). Überall schlägt die „ahistorische, agnostizistische Lebensphilosophie" des Autors in der Programm- und Zusammenhangslosigkeit des Denkens und Handelns"[109] der

Helden durch. Immer wieder wird das Exil als Lieferant von ausgefallenen Situationen mißbraucht, werden seine Schicksale, seine Handlungsorte und sein Personal ohne Rücksicht auf die spezifische Problematik der aus Deutschland Vertriebenen auf Effekte hin ausgeschlachtet.

Das Paris von *Arc de Triomphe* könnte so, ohne die Verkaufsziffern zu mindern, nach wenigen Änderungen durchaus gegen Berlin oder Rom ausgetauscht werden; die Entwurzelung jenes Arztes ließe sich durch finanzielle Probleme nicht schlechter motivieren als durch die Vertreibung; der Rachemord an einem Gestapomann wäre ohne weiteres als Eifersuchtsdrama plausibel zu machen usw. Angesichts populär-psychologischer Exil-Machwerke dieser Art klingt Thomas Manns Kritik an der Cocteau-Nachfolge seines Sohnes in *Der Vulkan* sogar recht barsch: „Eine sonderbare Übertragung und Anwendung, wird mancher sagen, wird das Bild recht hoffnungslos finden und meinen, diese Piqueure, Sodomiter und Engelseher hätten auch ohne Hitler ihren leichten, frommen, verderbten Untergang gefunden, und da sei nichts dran verloren."[110]

Eine literarisch ernst zu nehmende Behandlung des Themas Exil findet sich, sieht man von vereinzelten Gedichten ab, eigentlich nur bei zwei Autoren: Bertolt Brecht und Anna Seghers. Brecht schrieb nach einem Bändchen *Gedichte im Exil (Svendborger Gedichte)*,[111] 1940–41 die *Flüchtlingsgespräche* (Erstveröffentlichung 1961). Von Anna Seghers erschien kurz vor Kriegsausbruch in der *Neuen Weltbühne* die surrealistische Erzählung *Reise ins Elfte Reich* und 1944 in spanischer Übertragung der Roman *Transit* (dt. 1948). Ein weiteres Prosastück zum Exil, *Die weiße Hochzeit*, ist 1940 auf der Flucht durch Frankreich verlorengegangen.[112]

Ernst zu nehmen sind diese Arbeiten vor allem deshalb, weil Heimweh und Emigrantenpsychose, Sensationslust und Lebensekel in ihnen nicht als Selbstzweck benutzt werden. Ebensowenig wird das Autobiographische überbetont oder eine Chronik des Exils angestrebt. Im Zentrum stehen bei Brecht und Anna Seghers vielmehr die historischen Bezüge und die zeitgenössischen Lehren des Exils, wobei sich die Verbannung als eine keineswegs nur negative Lebensform für Dialektiker und Dichter entpuppt. „Die beste Schul für Dialektik ist die Emigration. Die schärfsten Dialektiker sind die Flüchtlinge. Sie sind Flüchtlinge infolge von Veränderungen und sie studieren nichts als Veränderungen ... für die Widersprüche haben sie ein feines Auge. Die Dialektik, sie lebe hoch!"[113] Ohne Überheblichkeit kann sich Brecht denn auch in die Nachfolge von Homer, François Villon, Dante, Heine usw. stellen:

> Homer hatte kein Heim
> Und Dante mußte das seine verlassen.
> Li-Po und Tu-Fu irrten durch Bürgerkriege
> Die 30 Millionen Menschen verschlangen,

Dem Euripides drohte man mit Prozessen
Und dem sterbenden Shakespeare hielt man den Mund zu.
Den François Villon suchte nicht nur die Muse
Sondern auch die Polizei.
‚Der Geliebte‘ genannt
Ging Lukrez in die Verbannung
So Heine, und so auch floh
Brecht unter das dänische Strohdach.[114]

Ist Seßhaftigkeit aber einmal generell als schädlich für die Kunst entlarvt, vermag die Vertreibung auch der deutschen Literatur als „Ehrung"[115] erscheinen: „Unsere Literaturgeschichte zählt nicht so viele exilierte Schriftsteller auf wie etwa die chinesische; wir müssen das damit entschuldigen, daß unsere Literatur noch sehr jung ist und noch nicht kultiviert genug. Die chinesischen Lyriker und Philosophen pflegten, wie ich höre, ins Exil zu gehen wie die unseren in die Akademie. Es war üblich. Viele flohen mehrere Male, aber es scheint Ehrensache gewesen zu sein, so zu schreiben, daß man wenigstens *ein*mal den Staub seines Geburtslandes von den Füßen schütteln mußte."[116] Kolle-Brechts Absage an die Heimat in den *Flüchtlingsgesprächen* beweist trotz der elegischen Untertöne, die bisweilen durch die Lakonik des Brechtschen Sprachgestus schimmern, daß es sich hier keineswegs bloß um die Denkübungen eines marxistischen Autors handelt: „Ich bin gegen die Bande des Bluts immer genau so eingestellt gewesen wie gegen alles andere, was mich gebunden hat. Ich hab gern freie Händ." Als daraufhin Ziffel, Kalles Gegenüber in den *Flüchtlingsgesprächen*, einwendet, daß „einem natürlich krumm genommen [wird, A.S.], wenn man alle Bande zerreißt, sogar die heiligsten", dreht Kalle kurzweg den Spieß herum: „Wieso zerreiß *ich* sie? Die Familie haben die Kapitalisten zerrissen. Und das Band zwischen mir und meinem Land hat der Wieheißterdochgleich zerrissen. Ich bin nicht egoistischer als ein anderer, aber zur Weltherrschaft laß ich mich nicht drängen. Da bleib ich hart. Ich hab den unbegrenzten Opfersinn nicht dazu."[117] Haßausbrüche und pathetische Freiheitshymnen, wie sie in den Exilwerken von Johannes R. Becher und bisweilen auch Heinrich Mann üblich sind, wird man bei Brecht deshalb vergebens suchen. Ironie, Lakonismus und Dialektik schaffen die nötige Distanz zum eigenen Erlebnis, denn „gerade der unbehauste Exulant weiß um die Relativität menschlicher – und besonders moralischer – Wertungen ... "[118]

Von Brecht ist gesagt worden, daß ihm das Exil „geistig und künstlerisch"[119] Heimat gewesen sei. Das trifft, auf andere Art, auch auf Anna Seghers zu – besonders, wenn man jene Prosaarbeiten heranzieht, in denen das Exil im Zentrum steht: *Transit* und *Reise ins Elfte Reich*. *Transit* ist der Bericht eines namen- und geschichtslosen KZ-Flüchtlings vom Zusammenbruch Frankreichs im Sommer 1940. Es ist die Zeit, in der sich unter den

Schlägen der faschistischen Armeen die alte „Weltordnung"[120] auflöst, in der „Imstichlasser", eitle Künstlertypen und Egoisten die Cafés des Fluchthafens Marseille bevölkern, Konsulate und Behörden traumhaft-unwirkliche Züge annehmen, die Hetze der Transitäre nach Conduits, Danger-Visa, Visa de Sortie und Schiffsbillets zum ziellosen, absurden Selbstzweck wird. Es ist die Zeit, in der der Einzelne auf sich selbst zurückverwiesen scheint.

Doch wie Brecht gewinnt Anna Seghers der kafkaesken Welt des Exils einen neuen Sinn ab. Da verbreitet ein Kommunist, Heinz, inmitten des Chaos Ruhe und Solidaritätsgefühl. Der Zusammenbruch der bürgerlichen Weltordnung wird einer bestimmten Gruppe der Gesellschaft angelastet, den deutschen Faschisten und den französischen Kapitalisten:[121] „Kafka unterliegt einem Traumzwang, in welchem er eine Welt, die er in Frage stellt, mit vergeblichen Fragen bestürmt. Anna Seghers unterliegt einem Wirklichkeitszwang, in welchem sie die Frage nach einer sozialen Situation stellt, die den Sinn menschlicher Institutionen zum Unsinn verkehrt ... Der bürokratische Terror ist der bürgerliche Terror."[122] Und der Erzähler überwindet sein Einzelgängertum, sein „auf der Kante"[123] leben, als er sich, wenn auch merkwürdig spontan und irrational, mit der französischen Résistance solidarisiert: „Die Nazis werden mich keinesfalls als ihren Landsmann erkennen. Ich will jetzt Gutes und Böses hier mit meinen Leuten teilen, Zuflucht und Verfolgung ... Selbst wenn man mich dann zusammenknallt, kommt es mir vor, man könne mich nicht restlos zum Sterben bringen ... Wenn man auf einem vertrauten Boden verblutet, wächst etwas dort von einem weiter wie von den Sträuchern und Bäumen, die man zu roden versucht."[124] Künstlerische Anschauung, das „vertrackte Märchen"[125] Leben, steht hier anstelle des von Lukács geforderten „gedanklichen Aufdeckens"[126] der gesellschaftlichen Zusammenhänge im Vordergrund: „... ich habe fast alles, was darin vorkommt, miterlebt ... Das Buch ist in Marseille entstanden, in den erwähnten Cafés, wahrscheinlich sogar, wenn ich zu lange warten mußte, in Wartezimmern von Konsulaten ... Ich habe aber ... niemals so etwas unmittelbar im Erlebnis Steckendes geschrieben."[127] Und mehr noch: Nicht irgendein Schiffsbillet, sondern ausgerechnet jenes Romanfragment, das der freiwillig aus dem Leben geschiedene Schriftsteller Weidel hinterläßt, erweist sich für den tödlich gelangweilten Erzähler als Lebensretter: „Ich vergaß meinen Cafard ... Und hätte ich tödliche Wunden gehabt, ich hätte auch sie im Lesen vergessen. Und wie ich Zeile um Zeile las, da spürte ich auch, daß das meine Sprache war, meine Muttersprache, und sie ging mir ein wie die Milch dem Säugling ... Ich stieß auf Worte, die meine arme Mutter gebraucht hatte, um mich zu besänftigen ... auf Worte, die ich schon selbst gebraucht hatte, aber wieder vergessen ... Es ging in dieser Geschichte darum – ach nein, ich werde Sie lieber nicht langweilen ... So hatte ich nur als Kind gelesen, nein zugehört ... Der Wald war ebenso undurchdringlich. Doch es war ein Wald für Erwachsene. Der Wolf war ebenso böse, doch es war ein Wolf, der ausgewachsene

Kinder betört. Auch mich traf der alte Bann, der in den Märchen die Knaben
in Bären verwandelt hat ... All diese Menschen ärgerten mich nicht ... durch
ihr blödes Auf-den-Leim-Gehen ... Ich begriff ihre Handlungen, weil ich sie
endlich einmal verfolgen konnte von dem ersten Gedanken ab bis zu dem
Punkt, wo alles kam, wie es kommen mußte ... Und plötzlich, so in den
dreihundert Seiten, brach alles für mich ab ... Er hätte mich nicht allein lassen
dürfen ... Er hätte noch weiterschreiben sollen, zahllose Geschichten, die
mich bewahrt hätten vor dem Übel.“[128]

Noch weiter von der Exilautobiographie und dem von Lukács vertretenen
Realismus in Richtung auf einen neuen „Märchenstil“ ging jene kleine, unvollendete Erzählung, die Anna Seghers Anfang 1939 in der *Neuen Welt-*
bühne vorlegte: *Reise ins Elfte Reich.*[129] Zeitkritik wird hier in eine phantasti-
sche, verkehrte Welt verlegt. Asyl erhält im Elften Reich nämlich nur, wer
keinen Paß und keine Papiere besitzt; Ehen schließen Paare, die einmal eine
Nacht zusammen verbringen wollen; Orden trägt, wer sich noch nicht ausge-
zeichnet hat im Leben. Ohne an die Hintergründigkeit von Kafkas Parabeln
heranzureichen, demonstriert Anna Seghers damit am Beispiel des Exilstoffs
erneut, was sie in den Sagen vom Räuber Woynok und von Artemis und dann
noch einmal im Briefwechsel mit Georg Lukács zum Programm erhoben
hatte: die „Verzauberung“[130] der Menschen durch die Kunst.

Bertolt Brecht und Anna Seghers belegen, daß auch über das Thema Exil
bedeutende Werke geschrieben werden konnten. Selbsterlebtes, Stimmungen,
Nöte und Ängste der Verbannung spiegeln sich in ihren Arbeiten deshalb
nicht weniger authentisch wider als in den Reißern von Hans Habe und Erich
Maria Remarque. Statt dem formalen Chaos von Klaus Manns *Der Vulkan*
und Lion Feuchtwangers *Exil* zu verfallen, erfassen sie die Wirrnisse der Zeit
in der modernen Form „kaleidoskophaft arrangierter Einzelepisoden“.[131] So
deutet sich an, daß die Flucht vieler bürgerlicher Exilautoren vor dem Exil-
Thema in zeitlose oder historische Sujets ebenso unnötig war, wie das Auf-
wärmen von sozialistisch-realistischen Klischees durch die Marxisten. Waren
doch Analyse und Kritik der von Auflösung bedrohten Welt gerade am
Thema Exil besonders anschaulich und konkret vorzuführen.

4. 3. 2. Politische Literatur

„Wer schreibt, handelt ... Es gibt keine Neutralität. Für niemand. Am wenigsten für den Schriftsteller.“[1] Diesen programmatischen Sätzen aus dem
ersten Heft der *Neuen Deutschen Blätter* ist schwerlich zu widersprechen –
besonders im Kontext einer Exilliteratur. Wer in Paris, Moskau oder Pacific
Palisades Literatur produzierte und sie der Öffentlichkeit vorlegte, nahm
unweigerlich zur Existenz des faschistischen Deutschland Stellung. Das gilt
für Erich Weinerts Wahlkampfrezitationen im Saarland ebenso wie für Elias
Canettis Vorstellung von der Heiligkeit des Lebens, für Alfred Döblins Plan,

„die Juden zur frumben Fischer-, Bauern- und Kriegernation"² zurückzuver-
wandeln, wie für die Arbeiten des „egozentrischen"³ Beer-Hofmann. Brechts
Julius Caesar-Roman war nicht weniger politisch als *Die Rundköpfe und die
Spitzköpfe*, die Szenenfolge *Furcht und Elend des Dritten Reiches* und die
skandinavischen Agitprop-Einakter *Dansen* und *Was kostet das Eisen?* Wer
in einem Stück über den 30-jährigen Krieg den Namen des österreichischen
Heimwehrführers Starhemberg gebraucht, meinte dasselbe wie der Verfasser
von politisch-ökonomischen Studien zum Dritten Reich⁴ und der Sprecher
von Becher-Gedichten und Wolf-Texten in einer antifaschistischen Kurzwel-
lensendung oder im Lautsprecherwagen vor Stalingrad. Heinrich Manns Essayband *Der Haß* (1933), der Stil der *Sammlung*, die „oppositionell nur auf
eine würdige Weise"⁵ sein wollte, und Brechts Gedicht *Die Maske der Bösen*,
in dem zu lesen steht, wie anstrengend es ist, zornig zu sein, unterscheiden
sich in der Sprechweise, nicht in der politischen Absicht. Ludwig Renn bot
auf dem II. Internationalen Kongreß zur Verteidigung der Kultur gegen
Krieg und Faschismus an: „Wer von euch hier im Saal wünscht meine Feder
zu nehmen? der Bruder meiner Gedanken zu sein für die Zeit, wo ich das
Gewehr genommen habe?"⁶ Und selbstsicher echote der literarische Novize
Bodo Uhse nach seiner Rückkehr aus dem spanischen Bürgerkrieg, als er
seinem Brigadekommandeur die Pistole mit den Worten zurückschickte:
„Meine Waffe bleibt mir ja, mein Füllfederhalter."⁷

Beinahe zur gleichen Zeit rang sich der Nobelpreisträger Thomas Mann in
einem *Zwang zur Politik* überschriebenen Essay zögernd zu der Einsicht
durch, daß „das politische Vakuum des Geistes in Deutschland" den „Kul-
tur-Bürger" zum „Staats- und Machtsklaven, zur bloßen Funktion der totalen Politik gemacht"⁸ habe. Eben hier packte nach Mann denn auch der
mißratene „Bruder Hitler" zu, dessen bohemehaftem „Nichtunterzubrin-
gen-sein", „Schuldgefühl", „revolutionärem Instinkt" und „explosiven
Kompensationswünschen"⁹ er sich ansonsten durchaus verbunden fühlte:
Die Weigerung des „deutschen Geistes", „die Politik als ein Zubehör der
humanen Aufgabe anzuerkennen, ist ausgegangen in den politischen Schrek-
ken selbst, die restlose Macht-Sklaverei, den totalen Staat, ... seinem Vor-
nehmtun gegen jede Befreiungs-Revolution verdankt er es, daß er zum Instrument eines amokläuferischen Umsturzes geworden ist ... "¹⁰

Von einer genau entgegengesetzten Position aus parierten Alfred Döblin
und Hermann Kesten den „Angriff der Politiker"¹¹ auf die Literatur. Döblin
zog sich, ein Jahr bevor er Mitarbeiter in Jean Giraudoux' Pariser Informa-
tionsministerium wurde,¹² in einen neuen Mystizismus zurück: „Man soll
uns in Ruhe arbeiten lassen. Wir sind *die deutsche Literatur im Ausland* und
lassen uns über unsere Aufgaben von keinem Politiker belehren. Wir setzen
die freie deutsche Literatur fort und werden uns hüten in Zwangsvorstellun-
gen zu verfallen ... *Religion, Mystik, Kunst gehören in das schaffende Cen-
trum einer neuen Menschheit.* Die Gegenwart mag noch so toben ... Sie tobt,

weil aller Geist an die Peripherie geraten ist."[13] Kesten stellte „das Ästhetische", das „interesselose Wohlgefallen", vornan: „Das politische Element eines Kunstwerks ist akzessorisch, ist ‚zufällig', ist nicht das, was das Kunstwerk ausmacht."[14]

Aufschrei, Protest, Resignation und Verinnerlichung sind so zunächst einmal als Reaktion auf die vom Faschismus begründeten politischen Tatsachen zu verstehen. „Wer wirklich sieht, was ist, wird überall, in allen Erscheinungen unsres Lebens, die Züge des Gesamtgeschehens aufspüren ... Auch wer schweigt, nimmt teil am Kampf. Wer, erschreckt und betäubt von den Ereignissen, in ein nur-privates Dasein flieht, wer die Waffe des Wortes als Spielzeug oder Schmuck verwendet, wer abgeklärt resigniert, – der verdammt sich selbst zu sozialer und künstlerischer Unfruchtbarkeit und räumt dem Gegner das Feld."[15]

Binsenweisheiten, wie sie hier die Redaktion der *Neuen Deutschen Blätter* hervorbringt, sind nicht nur unbestreitbar, sondern auch unergiebig. Das um so mehr, da die Politisierung der Exilanten oft genug „engstens mit dem vorangegangenen biographischen Schicksal, mit ihrem Standort als Autoren und den Dimensionen ihres bereits vorher konzipierten Werkes verknüpft"[16] bleibt. Ertragreicher ist es da schon, die „Hoffnungen und Hoffnungslosigkeiten" der Exilliteratur an der Realität „konkret auszumessen".[17] Denn nicht so sehr an der Intensität ihres Hasses oder der Lautstärke ihrer Anklagen, als im Zusammenwirken von Erkenntnis und Darstellung von Faschismus, Krieg, Exil und Widerstand als „*dechiffrierbarer* und damit *angreifbarer* Gewalt"[18] wird die politische Wertigkeit eines Exilwerkes faßbar. Walter Benjamin hatte das schon 1934 anläßlich eines Vortrags im Institut zum Studium des Faschismus formuliert: „Zeigen möchte ich Ihnen, daß die Tendenz einer Dichtung politisch nur stimmen kann, wenn sie auch literarisch stimmt. Das heißt, daß die politisch richtige Tendenz eine literarische Tendenz einschließt. Und, um das gleich hinzuzufügen: diese literarische Tendenz, die implicit oder explicit in jeder *richtigen* politischen Tendenz enthalten ist – die und nichts anderes macht die Qualität des Werks."[19] Doch die Hoffnung, daß „die Argumente von Ferngeschossen und fliegenden Bomben" die „Bewußtbarmachung der Wirklichkeit durch die Kunst" auf „allen Gebieten des Lebens" erleichtere, erfüllte sich nicht so ohne weiteres. Beinahe auf den Tag genau 10 Jahre nach Benjamins Ansprache stellte Anna Seghers fest, daß die Beziehungen zwischen Form und Inhalt, zwischen reiner Kunst und Tendenzkunst auch im Exil keineswegs gelöst worden seien. „Die ‚Tendenzkunst' hat große Gebiete unbeachtet gelassen, und der Faschismus hat später diese Hohlräume der Gefühle für sich benutzt. Die ‚reinen Künstler' lassen einen gefährlichen Hohlraum, indem sie das Wichtigste, das Menschlichste, das geschichtsbildende Element auslassen."[20]

Ein Grund, daß die Exilforschung wegen solcher Spannungen zur politischen Kreuzfahrt wird,[21] besteht dennoch nicht. Denn „monokausale Bezie hungen zwischen den politischen Determinanten der Entstehungssituation literarischer Werke im Exil und der Thematik und sprachlichen Gestaltung dieser Werke" sind ebensowenig wünschenswert wie die mechanische Aufspaltung der Interpretationen in eine „Analyse des historisch-politischen Vorfeldes" und eine „literarische Deutung der Texte".[22] Wer wie Frank Wagner[23] und Leonore Krenzlin[24] statt von Exilliteratur von „antifaschistischer Literatur" spricht und mit einer nur begrenzt richtigen Faschismustheorie als letzter Weisheit operiert, macht sich ebenso einer unnötigen Verengung schuldig wie die, die mit Hilfe von „zeitlosen" literaturkritischen Wertungsrastern politische Lieder von vornherein als garstige Lieder abqualifizieren. Und wer sich zu der Verallgemeinerung aufschwingt, daß „politischer und literarischer Wert", „progressives politisches Bewußtsein" und die „Entwicklung der literarischen Mittel" bei der Exilliteratur per definitionem „inkongruent" seien, sollte nicht versäumen, seine Belege für solche Behauptungen zu präsentieren.[25]

Wie schwer sich die Exilliteratur beim „Dechiffrieren" und „Angreifen" ihres Hauptthemas, des Faschismus, tat, wird bereits dort sichtbar, wo ihr politischer Anspruch am deutlichsten hervortritt: in den Tarnschriften, Flugblättern, Radiosendungen und Lautsprecherprogrammen, die direkt auf das Geschehen in Deutschland Einfluß nehmen sollten. Dabei waren gerade auf diesem Gebiet Erfindungsgeist und persönlichem Einsatz vor allem während der ersten Exiljahre kaum Grenzen gesetzt. Hunderte von Tarnschriften mit einer geschätzten Gesamtauflage von mehreren Millionen Exemplaren wurden in Konservenbüchsen, Autoreifen, Koffern mit doppeltem Boden oder als Werbeschriften mit der Post nach Deutschland geschmuggelt.[26] Ihre Umschläge waren bekannten Buchreihen wie Reclams Universal-Bibliothek, den Insel-Büchern, der Miniatur-Bibliothek und der Reihe „Wege zum Wissen" nachgebildet. Die Titel täuschten Kochbücher, Anleitungen zum Gesellschaftsspiel oder Tips zur Kakteen-Zucht vor. Wer 1937 in Johann Strauß' *An der schönen blauen Donau* blätterte, stieß auf die „Internationale" und „Das Lied vom Vaterland". *Deutsch für Deutsche* (1935) nannte sich eine Tarnschrift des Schutzverbands Deutscher Schriftsteller, die Gedichte, Prosa, Szenen und Fotomontagen von Johannes R. Becher (*An der Grenze, Den Mördern ins Gesicht, Grabschrift, Der Kopf*), Bertolt Brecht (*Wiegenlieder, Lohn der illegalen Arbeit*), Willi Bredel (*Nur einer*), Ferdinand Bruckner (*Die Rassen*), Bruno Frank (*Blutsprüfung*), Heinrich Mann (*Die erniedrigte Intelligenz*), John Heartfield (*Wenn die Welt erst brennt*) und vielen anderen enthielt. Thomas Manns Briefwechsel mit der Universität Bonn erschien 1937 unter dem sinnigen Titel *Briefe deutscher Klassiker* in der Ullstein-Reihe „Wege zum Wissen". Insgeheim von den Amerikanern finanziert waren die 30000 Exemplare einer Broschüre, die die kommunistische Bewegung „Freies Deutschland" in der Schweiz unter der Überschrift Otto von Bismarck: *Im Kampf um das Reich* 1944 nach Süddeutschland schleuste.[27]

Thomas Mann schrieb zwischen Oktober 1940 und August 1942 25 Radiosendungen für „Deutsche Hörer" der BBC.[28] In Spanien gab sich der Kurzwellensender 29,8 als „Organ der deutschen Volksfront" aus.[29] Das *Freie Deutschland* (Mexiko) berichtete von regelmäßigen Radiosendungen des Comité Alemán Antifascista von Cuba auf dem 25-Meterband mit Beiträgen von Theodor Plivier,[30] Erich Weinert und Albert Norden.[31] Am 30. Januar 1943 stellte eine „Verbündete innerhalb Deutschlands" überschriebene Ausstellung auf der Konferenz der deutsch-amerikanischen Gewerkschafter Tarnschriften und Flugblätter vor;[32] ein Bericht von Hans Burger, ehemals Dramaturg am Deutschen Theater, beschreibt den Lesern des *New York Times Magazine* die Tätigkeit eines Propaganda-Lautsprecherwagens an der Westfront.[33] Volker Christian Wehdekings Studie zum Nullpunkt vermittelt einen Einblick in die Rolle der Literatur bei der Umerziehungstätigkeit in den amerikanischen Kriegsgefangenenlagern.

Während von den Autoren in den westlichen Exilzentren Propagandaarbeit meist nur am Rande betrieben wurde, nahmen die nach Sowjetrußland Geflüchteten nahezu ausnahmslos an der unmittelbaren Auseinandersetzung mit dem Nationalsozialismus teil.[34] Exilanten schrieben und sprachen für die Radiostationen von Moskau, Leningrad, Tbilisi und Murmansk, den Sender „Freies Deutschland" des Nationalkomitees Freies Deutschland, den Sender „Freies Österreich" und den „Deutschen Volkssender" der KPD. Ruth von Mayenburg,[35] Friedrich Wolf und andere waren bei der „Abteilung fremde Heere" der PURKKA (Politische Hauptverwaltung der Roten Armee) tätig, Flugblattgedichte von Erich Weinert wurden zu Weihnachten *(Weihnachten – Denk an dein Kind)*, anläßlich von Hitlerreden *(Das zehnte Jahr – An die Hitlergläubigen, Nach neun Jahren – Zum 30. Januar)* und in den Kesselschlachten der Jahre 1943/44 durch Flugzeuge, Raketen, Ballons und Kuriere unter den deutschen Soldaten verbreitet:[36]

Habt ihr denn den Verstand verloren?
Hier kommt kein Mensch lebendig raus!
Wollt ihr im Kessel hier verschmoren
Dann kommt ihr niemals mehr nach Haus.
Vor Stalingrad ist kein Entrinnen,
Und nirgendwo gibt es ein Loch.
Wie lange wollt ihr euch besinnen?
Ja, worauf wartet ihr dann noch?[37]

In einem Gedichtzyklus erläuterte Weinert Stalins berühmten Befehl Nr. 55 vom 23. Februar 1942. Friedrich Wolf warb im Offizierslager Krasnogorsk Sympathisanten für das NKFD. Seine Flugblatt-Figuren „Fink und Fliederbusch"[38] diskutierten im Landserjargon die Entwicklung des Krieges. Auf Ulbrichts Auftrag übernahm Fritz Erpenbeck als „SA Mann Hans Weber" einen Geheimsender, der sich als Stimme rebellischer SA-Leute ausgab.[39]

Beispiele dieser Art ließen sich viele anführen: zum spanischen Bürgerkrieg die Bücher von Bertolt Brecht *Die Gewehre der Frau Carrar* (1937), Willi Bredel *Begegnung am Ebro* (1939), Eduard Claudius *Grüne Oliven und nackte Berge* (1945), Alfred Kantorowicz *Spanisches Tagebuch* (1948), Hermann Kesten *Die Kinder von Gernika* (1939), Arthur Koestler *Menschenopfer unerhört. Ein Schwarzbuch über Spanien* (1937), *Ein spanisches Testament* (engl. 1937, dt. 1938) und *Sonnenfinsternis* (engl. 1940, dt. 1946), Rudolf Leonhard *Spanische Gedichte und Tagebuchblätter* (1938) und *Der Tod des Don Quijote* (1938), Karl Otten *Torquemadas Schatten* (1938), Bodo Uhse *Die erste Schlacht. Vom Werden und von den ersten Kämpfen des Bataillons Edgar André* (1938);[40] Darstellungen zu den Februar-Unruhen in Österreich in Anna Seghers *Der Weg durch den Februar* (1935) und *Der letzte Weg des Koloman Wallisch* (1936), Friedrich Wolfs *Floridsdorf* (v. 1934) und Oskar Maria Grafs *Der Abgrund* (1936). Die Abbildung des Saarkampfes ging ein in Gustav Reglers *Im Kreuzfeuer* (1934) und Theodor Balks *Hier spricht die Saar* (1934), die der französischen Widerstandsbewegung in Brechts *Die Gesichte der Simone Machard* (1940/43). Kubas Agitproptruppen „Roter Stern" und „Neues Leben" arbeiteten in der Tschechoslowakei;[41] Analysen der Rassenpolitik fanden sich in Ferdinand Bruckners Erfolgsstück *Die Rassen* (1933), Lion Feuchtwangers nicht minder erfolgreichem Roman *Die Geschwister Oppenheim (Oppermann)* (1933) und Martin Hallers *Ein Mann sucht seine Heimat* (1936). Die soziopolitischen Fragmente und Dramen des Spätexilanten Georg Kaiser wären zu nennen,[42] Bruckners zwischen „politischem Kampfdrama und ... Abstrahierung" schwankendes Norwegen-Stück *Denn seine Zeit ist kurz* (1945),[43] die Faust-Adaptionen von Klaus Mann *Mephisto* (1936), Thomas Mann *Doktor Faustus* (1947) und Ödön von Horváth *Himmelwärts* (1934), Stefan Zweigs *Schachnovelle* (1942), Ludwig Tureks Seeroman *Die letzte Heuer* (1935), F. C. Weiskopfs Landserbuch *Himmelfahrtskommando* (engl. 1944, dt. 1945).

Wenn die antifaschistische Propaganda der Exilanten dennoch problematisch blieb, dann vor allem deshalb, weil sie allzuoft „nur eine abstrakte Gegnerschaft zum Faschismus"[44] entwickelte oder mehr (parteipolitischem) Wunschdenken als den realen Verhältnissen in Deutschland entsprach. Zwei Beispiele müssen genügen: Heinrich Manns illegal im Reich verbreitete Essays und Johannes R. Bechers Deutschland-Dichtung.

Manns Arbeiten erschienen zwischen 1933 und 1939 in Exilzeitschriften wie dem *Neuen Tage-Buch* und der *Deutschen Volkszeitung*. Sie wurden, meist noch im selben Jahr, als Tarnschriften, Flugblätter oder über die Welle 29,8 in Deutschland verbreitet. Ihr Tenor ist anfangs vom „Haß" (so der Titel von Heinrich Manns erstem Essayband im Exil) des vertriebenen Geistigen, später von der Taktik der Volksfront gekennzeichnet – Sprechweisen, die zwar zur Hebung der Moral in Paris und Sanary-sur-Mer beitragen mochten, in Deutschland aber auf wachsendes Unverständnis stoßen mußten. Denn wer zwischen Königsberg und München die Wahlen von 1931/1932/1933 miterlebt hatte und 1935 überhaupt noch eine Tarnschrift wie *Deutsch für Deutsche* durchlas, statt sie beim nächsten Blockwart abzuliefern, dem müssen Sätze, wie die folgenden, recht merkwürdig vorgekommen sein: „Diese für die Öffentlichkeit gar nicht vorhandene Partei [die KPD, A.S.] ist in Wirklichkeit die zahlenmäßig stärkste Deutschlands geworden. In freien Wahlen bekämen die Nationalsozialisten vielleicht noch zwanzig Prozent der Stimmen, die Kommunisten aber sicher mehr als sechzig Prozent."[45] Ebensowenig ließen sich Sympathisanten unter den Intellektuellen rekrutieren mit der weitgehend richtigen, aber taktisch unklugen Verallgemeinerung, daß das System „seinen literarischen Nachwuchs ... hauptsächlich aus den Reihen der Alten, Halbvergessenen" beziehe. „Das sind arme Nichtskönner mit Augen gelb vom Ärger. So lange hatten sie ertragen müssen, daß auch wir noch da waren. Sie zitterten danach, ranzukommen, verzweifelt hofften sie auf ihre Stunde. Jetzt ist sie da. Sie sollen sie nur schnell genießen, lange wird sie kaum dauern."[46] Vollends überflügelte Wunschdenken die Realität, wenn vom innerdeutschen Widerstand die Rede war. Glaubt man Heinrich Manns durch Zahlen, Zitate und Fakten auf Authentizität pochenden Aussagen, bleibt es in der Tat rätselhaft, warum sich die Faschisten länger als ein paar Monate halten konnten. So ist beispielsweise in der als Cola Citron-Limonadenbeutel getarnten Schrift *Einig gegen Hitler!* (1939) von einer „*deutschen Opposition*" die Rede, die „unausgesetzt und schon längst nicht mehr heimlich" agiert: „Sie diktiert ihren Willen, und nicht mehr nur Hitler den seinen. Sie tut es, wo sie am stärksten ist, im Reich der Arbeit."[47] SS-Dorfschulzen, die „die Bauern gegen eine nie gekannte ‚marxistische Luderwirtschaft' aufbringen möchten", ernten in Heinrich Manns Traumwelt „Hohn", wenn sie nicht gar im Krankenhaus enden.[48] Und erstaunten Müttern wird wenige Wochen, bevor die wohlausgestattete faschistische Kriegsmaschine über Europa hinwegrollte, in einer als *AGFA-Supex. Hart glänzend* ausgegebenen „Anklage" erklärt, daß ein Drittel ihrer Kinder an „Unterernährung"', „nervösen Störungen" und „Tuberkulose" litten.[49]

Mißgriffe dieser Art wiegen um so schwerer, als sie aus der Feder eines der hervorragendsten Essayisten des Exils und dem Kopf der literarischen (und politischen) Volksfrontbewegung stammen.[50] Damit soll Manns antifaschistischem Engagement im französischen Exil kein Abbruch getan werden. Wohl aber treten hier die Grenzen des engagierten Subjektivismus jener „geistigen" Exilanten zutage, denen eher an einer Literarisierung der Politik als an einer Politisierung der Literatur gelegen war.

Weniger verbreitet, aber womöglich noch unangemessener waren große Teile der Propagandaliteratur der Kommunisten. Georg Lukács' *Aktualität und Flucht* (1941) und seine *Die verbannte Poesie* (1942) überschriebenen Aufsätze machen deutlich, warum. „Aktualität" wird von Lukács nämlich, gleichgültig ob Krieg oder Exil, wie schon vor 1933 in der *Linkskurve-*

Debatte, ausdrücklich nicht mit „begeisterten Gedichten, hymnischen Reportagen, sachlichen und gefühlsbetonten Fronterlebnisberichten über interessante Abenteuer, über Bewährung der Kameradschaft usw."[51] gleichgesetzt. An Stelle der Agitpropgedichte eines Erich Weinert oder der antifaschistischen Dramen von Friedrich Wolf und Bertolt Brecht, lobt Lukács lieber Thomas Manns *Zauberberg* als „das große zeitgenössische epische Lehrgedicht vom Kampf zwischen Licht und Finsternis, Krankheit und Gesundheit, Leben und Tod."[52] Erst hier „in der Poesie der historischen Wahrheit", werde „die krisenhafte Entladung einer sich lange und langsam vorbereitenden ideologischen Vergiftung des deutschen Volkes"[53] sichtbar. „... und dies unterscheidet die wirkliche Poesie von der großen Tagesliteratur, den echten und tiefen ideologischen Kampf gegen die Reaktion vom Vulgär-Antifaschismus ... So ist der wirkliche Antifaschismus ein Kampf im breitesten und tiefsten Sinne des Wortes ..."[54]

Aufgenommen wurde der theoretische „Zauberbesen",[55] den Lukács liegenließ, vor allem von Johannes R. Becher. Becher zieht die Summe seines Exilschaffens in dem Essay *Eine Betrachtung über Kunst im Krieg* im Septemberheft 1944 des *Freien Deutschland* (Mexiko).[56] „Die Kunst verhält sich auch diesem Kriege gegenüber nicht untätig", heißt es dort, „sie wirkt und lebt. Dem oberflächlich Hinblickenden mag ihre Tiefenwirkung entzogen sein. In den Menschentiefen aber, ... wo das Formlose keine Dauer hat, dort leistet die Kunst weiterhin ihre jahrhundertelang bewährte Arbeit, und mit ... innig-stillem Drängen führt sie, unbeirrt und unaufhaltsam, die Menschenseele dem Reich des Guten, Wahren, Schönen und Freien zu ... "[57]

Wer in Bechers 1945 und 1946 erschienenen Bänden *Ausgewählte Dichtung aus der Zeit der Verbannung 1933–1945* und *Die hohe Warte. Deutschland-Dichtung 1933–1945* blättert, findet Ernst Blochs Kritik des sozialistischen Realismus bestätigt: „Winkelmann-Antike" an Stelle von Antifaschismus, „Säulenklassizismus" statt Operativität, „die edle Einfalt" und „stille Größe" des „unzerfallenen Bürgertums"[58] umgeschminkt zu sozialistischen Deutschlandhymnen. Keine Spur mehr von den leidenschaftlichen Protesten des Aktivisten Becher gegen den Krieg oder den 1933 in Moskau gedruckten Agitprop-Zweizeilern *An die Wand zu kleben*. Hatte Becher damals noch im Ton Majakowskis erklärt

> So schrieb ich manche dieser Zeilen:
> Oft konnte ich nicht lang verweilen
> Beim Dichten, denn es hieß: *Alarm!*
> . . . .
> Dem Dichter, der mithilft, die Welt
> Zu ändern, selbstverständlich fällt
> Es ihm nicht ein, etwa mit Lachen
> Zu fragen: ‚Sind das meine Sachen?!'[59]

findet er jetzt mitten im Endkampf um Deutschland Zeit, an einem knappen
Tausend Sonetten herumzufeilen. Ihre Form stellt die Ordnung der Dichtung
gegen das Chaos der Geschichte. Ihr Inhalt verewigt Kulturerbe auf Kosten
von Tageskämpfen:

> Wenn einer Dichtung droht Zusammenbruch
> Und sich die Bilder nicht mehr ordnen lassen,
> Wenn immer wieder fehlschlägt der Versuch,
> Sich selbst in eine feste Form zu fassen,
>
> Wenn vor dem Übermaße des Geschauten
> Der Blick sich ins Unendliche verliert,
> Und wenn in Schreien und in Sterbenslauten
> Die Welt sich wandelt und sich umgebiert,
>
> Wenn Form nur ist: damit sie sich zersprenge
> Und Ungestalt wird, wenn die Totenwacht
> Die Dichtung hält am eigenen Totenbett –
>
> Alsdann erscheint, in seiner schweren Strenge
> Und wie das Sinnbild einer Ordnungsmacht,
> Als Rettung vor dem Chaos – das Sonett.[60]

Was Becher mit Blick auf die innersowjetischen Literaturdiskussionen und
die Planung für eine nachkriegsdeutsche Kultur noch halbwegs konsequent
erschienen sein mag, mußte bei den einfachen Landsern in den Kriegsgefangenenlagern, im Schützengraben und am Volksempfänger als propagandisti-
scher Rohrkrepierer gewirkt haben. Von Hölderlin, Heimat und Pflege des
deutschen Kulturerbes hatten sie jedenfalls genug gehört. Und an „nationalismus"[61] und Monumentalstil ließen sich die Faschisten schon gar nicht über-
trumpfen. Ohne den damals noch nicht überschaubaren Zusammenhang von
Bechers Gesamtwerk waren (noch dazu autobiographisch gemeinte) Sätze
wie: „Drei Gestalten sind es, die sich in dem Dichter vereinen und deren
Dreieinigkeit uns anspricht: der Deutschlandsucher, der Deutschlandkünder,
der Deutschlandstreiter"[62] zumindest mißverständlich. Ilse Siebert hat sicherlich recht: Die „richtige Relation von Poesie und agitatorischer Arbeit"[63] hat
Becher – und mit ihm viele der Moskauer Exilgruppe – zwischen 1933 und
1945 nicht gefunden. Die von Brecht erkannten „Fünf Schwierigkeiten beim
Schreiben der Wahrheit" blieben unbewältigt: „Er [der heute Lügen und
Unwissenheit bekämpfen will, A.S.] muß den *Mut haben*, die Wahrheit zu
schreiben, obwohl sie allenthalben unterdrückt wird; die *Klugheit*, sie zu
erkennen, obwohl sie allenthalben verhüllt wird; die *Kunst*, sie handhabbar
zu machen als eine Waffe; das *Urteil*, jene auszuwählen, in deren Händen sie
wirksam wird; die *List*, sie unter diesen zu verbreiten."[64]
  Entsprechend begrenzt scheint die Wirkung der nach Deutschland gerichteten Exilliteratur geblieben zu sein. Tarnschriften wurden rasch von der

Gestapo beschlagnahmt, Druckereien aufgespürt. Über 2500 Urteile in Prozessen gegen Verteiler und Hersteller illegaler Schriften zeugen von der Ohnmacht des literarischen Widerstands. Der von Jan Petersen in Berlin weitergeführte BPRS und seine Zeitschrift *Stich und Hieb* (1933–1935) wurden im Herbst 1935 zerschlagen; immer seltener gelangten Nachrichten aus Deutschland in die Redaktionen der Exilblätter. Während die Überwachung von Thomas Mann durch die deutschen Konsulate[65] und die häufigen Demarchen deutscher Auslandsvertretungen gegen die Exilliteratur auf eine gewisse Unsicherheit der Nationalsozialisten angesichts ihres internationalen Rufs schließen lassen, war man um die innere Sicherheit des Reiches allem Anschein nach nicht besorgt. Das ohnehin von einer beachtlichen Selbstsicherheit zeugende Leitheft *Emigrantenpresse und Schrifttum*, das im März 1937 beim Chef des Sicherheitshauptamtes, Reichsführer-SS, ausgearbeitet wurde, übergeht das Thema „Illegale Literatur" jedenfalls.[66]

Doch die nach Deutschland gerichtete Propaganda umfaßte nur einen kleinen Teil der politischen Literatur des Exils. Überzeugender und erfolgreicher, was nicht zuletzt an der Auflagenzahl ihrer Bücher abzulesen ist, waren die Exilautoren dort, wo sie der Welt Einblick in das faschistisch besetzte Deutschland zu geben suchten. Die schwierigen Produktions- und Distributionsbedingungen der Tarnschriften spielten hier keine Rolle. Ebensowenig brauchte man sich um „leichte Verständlichkeit, einprägsame, ,schlagende' Argumentation und appellative Kraft"[67] zu sorgen. Und schließlich konnten sich die Exilanten, zumindest während der ersten Jahre, noch auf eigene Erfahrungen aus der Weimarer Republik stützen. Kurz: die politische Exilliteratur bewegte sich bei der Deutschlandthematik relativ lange auf vertrautem und erprobtem Grund. Nicht zufällig gehören Lion Feuchtwangers *Die Geschwister Oppenheim* und Anna Seghers *Das siebte Kreuz*, Friedrich Wolfs *Professor Mamlock* und Arnold Zweigs *Das Beil von Wandsbek* zu den hervorragendsten Best- und Longsellern des Exils. Erzählungen, Gedichte und Dramen über rassische Diskriminierung und Konzentrationslager, täglichen Faschismus und heroischen Widerstand entstanden in Hülle und Fülle. Willi Münzenbergs Verlagsgruppe brachte Paul W. Massings unter dem Pseudonym Karl Billinger gedruckten KZ-Bericht *Schutzhäftling Nr. 880* (1935) und Paul Westheims Novelle *Rassenschande* (1935) heraus. In Paris erschien bei der Editions du Carrefour das berühmte *Braunbuch über Reichstagsbrand und Hitler-Terror* (1933). Malik nahm Willi Bredels *Die Prüfung* (1934), *Der Spitzel* (1936) und *Dein unbekannter Bruder* (1937) auf; Zürich war der Erscheinungsort von Heinz Liepmans ... *wird mit dem Tode bestraft* (1935), Helmuth Groths unfreiwilliger Groteske *Kamerad Peter* (1936), F.C. Weiskopfs *Lissy oder Die Versuchung* (1937) und Wolfgang Langhoffs viel übersetztem KZ-Bericht *Die Moorsoldaten* (1935). Querido veröffentlichte Irmgard Keuns *Nach Mitternacht* (1937), Anna Seghers *Die Rettung* (1937) sowie Hermann Kestens *Die Zwil-*

linge von Nürnberg (1947). In Moskau fand Bertolt Brecht für *Furcht und Elend des Dritten Reiches* (1941), Friedrich Wolf für *Das trojanische Pferd* (1937), Albert Hotopp für *Die Unbesiegbaren* (1935) und Johannes R. Becher für *Deutschland. Ein Lied vom Köpferollen und von den ‚Nützlichen Gliedern‘* (1934) einen Verleger. Der Stockholmer Neue Verlag druckte außer Arnold Zweigs *Beil von Wandsbek* (hebr. 1943, dt. 1947) Alfred Neumanns Geschwister-Scholl-Buch *Es waren ihrer sechs* (1944). Das Thema Deutschland nahm in nahezu allen Exilzeitschriften beachtlichen Raum ein. Rubriken wie „Die Stimme aus Deutschland" in den *Neuen Deutschen Blättern* und „Stimme der Illegalen" in der *Internationalen Literatur* deuten an, daß die Verbindungen zur Heimat nicht völlig abgerissen waren.

Wie zu erwarten, sind die Deutschland-Bücher des Exils vom politischen Standpunkt ihrer Verfasser gefärbt. Willi Bredel, Jan Petersen, Johannes R. Becher, Anna Seghers und Bertolt Brecht gehörten zu der großen Schar jener, die ihr Deutschlandbild von der – allerdings unterschiedlich ausgelegten – Faschismustheorie der KPD bezogen. Andere setzten sich wie Heinz Liepman kritisch mit der Untätigkeit der kommunistischen Partei bei der Machtübergabe an die Faschisten auseinander. In der Minderzahl blieben Analysen von Mitläufern wie Irmgard Keuns *Nach Mitternacht* (1937), Klaus Manns *Mephisto* (1936), Walter Schönstedts *Auf der Flucht erschossen* (1934) oder auch Ernst Tollers *Pastor Hall* (1939) sowie Bücher, die den konservativen Widerstand ins Zentrum stellten wie Carl Zuckmayers *Des Teufels General* (1946). Ab und an wurde das Deutschlandthema zu Kolportagen verarbeitet wie in Alfred Neumanns *Es waren ihrer sechs*, Kestens *Die Zwillinge von Nürnberg* und in den in Hollywood von George Froeschel, Jan Lustig, Walter Reisch und Billy Wilder produzierten Antinazifilmen. Mangelnde Anschauung und lückenhafte Information beschleunigten in der Spätphase des Exils die „Verzeichnungen der Realität" durch „Schablonen" und „Klischees".[68]

Ein Blick auf die Deutschlandbücher von Willi Bredel, Alfred Neumann, Friedrich Wolf, Arnold Zweig, Anna Seghers und Bertolt Brecht mag demonstrieren, wie eng gerade „auf diesem Teilgebiet der Exilliteratur ... politische Fehlinterpretation und künstlerisches Mißlingen, politische Klarsicht und künstlerische Qualität"[69] miteinander verknüpft waren. Bredel legte zwischen 1934, als er aus dem KZ Fuhlsbüttel entlassen wurde, und 1937, als er Kriegskommissar beim Thälmann-Bataillon in Spanien wurde, in rascher Folge drei Prosaarbeiten über das faschistische Deutschland vor: *Die Prüfung* (1934), *Der Spitzel und andere Erzählungen* (1936) und *Dein unbekannter Bruder* (1937). Ihre Themen sind der Widerstand der Kommunisten im Konzentrationslager und die Arbeit in den illegalen Parteizellen. Ihre Perspektive bleibt auf die KPD beschränkt. Der Ton ist kämpferisch, optimistisch und parteilich. Die Form: ein emotionaler Realismus, durchsetzt mit reportageartigen Zügen. Zweifel an der Taktik und an der Faschismustheorie der Partei kommen Bredels Helden nicht. Figuren wie Heinrich Torsten (Vorbild: Matthias Thesen), Arnold Clasen (Vorbild: Willi Bredel) bleiben ihrem Auftrag auch unter extremsten Bedingungen treu: „Heinrich Torsten hat nichts zu bereuen; er hat nichts versäumt. So wie er es geführt hat, war sein Leben richtig und gut. Läge es noch vor ihm, er würde es zum zweitenmal so leben. Zu bedauern und zu beklagen sind die, die ihre Not ohne Hoffnung tragen, ... die Unwissenden, Mutlosen, Hoffnungslosen. Nein, sein Leben ist herrlich gewesen."[70] „Die Partei hat prachtvolle Menschen..."[71] Standfeste Figuren dieser Art waren sicherlich wünschenswert und mögen hier und da auch existiert haben. Zum Verständnis des Faschismus trugen ihre Gewißheiten ebensowenig bei wie zur Rekrutierung von Widerständlern. Statt den Leser vor die Wahl Faschismus oder Antifaschismus zu stellen, konfrontieren sie ihn mit der Alternative Kommunismus–Antikommunismus.

Und mehr noch: Die Verzerrung der tatsächlichen Kräfteverhältnisse im Deutschland der Jahre 1934/35 zog auch formale Konsequenzen nach sich. Werftarbeiter sprechen da im dritten Jahr des tausendjährigen Reiches unbefangen weiter im Jargon kommunistischer Leitartikel. Vertreter der Partei tauchen in prekären Situationen wie die altbekannten reitenden Boten des Königs auf. Die antifaschistische Arzttochter Renate Stammberger aus *Dein unbekannter Bruder* setzt täglich bei der konspirativen Arbeit ihr Leben aufs Spiel – die Motive für ihre Einstellung werden nicht gestaltet. Sätze wie: „Die deutschen Arbeiter werden Deutschland erlösen"[72] wirken angesichts der von Bredel am eigenen Leib erfahrenen grausamen Realität gekünstelt und aufgesetzt. Nirgends wird gefragt, ob nicht die Taktik der Partei dazu beigetragen habe, daß in manchen Bezirken des „roten" Hamburgs Ende 1934 bereits die achte illegale Leitung von der Gestapo ausgehoben wurde.

Bredel gab in seinen Deutschlandromanen „eher ein Bild ..., das den damaligen Vorstellungen seiner Partei entsprach, als ein Bild der deutschen Wirklichkeit im Jahre 1935".[73] Ähnlich weit an der deutschen Realität vorbeigeschrieben hat Alfred Neumann mit seinem Geschwister-Scholl-Roman *Es waren ihrer sechs* – wenn auch aus ganz anderen Gründen. Zwar finden sich da keine Parteiparolen, aber der Faschismus wird von Neumann auf unerträgliche Weise dämonisiert. Kommunistische Propaganda wird durch Marketing ersetzt, revolutionäre Perspektive durch die Gesetze des melodramatischen Sensationsromans. Die apolitische, moralisch-religiöse Position von Hans und Sophia Moeller wird zu einem mythischen Kampf zwischen der „Allmacht des Bösen"[74] und bekennenden „Wiedertäufern"[75] pervertiert. Ohne von Zensur und Gestapo bedroht zu sein, steht *Es waren ihrer sechs* (wie auch Zuckmayers *Des Teufels General*) damit in der Tradition jener Faschismusanalysen der inneren Emigration, die nach 1945 zur Blockierung der Vergangenheitsbewältigung beitrugen. Statt im Ausland Aufklärungsarbeit über die Ereignisse in Deutschland zu leisten, fördert Neumann jene Klischees vom brutal-homosexuellen SA-Mann, von sexuellen Lebensborn-

Orgien und eiskalten Naziführern, die bis heute nicht nur in Hollywood herumgeistern. Während Bredels *Prüfung* nach 1945 von einem Hamburger Gericht als Beweismaterial gegen den ehemaligen Kommandanten des KZ Fuhlsbüttel verwendet wurde,[76] sah sich Inge Scholl denn auch veranlaßt, sich öffentlich gegen die „Verunglimpfung" ihrer Geschwister zur Wehr zu setzen.[77] Den Erfolgsautor störte das alles natürlich nicht: „Ja, die SECHS sind eine Vision der Dinge ... Das Bedürfnis nach einer zeitlich-überzeitlichen Form der Auseinandersetzung mit dem Zeitunglück stak in mir schon seit Beginn des Exils ..."[78]

Daß Erfolg nicht unbedingt mit parteipolitischen Konzessionen und Sensationsmache verbunden sein muß, beweisen drei andere Beiträge zum Deutschlandthema: Friedrich Wolfs Drama *Professor Mamlock*, Arnold Zweigs Roman *Das Beil von Wandsbek* und Anna Seghers Bestseller *Das siebte Kreuz*.

Wolf schrieb sein Stück als Beitrag zur Rassenpolitk und als Analyse des konservativen Großbürgertums. Professor Mamlock ist nämlich, ähnlich wie Feuchtwangers Oppenheim, nicht nur Jude, sondern auch Weltkriegsteilnehmer, wohlhabender Leiter einer Klinik und Mitglied des Reichsausschusses des Hindenburgkomitees. Seine Privilegien sucht er durch Loyalitätsdenken zu schützen, dem kommunistischen Sohn kommt er autoritär, die Trennung von Wissenschaft und Tagesfragen soll den Zwang zur Politik entschärfen. Von „kämpfen" spricht Mamlock jedenfalls erst unmittelbar vor seinem Selbstmord: „Denn kein größeres Verbrechen gibt es als nicht kämpfen wollen, wo man kämpfen muß!! Menschenkinder, ich beschwöre euch, werft euch nicht kampflos weg!!"[79]

Kritik zum Stück kam denn auch aus verschiedenen Richtungen. In der Sowjetunion, wo es mit über 400 Aufführungen in Moskau und zahllosen Inszenierungen von Astrachan bis Ufa „zu den meistgespielten ausländischen Dramen"[80] der 30er Jahre gehörte, bemängelten die Zensoren so lange die jüdischen Szenen als „Lokalangelegenheiten"[81], bis in der Filmversion von 1938 aus Mamlocks Selbstmord die aktive Teilnahme am antifaschistischen Kampf geworden war.[82] Dagegen mußte sich Wolf in den USA, wo das Stück von der Jewish Theatre Unit des Federal Theatre Project aufgeführt wurde, sagen lassen, daß er nur altbekannte Zeitungsnachrichten dialogisiert habe.[83] Komplementär dazu war jeweils der Stil der Inszenierungen: Während in Moskau mit Lichtbildern, Flugblättern und Kostümfigurenparaden stanislawskische „Atmosphäre" produziert wurde,[84] behandelte die Jewish Theatre Union *Professor Mamlock* als well-made-play. Freilich ahnte auch Wolf, daß Stück und Titelfigur „zwischen den entscheidenden Fronten jener Zeit"[85] standen: Als ihn die Theatre Union im Sommer 1933, unmittelbar nach Fertigstellung des Manuskripts, bat, das individuelle Schicksal Mamlocks mehr in die politökonomischen Zusammenhänge des Faschismus zu stellen, gab er seinen Widerstand gegen solchen szenischen „Geschichtsunterricht"[86] bald

auf, schrieb einen Conferencier hinzu und konzipierte eine Reihe von Simul-
tanszenen und Projektionen dokumentarischen Materials. „Die Sache ist
wirklich zu wichtig", schrieb er damals nach New York, „zumal wenn Eure
Massen das Wesen des Faschismus noch nicht kennen."[87]

Professor Mamlock litt darunter, daß Wolfs psychologisch-realistische
Schreibweise die Perspektive von Personen und Themen in ihren gesamtge-
sellschaftlichen Zusammenhängen verhinderte. Probleme dieser Art kannten
Arnold Zweig und Anna Seghers nicht. Ihre Deutschland-Romane – *Das Beil
von Wandsbek* und *Das siebte Kreuz* – waren von vornherein als Quer-
schnitte durch das faschistische Deutschland der mittdreißiger Jahre angelegt.

Zweig ging von einer Nachricht aus, auf die er 1937 in der Prager *Deutschen Volkszeitung* gestoßen war. Ein Altonaer Schlächtermeister und SS-
Mann, stand dort zu lesen, habe an Stelle des erkrankten Scharfrichters für ein
Handgeld von 2000 Mark vier unschuldige Antifaschisten enthauptet. Als
ihm daraufhin die Kunden wegblieben und sein ohnehin schlechtgehendes
Geschäft dem Ruin zutrieb, beging er mit seiner Frau Selbstmord.[88] Nun hat
man zu Recht darauf hingewiesen, daß diese Fabel Spuren des Wunschden-
kens und des Informationsmangels der Exilanten aufweist: Fleischermeister
und Mitglieder der SS litten 1937 kaum wirtschaftliche Not; Henker waren
leichter zu finden, als Zweig annahm; und ein Boykott, selbst wenn er von
jemandem inszeniert worden wäre, hätte damals sicherlich keine Chance gehabt.[89]

Doch die Tat des Albert Teetjen, wie der Metzger im Roman heißt, war
weniger das Thema des Buches als vielmehr Anlaß, verschiedene Men-
schentypen und soziale Schichten im Dritten Reich auf ihre Stärken und
Schwächen analytisch zu behandeln: den Bürger, Humanisten, Gefängnisdi-
rektor, Nietzscheverehrer und Mitläufer einer blutleeren Widerstandsgruppe
Dr. Koldewey zum Beispiel, der sich angeekelt vom Faschismus ins „Patrizi-
sche, ins Soldatisch-Vornehme, Europäisch-Verbindliche"[90] flüchtet; die
Koldewey verbundene Anstaltsärztin Dr. Käte Neumeier, eine Sozialdemo-
kratin, die, anfangs von der rechten „Revolution" angezogen, über Freud
und die Psychoanalyse zu der Einsicht kommt, daß Hitler ein intelligenter
und deswegen um so gefährlicherer „Wahnbesessener"[91] ist; einen Reichs-
wehroffizier, der zum Koldewey-Kreis gehört und der die Widerstandspro-
blematik des 20. Juli 1944 vorwegnimmt; den Pfarrer, dessen einsamer Tod
die Machtlosigkeit der Kirche signalisiert. Mit kritischer Sympathie stellt
Zweig auch das proletarische Milieu um die Wandsbeker Metzgerei der Teet-
jens dar. Albert Teetjen, immerhin SS-Mann und Amateurhenker, erscheint
mehr als Opfer denn als Täter. Der Selbstmord seiner hübschen und loyalen
Frau Stine wird mit einem gehörigen Maß Mitgefühl erzählt. Und die Mutter
eines der Exekutierten philosophiert gar: „Ich bin nur eine Mutter, der man
das Junge gekillt hat. – Ohne Größe, wie jene Mutter Rathenau, die vor
Gericht für den Mörder Techow beinahe Verzeihung äußerte."[92]

Spuren einer kommunistischen Perspektive und eines positiven Helden, der womöglich noch KPD-Funktionär wäre, gibt es zum Leidwesen von Georg Lukács in diesem Roman nicht.[93] Daran kann selbst ein nach 1945 von Zweig angehängter, „Auferstehung" geheißener Abgesang nichts ändern. Die Stärken und Schwächen des preußischen Juden und Freudianers Arnold Zweig treten dagegen um so deutlicher zutage: Objektivität bis hart an die Grenze der Apologetik; Humanismus, der zur Passivität tendiert; eine Faschismusanalyse, die zur Psychoanalyse zu verkommen droht. Wenn *Das Beil von Wandsbek* trotzdem zu den besseren Exilromanen zählt, dann deshalb, weil hier ohne Dogmatik eine „ökonomische Theorie"[94] mit einem unbeugsamen Willen zu Gerechtigkeit und Menschlichkeit verbunden wurde. Davon zeugt schon die Tatsache, daß Zweig trotz seiner Isolierung in Palästina Wert darauf legte, das Buch 1943 in hebräischer Übersetzung erscheinen zu lassen: „... die Literatur wird das Gewaltregime nicht stürzen", hatte er sechs Jahre zuvor in einem Dialog zur „Emigranten-Literatur" geschrieben, „sie wird etwas viel besseres tun, sie wird es darstellen und es überleben ..."[95]

Von einer ähnlich verhaltenen Hoffnung ist auch Anna Seghers Roman *Das siebte Kreuz* getragen. Georg Heisler, dem als Einzigem von sieben Ausbrechern die Flucht aus dem KZ Westhofen gelingt, reiht sich am Ende des Romans nämlich keineswegs in den Untergrundkampf gegen die Faschisten ein, sondern geht ins Exil. Getrieben wird Heisler weniger von einem ausgeprägten politischen Bewußtsein oder gar einem Parteiauftrag, als von jener merkwürdigen Abenteuerlust, die Anna Seghers schon in *Die Fischer von Santa Barbara* und *Die Gefährten* gestaltet hatte. Die Kommunisten, denen der Fliehende begegnet, sind oft genug alltägliche Menschen, die zunächst um ihre Familie und Freunde besorgt sind. Und die in Westhofen Zurückgebliebenen müssen mit dem vagen Satz auskommen: „Wir fühlten alle, wie tief und furchtbar die äußeren Mächte in den Menschen hineingreifen können, bis in sein Innerstes, aber wir fühlten auch, daß es im Innersten etwas gab, was unangreifbar war und unverletzbar."[96]

Damit soll keineswegs Georg Lukács das Wort geredet werden, der das „tiefe Warum des Kampfes, das Herauswachsen seines gesellschaftlich-geschichtlichen Sinnes aus individuellen Erlebnissen, Zusammenhängen ... von einem – dichterisch allerdings hochwertigen – Schleier"[97] verhüllt glaubte. Schon die novellistische Struktur des *Siebten Kreuzes* mit ihren Begegnungen, Gesprächen und Erlebnissen hätte Lukács eines Besseren belehren können. Wohl aber soll angedeutet werden, daß Anna Seghers jenseits ihres erklärten Kommunismus und ihrer unbestreitbaren und scharfen Abrechnung mit dem Faschismus nach Sicherheiten gegen eine unbestimmte, umfassendere Existenzangst zu suchen scheint. Das zeigt sich in der betont flüchtigen Affäre Heislers mit jener namenlosen Serviererin am Schluß des Buches ebenso wie in der forcierten, geschichtslosen Idylle um Franz Marnet zu Beginn: „Reiche wie farbige Blasen sind aus dem Land im Rücken des Schäfers Ernst herausgestiegen und fast sofort zerplatzt ... Diese Hügel entlang zogen die Römer den Limes. So viele Geschlechter waren verblutet, seitdem sie die Sonnenaltäre der Kelten hier auf den Hügeln verbrannt hatten, so viele Kämpfe durchgekämpft, daß sie jetzt glauben konnten, die besitzbare Welt sei endgültig umzäunt und gerodet. Aber nicht den Adler und nicht das Kreuz hat die Stadt dort unten im Wappen behalten, sondern das keltische Sonnenrad, die Sonne, die Marnets Äpfel reift."[98]

Was sich im *Beil von Wandsbek* andeutete, wird hier also fortgetrieben: eine Faschismusanalyse, die zum Allgemeinmenschlichen tendiert; weit ausholende historische Anspielungen, die zu Belegen dafür werden, daß Deutschland auch das Dritte Reich überdauern wird; das unmerkliche Übergehen der antifaschistischen Aufklärungsschrift in eine Art Volksfrontliteratur. Jene eher abstoßende als werbende Besserwisserei, mit der Anna Seghers stellvertretend für einen gewichtigen Teil der antifaschistischen Exilliteratur in ihrem Österreich-Roman *Der Weg durch den Februar* noch den Kommunisten Nikolaus Stifter ausgestattet hatte, ist damit zugunsten einer effektiveren, indirekten Werbung aufgegeben. Mit *Das siebte Kreuz* hatte Anna Seghers Position bezogen zwischen denen, die es mit ihrem Realismus fertigbrachten, „die Welt ganz zu entzaubern",[99] und jenen, die in ihrem Fatalismus an den politischen Gegebenheiten vorbeischrieben. Das Ergebnis ist eine Darstellungsweise, die ohne Flucht in Geschichte oder Mythos die Exilliteratur auf eine neue Ebene hebt: in der Verbindung von Augenzeugenbericht und Fiktion, historischem Wandel und Zeitlosigkeit.

Blieben noch, gleichsam als Sonderfall der ‚politischen Exilliteratur‘, Brechts zeitkritische Parabeln: *Die Rundköpfe und die Spitzköpfe oder Reich und Reich gesellt sich gern. Ein Greuelmärchen* (entst. 1931/35) und *Der aufhaltsame Aufstieg des Arturo Ui* (entst. 1941). Anders als in seinen operativen Beiträgen zur antifaschistischen Propaganda, anders auch als in dem Spanienstück *Die Gewehre der Frau Carrar* treibt der Dramenschreiber hier ganz absichtlich die Abstraktion der Verhältnisse in Deutschland auf die Spitze. Handlungsorte sind ein fiktives Luma im Lande Jahoo und ein nicht minder fiktives Chicago. Die Akteure geben rundköpfige Tschuchen und spitzköpfige Tschichen bzw. die Gangster eines Karfioltrusts ab. Als Themen werden abstruse Geschichten von geschändeten Töchtern, gestohlenen Pferden und Gemüsegeschäften vorgestellt.

Der Schein trügt nicht: Wie die Genrebezeichnung Parabelstück andeutet, geht es Brecht keineswegs um eine faktisch oder psychologisch „realistische" Abspiegelung der politischen Atmosphäre in der Heimat, sondern um szenische Darstellung von Aspekten seiner Faschismustheorie.[100] *Die Rundköpfe und die Spitzköpfe* demonstrieren, wie die Nationalsozialisten die Klassenzu Rassengegensätzen umfunktionieren; im *Arturo Ui* werden die sozioökonomischen Verbindungen zwischen Nazi-Bewegung, Großkapital und Handel anschaulich gemacht. Hier wie da erscheint die Verfremdung, ja die „doppelverfremdung"‚[101] als tragendes Formprinzip. Die „dämonische" Natur des Nationalsozialismus wird so entmythologisiert, ohne daß das Stück zur Politklamotte abrutscht. Wenn sich Ui zum Beispiel von einem heruntergekommenen Shakespeare-Mimen im Gebrauch des Blankverses unterweisen läßt,[102] um nach Art von Hitlers Machtübernahme in Chicago den Karfiolhandel an sich zu reißen, werden großer Stil und große Persönlichkeit vor dem Publikum „hergestellt" und damit als machbar entlarvt. „Es sollen Masken, Tonfälle und Gesten der Vorbilder verwendet werden", schreibt Brecht in den „Hinweisen für die Aufführung", „jedoch ist reine Travestie zu vermeiden, und das Komische darf nicht ohne das Grausige sein. Nötig ist plastische Darstellung in schnellstem Tempo mit übersichtlichen Gruppenbildern im Geschmack der Jahrmarktshistorien."[103]

Brecht war sich der Grenzen dieser Art von politischer Literatur bewußt. Nachdem schon zwischen 1933 und 1935 die Umarbeitung der noch für das Weimarer Publikum konzipierten *Rundköpfe und Spitzköpfe* zu einem Stück, das gesamtgesellschaftliche Analysen mit politischer Operativität verbindet, mißlungen war, gesteht er in den Anmerkungen zum *Arturo Ui* zu: „Das Stück will keinen allgemeinen, gründlichen Aufriß der historischen Lage der dreißiger Jahre geben. Es fehlt das Proletariat, und es kann nicht in weiterem Maße berücksichtigt werden, denn ein jedes *Mehr* in diesem Gefüge wäre ein *Zuviel* und würde ablenken von der diffizilen Problemstellung. (... Eines würde das andere mit sich ziehen, heraus käme ein gigantisches Werk, das den gewollten Zweck nicht erfüllt.)"[104] Aus der Not wird so eine Tugend: beschäftigt mit politischen Analysen und durch das Exil der Bühne und des Publikums beraubt, bot sich dem Stückeschreiber, der um den Standard der epischen Technik besorgt war, das Parabelstück als Ausweg an. Wenn Adorno feststellt, daß „das wahre Grauen des Faschismus" dabei „eskamotiert"[105] werde, so ist zwar nicht den Prämissen, wohl aber dem Resultat seiner Kritik zuzustimmen.

Karl Radek und Georgi Dimitroff[106] hatten also womöglich nicht ganz unrecht, als sie der deutschen Exilliteratur 1934 auf dem Moskauer Schriftstellerkongreß vorwarfen, kein „Meisterwerk"[107] über den Faschismus produziert zu haben. Was auf den ersten Blick als eine der leichtesten Aufgaben der Exilliteratur erscheint, erwies sich bei genauerem Hinsehen nämlich als eine der kompliziertesten und undankbarsten: die Umsetzung der politischen Erfahrungen und Einsichten der Exilierten in propagandistisch wirksame und ästhetisch akzeptable Kunstwerke. „Denke man von mir, wie man wolle", stellte Brecht fest, „ich vermißte mehr und mehr bei diesem Denken der Vertriebenen und Bedrohten eine einschneidende Überlegenheit über jenes der Vertreiber und Bedroher. Gut, das eine war die rohe Stimme der Barbarei, sie war roh und dumm, das andere war die Stimme der Kultur, sie war wohltönend, aber auch dumm."[108] Zieht man dazu die problematische Quel-

lenlage, die Wirkungslosigkeit der polit-literarischen Aufrufe in Deutschland
und das Desinteresse an der chez-nous Thematik im Ausland in Betracht,
nimmt es beinahe wunder, daß nicht noch mehr Vertriebene der Vorstellung
zum Opfer fielen, man könne „in diesen Zeitläuften Winterschlaf halten oder
sich mit Verwandlungskünsten oder Gaukelspielen lohnbringend lange, dü-
stere Tage privat erhellen".[109]

4.3.3. Flucht vor dem Thema Exil? Der historische Roman

Historische Themen erfreuten sich besonderer Beliebtheit bei den Exilschriftstellern. An ihrer Verarbeitung waren konservative und bürgerliche
Exilanten, Radikaldemokraten und Kommunisten, Anfänger wie Reüssierte,
Romanciers, Dramatiker und Lyriker, Bestsellerautoren und ein Nobelpreisträger beteiligt. Die Exilpresse nahm sich der historischen Werke durch Vorabdrucke und in Rezensionen an; antifaschistische Verlage in Amsterdam,
Paris, Zürich und Moskau druckten Manuskripte über Themen aus der Geschichte mit besonderem Eifer. Das Publikum, zumeist Hilterflüchtlinge,
konsumierte die Geschichtswerke in horrenden Auflagen. Lion Feuchtwanger stand zwischen 1933 und 1938 mit 80 Übersetzungen an vierter, Stefan
Zweig mit 111 sogar an zweiter Stelle unter den deutschsprachigen Autoren
im *Index Translationum*.[1] Wulf Koepke ermittelte für den amerikanischen
Buchmarkt, daß sich „kaum ein Kritiker" „das Thema ‚Geschichte und Roman'" entgehen ließ.[2]

Fast scheint es, als ob die Zahl der Geschichtsbeschreiber unter den schrift-
stellernden Flüchtlingen größer war als die der gegenwartsbezogenen Ge-
schichtenschreiber. Joseph Roth und Ferdinand Bruckner verfaßten Romane
und Dramen über Napoleon I. Alfred Neumann stellte den übernächsten
Napoleon ins Zentrum einer Trilogie. Arthur Koestler, Lion Feuchtwanger,
Bertolt Brecht und Hermann Broch siedelten Romane im klassischen Rom
an, während Thomas Mann auf nahezu 2000 Seiten das Leben des alttesta-
mentarischen Joseph wiedererzählte. Der Querido Verlag druckte 1935, im
Jahr des Saarkampfes und der Nürnberger Rassengesetze, Heinrich Manns
Roman über die Jugend des französischen Königs Henri IV., Kurt Kerstens
Peter der Große, den zweiten Band von Feuchtwangers *Josephus*, ein Buch
von Ludwig Marcuse über Ignatius von Loyola, ein anderes von Bruno Frank
über Cervantes und Robert Neumanns *Struensee (Favorit der Königin)*. Während der folgenden drei Jahre – in Spanien brach der Bürgerkrieg aus, das
Rheinland wurde von deutschen Truppen besetzt, die Volksfront entstand
und kriselte – stellte Heinrich Mann den zweiten Band seines *Henri Quatre*
und Feuchtwanger den *Falschen Nero* fertig. Spaniens Ferdinand, Isabella
und Philipp II. hatten es Hermann Kesten angetan; Stefan Zweig, der sich
eben noch mit Erasmus von Rotterdam und Maria Stuart beschäftigt hatte,
machte sich über die Leben Castellios, Magellans und Balzacs her. Klaus

Mann war in die „Fehler, Schwächen und Irrtümer" Peter Iljitsch Tschai-kowskys verliebt. Fritz von Unruh schrieb zwischen 1933 und 1945 eine ganze Reihe von historischen Dramen und Romanen für die Schublade. Im französischen Konzentrationslager Le Vernet mühte sich Friedrich Wolf, jeden Tag der Auslieferung an die Deutschen gewärtig, bei Kerzenschein mit einem Drama über den französischen Komödienautor Pierre Augustin Caron de Beaumarchais ab.³ Johannes R. Becher saß in Moskau und konstruierte Sonette über historische Kulturgrößen wie Michelangelo, Leonardo da Vinci und Bach für seinen Gedichtband *Der Glücksucher und die sieben Lasten* (1938).⁴ In Skovsbostrand, Lidingö und Helsinki versuchte sich der Stücke-schreiber aus Augsburg an den Leben von Caesar, Galilei und Lukullus sowie an der Geschichte des Dreißigjährigen Krieges.⁵ Zu den seltenen Werken über die deutsche Geschichte zählen Gustav Reglers *Die Saat* (1936), Willi Bredels Erzählungen *Der Kommissar am Rhein* (1940) und *Nach dem Sieg* (1939), ein Filmexposé von Ferdinand Bruckner über den Landvogt Geßler sowie Brechts *Mutter Courage*.

Besonders stark war das Interesse an historischen Themen während der ersten Exiljahre. Georg Lukács erklärt warum: „Wenn es gestattet ist, eine so komplizierte Entwicklung in einem Satz zusammenzufassen, so müßte man sagen: Aus Deutschland sind etliche liberal-pazifistische Humanisten vor Hitler geflohen – und erst in der Emigration begannen sie den Weg der revolutionären Demokratie zu betreten."⁶ In der Tat führten Heinrich und Thomas Mann, Alfred Neumann, Bruno Frank und Lion Feuchtwanger in Erwartung ihrer baldigen Rückkehr nach Deutschland und auf Grund der schwierigen Quellenlage in den Asylzentren zunächst einmal Projekte zu Ende, in die sie bereits vor 1933 beträchtliche Vorarbeiten gesteckt hatten. Bruno Frank, Lion Feuchtwanger und Stefan Zweig suchten an die Erfolge anzuknüpfen, die sie während der 20er Jahre mit ihren historischen Romanen gehabt hatten – neue Sujets auszuprobieren, sahen sie gerade in den unsiche-ren Zeiten des Exils keinen Anlaß. Joseph Roth und Alfred Neumann hielt ihre konservative Überzeugung vom Eingreifen in das Tagesgeschehen ab. In der Zürcher Zentralbibliothek schrieb Alfred Döblin seine *Babylonische Wanderung* zu Ende, „es war noch Heiterkeit und Kunst aus alter Zeit".⁷ Hermann Broch mußte sich ob der Ausführung seines *Der Tod des Vergil* sagen lassen, daß die „mythologische Verschwommenheit und ästhetische Verstiegenheit" „gewissen Werken der SS-Esoterik"⁸ nahestehe. Ein Vor-wurf, der – weniger pointiert – auf Joseph Roths *Die hundert Tage* ausge-dehnt worden ist⁹ und auch Carl Zuckmayers Dramen *Der Schelm von Ber-gen* (1934) und *Bellman* (1938)¹⁰ sowie die Werke einer ganzen Reihe anderer Autoren trifft.¹¹

Marxistische Schriftsteller schließlich wurden durch die Theoretiker des sozialistischen Realismus zur Aufarbeitung des bürgerlichen Kulturerbes an-gehalten. Dazu kam bei dem einen oder anderen Exilanten die Absicht, gegen die faschistischen Geschichtsverfälschungen anzuschreiben,[12] oder auch – wie bei Döblin –, die eigene Position im geschichtslosen Zustand des Exils neu zu fixieren: „Wir sind aus dem Kraftfeld der Gesellschaft, in der wir lebten, wenigstens physisch, physikalisch, entlassen und in kein neues eingespannt. Da finden sich wenige Dinge, die der Tätige braucht und die ihm als Lebensreiz dienen ... Hier entsteht ein gewisser Zwang zum historischen Roman ... wo bei Schriftstellern die Emigration ist, ist auch gern der historische Roman."[13]

Begleitet wurde die Flut historischer Werke von einer Reihe theoretischer Äußerungen, die sporadisch auf Tagungen und in Zeitschriften gemacht wurden. Ihr Thema war durchweg der historische Roman, der als Beispiel für die gesamte historische Exilliteratur auch im folgenden im Mittelpunkt stehen soll. Lion Feuchtwanger philosophierte auf dem Kongreß zur Verteidigung der Kultur 1935 in Paris über *Sinn und Unsinn des historischen Romans*. Alfred Döblin verfaßte Berichte für das *Pariser Tageblatt* und das *Wort: Der historische Roman und wir*. Im *Neuen Tage-Buch* nahm Ludwig Marcuse positiv,[14] in *Maß und Wert* Ferdinand Lion negativ Stellung zu der Welle historischer Werke. Kurt Hiller verriß die Geschichtsliteratur, Brecht schrieb eine Art von historischem Lehrroman: *Die Geschäfte des Herrn Julius Caesar*. Auf dem zweiten Kongreß zur Verteidigung der Kultur in Madrid sprach Jean-Richard Bloch mit Bezug auf den Spanienkämpfer Ludwig Renn den gewichtigen Satz: „Die Rolle des für die Freiheit kämpfenden Schriftstellers ist nicht, Geschichte zu schreiben, sondern Geschichte zu machen."[15] Georg Lukács ließ im selben Jahr in *Literaturnyj kritik* auf russisch die Studie *Istoritscheskij roman* erscheinen, der wenig später in der *Internationalen Literatur* ein umfangreicher Aufsatz über den historischen Roman der deutschen Antifaschisten folgte. Die Rechenschaftsberichte der Deutschen Sektion des Sowjetischen Schriftstellerverbands vermeldeten für 1938 und 1939 Diskussionsabende mit Lukács und Bredel über den historischen Roman.[16] Eine Eintragung im Tagebuch von Alexander Abusch beschreibt den Verlauf einer Aussprache über „Der historische Stoff als Waffe im Kampf um die deutsche Freiheit" auf der 5. Jahrestagung des Schutzverbandes Deutscher Schriftsteller (1938): „Im Mittelpunkt der historische Roman, der durch Heinrich Mann, Thomas Mann und Lion Feuchtwanger gegenwärtig eine Renaissance im Geist des Humanismus erlebt. Gustav Regler, selbst Autor eines Bauernkriegsromans über Joß Fritz, spricht, aber zu allgemein, über die Aufgabe, für den Kampf der Gegenwart auch literarische Bundesgenossen aus der Geschichte der Entrechteten aller Zeiten heranzuziehen. Hermann Kesten verficht wieder vage auf seine sujektivistisch-idealistische Weise die Einheit von Talent und Charakter des Künstlers, sieht nicht, daß diese Einheit durch die gesellschaftliche Erkenntnis und den Standpunkt des Künstlers bedingt ist. Lion Feuchtwanger tritt ihm und Döblin entgegen mit dem Bekenntnis zu einer Darstellung historischer Stoffe von dem Standpunkt der heutigen Erkenntnisse, die nicht auf eine Verfälschung der Tatsachen hinausläuft, aber ihre Bewertung mit reinen, von den Schlacken der Zufälligkeit freien Mitteln erlaubt. Kurt Kersten, Rudolf Leonhard, Johannes Wüsten, Recha Rothschild und Friedrich Wolf vertreten unser marxistisch-leninistisches Prinzip, daß der Schriftsteller für die Wahrheit kämpfen, aber viel tiefer in die Geschichte der Massen, unserer revolutionären Ahnen eindringen muß, um dem Leser besonders durch die Darstellung der deutschen Geschichte auch ihre unvollendeten Aufgaben bewußt zu machen. Die Anschauungen sozialistisch-antifaschistischer und bürgerlich-antifaschistischer Schriftsteller offenbaren in dieser Diskussion, trotz Gemeinsamkeiten, wieder ihre prinzipiellen Unterschiede, wobei unter den bürgerlichen Schriftstellern durch die Macht der geschichtlichen Erfahrung die Differenzierung zwischen Liberalismus und konsequentem Demokratismus fortschreitet."[17]

Abuschs Bericht weist darauf hin: Gestritten wurde von Marxisten und Bürgerlichen vor allem über die Frage nach Gegenwartsflucht und Zeitbezogenheit des historischen Romans. Die wichtigsten Beiträge dazu kamen von Hiller, Feuchtwanger, Lukács und Brecht. Sie sollen im folgenden nachgezeichnet und an Hand einzelner historischer Werke aus den Exiljahren überprüft werden. Vorausgeschickt sei jedoch, daß das theoretische Niveau der Argumente nicht an das der *Neuen Tage-Buch-* oder der Expressionismusdebatte heranreichte. Das lag nicht zuletzt daran, daß der Auseinandersetzung um den Geschichtsroman der organisatorische Rahmen fehlte. Anstatt durch Rede und Widerrede zur Klärung der Standpunkte zu gelangen, verstrickten sich viele der Debattierenden in ihren widersprüchlichen weltanschaulichen und ästhetischen Positionen oder setzten sich einfach über die Diskrepanz zwischen ihren theoretischen Postulaten und ihrer literarischen Praxis hinweg.

Am schärfsten, wenn auch nicht unbedingt am durchdringendsten, hat sich sicherlich Kurt Hiller zum Thema Wirklichkeitsflucht der historischen Literatur im Exil geäußert: „Der Intellektuelle", schimpfte er im Nachwort seiner *Profile* (1938), „hat ... eine besondere Aufgabe. Sie ist bisher in schändlicher Weise vernachlässigt worden ... Ich weiß, daß man alles heiligt, was niemanden angeht; daß man vor dem erbarmungswürdigsten Monographen verstaubter Herzoginnen den Hut zieht – während, wer aus ganzer Seele sagt, was wertvolle reale Menschen in wertvollen realen Nächten entfremdet oder zusammentreibt, annähernd als Fatzke rangiert ... wenn das Belletristengezücht mit Büchern über Katharina von Rußland, Christine von Schweden, Josephine von Frankreich, über Ferdinand den Ersten, Philipp den Zweiten, Napoleon den Dritten, den falschen Nero und den echten Peter, mit dieser ganzen (du mein Hatvany!) Wissenschaft des Nichtwissenswerten dem Publikum Kleister ins Hirn schmiert und uns Verantwortungsschriftstellern, uns Denkmännern, uns Vorbereitern des Morgen die Luft nimmt, so treffe dies Pack von Gestrigen der saftigste Fluch! ... Hitler wird übermorgen

Kaiser von Europa sein, weil ihr heute geldgierig und feige vor der Forderung des Tages flieht. Ernst beiseite: man kann doch nur in ein Gelächter ausbrechen über die Unverschämtheit von Buchmachern, in dieser Zeit mit Texten ernstgenommen werden zu wollen, in denen eine völlig gleichgültige oder überhaupt keine Frage gestellt wird ... Daß der Lesepöbel sie ernst nimmt, der ganze Troß zahlungsfähiger Tagediebe und -diebinnen der Emigration, samt den ‚Kultur'snobs des Auslands, verschafft diesen Fabrikanten eine komische Würde; sie bilden sich ehrlich das Tollste auf ihren Erfolg ein und sehen uns erfolglose Wesentliche, aufrichtig-frech über die Achsel an. Dem Geringsten unter den Genossen vom Kollektiv, vom Wanzenkollektiv, vom Hungerkollektiv, die sich, ohne schriftstellerischen Ehrgeiz, in ihren Arbeitsgemeinschaften über Wesentliches den Kopf zerbrechen, bin ich hundertfältig mehr Kamerad als dem Gesalbtesten unter jenen Schreibgewerblern."[18]

Hiller mag sich durch seine emotionale Argumentationsweise und durch seinen geisteselitären Standpunkt selbst disqualifizieren – daß seine Kritik an der Flucht vor den Forderungen des Tages den wundesten Punkt der historischen Literatur berührt, darum läßt sich nicht herumreden. Das wußte auch der erfolgreiche Historienschreiber Lion Feuchtwanger, als er auf dem Pariser Kongreß zur Verteidigung der Kultur über *Sinn und Unsinn des historischen Romans* referierte. An den Anfang seines Vortrages stellte er deshalb eine Art Selbstkritik: „Ich habe es unternommen, meine Damen und Herren, zu Ihnen über ein abgelegenes Thema zu sprechen. Das Wort historischer Roman erweckt heute peinliche Assoziationen. Man denkt an ... Abenteuer, Intrigen, Kostüm, dicke, bunte Farben, pathetisches Gerede, Vermengung von Politik und Liebe, spielerische Rückführung großer Ereignisse auf kleine, persönliche Passionen ... Jemand, der sich daran macht, Vergangenes, Abgelaufenes darzustellen, gerät leicht in Verdacht, er wolle den Problemen der Gegenwart ausweichen, sei ein Reaktionär."[19] Wenn sich Feuchtwanger gleich darauf dennoch zum historischen Roman bekennt, dann deshalb, weil hier „das Darzustellende aus der Sphäre des Persönlichen, Privaten"[20] auf eine höhere, gleichsam zeitlose Ebene transponiert wird. Das historische Kostüm wäre somit kein Selbstzweck bzw. kein billiger Trick zur Unterhaltung des Lesers, sondern „ein Stilisierungsmittel", das „auf die einfachste Art die Illusionen der Realität"[21] erzielt. Hier trifft sich Feuchtwanger sowohl mit Döblin als auch mit Ludwig Marcuse, der eine von der *Neuen Zürcher Zeitung* vorgebrachte „Anklage auf Flucht" ebenso vehement wie differenziert zurückwies: „Es gibt zwei verschiedene Gruppen von Historien-Büchern. Der einen ist es allein um die historische Fabel zu tun. Die Fabulierer (etwa Joseph Roth in seiner Napoleon-Ballade *Die hundert Tage*) benutzen die Weltgeschichte, um erzählen zu können ... Die Gruppe der aktuellen Historien-Bücher ist dadurch charakterisiert, daß sie Aussagen über die Gegenwart im historischen Material machen."[22]

In der Tat finden sich mehr oder wenig versteckte Anspielungen auf die Gegenwart nicht nur in Feuchtwangers historischen Romanen, sondern auch in denen der meisten seiner Kollegen. Trebon und Knops aus Feuchtwangers *Falschem Nero* erinnern an Göring und Goebbels; der römischen Christenverfolgung entspricht die Judenverfolgung durch die Nazis; die planmäßige Überschwemmung von Apamea findet im Brand des Reichstages ihre Parallele. In Alfred Neumanns Napoleonroman *Kaiserreich* „stampft" der Vicomte de Persigny im Stil nationalsozialistischer Propaganda „mit aufgekrempelten Ärmeln das weltanschauliche Fundament zurecht, auf dem das neue Volks-Imperium zu stehen kommt".[23] Bruno Frank setzt in seinem *Cervantes* die estatutos de limpieza der spanischen Inquisition mit dem Ariernachweis gleich. Der Name des Heimwehrführers Starhemberg in Brechts *Mutter Courage* verknüpft den 30jährigen Krieg mit der Zerschlagung des österreichischen Schutzbundes. Heinrich Mann verleiht im *Henri Quatre* dem Herzog von Guise Züge Hitlers, stattet die Ligisten mit der Skrupellosigkeit der SA aus und liefert schließlich rückblickend in seinem Lebensbericht eine komplette, gegenwartsbezogene Interpretation für den Roman: „Eine Liga der Großgrundbesitzer und provinzialen Monopolisten zerriß und zerstörte das Königreich – natürlich ohne sich zu ihrer Sache zu bekennen. Wenn man die Herren hörte, verteidigten sie einen Glauben, sprich: Weltanschauung; unter denselben Umständen hätten sie seither ihren Antibolschewismus angepriesen. Der Befreier Henri Quatre handelte revolutionär, seither wäre er Bolschewik genannt worden. Indessen hieß er Ketzer, und die wirklichen Zusammenhänge blieben im dunkeln."[24] Und an anderer Stelle, in merkwürdigem Widerspruch dazu: „Das Frankreich des Königs Henri Quatre und des Generals de Gaulle ist durchaus das gleiche … Der König und der General haben gegen sich eine tote Masse, damals die Ligue genannt, jetzt der Faschismus. Die Unternehmer der einen wie der anderen Liga sind elende Mittelmäßigkeiten, der Herzog von Mayenne (an Umfang ein Göring), Monsieur Laval, ein anderer Name für Schufterle, oder für Hitler."[25]

Derartige Anspielungen sind leicht konstruiert. Freilich stellt sich die Frage, ob sie die Kritik an der Wirklichkeitsflucht der historischen Literatur tatsächlich entkräften. Wäre nicht etwa durch die Gestaltung komplexer historischer Modellsituationen viel eher die Gegenwart zu erhellen gewesen? Müßten die Parallelen nicht viel tiefer gehen und an Stelle von Symptomen die Ursachen, den Verlauf und die Zielsetzung der gegenwärtigen Umwälzungen aufdecken? Und vor allem: War es nicht angesichts der Flut von gegenwartsbezogenen Geschichtswerken aus der Feder von Nationalsozialisten vonnöten, daß sich die politische Absicht hinter den Anspielungen klar und deutlich als antifaschistisch auswies? Denn, so warnte Ludwig Marcuse schon 1938 im *Wort*, „sobald man … ein formales Heldentum faktisch anerkennt, ist die theoretische Scheidewand zum pathetischen Heldentum, zum leidenschaftlichen Antihumanismus, zur Freude an der Energie und Zähigkeit als solcher gefallen!"[26]

Hier kommen die Diskussionsbeiträge von Georg Lukács ins Spiel – vor allem der Essay von 1938 *Der Kampf zwischen Liberalismus und Demokratie im Spiegel des historischen Romans der deutschen Antifaschisten*. (Eine deutsche Version des ausführlicheren *Istoritscheskij roman* liegt erst seit 1954 vor; es ist kaum anzunehmen, daß der russische Text vielen Exilanten zugänglich war.[27]) Historische Anspielungen und Parallelen, bei Feuchtwanger, Döblin und Marcuse noch schlüssige Beweise für den Gegenwartsbezug der Geschichtswerke, umschreiben für Lukács nur noch „den oberflächlichsten Teil des Problems": „Würden die historischen Romane wirklich nichts weiter bieten, als farbig kostümierte politische Pamphlete, dann hätten sie nur eine aktuelle politische Tagesbedeutung ..." Die „wirkliche literarische und politische Bedeutung des antifaschistischen historischen Romans"[28] ist deshalb woanders zu suchen: „... in dem Versuch eines Bruchs mit den unvolkstümlichen Traditionen des historischen Romans in der Niedergangsperiode des Realismus ... Die bedeutenden deutschen Schriftsteller fühlen immer tiefer die Notwendigkeit einer wirklichen und konkreten Verbundenheit mit dem Volk, und zwar nicht nur politisch, sondern gerade künstlerisch, gerade als Lebensfrage für die Literatur."[29]

„Volksverbundenheit" wird hier zum Zauberwort, das den aus Weimar-Deutschland verschleppten abstrakten Pazifismus und passiven Liberalismus in der offensiven Gestaltung der „weltumwandelnden Wirksamkeit der humanistischen Ideale"[30] konkretisieren soll. Nur – die bürgerlichen Schreiber historischer Romane waren nach Lukács noch nicht so weit. Statt in der Nähe zum Volk wieder eine „gesellschaftlich gegebene, natürliche Tatsache" zu sehen, gehen sie „in ihrer Produktion gerade von einem *Protest gegen die entmenschenden Wirkungen des Kapitalismus* aus".[31] Ihre Einsichten in die Rolle der Massenbewegung bei vergangenen gesellschaftlichen Umwälzungen wirken abstrakt oder gefühlsmäßig; die Funktion des Volkes wird von ihnen, besonders in den beliebten historischen Biographien der eigentlichen Handlung „nur essayistisch oder lyrisch" aufgesetzt, statt „wirklich episch gestaltet"[32] zu werden. Kurz, es fehlt der bürgerlichen historischen Literatur an der Darstellung einer Perspektive, die an Stelle von „utopischen Träumen"[33] und „zerbrochenen revolutionären Illusionen" die „heroischen und menschlichen Erscheinungen des Lebens vom Standpunkt der siegreichen Zukunft"[34] zeigt. Während der Jahre der stalinistischen Säuberung wiederholte Lukács damit seine fatalste These aus der *Linkskurve*-Debatte: „Die Priorität in der Komposition deckt die weltanschauliche Priorität in der Seele des Schriftstellers auf. Und zwar nicht die bewußte politische und soziale Weltanschauung, sondern die im Schriftsteller konkret wirksame, erlebte Vorstellung von Gesellschaft und Geschichte."[35]

Doch Volksfront und Erbekonzeption[36] forderten auch von Lukács ihren

Tribut.[37] Alfred Neumanns *Neuer Caesar* (1934), dem sogar der politisch wahrhaftig nicht radikale Ferdinand Lion in *Maß und Wert* ein Umschlagen der Hitler-Satire in eine „seltsame"[38] Heldenverehrung nachgesagt hatte, bleibt bei ihm unerwähnt. Dabei hätte sich gerade anhand der „a- und antipolitischen Züge" von Neumanns Napoleon-Romanen demonstrieren lassen, wie kurz der Weg von der „Geschichte der Dynastien"[39] bis zu den reichsdeutschen Historienschinken war. Ignoriert wird von Lukács auch Joseph Roths Privatisierung der Geschichte in *Die hundert Tage* (1936), der Biographismus von Klaus Manns *Symphonie pathétique* (1935) und Hermann Kestens „Unterhaltungsroman"[40] *Ferdinand und Isabella* (1936), die Aufreihung von „Histörchen"[41] in seinem *König Philipp II.* (1938) und die ersten drei, von „fast verrückter Unstimmigkeit zwischen Werk und Zeit"[42] zeugenden Bände von Thomas Manns *Joseph* (1933, 1934, 1936). Bruno Frank kommt mit einer knappen Rüge davon, obwohl er in seinem *Cervantes* wegen der Ausbreitung der „seelischen Probleme" seiner Titelfigur „das Volk künstlerisch ... zu einem bloßen Symbol ohne tief überzeugende, künstlerisch erlebbare Wirklichkeit"[43] absinken läßt.[44] Und bei dem Erasmus-Roman von Stefan Zweig, dem typischen liberalistisch-resignierten bürgerlichen Humanisten, glaubt Lukács so etwas wie Selbstkritik zu entdecken: „Aber ... was in den Tiefen der Massen urgründig waltet, das wissen sie nicht und wollen sie nicht wissen."[45]

Ausführlicher und offener werden in dem Essay *Der Kampf zwischen Liberalismus und Demokratie im Spiegel des historischen Romans der deutschen Antifaschisten* nur jene Werke behandelt, die ohnehin zur Volksfrontliteratur zählen: Feuchtwangers *Josephus* und Heinrich Manns *Henri Quatre*. Doch auch Feuchtwanger muß sich dabei deutliche Kritik gefallen lassen. Zugute hält Lukács ihm eigentlich nur, daß er die Konzeption seines dreibändigen Werkes über den jüdischen Geschichtsschreiber Flavius Josephus nach den im Exil gemachten Erfahrungen verändert hat: „Der große Fortschritt in der historischen Auffassung des zweiten Bandes zeigt sich gerade dort, wo Feuchtwanger ... auf die wirklichen Bewegungen im Volke selbst hinweist ..."[46] Ansonsten dominiere weiterhin jenes bürgerliche Elitedenken, das „einer winzigen, urteilsfähigen und zum Urteil entschlossenen Minorität" die Führung über die „kompakte Majorität der Blinden, nur vom Instinkt Geführten, Urteilslosen"[47] zuspricht: „... die ideologischen Überbleibsel wirken noch lange nach. Und sie haben zur Folge, daß die Bedeutung der rein individuellen Entschlüsse einzelner Menschen außerordentlich überschätzt wird. Infolgedessen entsteht einerseits ein manchmal an die Grenzen der Mystik stoßendes, überspanntes Verantwortungsgefühl, andererseits eine ebenso übertriebene Vorliebe für die psychologische Rechtfertigung liberaler Kompromisse."[48]

Wo Feuchtwangers Romane bisweilen noch „primitiv, schematisch"[49] operieren, hebt Heinrich Mann für Lukács mit seinen beiden Büchern über den französischen König Henri IV. den historischen Roman auf ein neues Niveau. Henri ist nämlich nicht nur ein überzeugend gestalteter Mensch und vorbildlicher Humanist, er ist auch gewillt, für die Durchsetzung der Vernunft in der Geschichte zu kämpfen: „Es ist geboten, daß Humanisten streitbar sind und zuschlagen, sooft feindliche Gewalten die Bestimmung des Menschen aufhalten wollen."[50] Historische Literatur wird so zu einem „wahren Gleichnis",[51] das eine dreifache Aufgabe erfüllt: das Aufzeigen der positiven, zur Höherentwicklung der Geschichte beitragenden Kräfte; die Aufforderung und Anleitung zum Kampf gegen die „Mächte der Bosheit, der Dummheit und der leeren Herzen";[52] und, am wichtigsten in der hoffnungslosen Exilsituation, die Gestaltung einer konkreten Zukunftsperspektive.

Es versteht sich von selbst, daß Heinrich Mann bei der Erfüllung dieser Aufgaben die vor 1933 ausgearbeitete Konzeption des Romans „aktualisiert" hat. Henri, der Volkskönig, durfte jetzt nicht mehr allein in den progressiven Staatstheorien seiner Zeit aufgehen, er mußte auch von den Nöten und Hoffnungen der Massen eine Ahnung haben. Und schließlich galt es, hinter den religiösen Argumenten von Henris Gegnern, den Ligisten, die ökonomischen und machtpolitischen Motive stärker herauszustellen. Trotzdem zeigt sich Lukács in einer Rezension des Romans für das *Wort* nicht voll befriedigt: „All dies steht dichterisch auf einer sehr großen Höhe. Und doch liegt darin, daß Heinrich Mann die heute moderne biographische Form der Darstellungsart gewählt hat, die Schwäche seines Werkes ... Die großen Volksströmungen der Zeit können auf diese Weise nicht in ihrer selbständigen Bewegung gestaltet werden. Es wird über sie stets nur verhältnismäßig kurz und darum notwendigerweise abstrakt referiert."[53] Und mehr noch. Dadurch, daß die Gestalt Henris in den Mittelpunkt des Geschehens gerückt ist, „werden die konkreten historischen Kämpfe zu einem abstrakten, aufklärerisch-humanistischen Gegensatz von Vernunft und Unvernunft, von Menschlichkeit und Barbarei, von Licht und Finsternis verflüchtigt".[54] Henri ist „ein für alle Male der Abgesandte der Vernunft und des Menschenglückes", seine Gegner bleiben unweigerlich eine „Gattung Mensch", die in „unreiner Verzückung" nach „düsterer Gewalt", „Erdenschwere" und „Ausschweifungen"[55] lechzt. Ein positiver Held, wie ihn sich Lukács wünschte, war mithin auch Heinrich Manns Henri IV. nicht. Der „weitaus bedeutendste historische Roman"[56] des Exils blieb für Lukács ein „*Übergangsprodukt*"[57] auf dem Weg zu einer revolutionären Demokratie.

So überzeugend Lukács für eine „demokratische" historische Literatur und die Annäherung der progressiven bürgerlichen Autoren an den Marxismus argumentierte, die Schwächen seiner Prämissen sind dieselben wie bei der gleichzeitig ausgetragenen Expressionismusdebatte: ein Rückgriff auf den bürgerlichen Realismus, der ihn zu der These verführt, daß „*nur* die Erneuerung der Traditionen des klassischen historischen Romans"[58] à la Scott die historische Literatur der deutschen Antifaschisten auf den rechten Weg bringen könne; die revisionistische Konzeption einer revolutionären Demokratie, von der Brecht glaubte, daß sie den Klassenkampf zu einem „ausgehöhlten, verhurten, ausgeplünderten Begriff"[59] herunterzerre; und ein explizites Desinteresse an proletarisch-revolutionären Geschichtswerken wie Gustav Reglers *Die Saat*[60] und Bechers *Der Glücksucher und die sieben Lasten.*[61] Hinzu kommt, daß Lukács' Vorstellung vom positiven Helden per definitionem nicht in der historischen Literatur zu verwirklichen war: Sklaven und Bauernführer, ganz zu schweigen von dem französischen König Henri IV. und dem römischen Geschichtsschreiber Flavius Josephus vermochten den neuen Menschentypus bestenfalls in sehr unvollständigen Ansätzen anzudeuten. „Die Nachteile der künstlerischen Methode", stellt deshalb Klaus Jarmatz fest, „liegen bei Heinrich Mann gewissermaßen dort, wo wir Vorteile feststellen konnten. Mit dem Gewinn der Positivität ist zugleich ein gewisser Verlust an kritischer Haltung verknüpft, auch der entsprechenden historisch-kritischen Sicht der Helden ... Bei Heinrich Mann verschwindet zum großen Teil die historische Widersprüchlichkeit des Charakters, dessen allgemeingültige Vertretung des Menschenglücks durch Klassenvorurteile beschränkt war."[62] Und auch Günther Heeg meint, daß im *Henri Quatre* „die Ursachen der Katastrophen ... im dunkeln" bleiben: „Mann bleibt an der sozialpsychologischen Oberfläche der Gesellschaft haften, wenn er im ‚Haß' ... die alleinige Ursache der nationalsozialistischen Bewegung sieht."[63]

Dennoch wurde Lukács damals nicht widersprochen – mit einer Ausnahme, die allerdings fragmentarisch und bis 1949/57 unveröffentlicht blieb: Bertolt Brechts „satirischem"[64] Roman *Die Geschäfte des Herrn Julius Caesar.* Brecht, der sich bereits aus der Expressionismusdebatte mehr oder weniger freiwillig herausgehalten hatte, kam also auch diesmal nicht zu Wort. Dabei mußte gerade er, der in jenen Jahren am Tui-Roman, den Geschichtsdramen und Parabelstücken *Das Leben des Galilei* (1938), *Mutter Courage* (1939) und *Der gute Mensch von Sezuan* (1938/41) und Gedichten wie *Fragen eines lesenden Arbeiters* und *Wie künftige Zeiten unsere Schriftsteller beurteilen werden* arbeitete, an den Auseinandersetzungen um die Rolle der historischen Literatur im Antifaschismus besonders interessiert gewesen sein.

Das auf gut 1400 Blättern überlieferte Prosafragment *Die Geschäfte des Herrn Julius Caesar* ist ein Lehrroman, der gleichsam exemplarisch Theorie und Praxis der Historienliteraturschreibung abhandelt. In seinem Zentrum steht neben der neu, weil ohne Psychologisierung und Personalisierung geschriebenen Biographie Caesars vor allem der Prozeß des Schreibens dieser Biographie. Ich-Erzähler ist ein römischer Historiker, der sich 20 Jahre nach dem Tod des bereits legendär gewordenen Caesars mit der üblichen Heldenverehrung daran macht, die Lebensgeschichte seines „Idols"[65] aufzuzeichnen. Als Quellen liegen ihm mündliche Berichte eines gewissen Mummlius Spicer, Caesars ehemaligem Gerichtsvollzieher und Bankier, sowie die Tagebücher von Caesars Sekretär Rarus vor. Zum Entsetzen der durchaus „bürgerlichen" Biographen bestätigen sie allerdings keineswegs das eingefahrene Urteil über Caesars Bedeutung als Mensch, Staatsmann und Feldherr. Besonders die Anfänge der Karriere des „unerreichbaren Vorbilds aller Diktatoren"[66] werden von Rarus und Spicer als Serie kleinlicher, unehrlicher und egoistischer Geschäfte hinter der politischen Bühne entlarvt.[67] Der große Caesar selbst erscheint als durchschnittlich begabtes, verzogenes Söhnchen aus reicher Familie, das je nach Maßgabe der politökonomischen Gegebenheiten von den Falken im Senat oder der aufstrebenden Großfinanz der „City" mit Hilfe von horrenden Bestechungssummen vorgeschoben wird. „... gegenwärtig arbeite ich an einem satirischen Roman _Die Geschäfte des Herrn Julius Caesar,"_ heißt es in einem Tätigkeitsbericht für die _Internationale Literatur,_ „Caesar, ... der Gründer des ersten europäischen Imperiums, tritt in diesem Roman als Geschäftsmann vor das Publikum."[68]

Brecht benutzt also – bei gleicher Zielsetzung – Mittel, die Lukács und dem bürgerlichen Biographismus genau entgegengesetzt sind. Statt einen positiven, vorbildlichen Helden zu gestalten, entlarvt er am Beispiel Caesars die legendären Karrieren vieler großer Männer als schmutzige Geschäftemachereien. Statt die abstrakt erarbeiteten Einsichten in die Mechanismen der Geschichte künstlerisch gestaltend zuzudecken, macht er Essay und theoretischen Disput zu tragenden Darstellungsmitteln eines Romans. Und schließlich können Brecht auch nicht jene „Stilbrüche" unterlaufen, wie sie zum Beispiel in Feuchtwangers _Falschem Nero,_[69] aber auch in Heinrich Manns Büchern über Henri IV.[70] gerade dort auftreten, wo der Gleichnischarakter der Geschichte hervorgehoben werden soll. Dadurch, daß nicht die historische Figur, sondern der Prozeß der Beschreibung dieser Figur im Zentrum des Textes steht, bleibt ihm die Möglichkeit offen, jederzeit seinen eigenen, modernen Standpunkt in den Roman einzugeben. „die arbeit an einem historischen roman gab mir die gelegenheit, den standard der zeitgenössischen technik der erzählung zu studieren und die verschiedenen, einander teilweise widersprechenden tendenzen zu prüfen, die beim bau realistischer und auch anderer romane gegenwärtig verfolgt werden."[71] Auf die übliche Brechtsche Art wird der Leser damit aufgefordert, sich aus dem Angebot an differenzierten Meinungen sein eigenes Bild zusammenzusetzen: „Erwarten Sie nicht, ... Heldentaten im alten Stil zu finden, aber wenn Sie mit offenen Augen lesen, werden Sie vielleicht einige Hinweise darauf entdecken, wie Diktaturen errichtet und Imperien gegründet werden."[72]

Flucht vor dem Thema Exil – oder Versuche, die aktuellen Entwicklungstendenzen am historischen Modell zu erhellen? Eine pauschale Antwort auf die eingangs aufgeworfene Frage gibt es nicht. Eher schon sind die Argumente der Auseinandersetzung um die historische Exilliteratur am einzelnen Werk zu verifizieren oder zu falsifizieren. Zu denken gibt dagegen, daß Exiltexte mit historischen Themen in DDR und BRD zu den Favoriten der

Forschung zählen. In der DDR, so scheint es, braucht man das Kulturerbe immer noch, um den Mangel an Vorläufern der sozialistischen Literatur zu überdecken.[73] In der BRD macht man sich an historische Werke, weil sie leichter mit dem eingefahrenen Instrumentarium der Literaturwissenschaft zu fassen sind und dem Interpreten keine direkte Stellungnahme zum Faschismus abverlangen.[74] Die „Werke" des daheimgebliebenen Historienschreibers Hans Friedrich Blunck werden in der Bundesrepublik,[75] Romane von Lion Feuchtwanger werden in der DDR und in der Sowjetunion aufgelegt. „Sind ‚Historische Romane' noch möglich?"[76]: die Frage, die der ‚innere' Emigrant Frank Thieß und der Exilant Franz Theodor Csokor diskutieren, bleibt jedenfalls auch 1960 rhetorisch. „Gegen den Strich"[77] gebürstet, wie Walter Benjamin es im Exil forderte, hat die historische Literatur die Geschichte damals wie heute allem Anschein nach nur in Ausnahmefällen.

4.4. Auswirkungen des Exils auf formale Aspekte der Literatur

Die Frage nach dem Zusammenhang zwischen der Exilsituation und den Formen der Exilliteratur hat mehr als jedes andere Problem zur Verunsicherung der Exilforschung beigetragen. Der Methodenstreit um die Erarbeitung des Exilphänomens, der gleichzeitig ein politischer Streit ist, tritt hier besonders stark in den Vordergrund. Grundforscher, Archivare und Bibliothekare heben hervor, daß sie „mit anderen Wertmaßstäben an die einzelnen Autoren und ihr Werk herantreten" als „literarästhetisch Gebildete".[1] Die „Gebildeten" jagen ihrerseits in hermeneutischen Zirkeln hinter „Erkenntnis" statt „Kenntnis" her in der Hoffnung, typologische, ewig-menschliche oder internationale Aspekte der Exilliteratur zu finden. Andere sehen „die Verschwendung von Energie für stilistische oder kompositorische Feinheiten ... fast als Versündigung an der Schicksalsgemeinschaft"[2] der Exilanten an. Werkimmanente Analysen ausgesuchter Exilbücher gelangen bisweilen zu dem unglückseligen ästhetischen Urteil, daß „in den Konzentrationslagern [wie im Exil, A. S.] ... nur Gedichte von drittklassigen Goldschnittlyrikern entstanden, ... die ihre kleine, private Wehleidigkeit in die Welt hinausposaunt hätten, indem sie sich der Sprachrequisiten des 19. Jahrhunderts oder der überall herumliegenden Versteinerungen des Hochexpressionismus bedient hätten".[3] Wieder andere betonen, daß es nicht darauf ankomme, „wieviel ein bestimmter Text zur Kenntnis einer bestimmten historisch-politischen Situation beiträgt, sondern wie diese Situation den Text bestimmt, strukturiert und seine sprachliche Aussage beeinflußt hat": „Es geht also darum, den komplizierten Vorgang der Vermittlung von historischer Situation im sprachlichen Text aufzuschlüsseln. Und so gewiß die Kenntnis der historischen Materialien zur Erkenntnis dieses Vermittlungszusammenhanges beiträgt, so wichtig ist zu betonen, daß der Text mehr ist als die Summe dieser historischen Fakten."[4]

Und wer die Literatur marxistisch angeht, rückt schließlich jene „ästhetischen Verfahren" ins Licht, die im Zusammenhang der Herausbildung und Festigung der sozialistischen Literatur tragende Bedeutung erlangten: „Man denke nur an die von Brecht entwickelte Form des epigrammatisch angelegten, widerspruchsgespannten kurzen Gedichts … oder, was den Roman angeht, an die differenzierte Darstellung von Bewußtseinsentwicklungen und Entscheidungssituationen; an die Methode, in der Darstellung alltäglicher Vorgänge den großen Geschichtsprozeß transparent zu machen; an die … Fähigkeit, geschichtliche Perspektive zu vermitteln, ohne in eine illusionäre Verzeichnung der dargestellten Vorgänge zu verfallen."[5]

Nicht ohne Grund spricht Hans-Albert Walter denn auch von der Exilliteratur als einem Modell, an dem die Germanistik den Ausweg aus ihrer derzeitigen Krise erproben könne: „Sie könnte zu einer synthetischen Interpretationsmethode gelangen, bei der ihre eigenen Kriterien durch die Erkenntnisse anderer Wissenschaftsbereiche ergänzt, korrigiert, erweitert und besser fundiert würden."[6] Nur – das scheint leichter gesagt, als getan. Denn wie Walter selbst[7] blieb die Exilforschung bislang den Beweis schuldig, daß es so etwas wie einen Exil-Stil und eine Exil-Form gibt. Daran vermögen auch gelegentliche – zum Teil brillante – Kommentare etwa zu Feuchtwangers Romanen, Heinrich Manns Spätwerk, Brechts Dramen und Drehbüchern und Bechers Exillyrik nichts zu ändern. An die Stelle des umfassenden Entwurfes einer formalen Typologie der Exilliteratur ist ein ebenso buntes wie verwirrendes Kaleidoskop von Einzeluntersuchungen getreten. Da liest man, daß Isolierung und Einsamkeit des Exils das Entstehen eines abstrusen Altersstils begünstigen, daß in der Fremde längst überholte Schreibweisen leichter erstarren, daß kommerzieller und politischer Druck zu formalen Kompromissen führen, daß das Absterben der Dramatik ohne eine deutschsprachige Bühne beschleunigt werde und daß die kleinen, operativen Formen angesichts der prekären Lage der Exilverlage und Exilzeitschriften an Popularität zunehmen. Bei manch einem der Vertriebenen mache die Experimentierfreudigkeit der Vorexiljahre einem Zuwachs an Realismus Platz; jungen Autoren fiele es in der Fremde schwerer, zu einem eigenen Schreibstil zu kommen, als das in der Heimat der Fall gewesen wäre. Und die unruhigen Produktionsverhältnisse des Exils, heißt es, resultieren in formalen Unausgeglichenheiten. „Dem schriftstellerischen Werk der Emigration", gestand Ernst Bloch 1939 vor dem Congress of American Writers ein, „sieht man es zuweilen an, daß es nicht mehr im Saft des eigenen Landes gekocht worden ist."[8]

Bei Berthold Viertel etwa sind so „die vorgegebenen lyrischen Formen" an der Exilerfahrung zerbrochen: „Das kurze, bündige Gedicht wird seltener. Strophe, Zeile, Versmaß werden aufgebrochen, können die Aussage nicht mehr halten. Nicht einmal ,freie Rhythmen', sondern eher eine ,leidenschaftlich betonte Prosa' müßte man diese Verse nennen. Dramatische Formen drängen sich auf: Monologe, Dialoge, Balladen, oft auch dramatisch in unre-

gelmäßigen Blankversen oder Hexametern erzählte Anekdoten und Erlebnisse."[9] Die Zerfahrenheit von Klaus Manns Romanen reflektiere die unruhigen Produktionsverhältnisse im Exil ebenso wie Hans Sahls bescheidenes
Gedicht an die Nachwelt:

> O LESER, der du dieses liest, verzweifle
> Nicht an der Welt, die solche Greuel sah.
> Was auch die Wehmut dir ins Ohr noch träufle:
> Der dieses schrieb, er lebt und ist noch da.
>
> Er hatte keine Zeit, daran zu feilen,
> Das meiste, was hier steht, ist Material,
> Er schrieb es auf in Eisenbahnabteilen,
> Auf Ozeanen und im Wartesaal.
>
> Es ist so flüchtig, wie wir selbst es wurden,
> Von Haus zu Haus, von Land zu Land vertrieben,
> Es ist, aus Mangel an Geburtsurkunden,
> Sein einziges Papier bis heut' geblieben.
>
> Vielleicht, daß einmal, wenn der Höllenrachen
> Sich ausgespie'n, ein andrer dieses liest.
> Dann wird er etwas besseres daraus machen.
> Wer heute lebt, fragt nicht, was morgen ist.[10]

Brecht merkte an, daß man über literarische Formen die Realität und nicht
die Ästhetik zu befragen habe: „Die Wahrheit kann auf viele Arten verschwiegen und auf viele Arten gesagt werden. Wir leiten unsere Ästhetik, wie
unsere Sittlichkeit, von den Bedürfnissen unseres Kampfes ab."[11] Und während sich bei Exilanten wie Leonhard Frank,[12] Curt Goetz[13] und Alfred
Döblin[14] keine einschneidenden Stilwandlungen aus der Verbannung ableiten
lassen, schrieb Erich Auerbach den synthetischen Charakter seines Haupt-
werkes, *Mimesis*, seiner kulturellen Isolierung in Istanbul zu: „... hätte ich
versuchen können, mich über alles zu informieren, was über so viele Gegen-
stände gearbeitet worden ist, so wäre ich vielleicht nicht mehr zum Schreiben
gekommen."[15]

Wenn im folgenden einige dieser „Fälle" genauer betrachtet werden, dann
sicher nicht auf der Suche nach einem verbindlichen Exilstil, sondern eher,
um Beispiele abzustecken für die auffälligsten formalen Positionen beim
Schreiben in der Fremde. Denn trotz aller äußerlichen Mißlichkeiten, trotz
Qualitätsabfall und Publikumsverlust waren die vertriebenen Literaten – die
Exildebatten hatten das bereits an den Tag gebracht – zwischen 1933 und
1945 keineswegs weniger formbewußt als zuvor oder danach.

Mit welcher Vorsicht das Thema literarische Form und Exil freilich zu
behandeln ist, belegt schon das oft zitierte Beispiel Lion Feuchtwanger. Da-

bei scheint hier ein Fall vorzuliegen, bei dem man sich sicher sein könnte. *Lion Feuchtwanger oder Die Folgen des Exils* – ohne Fragezeichen oder Gedankenstrich legte unter dieser Überschrift kein Geringerer als Hans Mayer die Gründe dar, warum eines der umfangreichsten Exilwerke so gründlich der Vergessenheit anheimzufallen vermochte:[16] Entfremdung von der Muttersprache, Flucht in eine historische Welt, die bis in den Sprechgestus nachgeahmt wird, und der Unwille des nach Kriegsende in Kalifornien Verbliebenen, die sprachliche und gesellschaftliche Entwicklung der ehemaligen Heimat mitzumachen. Bereits zwei Jahre später scheinen Mayer jedoch Zweifel an seiner eigenen These gekommen zu sein. Er modifizierte seinen Feuchtwanger-Essay und erklärte bei dem ähnlich gelagerten Fall Carl Zuckmayer Scheinrealismus, „geheimen Schillergeist"[17] und die penetrante Märchenwelt von *Des Teufels General* nicht mehr aus dem Exilerlebnis, sondern – richtig – als konsequentes Ergebnis des nie überwundenen „ethischen Sozialismus ... idealistischer Observanz" der zweiten expressionistischen Generation: „Der scheinbare Realist Zuckmayer gibt allenthalben dramaturgische Künstlichkeiten, wogegen gar nichts zu sagen wäre, wollte er nicht ärgerlicherweise darauf pochen, diese artifizielle und märchenhafte Wirklichkeit sei deutsche Wirklichkeit[18] ... Anachronismus und Eklipse hingen ... sowohl mit der Permanenz des expressiven Idealismus wie der Weiterführung einer idealistischen, pseudorealistischen Bühnentechnik zusammen, die stets innere Entscheidungen und Wandlungen in geschlossenen Dramenformen darzubieten gewillt war ... Was Feuchtwanger, Zuckmayer, auch Friedrich Wolf weiterzuführen suchten, war nicht fortsetzbar ... Sie scheiterten an der eigenen falschen Unmittelbarkeit, weil in ihnen ... die Frage nach dem Wendepunkt niemals aufgestiegen war. Mit Folgen des Exils jedoch hatte dies alles nichts zu tun."[19]

Feuchtwangers Bekenntnis von 1938, daß ihn die Begegnung mit der Sowjetunion vor „einem gefährlichen Ästhetizismus"[20] gerettet habe, kann an der Richtigkeit dieser auf Zuckmayer gemünzten Sätze ebensowenig rütteln wie seine politisch motivierte Erhebung in den Rang eines DDR-Klassikers.[21] Nicht die Exilerfahrungen ließen Feuchtwangers Prosa in jenem „schlechten Zeitungsdeutsch"[22] erstarren, von dem Matthias Wegner spricht, sondern die mangelnde literarische Wandlungsfähigkeit und der korrumpierende Weltruhm.[23] „Lion Feuchtwanger", behauptet denn auch Hermann Kesten, „schrieb schon 1920 in München und 1930 in Berlin, als hätte er bereits 30 Jahre im Exil gelebt."[24]

Anders, interessanter, war es um das Alterswerk eines Feuchtwanger-Nachbarn im kalifornischen Exil bestellt: Heinrich Manns Romane *Empfang bei der Welt* und *Der Atem*. Hier verstärkte eine überraschend radikale Reaktion auf die Exileinsamkeit einen ausgeprägten, formal komplizierten Altersstil. Erfolg und Verkäuflichkeit wurden im Gegensatz zu Feuchtwanger mit verbissenem Mut einer künstlerischen Mission geopfert. *Empfang bei der*

Welt, die seit 1943 im Manuskript fertige Geschichte der Schiebereien und Händel eines gewissen Theateragenten Arthur, fand denn auch bis 1956, als sie der Aufbau Verlag in Berlin-Ost druckte, keinen Verleger. Nicht viel besser war es um *Der Atem* (1949) bestellt. Monate nachdem das Manuskript abgeschlossen war, berichtete der ehemalige Präsident der Deutschen Akademie der Künste an Karl Lemke: „Noch kenne ich nicht den Verleger meines Romans *Der Atem* ... Ich muß mich an einheimische publishers wenden. Aber das Buch paßt nicht in jede Ideologie, vielleicht in keine, und Duldsamkeit ist nicht zeitgemäß. Außerdem müssen achttausend verkauft werden, um die Unkosten zu decken."[25] Ein Versuch, die beiden Romane in der Bundesrepublik herauszubringen, endete noch 1962 mit einem verlegerischen Fiasko.[26]

Warum? Die Ambivalenz von zwei Thomas-Mann-Aussagen über das Alterswerk des Bruders deutet die Antwort an. „Man hat da, in äußerster Weitergetriebenheit einer persönlichen Linie, einen Greisen-Avantgardismus, den man von bestimmten großen Fällen her (Parsifal, Goethe, auch Falstaff) kennt, der aber doch hier und so als ganz neues Vorkommnis wirkt. Dazu pflegen Avantgardisten heute reaktionär zu sein, und Du machst die Ausnahme (Lukács würde vielleicht sagen: ähnlich wie ich als Traditionalist eine Ausnahme mache). Übrigens fehlt es auch bei Dir nicht an Tradition: von Balzac her die grandiose Übertriebenheit und geniale Aufschneiderei in der politischen Intrige, deren Abenteuerlichkeit doch durchaus *realistisch* und der Zeit angemessen ist."[27] Und, später, im „Brief über das Hinscheiden meines Bruders Heinrich": „Sein Kunstleben ist vollendet ausgeklungen in den beiden letzten Romanen, dem *Empfang bei der Welt,* einer geisterhaften Gesellschaftssatire, deren Schauplatz überall und nirgends ist, und dem *Atem,* dieser letzten Konsequenz seiner Kunst, Produkt eines Greisen-Avantgardismus, der noch die äußerste Spitze hält, indem er verbleicht und scheidet."[28]

Avantgardismus gegenüber Tradition und Greisenhaftigkeit; politische Intrige und Abenteuer neben balzacschem Realismus; Gesellschaftssatire, die geisterhaft erscheint; geniale Aufschneidereien: was Thomas Mann mit bemerkenswert taktvoller Schärfe aus dem fortgeschrittenen Lebensalter des Bruders ableitet, läßt sich besser noch auf die Exilsituation beziehen. Jener ort- und zeitlose, gleichsam märchenhafte „Empfang" bei dem Kunstmanager Arthur würde sich dann als Reflex des Autors auf die irreale Welt erklären, in die ihn das Exil verstoßen hat.[29] Die Verpackung des symbolisch verkürzten Zerfalls der bürgerlichen Gesellschaft in *Der Atem* in Versatzstücke aus der Trivialliteratur (Intrigen, Verfolgungen, Verwandlungen, Glücksspiel, Spionage) leitete ihre Berechtigung aus der „halluzinativen"[30] Verfremdung der eigenen, dem nachlassenden Gedächtnis immer unschärfer werdenden Welt der Vergangenheit ab. Die frei gehandhabte Sprache, Syntax und Struktur beider Romane wären als Resultat des „menschlichen und gesellschaftlichen Vakuums"[31] und als Experimentieren mit einer neuen, noch unbestimmten Literatur der Zukunft zu sehen, die ihr politisches Äquivalent am Ende von *Der Atem* in der utopisch-stilisierten Flucht des kommunistischen Arbeiters Vertugas und des Geheimpolizisten Léon Jammes nach Moskau erhält.

Halluzinative Vergegenwärtigung der dem Griff entgleitenden Realität, Imperialismuskritik[32] oder „Flaschenpost an eine mögliche Nachwelt"[33] – sicher ist, daß Heinrich Mann von seinem amerikanischen Exil weder menschlich noch künstlerisch profitiert hat. Negative Erfahrungen, so häufig sie auch auftraten, waren jedoch nicht unbedingt die Regel in der Verbannung. Hermann Broch etwa glaubte, „der Konservierung einer zum Stillstand gekommenen Sprache" dadurch zu entgehen, „daß er ... seine Prosa durch syntaktisch weit verzweigte Gebilde und durch die rhythmische Steigerung monologischer Reflexion zum Lyrischen hin entgrenzte. Zugleich ließ er in der Form des Romans jegliche epische Konvention hinter sich, indem er den realen Verlust der Wirklichkeit formal dadurch auffing, daß die im Bewußtsein Vergils imaginierte Wirklichkeit zum Schauplatz des Romans wird."[34] Thomas Mann hielt seinen ironischen Ton unbeachtet der äußeren Lebensverhältnisse auch in Kalifornien durch. Und Arnold Schoenberg, von der *Los Angeles Times* gefragt, ob der in Barcelona vollendete zweite Akt seines *Moses und Aaron* die fröhlicheren südländischen Farben widerspiegele, antwortete lakonisch: „I asked whether he would expect me to write another style as often as I live in a different country: extremely cold in Alaska or Siberia, very hot near the equator, damp in the jungles and so forth. If immigration to America has changed me – I am not aware of it."[35]

Frei von Einflüssen der Exilsituation scheint auf den ersten Blick auch die Schreibweise Bertolt Brechts geblieben zu sein. Schaffenskrisen, drastische Stilbrüche und Themenwechsel hat es in seinem Werk zwischen 1933 und 1945 nicht gegeben. Im Gegenteil: das Exil gehört zu Brechts produktivsten Perioden. Hier entstanden die großen Arbeiten gegen den Faschismus, die „klassischen" Dramen vom *Leben des Galilei* bis zum *Kaukasischen Kreidekreis,* die wichtigsten theoretischen Aufsätze. Politische Fragen und Tagesthemen blieben, mehr oder weniger verschlüsselt, im Zentrum von Brechts . Arbeit; ebenso das – wiewohl imaginäre – Publikum. Wenn irgend möglich testete der Stückeschreiber seine Texte weiterhin auf der Bühne, bei Arbeitergruppen, in Laien- und Collegetheatern, beim amerikanischen Federal Theatre Project[36] oder in Lesungen mit verteilten Rollen. Der Lyriker zog Ironie, Lakonik und Dialektik auch in den bittersten Stunden des Exils dem Pathos, dem Haßgesang und dem Verstummen vor. Sooft sich die Gelegenheit bot, nahm Brecht Kontakt zu einheimischen Künstlern auf, arbeitete mit immer anderen Kollektiven zusammen und lernte von seiner neuen Umgebung; alles, ohne die theoretischen Bemühungen um das epische Theater und den Verfremdungseffekt aufzugeben. „Wenn er somit im allgemeinen die Emigration als Grundlage von Unternehmungen und Plänen kaum anerkennt", berichtete Walter Benjamin, „so fällt die Beziehung auf sie für ihn selbst um so unwiderruflicher fort. Seine Planungen greifen weiter aus."[37]

Befragt man Brechts Exilvita jedoch ein wenig tiefer, so zeigt sich, daß die Verbannung keineswegs spurlos an ihm vorbeigegangen ist. Die im Tagebuch, in Gedichten und Gesprächen wiederholt gestellte Frage, ob in solchen Zeiten das Schreiben über Bäume oder ein freundliches Lächeln nicht einem Verbrechen gleichkomme, bildete dabei nur die Spitze des Eisbergs: „es wäre unglaublich schwierig, den gemütszustand auszudrücken, in dem ich am radio und in den schlechten finnisch-schwedischen zeitungen der schlacht um england folge und dann den ‚Puntila‘ schreibe", notierte Brecht am 16. September 1940 in das *Arbeitsjournal*. „der puntila geht mich fast nichts an, der krieg alles; über den puntila kann ich fast alles schreiben, über den krieg nichts. ich meine nicht nur ‚darf‘, ich meine auch wirklich ‚kann‘. es ist interessant, wie weit die literatur, als praxis, wegverlegt ist von den zentren der alles entscheidenden geschehnisse."[38]

Ein Jahr zuvor waren in dem Aufsatz *Über reimlose Lyrik mit unregelmäßigen Rhythmen* die faschistischen Störsender für die knappe Form der im Rundfunk gesprochenen *Deutschen Satiren* verantwortlich gemacht worden.[39] *Furcht und Elend des Dritten Reiches* war so abgefaßt, daß es „unter den ungünstigsten Umständen des Exils ... von winzigen Spieltruppen (den bestehenden Arbeitertruppen) und teilweise (in beliebiger Auswahl der Einzelszenen) gespielt werden kann":[40] „die montage, so sehr verfemt, entstand durch die briefe dudows, der für die kleine proletarische spieltruppe in paris etwas brauchte."[41] Die Arbeit am *Guten Menschen von Sezuan* geriet ins Stocken, weil es unmöglich ist, „ohne die bühne ein stück fertigzumachen. the proof of the pudding ... nur die bühne entscheidet über die möglichen varianten".[42] Und nachdem Brecht 1936 aufgrund seiner unbefriedigenden Londoner Erfahrungen bei der arbeitsteiligen Produktion des *Bajazzo*-Films von Fritz Kortner mit dem Gedanken nach Svendborg zurückgekehrt war, seine Werke auf einer „handdruckmaschine"[43] selbst zu „produzieren", fand er es wenig später in den USA keineswegs unter seinem Niveau, des Geldes wegen[44] auf den verhaßten Geschmack von Broadway und Hollywood einzugehen:[45] Die Brecht/Wexley/Lang-Produktion von *Hangmen Also Die* wird als „unendlich trauriges gemächte" abgetan: „was für schemen, intrigen, falschheiten! das bißchen anstand erschöpft sich darin, daß ich streng im rahmen bürgerlich-nationaler erhebung blieb! und jetzt kommt noch die besetzung dazu ... visagen wie aus dem programmheft des ulmer stadttheaters."[46] Der *Silent Witness*, eine zu Recht durchgefallene Filmstory, erhält gar mit Hilfe eines beinahe mystisch anmutenden Zufalls das branchenübliche Happy-End: Die schöne Französin Toinette, die im Dienste der Résistance mit den Nazis kollaboriert, wird durch einen Lichtstrahl, der in einem Kirchenfenster ein Bild der Jeanne d'Arc erhellt, vor der bevorstehenden Hin-

richtung durch ihre Landsleute gerettet. „Durch das Fenster strömte das
Tageslicht in die Kirche. In der Kuppel der Dorfkirche scheint die Heilige
Johanna zu lächeln: Toinettes stummer Zeuge."[47]

All das mag als biographische Kuriositäten abgetan werden, gäbe es nicht
zugleich Anzeichen dafür, daß Brecht seine ästhetischen Grundpositionen im
Exil bedroht sah. Das merkwürdig distanzierte Urteil über den *Messingkauf*
deutet ebenso darauf hin wie das hartnäckige und besonders Lukács gegenüber beinahe monomanische Pochen auf den „Standard" der epischen Technik. „im augenblick kann ich nur diese kleinen epigramme schreiben, achtzei-
ler und jetzt nur noch vierzeiler ... wenn ich zur abwechslung den *Messingkauf* aufschlage, ist es mir, als werde mir eine staubwolke ins gesicht geblasen.
wie kann man sich vorstellen, daß dergleichen je wieder sinn bekommt? das
ist keine rhetorische frage. ich müßte es mir vorstellen können. und es handelt
sich nicht um hitlers augenblickliche siege, sondern ausschließlich um meine
isolierung, was die produktion betrifft."[48]

Günther Heeg hat Brechts Dilemma am Beispiel der Lehrstücke so erklärt:
„Die Schwierigkeiten für den, der im Exil aus der Perspektive des Beobach-
ters und auf lange Sicht schreibt, liegt darin, in seinen Modellen den bislang
selbstverständlichen historischen Zusammenhang mit der Erprobung ‚ein-
greifender' Haltungen, die gerade eine Abstraktion von der konkretistischen
Oberfläche der Geschichte voraussetzt, zusammenzubringen. Um die Ver-
wendbarkeit bestimmter Einstellungen deutlich zu machen, muß die historische Situation spezifiziert werden, aber wiederum nicht so stark, daß sie als
geschlossene und unangreifbare Totalität erscheint."[49] Den Ausbruch aus dieser Isolierung, die sich nach Brechts eigener Meinung besonders im formalen
Opportunismus der Stücke *Die Gewehre der Frau Carrar*[50] und *Leben des
Galilei*[51] niederschlägt, sollte unter anderem *Der gute Mensch von Sezuan* be-
werkstelligen: „es ist scharadenarbeit schon der umkleide- und umschmink-
akte wegen. ich kann aber dabei die epische technik entwickeln und so
endlich wieder auf den standard kommen. für die schublade braucht man
keine konzessionen."[52] Gleichzeitig wird Lukács im bissigen Ton des Schuld-
bewußten beschimpft, weil er auf dem Höhepunkt der Expressionismusdebatte die im *Wort* erschienene Szene „Der Spitzel" aus *Furcht und Elend des
Dritten Reiches* positiv erwähnt hatte:[53] „lukács hat den *Spitzel* bereits begrüßt, als sei ich ein in den schoß der heilsarmee eingegangener sünder ...
übersehen ist die montage von 27 szenen, und daß es eigentlich nur eine
gestentafel ist ... das *epische theater* kann damit zeigen, daß sowohl ‚inte-
rieurs' als auch beinahe naturalistische elemente in ihm möglich sind ..."[54]

Ob es wegen solcher Konzessionen – und die Auflistung erhebt keinen
Anspruch auf Vollständigkeit – richtig ist, sogleich von einer Rückwendung
Brechts zu „den Methoden einer ‚aristotelischen' Dramatik"[55] zu sprechen,
sei dahingestellt. Sicher ist, daß auch dem Stückeschreiber neben den Kon-
trollmechanismen Bühne, Publikum und „Klassenkampf"[56] im Exil die äu-

ßere und innere Ruhe fehlte, um seine Experimente weiterzutreiben. Nicht zuletzt die Verbannung trug dazu bei, daß sich die Kluft zwischen Theorie und Praxis bei Brecht vergrößerte.

Einen Sonderfall stellt die Form der in Sowjetrußland produzierten Exilliteratur dar. Denn ähnlich wie die Entstehungs- und Veröffentlichungsverhältnisse dieser Literatur sind die theoretischen und praktischen Auseinandersetzungen der Moskauer Exilkünstler über die Gestalt ihrer Werke nur aus den spezifischen innersowjetischen Verhältnissen heraus zu erklären. Mehr als Exileinsamkeit oder Sprachbarrieren beeinflußten Diskussionen im Sowjetischen Schriftstellerverband wie die Lyrik-Debatte (1936) und die Formalismus-Naturalismus-Debatte (1936) die Schreibweise der „Moskauer". Die Wahl und Qual, vor die sich der Westexilant Brecht angesichts der finanzstarken Vergnügungsmaschinerien von Hollywood und Broadway gestellt sah, bestand zwischen Engels und Leningrad nicht. Ebensowenig existierte die Möglichkeit, mit modernen Darstellungsmitteln zu experimentieren oder sich vor dem Ungemach der Welt hinter seinem Schreibtisch zu verbarrikadieren. Die Aufarbeitung des Formenkanons aus dem Kulturerbe und der Anstieg der volkstümlichen Heimatliteratur, die Brecht nach dem „Speikübel"[57] rufen ließ, hatte nicht mit „Flucht aus der Gegenwartsdichtung" oder „neoklassizistischen Marotten",[58] sondern mit Andrej Shdanows Kulturpolitik zu tun.[59] „Die reportage literatur sucht große formen und lyrik dringt sich ins epos hinein", berichtete Sergej Tretjakow im September 1934 an Bertolt Brecht. „Der einseitige intellektualismus (technizismus) wird vom emotionellen prinzip schärfst angegriffen."[60]

Wer von den Exildeutschen in der Sowjetunion gedruckt, aufgeführt und übersetzt werden wollte, mußte also nicht nur die richtigen – sozialistischen – Themen, sondern auch die richtige – realistische – Form wählen. Da zudem die wichtigsten Aspekte der sozialistisch-realistischen Schreibweise noch vor 1933 in Deutschland in der *Linkskurve*-Debatte abgesteckt worden waren, hinterließ das Exil bei den verbannten kommunistischen Künstlern bestenfalls inhaltliche Spuren.[61] Johannes R. Becher, Friedrich Wolf und Willi Bredel hätten auch in Deutschland Expressionismus, Proletkult, Agitprop und Reportage zugunsten des neuen Realismus und Klassizismus aufgegeben. Und Lukács wäre bei einem Weiterleben der Weimarer Republik zweifellos auch in Berlin gegen Bloch, Eisler und Brecht zu Felde gezogen. Die Übernahme der Thesen, die bei der Zerschlagung der Litfront, der Auflösung der RAPP und der Vorbereitung des I. Allunionskongresses des Sowjetischen Schriftstellerverbandes entwickelt worden waren, verlief bruchlos über das Jahr 1933 hinweg. Eine (literarische) Volks- bzw. Einheitsfrontbewegung, wie sie in der Weimarer Republik seit geraumer Zeit ohnehin im Gespräch gewesen war, hätte sich aufgrund der globalen Strategie der Kommunistischen Internationale womöglich auch ohne die faschistische Machtübernahme herausgebildet.

Das Werk des produktivsten und einflußreichsten Moskauer Exilautoren, Johannes R. Becher, entwickelte sich denn auch im Sinne des Gesagten durchaus folgerichtig.[62] Zuerst unternahm Becher den Schritt vom aktivistischen Wortzertrümmerer und Autor von Experimentalliteratur wie dem Roman *(CHCl = CH)₃ As (Levisite) oder Der einzig gerechte Krieg* (1926) zum Funktionär des Bundes proletarisch-revolutionärer Schriftsteller und zum Kritiker der operativen Tagesliteratur und „modernistischen" Formexperimente der Neuen Sachlichkeit. Dann erschienen während des turbulenten Endes der Weimarer Republik erste Balladen, Versepen und als Beispiel für die neue, realistische Aufbauliteratur das Dnjeprostroi-Epos *Der große Plan* (1931). Statt aufreizender Propagandaverse sollte fortan ein „einfacher, volkstümlicher Ton" durch „ruhiges und geduldiges Argumentieren"[63] die breiten Massen ansprechen. Und schließlich ging Becher nach dem Machtantritt der Faschisten ins Exil und – machte einen weiteren Schritt in Richtung auf jene Schreibweise, die Stephan Hermlin Jahre später als „neo-klassizistische Glätte und konventionelle Verseschmiederei"[64] abkanzelte.[65] Gedichtbände wie *Gewißheit des Siegs und Sicht auf große Tage* werden „architektonisch kunstvoll" gegliedert.[66] Die klassischen Gedichtformen Elegie, Ode und Terzine treten seit *Der Glücksucher und die sieben Lasten* im Glauben an eine „zweite Renaissance"[67] der deutschen Literatur derart häufig auf, daß es selbst dem Gutachter für die Verlagsgenossenschaft ausländischer Arbeiter in der UdSSR zuviel wird: „Becher hat das an sich richtige Bestreben, jede Art bloßer Agitka-Lyrik, jedes bloße Reimen von Parteilosungen zu vermeiden und um keinen Preis in Ökonomismus und Vulgärsoziologie zu verfallen. Aber er hat sich vielfach von diesem Bestreben verleiten lassen, *über das Ziel hinauszuschießen* und in vielen Gedichten nun *überhaupt* von den konkreten ökonomischen, sozialen und historischen Zusammenhängen zu ‚abstrahieren', die Probleme auf ihren angeblich ‚rein-menschlichen' Gehalt zu reduzieren und rein privaten Gefühlen, Stimmungen usw. Ausdruck zu geben..."[68] Das Sonett wird zur vielhundertfach gebrauchten Symbolform für das neue Weltbild und den neuen Stil des kommunistischen Exildichters, denn regelmäßige Form und strenger Aufbau entsprechen nicht nur der vom sozialistischen Realismus propagierten konstruktiven Erberezeption, sie enthalten auch quasi „therapeutische Wirkung": „In einer Zeit, da sich das Chaos auf jeder Seite aufdrängt, zeigt sich vor allem das Sonett als adäquate Form."[69]

> Ich hielt gar lange das Sonettgeflecht
> Für eine Form, veraltet und verschlissen,
> Die alten Formen habe ich zerrissen
> Und dichtete mir neue, schlecht und recht.
>
> Die neuen Formen, waren sie denn echt?
> Und prägten sie der neuen Zeit Gewissen?

Die Form zu ändern allzusehr beflissen,
Ward ich dem neuen Wesen nicht gerecht.

Wenn ihr die alten Formen so zerbrecht
Und wenn ihr meint, ein neues Formgepräge
Nur täte not, die alte Form sei träge

Und durch Gebrauch und Mißbrauch abgeschwächt:
Bedenkt, die neuen Formen, die beginnen,
Entstehen, uns kaum sichtbar und von innen.[70]

Der Fall Becher (wie auch der von Lukács, der hier nicht noch einmal behandelt wird) war selbst für die sowjetischen Exilverhältnisse extrem. Politisch weniger exponierte Exilanten wie Friedrich Wolf, Erwin Piscator und Gustav von Wangenheim reagierten, besonders während der ersten Exiljahre, bisweilen recht kritisch auf die präskriptive Ästhetik des sozialistischen Realismus. Doch auch ihre Stellungnahmen waren weniger von der Exilsituation als von den Nachwirkungen der Debatten in und um den BPRS und die IVRS bestimmt. Friedrich Wolfs Auseinandersetzungen mit dem zeitgenössischen sowjetischen Drama machen das besonders deutlich. Wo Becher noch den Versuchen von „Konjunkturisten und Geschäftemachern", „das Drama lyrisch, episch, novellistisch oder reportagehaft zu ‚bereichern'"[71] vorbehaltlos die organisch geschlossenen, „perfekten" Schreibereien eines Julius Hay gegenüberstellte – Brecht sprach damals vom „Hay-Schnupfen"[72] der sozialistischen Literatur –, warnte Wolf davor, „verträumt in den Gärten der Vergangenheit spazierenzugehen ..."[73] Statt gegen die „Anhänger des ‚epischen' oder des revuehaft ausgestatteten dokumentarischen Dramas"[74] wetterte er gegen alle, die „mit psychologisierenden Randproblemen die Zuschauer in einen angenehmen Dämmerzustand zu versetzen"[75] suchen. Der positiven Reaktion auf den Massencharakter des Sowjettheaters, auf Volksverbundenheit und die Pflege von Tradition, Nationalitäten und Ensemblegeist[76] steht bei ihm – wie auch bei Peter Wieden (d. i. Ernst Fischer)[77] und den Westexilanten Brecht, Hanns Eisler und Ernst Bloch[78] – die Sorge um die mechanische Übertragung des sowjetischen Beispiels auf die deutsche Exildramatik gegenüber. Bechers Aussage über die „linke Literatur", die sich „vor der Machtergreifung Hitlers in einem Zustand des Experimentierens und der avantgardistischen Abgeschlossenheit"[79] befunden habe, hätte nur ironisch gemeint sein können. „Die Vorbedingungen und Aufgaben der Sowjetdramaturgie und der revolutionären Dramaturgie in den imperialistisch-faschistischen Ländern des Westens sind im jetzigen Stadium der historischen Entwicklung durchaus verschieden, variierende! Sowohl in der Thematik als auch in der Behandlung der Formprobleme. Wenn die Gewerkschaften der Sowjetunion, wenn die Betriebe ... die Schriftsteller auffordern ..., jetzt ihr neues, schon besseres, fröhlicheres, persönliches Leben auch im Drama und in der Komödie zu gestalten, so ist dies völlig adäquat der historischen Situation, in der sich das Land des siegreichen sozialistischen Aufbaus befindet. Welches Leben aber können und müssen die Dramaturgen des kapitalistischen Westens gestalten? ... Es ist klar ..., das bedeutet für uns Dramaturgen: Entlarvung des Faschismus mit Agitationsformen, Enthüllung seiner betrügerischen Linksmanöver ... und zugleich der Alarm für die westliche Arbeiterschaft, ihre geistige Mobilisierung ..."[80]

Das weitere Schicksal von Wolf, Piscator, Ottwalt und Walden ist bekannt: Wolf gab nach seiner Rückkehr aus dem französischen Lager Le Vernet das Stückeschreiben weitgehend auf und wandte sich der Propagandaarbeit an der russischen Front zu; Piscator ließ das Engels-Projekt im Stich und kehrte 1936 von einer Reise in den Westen nicht mehr in die Sowjetunion zurück; Ottwalt und Walden kamen während Stalins Säuberungen bzw. der Evakuierung von 1941 um.

Läßt sich aus diesem Potpourri von Einzelfällen überhaupt ein Resümee ziehen, dann jenes, daß die formale Entwicklung der deutschen Literatur durch die Exilsituation weniger beeinflußt wurde, als anzunehmen war. Pauschalurteile, wie sie ab und an gefällt werden, sind jedenfalls ohne weiteres durch eine Fülle von Ausnahmen zu widerlegen. Weder blieb die Kunst während jener langen 12 Jahre völlig frei von Einflüssen des Exils,[81] noch ist von vornherein für die im Ausland entstandenen Werke ein Qualitätsabfall festzustellen.[82] Weder hatte die „Halbierung der deutschen Literatur" „alle Nuancen der literarischen Moden und Schulen"[83] verwischt, noch hilft es, die Wertung der antifaschistischen Kunst von formalen Kriterien völlig weg auf die Frage zu verlagern, ob „die Kämpfe der Zeit in ihrer Bedeutung"[84] erfaßt wurden.

Ergiebiger mag dagegen jener Ansatz sein, der die Exilliteratur in die Entwicklung im 20. Jahrhundert einspannt und von da her für die Zeit unmittelbar vor dem Exil mit guten Gründen ein Abklingen des seit gut zwei Jahrzehnten andauernden formalen Experimentierens feststellt. In der Tat war von „Kulturreaktion"[85] und Gefährdung des deutschen Geistes[86] ja bereits vor dem nationalsozialistischen Machtantritt allenthalben die Rede gewesen. Der historische Roman erlebte nicht erst in Paris und Pacific Palisades eine Hochblüte. Und die marxistische Literatur war bereits über den Bund proletarisch-revolutionärer Schriftsteller in eine wachsende Abhängigkeit von der stalinisierten Internationalen Vereinigung revolutionärer Schriftsteller geraten. Jene „Dominanz des Realismus",[87] die Hans-Albert Walter aus der gesellschaftsbezogenen Thematik der Exilliteratur ableitet, war deshalb 1933 weder für Marxisten noch für Bürgerliche ein Schock. Becher faßte das aus seiner speziellen politischen und künstlerischen Sicht gegen Ende 1934 folgendermaßen zusammen: „Das Geschwätz von der Auflösung der Kunst, Ersatz der Kunst durch die Wissenschaft bis zur Neuen Sachlichkeit, zu falschen Reportagetheorien, die schematischen Ausspielungen der Publizistik gegenüber der Dichtung usw. usw. haben das ihrige dazu beigetragen – in Verbindung mit solchen Argumenten wie ‚Die Literatur im technischen Zeitalter (Radio etc.) hat keine Bedeutung mehr' –, daß sich der Schriftsteller eine depressive Stimmung bemächtigt hat und sie es ... geradezu als eine Offenbarung betrachten, wenn wir von den hohen Aufgaben der Literatur etc. etc. sprechen.“[88]

Diese Meinung sollte Becher bis zu seinem Tode nicht mehr ändern. Zieht man dazu die von Gottfried Benn und weiten Teilen der „inneren“ Emigration verkörperten restaurativen Züge des literarischen Neuanfangs in der Bundesrepublik heran, so läßt sich die Exilliteratur in der Tat auch in ihren formalen Aspekten recht mühelos in die Geschichte der neueren deutschen Literatur einordnen. Einen literarischen Nullpunkt hätte es dann weder 1933 noch 1945 gegeben. So wie die ausgebürgerten Schriftsteller nach 1933 „ihre Aktivitäten bei aller Erschwerung der äußeren Umstände zunächst als Fortsetzung der Wege verstanden, die sie um 1930 oder vorher eingeschlagen hatten“,[89] knüpften 1945 die Kulturfunktionäre in der SBZ und auch die Teilnehmer jenes berühmten Streits um die ‚innere' und äußere Emigration (auch formal) direkt an die Debatten aus der Weimarer Republik an. Die Tatsache, „daß sich trotz aller Förderung und Mythisierung der jungen Generation ... in Kultur und Literatur nach 1945 diejenigen Stimmen durchsetzten, die bereits vor 1933 etabliert waren“,[90] spricht auch das Urteil über die Auswirkungen der Verbannung auf die Formen der Exilliteratur.

5. Nachleben des Exils in der Bundesrepublik und in der Deutschen Demokratischen Republik

5.1. Entwürfe für eine nachkriegsdeutsche Kultur und Literatur

Niemand mag heute mehr Schlagworte wie „Nullpunkt" oder „Kahlschlag" an den Anfang der zeitgenössischen deutschen Literatur stellen. Dazu sind die unhistorischen, apologetischen Implikationen dieser Begriffe inzwischen allzu deutlich aufgedeckt worden.[1] Außerdem hätte ein radikaler Neuanfang, selbst wenn er von den Beteiligten gewünscht worden wäre, wohl ohnehin keine echte Chance gehabt. Denn einmal fehlte es der inneren Emigration wie dem Exil an konkreten Vorstellungen über die zukünftige deutsche Kultur. Und zum anderen rollte die von der weltweiten Konfrontation zwischen Kapitalismus und Kommunismus vorprogrammierte Teilung Deutschlands, noch bevor in Berlin der letzte Schuß gefeuert war, über die Möglichkeit eines gesamtdeutschen, antifaschistischen Kulturaufbaus hinweg.

Ansichten über den politischen und kulturellen Neuanfang im nachfaschistischen Deutschland haben zwischen 1933 und 1945 viele Exilanten geäußert. „Spekulationen über die von Rußland und dem Westen offenbar so verschieden geplante Zukunft Deutschlands beschäftigten uns alle",[2] stellte Thomas Mann im Herbst 1943 in einem Vortrag an der Universität von Kalifornien, Los Angeles, fest. Einen funktionsfähigen Plan hat es, mit Ausnahme der Entwürfe der Exil-KPD in Moskau, nicht gegeben. Das lag vor allem daran, daß die Einheit des Exils bei Kriegsende mehr denn je nur im Negativen bestand: in der Opposition gegen den Nationalsozialismus. Selbst als es darum gegangen wäre, die zukünftigen Aufgaben abzustecken, führten die Exilanten lieber die alten Querelen aus den Weimarer Jahren weiter.[3] Kultur und Demokratie bedeuteten auch vor dem Todfeind Faschismus nicht dasselbe für einen bürgerlichen Intellektuellen, einen proletarischen oder revolutionären Schriftsteller, einen SPD-Funktionär und einen jüdischen Wissenschaftler.

So forderte der konservative Politiker Hubertus Prinz zu Löwenstein im amerikanischen Exil allen Ernstes, daß sich die deutsche Exilregierung auf dem Territorium der früheren deutschen Kolonien bilden solle.[4] Albert Grzesinski, ehemals preußischer Innenminister und Berliner Polizeipräsident und seit 1941 Vorsitzender der „Association of Free Germans", nominierte Thomas Mann, Heinrich Brüning und Otto Braun für die erste deutsche Nachkriegsregierung.[5] Thomas Mann, der eine solche Ehrung gar nicht ungern entgegengenommen hätte,[6] schien in seinem Bruder Heinrich den besseren Reichspräsidenten zu sehen[7] und fürchtete sich gleichzeitig davor, daß ihm Brecht „alles Böse antun wird ... wenn die Russen ihm in Deutschland zur Macht verhelfen"[8] würden. Lion Feuchtwanger war sich nach einem Bericht von Alfred Döblin sicher, daß „im Links-Deutschland ... Heinr[ich] Mann und – er, L. F., bestimmen, was gedruckt würde und was nicht".[9] Und Emil Ludwig, als Vansittartist in Washington bisweilen gehört, stellte ein Woodrow Wilson parodierendes 14-Punkte-Programm auf, das den Besatzungstruppen empfahl, in Deutschland nicht zu lächeln, Deutsch zu sprechen oder Zigaretten anzubieten.[10]

Nun waren nicht alle Pläne für das Nachkriegsdeutschland so abwegig wie diese. Heinrich Brüning soll der amerikanischen Regierung Konrad Adenauer „als Regierungschef eines zukünftigen Deutschland empfohlen"[11] haben. Der Schweizer Emil Oprecht war überzeugt, „daß es notwendig ist, daß wir uns auch von der Schweiz aus, ohne aggressiv zu sein, über die Nachkriegsprobleme äußern".[12] In seinen Verlagen druckte er Schriften von Mitgliedern der Europa Union, der Gruppe Das demokratische Deutschland und des Nationalkomitees Freies Deutschland für die Schweiz, die alle, mit Ausnahme der Bücher der Freien Deutschen, die Idee einer europäischen Föderation propagierten. Georg Ritzel, der Zentralsekretär der Europa Union, betonte sogar ausdrücklich, daß in einer solchen Föderation „die Vielfalt der nationalen Kulturen"[13] nicht beschnitten werden dürfe. Ebenfalls aus dem Ausland kam ein Diskussionsbeitrag von Dorothy Thompson im *New York Herald Tribune: After Hitler – What?* Was Henri de Kerillis, der ehemalige französische Volksfrontministerpräsident Léon Blum und J.-B. Séverac) in *l'Epoque* und *Le Populaire* zum Thema *Was wird mit Deutschland am Tag danach?* zu sagen hatten, wurde den deutschen Exilanten von Leopold Schwarzschild im *Neuen Tage-Buch* zugänglich gemacht.[14] In einem anderen Pariser Exilantenblatt, der *Deutschen Volkszeitung*, setzte sich Klaus Mann unter der Überschrift *Nach dem Sturze Hitlers* mit der KPD-Broschüre *Der Weg zum Sturze Hitlers* auseinander.[15] Oskar Maria Graf machte sich in einer Ansprache zur Gründung des Schutzverbands deutsch-amerikanischer Schriftsteller lieber für die Bewahrung der deutschen Sprache und Kultur als für „politische Kampf- und Zukunftsprogramme"[16] stark. Im *Freien Deutschland* (Mexiko) spekulierten Margarete Weider, Walter Janka, Max Zimmering und Leonhard Steckel über Schule, Buchwesen, Literatur und Theater im kommenden Deutschland.[17] Volker Christan Wehdeking schließlich hat in seiner Studie über die Konstituierung der deutschen Nachkriegsliteratur in den amerikanischen Kriegsgefangenenlagern nachgewiesen, daß die Anfänge der Restauration in den Westzonen bis in das Jahr 1943 zurückreichen: Nationalistische und militaristische Tendenzen wurden damals in den Lagerzeitungen der Kriegsgefangenenlager mit einem ziellosen Liberalismus gemischt, der durch ein Nebeneinander von Existenzphilosophie, Skeptizismus und Religion „mehr Unsicherheit als Konsequenz"[18] verriet.

Trotzdem schienen viele der 1933 vertriebenen Weimaraner in der Isolierung ihrer Exilorte den Kontakt mit der politischen Realität verloren zu haben. Während die Hitlerflüchtlinge aus Polen und der Tschechoslowakei die erstbeste Gelegenheit ergriffen, um funktionsfähige, oft sogar diplomatisch anerkannte Exilregierungen zu gründen,[19] druckten die in Santiago de Chile erscheinenden *Deutschen Blätter* vorwiegend Beiträge zum Motto „für ein europäisches Deutschland, gegen ein deutsches Europa". Dem Vorwurf, angesichts der alliierten Kriegsziele mit recht utopischen „Phantasiegebilden" zu operieren, hielt man entgegen, daß eben nur „aus kühnen Träumen ... schöpferische Wirklichkeiten"[20] entspringen. Weniger harmlos waren andere Pläne der *Deutsche Blätter*-Herausgeber Udo Rukser und Albert Theile: Arbeitsdienst, nur entnazifiziert;[21] zurück zur Scholle;[22] territoriale Einschränkung Polens in den Grenzen von 1940/41;[23] und Zurückdrängung der bolschewistischen Bedrohung des Abendlandes.[24]

Argumentierte man in Chile konservativ, so bemühten sich in New York im Council for a Democratic Germany Sozialdemokraten, Mitglieder der Gruppe Neu Beginnen, Zentrumsleute, Kommunisten, Bürgerliche und Parteilose um eine allgemeine Plattform. Über den fruchtlosen Weimarer Meinungspluralismus kamen auch sie nicht hinaus. Thomas Mann, der der Vereinigung vorstehen sollte, distanzierte sich wegen des Bezugs auf das kurz zuvor in der Sowjetunion gegründete Nationalkomitee Freies Deutschland. Ein Positionspapier des Councils zur Vier-Mächte Konferenz in Yalta wurde – wie bereits erwähnt – gar aus sechs divergierenden Stellungnahmen zusammengeklittert.[25] Paul Tillich und Paul Hagen (d. i. Karl B. Frank), zwei führende Köpfe des Council, kehrten nach 1945 nicht nach Deutschland zurück.

Und auch von der Westküste der USA, wo sich in Los Angeles seit 1939/40 die künstlerische Creme des Exils versammelt hatte, ist nichts über eine Zeitschrift, einen Verlag oder eine Arbeitsgemeinschaft mit einem konkreten Programm für die deutsche Nachkriegskultur zu vermelden. Heinrich Mann ließ seine Besichtigung unseres Zeitalters mit recht naiv anmutenden Spekulationen über die Zukunft der Menschheit auslaufen: „Ein neuer Mensch, ein anderes Zeitalter nehmen ihren Anfang hier. Die menschliche Fähigkeit der Verwandlung erreicht ihr relatives Höchstmaß diesmal. Eine sittliche Welt ohne Vorgang und Vergleich entsteigt – unnütz zu fragen, welchen weitläufigen Zusammenhängen. Sie ist da, sie erhält sich – erhält sich nunmehr länger als die Französische Revolution, einbegriffen den Kaiser. Die Sowjetmenschheit, ,mit dem Bewußtsein, was sie soll, geboren', siegt. Aber mehr, ihr sieghaftes Lebensgefühl ergreift andere ... Unter den Nationen bewährt sich als die gerechteste die Nation des lange geschulten Realismus: die britische."[26] Bertolt Brecht war bemüht, sich nicht mit den Hexenjägern des Un-American Activities Committees anzulegen, während er gleichzeitig gegen

Bechers „gigantischen Spießerüberbau" wetterte: „... ein entsetzlich oppor-
tunistischer quark, reformismus des nationalismus."[27] Lion Feuchtwanger
forderte Ende 1944 in einem Essay über *Die Zukunft Deutschlands*[28] von den
Alliierten zwar allerlei Reformen in Industrie, Staatswesen und Verwaltung,
ausgerechnet der deutschen Kultur billigte er jedoch die Kraft zur Selbstreini-
gung zu. Und Thomas Mann schwankte zwischen großzügigem Vergeben
der Schuld des deutschen Volkes, kollektivem Züchtigungsbegehren[29] und
simpler Ratlosigkeit: „Jedenfalls wird nachher alles ganz anders sein, und die
Exil-Regierungen, ganz besonders aber unsere sozialdemokratischen Schafs-
köpfe, werden wohl gänzlich beiseite fallen. Die Verwilderung wird gräßlich
sein, namentlich der vagabundierenden Kindermassen, die Lebensmittel und
Kokain verkaufen, wenn sie nichts Schlimmeres tun."[30] Wer in Hollywood
erfolgreich war, begann Deutschland oft schon bald aus dem Blick zu verlieren. Ein Gutteil der jüdischen Exilanten schließlich schob den Gedanken an
eine Rückkehr nach Europa für unbestimmte Zeit auf.

Blieben noch die Exilgruppen der SPD in England[31] und Schweden[32] zu
erwähnen. Hier produzierten Hans Vogel, Erich Ollenhauer, Willy Brandt
und andere zwar eine Fülle von Vorträgen und Broschüren – kulturpolitische
Themen fanden in die Diskussionen um die Zukunft des Parteiapparats, der
Schwerindustrie, der Gewerkschaften usw. kaum Eingang.[33] Wie schon während der Weimarer Republik, nach deren Zusammenbruch sich nicht ganz
zufällig einige der bekannteren sozialdemokratischen Arbeiterschriftsteller
dem Nationalsozialismus angenähert hatten,[34] vermochte die Sozialdemokratie auch diesmal kein konkretes Kulturprogramm auszuarbeiten. Resümiert
Karl O. Paetel, selbst Exilant und Exilforscher: „Daß fast alle Ansätze zu
gemeinsamem Auftreten der im Exil lebenden antinationalsozialistischen
deutschen Politiker und Gruppen zum Scheitern verurteilt schienen – bis weit
in die Zeit des Zweiten Weltkrieges hinein –, liegt vor allem daran, daß es
,das' deutsche Exil als ernstzunehmende politische Realität nicht gab."[35]

Das Resultat dieses planlosen Werkelns in den westlichen Exilzentren war,
daß die Skizzen der deutschen Kommunisten für die Entnazifizierung und
den Neuanfang der deutschen Kultur nach 1945 weitgehend konkurrenzlos
blieben. Dabei liegen die Vorteile der kommunistischen Planer auf der Hand.
Sie reichen von den Lebens- und Arbeitsbedingungen über die ideologischen
Voraussetzungen bis zur Zusammenarbeit mit den sowjetischen Gastgebern.
So hielten sich die Hitlerflüchtlinge der KPD im Gegensatz zu den über die
ganze Welt verstreuten bürgerlichen und sozialdemokratischen Exilanten als
einzige Exilgruppe im wesentlichen in einem Exilzentrum auf: Moskau.[36]
Politische Ereignisse und belletristische Neuerscheinungen konnten dort unmittelbar diskutiert, Projekte aller Art im Kollektiv korrigiert werden. Die
sowjetischen Nachrichtendienste sammelten Informationen aus dem faschistischen Deutschland. Bücher der Exilanten wurden auch dann in hohen
Auflagen gedruckt, wenn sie keine Kassenschlager zu werden versprachen.

Die Kulturschaffenden Johannes R. Becher, Georg Lukács, Alfred Kurella und Willi Bredel arbeiteten seit Jahren an sowjetischen Zeitschriften, Verlagen und Organisationen mit. Während selbst etablierte Exilpolitiker und -autoren in Frankreich, England und den USA nur in Ausnahmefällen von den jeweiligen Regierungen zu regelmäßigen Konsultationen und zum Meinungsaustausch herangezogen wurden, saßen Wilhelm Pieck und Walter Ulbricht in führenden Positionen der Kommunistischen Internationalen.

Zu diesen häufig unterschätzten „Äußerlichkeiten" trat die ideologische Geschlossenheit des kommunistischen Exils. Was viele bürgerliche Politiker und Kulturschaffende noch nicht einmal angesichts der nationalsozialistischen Bedrohung zu diskutieren gewillt waren, stand in der KPD nämlich schon seit geraumer Zeit fest: die Gründe für die Krise des Kapitalismus, eine relativ konkrete Faschismustheorie und das Wissen um die gesellschaftliche Funktion der Kultur. „Im Exil hatte die KPD für die Nichtkommunisten Establishment-Charakter", merkte Joachim Radkau deshalb sogar für das bürgerliche Exilland USA an, „jetzt war gerade der Kommunismus eine Sache, hinter der noch relativ viel Geld stand."[37]

Die geographische, ideologische und organisatorische Geschlossenheit der Exil-KPD bildete die Voraussetzung für die Ausarbeitung konkreter Pläne für eine nachkriegsdeutsche Kultur. Gleichzeitig aber stand sie der Durchsetzung dieser Pläne im Wege: aufgrund ihrer ideologischen Erstarrung, ihrer Abhängigkeit von machtpolitischen Entscheidungen und ihres rhetorischen Überhangs.

Zusammenhängende Konzepte über die Zukunft Deutschlands begann die KPD-Führung seit Mitte 1943 zu entwerfen, als die wirtschaftliche und militärische Lage Deutschlands die Ablösung des faschistischen Regimes in greifbare Nähe rückte. Grundlage der kommunistischen Planung bildete dabei weiterhin das Volksfrontprogramm der 30er Jahre: Vernichtung des Faschismus; organisatorische Zusammenfassung aller Antifaschisten; Hilfestellung für die politisch ziellosen bürgerlichen Künstler und Intellektuellen bei der Überwindung des leidigen Gegensatzes von Geist und Macht. Zupaß kam den kommunistischen Planern in dieser Situation die seit 1942/43 rapide wachsende Zahl deutscher Kriegsgefangener in der Sowjetunion.[38] Als organisatorisches Zentrum der Kriegsgefangenenwerbung wurde deshalb am 13. Juli 1943 im Lager Krasnogorsk bei Moskau das Nationalkomitee Freies Deutschland ins Leben gerufen, dem wenig später der ebenfalls 1943 entstandene Bund Deutscher Offiziere (BDO) beitrat.[39] Gründungsmitglieder des NKFD waren neben KPD-Funktionären und Kriegsgefangenen die Exilschriftsteller Johannes R. Becher, Friedrich Wolf und Erich Weinert, der zum Vorsitzenden des Komitees gewählt wurde. Doch die relativ starke Präsenz von Kulturschaffenden bedeutete nicht, daß sich das Nationalkomitee oder der BDO vordringlich mit der Kulturplanung beschäftigt hätten. Das wäre zu einem Zeitpunkt, an dem die sowjetische Führung und die KPD eher eine

Palastrevolution der Generale und Wirtschaftsbosse gegen Hitler als einen militärischen Sieg über Deutschland erwarteten, auch noch verfrüht gewesen.

Aufgabe des NKFD war es vielmehr – zum Leidwesen der Westalliierten –,[40] durch Rundfunk-, Flugblatt- und Lautsprecheraktionen Kontakte zum deutschen Offizierskorps anzuknüpfen, das man als mögliche Zelle einer zukünftigen deutschen Regierung ansah. In Anlehnung an Stalins berühmten Satz vom 23. Februar 1942, „die Hitler kommen und gehen, aber das deutsche Volk, der deutsche Staat bleibt", lauteten die Parolen des NKFD zunächst: „Sturz Hitlers – Einstellung der Kampfhandlungen – Rückführung der deutschen Truppen auf das Reichsgebiet".[41] „Es kann hier nicht unsere Aufgabe sein", erklärte Becher in dem Volksfrontessay *Deutsche Sendung*, „einen Plan des kommenden Reiches zu entwerfen. Es wäre eine müßige Spielerei, mit solchen fix und fertigen Plänen aufzuwarten, wo es vordem gilt, die revolutionäre Grundstimmung zu erzeugen und eine neue deutsche freiheitliche Grundhaltung anzunehmen, die diese Pläne dann in der Bereitschaftsstellung, im Widerstand und im Kampf gegen Deutschlands Verderber herausarbeiten und reifen lassen."[42] Kommt doch einmal die Zukunft Deutschlands zur Sprache, herrschen verschwommene Allgemeinplätze vor, die bisweilen sogar an Bechers expressionistische, ekstatisch-religiöse Anfänge erinnern: „Eine neue Gemeinschaft ist es, die sich bildet, damit Deutschlands Wille geschehe, und er durch uns vollzogen werde, und ein Allerhöchstes ist es, das über solch einem Gemeinsamen waltet: der Genius eines ewigen Deutschlands."[43]

Doch das NKFD hatte kaum seine Arbeit aufgenommen, als die Deutschlandpolitik von KPD und KPdSU in eine neue Phase trat. Stalin begann nämlich mit dem Scheitern der deutschen Sommeroffensive bei Kursk (Juli/August 1943), der Schau alliierter Einheit auf der Moskauer Außenministerkonferenz (Oktober 1943) und den Beteuerungen Churchills und Roosevelts in Teheran (November/Dezember 1943), eine zweite Front in Frankreich eröffnen zu wollen, ernsthaft mit einem militärischen Sieg über Deutschland zu rechnen.[44] Parallel zu der daraufhin einsetzenden Verhärtung der innersowjetischen Kulturpolitik[45] kam auch über die Planung der Exil-KPD der Frost. Neben die Volksfrontpolitik des NKFD trat fortan die KPD-interne Ausarbeitung eines konkreten, spezifisch sozialistischen Kulturprogramms für das zukünftige Deutschland. Die neue Parole des NKFD, „Rückführung der Wehrmacht auf deutsches Territorium", kam einem Aufruf zur Fahnenflucht gleich.[46] Und wer sich die Mühe machte, zwischen den Zeilen der Berichte des NKFD-Blattes *Freies Deutschland* (Moskau) über Bulgarien, Rumänien und Polen zu lesen, konnte sich ausrechnen, was ein sowjetisch besetztes Deutschland erwarten würde.[47] Womöglich noch schärfer argumentierte die operative Leitung der KPD. „Hauptaufgabe und strategisches Ziel" der Kommunisten in einem „freien, unabhängigen, demokratischen Deutschland" war nach der im Februar 1944 erarbeiteten Plattform „Wir

Kommunisten und das Nationalkomitee Freies Deutschland" die Errichtung der proletarischen Diktatur, die Gründung von „bewaffneten Arbeiter- und Bauernwehren" und die Wahl von Räten, die den „Proletariermassen" Kontrolle über die Produktionsmittel verschaffen konnten.[48]

Konsequent bezog denn auch die Arbeitskommission, die auf Vorschlag des ehemaligen Vorsitzenden der Kommunistischen Internationale, Georgi Dimitroff, zwischen Februar und August 1944 eine „Reihe politischer Probleme des Kampfes für den Sturz Hitlers und der Gestaltung des neuen Deutschlands"[49] beriet, eine im Vergleich zum Volksfrontprogramm des NKFD radikale Position. Dabei kamen erstmals Fragen der Kulturpolitik zur Sprache: die ideologische Umerziehung des deutschen Volkes, die Rolle der Intellektuellen und die Bedeutung des Katholizismus. Doch die Kulturschaffenden, die am 25. September 1944 zu einer Aussprache mit Wilhelm Pieck, Walter Ulbricht, Anton Ackermann, Joseph Schwab und Arthur Pieck geladen wurden, zogen nicht sogleich mit. Johannes R. Becher, dem der Vorsitz einer neugegründeten Kulturkommission übertragen wurde, beschränkte sich in seinen „Bemerkungen zu unseren Kulturaufgaben" nach einem historischen Überblick über die deutsche Misere gar auf den Entwurf einer „antifaschistischen, ... nationalen und demokratischen Literatur". Deren einzige Voraussetzung war – sie mußte „allen Volksschichten zugänglich" sein:

– „Die Literatur wird ihrem Gehalt nach eine antifaschistische, antiimperialistische ... Literatur sein."
– „Sie wird eine nationale und demokratische Literatur sein ..."
– „Die antifaschistische Literatur wird eine demokratische Literatur sein in dem Sinne, daß sie die Mehrheit der deutschen Schriftsteller und ihre besten Kräfte gewinnt."
– „Die antifaschistische Literatur wird zur herrschenden deutschen Literatur, zu einer neuen Nationalliteratur werden."[50]

Solche Reformvorschläge hätten das kulturelle Exil in der Tat noch einmal zu gemeinsamen Aktionen vereinen können. Der politischen Führung der KPD waren sie jedoch nicht mehr radikal genug. In den Vordergrund der Kulturplanung rückte statt dessen der von den Sowjets entscheidend mitbestimmte Entwurf der European Advisory Commission der Alliierten für die Aufteilung Deutschlands in militärische Besatzungszonen.[51] Ende 1944 verabschiedete das ZK der KPD ein „Aktionsprogramm des Blockes der kämpferischen Demokratie", in dem ein Kapitel „Kulturprogramm und Volksbildung" überschrieben war. Einige Wochen später legte Bechers Kulturkommission ihre Beratungsergebnisse vor.[52] Beide Dokumente machen deutlich, daß den Kommunisten in einem politisch geteilten Deutschland an der Zusammenarbeit mit bürgerlichen Kulturschaffenden nicht mehr gelegen war.

Anton Ackermann, der für die Ausarbeitung des „Aktionsprogramms" verantwortlich zeichnete, hält sich denn auch gar nicht erst bei Allgemeinplätzen auf. Anstatt mit flexiblen Konzepten wie „Nationalliteratur" und

„Volksliteratur" der Nachkriegskultur verschiedene Interpretationsmöglich-
keiten offenzuhalten, wird die kulturelle Revolution jetzt in einem Atemzug
mit der Verstaatlichung von Schlüsselindustrien, der Bodenreform und der
„Ausarbeitung verbindlicher staatlicher Musterbauprojekte"[53] genannt.
Staatskontrolle steht – neben recht modernen Sozialleistungen – im Zentrum:
- „Volksaufklärung über die gegenseitige Verbundenheit und Abhängigkeit
  der nationalen Kulturen und über den Einfluß anderer, besonders auch der
  Kultur der slawischen Völker, auf die Entwicklung der deutschen Kultur."
- „Popularisierung der großen freiheitlichen und fortschrittlichen deutschen
  Geister und Kräfte gegenüber der unheilvollen Rolle der reaktionären Ge-
  walten auf die geschichtliche Entwicklung Deutschlands."
- „Staatspolitischer Unterricht in ausnahmslos allen Schulen und Lehranstal-
  ten durch überprüfte und qualifizierte Lehrkräfte."
- „Reichseinheitliche Lehrmittel und Lehrbücher mit Heimatteil."
- „Reichseinheitliche Ausbildung für die Lehrer aller Schularten."
- „Überprüfung aller Lehrer nach der Lauterkeit ihrer demokratisch-fort-
  schrittlichen Gesinnung und beruflichen Eignung."[54]

Und die Kulturkommission zog mit: Bechers Referat *Zur Frage der politisch-moralischen Vernichtung des Faschismus* wimmelt nur so von Begriffen
wie „Nationalhaß", „geistige Terrorstimmung" und „ununterbrochen dro-
hender Ausnahmezustand".[55] Das bis dahin diskret ignorierte Problem von
der Gesamtschuld des deutschen Volkes an Faschismus und Krieg wird
plötzlich ausgebreitet: „Die Anständigkeit jedes Deutschen wurde mindestens während der Kriegszeit auf so schwere Proben gestellt, daß nur derje-
nige im wirklichen Sinne anständig bleiben konnte, der sich aktiv dem Hitler-
verbrechen entgegenstellte."[56] Stefan Zweig, mit dem sich Becher während
der Volksfrontzeit noch sachlich über die Möglichkeiten der Kunst im Krieg
auseinandergesetzt hatte,[57] wird „einen geistigen Zentimeter"[58] neben den
Faschismus verlegt; Thomas Mann, Heinrich Mann und Kurt Hiller werden
als Schüler Nietzsches und damit indirekt als Zuträger der faschistischen
Ideologie denunziert.

Andere Kommissionsreporte machen sich an die Neuordnung des Schul-
wesens, der Propaganda (Heinz Willmann), des Theaters (Maxim Vallentin)
und des Films (Friedrich Wolf).[59] Als Beispiel mag hier der kollektiv erarbeitete „Entwurf eines Lehrplans zur Schulung antifaschistischer Volksschullehrer" dienen. Sein Ausgangspunkt ist, „daß das alte Unterrichtsmaterial, auch
das aus der Zeit der Weimarer Republik, nicht als Grundlage des Unterrichts
verwendet werden kann".[60] Anstatt jedoch die entstandenen Lücken durch
die sachliche Analyse von Faschismus und Kriegsschuld aufzufüllen, gehen
die Schulplaner der KPD schon vor ihrer Rückkehr nach Deutschland auf
Kollisionskurs mit ihren bürgerlichen Kollegen. Seminarthemen wie „Die
deutsche Literatur mit besonderer Kritik der deutschen Literatur im Zeitalter
des Imperialismus" und „Der Klassencharakter der Erziehung: Erziehung in

der Sklavenhaltergesellschaft, im Feudalismus, im Kapitalismus"[61] wären selbst bei einer gesamtdeutschen Volksfrontregierung auf Mißtrauen gestoßen – auf die Besatzungsbehörden der Engländer und Amerikaner, die inzwischen ihr eigenes Re-Education Programm aktivierten, mußten sie wie ein rotes Tuch wirken.[62]

Die sukzessive Ablösung der Volksfrontthesen durch den Entwurf einer sozialistischen Kultur für die sowjetische Besatzungszone hatte die Kulturplanung der Exil-KPD seit der Jahreswende 1943/44 zunehmend bestimmt. Wenige Wochen vor Kriegsende wurde diese Entwicklung durch die zeitweilige Rückkehr Stalins zu einer offeneren Deutschlandpolitik noch einmal verzögert. Am 15. April kritisierte die *Prawda* den notorischen Deutschlandhasser Ilja Ehrenburg: „Genosse Ehrenburg macht sich die Sache zu leicht."[63] Kurz darauf versicherte Stalin ausgerechnet bei der Unterzeichnung des sowjetisch-polnischen Freundschaftspaktes: „Die Sowjetunion feiert den Sieg, wenn sie sich auch nicht anschickt, Deutschland zu zerstückeln oder zu vernichten."[64] Echtes Versöhnungsangebot, die Befriedigung des sowjetischen Sicherheitsbedürfnisses durch die Oder-Neiße Grenze oder ein offensiver Schachzug, durch den die Sowjets, der Kontrolle über ihre Besatzungszone gewiß, den Einfluß in den Westzonen ausbauen wollten – Stalins Wendung zwang die KPD-Planer, bis in die ersten Nachkriegsjahre eine zweigleisige Kulturpolitik zu betreiben. Zupaß kam der Parteiführung in dieser Situation, daß die Beratungsergebnisse der Becherschen Kulturkommission nie veröffentlicht worden waren.[65] So konnte 1945/46 in der SBZ der Eindruck von einer produktiven Vielfalt der kulturellen Szene entstehen, während gleichzeitig hinter den Kulissen die sozialistische Kulturrevolution nach sowjetischem Muster auf vollen Touren lief: Johannes R. Becher übernahm für seine Reden und Aufsätze der Jahre 1945/47 und für die Gründungsmaterialien des überparteilichen, gesamtdeutschen Kulturbundes zur demokratischen Erneuerung Deutschlands (Juni 1945) Textpassagen und Gedankengänge sowohl aus den Volksfrontaufsätzen *Deutsche Sendung* und *Deutsche Lehre* als auch aus dem Kommissionsbericht *Zur Frage der politisch-moralischen Vernichtung des Faschismus.*[66] Neben Becher zählten Thomas Mann, Rudolf Hagelstange, Ernst Fischer und Georg Lukács zu den Mitarbeitern des ersten Jahrgangs der Kulturzeitschrift *Aufbau;* Ricarda Huch und Gerhart Hauptmann ließen sich als Ehrenvorsitzende in den Kulturbund wählen; Gustav Dahrendorf, Carl Hofer, Bernhard Kellermann und Ernst Lemmer gehörten der Hauptleitung des Bundes an.

Doch die Teilung Deutschlands, von der weltweiten Konfrontation zwischen Kapitalismus und Kommunismus vorprogrammiert, rollte über den kulturellen Ost-West Dialog weg. In der SBZ stützten sich die Maßnahmen für die Bildungsreform vom Sommer 1945 und die Neuordnung der Lehrerausbildung in den Jahren 1945/46 auf den Moskauer „Entwurf eines Lehrplans zur Schulung antifaschistischer Volksschullehrer" und die entsprechenden Passagen des „Aktionsprogramms des Blockes der kämpferischen Demokratie". In den Westzonen wurden bei forcierter Durchführung des amerikanischen Re-Education Programms[67] Institutionen mit kommunistischen Mitgliedern verboten.[68]

Noch vor Ende des Krieges war so, wenn sie überhaupt je bestanden hat, die Chance für eine gesamtdeutsche Kultur vertan. In der SBZ versteckten die Shdanowianer ihre unbewältigte Vergangenheit hinter den rosaroten Epen vom Kampf des kommunistischen Untergrunds gegen den Faschismus. Im Westen setzte schon bald eine lang anhaltende Restauration ein, die vom Streit zwischen Thomas Mann und Frank Thieß um die ‚innere' Emigration, von der kühlen Rezeption der Exilliteratur, dem Fall Benn und der Kriegsmemoirenliteratur der Generäle gekennzeichnet war. Die berühmte Stunde Null mit ihrer Erneuerung der Kultur hatte in beiden Teilen Deutschlands nicht stattgefunden. An die Stelle der inneren Neubesinnung des deutschen Volkes war die kulturelle Revolution und Restauration von oben und außen getreten.[69]

5.2. Nachleben des Exils in West und Ost

„Wir sind hier inzwischen wahrhaftig durch den Wolf gedreht, mußten uns die nackte schmutzige Welt der ‚Geschichte' in die Fassade werfen lassen, haben über sie die letzten Illusionen Gott sei Dank verloren, und nun kommen die von auswärts zurück und versuchen, uns die ollen Kamellen bis 1932 und ihre neuhinzugekommenen Ressentiments in den Rachen zu stopfen."

(Gottfried Benn, Brief an Johannes Weyl v. 5. 10. 1946)

„Unsere Emigration fängt doch jetzt erst an, nachdem der Krieg vorüber ist. Bis jetzt war's doch nur Wartezeit." (Oskar Maria Graf)

Mit dem Zusammenbruch des nationalsozialistischen Regimes im Mai 1945 war der äußere Anlaß für das Exil aufgehoben. Bücherverbrennungen und Rassengesetze, Berufsverbote, Zwangsausbürgerungen und die Verfolgung politisch Andersdenkender gehörten zunächst einmal wieder der Vergangenheit an. Relativ rasch stellten sich in allen vier Besatzungszonen Verlage und Theater auf die Nachkriegsproduktion um, Kinos wurden wiedereröffnet, Kabaretts und Zeitschriften neugegründet. Am 27. Mai 1945, elf Tage, nachdem die Sowjetische Militäradministration in Deutschland (SMAD) den Berliner Theatern Spielerlaubnis gegeben hatte, brachte das Renaissance-Theater Franz von Schönthans *Raub der Sabinerinnen*. Es folgten während der nächsten Wochen im Deutschen Theater Lessings *Nathan der Weise* und im Friedrich-Hebbel-Theater Brechts *Dreigroschenoper*. Anfang Februar 1946 berichtete Friedrich Luft im Rias von einer Fahrt durch Berlin: „Ich fuhr an einer Litfaßsäule vorbei, die beklebt war mit unzähligen Ankündigungen von Theatern, Opern, Konzerten. Ich sah nachher im Inseratenteil der Zeitung: an fast 200 Stellen wird Theater gespielt. Tatsächlich. Überall. In allen Bezirken."[1] *Aufbau, Sammlung, Wandlung* und *Gegenwart* hießen die ersten Zeitschriften, die unmittelbar nach Kriegsende von den Besatzungsmächten Druckerlaubnis erhielten. Die Lizenzierung der ersten Verlage in der US-Zone am 13. Juli[2] und die Gründung des Aufbau Verlags am 18. August 1945 kündigte das Anlaufen der Buchproduktion, das Erscheinen der *Göttinger Universitäts-Zeitung* zur Jahreswende 1945/46 die Wiedereröffnung der Universitäten an.

Arbeits- und Publikationsmöglichkeiten, wenn auch bei äußerst beschränktem Einkommen, gab es für Schriftsteller also genug – selbst bevor die Währungsreform den Kulturbetrieb ökonomisch konsolidierte. Dennoch verlief die Repatriierung der Exilanten nicht so reibungslos, wie zu erwarten gewesen wäre. Das lag an den draußen seßhaft gewordenen Vertriebenen selbst und, zum weit größeren Teil, an der politischen Situation in den Besatzungszonen. Hans Jahn gab in *La Otra Alemania/Das Andere Deutschland* auf die Frage, ob man nach dem Krieg nach Deutschland zurückgehen solle, drei Antworten: „Da ist einmal die Gruppe derer, denen ihr Gastland zur Heimat geworden ist, und die jeden Gedanken an Rückkehr weit von sich weisen. Dann sind da diejenigen, die Bedingungen stellen und ihre Rückkehr von bestimmten Voraussetzungen wirtschaftlicher oder politischer Natur ... abhängig machen. Schließlich gibt es den Kreis derer, die unter allen Umständen bereit sind, nach Deutschland zurückzukehren."[3] Rassisch Verfolgte machten die überwiegende Zahl der ersten, politische Flüchtlinge das Gros der dritten Gruppe aus. Unentschiedener verhielten sich die exilierten Schriftsteller. Von ihnen blieben „etwas mehr als die Hälfte"[4] draußen. Als Entscheidungsjahr mag dabei 1949 angesetzt werden, als die Gründung der Bundesrepublik Deutschland und der Deutschen Demokratischen Republik das Exil auch juristisch beendete. Wer von den vertriebenen Literaten bis dahin nicht in Deutschland Fuß gefaßt hatte, verließ seine neue Heimat meist nur noch zu Besuchszwecken oder als Pensionär.

Zum frühest möglichen Zeitpunkt und nahezu geschlossen kehrten die kommunistischen Exilautoren zurück. Für sie, die auch in den entferntesten Asylorten Deutschland nie aus dem Blick gelassen hatten, war die Exilzeit ohnehin nur eine Wartezeit gewesen. Logistische Probleme wurden dabei großzügig von den Sowjets gelöst. So machte der Frachter „Puschkin" einen Umweg von zweitausend Kilometern, nur um Alexander Abusch, Paul Merker und andere aus Mexiko abzuholen.[5] Bruno Frei setzte in Murmansk zum erstenmal wieder Fuß auf europäischen Boden.[6] Gerhard Eisler verließ die USA illegal auf dem polnischen Dampfer „Batory".[7] Gdynia wurde zum Transithafen für viele Rückkehrer aus dem skandinavischen Exil.[8] Als Brecht, dem der Transit durch die amerikanische Zone verweigert wurde, Ende Oktober 1948 via Wien und Prag nach Berlin-Ost zurückkehrte, gehörte er schon zu den Nachzüglern.

Ein völlig anderes Bild entsteht im Vergleich dazu beim bürgerlichen Exilzentrum Kalifornien: Dort machten sechzehn der vierzig bedeutendsten Exilanten das Asyl zu ihrer Heimat, unter ihnen Lion Feuchtwanger, der im Oktober 1939 unter den dritten Teil des *Wartesaal*-Zyklus kein ‚finis‘ gesetzt hatte, weil er noch einen vierten Band zu schreiben gedachte: „Rückkehr".[9] Sieben „Kalifornier" sind bis 1949 gestorben; einen, Heinrich Mann, ereilte der Tod unmittelbar vor seiner Rückreise; drei haben nur relativ kurz im Nachkriegsdeutschland gewirkt; vier verließen die USA erst um 1960. Zurückgekehrt und im Kulturleben der Bundesrepublik, der DDR und Österreichs mehr oder wenig aktiv geworden sind lediglich Günther Anders, Bertolt Brecht, Leonhard Frank, Curt Goetz, Hans Habe und Friedrich Torberg.[10] Alfred Döblin, der seit Herbst 1945 in der Uniform eines französischen Offiziers als chargé de mission à la Direction de l'Éducation Publique in Baden-Baden an einem neuen Deutschland mitarbeitete, pendelte schon bald wieder, enttäuscht von der bundesdeutschen Nachkriegsentwicklung, zwischen Frankreich und Deutschland.[11] Erich Maria Remarque starb 1970 in Locarno. Thomas Mann siedelte nach langem Zögern in die Schweiz über, nachdem ihm sich selbst zu Vertretern der ‚inneren‘ Emigration stilisierte Schriftsteller wie Walter von Molo und Frank Thieß 1945/46 „seiner weichgepolsterten Existenz in Florida" (!) wegen erneut die „Zugehörigkeit zum deutschen Schrifttum"[12] abgesprochen hatten.

„Die, von denen ich spreche, fühlen sich nicht als Nachhut, nicht als letzte Überlebende einer zusammenstürzenden Zivilisation, sondern als Vortrupp einer neuen Gesellschaft und als Architekten des neu zu erbauenden Hauses"[13] – diese von Alfred Kantorowicz 1947 auf dem Berliner Schriftstellerkongreß ausgesprochene Hoffnung hat sich nicht erfüllt. Als Hermann Kesten fünf Jahre später das Feld der „ganz oder vorübergehend" in den Westen Zurückgekehrten überschaute, kam eine klägliche (und nicht ganz korrekte) Liste zusammen: Abgesehen von den oben Genannten waren es „Wilhelm Speyer, Fritz von Unruh, Alfred Neumann, Walter Mehring, Richard Friedenthal, Stefan Andres, Heinrich Hauser, Willy Haas, Bernard von Brentano, Hans Henny Jahnn, Irmgard Keun, Carl Zuckmayer, Wilhelm Herzog, Hans José Rehfisch, Ferdinand Bruckner, ... Albrecht Schaeffer, Karl Jakob Hirsch und Rudolf Hirsch, Adrienne Thomas und Martin Beheim-Schwarzbach und Joachim Maaß, Wolfgang Hildesheimer und Gustav Regler, Paul Baudisch, Werner Bock, Erich Franzen, Eugen Gürster und Jakob Hegner, Werner Helwig, Annette Kolb und Hans Sahl."[14]

Eine Anfang der 60er Jahre von der *Deutschen Post* veranstaltete Umfrage zum Thema „Ich lebe nicht in der Bundesrepublik" protokollierte einige der Gründe für diesen spärlichen Fluß nicht-kommunistischer Rückkehrer. Max Brod und Erich Fried, Manfred George, Kurt R. Grossmann, Franz Schoenberner, Manès Sperber und Max Tau erklärten alle, daß sie sich im Ausland längst eine neue Existenz aufgebaut hätten. Berufliche Erfolge, bisweilen sogar als Schriftsteller, die Nähe zu den „einheimisch" gewordenen Kindern und Enkeln, Dankbarkeit gegenüber dem Gastland oder einfach auch Trägheit machten den Gedanken an eine Rückkehr für sie wenig attraktiv. Andere Draußengebliebene äußerten sich besorgt über die politische und gesellschaftliche Situation in der ehemaligen Heimat. Oskar Maria Graf glaubte, einen „bereits latent gewordenen Antisemitismus"[15] zu entdecken. Kurt Pinthus stieß sich bei seinen jährlichen Deutschlandbesuchen an dem „unterirdisch und immer mehr offensichtlichen Wuchern eines Neo-Nazismus, der eigentlich der Alt-Nazismus ist".[16] Erich Fried gefiel es nicht, daß „wir Deutschen" als „Wächter der westlichen Welt gegen die Einflüsse aus dem Osten"[17] auftreten. Andere wiederum – Richard Huelsenbeck, Hermann Kesten und Norbert Mühlen – war die allenthalben sprießende spießbürgerliche, provinzielle und protzige Art ihrer „Landsleute" zuwider. Hans Sahl sah sich seit seiner Flucht als „exterritorialer Mensch";[18] Ludwig Marcuse führte seinen Entschluß, in Los Angeles zu bleiben, nicht ohne Ironie auf die verlockende Vielzahl der amerikanischen Speiseeisarten zurück.

Doch so interessant diese Stellungnahmen zur Abwesenheit aus dem deutschen Sprachgebiet waren – keine von ihnen stieß vom persönlich-emotionalen Bericht zur politischen Analyse der Nachkriegsjahre vor. Dabei liegt gerade bei der Besatzungspolitik der Alliierten und der in West und Ost aufblühenden Kulturreaktion, der wichtigste Schlüssel für die Wirkungslosigkeit des Exils nach 1945. Eine Stunde Null, in der den Exilanten die führenden Rollen beim Wiederaufbau zugefallen wären, hat es nämlich nie gegeben. Dazu war der Kreuzzug der Alliierten gegen den Faschismus schon zu früh zu einem machtpolitischen Poker um Märkte, strategische Positionen und ideologische Einflußsphären verkommen. Jene humanistisch-antifaschistische Kulturfront, von der so viele der Exilierten geträumt hatten, blieb von Anfang an chancenlos. Vereinzelte Versuche, an die experimentelle Literatur der 20er Jahre anzuknüpfen, wurden unter neuer Innerlichkeit, sozialistischem Realismus und massenhaften Kulturimporten aus den Heimatländern der Besatzungsmächte erstickt. Statt politisch und literarisch mit dem Nationalsozialismus aufzuräumen, wärmte man unter Anleitung der Alliierten lieber den Konservatismus aus den letzten Jahren der Weimarer Republik auf. Das war um so leichter, als Amerikaner und Sowjets, die von „deutscher" Kultur sprachen, immer nur an die Kultur einer bürgerlich-kapitalistischen bzw. einer sozialistischen Gesellschaft dachten. Oft noch vor Ausbruch des Kalten Krieges 1947/48 machten die Pragmatiker in beiden Teilen Deutschlands denn auch den Exponenten des Dritten Weges den Garaus. Läßt sich von Nachwirkungen des Exils überhaupt reden, dann nur dort, wo die Heimkehrer bedingungslos den Vorstellungen der Besatzer folgten. Kurz: Je mehr Deutschland in den Brennpunkt des Kalten Krieges geriet, um so weiter entsagten die Deutschen der Diskussion von Alternativen, wurde die Aufforderung zu selbständigem Denken und Handeln durch vorfabrizierte Umerziehungsprogramme ersetzt.

Zu den Hauptleidtragenden dieser Entwicklung zählten sicherlich die Exilanten. Rückkehrwillige wurden, je nach Maßgabe der politischen Gegebenheiten, von den Alliierten ignoriert, als Erfüllungshelfer mißbraucht oder als unsichere Kantonisten in ein permanentes Abseits geschoben. Die notwendigen Papiere für Reisen in die Besatzungszonen erhielt zwischen 1945 und 1948/49 nicht, wer gewillt und qualifiziert war, am Wiederaufbau Deutschlands mitzuarbeiten, sondern wer in den Augen der jeweiligen Behörden absolut vertrauenswürdig erschien. Daß dadurch bei weitesten Kreisen der Bevölkerung das nationalsozialistische Klischee von den Exilanten als vaterlandslosen Gesellen bestätigt wurde, schien die Umerzieher nicht zu stören.

Jedenfalls überführten die Sowjets bereits am 30. April 1945 mit der Gruppe Ulbricht den Kern der Moskauer Exil-KPD nach Berlin. Willi Bredel tauchte in den ersten Maitagen in der Reichshauptstadt auf; Johannes R. Becher plante mit Bredel, Fritz Erpenbeck und Heinz Willmann seit der zweiten Junihälfte das Programm des Kulturbundes zur demokratischen Erneuerung Deutschlands,[19] gründete den Aufbau Verlag, gab *Aufbau* und *Sonntag* heraus, sprach im Radio und reiste zu PEN-Kongressen. Friedrich Wolf machte sich nach den in Moskau erarbeiteten Plänen daran, die Filmindustrie neu zu organisieren; Erich Weinert wurde Vizepräsident der deutschen Zentralverwaltung für Volksbildung; Gustav von Wangenheim wurde Intendant beim Deutschen Theater. Ungefähr zur gleichen Zeit fuhr in München der US-Staatsbürger Klaus Mann in einem amerikanischen Armeejeep vor seinem Elternhaus in der Poschingerstraße vor – als Korrespondent von *Stars and Stripes*.[20] Stefan Heym, der als 20jähriger über die Tschechoslowakei nach Übersee geflohen war, kehrte mit der US-Armee als Spezialist für psychologische Kriegsführung nach Deutschland zurück. Seine Aufsätze und Bücher, die er weiter auf Englisch schrieb, mußte er ins Deutsche übersetzen lassen. Ernst Lothar[21] und Carl Zuckmayer, von dem die Sätze stammen: „Die Fahrt ins Exil ist ,the journey of no return'. Wer sie antritt ... mag wiederkehren, aber er kehrt niemals heim",[22] arbeiteten als Berater in Sachen Theater für die Amerikaner. Heinrich Fraenkel kam in englischer Uniform zurück, doch ohne lange zu bleiben.[23] Willy Brandt begann seine Karriere in Berlin als norwegischer Presseattaché.[24] Und Hans Habe, der innerhalb von zwei Jahren vom einfachen US-Soldaten zum Offizier der Spionageabwehr und zum Hauptzeitungsmacher der Westzonen aufstieg, gründete im Auftrag der 12. US-Armee-Gruppe ein Nachrichtenimperium, das bereits im Juni 1945 über ein gutes Dutzend Gazetten mit einer Gesamtauflage von mehr als 4,5 Millionen verfügte.[25]

Länger nach einer Rückkehrgenehmigung anstehen mußte, wer sich, wie das Gros der nach Schweden, England und Nordamerika Exilierten, nicht vor den Karren einer der Siegermächte spannte. Gerade diese Gruppe der Heimkehrwilligen stellte nämlich ein gesellschaftskritisches Potential dar, das den an einem neuen Status quo herumbastelnden Besatzern leicht quer gehen konnte. Konkret gesagt: Exilanten, die eine *„strukturelle"* Entnazifizierung[26] Deutschlands mit Sozialisierungsmaßnahmen wie der Verstaatlichung von Banken und Großindustrie, weitreichenden Sozialgesetzen und starken Gewerkschaften propagierten, durften bei den Amerikanern und Engländern kaum auf Unterstützung hoffen. Und mit den Sowjets geriet aneinander, wer, an die Gedanken von 1917/18 anknüpfend, die Idee einer Volksdemokratie „visionär abgehoben (wie Bloch) oder geschichtlich-dialektisch (wie Brecht)"[27] zu realisieren suchte.[28]

Die Folge war, daß der Wiederaufbau in der SBZ von „importierten" Kadern und der in den Westzonen von Daheimgebliebenen und nur flüchtig entnazifizierten Journalisten, Verlegern, Regisseuren und Hochschullehrern bestimmt wurde, während hunderte von politisch aufgeschlossenen und fachlich qualifizierten Exilanten in den westlichen Exilzentren vergeblich auf ihre Rückreisepapiere warteten. Fritz von Unruh, der wie Brecht, Eisler und Hans Marchwitza in den USA festsaß, schrieb damals an die Stadt Braunschweig: „Mein Kommen hängt (wie Sie wohl wissen) nicht allein von mir ab. Deutschland wird noch als Kriegszone angesehen – und jede Reiseentscheidung trifft das State- and War-Department."[29]

Die britische Regierung hielt Vorstandsmitglieder der SPD in London zurück. Und in Schweden, wo sich die amerikanische Botschaft zunächst mit einem Fragebogen an die Rückkehrwilligen gewandt hatte, klagte Walter Sassnick noch Ende Juni 1946: „Laßt uns nach Hause kommen. Hebt die Sperre auf. Wir fragen, warum man eigentlich auf Hitler schimpft, daß er durch seine Brutalität die Menschen ins Exil gezwungen habe, wenn man hinterher kaltblütig auf administrativem Weg den Menschen, die ihr Opfer für Demokratie und Freiheit gebracht haben, die Heimkehr in ihr Heimatland verweigert. Von vielen unbegreiflichen Dingen in dieser Zeit ist dies eins der größten."[30]

Verwirrter wurde die Lage noch dadurch, daß es eine deutsche Regierung, die die Exilanten offiziell zur Rückkehr hätte auffordern können, zunächst nicht gab. In den Westzonen blieb es bei einem Rückruf der Vertriebenen durch die Konferenz der Ministerpräsidenten (Juni 1947), in der Ostzone bei Proklamationen halboffizieller Organisationen wie dem Kulturbund.[31] Zudem ließen kleinliche Bürokraten und umständliche Formulare Repatriierungsverfahren oft genug zu peinlichen Verhören ausarten; Wiedergutmachung wurde durchweg mit Rehabilitierung verwechselt. Hinter den gesellschaftlichen Umwälzungen in der SBZ und der „essentiellen und akzessorischen Wiedergutmachung"[32] in den Westzonen ging die „psychologische und moralische Abrechnung" mit der Vergangenheit, ging „die ‚Trauer'"[33] verloren. Die „Ächtung" „*juristisch* rückgängig [zu, A.S.] machen, war leicht, sie *geistig* [zu, A.S.] überwinden, war schwer".[34] Enttäuscht und verbittert reagierten viele der draußen Wartenden wie Karl Wolfskehl: „Und wie steht es, Kurt? Damals warf sie mich aus, die Heimat. Heute, ein volles Jahr nachdem das, von dem Ihr Euch als von einem Spuk oder Nachtmahr befreit fühlt, mit dem Köstlichsten der Heimat zusammengebrochen ist, hat die Heimat durchaus vergessen, daß es den deutschen Dichter Karl Wolfskehl noch gibt, wahrscheinlich vergessen, daß es ihn je gegeben hat... Ich klage nicht an, aber daß nur die Nächsten noch um mich wissen, daß ich für die Stadt, deren ‚Liebling' ich in Wort und Schrift genannt wurde, deren Ruhm und Art ich verkündet habe und gemehrt wie nur Einer, daß ich für diese Stadt München verschollen bin, das sei Dir, Kurt, Antwort von der anderen Seite. Sic transit non solum gloria sed etiam amor! ..."[35]

Noch vor dem öffentlichen Zerfall der Antihitlerkoalition und dem Ausbruch des Kalten Krieges war somit die Zukunft der Exilanten besiegelt: Soweit sie „nicht Kommunisten Moskauer Provenienz waren *oder* aber Bürgerliche und Konservative, blieben sie ‚draußen vor der Tür' – in der Bundesrepublik Deutschland ebenso wie in der Deutschen Demokratischen Republik".[36] Weder der gesamtdeutsche Tenor einiger Kulturbund- und Schriftstellerverbandsveranstaltungen noch die Vergabe eines halben Büchner-Preises an Anna Seghers (1947) oder die Vielfalt der Stilrichtungen auf der Ersten Deutschen Kunstausstellung in Dresden (1946) konnten darüber hinwegtäuschen, daß die Alternative für die Heimkehrer nicht Faschismus-Antifaschismus, sondern Kapitalismus-Kommunismus hieß. Die Kulturpolitik der Besatzer und ihrer deutschen Lizenzträger machte das überdeutlich.

So verteilten die Amerikaner zwischen 1945 und 1948 etwa zehn Millionen Bücher und Broschüren[37] in Deutschland. Ausgesucht wurden die Titel „auf der Grundlage

1. ihres Beitrages zur Entwicklung demokratischer und antimilitaristischer (später: antikommunistischer) Vorstellungen bei den Deutschen;
2. ihres Beitrages zur Darstellung eines ‚unverzerrten Bildes' vom Leben in den USA und eventuell in anderen Demokratien;
3. ihrer vorteilhaften Präsentierung amerikanischer Errungenschaften auf den Gebieten der Kunst und der Wissenschaft;
4. ihres eigenen literarischen Wertes (‚intrinsic merit and value').

Die Reihenfolge der Kriterien war, solange die Besatzungszeit dauerte, zugleich ihre Rangfolge."[38]

Werke der deutschen Exilliteratur, die wegen Devisen- und Copyrightproblemen nicht nach Deutschland gelangen konnten, fanden unter diesen Umständen natürlich kaum Platz im Bücherpaket der Amerikaner.[39] US-Schriften, die den kulturpolitisch nicht gerade progressiven Militärs linkslastig oder „unamerikanisch" vorkamen, wurden kurzerhand verboten.[40] 1945/46 erschien in der amerikanischen Zone Benjamin Franklins *Autobiographie* und allerlei Erbauliches über verschiedene amerikanische Politiker, aber nichts von Caldwell und Faulkner: „Erskine Caldwell's and William Faulkner's books fall in the category of books that have literary merits, but present a wholly negative picture of our civilization."[41] Ähnlich erging es Arthur Millers *All My Sons.* Dagegen scheint Thornton Wilders Stück *The Skin of Our Teeth*, das unter dem bezeichnenden Titel *Wir sind noch einmal davongekommen* zu einem Importschlager der Nachkriegszeit wurde, besser in die deutsche Weltuntergangsstimmung gepaßt zu haben. Von John Steinbeck wurde *Cannery Row* und *The Long Valley* lange vor *Grapes of Wrath* und *In Dubious Battle* übersetzt. Und während Rowohlt 1946 100000 Exemplare von Hemingways *A Farewell to Arms* im Rotationsdruck herstellen durfte, entschied sich die Civil Affairs Division im War Department gegen eine Ausgabe des freizügigeren *Men Without Women:* „In spite of the intrinsic literary merit of these stories, the collection does not seem suitable for German publication at the present time without considerable deletions."[42] Ein Jahr nach Kriegsende sorgten acht, später bis zu 163 Amerikahäuser und Reading Rooms für die Verteilung von Kultur ‚made in USA'. Zeitungen und Zeitschriften nach dem Muster von *Life (Heute), Harper's (Amerikanische Rundschau)* und *Reader's Digest (Neue Auslese)* wurden gegründet, der Information Control Division eine allmächtige Book Translation Unit angegliedert.

Ähnlich, nur seitenverkehrt und mit aktiverer Teilnahme der Exilanten, rollte das Umerziehungsprogramm der Sowjets ab. Zu den „grundlegenden Aufgaben von Körperschaften und Unternehmungen der Kunst in der sowjetischen Besatzungszone Deutschlands" gehörte nach einem SMAD-Befehl Marschall Schukows vom September 1945 auch die „eingehende Einführung in die Kunst der Welt und das russische Kunstschaffen".[43] Kurz darauf echote Wilhelm Pieck auf der Ersten Zentralen Kulturtagung der KPD: „Die sozialistische Gesellschaftsordnung ermöglicht allein ein kulturelles Leben, ... das wir mit der Erneuerung des deutschen Kulturlebens anbahnen wollen."[44] Allein 1946 erschienen im Verlag der SMAD mehr als 70 Übersetzungen aus dem Russischen mit einer Auflage von z. T. 100000 Exemplaren, darunter Werke von Gorki, Majakowski-Gedichte und Scholochows *Neuland unterm Pflug.* Auf den Bühnen spielten Leonid Rachmanows *Stürmischer Lebensabend* und Dimitri Tscheglows *Der Wirbelsturm* den Deutschen jene Revolution vor, die sie wieder einmal verpaßt hatten. In den dreißig Kinos, die im Mai 1945 noch in Berlin standen, liefen Filme wie *Panzerkreuzer Potemkin, Professor Mamlock* und *Tschapajew.* Da sich Russen und Amerikaner noch nicht einmal auf eine gesamtdeutsche „Liste der auszusondernden Literatur" einigen konnten, zirkulierte bei US-Behörden eine 28seitige *Illustrative List of National Socialist and Militarist Literature*, während die Schriftenprüfstelle bei der Deutschen Bücherei in Leipzig auf 526 Seiten ein Verzeichnis mit 15000 Eintragungen zusammenstellte.[45]

Entlang derselben weltanschaulichen Linien spaltete sich auch die Rezeption der Exilliteratur in der deutschsprachigen Lizenzpresse. Jedenfalls gaben Bücher wie Johannes R. Bechers *Ausgewählte Dichtung aus der Zeit der Verbannung 1933–1945* schon im siebten Monat nach dem Ende des Dritten Reiches Anlaß zu Polemiken, die deutliche politische Untertöne trugen. So war sich die unter sowjetischer Lizenz erscheinende *Neue Zeit* bereits am Tag der Auslieferung des Buches sicher, daß hier ein „Meister der Form" am Werke sei, während der Westberliner *Kurier* nach später vielfach wiederholtem Muster Bechers expressionistische Phase gegen sein Exilschaffen ausspielte: „Die innere Umstellung von der stürmisch-oppositionellen Geisteshaltung der frühen Werke auf Heimatsehnsucht und Schuldpathos ist Bechers Schaffen ohne Zweifel schlecht bekommen. – Vielleicht ruht das daher, daß die Disziplin eines Dogmas seine Gestaltungskraft erlahmen ließ ...“[46]

Ähnlich verquer waren die Argumente, mit denen die *Kölnische Rundschau* Ende 1946 eine Inszenierung von Friedrich Wolfs *Professor Mamlock* verriß: „Was fangen wir mit Tendenzstücken wie *Professor Mamlock* an? Mit solchen Sachen wurden wir im Dritten Reich gefüttert! ... Wir wollen Werke sehen, die uns erheben aus unserer Enge, hoch hinaus über unser armseliges Dasein zu größeren Dingen ... Schiller, Goethe, Shakespeare, Lessing – man braucht doch nur zuzugreifen!"[47] Beinahe am selben Tag sorgte sich die von der SMAD verbreitete *Tägliche Rundschau*, daß die „Überfütterung mit ... Importware sehr unterschiedlicher Qualität", sprich: Anouilh und Wilder, dem „Hunger nach *bodenständiger Kunst*"[48] nicht gerecht werde. Das AG-Blatt *Neue Zeitung* spezialisierte sich auf Gedichte von Stefan Andres und Georg Kaiser, ostzonale Zeitungen vertrauten Becher, Weinert, Brecht und Hedda Zinner.[49] Und während bürgerliche Kritiker glaubten, in Carl Zuckmayers zackig-stimmigem Fliegerdrama *Des Teufels General*, das zwischen 1947 und 1950 mit 3238 Vorstellungen[50] zu den Rennern der westdeutschen Bühnen zählte, ein Widerstandsstück vor sich zu haben, taten Sozialisten denselben Text als „pure apologetische Schönfärberei"[51] ab.

Gerhard Roloff zieht in seiner Studie zur Aufnahme des Exils in der deutschen Presse 1945–1949 das Fazit: „Nicht verifiziert werden konnte die Vermutung, daß in der ersten Nachkriegszeit in Ost und West eine gemeinsame publizistische Beschäftigung mit der Emigration eingesetzt habe, die einigermaßen unabhängig vom ideologischen Konflikt gewesen sei. Die jeweiligen Besatzungsorgane haben von vornherein eine spezifische Auswahl getroffen."[52] Von „einer echten, vollgültigen Rezeption des ‚Exils und der Exilliteratur'" konnte folglich „nach 1945 zu *keinem* Zeitpunkt die Rede sein ..., d.h. nicht erst der ‚Kalte Krieg' bewirkte hier gewisse Einseitigkeiten im Verhalten zu bestimmten Exil-Autoren (er verstärkte nur im Grunde bereits vorhandene und schon recht wirkungsvolle Tendenzen noch!)."[53]

Dennoch wurden während der ersten Nachkriegsjahre immer wieder Stimmen laut von Exilanten, die sich gegen die Verhärtung der politischen und

kulturellen Fronten in Deutschland aussprachen. Brecht, dem bei seinem
ersten Deutschlandbesuch in Kostanz eine Heinz Hilpert-Inszenierung von
Max Frischs *Santa Cruz* und wenig später in Berlin-Ost ausgerechnet Julius
Hays *Haben* vorgesetzt wurde, schimpfte stellvertretend für viele Remigran-
ten: „Hier muß man ja wieder ganz von vorne anfangen!"[54] Alfred Döblin
schrieb Anfang Dezember 1948 an Hermann Kesten, daß „das Land ...
geistig völlig down" sei und „von den Resten"[55] zehre: „Suhrkamp ist unverändert einer aus Worpswede und zwei Zentimeter vom Blu-Bo entfernt und
ist damit richtig bei den Anglo-Saxonen; drüben bei Berlin läßt man rot sein
und marxistisch lügen, ein furchtbares Land; sie lügen und lügen; alle Bemühungen hoffnungslos."[56] Robert Neumann kam, nachdenkend darüber, wer
ihn und seinesgleichen eigentlich in Deutschland zurückhaben wolle, zu dem
Ergebnis: „Niemand! Die restaurative Rechte begreiflicherweise nicht: unter
diesen Heimkehrern wären zu viele mit einem peinlicherweise guten Gedächtnis. Aber auch die sogenannte literarische Linke, also die Leute, die ihre
Malaise gegenüber der Restauration an sich schon für eine Gesinnung halten
... – was sollten die, um Gottes willen, mit lebendigen Heimkehrern machen? Tote – das ginge noch. Aber lebendige?"[57] Wieder andere gerieten
angesichts der Fehlentwicklung nach 1945 in die Nähe eines selbstmörderi-
schen Nihilismus. So schrieb derselbe Johannes R. Becher, der 1949 die Zeilen „Auferstanden aus Ruinen/Und der Zukunft zugewandt" für die Natio-
nalhymne der DDR erdichtete, im Spätherbst 1947 unter der Überschrift
„Weltverloren/Gottverlassen/Gottverloren" todernst in sein unveröffent-
lichtes Tagebuch „Der Aufstand im Menschen": „Wir, die wir aber auch an
Gottes Statt keine neuen Götzenbilder zu errichten gewillt sind – unstet ist
unser Blick durch die Nichts-Unendlichkeit, in die auch unsere Endlichkeit
eingegangen ist ... Das ist die Sintflut des Nichts, die uns überkommen hat –
ausgesetzt auf dem Welt-Meer der Unendlichkeit, schwanken wir dahin ...
Der ausgesandte Blick, zerschellend in der Brandung der Nichts-Unendlichkeit, kehrt gebrochen auf uns selbst zurück."[58]

Doch wer die politischen Realitäten der Nachkriegszeit nicht sehen wollte,
bekam sie früher oder später zu fühlen: im Gefolge der 1946 in der Sowjetunion ausgebrochenen zweiten „Shdanowshina" oder vor den Schranken des
zu gleicher Zeit sein Unwesen treibenden Un-American-Activities Committees. Der weitere Weg der Warner Brecht, Döblin, Neumann und Becher ist
bekannt und symptomatisch: Brecht setzte sich zwischen alle Stühle und
wurde jahrelang auf beiden Seiten des Eisernen Vorhangs angefeindet; Döblin ging zum zweitenmal in die Fremde und geriet, wie sein Werk, in Vergessenheit; Neumann blieb, wo er war, in London; und Becher arrangierte
sich und machte Karriere.

Das Kunststück, skeptisch im Exil zu verbleiben und doch in Ost und
West umworben zu werden, gelang nur dem deutschen Weltbürger Thomas
Mann. Er, der draußen gelernt hatte, gleichzeitig und unverbindlich mit My-

then und Klassenkampfjargon („Was zerstört werden muß, ist die unglückse-
lige Machtkombination, das weltbedrohende Bündnis von Junkertum, Gene-
ralität und Schwerindustrie")[59] zu jonglieren, vermochte, was 1949 und 1955
kein anderer deutscher Schriftsteller mehr durfte und wollte: in den USA
bzw. der Schweiz zu wohnen und nacheinander auf den Goethe- und Schil-
ler-Feiern in Frankfurt/Stuttgart und Weimar zu sprechen.

Doch was wie ein selbstloses Bekenntnis zur gesamtdeutschen Literaturentwicklung ausschaute („Ich kenne keine Zonen"),[60] fügte sich in Wirklichkeit nahtlos in den im gesamten Deutschland neu und fest in den Sätteln
sitzenden Traditionalismus. „... eine Großheit, generös, hochfliegend, flam-
mend, emporreißend, wie selbst Goethes weisere Natur-Majestät sie nicht
bietet, weltalltrunken und menschheitlich-kulturpädagogisch, männlich in
alldem aufs höchste, durchaus nicht verschwärmt, mit stark realistischen Zügen, zu vornehmsten Erfolgen bestimmt und erdentüchtig, im Tiefsten aber
nach dem Himmlischen, nach Entkleidung vom Irdischen, nach Verhärtung
dürstend"[61] – Stil und „Dialektik" von Manns Schiller-Laudatio mußten
nicht nur Becher und Lukács, sondern auch vielen jener ‚inneren' Emigranten
nahegegangen sein, mit denen Mann sich 1945/46 nur deshalb so heftig über
die Kollektivschuldfrage gestritten hatte, weil sie ihm in so vielem so ähnlich
waren. In der Tat hatte Frank Thieß damals in einem Brief an Becher auf eben
diese gemeinsame Herkunft hingewiesen: „Wer von uns Nazigegnern also
nicht schon vor 1933, in welcher Form auch immer, gegen diese deutschen
Eigenschaften [politische Gedankenlosigkeit, Überheblichkeit, militante Nei-
gungen, übertriebenes nationales Selbstbewußtsein, A.S.] Sturm gelaufen
war, konnte sich nun von einer psychologischen Mitschuld nicht freispre-
chen. Leider gehört zu diesen auch Thomas Mann! Es ist peinlich dies festzustellen, denn diese ‚Disposition' wurde ja nicht erst im Jahre 1933 hervorge-
zaubert, sie war bereits im ersten Weltkriege vorhanden und was Thomas
Mann während jener Zeit geschrieben und veröffentlicht hat (gesammelt in
den *Schriften zur Zeitgeschichte*), ja was er noch in den *Betrachtungen eines
Unpolitischen* als ein gutbürgerlich-nationaler Deutscher der großen Gemeinde seiner Leser zu kosten gab, nimmt ihm m.E. heute das Recht, die
Frage der Gesamtschuld positiv zu beantworten, es sei denn er spreche sich
selbst nicht frei von ihr ... Oder aber er streicht diese Schriften aus seiner
Vergangenheit, dann aber darf er heute nicht als praeceptor Germaniae vor
uns hintreten."[62]

Nun gilt aber auch für Thomas Mann, „daß letzlich seine Haltung im
aktuellen Ost-West-Konflikt zunehmend in den Vordergrund des kritischen
Interesses rückte, während seine Position als Repräsentant der Emigration
demgegenüber immer mehr in Vergessenheit geriet".[63] Spätestens 1947/48, als
der Kalte Krieg die Ereignisse der jüngsten Vergangenheit in den Schatten zu
stellen begann, wurde das Exil denn auch endgültig von Schweigen zuge-
deckt. Walter Ulbricht jedenfalls forderte noch vor der Gründung der DDR

die SBZ-Autoren auf, die Toten ruhen zu lassen und sich dem Aufbau der neuen, sozialistischen Gesellschaft zuzuwenden: „Viele unserer Schriftsteller, sogar die meisten, beschäftigen sich mit Problemen der Vergangenheit. Einer von ihnen sagte ... ‚wir müßten uns zunächst mit den Fragen der Emigration auseinandersetzen!‘ Wozu ist das notwendig? Das war einmal und ist jetzt vorbei. Wenn sie das Privatbedürfnis danach haben, kann man sie nicht hindern, aber sie können von uns nicht verlangen, daß wir ihnen Papier dazu geben."[64]

Ein Jahr zuvor, im August 1948, hatte der Münchner Verleger Kurt Desch den Abdruck des zweiten Bandes von Walter A. Berendsohns *Humanistischer Front* abgelehnt – aus Rücksicht auf die ‚innere‘ Emigration.[65] Nicht viel anders erging es Heinrich Mann,[66] Oskar Maria Graf[67] und Alfred Döblin[68] in der Bundesrepublik, „Renegaten" und Modernisten wie Arthur Koestler, Theodor Plivier, Robert Musil und Hermann Broch in der SBZ/ DDR. Manuskripte der Vertriebenen blieben liegen, Namen fehlten in Literaturgeschichten,[69] Verlage scheuten das Risiko von Nachdrucken und Gesamtausgaben. Anfang der 60er Jahre waren die zwölf Autoren, die 1933 aus der Preußischen Akademie entfernt worden waren, ganze zwölfmal in hundertsechzehn bundesdeutschen Lesebüchern vertreten, die Nachgerückten dreihundertvierunddreißigmal.[70] Während die Kolbenheyers und Grimms ohne weiteres Verleger und Leser fanden, während sich die „Ehemaligen" auf den Lippoldsberger Dichtertagen trafen und Josef Nadler die Stifter-Plakette des Österreichischen Unterrichtsministeriums erhielt, kam eine Umfrage der *Akzente* nach der Wirkung von Heinrich Manns Werk auf die Gegenwartsliteratur noch 1969 zu dem traurigen Ergebnis: „15 [von 26 befragten Autoren, A.S.] haben Antworten gegeben, die sie nicht gedruckt sehen wollten! ‚Ich müßte Heinrich Mann nochmals lesen‘, ‚Ich bin wenig mit seinem Werk vertraut‘, ‚Ich habe Henri IV. zu lesen begonnen, aber nie beendet ...‘"[71] Bundesrepublikanische Autoren zumindest, so auch das Fazit einer anderen Fragebogenaktion, verarbeiteten die Stoffe Flucht und Exil im großen und ganzen „eher sporadisch"[72] oder suchten ihnen „eine philosophisch-metaphysische Bedeutung"[73] abzugewinnen.[74]

Konsequent und ironisch überführt der 71jährige Hans Sahl, der in New York Übersetzer statt Dichter wurde, im vierzigsten Jahr nach seiner Flucht aus Deutschland denn auch das Leben der Exilanten in die Zettelkästen der Literaturhistoriker und Museumsverwalter:

Die Letzten

Wir sind die Letzten.
Fragt uns aus.
Wir sind zuständig.
Wir tragen den Zettelkasten
mit den Steckbriefen unserer Freunde

wie einen Bauchladen vor uns her.
Forschungsinstitute bewerben sich
um Wäscherechnungen Verschollener,
Museen bewahren die Stichworte unserer Agonie
wie Reliquien unter Glas auf.
Wir, die wir unsere Zeit vertrödelten,
aus begreiflichen Gründen,
sind zu Trödlern des Unbegreiflichen geworden.
Unser Schicksal steht unter Denkmalschutz.
Unser bester Kunde ist das
schlechte Gewissen der Nachwelt.
Greift zu, bedient euch,
Wir sind die Letzten.
Fragt uns aus.
Wir sind zuständig.[75]

Die ausgebliebene Nachwirkung des Exils mag so als Indiz für die Vorrangstellung eines internationalen Konservativismus während der 30er und 40er Jahre dienen.[76] Sicher ist, daß die Erfahrungen der Vertriebenen nach 1945 nicht genutzt wurden. Statt Vergangenheit literarisch zu bewältigen und aus den Fehlern der zerbröckelten Weimarer Republik zu lernen, arbeiteten die einen weiter in abgeschiedenen Elfenbeintürmen an ihrem „poetischen Museum", während sich die anderen auf eine kulturelle Kontinuität beriefen, die zwar auf reimende Parteigenossen, nicht aber auf den durchschnittlichen Kulturverbraucher zutraf.[77] Ohne die Experimente der 20er Jahre mit Reportage und Produktionskunst auch nur eines Blickes zu würdigen, knüpfte man in West und Ost lieber an Altbewährtes an: hier Gottfried Benn, Rilke, eine neue Innerlichkeit, Existenzphilosophie, Weltuntergangsstimmung und Lyrik nach *Kolonnen*-Art, dort positive Helden, geschlossene Formen, Volkstümlichkeit und Parteilichkeit. Die Mahnrufe vieler Exilanten, daß Antimodernismus und sozialistischer Realismus vor 1933 schon einmal versagt hätten, wurden um so leichter in den Wind geschlagen, als man sich hinter den jeweiligen Umerziehungsprogrammen der Besatzungsmächte zu verstecken vermochte. Zudem hatten weder Günter Eich, Karl Krolow und Peter Huchel noch Willi Bredel und Georg Lukács Interesse daran, ihre vor und während Diktatur und Exil zu Ende entwickelten Konzeptionen noch einmal auf den Prüfstand öffentlicher Diskussion zu stellen.

Im Westen ließen sich die neuen, von den Besatzern etablierten Kulturmächtigen lieber mit jenen Exilanten ein, die bereits in den 20er und 30er Jahren gesellschaftlichen Umwälzungen fern gestanden hatten: den Vertretern der ‚inneren‘ Emigration,[78] „politisch ungefährlichen Repräsentanten der sogenannten Avantgarde (Broch, Musil)", „rabiaten Antikommunisten, die ins Konzept des Kalten Krieges paßten ... (Koestler)" und Autoren, „die sich unter oder knapp über der Trivialgrenze bewegten (Remarque, Zuckmayer ...)".[79] Im Osten sorgten Heimkehrer wie der „klassische Becher", Georg Lukács und der zum Stanislawskismus bekehrte Agitprop-Autor Gustav von Wangenheim dafür, daß sich die *Linkskurve*-Debatten um eine operative Kunst nicht wiederholten.

Wer sich trotzdem nicht dem bürgerlichen und sozialistischen Establishment anpaßte, wurde ignoriert oder durch administrativen Druck auf Vordermann gebracht. Der gesamtdeutsche Fall Brecht und der weitere Weg von Johannes R. Becher legen davon ebenso beredt Zeugnis ab wie die späte Wirkung der Frankfurter Schule und die jahrzehntelang einseitig auf ökonomische bzw. psychologische Aspekte fixierten Faschismusanalysen in beiden Teilen Deutschlands. „Geist" und „Tat" kamen sich auch im Nachkriegsdeutschland lange Zeit nicht näher – weder in Ost noch in West.

Was von der Exilerfahrung allemal bleibt, obwohl es nach 1945 auf bedenkliche Weise nicht konkretisiert wurde, ist das Wissen der Vertriebenen um die Möglichkeiten und Pflichten der Literatur als Warnsignal in Zeiten politischer Finsternis. Das aber ist gerade für die deutsche Literatur schon viel.

Anmerkungen

1. Einführung

1. Bertolt Brecht: „Besuch bei den verbannten Dichtern." In B.B.: *Gesammelte Werke.* Bd. 9. Frankfurt: Suhrkamp 1967, S. 664.
2. Die „Bio-Bibliographie" von Wilhelm Sternfeld und Eva Tiedemann: *Deutsche Exil-Literatur 1933–1945.* 2., verbess. u. stark erweit. Aufl. Heidelberg: Lambert Schneider 1970 enthält c. 1900 Namen und ist keineswegs vollständig. Curt Trepte berichtet allein von 420 Exildramatikern und zwischen 2500 und 4000 Theaterkünstlern (C.T.: „Deutsches Theater im Exil der Welt." In: *Protokoll des II. internationalen Symposiums zur Erforschung des deutschsprachigen Exils nach 1933 in Kopenhagen 1972.* Hrsg. v. Deutschen Institut der Universität Stockholm. Stockholm 1972, S. 522 f.
3. Herbert E. Tutas: *Nationalsozialismus und Exil. Die Politik des Dritten Reiches gegenüber der deutschen politischen Emigration 1933–1939.* München: Hanser 1975.
4. Vgl. u. a. Werner Röder: „Zur Situation der Exilforschung in der Bundesrepublik Deutschland." In: *Exil und innere Emigration II. Internationale Tagung in St. Louis.* Hrsg. v. Peter Uwe Hohendahl u. Egon Schwarz. Frankfurt: Athenäum 1973, S. 142. (= Wissenschaftliche Paperbacks. Literaturwissenschaft, 18.)
5. (Klaus Jarmatz) „Zur Aktualität der Literatur des Exils. Gespräch der Redaktion mit Dr. Sigrid Bock, Professor Dr. Klaus Jarmatz, Professor Dr. Horst Haase, Professor Dr. Dieter Schiller und Dr. Fritz-Georg Voigt." In: *Weimarer Beiträge* 4/1975, S. 32.
6. Peter Laemmle: „Vorschläge für eine Revision der Exilforschung." In: *Akzente* 6/1973, S. 518: „Müßte die Exilforschung nicht einmal sagen, daß das Exil bzw. das Erlebnis des Exils Texte qualitativ verändert hat und zwar in einem negativen Sinn?"
7. Werner Vordtriede: „Vorläufige Gedanken zu einer Typologie der Exilliteratur." In: *Akzente* 6/1968, S. 558.
8. Nachdruck in Herbert E. Tutas: *NS-Propaganda und deutsches Exil 1933–39.* Worms: Heintz 1973, S. 135–188. (= Deutsches Exil 1933–45. Eine Schriftenreihe, 4.)
9. Das jüngste und womöglich eines der letzten Beispiele für Exilforschung durch Betroffene ist Alfred Kantorowicz: *Politik und Literatur im Exil. Deutschsprachige Schriftsteller im Kampf gegen den Nationalsozialismus.* Hamburg: Christians 1978. Vgl. auch Hans Mayer: „Konfrontation der inneren und äußeren Emigration: Erinnerung und Deutung." In: *Exil und innere Emigration. Third Wisconsin Workshop.* Hrsg. v. Reinhold Grimm u. Jost Hermand. Frankfurt: Athenäum 1972, S. 76 (= Wissenschaftliche Paperbacks. Literaturwissenschaft, 17.): „Unsereiner kann sich nicht, gleich den jüngeren, fast erinnerungslos ansetzenden For-

schern, auf diesem Kongreß einordnen, als sei man gemeinsam dabei, Ältere wie Jüngere, die Ursachen von Goethes Flucht nach Italien zu erörtern ... Darum muß dieser Bericht anders gehalten, auch formuliert werden ... "

10. Johannes R. Becher: „Über die Entwicklung der deutschen antifaschistischen Literatur in der Emigration." In: *Deutsche Zentral-Zeitung* 220 v. 24. 9. 1937.

11. Hermann Kesten: „Fünf Jahre nach unserer Abreise." (Nachdruck in *Verbannung. Aufzeichnungen deutscher Schriftsteller im Exil*. Hrsg. v. Egon Schwarz und Matthias Wegner. Hamburg: Wegner 1964, S. 263–8.)

12. Kurt Kersten: „Vier Jahre." In: *Wort* 4–5/1937, S. 34–7.

13. F. C. Weiskopf: „Hier spricht die deutsche Literatur – Zweijahresbilanz der ,Verbrannten'." In: *Gegen-Angriff* 19/1935.

14. Paris: Édition du Phénix 1935. (= Phoenix Bücher, 4.)

15. Paris: Science et Litterature 1938. (= Schriften zu dieser Zeit, 1.)

16. Gerhard Roloff: *Exil und Exilliteratur in der deutschen Presse 1945–1949. – Ein Beitrag zur Rezeptionsgeschichte –*. Worms: Heintz 1976. (= Deutsches Exil 1933–45. Eine Schriftenreihe, 10.)

17. T. 1. Zürich: Europa 1946.

18. Berlin: Dietz 1948.

19. Worms: Heintz 1976. (= Deutsches Exil 1933–45. Eine Schriftenreihe, 6.)

20. Baden-Baden: Keppler 1947.

21. *Deutsche Nationalbibliographie. Ergänzung I, II. Verzeichnis der Schriften, die 1933–1945 nicht angezeigt werden durften.* Leipzig: Verlag des Börsenvereins der Deutschen Buchhändler 1949. (Nachdruck Leipzig: Zentralantiquariat 1974.)

22. Helmut Lohse: „Die Arbeit mit der Exil-Literatur in der Deutschen Bücherei – Aufgabe und Verantwortung." In: *Jahrbuch für Internationale Germanistik* 1 (1974), S. 133–42. Vgl. auch u. a. Horst Halfmann: *Zeitschriften und Zeitungen des Exils 1933–1945. Bestandsverzeichnis der Deutschen Bücherei*. 2., ergänz. u. erweit. Aufl. Leipzig: Deutsche Bücherei 1975. (= Bibliographischer Informationsdienst der Deutschen Bücherei, 19.)

23. Friedrich Albrecht u. Ulrich Dietzel: „Länderbericht der Deutschen Demokratischen Republik." In: *Protokoll des II. internationalen Symposiums*, S. 74–80; Gerhard Roloff: *Die Erforschung der deutschen Exilliteratur. Stand – Probleme – Aufgaben*. Hamburg: Hamburger Arbeitsstelle für deutsche Exilliteratur 1973, S. 19–22. (= Veröffentlichung der Hamburger Arbeitsstelle für deutsche Exilliteratur, 2.)

24. Wolfgang Kießling: „Länderbericht der Deutschen Demokratischen Republik." In: *Protokoll des II. internationalen Symposiums*, S. 60–8.

25. Vgl. den Bericht von Werner Berthold: „Exil-Literatur der Jahre 1933–1945 in der Deutschen Bibliothek, Frankfurt/Main. Hans (!) W. Eppelsheimers ,Emigrantenbibliothek' in ihrem 25. Jahr." In: *Jahrbuch für Internationale Germanistik* 2 (1974), S. 108–24.

26. Günther Soffke: *Deutsches Schrifttum im Exil (1933–1950). Ein Bestandsverzeichnis.* Bonn: Bouvier 1965. (= Bonner Beiträge zur Bibliotheks- und Bücherkunde, 11.)

27. Walter Huder: „Dokumente der Exilliteratur in den Archiven, Sammlungen und Bibliotheken der Westberliner Akademie der Künste." In: *Jahrbuch für Internationale Germanistik* 1 (1974), S. 120–6.

28. Werner Röder: „Quellen zur Geschichte der deutschsprachigen Emigration 1933–1945 im Archiv des Instituts für Zeitgeschichte München (IfZ)." A.a.O. 2 (1975), S. 142–70.

29. Vgl. das *Wiener Library Bulletin* 1946 ff.

30. Ilse Blumenthal-Weiss: „Bericht über das Leo Baeck Institut." In: *Protokoll des II. internationalen Symposiums*, S. 361–4.

31. Viktor Suchy: „Materialien zur ‚Exilforschung' und deren Auswertung in der ‚Dokumentationsstelle für neuere österreichische Literatur' in Wien." In: *Jahrbuch für Internationale Germanistik* 1 (1974), S. 114–9.

32. Ursula Langkau-Alex: „Kurzer Bericht über Quellenlage, Forschungsstand und Forschungsplanung über die deutsche Emigration in den Niederländern." In: *Protokoll des II. internationalen Symposiums*, S. 205–10.

33. Walter A. Berendsohn: „Emigrantenliteratur 1933–47." In: *Reallexikon der deutschen Literaturgeschichte*. Bd. 1. Hrsg. v. Werner Kohlschmidt u. Wolfgang Mohr. Berlin: de Gruyter ²1958, S. 336–43.

34. Hermann Kesten: „Deutsche Literatur im Exil. Von der Verantwortung des Schriftstellers." In: *Deutsche Universitätszeitung* 22/1956, S. 18.

35. *Ich lebe nicht in der Bundesrepublik.* Hrsg. v. Hermann Kesten. München: List 1963. (= List Taschenbücher, 256.)

36. Karl O. Paetel: „Das deutsche Exil." In: *Deutsche Rundschau* 5/6 (1947), S. 95–102; ders.: „Das deutsche Buch in der Verbannung." A.a.O. 9/1950, S. 755–60; ders.: „Deutsche im Exil. Randbemerkungen zur Geschichte der politischen Emigration." In: *Außenpolitik* 9/1955, S. 572–85; ders.: „Das Nationalkomitee ‚Freies Deutschland'." In: *Politische Studien* 69/1956, S. 7–26; ders.: „Zum Problem einer deutschen Exilregierung." In: *Vierteljahrshefte für Zeitgeschichte* 3/1956, S. 286–301; ders.: „Die Presse des deutschen Exils 1933–1945." In: *Publizistik* 4/1959, S. 241–52; ders.: „Die deutsche Emigration der Hitlerzeit." In: *Neue politische Literatur* 6/1960, Sp. 465–82.

37. Hermann Sinsheimer: „‚Emigranto'." In: *Deutsche Rundschau* 4/1948, S. 34–7.

38. Arvid de Bodisco: „Emigrationen und ihre tiefere Bedeutung." A.a.O. 4/1952, S. 381–6.

39. WM. K. Pfeiler: *German Literature in Exile. The Concern of the Poets.* Lincoln: University of Nebraska 1957. (= University of Nebraska Studies: New Series, 16.)

40. Kantorowicz: *Politik und Literatur im Exil*, S. 69. Vgl. dagegen Hans Mayer in *Deutsche Literaturzeitung* 6/1959, Sp. 514–5 u. Hildegard Brenner: „Deutsche Literatur im Exil 1933–1947." In: *Handbuch der deutschen Gegenwartsliteratur*. Bd. 2 Hrsg. v. Hermann Kunisch. München: Nymphenburger 1965, S. 677.

41. A.a.O., S. 677–94.

42. Matthias Wegner: *Exil und Literatur. Deutsche Schriftsteller im Ausland 1933–1945.* 2., durchges. u. ergänz. Aufl. Frankfurt: Athenäum 1968.

43. Vgl. dagegen für Österreich Viktor Suchys Bericht „Probleme der Erforschung der österreichischen Exilliteratur" auf dem Internationalen Symposium zur Erforschung des österreichischen Exils von 1934–1945, Wien, Juni 1975: „Sie [die Exilliteratur, A.S.] steht ‚hierlands' nicht etwa nur ‚draußen vor der Tür', wie dies Hans Albert Walter für die Bundesrepublik der fünfziger Jahre festgestellt hat, sondern sie wird nicht einmal mehr wahrgenommen" (S. 2.).

44. Wegner: *Exil und Literatur*, S. 27.
45. Hans-Albert Walter: „‚Die Helfer im Hintergrund'. Zur Situation der deutschen Exilverlage 1933–1945." In: *Frankfurter Hefte* 2/1965, S. 121–32.
46. Hans-Albert Walter: „Leopold Schwarzschild und das ‚Neue Tage-Buch'." A. a. O. 8/1966, S. 549–58.
47. Hans-Albert Walter: „Der Streit um die ‚Sammlung'. Porträt einer Literaturzeitschrift im Exil." A. a. O. 12/1966, S. 850–60 u. 1/1967, S. 49–58.
48. Siegfried Sudhof: „Germanistik und Exilliteratur." In: *Akzente* 2/1972, S. 137.
49. Hans-Albert Walter: „Emigrantenliteratur und deutsche Germanistik. An der deutschen Exilliteratur könnte die deutsche Germanistik den Ausweg aus der Krise proben." In: *Colloquia Germanica* 3/1971, S. 314, 315, 319.
50. So jedenfalls die letzten Anzeigen des Metzler Verlags, zu dem Walter von Luchterhand übergewechselt ist.
51. John Spalek: *Guide to the Papers of Twentieth-Century German and Austrian Exiles in the United States.* Charlottesville: University Press of Virginia 1978.
52. Hermann Haarmann, Lothar Schirmer u. Dagmar Walach: *Das ‚Engels' Projekt. Ein antifaschistisches Theater deutscher Emigranten in der UdSSR (1936–1941).* Worms: Heintz 1975 (= Deutsches Exil 1933–45. Eine Schriftenreihe, 7.) ist erschienen.
53. Bundesarchiv, Deutsche Bibliothek, Forschungsinstitut der Friedrich-Ebert-Stiftung, Institut für Zeitgeschichte, Archiv des Deutschen Gewerkschaftsbundes.
54. Röder: „Quellen zur Geschichte der deutschsprachigen Emigration 1933–1945 im Archiv des Instituts für Zeitgeschichte München (IfZ)", S. 142–70.
55. *Rechenschaftsbericht der Stockholmer Koordinationsstelle zur Erforschung der deutschsprachigen Exil-Literatur.* Stockholm: Stockholmer Koordinationsstelle der deutschsprachigen Exil-Literatur 1975.
56. Peter Uwe Hohendahl: „Das Symposium in Stockholm über deutsche Exilliteratur." In: *German Quarterly* 1/1970, S. 151–4; Jörg B. Bilke: „‚Wirklich, wir leben in finsteren Zeiten!' Stockholmer Tagung über Exilliteratur." In: *Deutsche Studien* 28/1969, S. 415–7.
57. *Exil und innere Emigration.*
58. Im Tagungsprogramm heißt es: „Many of the papers delivered at the symposium represent oral versions of articles that are to be published in volume I of the forthcoming monograph series on German Exile Literature ..." (S. 25). Gemeint ist *Deutsche Exilliteratur seit 1933.* Bd. I, T. 1. Hrsg. v. John M. Spalek u. Joseph Strelka. Bern: Francke 1976. (= Studien zur deutschen Exilliteratur.)
59. *Protokoll des II. internationalen Symposiums.* Unter den Berichten über das Symposium s. besonders Werner Berthold: „Literatur im Exil. 2. Internationales Symposium zur Erforschung des deutschsprachigen Exils nach 1933." In: *Börsenblatt für den Deutschen Buchhandel* (Frankfurt) 95 v. 28. 11. 1972, S. 2735–38, 2740; Joseph Strelka: „Der Kongreß zur Exilforschung in Kopenhagen." In: *Colloquia Germanica* 2/1973, S. 171–5 (dazu a. a. O., 1/2 [1974], S. 108–9); Sigrid Bock: „Internationaler Treffpunkt Kopenhagen. Gedanken zum II. Internationalen Symposium zur Erforschung des deutschsprachigen Exils nach 1933." In: *Weimarer Beiträge* 6/1973, S. 165–85; Konrad Feilchenfeldt: „‚Protokoll des II. internationalen Symposiums zur Erforschung des deutschsprachigen Exils nach 1933 in Kopenhagen 1972.'" In: *Studia Rosenthaliana* 1/1975, S. 169–82.

60. *Exil und innere Emigration II.*

61. *Österreicher im Exil 1934 bis 1945. Protokoll des Internationalen Symposiums zur Erforschung des österreichischen Exils von 1934 bis 1945, abgehalten vom 3. bis 6. Juni 1975 in Wien.* Hrsg. v. Dokumentationsarchiv des österreichischen Widerstands und der Dokumentationsstelle für neuere österreichische Literatur. Wien: Österreichischer Bundesverlag für Unterricht, Wissenschaft und Kunst 1977. Da dieser Text erst spät zugänglich wurde, wird im folgenden aus den vervielfältigten Tagungsmanuskripten zitiert.

62. *Deutsches Exildrama und Exiltheater. Akten des Exilliteratur-Symposiums der University of South Carolina 1976.* Hrsg. v. Wolfgang Elfe, James Hardin u. Günther Holst. Bern: Lang 1977. (= Jahrbuch für Internationale Germanistik. Reihe A. Kongreßberichte, 3.)

63. Jürgen Serke: *Die verbrannten Dichter. Berichte. Texte. Bilder einer Zeit.* Weinheim: Beltz ²1977.

64. Wobei nicht alle Projekte so ehrgeizig sind, wie die Reihe ‚Bibliothek der verbrannten Bücher‘ des Hamburger Konkret Literatur Verlags: 30 Bände, jeweils mit einer Auflage von 5000 Exemplaren, zu einem Preis von 20 bis 30 Mark.

65. Laemmle: „Vorschläge für eine Revision der Exilforschung", S. 509.

66. Hans-Albert Walter: *Deutsche Exilliteratur 1933–1950.* Bd. 2. Darmstadt: Luchterhand 1972. (= Sammlung Luchterhand, 77.)

67. Hans Georg Lehmann: *In Acht und Bann. Politische Emigration, NS-Ausbürgerung und Wiedergutmachung am Beispiel Willy Brandts.* München: Beck 1976.

68. Gertruda Albrechtová: *Die Tschechoslowakei als Asyl der deutschen antifaschistischen Literatur.* Phil. Diss. Prag, 1960.

69. Helmut Müssener: *Exil in Schweden. Politische und kulturelle Emigration nach 1933.* München: Hanser 1974.

70. Wolfgang Kießling: *Alemania Libre in Mexiko.* 2 Bde. Berlin: Akademie 1974. (= Literatur und Gesellschaft.)

71. *Deutsche Exilliteratur seit 1933.* Bd. I, T. 1. (Die Herausgeber dieses Bandes haben weitere Aufsatzsammlungen zu den Gebieten Ostküste der USA, Frankreich und Lateinamerika angekündigt.) Vgl. auch Robert Cazden: *German Exile Literature in America 1933–1950. A History of the Free German Press and Book Trade.* Chicago: American Library Association 1970; Joachim Radkau: *Die deutsche Emigration in den USA. Ihr Einfluß auf die amerikanische Europapolitik 1933–1945.* Düsseldorf: Bertelsmann 1971. (= Studien zur modernen Geschichte, 2.)

72. *Zur deutschen Exilliteratur in den Niederlanden 1933–1940.* Hrsg. v. Hans Würzner. Amsterdam: Rodopi 1977. (= Amsterdamer Beiträge zur Neueren Germanistik, 6.)

73. Peter Stahlberger: *Der Zürcher Verleger Emil Oprecht und die deutsche politische Emigration 1933–1945.* Zürich: Europa 1970.

74. Ursula Langkau-Alex: *Volksfront für Deutschland?* Bd. 1. Frankfurt: Syndikat 1977.

75. Tutas: *NS-Propaganda und deutsches Exil 1933–39;* ders.: *Nationalsozialismus und Exil.*

76. Hanna Schramm: *Menschen in Gurs. Erinnerungen an ein französisches Internierungslager (1940–1941)* mit einem dokumentarischen Beitrag zur französischen

Emigrantenpolitik (1933–1944) von Barbara Vormeier. Worms: Heintz 1977.
(= Deutsches Exil 1933–45. Eine Schriftenreihe, 13.)

77. Hans-Albert Walter: *Deutsche Exilliteratur 1933–1950*. Bd. 1. Darmstadt: Luchterhand 1972 (= Sammlung Luchterhand, 76.); Roloff, *Exil und Exilliteratur in
der deutschen Presse 1945–1949*.

78. Elke Kerker: *Weltbürgertum – Exil – Heimatlosigkeit. Die Entwicklung der politischen Dimension im Werk Klaus Manns von 1924–1936*. Meisenheim: Hain 1977.
(= Hochschulschriften Literaturwissenschaft, 26.)

79. Klaus-Uwe Fischer: *Ludwig Marcuses schriftstellerische Tätigkeit im französischen Exil 1933–1939*. Kronberg: Scriptor 1976. (= Scriptor Hochschulschriften.
Literaturwissenschaft, 16.)

80. Simone Barck: *Johannes R. Bechers Publizistik in der Sowjetunion 1935–1945*.
Berlin: Akademie 1976. (= Literatur und Gesellschaft.)

81. Frank Wagner: ‚. . . *der Kurs auf die Realität'. Das epische Werk von Anna Seghers
(1935–1943)*. Berlin: Akademie 1975. (= Literatur und Gesellschaft.)

82. Hans-Christof Wächter: *Theater im Exil. Sozialgeschichte des deutschen Exiltheaters 1933–1945*. München: Hanser 1973.

83. Elke Nyssen: *Geschichtsbewußtsein und Emigration. Der historische Roman der
deutschen Antifaschisten 1933–1945*. München: Fink 1974; Hans Dahlke: *Geschichtsroman und Literaturkritik im Exil*. Berlin: Aufbau 1976; Günther Heeg:
*Die Wendung zur Geschichte. Konstitutionsprobleme antifaschistischer Literatur
im Exil*. Stuttgart: Metzler 1977. (= Metzler Studienausgabe.)

84. Hans-Albert Walter: *Deutsche Exilliteratur 1933–1950*. Bd. 7. Darmstadt: Luchterhand 1974. (= Sammlung Luchterhand, 136.) Vgl. dazu auch Lieselotte Maas:
Handbuch der deutschen Exilpresse 1933–1945. Bde. 1, 2 München: Hanser 1976,
1978 (= Sonderveröffentlichungen der Deutschen Bibliothek, 2, 3) sowie die beim
Aufbau Verlag (Berlin) erscheinende Serie Analytischer Bibliographien deutsch-
sprachiger literarischer Zeitschriften: Bd. 1 (*Das Wort*, bearb. v. Gerhard Seidel),
Bd. 2 (*Die Sammlung*, bearb. v. Reinhardt Gutsche), Bd. 3 (*Maß und Wert*, bearb.
v. Volker Riedel), Bd. 4 (*Freies Deutschland* [Mexiko], bearb. v. Volker Riedel),
Bd. 5 (*Orient*, bearb. v. Volker Riedel), Bd. 6 (*Neue Deutsche Blätter*, bearb. v.
Helmut Praschek).

85. Gisela Berglund: *Deutsche Opposition gegen Hitler in Presse und Roman des Exils.
Eine Darstellung und ein Vergleich mit der historischen Wirklichkeit*. Stockholm:
Almqvist & Wiksell o. J. (= Acta Universitatis Stockholmiensis. Stockholmer
germanistische Forschungen, 11.)

86. *Verbannung. In letzter Stunde 1933–1945*. Hrsg. v. Diether Schmidt. Dresden:
Verlag der Kunst 1964 (= Fundus-Bücher, 10/11.); *Die Expressionismusdebatte.
Materialien zu einer marxistischen Realismuskonzeption*. Hrsg. v. Hans-Jürgen
Schmitt. Frankfurt: Suhrkamp 1973 (= edition suhrkamp, 646.); *Sozialistische
Realismuskonzeptionen. Dokumente zum 1. Allunionskongreß der Sowjetschriftsteller*. Hrsg. v. Hans-Jürgen Schmitt u. Godehard Schramm. Frankfurt: Suhrkamp 1974 (= edition suhrkamp, 701.); *Deutsche Literatur im Exil 1933–1945*.
2 Bde. Hrsg. v. Heinz Ludwig Arnold. Frankfurt: Athenäum 1974 (= Fischer
Athenäum Taschenbücher. Literaturwissenschaft, 2035 u. 2085.); *Neue Sachlichkeit. Literatur im ‚Dritten Reich' und im Exil*. Hrsg. v. Henri R. Paucker. Stuttgart: Reclam 1974 (= Reclam Universal-Bibliothek, 9657–60.); *Deutsche Litera-*

tur im Exil 1933–1945. Texte und Dokumente. Hrsg. v. Michael Winkler. Stuttgart: Reclam 1977. (= Reclam Universal-Bibliothek, 9865–6.)

87. *Deutsche Literatur im Exil. Briefe europäischer Autoren 1933–1945.* Hrsg. v. Hermann Kesten. Frankfurt: Fischer 1973. (= Fischer Taschenbuch, 1388.)

88. *Zeit und Theater. Diktatur und Exil 1933–1945.* Bd. 3. Hrsg. v. Günther Rühle. Berlin: Propyläen 1974; *Stücke gegen den Faschismus. Deutschsprachige Autoren.* Hrsg. v. Christoph Trilse. Berlin: Henschel 1970.

89. *Sammlung antifaschistischer sozialistischer Erzählungen 1933–1945.* Hrsg. v. Walter Fähnders, Helga Karrenbrock u. Martin Rector. Darmstadt: Luchterhand 1974. (= Sammlung Luchterhand, 162.)

90. *An den Wind geschrieben. Lyrik der Freiheit. Gedichte der Jahre 1933–1945.* Hrsg. v. Manfred Schlösser u. Hans Rolf Ropertz. Darmstadt: Agora 1960. (= Agora. Eine humanistische Schriftenreihe, 13/14.)

91. *Aufbau. Reconstruction. Dokumente einer Kultur im Exil.* Hrsg. v. Will Schaber, Köln: Kiepenheuer & Witsch 1972.

92. Peter M. Lindt: *Schriftsteller im Exil. Zwei Jahre deutsche literarische Sendung am Rundfunk in New York.* New York: Willard 1944; *Auszug des Geistes. Bericht über eine Sendereihe.* Bremen: Heye 1962. (= Bremer Beiträge, 4.)

93. Peter Paul Schwarz: *Lyrik und Zeitgeschichte. Brecht: Gedichte über das Exil und späte Lyrik.* Heidelberg: Stiehm 1978. (= Literatur und Geschichte, 12.)

94. Jürgen Schebera: *Hanns Eisler im USA-Exil. Zu den politischen, ästhetischen und kompositorischen Positionen des Komponisten 1938 bis 1948.* Meisenheim: Hain 1978. (Zuerst Berlin: Akademie 1978. [= Literatur und Gesellschaft.])

95. Werner Herden: *Wege zur Volksfront. Schriftsteller im antifaschistischen Bündnis.* Berlin: Akademie 1978. (= Literatur und Gesellschaft.)

96. Peter Diezel: *Exiltheater in der Sowjetunion 1932–1937.* Berlin: Henschel 1978.

97. Werner Mittenzwei: *Exil in der Schweiz.* Leipzig: Reclam 1978. (= Reclams Universal-Bibliothek, 728.) (Nachdruck Frankfurt: Röderberg 1979. [Röderberg-Taschenbuch, 89.])

98. *Protest – Form – Tradition. Essays on German Exile Literature.* Hrsg. v. Joseph Strelka, Robert F. Bell u. Eugene Dobson. O.O.: University of Alabama Press 1979; David Pike: *Prolegomena to the Study of German Writers in Soviet Exile 1929–1945.* Phil. Diss. Stanford, 1978.

99. Werner Berthold, *Protokoll des II. internationalen Symposiums,* S. 34.

100. Laemmle: „Vorschläge für eine Revision der Exilforschung", S. 513.

101. Günter Plum, *Protokoll des II. internationalen Symposiums,* S. 489, 491.

102. Manfred Durzak: „Das Elend der Exilliteratur-Forschung." In: *Akzente* 2/1974, S. 188.

103. Klaus Jarmatz, *Protokoll des II. internationalen Symposiums,* S. 431.

104. Strelka: „Der Kongreß zur Exilforschung in Kopenhagen", S. 174–5.

105. Ulrich Seelmann-Eggebert: „Wege und Irrwege der Exilforschung." In: *Neue Zürcher Zeitung* v. 8./9. 1. 1977.

106. Manfred Durzak: „Ein Berg von Karteileichen. Ideologische Querelen beeinträchtigen die Forschung zur deutschen Exilliteratur." In: *Welt* v. 27. 11. 1974.

107. Durzak: „Das Elend der Exilliteratur-Forschung", S. 187.

108. Laemmle: „Vorschläge für eine Revision der Exilforschung", S. 513.

109. Vordtriede: „Vorläufige Gedanken zu einer Typologie der Exilliteratur", S. 556ff.

110. Laemmle: „Vorschläge für eine Revision der Exilforschung", S. 512.
111. A.a.O., S. 519.
112. Henri R. Paucker: „Exil und Existentialismus. Schwierigkeiten einer Wiederbegegnung." In: *Neue Zürcher Zeitung* v. 15./16. 11. 1975.
113. John M. Spalek: „Literature in Exile: The Comparative Approach." In: *Deutsches Exildrama und Exiltheater*, S. 14–26.
114. Manfred Durzak: „Deutschsprachige Exilliteratur. Vom moralischen Zeugnis zum literarischen Dokument." In: *Die deutsche Exilliteratur 1933–1945*. Hrsg. v. M. D. Stuttgart: Reclam 1973, S. 13.
115. Winfried B. Lerg: „Schicksal in der Emigration. Aufgaben und Aussichten der Exilforschung" (Typoskript). Westdeutscher Rundfunk, 3. Programm, 9. 4. 1977, S. 2.
116. Berlin: Volk und Wissen 1973.
117. Hans Dahlke: *Geschichtsroman und Literaturkritik im Exil*. Berlin: Aufbau 1976.
118. Gudrun Klatt: *Arbeiterklasse und Theater. Agitprop-Tradition – Theater im Exil – Sozialistisches Theater*. Berlin: Akademie 1975. (= Literatur und Gesellschaft.)
119. *Weimarer Beiträge* 4/1975.
120. Dieter Schiller: , ... *von Grund auf anders'. Programmatik der Literatur im antifaschistischen Kampf während der dreißiger Jahre*. Berlin: Akademie 1974. (= Literatur und Gesellschaft.)
121. Werner Mittenzwei: „Der Streit zwischen nichtaristotelischer und aristotelischer Kunstauffassung. Die Brecht-Lukács-Debatte" und Kurt Batt: „Erlebnis des Umbruchs und harmonische Gestalt. Der Dialog zwischen Anna Seghers und Georg Lukács." In: *Dialog und Kontroverse mit Georg Lukács. Der Methodenstreit deutscher sozialistischer Schriftsteller*. Hrsg. v. W. M. Leipzig: Reclam 1975, S. 153–203 u. 204–48. (= Reclams Universal-Bibliothek, 643.)
122. So waren in der Reihe Schriftsteller der Gegenwart im Verlag Volk und Wissen bis Ende der 60er Jahre 19 von 24 Bänden Exilanten gewidmet (Walter A. Berendsohn: „Die deutsche Literatur der Flüchtlinge aus dem Dritten Reich und ihre Hintergründe." In: *Colloquia Germanica* 1/2 [1971], S. 37).
123. (Fritz-Georg Voigt) „Zur Aktualität der Literatur des Exils", S. 34.
124. Siehe Kapitel 5. 1, Anmerk. 39.
125. Horst Eckert: *Die Beiträge der deutschen emigrierten Schriftsteller in der ,Neuen Weltbühne' von 1934–1939. Ein Beitrag zur Untersuchung der Beziehung zwischen Volksfrontpolitik und Literatur*. Phil. Diss. Berlin (Ost), 1962.
126. Werner Herden: *Geist und Macht. Heinrich Manns Weg an die Seite der Arbeiterklasse*. Berlin: Aufbau 1971.
127. Hans Baumgart: *Der Kampf der sozialistischen deutschen Schriftsteller gegen den Faschismus 1933–1935*. Phil. Diss. Berlin (Ost), 1962.
128. Klaus Jarmatz: *Literatur im Exil*. Berlin: Dietz 1966.
129. Klaus Kändler: „Im Zeichen der antifaschistischen Einheit. Über die weltweite Zusammenarbeit sozialistischer und anderer progressiver Schriftsteller am Vorabend des zweiten Weltkrieges." In: *Weimarer Beiträge* 4/1975, S. 72; Sigrid Bock: „Zur bürgerlichen Exilforschung." A.a.O., S. 115; Frank Wagner: „Exilliteratur – antifaschistische Literatur. Das Exil als Bedingung der antifaschistischen Literatur." A.a.O. 12/1975, S. 112.
130. Werner Herden: „Positionsbestimmung des Exils." A.a.O. 4/1975, S. 49–50.

131. Wagner: „Exilliteratur – antifaschistische Literatur", S. 104f.

132. Herden: „Positionsbestimmung des Exils", S. 55.

133. Bock: „Zur bürgerlichen Exilforschung", S. 102.

134. Dieser Argumentationskette folgt auch Lutz Winckler: „Antifaschistische Literatur. Ein Diskussionsvorschlag." In: *Antifaschistische Literatur. Programme Autoren Werke*. Bd. 1. Hrsg. v. L. W. Kronberg: Scriptor 1977, S. 30–52. (= Literatur im historischen Prozeß, 10.).

135. Helmut Müssener: „Die Stockholmer Koordinationsstelle zur Erforschung der deutschsprachigen Exil-Literatur." In: *Jahrbuch für Internationale Germanistik* 1 (1974), S. 112; Peter Engel: „Wir brauchen eine ‚Gesellschaft für Exilforschung'!" In: *Aufbau* v. 25. 7. 1975. Eine Society for Exile Literature hat sich 1978 auf der Jahrestagung der Modern Language Association of America konstituiert.

136. Angesichts der Fülle von Material zu diesem „Fall" sei hier nur auf die „Dokumentation" (Veröffentlichung, 15) der Stockholmer Koordinationsstelle hingewiesen: *Über das Scheitern des III. Internationalen Symposiums zu Fragen des deutschsprachigen Exils*. Stockholm 1975.

137. Bock: „Internationaler Treffpunkt Kopenhagen", S. 169.

138. Bock: „Zur bürgerlichen Exilforschung", S. 108, 124.

139. Helmut Müssener, Brief an Friedrich Torberg v. 13. 1. 1974. In: *Über das Scheitern des III. Internationalen Symposiums*, S. 22.

140. Joseph Strelka: „Probleme der Erforschung der deutschsprachigen Exilliteratur seit 1933." In: *Colloquia Germanica* 2 (1976/77), S. 150.

141. Bock: „Zur bürgerlichen Exilforschung", S. 102.

142. Friedrich Torberg, Brief an Helmut Müssener v. 22. 1. 1975. In: *Über das Scheitern des III. Internationalen Symposiums*, S. 24.

143. Manfred Durzak: „Deutschsprachige Exilliteratur. Vom moralischen Zeugnis zum literarischen Dokument." In: *Deutsche Exilliteratur 1933–1945*, S. 12.

144. Uwe Schweikert: „‚Öfter als die Schuhe die Länder wechselnd'. Notizen zur deutschen Exilliteratur, ihrer Rezeption und Erforschung." In: *Neue Rundschau* 3/1974, S. 496.

145. Manfred Durzak: „Deutschsprachige Exilliteratur. Vom moralischen Zeugnis zum literarischen Dokument." In: *Deutsche Exilliteratur 1933–1945*, S. 17. Hans-Albert Walter: „Bemerkungen zu einigen Problemen bei der Erforschung der deutschen Exilliteratur." In: *Jahrbuch für Internationale Germanistik* 1 (1974), S. 101f., der sich gegen den Gebrauch des Begriffs „Vorfeld" wehrt, hatte übrigens 1965 noch selber damit operiert (Hans-Albert Walter: „Schwierigkeiten beim Schreiben einer Geschichte der deutschen Exil-Literatur." In: *Frankfurter Allgemeine Zeitung* v. 12. 11. 1965).

146. Vgl. zuletzt Reinhold Grimm: „Im Dickicht der inneren Emigration." In: *Die deutsche Literatur im Dritten Reich. Themen – Traditionen – Wirkungen*. Hrsg. v. Horst Denkler und Karl Prümm. Stuttgart: Reclam 1976, S. 406–26 und Ralf Schnell: *Literarische Innere Emigration 1933–1945*. Stuttgart: Metzler 1976. (= Metzler Studienausgabe.)

147. Schweikert: „‚Öfter als die Schuhe die Länder wechselnd' ...", S. 495.

148. Helmut Müssener: *Die deutschsprachige Emigration in Schweden nach 1933. Ihre Geschichte und kulturelle Leistung*. Phil. Diss. Stockholm, 1971, S. 71–106.

149. Manfred Auer: *Das Exil vor der Vertreibung. Motivkontinuität und Quellenpro-*

blematik im späten Werk Alfred Döblins. Bonn: Bouvier 1977, S. 15–29. (= Abhandlungen zur Kunst-, Musik- und Literaturwissenschaft, 254.)

2. Vorgeschichte und Beginn des Exils

2. 1. Behördliche Einschränkungen der Literatur im Weimarer Staat

1. Arthur Rosenberg setzt das Ende des Weimarer Staates sogar schon auf den 18. Oktober 1930 fest, als die Sozialdemokratie den parlamentarischen Widerstand gegen die Brüningschen Notverordnungen aufgab. Inwieweit Rosenbergs Buch, das 1936 in London erschien, freilich von den Ereignissen nach 1933 und dem Exilerlebnis bestimmt war, sei dahingestellt (Arthur Rosenberg: *Entstehung und Geschichte der Weimarer Republik.* Hrsg. v. Kurt Kersten. Frankfurt: Europäische Verlagsanstalt 1955, S. 210 f.).

2. Kurt Sontheimer nennt als typische Exponenten „dieser eher zahlreichen Gruppe deutscher Bildungsbürger" neben dem Historiker Friedrich Meinecke auch Thomas Mann – Intellektuelle, die ohne besonderes Engagement mit der Republik leben gelernt haben (Kurt Sontheimer: „Weimar – ein deutsches Kaleidoskop." In: *Die deutsche Literatur in der Weimarer Republik.* Hrsg. v. Wolfgang Rothe. Stuttgart: Reclam 1974, S. 14).

3. Herbert Marcuse sprach in diesem Zusammenhang schon am Anfang des Exils von der „Selbstaufhebung des Liberalismus" (Herbert Marcuse: „Der Kampf gegen den Liberalismus in der totalitären Staatsauffassung." In H. M.: *Kultur und Gesellschaft* I. Frankfurt: Suhrkamp 1965, S. 22. [= edition suhrkamp, 101.]).

4. Zitiert nach Karlheinz Dederke: *Reich und Republik. Deutschland 1917–1933.* Stuttgart: Klett 1969, S. 269. (= Klett Studienbücher.)

5. Inge Jens: *Dichter zwischen rechts und links. Die Geschichte der Sektion für Dichtkunst der Preußischen Akademie der Künste.* München: Piper 1971, S. 177.

6. A. a. O., S. 180.

7. Walter Benjamin prägte die nicht nur für den Anfang, sondern auch für das Ende der Weimarer Republik zutreffende Formel vom ‚linken Radikalismus': „Er steht links nicht von dieser oder jener Richtung, sondern ganz einfach links vom Möglichen überhaupt" (Walter Benjamin: „Linke Melancholie." In: *Wege der Literatursoziologie.* Hrsg. v. Hans Norbert Fügen. Neuwied: Luchterhand 1968, S. 117. [= Soziologische Texte, 46.]).

8. Hermann Hesse, Brief an Thomas Mann v. Anfang Dezember 1931. In H. H.: *Betrachtungen und Briefe.* O. O.: Suhrkamp 1958, S. 512. (= Gesammelte Schriften, 7.)

9. Peter Gay: *Weimar Culture. The Outsider as Insider.* New York: Harper & Row 1968.

10. Ulrich Weisstein: „Bertolt Brecht. Die Lehren des Exils." In: *Die deutsche Exilliteratur 1933–1945,* S. 374.

11. Hans-Albert Walter: „Nachwort." In Oskar Maria Graf: *Reise in die Sowjetunion 1934.* Darmstadt: Luchterhand 1974, S. 215. (= Sammlung Luchterhand, 167.)

12. Claude Schnaidt: *Hannes Meyer. Bauten, Projekte und Schriften. Buildings, projects and writings.* Teufen: Niggli 1965, S. 12.

13. Ernst Schumacher: *Die dramatischen Versuche Bertolt Brechts 1918–1933*. Berlin: Henschel 1955, S. 491.
14. Vgl. dazu meinen Aufsatz „Zwischen Verbürgerlichung und Politisierung. Arbeiterliteratur in der Weimarer Republik." In: *Handbuch zur deutschen Arbeiterliteratur*. Bd. 1. Hrsg. v. Heinz Ludwig Arnold. München: edition text + kritik 1977, S. 47–81.
15. Helga Gallas: *Marxistische Literaturtheorie. Kontroversen im Bund proletarisch-revolutionärer Schriftsteller*. Neuwied: Luchterhand 1971. (= Sammlung Luchterhand, 19.)
16. Thomas Weingartner: *Stalin und der Aufstieg Hitlers. Die Deutschlandpolitik der Sowjetunion und der Kommunistischen Internationale 1929–1934*. Berlin: de Gruyter 1970. (= Beiträge zur auswärtigen und internationalen Politik, 4.)
17. Ernst Jünger: *Der Arbeiter. Herrschaft und Gestalt*. Hamburg: Hanseatische Verlagsanstalt 1932, S. 237.
18. Moses Waldmann: „Pogromangst." In: *Jüdische Rundschau* v. 1. 10. 1930, S. 503 f. Zur Position der Juden in Weimardeutschland vgl. auch *Entscheidungsjahr 1932. Zur Judenfrage in der Endphase der Weimarer Republik*. Herausgegeben von Werner E. Mosse. Tübingen: Mohr 1965; Hans-Helmuth Knütter: *Die Juden und die deutsche Linke in der Weimarer Republik 1918–1933*. Düsseldorf: Droste 1971. (= Bonner Schriften zur Politik und Zeitgeschichte 4.)
19. Kaspar Hauser (d. i. Kurt Tucholsky): „Herr Wendriner steht unter der Diktatur." In: *Weltbühne* 41 v. 7. 10. 1930.
20. Theodor Heuss: *Erinnerungen 1905–1933*. Tübingen: Wunderlich ³1963, S. 348; Martin Gumpert: *Hölle im Paradies. Selbstdarstellung eines Arztes*. Stockholm: Bermann-Fischer 1939, S. 213.
21. Bruno E. Werner: „Literatur und Theater in den Zwanziger Jahren." In: *Die Zeit ohne Eigenschaften. Eine Bilanz der zwanziger Jahre*. Hrsg. v. Leonhard Reinisch. Stuttgart: Kohlhammer 1961, S. 50, 51.
22. A. a. O., S. 77–8. Solche und ähnliche „Analysen" wurden immerhin noch 1960 anläßlich eines sogenannten Geisteswissenschaftlichen Kongresses in München über den Rundfunk verbreitet. Kein Wunder, daß populäre Darstellungen ein ähnlich verschwommenes Bild von jenen Jahren entwarfen: Hermann Behr: *Die Goldenen Zwanziger Jahre. Das fesselnde Panorama einer entfesselten Zeit*. Hamburg: Hammerich & Lesser 1964; Sefton Delmer: *Weimar Germany. Democracy on Trial*. London: McDonald 1972 (= Library of the 20th Century.). Gegen solche Verklärungen wendeten sich in jüngster Zeit Reinhold Grimm und Jost Hermand als Herausgeber des Bandes *Die sogenannten Zwanziger Jahre*. Bad Homburg: Gehlen 1970 (= Schriften zur Literatur, 13.); Helmut Lethen: *Neue Sachlichkeit 1924–1932. Studien zur Literatur des ‚Weissen Sozialismus'*. Stuttgart: Metzler 1970, S. 1 (= Metzler Studienausgabe.), der argumentiert, daß das Stereotyp von den „‚goldenen zwanziger Jahren'" „in der Restaurationsperiode der 50er Jahre die wichtige Funktion [übernahm, A.S.], die geschichtliche Dimension des neuen Staates der BRD" in der „Korrespondenz der Gegenwart zur Stabilisierungsphase der Republik" zu kennzeichnen; und Hans-Albert Walter in Band 1 von *Deutsche Exilliteratur 1933–1950*.
23. Kurt Sontheimer: „Weimar – ein deutsches Kaleidoskop." In: *Die deutsche Lite-*

ratur in der Weimarer Republik. Hrsg. v. Wolfgang Rothe. Stuttgart: Reclam 1974, S. 10.

24. Walter: *Deutsche Exilliteratur 1933–1950.* Bd. 1, S. 33 kommt zu demselben Ergebnis: „Nicht selten liest man am gleichen Ort aber von Scheinsicherheit im Politischen und mangelnder Stabilität im Ökonomischen. Zusammenhänge zwischen diesen Bereichen werden nicht gesehen, Bezüge nicht hergestellt."

25. Procurator (d. i. Robert M. W. Kemper): „Gotteslästerung und Kirchenbeschimpfung von links und rechts." In: *Justiz.* Bd. 6 (1931), S. 552 ff. weist durch einen Vergleich der gerichtlichen Maßnahmen gegen die Zeichnung von Grosz und eine ähnliche Karikatur in Julius Streichers *Stürmer* nach, daß der Weimarer Justiz mehr daran gelegen war, sich gegen linke als gegen rechte Übergriffe zu schützen.

26. Lex Ende (d. i. Adolf Ende): „Ihr könnt das Wort verbieten." In: *Linkskurve* 9/1931, S. 1; vgl. auch den Eigenbericht der *Linkskurve* 8/1931, S. 12–3, in dem 27 Zeitungen namentlich aufgeführt werden, die „noch vor voller Anwendung der Notverordnung vom 17. Juli" 1931 meist für mehrere Wochen verboten waren.

27. *Linkskurve* 11/1931, S. 15–6.

28. Heinz Willmann: *Geschichte der Arbeiter-Illustrierten-Zeitung 1921–1938.* Berlin: Dietz 1974, S. 178–9.

29. *Rote Fahne* 185 v. 1. 10. 1932.

30. *Denkschrift des Reichsjustizministers zu ‚Vier Jahre politischer Mord'.* Hrsg. v. E(mil) J(ulius) Gumbel. Berlin: Malik 1924; ders.: ‚*Verräter verfallen der Feme.'* *Opfer/Mörder/Richter 1919–1929.* Berlin: Malik 1929. Vgl. auch in jüngster Zeit die Studie des Exilanten Wilhelm Hoegner: *Die verratene Republik. Geschichte der deutschen Gegenrevolution.* München: Isar 1958 und ders.: *Der politische Radikalismus in Deutschland 1919–1933.* München: Olzog 1966. (= Geschichte und Staat, 118/9.)

31. Berlin: Winkler 1926.

32. Zitiert nach *Aktionen. Bekenntnisse. Perspektiven. Berichte und Dokumente vom Kampf um die Freiheit des literarischen Schaffens in der Weimarer Republik.* Berlin: Aufbau 1966, S. 544 f.; Alfred Klein hat auf über 160 Seiten in diesem Band den Hochverratsprozeß gegen Johannes R. Becher beschrieben und durch Quellen dokumentiert.

33. Alexander von Bormann: „Vom Traum zur Tat. Über völkische Literatur." In: *Die deutsche Literatur in der Weimarer Republik.* Hrsg. v. Wolfgang Rothe. Stuttgart: Reclam 1974, S. 306, 307.

34. *Aktionen. Bekenntnisse. Perspektiven,* S. 551.

35. Heinrich Hannover u. Elisabeth Hannover-Drück: *Politische Justiz 1918–1933.* Frankfurt: Fischer 1966. (= Fischer Bücherei, 770.)

36. Fritz K. Ringer: *The Decline of the German Mandarins. The German Academic Community, 1890–1933.* Cambridge: Harvard University Press 1969.

37. Julius Petersen: „Literaturwissenschaft und Deutschkunde." In: *Zeitschrift für Deutschkunde* 38/1924, S. 413.

38. Zitiert nach Karl Otto Conrady: „Deutsche Literaturwissenschaft und Drittes Reich." In: *Germanistik – eine deutsche Wissenschaft.* Frankfurt: Suhrkamp 1967, S. 73 f. (= edition suhrkamp, 204.)

39. Eberhard Lämmert: „Germanistik – eine deutsche Wissenschaft." A. a. O., S. 27.

40. Max Krell in *Tagebuch* 2/1923; zitiert nach Jens: *Dichter zwischen rechts und links*, S. 42.

41. Thomas Mann, Antwort vom 3. 12. 1926 auf die Umfrage über Ziele und Aufgaben einer Sektion für Dichtkunst; zitiert a. a. O., S. 244.

42. Erst 1930 kamen Thomas Mann über die von ihm mitverantwortete Zusammensetzung der Sektion Bedenken. In einem Brief an Oskar Loerke vom 26. 11. 1930 heißt es: „ ... ich ... bin zu der Überzeugung gelangt, daß unser damaliger guter Wille zur Unparteilichkeit falsch war ... und daß die Sektion in ihrer gegenwärtigen Zusammensetzung nicht lebens- und arbeitsfähig ist ... "; zitiert a. a. O., S. 249.

43. Zitiert a. a. O., S. 172.

44. Stellungnahme von Thomas Mann zu einem Entwurf von Ludwig Fulda und Walter von Molo „gegen die immer stärker um sich greifende Kulturreaktion." A. a. O., S. 283.

45. Die sogenannte „Rote Gruppe" organisierte sich am 13. Juni 1924 in Berlin. George Grosz, Karl Witte, John Heartfield, Rudolf Schlichter und Erwin Piscator zählten zu ihren Gründungsmitgliedern. Das Manifest der Gruppe ist abgedruckt in der *Roten Fahne* 57 v. 18. 6. 1924.

46. Der „Gruppe 1925" gehörten nach dem Gründungsaufruf vom 2. 3. 1926 in der *Roten Fahne* Johannes R. Becher, Ernst Blaß, Friedrich Burschell, Alfred Döblin, Albert Ehrenstein, Manfred Georg, Bernard Guillemin, Willy Haas, Walter Hasenclever, Walter von Hollander, Hermann Kasack, Kurt Kersten u. a. an. Ihr Ziel war es, „Schriftsteller von Belang" zu sammeln, „die mit der geistesrevolutionären Bewegung unserer Zeit verbunden sind".

47. Zitiert nach *Aktionen. Bekenntnisse. Perspektiven*, S. 448–9. In Teil IV dieses Bandes dokumentieren Friedrich Albrecht und Alfred Klein den ‚Kampf der Opposition im Schutzverband Deutscher Schriftsteller (1931–1933)'.

48. Vgl. dazu meinen Aufsatz „Georg Lukács' erste Beiträge zur marxistischen Literaturtheorie." In: *Brecht-Jahrbuch 1975*. Frankfurt: Suhrkamp 1975, S. 79–111. (= edition suhrkamp, 797.)

49. Eduard Spranger: „Mein Konflikt mit der national-sozialistischen Regierung 1933." In: *Universitas* 10/1955, S. 457.

50. Karl Jaspers: *Die geistige Situation der Zeit*. Berlin: de Gruyter 1931.

51. Ernst Robert Curtius' Verachtung für die Republik schlägt bis in seine Sprache durch. So zum Beispiel im Vorwort zu *Deutscher Geist ist in Gefahr*. Stuttgart: Deutsche Verlags-Anstalt 1932, S. 7: „Wir sind im Begriff, alles zu liquidieren, was zwischen 1920 und 1930 mit dem Anspruch auf neue Geltung auftrat. Die geistigen und künstlerischen Moden dieses Jahrzehnts – Expressionismus und Jazz, Schwarmgeisterei und neue Sachlichkeit – sind schon längst verwelkt und verscharrt."

52. Ernst Bloch: „Relativismen und Leer-Montage." In E. B.: *Erbschaft dieser Zeit*. Frankfurt: Suhrkamp 1962, S. 286. (= Gesamtausgabe, 4.)

53. Zitiert nach Klaus Mann: „Jugend und Radikalismus." In K. M.: *Heute und morgen. Schriften zur Zeit*. München: Nymphenburger 1969, S. 9.

54. Walter: *Deutsche Exilliteratur 1933–1950*. Bd. 1, S. 100.

55. Thomas Mann: „Was wir verlangen müssen." In: *Berliner Tageblatt* 373 v. 8. 8. 1932; zitiert nach *Aktionen. Bekenntnisse. Perspektiven*, S. 355.

56. Zitiert nach Klaus Schröter: *Heinrich Mann in Selbstzeugnissen und Bilddoku-menten.* Reinbek: Rowohlt 1967, S. 117. (= rororo bildmonographien, 125.)

57. Heinrich Mann: „Das Bekenntnis zum Übernationalen." In H. M.: *Essays.* Bd. 2. Berlin: Aufbau 1956, S. 512.

58. In: *Jahrbuch der Sektion für Dichtkunst 1929.* Preußische Akademie der Künste. Berlin: Fischer 1929, S. 99.

59. Anna Seghers: „Die Jugend erobern." In A. S.: *Über Kunstwerk und Wirklichkeit.* Bd. 2. Berlin: Akademie 1971, S. 50. (= Deutsche Bibliothek. Studienausgaben zur neueren deutschen Literatur, 4.)

60. Johannes R. Becher/Gottfried Benn: „Rundfunk-Gespräch." In: *Zur Tradition der sozialistischen Literatur in Deutschland. Eine Auswahl von Dokumenten.* Ber-lin: Aufbau ²1967, S. 148, 149–50. Eine ausführlichere Darstellung dieser Kontro-verse gibt Christian Ernst Siegel: *Egon Erwin Kisch. Reportage und politischer Journalismus.* Bremen: Schünemann 1973, S. 106–111. (= Studien zur Publizistik. Bremer Reihe. Deutsche Presseforschung, 18.)

61. Johannes R. Becher/Gottfried Benn: „Rundfunk-Gespräch." In: *Zur Tradition der sozialistischen Literatur,* S. 151.

62. Heinrich Mann: *Ein Zeitalter wird besichtigt.* Reinbek: Rowohlt 1976, S. 233–4. (= rororo, 1986.)

63. Georg Lukács: „Vorwort." In G. L.: *Geschichte und Klassenbewußtsein.* Neu-wied: Luchterhand 1968, S. 32. Vgl. auch ders.: „Der große Oktober 1917 und die heutige Literatur." In: *kürbiskern* 1/1968, S. 99.

64. Urs Bitterli: *Thomas Manns politische Schriften zum Nationalsozialismus 1918–1939.* Aarau: Keller 1964, S. 101.

65. Exilanten, innere Emigranten und Nationalsozialisten waren sich in diesem Punkt einig. Als Beispiel mögen dienen Döblin: *Die deutsche Literatur (im Ausland seit 1933),* S. 5–12; Frank Thiess: „Deutsche Dichtung und deutsche Gegenwart." In F. Th.: *Die Zeit ist reif. Reden und Vorträge.* Berlin: Zsolnay 1932 und Paul Fechter: „Die Auswechselung der Literaturen." In: *Deutsche Rundschau* 59 (1933), S. 120–2.

2. 2. Nationalsozialistische Kulturpolitik

1. Adolf Hitler: „Die deutsche Kunst als stolzeste Verteidigung des deutschen Vol-kes" (Rede auf dem 1. Reichsparteitag der NSDAP); zitiert nach Franz Schonauer: *Deutsche Literatur im Dritten Reich. Versuch einer Darstellung in polemisch-didaktischer Absicht.* Olten: Walter 1961, S. 17.

2. Karl Dietrich Bracher: „Die Gleichschaltung der deutschen Universität." In: *Na-tionalsozialismus und die deutsche Universität.* Berlin: de Gruyter 1966, S. 135. (= Universitätstage 1966.)

3. Hildegard Brenner: *Die Kunstpolitik des Nationalsozialismus.* Reinbek: Rowohlt 1963, S. 35 (= rowohlts deutsche enzyklopädie, 167–8.) behauptet dagegen, daß für die Kunstpolitik zunächst „eine Art Interregnum" geherrscht habe: „ ... erst im Herbst des Jahres 1933 wurden in diesem Randbereich der Politik die neuen formalen Kontrollen (Reichskulturkammer etc.) aufgebaut." Diese These ist auf Grund der jüngsten Forschung, nicht zuletzt der von Hildegard Brenner selbst herausgegebenen Dokumentation *Ende einer bürgerlichen Kunst-Institution. Die*

politische Entwicklung der Preußischen Akademie der Künste ab 1933, wohl nicht mehr haltbar.

4. Damit soll den Exilanten durchaus kein Alleinvertretungsanspruch gegeben werden. Denn die von nationalsozialistischen Literaturwissenschaftlern wie Heinz Kindermann: *Die deutsche Gegenwartsdichtung im Aufbau der Nation.* Berlin: Junge Generation o. J., S. 7 f. (= Schriften der Jungen Generation, 3.) vorgetragene und bis heute weitverbreitete These vom Schattendasein der nationalen Literatur vor 1933 ist falsch. Dietrich Strothmann: *Nationalsozialistische Literaturpolitik. Ein Beitrag zur Publizistik im Dritten Reich.* Bonn: Bouvier 1960, S. 92 (= Abhandlungen zur Kunst-, Musik- und Literaturwissenschaft, 13.) berichtet, daß die Liste der meistgekauften Bücher des Jahres 1932 von Werner Beumelburg: *Bismarck gründet das Reich*, Hans Carossa: *Der Arzt Gion*, Erich Edwin Dwinger: *Wir rufen Deutschland*, Hans Grimm: *Volk ohne Raum*, Knut Hamsun: *August Weltumsegler* und *Landstreicher*, Hans Steguweit: *Der Jüngling im Feuerofen* und Hermann Stehr: *Die Nachkommen* angeführt wurde. Zu ähnlichen Ergebnissen kommt Donald Ray Richards: *The German Bestseller in the 20th Century. A Complete Bibliography and Analysis 1915–1940.* Bern: Lang 1968. (= German Studies in America, 2.)

5. Vgl. Desider Sterns Katalog der B'nai B'rith Buchausstellung *Werke von Autoren jüdischer Herkunft in deutscher Sprache. Eine Bio-Bibliographie.* Wien: Desider Stern ³1970.

6. Die Feuersprüche bei den Bücherverbrennungen enthielten ähnliche Kategorien für das zu vernichtende Schrifttum: „1. Rufer: Gegen Klassenkampf und Materialismus ... 2. Rufer: Gegen Dekadenz und moralischen Verfall ... 3. Rufer: Gegen Gesinnungslumperei und politischen Verrat ... 4. Rufer: Gegen seelenzerfasernde Überschätzung des Trieblebens ... 5. Rufer: Gegen Verfälschung unserer Geschichte ..."; zitiert nach *Literatur und Dichtung im Dritten Reich. Eine Dokumentation.* Hrsg. v. Joseph Wulf. Gütersloh: Mohn 1963, S. 45–6.

7. Heinz Kindermann: *Die deutsche Gegenwartsdichtung im Aufbau der Nation.* Berlin: Junge Generation o. J., S. 8. (= Schriften der Jungen Generation, 3.)

8. Theodore Ziolkowski: „Der Hunger nach dem Mythos. Zur seelischen Gastronomie der Deutschen in den Zwanziger Jahren." In: *Die sogenannten Zwanziger Jahre.* Hrsg. v. Reinhold Grimm u. Jost Hermand. Bad Homburg: Gehlen 1970, S. 169–201. (= Schriften zur Literatur, 13.)

9. Heinz Kindermann: *Die deutsche Gegenwartsdichtung im Aufbau der Nation.* Berlin: Junge Generation o. J., S. 6. (= Schriften der Jungen Generation, 3.)

10. A. a. O., S. 8–9.

11. Eine erste Verbotsliste erschien im Rahmen der Vorbereitungen des Hauptamtes für Presse und Propaganda der Deutschen Studentenschaft für die Bücherverbrennung am 26. April (März ?) 1933. Unter den gut 30 Namen befanden sich die von Brecht, Döblin, Feuchtwanger, Hasenclever, Kisch, Heinrich, Klaus und Thomas Mann, Plivier, Remarque, Renn, Toller, Tucholsky, Arnold und Stefan Zweig (Dietrich Strothmann: *Nationalsozialistische Literaturpolitik. Ein Beitrag zur Publizistik im Dritten Reich.* Bonn: Bouvier 1960, S. 75 [= Abhandlungen zur Kunst-, Musik- und Literaturwissenschaft, 13.] u. Berendsohn: *Die humanistische Front.* T. 1, S. 17). Kommunistische Schriften waren ohnehin seit der Notverordnung vom 28. 2. verboten; Berendsohn, a. a. O., S. 18 f. druckt eine Aufstellung

unerwünschter Kriegsliteratur ab. Sechs Tage nach der Bücherverbrennung veröffentlichte das *Börsenblatt* dann die erste „Schwarze Liste" mit 131 Autoren und 4 Anthologien. Gleichzeitig begannen die sogenannten „Weißen Listen" zu erscheinen, in denen besonders erwünschte Titel aufgezählt wurden. Walter, der diese Ereignisse genauer dokumentiert, spricht mit vollem Recht von einer „minutiösen" Planung der Verbrennungsaktionen (*Deutsche Exilliteratur 1933–1950.* Bd. 1, S. 195).

12. Lehmann: *In Acht und Bann*, S. 47 ff.

13. In: *Deutsche Kultur-Wacht* 4 v. 15. 2. 1933; nach *Literatur und Dichtung im Dritten Reich. Eine Dokumentation.* Hrsg. v. Joseph Wulf. Gütersloh: Mohn 1963, S. 17. Vgl. Reinhard Bollmus: *Das Amt Rosenberg und seine Gegner. Studien zum Machtkampf im Nationalsozialistischen Herrschaftssystem.* Stuttgart: Deutsche Verlags-Anstalt 1970. (= Studien zur Zeitgeschichte.)

14. Rust ging nach einem Bericht der *Deutschen Zeitung* v. 15. 2. 1933 in seiner Rede „Der nationalsozialistische Kulturwille" in der Berliner Universität auf den Fall Mann ein; nach *Literatur und Dichtung im Dritten Reich. Eine Dokumentation.* Hrsg. v. Joseph Wulf. Gütersloh: Mohn 1963, S. 18. Inge Jens: *Dichter zwischen rechts und links,* S. 181 berichtet von einer Unterredung, zu der Rust den Präsidenten der Akademie, Max von Schilling, ins Preußische Kultusministerium zitiert habe.

15. „ … Heinrich Mann eröffne den Kampf gegen die legal und verfassungsmäßig gebildete Regierung und sage, bei dieser Regierung sei die Barbarei. Daraufhin habe sich die Regierungsmacht zur Wehr gesetzt." Benn sprach diese Worte auf der Abteilungssitzung am 20. 2. 1933; zitiert a. a. O., S. 185.

16. Klaus Schröter: *Heinrich Mann in Selbstzeugnissen und Bilddokumenten.* Reinbek: Rowohlt 1967, S. 116. (= rororo bildmonographien, 125.)

17. Jens: *Dichter zwischen rechts und links,* S. 183. Benn überbot diese Worte noch, als er mit dem ihm eigenen Zynismus Heinrich Mann vorhielt, selbst auf die „hohe innere Aufgabe" der Akademie hingewiesen zu haben (a. a. O., S. 186).

18. *Thüringische Allgemeine Zeitung* v. 29. 11. 1930; zitiert nach Hildegard Brenner: *Die Kunstpolitik des Nationalsozialismus.* Reinbek: Rowohlt 1963. (= rowohlts deutsche enzyklopädie, 167/8.)

19. In: *Literatur und Dichtung im Dritten Reich. Eine Dokumentation.* Hrsg. v. Joseph Wulf. Gütersloh: Mohn 1963, S. 23.

20. In Brenner: *Ende einer bürgerlichen Kunst-Institution*, S. 120.

21. H. H. Mantau-Sadila: „Warum wir den SDS gleichgeschaltet haben." In: *Schriftsteller* 6–7/1933, S. 76.

22. „An alle Oppositionellen im Verband!" In: *Der oppositionelle Schriftsteller* 2/1933, S. 1; zitiert nach *Aktionen. Bekenntnisse. Perspektiven,* S. 327.

23. Kurt R. Grossmann: *Ossietzky. Ein deutscher Patriot.* München: Kindler 1963, S. 348; vgl. auch Alfred Kantorowicz: *Porträts – Deutsche Schicksale.* Berlin: A. Kantorowicz 1949, S. 34. (= Ost- und West-Buchreihe, 18.)

24. H. H. Mantau-Sadila: „Warum wir den SDS gleichgeschaltet haben." In: *Schriftsteller* 6–7/1933, S. 76 f.

25. In der von Joseph Wulf herausgegebenen Dokumentation *Theater und Film im Dritten Reich. Eine Dokumentation.* Gütersloh: Mohn 1964 wird das nur indirekt sichtbar.

26. Herbert Freeden: *Jüdisches Theater in Nazideutschland.* Tübingen: Mohr 1964. (= Schriftenreihe wissenschaftlicher Abhandlungen des Leo Baeck Instituts, 12.)

27. Karl Dietrich Bracher: „Die Gleichschaltung der deutschen Universität." In: *Nationalsozialismus und die deutsche Universität.* Berlin: de Gruyter 1966, S. 126–42. (= Universitätstage 1966.)

28. Paul Kluckhohn: „Deutsche Literaturwissenschaft 1933–1940 (Ein Forschungsbericht)." In: *NS-Literaturtheorie. Eine Dokumentation.* Hrsg. v. Sander L. Gilman. Frankfurt: Athenäum 1971, S. 246. (= Schwerpunkte Germanistik, 2.)

29. Die „Verordnung des Reichspräsidenten zum Schutze des deutschen Volkes" (4. Februar 1933) und die gegen die Braun-Regierung in Preußen gerichtete Notverordnung vom 6. Februar 1933 gaben zwar der neuen Regierung die nötigen Mittel zur Ausschaltung der oppositionellen Parteien und Zeitungen, angewendet wurden sie jedoch recht sporadisch (Karl Dietrich Bracher, Wolfgang Sauer, Gerhard Schulz: *Die nationalsozialistische Machtergreifung. Studien zur Errichtung des totalitären Herrschaftssystems in Deutschland 1933/34.* 2., durchges. Aufl. Köln: Westdeutscher Verlag 1962, S. 54 ff. [= Schriften des Instituts für Politische Wissenschaft, 14.])

30. Walter: *Deutsche Exilliteratur 1933–1950.* Bd. 1, S. 144–5.

31. Zitiert nach Peter de Mendelssohn: „Das Jahr Dreiunddreißig." In: *Neue Rundschau* 2/1975, S. 205.

32. Klaus Mann: *Der Wendepunkt. Ein Lebensbericht.* O.O.: Fischer 1952, S. 300f. Der Fall Bayern ist hier nicht im einzelnen beschrieben worden, da es sich um eine zeitlich nur geringfügig verschobene Wiederholung der Ereignisse im Rest Deutschlands handelt. Schon am 9. März war dann mit der Absetzung der Regierung Held durch den Reichsstatthalter Franz Xaver Ritter von Epp auch diese letzte Enklave relativer Freizügigkeit beseitigt.

33. Babette Gross: *Willi Münzenberg. Eine politische Biographie.* Stuttgart: Deutsche Verlags-Anstalt 1967, S. 246. (= Schriftenreihe der Vierteljahrshefte für Zeitgeschichte, 14/15.)

34. Harry Graf Kessler: *Tagebücher 1918–1937.* Frankfurt: Insel 1961, S. 704.

35. Kurt R. Grossmann: *Ossietzky. Ein deutscher Patriot.* München: Kindler 1963, S. 338–40.

36. *Geschichte der deutschen Literatur 1917 bis 1945,* S. 417–20 u. 468–71.

37. Oskar Maria Graf: *Gelächter von außen. Aus meinem Leben 1918–1933.* Wien: Desch 1966, S. 512.

38. Walter: *Deutsche Exilliteratur 1933–1950.* Bd. 1, S. 135.

39. Peter de Mendelssohn: *S. Fischer und sein Verlag.* Frankfurt: Fischer 1970, S. 1258 und Gottfried Bermann-Fischer: *Bedroht – bewahrt. Weg eines Verlegers.* Frankfurt: Fischer 1967, S. 87–8.

2. 3. *Das Jahr 1933: Flucht und erste Zufluchtsorte*

1. *Gesamtverzeichnis der Ausbürgerungslisten 1933–1938.* Nach dem amtlichen Abdruck des Reichsanzeigers zusammengestellt u. bearb. v. Carl Misch. Paris: Verlag der „Pariser Tageszeitung" 1939.

2. Zitiert nach Weiskopf: *Unter fremden Himmeln,* S. 48.

3. Arnold Zweig: *Essays.* Bd. 2. Berlin: Aufbau 1967, S. 154.

4. Peter de Mendelsohn: _S. Fischer und sein Verlag._ Frankfurt: Fischer 1970, S. 1255.

5. A.a.O., S. 1260.

6. Kurt Pinthus: „Ernst Rowohlt und sein Verlag." In: _Rowohlt Almanach 1908–1962._ Hrsg. v. Mara Hintermeier u. Fritz J. Raddatz. Reinbek: Rowohlt 1962, S. 33.

7. PEM (d.i. Paul Marcus): _Heimweh nach dem Kurfürstendamm. Aus Berlins glanzvollsten Tagen und Nächten._ Berlin: Blanvalet 1952, S. 144.

8. Christian Ernst Siegel: _Egon Erwin Kisch. Reportage und politischer Journalismus._ Bremen: Schünemann 1973, S. 219 ff. (= Studien zur Publizistik, 18.)

9. „Neben der aufmerksamen Betrachtung der vom Führer eingeleiteten und vollbrachten Politik ... haben gerade die Erfahrungen, die ich als Deutscher im Ausland ... machte, meine früheren innenpolitischen Ansichten völlig umgestoßen ... hier draußen bin ich zu einem leidenschaftlichen Deutschen geworden." Zitiert nach Stahlberger: _Der Zürcher Verleger Emil Oprecht,_ S. 275. Zur Haltung des Dritten Reiches gegenüber rückkehrwilligen Exilanten vgl. Tutas: _Nationalsozialismus und Exil,_ S. 105 ff.

10. Vgl. Müssener: _Exil in Schweden,_ S. 44; Heinz Ludwig Arnold/Hans-Albert Walter: „Die Exil-Literatur und ihre Erforschung. Ein Gespräch." In: _Akzente_ 6/1973, S. 489 f.

11. Peter de Mendelsohn: _S. Fischer und sein Verlag._ Frankfurt: Fischer 1970, S. 1253.

12. Zitiert a.a..O.

13. Der § 11 dieser Verordnung bestimmt, daß die Erteilung eines Reisepasses versagt werden kann, wenn „der Paß in den Händen des Inhabers die innere oder die äußere Sicherheit ... des Reiches ... gefährdet". Mit Hilfe dieser Bestimmung aus der Weimarer Republik wurde etwa Carl von Ossietzky im Dezember 1936 die Ausreise zur Nobelpreisverleihung in Norwegen untersagt (Kurt R. Grossmann: _Ossietzky. Ein deutscher Patriot._ München: Kindler 1963, S. 506).

14. _Verbannung. Aufzeichnungen deutscher Schriftsteller im Exil,_ S. 33–6. Vgl. die ähnliche Stellungnahme von Oskar Maria Graf: „Verbrennt mich! Protest anläßlich der deutschen Bücherverbrennungen 1933." (Nachdruck in O.M.G.: _Beschreibung eines Volksschriftstellers._ Hrsg. v. Wolfgang Dietz u. Helmut F. Pfanner. München: Leber 1974, S. 37–8.)

15. Wieland Herzfelde: _John Heartfield. Leben und Werk._ Dresden: Verlag der Kunst ²1971, S. 62.

16. Alfred Mombert, Brief an Rudolf G. Binding v. 27. 5. 1933. In A.M.: _Briefe 1893–1942._ Heidelberg: Lambert Schneider 1961, S. 110.

17. Paul Zech: _Stefan Zweig. Eine Gedenkschrift._ Buenos Aires: Quadriga 1943, S. 18.

18. Walter: _Deutsche Exilliteratur 1933–1950._ Bd. 1, S. 197 ff. hat diese und eine Fülle anderer Fluchtgeschichten detailliert und mit reichen Quellenangaben beschrieben.

19. Auf die Bedeutung der Sowjetunion als Exilland, das in vielem eine Sonderstellung einnimmt, wird in Kapitel 3.2.2 eingegangen.

3. Die Schriftsteller im Exil

3.1. Allgemeine Existenzprobleme

1. Da Hans-Albert Walter dieses Thema in Band 2 seiner *Deutschen Exilliteratur 1933–1950* auf über 400 Seiten behandelt hat, soll hier nur auf die wichtigsten Punkte eingegangen werden.
2. Hermann Budzislawski: „Zwischen den Revolutionen." In: *Neue Weltbühne* 27 v. 5. 7. 1934, S. 830.
3. Hans Gideon: „Erinnerung an den 15. Dezember 1935." In: *Aufbau* 2 v. 6. 1. 1936, S. 2.
4. „Albert Einstein beim Deutsch-Jüdischen Club." In: *Aufbau* 5 v. 1. 4. 1935, S. 2.
5. Zitiert nach Stahlberger: *Der Zürcher Verleger Emil Oprecht*, S. 150.
6. Heinrich Mann, Brief an Thomas Mann v. 25. 5. 1939. In Thomas Mann – Heinrich Mann: *Briefwechsel 1900–1949*. O. O.: Fischer 1969, S. 185.
7. Klaus Mann: „Appell an die Freunde." In K. M.: *Heute und Morgen. Schriften zur Zeit*. München: Nymphenburger 1969, S. 145.
8. Wilhelm Abegg, Brief an die Deutsche Gesandtschaft in Bern v. 31. 10. 1935. Politisches Archiv. Auswärtiges Amt (Bonn). Ref. Deutschland. Inland II AB, 83–76, Bd. 1 (1933–1936).
9. Bertolt Brecht: „Ode an einen hohen Würdenträger." In B. B.: *Gesammelte Werke*. Bd. 9. Frankfurt: Suhrkamp 1967, S. 811–2.
10. Hans Habe: *Ich stelle mich. Meine Lebensgeschichte*. München: Desch 1954, S. 305.
11. Mündliche Mitteilung von Barbara Schoenberg, geb. Zeisl, Juni 1977.
12. Johanna W. Roden: „Emil Ludwig." Manuskript für den von John M. Spalek geplanten Band 2 (Ostküste der USA) der *Deutschen Exilliteratur seit 1933*. Frau Roden sei gedankt, daß sie mir Einblick in ihre Arbeit gewährt hat.
13. In einer Anzeige für das von Carl Misch 1939 im Verlag der „Pariser Tageszeitung" zusammengestellte *Gesamtverzeichnis der Ausbürgerungslisten 1933–1938* wird darauf hingewiesen, daß die Listen „buchstabengetreu mit dem Text der amtlichen Verkündung im ‚Deutschen Reichsanzeiger'" übereinstimmen, „so daß die Behörden dieses Gesamtverzeichnis als Beweismittel anerkennen können" (*Das Neue Tage-Buch* 31 v. 29. 7. 1939, S. 722).
14. Jens: *Dichter zwischen rechts und links*, S. 150ff.
15. Elisabeth Castex: „Robert Musils ‚Exilzeit'. Die Jahre 1933–1942." Vortrag auf dem Internationalen Symposium zur Erforschung des österreichischen Exils von 1934–1945, Wien, Juni 1975.
16. Jens: *Dichter zwischen rechts und links*, S. 152.
17. *Das Neue Tage-Buch* 12 v. 23. 3. 1935, S. 269.
18. Alfred Döblin, Brief an Elvira u. Arthur Rosin v. 25. 5. 1935. In A. D.: *Briefe*. Olten: Walter 1970, S. 208.
19. Walter Benjamin, Brief an Bertolt Brecht v. 20. 5. 1935. In W. B.: *Briefe*. Frankfurt: Suhrkamp 1966, S. 657.
20. Walter Benjamin, Brief an Gerhard Scholem v. 16. 6. 1933. A. a. O., S. 578.
21. Walter Benjamin, Brief an Jula Radt v. 24. 7. 1933. A. a. O., S. 586.

22. Vicki Baum: *Es war alles ganz anders. Erinnerungen.* Frankfurt: Ullstein 1962, S. 460.
23. Theodor W. Adorno: „Schutz, Hilfe und Rat." In Th. W. A.: *Minima Moralia. Reflexionen aus dem beschädigten Leben.* Frankfurt: Suhrkamp 1970, S. 32. (= Bibliothek Suhrkamp, 236.)
24. Ernst Weiß, Brief vom 26. 10. 1935. In: *Weiß-Blätter* 3/1974, S. 9.
25. Adrienne Thomas-Deutsch: „Exilerinnerungen." Vortrag auf dem Internationalen Symposium zur Erforschung des österreichischen Exils von 1934–1945, Wien, Juni 1975.
26. Curt Goetz und Valérie von Martens: *Wir wandern, wir wandern ... Der Memoiren dritter Teil.* Stuttgart: Deutsche Verlagsanstalt 1963, S. 278.
27. Bei aller Betonung der unmittelbar durch die Exilsituation veranlaßten Not sollte nicht aus dem Auge verloren werden, daß sich ein beträchtlicher Teil der Kulturproduzenten schon in der Weimarer Republik von finanziellen Problemen, Vereinzelung und Symptomen der Kulturkrise bedrängt gefühlt hatte: psychologische Spannungen, chronischer Geldmangel, Schaffenskrisen und auch Selbstmorde hatten durchaus auch zum Bild der „goldenen 20er Jahre" gehört.
28. Berthold Viertel: *Dichtungen und Dokumente.* Hrsg. v. Ernst Ginsberg. München: Kösel 1956, S. 322.
29. Alfred Döblin, Brief an Ferdinand Lion v. 28. 4. 1933. In A. D.: *Briefe.* Olten: Walter 1970, S. 180.
30. Thomas Mann, Brief an Lavinia Mazzucchetti v. 13. 3. 1933. In Th. M.: *Briefe 1889–1936.* O. O.: Fischer 1962, S. 329.
31. Ludwig Marcuse: *Mein zwanzigstes Jahrhundert. Auf dem Weg zu einer Autobiographie.* München: List 1960, S. 273.
32. Arnulf Baring: „Ein Politiker auf der Suche nach seiner Heimat. Kritische Anmerkungen zu drei Biographien über Willy Brandt." In: *Zeit* 11 v. 12. 3. 1976 hat Ähnliches für Willy Brandt festgestellt: „Er war schon im Exil, ehe er Lübeck verließ – und blieb es immer." (Wo nicht anders vermerkt, wird aus der nordamerikanischen Ausgabe der *Zeit* zitiert.)
33. Ernst Bloch: „Zerstörte Sprache – zerstörte Kultur." In: *Verbannung,* S. 183.
34. Kurt Kersten: „Vier Jahre Exil." A. a. O., S. 244.

3.2. Geographie des Exils

1. Bertolt Brecht: „An die Nachgeborenen." In B. B.: *Gesammelte Werke.* Bd. 9. Frankfurt: Suhrkamp 1967, S. 725.
2. Henri Poschmann: *Louis Fürnberg. Leben und Werk.* Berlin: Volk und Wissen 1967, S. 61. (= Schriftsteller der Gegenwart, 21.)
3. Gustav Regler: *Das Ohr des Malchus. Eine Lebensgeschichte.* Köln: Kiepenheuer & Witsch 1958, S. 484.
4. T. W. Adorno: „Für Ernst Bloch." In: *Aufbau* 48 v. 27. 11. 1942, S. 15 (Beilage: „Die Westküste").
5. Kurt R. Grossmann: *Emigration. Geschichte der Hitler-Flüchtlinge 1933–1945.* Frankfurt: Europäische Verlagsanstalt 1969, S. 195 ff.
6. Walter: „Die Helfer im Hintergrund", S. 129 bezieht diese Episode auf Remarques Roman *Drei Kameraden,* der jedoch schon 1938 bei Querido erschienen war. Gemeint sein dürfte deshalb *Liebe deinen Nächsten.*

7. Franz Theodor Csokor: *Als Zivilist im polnischen Krieg*. Amsterdam: de Lange 1940; ders.: *Auf fremden Straßen 1939–1945*. München: Desch 1955.
8. Horst Widmann: *Exil und Bildungshilfe*. *Die deutschsprachige akademische Emigration in der Türkei nach 1933*. Bern: Lang 1973.
9. Wächter: *Theater im Exil*, S. 211–28.
10. W. V. (d. i. Willy Verkauf): „Palästina." In: *Wort* 2/1939, S. 140.

3.2.1. Mittel-, West- und Nordeuropa

1. Bruno Frei: *Der Papiersäbel*. Frankfurt: Fischer 1972, S. 168.
2. *Neue Weltbühne* 41 v. 11. 10. 1934, S. 1308. Vgl. auch M. Beck, G. Ducháčková, K. Hyršlová, J. Veselý: „Zur Frage der deutschen antifaschistischen Emigration in der ČSR 1933–1939." In: *Philologica pragensia* 1/1975, S. 4–24.
3. Gertruda Albrechtová: „Zur Frage der deutschen antifaschistischen Emigrationsliteratur im tschechoslowakischen Asyl." In: *Historica* 8 (1964), S. 190.
4. Zitiert nach Alois Hofmann: „Die deutsche Emigration in der Tschechoslowakei (1933–1938)." In: *Weimarer Beiträge* 4/1975, S. 152.
5. Johannes R. Becher: „Bericht über die Tätigkeit während meiner Reise vom 5. Juli bis 27. September 1933." In: *Zur Tradition der sozialistischen Literatur in Deutschland*, S. 570.
6. Johannes R. Becher: „Bericht über eine Reise nach Prag, Zürich und Paris (Oktober/November 1934)." A. a. O., S. 669.
7. Zitiert nach Wächter: *Theater im Exil*, S. 23.
8. K. K. R. (d. i. K. K. Regner): „Tschechoslowakei." In: *Wort* 8/1938, S. 143.
9. Albrechtová: „Zur Frage der deutschen antifaschistischen Emigrationsliteratur im tschechoslowakischen Asyl", S. 197. Zu Thomas Manns Einbürgerung vgl. Květa Hyršlová: „Thomas Mann – vom ‚Weltbürger' zum ‚Mitbürger' (ČSR 1933–1938)." In: *Philologica pragensia* 1/1975, S. 64–77.
10. Heinrich Mann, Brief an das *Prager Tageblatt* v. 5. 7. 1935; zitiert a. a. O.
11. Zuletzt Květa Hyršlová: „Zur Entstehung der antifaschistischen Front tschechischer und deutscher Schriftsteller in der ČSR 1933–1939." In: *Weimarer Beiträge* 10/1976, S. 145 und Hofman: „Die deutsche Emigration in der Tschechoslowakei (1933–1938)", S. 148 ff.
12. Heinrich Mann: *Ein Zeitalter wird besichtigt*. Reinbek: Rowohlt 1976, S. 303. (= rororo, 1986.)
13. Lion Feuchtwanger: *Unholdes Frankreich*. Mexiko: El Libro libre 1942. (Nachdruck u. d. T.: *Der Teufel in Frankreich*. Rudolstadt: Greifenverlag 1954.)
14. Alfred Döblin: *Schicksalsreise. Bericht und Bekenntnis*. Frankfurt: Knecht-Carolusdruckerei 1949.
15. Schramm: *Menschen in Gurs*. Die detaillierten und reich dokumentierten Ausführungen von Barbara Vormeier konnten hier leider nicht mehr ausgewertet werden.
16. Arthur Koestler: *Die Geheimschrift. Bericht eines Lebens 1932 bis 1940*. München: Desch 1954.
17. Hans-Albert Walter: „Internierung in Frankreich. Zur Situation der exilierten deutschen Schriftsteller, Politiker und Publizisten nach Beginn des zweiten Weltkriegs." In: *Jahresring 70/71*. Stuttgart: Deutsche Verlags-Anstalt 1970, S. 281–310.

18. Leonhard Frank: *Links wo das Herz ist.* München: Nymphenburger 1952, S. 195.
19. Alfred Kantorowicz: *Exil in Frankreich. Merkwürdigkeiten und Denkwürdigkeiten.* Bremen: Schünemann 1971, S. 106.
20. Alexander Abusch: „Begegnungen und Gedanken 1933–1940." In A. A.: *Literatur im Zeitalter des Sozialismus. Beiträge zur Literaturgeschichte 1921 bis 1966.* Berlin: Aufbau 1967, S. 207.
21. Hans-Albert Walter: „Flucht aus Frankreich. Die Situation der exilierten deutschen Schriftsteller, Politiker und Publizisten nach dem deutsch-französischen Waffenstillstandsvertrag. Ein Beitrag zum Hintergrund des Romans ‚Transit'." In: *Über Anna Seghers. Ein Almanach zum 75. Geburtstag.* Hrsg. v. Kurt Batt. Berlin: Aufbau 1975, S. 98–140.
22. Jeanne Stern: „Das Floß der Anna Seghers." A. a. O., S. 77.
23. Ulrich Weisstein: „Heinrich Mann. Besichtigung eines Zeitalters." In: *Zeitkritische Romane des 20. Jahrhunderts. Die Gesellschaft in der Kritik der deutschen Literatur.* Hrsg. v. Hans Wagener. Stuttgart: Reclam 1975, S. 20.
24. Hellmuth von Gerlach: „Antijuifs." In: *Neue Weltbühne* 11 v. 15. 3. 1934, S. 325 ff.
25. Ludwig Marcuse: *Mein zwanzigstes Jahrhundert. Auf dem Weg zu einer Autobiographie.* München: List 1960, S. 180.
26. Walter Mehring: „Rettung in Frankreich." In: *Hermann Kesten. Ein Buch der Freunde. Zum 60. Geburtstag.* München: Desch 1960, S. 117.
27. Walter Hasenclever, Brief an Kurt Pinthus v. 14. 6. 1939; zitiert nach W. H.: *Gedichte,. Dramen, Prosa.* Reinbek: Rowohlt 1963, S. 59.
28. Klaus Mann: „Heinrich Mann im Exil." In K. M.: *Prüfungen. Schriften zur Literatur.* München: Nymphenburger 1968, S. 237.
29. Ludwig Marcuse: *Mein zwanzigstes Jahrhundert. Auf dem Weg zu einer Autobiographie.* München: List 1960, S. 183.
30. Tutas: *Nationalsozialismus und Exil,* S. 241 ff.
31. Franz Theodor Csokor, Brief an Ferdinand Bruckner v. 30. 12. 1933. In F. Th. C.: *Zeuge einer Zeit. Briefe aus dem Exil 1933–1950.* München: Langen 1964, S. 45.
32. *Das Neue Tage-Buch* 27 v. 30. 12. 1933, S. 632.
33. Walter: *Deutsche Exilliteratur 1933–1950.* Bd. 2, S. 99.
34. Bertolt Brecht: „Flüchtlingsgespräche." In B. B.: *Gesammelte Werke.* Bd. 14. Frankfurt: Suhrkamp 1967, S. 1442–3.
35. Carl Ludwig: *Die Flüchtlingspolitik der Schweiz in den Jahren 1933–1955. Beilage zum Bericht des Bundesrates an die Bundesversammlung über die Flüchtlingspolitik der Schweiz seit 1933 bis zur Gegenwart.* O. O., o. J. (1957), S. 52, 53. Daß es kommunistischen Exilanten nicht besser erging, sucht Hans Teubner: *Exilland Schweiz. Dokumentarischer Bericht über den Kampf emigrierter deutscher Kommunisten 1933–1945.* Berlin: Dietz 1975 nachzuweisen.
36. Zitiert nach Alfred A. Häsler: *Das Boot ist voll ... Die Schweiz und ihre Flüchtlinge 1933–1945.* Zürich: Ex Libris 1967, S. 276.
37. Zitiert a. a. O., S. 277–8.
38. Zitiert nach Stahlberger: *Der Zürcher Verleger Emil Oprecht,* S. 113.
39. Müssener: *Exil in Schweden.*
40. *Zur deutschen Exilliteratur in den Niederlanden 1933–1940.*
41. Stahlberger: *Der Zürcher Verleger Emil Oprecht,* S. 58.

42. Walter: *Deutsche Exilliteratur 1933–1950*. Bd. 2, S. 117.
43. Kurt Tucholsky, Brief an Heinz Pol v. 7. 4. 1933. In K. T.: *Ausgewählte Briefe 1913–1935*. Reinbek: Rowohlt 1962, S. 226. (= Gesammelte Werke, 4.)
44. Günther Schoop: *Das Zürcher Schauspielhaus im zweiten Weltkrieg*. Zürich: Oprecht 1957.
45. Zitiert nach Stahlberger: *Der Zürcher Verleger Emil Oprecht*, S. 75.
46. Hans Flesch: „Emigranten-Literatur in England." In: *Neue Weltbühne* 28 v. 8. 7. 1937, S. 886.
47. Werner Röder: *Die deutschen sozialistischen Exilgruppen in Großbritannien. Ein Beitrag zur Geschichte des Widerstandes gegen den Nationalsozialismus*. Hannover: Verlag für Literatur und Zeitgeschehen 1968, S. 23. (= Schriftenreihe des Forschungsinstituts der Friedrich-Ebert-Stiftung.)
48. *Exil-Literatur 1933–1945*, S. 5. Die Wiener Library ist heute in Israel.
49. Erich Freund: „Deutsches Theater im Londoner Exil." In: *Theater der Zeit* 4/1946, S. 20f.
50. Franz Bönsch: „Das österreichische Exiltheater ‚Laterndl' in London." Vortrag auf dem Internationalen Symposium zur Erforschung des österreichischen Exils von 1934–1945, Wien, Juni 1975, S. 8. Vgl. auch den Vortrag von Peter Herz: „Die Kleinkunstbühne ‚Blue Danube' in London 1939–1954" auf derselben Tagung.
51. Müssener: *Exil in Schweden*, S. 61.
52. Bertolt Brecht: „Flüchtlingsgespräche." In B. B.: *Gesammelte Werke*. Bd. 14. Frankfurt: Suhrkamp 1967, S. 1457.
53. Müssener: *Exil in Schweden*, S. 360–1.
54. A. a. O., S. 99. In seinem Aufsatz „Die Exilsituation in Skandinavien." In: *Die deutsche Exilliteratur 1933–1945*, S. 116 spricht Müssener von „bestenfalls 25 Prozent".
55. Müssener: *Exil in Schweden*, S. 50.

3.2.2. Sowjetunion

1. *Neue Weltbühne* 22 v. 1. 6. 1933, S. 673–5, 24 v. 15. 6. 1933, S. 755f. u. 27 v. 6. 7. 1933, S. 847f.
2. Grossmann: *Emigration*, S. 43.
3. Stahlberger: *Der Zürcher Verleger Emil Oprecht*, S. 30 zitiert dazu einen „Bericht des Bundesrates an die Bundesversammlung über die antidemokratische Tätigkeit von Schweizern und Ausländern im Zusammenhang mit dem Kriegsgeschehen 1939–1945" (Motion Boerlin). III. Teil (vom 21. Mai 1946): Die Kommunisten, S. 16, der sich seinerseits auf ein beschlagnahmtes Rundschreiben der Internationalen Roten Hilfe stützt: „Die Hauptrichtlinie ist, daß die Emigranten in den kapitalistischen Ländern untergebracht werden müssen. Die Exekutive unterstreicht, daß die Emigration nach der Sowjetunion nur dann genehmigt werden darf, wenn Todesstrafe oder sehr lange Einkerkerung droht ... und wo die Sowjetunion die allerletzte Möglichkeit der Asylgewährung darstellt." Vgl. auch Grossmann: *Emigration*, S. 105–10.
4. Krystyna Kudlinska: „Die Exilsituation in der UdSSR." In: *Die deutsche Exilliteratur 1933–1945*, S. 162.

5. John Fuegi: „The Soviet Union and Brecht: The Exile's Choice." In: *Brecht heute. Brecht Today 2* (1972), S. 209–221.

6. Ursula Ahrens: „Bericht über Alexander Granachs sowjetische Exiljahre 1935–37. Aus Briefen im Archiv der Westberliner Akademie der Künste erstellt." In: *europäische ideen* 14/15 (1976), S. 130.

7. Walther Pollatschek: *Friedrich Wolf. Leben und Schaffen.* Leipzig: Reclam 1974, S. 205. (= Reclams Universal-Bibliothek, 555.)

8. Rudolf Lenk: „Nachrichten über Carola Neher." In: *Frankfurter Allgemeine Zeitung* v. 14.9. 1973. (Nachdruck in *europäische ideen* 14/15 [1976], S. 59.)

9. Sina Walden: „Nachricht über meinen Vater." In: *europäische ideen* 14/15 (1976), S. 14–5.

10. Zwei weitere Beispiele werden an anderen Stellen behandelt: die sogenannte Expressionismusdebatte in Kapitel 4.2, die Pläne der Exil-KPD für die nachkriegsdeutsche Kulturpolitik in Kapitel 5.1.

11. Walter: *Deutsche Exilliteratur 1933–1950.* Bd. 7, S. 210.

12. George Vernadsky: *A History of Russia.* New Haven: Yale University Press 1961, S. 419 f.; Wolfgang Leonhard: *Die Revolution entläßt ihre Kinder.* Köln: Kiepenheuer & Witsch 1955, S. 65.

13. Werner Preuß: *Erich Weinert. Sein Leben und Werk.* Berlin: Volk und Wissen 1970, S. 109 ff.

14. *Geschichte der russischen Sowjetliteratur 1941–1967.* Hrsg. v. Harri Jünger u.a. Berlin: Akademie 1975, S. 497. (= Geschichte der russischen Sowjetliteratur, 2.)

15. Johannes R. Becher: *Gedichte 1936–1941.* Berlin: Aufbau 1966, S. 407–8, 809–12. (= Gesammelte Werke, 4.)

16. A.a.O., S. 415–6, 813–8.

17. A.a.O., S. 405.

18. A.a.O., S. 430–1, 819–21.

19. A.a.O., S. 904.

20. Walter: *Deutsche Exilliteratur 1933–1950.* Bd. 7, S. 215 f.

21. Alexander Ritter: „Reichsdeutsche Emigranten und sowjetdeutsche Minderheit. Anmerkungen zu einer kulturgeschichtlich wirksamen Begegnung." In: *europäische ideen* 14/15 (1976), S. 124–7.

22. Wolf Düwel: „Johannes R. Becher in der Sowjetunion." In: *Sinn und Form.* Zweites Sonderheft Johannes R. Becher. Berlin: Rütten & Loening o. J., S. 769–77.

23. Horst Halfmann: „Bibliographien und Verlage der deutschsprachigen Exil-Literatur 1933 bis 1945." In: *Beiträge zur Geschichte des Buchwesens* 4 (1969), S. 222, 290.

24. Fritz Brügel: „Engels – eine Stadt an der Wolga." In: *Wort* 11/1937, S. 130 ff.

25. Curt Trepte: „Deutsches Theater in der Sowjetunion." In: *Theater der Zeit* 20/1967, S. 30.

26. Walter: *Deutsche Exilliteratur 1933–1950.* Bd. 2, S. 347.

27. Wolfgang Leonhard: *Die Revolution entläßt ihre Kinder.* Köln: Kiepenheuer & Witsch 1955, S. 307.

28. Krystyna Kudlinska: „Die Exilsituation in der UdSSR." In: *Die deutsche Exilliteratur 1933–1945,* S. 168.

29. Alfred Kurella: *Zwischendurch. Verstreute Essays 1934–1940.* Berlin: Aufbau 1961, S. 5.

30. Krystyna Kudlinska: „Die Exilsituation in der UdSSR." In: *Die deutsche Exilliteratur 1933–1945*, S. 168.

31. Walter: *Deutsche Exilliteratur 1933–1950*. Bd. 2, S. 346.

32. Heinz Willmann: „Das sowjetische Volk war uns immer Freund und Helfer." In: *Im Kampf bewährt. Erinnerungen deutscher Genossen an den antifaschistischen Widerstand von 1933 bis 1945*. Hrsg. v. Heinz Voßke. Berlin: Dietz 1969, S. 424.

33. Wolfgang Leonhard: *Die Revolution entläßt ihre Kinder*. Köln: Kiepenheuer & Witsch 1955, S. 92.

34. Hermann Greid: „Als Fremder drei Jahre – 1933 bis 1936 – in Schweden und in der Sowjetunion", unveröffentl. Manuskript, Sammlung Theater im Exil, Akademie der Künste Berlin; zitiert nach Haarmann, Schirmer, Walach: *Das ,Engels' Projekt*, S. 21.

35. A. a. O.

36. Erwin Piscator, Brief an Otto Wallburg v. 3. 10. 1936; zitiert a. a. O., S. 77.

37. Barck: *Johannes R. Bechers Publizistik in der Sowjetunion 1935–1945*.

38. Julius Hay: *Geboren 1900. Erinnerungen*. Hamburg: Wegner 1971, S. 179 f.

39. Harry Wilde: *Theodor Plivier. Nullpunkt der Freiheit. Eine Biographie*. München: Desch 1965, S. 350 ff.

40. Erich Weinert: *Rufe in die Nacht. Gedichte aus der Fremde*. Berlin: Volk und Welt 1947, S. 20.

41. Walter: *Deutsche Exilliteratur 1933–1950*. Bd. 2, S. 357.

3.2.3. Nord- und Südamerika

1. Maurice R. Davie: *Refugees in America. Report of the Committee for the Study of Recent Immigration from Europe*. New York: Harper 1947, S. 37 ff. Davie schlüsselt hier die Immigranten auch nach Religionszugehörigkeit auf: 13 Prozent Protestanten, 7 Prozent Katholiken und knapp 80 Prozent Juden.

2. Donald Peterson Kent: *The Refugee Intellectual. The Americanization of the Immigrants 1933–1941*. New York: Columbia University Press 1953, S. 15; Grossmann: *Emigration*, S. 297 spricht von 2500 Akademikern, Kent von 1090. Vgl. auch *Auszug der Geistes*, S. 16 f.

3. Ludwig Marcuse: *Mein zwanzigstes Jahrhundert. Auf dem Weg zu einer Autobiographie*. München: List 1960, S. 179.

4. Thomas Mann: *Die Entstehung der Doktor Faustus. Roman eines Romans*. O. O.: Fischer 1966, S. 71. (= Stockholmer Gesamtausgabe.)

5. Radkau: *Die deutsche Emigration in den USA*, S. 39–40.

6. Lee Baxandall: „Brecht in America, 1935." In: *Drama Review* 1/1967, S. 69–87; Joseph Dial: „Brecht in den USA. Zur Stellung der New Yorker Aufführung der ,Mutter' (1935) und des ,Galilei' (1947) in der Geschichte des epischen Theaters." In: *Weimarer Beiträge* 2/1978, S. 160–72.

7. Herbert Lehnert: „Thomas Mann in Exile 1933–1938." In: *Germanic Review* 4/1963, S. 277–94.

8. Karl Jakob Hirsch: *Heimkehr zu Gott*. München: Desch 1946, S. 107.

9. Kritisch der restriktiven Einwanderungspolitik der USA gegenüber sind u. a. Herbert A. Strauss und Leonard P. Liggio: „Einwanderung und Radikalismus in der politischen Kultur der Vereinigten Staaten von Amerika." In: *Deutsche Exillitera-*

tur seit 1933. Bd. I, T. 1, S. 168–94; Henry L. Feingold: *The Politics of Rescue. The Roosevelt Administration and the Holocaust, 1938–1945.* New Brunswick: Rutgers University Press 1970; David S. Wyman: *Paper Walls. America and the Refugee Crisis 1938–1941.* Amherst: University of Massachusetts Press 1968; Arthur D. Morse: *While Six Million Died. A Chronicle of American Apathy.* New York: Random House 1968 (dt.: *Die Wasser teilten sich nicht.* Bern: Rütten & Loening 1968).

10. Radkau: *Die deutsche Emigration in den USA*, S. 81.

11. Cazden: *German Exile Literature in America 1933–1950*, S. 138.

12. Wolfgang D. Elfe: „Das Emergency Rescue Committee." In: *Deutsche Exilliteratur seit 1933.* Bd. I, T. 1, S. 214.

13. Eine ERC-Broschüre spricht von „602 Lives". Elfe schätzt auf 100 deutschsprachige Exilautoren unter gut 2000 Geretteten (a. a. O., S. 218). Varian Fry: *Surrender on Demand.* New York: Random House 1945 nennt eine Gesamtzahl von 1500.

14. Alfred Döblin, Brief an Elvira u. Arthur Rosin v. 4. 12. 1940. In A. D.: *Briefe.* Olten: Walter 1970, S. 247.

15. Alfred Döblin, Brief an Hermann Kesten v. 11. 12. 1940. A. a. O., S. 248.

16. E. Bond Johnson: „Der European Film Fund und die Exilschriftsteller in Hollywood." In: *Deutsche Exilliteratur seit 1933.* Bd. I, T. 1, S. 135–46.

17. Erich A. Frey: „Thomas Mann." A. a. O., S. 476.

18. James K. Lyon u. John B. Fuegi: „Bertolt Brecht." A. a. O., S. 296.

19. Radkau: *Die deutsche Emigration in den USA*, S. 23 ff.; Ruth Goldschmidt Kunzer: „Die deutsche Literatur und Kultur im Exil und die Universitäten in Kalifornien." In: *Deutsche Exilliteratur seit 1933.* Bd. I, T. 1, S. 147–167; *The Legacy of the German Refugee Intellectuals.* Hrsg. v. Robert Boyers. New York: Schocken 1972; *The Intellectual Migration. Europe and America 1930–1960.* Hrsg. v. Donald Fleming u. Bernard Bailyn. Cambridge: Harvard University Press 1969; *Auszug des Geistes. Bericht über eine Sendereihe; The Cultural Migration. The European Scholar in America.* Hrsg. v. Franz C. Neumann u. a. New York: Barnes ²1961; Helge Pross: *Die deutsche akademische Emigration nach den Vereinigten Staaten 1933–1941.* Berlin: Duncker & Humblot 1955; Donald P. Kent: *The Refugee Intellectuals. The Americanization of the Immigrants 1933–1941;* siehe auch die Aufsätze von Louise W. Holborn, Herbert Marcuse (zu Philosophie und Soziologie), Albert Wellek (zur Psychologie), Gerald Stourzh (zu Geschichtswissenschaft und politischer Wissenschaft) sowie Stourzh' „Bibliographie der deutschsprachigen Emigration in den Vereinigten Staaten, 1933–1963: Geschichte und Politische Wissenschaft" in *Jahrbuch für Amerikastudien* 10 (1965), S. 15–26, 232–66 u. 11 (1966), S. 260–317.

20. Der Streit um Heinrich Manns finanzielle Lage in Kalifornien hat durch die Veröffentlichung von Brechts *Arbeitsjournalen* neuen Aufschwung erhalten (Golo Mann: „Die Brüder Mann und Bertold Brecht." In: *Zeit* v. 23. 2. 1973). Eine ausgewogene Darstellung gibt Ulrich Weisstein: „Heinrich Mann." In: *Deutsche Exilliteratur seit 1933.* Bd. I, T. 1, S. 446 ff.

21. Bertolt Brecht: „Briefe an einen erwachsenen Amerikaner." In B. B.: *Gesammelte Werke.* Bd. 20. Frankfurt: Suhrkamp 1967, S. 294–5.

22. Herbert A. Strauss u. Leonard P. Liggio: „Einwanderung und Radikalismus in der

politischen Kultur der Vereinigten Staaten von Amerika." In: *Deutsche Exilliteratur seit 1933*. Bd. I, T. 1, S. 181.

23. *Congressional Record*. Bd. 84, T. 1 (1939), S. 1024–9.

24. Radkau: *Die deutsche Emigration in den USA*, S. 89–90.

25. Maike Bruhns: *Das Amerika-Bild deutscher Emigranten*. Magisterarbeit Hamburg, 1970.

26. Gerhart Saenger: *Today's Refugees, Tomorrow's Citizens. A Story of Americanization*. New York: Harper 1941; Bruhns: *Das Amerika-Bild deutscher Emigranten*, S. 142–5.

27. Peter Bauland: *The Hooded Eagle. Modern German Drama on the New York Stage*. Syracuse: Syracuse University Press 1968, S. 134.

28. Thomas Mann, Brief an Bruno Walter v. 6. 5. 1943. In Th. M.: *Briefe 1937–1947*. O. O.: Fischer 1963, S. 310.

29. Leonhard Frank: *Links wo das Herz ist*. München: Nymphenburger 1952, S. 209, 233.

30. Bertolt Brecht: „Briefe an einen erwachsenen Amerikaner." In B. B.: *Gesammelte Werke*. Bd. 20. Frankfurt: Suhrkamp 1967, S. 297.

31. Ders.: „Nachdenkend über die Hölle." A.a.O. Bd. 10, S. 830.

32. Ders.: *Arbeitsjournal*. Frankfurt: Suhrkamp 1973, S. 210.

33. Zitiert nach Wolfdietrich Rasch: „Bertolt Brechts marxistischer Lehrer. Aufgrund eines ungedruckten Briefwechsels zwischen Brecht und Karl Korsch." In: *Merkur* 187/1963, S. 992.

34. Leonhard Frank: *Links wo das Herz ist*. München: Nymphenburger 1952, S. 211.

35. Alfred Döblin, Brief an Hermann Kesten v. 18. 5. 1943. In: *Deutsche Literatur im Exil*, S. 186.

36. Zum Exiltheater in den USA vgl. Wächter: *Theater im Exil*, S. 130–190; Peter Bauland: *The Hooded Eagle. Modern German Drama on the New York Stage*. Syracuse: Syracuse University Press 1968, S. 112–58.

37. Hans-Bernhard Moeller: „Exilautoren als Drehbuchautoren." In: *Deutsche Exilliteratur seit 1933*. Bd. I, T. 1, S. 705, 708–9; im selben Band befinden sich auch Aufsätze zu den Drehbuchautoren Paul Frank, George Froeschel, Felix Jackson, Leopold Jessner, Gina Kaus, Frederick Kohner, Henry Koster, Jan Lustig, Max Reinhardt, Walter Reisch, Curt Siodmak, Billy Wilder und Hans Wilhelm.

38. James K. Lyon: „Bertolt Brecht's Hollywood Years: The Dramatist as Film Writer." In: *Oxford German Studies* 6 (1971–2), S. 145–74.

39. Eberhard Brüning hat denn auch in seinem sprechend „Probleme der Wechselbeziehungen zwischen der amerikanischen und der deutschen sozialistischen und proletarisch-revolutionären Literatur" (in: *Literatur der Arbeiterklasse. Aufsätze über die Herausbildung der deutschen sozialistischen Literatur [1918–1933]*. Berlin: Aufbau 1974, S. 420–41. [= Beiträge zur Geschichte der deutschen sozialistischen Literatur im 20. Jahrhundert, 1.]) überschriebenen Aufsatz selbst für die aktiven frühen 30er Jahre wenig konkretes Material über eine deutsch-amerikanische Zusammenarbeit der künstlerischen Linken zu bieten. Zu Piscators politischem Exil in den USA vgl. Klatt: *Arbeiterklasse und Theater. Agitprop-Tradition – Theater im Exil – Sozialistisches Theater*, S. 121–27.

40. Wulf Koepke: „Die Exilschriftsteller und der amerikanische Buchmarkt." In: *Deutsche Exilliteratur seit 1933*. Bd. I, T. 1, S. 111 kommt zu dem Ergebnis:

„... nichts deutet darauf hin, daß die Anwesenheit der Exilschriftsteller das amerikanische Bild von Deutschland, den Deutschen und der deutschen Literatur wesentlich beeinflußt hat, und man kann kaum behaupten, daß der Aufenthalt prominenter deutscher Schriftsteller in den USA das Amerikabild Deutschlands verändert hat."

41. *Bulletin of the Council for a Democratic Germany* 4 v. 4. 2. 1945, S. 1 f.
42. Alfred Vagts: *Deutsch-Amerikanische Rückwanderung. Probleme – Phänomene – Statistik – Politik – Soziologie – Biographie*. Heidelberg: Winter 1960, S. 18 f. (= Beihefte zum Jahrbuch für Amerikastudien, 6.)
43. A. a. O., S. 19.
44. Thomas Mann, Brief an Agnes E. Meyer v. 10. 10. 1947. In Th. M.: *Briefe 1937–1947*. O. O.: Fischer 1963, S. 557.
45. Aus dem Katalog der Firma Hauswedell; zitiert nach Ulrich Weisstein: „Heinrich Mann." In: *Deutsche Exilliteratur seit 1933*. Bd. I, T. 1, S. 458.
46. Zitiert nach Radkau: *Die deutsche Emigration in den USA*, S. 220.
47. *The Network* 16 (Mai 1945); zitiert nach Cazden: *German Exile Literature in America 1933–1950*, S. 173.
48. Zu Kanada als Asylland liegen so gut wie keine Berichte vor (Barbara Moon: „The Welcome Enemies." In: *Maclean's* v. 10. 2. 1962, S. 12–15 u. 36–9).
49. Grossmann: *Emigration*, S. 161.
50. Hans-Albert Walter zitiert einen Bericht aus der Saarbrückener *Deutschen Freiheit* (Mai 1934), in dem für Portugal ähnliche Praktiken berichtet werden: „Angebote in portugiesischer Staatsbürgerschaft sind für den nicht geringen Betrag von 10000 Schweizer Franken jederzeit vorhanden" (H.–A. W.: *Deutsche Exilliteratur 1933–1950*. Bd. 2, S. 28).
51. A. a. O., S. 29.
52. Hans Habe: *Ich stelle mich. Meine Lebensgeschichte*. Wien: Desch 1954, S. 377.
53. L[eon] L[awrence] Matthias: *Es hing an einem Faden. Meine Jahre in Lateinamerika und Europa*. Reinbek: Rowohlt 1970, S. 338.
54. Alton Frye: *Nazi Germany and the American Hemisphere 1933–1941*. New York: Yale University Press 1967; *Der deutsche Faschismus in Lateinamerika 1933–1943*. Hrsg. v. Heinz Sanke. Berlin: Humboldt-Universität 1966. Zu Parallelerscheinungen in den USA vgl. Klaus Kipphan: *Deutsche Propaganda in den Vereinigten Staaten 1933–1941*. Heidelberg: Winter 1971 (= Beihefte zum Jahrbuch für Amerikastudien, 31.) und Richard O'Connor: *The German-Americans. An Informal History*. Boston: Little, Brown and Co. 1968, S. 436 ff.
55. Für die USA vgl. dazu Carol Jean Bander: *The Reception of Exiled German Writers in the Nazi and Conservative German-Language Press of California: 1933–1950*. Phil. Diss. Los Angeles, 1972 (daraus Auszüge in *Deutsche Exilliteratur seit 1933*. Bd. I, T. 1, S. 195–213).
56. Wächter: *Theater im Exil*, S. 205 ff.
57. Balder Olden: „Flucht und Hoffnung. Rückschau aus Buenos Aires." In: *Aufbau* 39 v. 22. 8. 1941, S. 10.
58. Grossmann: *Emigration*, S. 153, 154, 156.
59. „Die Gründung des Heinrich Heine-Clubs in Mexico." In: *Freies Deutschland* (Mexiko) 2/1941, S. 2.
60. A. a. O., S. 116.

61. Dagegen wies Ward B. Lewis jüngst darauf hin, daß „from 1940 through 1945 forty dramas authored or co-authored by dramatists in exile were among the hundred and forty-eight presented, a ratio of better than one to three" („Activism and the Argentinean Exile Theater." In: *Deutsches Exildrama und Exiltheater*, S. 86).

3.3. *Veröffentlichungsmöglichkeiten*

3.3.1. *Verlage*

1. Wieland Herzfelde: „David gegen Goliath. Vier Jahre deutsche Emigrationsverlage." In: *Wort* 4–5/1937, S. 55.
2. Halfmann: „Bibliographien und Verlage der deutschsprachigen Exil-Literatur 1933 bis 1945."
3. Bertolt Brecht: *Gedichte 1941–47*. Frankfurt: Suhrkamp 1964, S. 209. (= Gedichte, 6.)
4. „The publication of this book was made possible through the financial assistance of some friends and the subscription of progressive German-American workers all over the country. Special gratitude goes to the Nature Friends of Camp Midvale, N. J., the Nature Friends of Camp Boyertown, Pa. ... (O. M. G.: *Prisoners All* [1943]; zitiert nach Cazden: *German Exile Literature in America 1933–1950*, S. 132).
5. Kurt Hiller: *Leben gegen die Zeit [Logos]*. Reinbek: Rowohlt 1969, S. 302.
6. Stahlberger: *Der Zürcher Verleger Emil Oprecht*, S. 273–4.
7. Hugo Kunoff: „Literaturbetrieb in der Vertreibung: Die Exilverlage." In: *Die deutsche Exilliteratur 1933–1945*, S. 191.
8. Gottfried Bermann-Fischer: *Bedroht – bewahrt. Weg eines Verlegers*. Frankfurt: Fischer 1967, S. 126.
9. Bodo Uhse: „Schriftsteller als Verleger." Nachdruck in Kießling: *Alemania Libre in Mexiko*. Bd. 2, S. 258.
10. Wolfgang Yourgrau, Brief an Walter A. Berendsohn v. 26. 7. 1947. In: *Exil-Literatur 1933–1945*, S. 303.
11. Wolfang Yourgrau: „Nach einer Bombe." In: *Orient* 6–8/1943, S. 1–15.
12. „Juden- und Jesuitenverlage." In: *Neue Literatur* 12/1935, S. 761 f.
13. „Verlegerische Rassenschande." A. a. O., 2/1937, S. 103.
14. Mündliche Mitteilung von J. P. Kroonenburg; zitiert nach Walter: *Deutsche Exilliteratur 1933–1950*. Bd. 2, S. 194. Aus ähnlichen Gründen lehnte Querido Oskar Maria Grafs *Abgrund* ab (O. M. G., Brief an Kurt Rosenwald v. 15. 5. 1935; zitiert nach Walter: „Nachwort." In O. M. G.: *Reise in die Sowjetunion 1934*, S. 219).
15. Zitiert nach Stahlberger: *Der Zürcher Verleger Emil Oprecht*, S. 111.
16. *Der Malik-Verlag 1916–1947* (Ausstellungskatalog). Hrsg. v. Wieland Herzfelde. Berlin: Deutsche Akademie der Künste o. J., S. 65.
17. *Das Neue Tage-Buch* 47 v. 19. 11. 1938, S. 1127.
18. Alfred Döblin, Brief an Gottfried Bermann v. 16. 10. 1937. In A. D.: *Briefe*. Olten: Walter 1970, S. 217; Oskar Maria Graf: „Das Recht der Verfemten." In: *Neue Weltbühne* 46 v. 14. 11. 1935, S. 1442–8; Wieland Herzfelde: „David gegen Goliath. Vier Jahre deutsche Emigrationsverlage." In: *Wort* 4–5/1937, S. 57.

19. Vgl. zum Beispiel den Brief von Ferdinand Bruckner an den Fischer Verlag vom 12. 1. 1934. In: *alternative* 52/1967, S. 14: „Da Ihnen meine Arbeiten zur Zeit nichts einbringen und Sie auf das Prestige, ihr Verleger zu sein, nicht den geringsten Wert legen, ja, ein solches Prestige als taktlos empfänden, entspringt Ihr hartnäckiger Versuch, mich trotzdem in Ihrem Verlag zu behalten, lediglich der Spekulation auf eine Konjunktur, die sich bei einem etwaigen Sturz der Nationalsozialistischen Regierung allerdings für meine Werke ergeben könnte."

20. *Der Schriftsteller* 8/1934, S. 8.

21. Heinz Gittig u. Wieland Herzfelde: „Bibliographie des Malik-Verlages." In *Der Malik-Verlag 1916–1947* (Ausstellungskatalog). Hrsg. v. W. H. Berlin: Deutsche Akademie der Künste o. J., S. 129–34.

22. *Der Schriftsteller* 8/1934, S. 8.

23. Alfred Döblin, Brief an Bertolt Brecht v. 28. 1. 1935. In A. D.: *Briefe*. Olten: Walter 1970, S. 201.

24. Walter: *Deutsche Exilliteratur 1933–1950*. Bd. 2, S. 186.

25. Klaus Mann: *Der Wendepunkt*. O. O.: Fischer 1952, S. 327.

26. Harry Wilde: *Theodor Plivier. Nullpunkt der Freiheit. Eine Biographie*. München: Desch 1965, S. 312.

27. Joseph Roth, Brief an Stefan Zweig v. 22. 12. 1933. In J. R.: *Briefe 1911–1939*. Köln: Kiepenheuer & Witsch 1970, S. 297.

28. Joseph Roth: „Aus dem Tagebuch eines Schriftstellers." In: *Verbannung*, S. 260–1.

29. Stahlberger: *Der Zürcher Verleger Emil Oprecht*, S. 116.

30. Allein 1939 und 1940 betrug die Summe, die Oprecht zuzuschießen hatte, je Fr. 4000 (a. a. O., S. 261).

31. Brigitte Melzwig: *Deutsche sozialistische Literatur 1918–1945. Bibliographie der Buchveröffentlichungen*. Berlin: Aufbau 1975, S. 392, 396 f., 399. (= Veröffentlichung der Akademie der Künste der Deutschen Demokratischen Republik.)

32. Alphons Ruckstuhl: „Geistige Landesverteidigung." In: *Die Front* 1 v. 29. 8. 1933; zitiert nach Stahlberger: *Der Zürcher Verleger Emil Oprecht*, S. 105.

33. Curt Riess: „Erinnerungen an Opi." In: *Emil Oprecht*. Zürich, 1952, S. 54 ff.; nach Stahlberger: *Der Zürcher Verleger Emil Oprecht*, S. 121 f.

34. Stahlberger: *Der Zürcher Verleger Emil Oprecht*, S. 280, 285 f.

35. Pierre Accoce u. Pierre Quet: *Moskau wußte alles*. Zürich: Schweizer Verlagshaus 1966.

36. *Der Malik-Verlag 1916–1947* (Ausstellungskatalog). Hrsg. v. Wieland Herzfelde. Berlin: Deutsche Akademie der Künste o. J., S. 43, 44, 47.

37. Der Faust Verlag, bei dem die ersten elf Hefte der *Neuen Deutschen Blätter* erschienen, bestand nach Wieland Herzfeldes Aussage nur aus einem Signet (a. a. O., S. 43 f.).

38. Babette Gross: *Willi Münzenberg. Eine politische Biographie*. Stuttgart: Deutsche Verlags-Anstalt 1967, S. 276 (= Schriftenreihe der Vierteljahrshefte für Zeitgeschichte, 14/15.) spricht sogar allein für die Editions du Carrefour von „50 deutschsprachigen Broschüren und Büchern". Vgl. dagegen Helmut Gruber: „Willi Münzenberg: Propagandist For and Against the Comintern." In: *International Review of Social History* 2/1965, S. 190.

39. Babette Gross: *Willi Münzenberg. Eine politische Biographie*. Stuttgart: Deutsche

Verlags-Anstalt 1967, S. 260. (= Schriftenreihe der Vierteljahrshefte für Zeitgeschichte, 14/15.)

40. Diese Ziffer stammt zwar von Münzenberg selber, muß aber wegen dessen Gespür für Propagandaeffekte mit Vorsicht behandelt werden (*Der Schriftsteller* 8/1934, S. 8). Das gilt auch für einen Bericht der – von Münzenberg herausgegebenen – *Arbeiter-Illustrierten-Zeitung* v. 28. 2. 1935, S. 138, in dem von 600000 Exemplaren in 23 Sprachen und 15 000 Heften einer Reclam-Tarnausgabe die Rede ist. Arthur Koestler übertreibt sicherlich, wenn er behauptet „within a few weeks, the Brown Book was translated into seventeen languages and circulated in millions of copies" (A. K.: *The Invisible Writing*. New York: Macmillan 1954, S. 199).

41. Heinz Pol: „Das Antibraunbuch." In: *Neue Weltbühne* 39 v. 28. 9. 1933, S. 1208.

42. Müssener: *Exil in Schweden*, S. 361. Vgl. dagegen den von Müsseners Feststellung ausgehenden Bericht von Anders Marell: *Dokumentation zur Geschichte des Bermann-Fischer-Verlages in Stockholm*. Stockholm: Stockholmer Koordinationsstelle zur Erforschung der deutschsprachigen Exil-Literatur o. J. [1974]. (= Veröffentlichungen der Stockholmer Koordinationsstelle zur Erforschung der deutschsprachigen Exil-Literatur, 6.)

43. Peter de Mendelssohn: *S. Fischer und sein Verlag*. Frankfurt: Fischer 1970, S. 1281.

44. Thomas Mann, Brief vom 25. 10. 1933; zitiert nach *Neue Deutsche Blätter* 3/1933, S. 130: „Es war der Verlag, ... der in mich drang, ihm für alle Fälle das notwendige Abwehrmittel in Gestalt einer Absage an die Zeitschrift zur Verfügung zu stellen." Mehrere Monate zuvor hatte Erich Ebermayer in sein Tagebuch eingetragen: „Auf Anregung von Dr. Bermann-Fischer, dem Verleger Thomas Manns, habe ich vor einiger Zeit an Klaus wegen seines Vaters geschrieben. Der Verlag versucht – wie ich höre, auf Wunsch und im Einverständnis mit Dr. Goebbels –, Thomas Mann nach Deutschland zurückzubekommen." (Nachdruck in *Thomas Mann im Urteil seiner Zeit. Dokumente 1891–1955*. Hrsg. v. Klaus Schröter. Hamburg: Wegner 1969, S. 205.) Vgl. auch den Briefwechsel zwischen Ferdinand Bruckner und Gottfried Bermann-Fischer, der in Bruckners kategorischer Kündigung der Geschäftsbeziehungen zum Fischer Verlag gipfelte (in: *alternative* 52/1967, S. 7–14).

45. *Börsenblatt für den Deutschen Buchhandel* 240 v. 14. 10. 1933, S. 787–8.

46. A. a. O. 236 v. 10. 10. 1933, S. 770ff.

47. „Briefe, die den Weg beleuchten." In: *Neue Deutsche Blätter* 3/1933, S. 130ff. Vgl. Walter: „Der Streit um die ‚Sammlung'", S. 850ff. und Günter Hartung: „Klaus Manns Zeitschrift ‚Die Sammlung'." In: *Weimarer Beiträge* 5/1973, S. 46ff.

48. Die Auseinandersetzung zwischen Thomas Mann, Leopold Schwarzschild und Eduard Korrodi im *Neuen Tage-Buch* und der *Neuen Zürcher Zeitung* ist nachgedruckt in *Deutsche Literatur im Exil 1933–1945*. Bd. I, S. 95–124.

49. Siegfried Unseld: *Peter Suhrkamp. Zur Biographie eines Verlegers in Daten, Dokumenten und Bildern*. Frankfurt: Suhrkamp 1975, S. 21. (= suhrkamp taschenbuch, 260.)

50. Wolf Düwel: „Johannes R. Becher in der Sowjetunion." In: *Sinn und Form*. Zweites Sonderheft Johannes R. Becher. Berlin: Rütten & Loening o. J., S. 767–89; Halfmann: „Bibliographien und Verlage der deutschsprachigen Exil-Literatur 1933 bis 1945", S. 286–94.

51. A. a. O., S. 237.
52. Walter: *Deutsche Exilliteratur 1933–1950.* Bd. 2, S. 189.
53. Balder Olden: „Seltsame Abenteuer eines Dichters." In: *Das Neue Tage-Buch* 4 v. 26. 1. 1935, S. 95.
54. Johannes R. Becher: „Bericht über eine Reise nach Prag, Zürich und Paris (Oktober/November 1934)." In: *Zur Tradition der sozialistischen Literatur in Deutschland,* S. 680.
55. Undatierter Brief von Lion Feuchtwanger; zitiert nach *Neue Weltbühne* 34 v. 19. 8. 1937, S. 1080.
56. Arnold Zweig, Brief an Sigmund Freud v. 5. 8. 1938. In: *Sigmund Freud – Arnold Zweig. Briefwechsel.* Frankfurt: Fischer 1968, S. 176.
57. Heinrich Mann, Brief an Karl Lemke v. 19. 6. 1948. In H. M.: *Briefe an Karl Lemke und Klaus Pinkus.* Hamburg: Claassen o. J., S. 70f.
58. András Sándor: „Ein amerikanischer Verleger und die Exilautoren." In: *Deutsche Exilliteratur seit 1933.* Bd. I, T. 1, S. 117–34. Information selbst zu den Kleinverlagen in den USA gibt Cazden: *German Exile Literature in America 1933–1950,* S. 89–136, 190–215.
59. Nelly Mann, Brief an Salomea Rottenberg v. 25. 9. 1941; zitiert nach Gotthard Erler: „Entstehung, Überlieferung, Textgestaltung." In Heinrich Mann: *Ein Zeitalter wird besichtigt.* Reinbek: Rowohlt 1976, S. 416. (= rororo, 1986.)
60. Neben dem Verlagsleiter Walter Janka, dem Cheflektor Paul Mayer und zwei Angestellten waren fast alle kommunistischen Exilanten in Mexiko auf die eine oder andere Art an der Verlagsarbeit beteiligt. Vgl. auch Paul Mayer: „Leistungen des Verlages ‚El Libro Libre'." In: *Freies Deutschland* (Mexiko) 5/1946, S. 25; Bodo Uhse: „Schriftsteller als Verleger." In B. U.: *Gestalten und Probleme.* Berlin: Verlag der Nation 1959, S. 46–51.
61. Innerhalb von vier Wochen wurden 4000 Exemplare des *Schwarzbuches* verkauft; nach fünf Monaten war die Startauflage von 10000 vergriffen (Kießling: *Alemania Libre in Mexiko.* Bd. 1, S. 229).
62. A. a. O., S. 225–6.
63. A. a. O., S. 229.
64. A. a. O., S. 240–2; vgl. auch Volker Christian Wehdeking: *Der Nullpunkt. Über die Konstituierung der deutschen Nachkriegsliteratur (1945–1948) in den amerikanischen Kriegsgefangenenlagern.* Stuttgart: Metzler 1971, S. 47. (= Metzler Studienausgabe.)
65. Als Vergleichspreis: Ein Jahresabonnement für das *Freie Deutschland/Neue Deutschland* (Mexiko) belief sich auf 6 bzw. 8 Pesos.

3.3.2. Zeitschriften

1. Als Exilzeitschriften werden nach dem Vorschlag von Lieselotte Maas alle periodischen Veröffentlichungen angesehen, „die zwischen 1933 und Mai 1945 von deutschen Emigranten entweder selbst gegründet oder aber durch ihre Mitarbeit entscheidend geformt wurden" (L. M.: *Handbuch der deutschen Exilpresse 1933–1945.* Bd. 1. München: Hanser 1976, S. 13. [= Sonderveröffentlichungen der Deutschen Bibliothek, 2.]). Anders als bei Lieselotte Maas werden österreichische Exilperiodika allerdings nicht von vornherein ausgeklammert.

2. Walter Sternfeld: „Die ‚Emigrantenpresse‘.“ In: *Deutsche Rundschau* 4/1950, S. 255 ff.

3. ‚Veraltete‘ Aufsätze lassen sich allerdings auch für Zeitschriften nachweisen. So etwa in der Zweimonatsschrift *Maß und Wert* Hermann M. Görgens Beitrag „Tschechen und Deutsche. Der Schicksalsweg zweier Völker“ (2/1938) und Sir Alfred Zimmerns „Um was es geht“ (1/1939), die vom Münchner Abkommen bzw. dem Ausbruch des Zweiten Weltkriegs überholt wurden.

4. Walter Benjamin, Brief an Bertolt Brecht v. 20. 5. 1935. In W. B.: *Briefe*. Bd. 2. Frankfurt: Suhrkamp 1966, S. 657.

5. Thomas Mann, Brief an Agnes E. Meyer v. 20. 9. 1939. In Th. M.: *Briefe 1937–1947*. O. O.: Fischer 1963, S. 94.

6. Fritz Erpenbeck: „Nachwort.“ In: *Wort*. Bd. 11. Berlin: Rütten & Loening 1968, S. 8.

7. Fritz Landshoff berichtet von Klaus Mann, daß er in der *Sammlung* „die gegensätzlichen Ansichten in solcher Breite“ zu Worte kommen ließ, „weil [!] den Exilierten fast keine Publikationsmöglichkeiten zur Verfügung gestanden hätten“. Schriftliche Mitteilung an Hans-Albert Walter v. 18. 9. 1973. In H.-A. W.: *Deutsche Exilliteratur 1933–1950*. Bd. 7, S. 390.

8. Leopold Schwarzschild machte das *Neue Tage-Buch* mit einem „Chefredakteur“ und zwei Angestellten. Dora Rukser stand ihrem Mann und Albert Theile, die die Geschäfte der *Deutschen Blätter* besorgten, als Sekretärin, Archivarin und Übersetzerin zur Seite. Golo Mann wurde von seinem Vater Ferdinand Lion als Redakteur von *Maß und Wert* unter anderem deshalb vorgezogen, weil er ‚billiger‘ war.

9. André Banuls: *Heinrich Mann*. Stuttgart: Kohlhammer 1970, S. 20 (= Sprache und Literatur, 62.). Zum Vergleich: Ein Jahresabonnement für das *Wort* kostete damals etwa 45 ffrs.

10. Walter: *Deutsche Exilliteratur 1933–1950*. Bd. 2, S. 222.

11. Jiří Veselý: „Der Simplicus – Der Simpl. Zur gesellschaftlichen Funktion eines Witzblattes in den dreißiger Jahren.“ In: *Weimarer Beiträge* 4/1975, S. 185–9; ders.: „Zur Geschichte einer Prager Emigrantenzeitschrift (Der Simplicus/Der Simpl).“ In: *Weltfreunde. Konferenz über die Prager deutsche Literatur*. Hrsg. v. Eduard Goldstücker. Prag: Academie 1967, S. 379–90; Hans Nathan: „Der Simpl in der Emigration.“ In: *Weltbühne* 31 v. 1. 8. 1967, S. 979–84.

12. Neben Sternfeld/Tiedemann und dem Ausstellungskatalog *Exilliteratur 1933–1945*, den Arbeiten von Georg Heintz und den „Analytischen Bibliographien“ liegen noch zur Exilpresse vor: Halfmann: *Zeitschriften und Zeitungen des Exils 1933–1945. Bestandsverzeichnis der Deutschen Bücherei* und Alfred Eberlein: *Die Presse der Arbeiterklasse und der sozialen Bewegungen. Von den dreißiger Jahren des 19. Jahrhunderts bis zum Jahre 1967. Bibliographie und Standortverzeichnis der Presse der deutschen, der österreichischen und der schweizerischen Arbeiter-, Gewerkschafts- und Berufsorganisationen*. 6 Bde. Frankfurt: Sauer & Auvermann 1968–1970 (= Archivalische Forschungen zur Geschichte der deutschen Arbeiterbewegung, 6/I–V.). Von Lieselotte Maas’ *Handbuch der deutschen Exilpresse* war bei Abschluß dieses Kapitels nur Bd. 1 erschienen.

13. Diese Tatsache ist um so überraschender als es in den USA an die 100 Zeitschriften gab, die von oder für Emigranten gemacht wurden (Cazden: *German Exile Literature in America*, S. 178–89).

14. *Aufbau. Reconstruction. Dokumente einer Kultur in Exil;* Radkau: *Die deutsche Emigration in den USA,* S. 126–43.

15. Riedel: *Orient.*

16. An der *AIZ* (1933–1939) arbeiteten u. a. Willi Bredel, Fritz Erpenbeck, Egon Erwin Kisch, Heinrich Mann, Thomas Mann, Anna Seghers, F. C. Weiskopf (Chefredakteur) und Arnold Zweig mit; im *Gegen-Angriff* (1933–1936) veröffentlichten Johannes R. Becher, Bertolt Brecht, Louis Fürnberg, Oskar Maria Graf, Egon Erwin Kisch, Rudolf Leonhard und Ernst Toller; für *Unsere Zeit* (1933–1945) schrieben Alexander Abusch, Bertolt Brecht, Alfred Kantorowicz, Kurt Kersten und Erich Weinert; und in der *Zukunft* (1938–1940) erschienen Arbeiten von Alfred Döblin, Lion Feuchtwanger, Sigmund Freud, Alfred Kerr, Kurt Kersten, Hermann Kesten, Arthur Koestler, Emil Ludwig, Ludwig Marcuse, Heinrich und Thomas Mann, Joseph Roth, Franz Werfel und Arnold Zweig. Das SS-Leitheft *Emigrantenpresse und Schrifttum* vom März 1937 stellte sicherlich nicht ohne Grund fest, daß „für die kommunistische Exilpresse ... insgesamt die zielbewußte *Regie Münzenbergs* anzunehmen" ist (Nachdruck in Tutas: *NS-Propaganda und deutsches Exil 1933–39,* S. 174).

17. Einen kleinen Einblick in die Bedeutung der wenig erforschten und schwer zugänglichen *Deutschen Zentral-Zeitung* gibt die Auswahlbibliographie in *Zur Tradition der sozialistischen Literatur in Deutschland,* S. 868–77 für die Jahre 1933–35.

18. A. C. Breycha-Vauthier: *Die Zeitschriften der österreichischen Emigration 1934–1946.* Wien: Österreichische Nationalbibliothek 1960 (= Biblos-Schriften, 26.) ist unvollständig, weil Breycha-Vauthier sich nur auf seine Privatsammlung und die Bestände der Österreichischen Nationalbibliothek stützt.

19. Die statistischen Angaben folgen Walter: *Deutsche Exilliteratur 1933–1950.* Bd. 7, S. 20 ff., der Einsicht in Lieselotte Maas' Materialsammlung nach Auswertung von 310 Zeitschriften hatte.

20. Walter: *Deutsche Exilliteratur 1933–1950.* Bd. 7, S. 22.

21. Kurt Tucholsky, Brief an Heinz Pol v. 4. 7. 1933. In K. T.: *Ausgewählte Briefe 1913–1935.* Reinbek: Rowohlt 1962, S. 230. (= Gesammelte Werke, 4.)

22. Hans-Albert Walter hat in den *Frankfurter Heften,* in *Basis* und in Bd. 4 (7) seiner *Deutschen Exilliteratur 1933–1950* Porträts von der *Internationalen Literatur,* der *Neuen Weltbühne,* dem *Neuen Tage-Buch,* dem *Wort, Maß und Wert,* der *Sammlung,* den *Neuen Deutschen Blättern* u. a. vorgelegt. Dazu kommen die von der Akademie der Künste der DDR herausgegebenen Analytischen Bibliographien deutschsprachiger literarischer Zeitschriften (sechs Bände zu Exilzeitschriften sind erschienen; ein weiterer – zur *Internationalen Literatur* – ist in Vorbereitung). Diese Darstellungen sind so gründlich und genau gearbeitet, daß sie hier oft nur noch referiert werden können. Wo Walter nicht zuzustimmen ist, wie etwa seinen Ausführungen zur Deutschlandpolitik der *Internationalen Literatur* und der politischen Wende des *Neuen Tage-Buches,* handelt es sich um Detailfragen, deren Erörterung den Rahmen dieser Arbeit sprengen würden. Auf die problematischeren Vorworte der Analytischen Bibliographien wird, wo nötig, genauer eingegangen.

23. Hans Baumgart: „Die illegale Arbeit des Bundes proletarisch-revolutionärer Schriftsteller in Deutschland 1933–1935." In: *Literatur der Arbeiterklasse. Auf-*

sätze über die Herausbildung der deutschen sozialistischen Literatur (1918–1933). Berlin: Aufbau ²1971, S. 200. (= Beiträge zur Geschichte der deutschen sozialistischen Literatur im 20. Jahrhundert, 1.)

24. *Internationale Literatur (Deutsche Blätter)* 1/1937, S. 162. (Zitiert wird im folgenden nach dem Original der *Internationalen Literatur*.)

25. Walter: *Deutsche Exilliteratur 1933–1950*. Bd. 7, S. 239.

26. A. a. O., S. 203–4.

27. Bernhard Reich: *Im Wettlauf mit der Zeit. Erinnerungen aus fünf Jahrzehnten deutscher Theatergeschichte*. Berlin: Henschel 1970, S. 374.

28. Johannes R. Becher: „Bericht über die Tätigkeit während meiner Reise vom 5. Juli bis 27. September 1933." In: *Zur Tradition der sozialistischen Literatur in Deutschland*, S. 583 f.

29. Außer den bisher zitierten Darstellungen liegen zur *Internationalen Literatur* vor: „Internationale Literatur." In: *Lexikon sozialistischer deutscher Literatur von den Anfängen bis 1945. Monographisch-biographische Darstellungen*. Leipzig: Bibliographisches Institut 1964, S. 244–9; Heinz Willmann: „Antifaschistische Tribüne: ‚Internationale Literatur'." In: *Neue Deutsche Literatur* 11/1975, S. 159–72.

30. Fritz Erpenbeck: „Nachwort." In: *Wort*. Bd. 11. Berlin: Rütten & Loening 1968, S. 7.

31. *Wort* 1/1936, S. 3 u. 5. (Zitate folgen dem fotomechanischen Nachdruck bei Rütten & Loening [Berlin, 1968].)

32. Fritz Erpenbeck: „Nachwort." In: *Wort*. Bd. 11. Berlin: Rütten & Loening 1968, S. 7 und Hugo Huppert: „Vorwort." In Seidel: *Wort*, S. 11 f. berichten, daß die Initiative von Becher und Alexander Fadejew ausging.

33. Fritz Erpenbeck: „Nachwort." In: *Wort*. Bd. 11. Berlin: Rütten & Loening 1968, S. 6.

34. Seidel: *Wort*, S. 26.

35. Als Herausgeber des *Worts* wurden auch Heinrich und Thomas Mann (V. P. Nečaeva: „L. Fejchtvanger. Pis'ma v MORP i v redakciju ‚Das Wort' (1934–1936)." In: *Iz istorii meždunarodnogo ob'edinenija revoljucionnych pisatelej (MORP)*. Moskau: Nauka 1969, S. 193 (= Literaturnoe nasledstvo, 81.) und Ludwig Marcuse (L. M.: *Mein zwanzigstes Jahrhundert. Auf dem Weg zu einer Autobiographie*. München: List 1960, S. 221) in Erwägung gezogen.

36. Lion Feuchtwanger u. Maria Osten, Brief an Willi Bredel v. 6. 8. 1936. In: *Iz istorii meždunarodnogo ob'edinenija revoljucionnych pisatelej (MORP)*. Moskau: Nauka 1969, S. 205 u. 218. (= Literaturnoe nasledstvo, 81.)

37. Daß Brecht durchaus nicht ohne Einfluß auf die Gestaltung des *Worts* war, belegt ein Brief an Becher vom 11. 3. 1937, durch den Brecht den Abdruck eines Aufsatzes des damals in Moskau gut angeschriebenen Dramatikers Julius Hay verhinderte (Barck: *Johannes R. Bechers Publizistik in der Sowjetunion 1935–1945*, S. 92–3).

38. Ulrich Weisstein: „Literaturkritik in deutschen Exilzeitschriften: Der Fall ‚Das Wort'." In: *Exil und innere Emigration II*, S. 19–46.

39. Walter: *Deutsche Exilliteratur 1933–1950*. Bd. 7, S. 358 bekennt, daß „der äußere Anlaß, der der Zeitschrift ein Ende setzte, ... noch im Dunkeln" liegt. Huppert: „Vorwort." In Seidel: *Wort*, S. 21 schützt die häufigen „Beförderungspannen" in Europa, sowie „Spoliation auf Postwegen" vor: „Der Jahresvorrat an eingeplanten Beiträgen für 1939 war im Versiegen und bald völlig ausgeschöpft ... Immer

noch hoffte, von Monat zu Monat, das tapfere kleine Team der Redaktion, die Arbeit über die Krise, die ja eine *äußerliche* [Hervorhebung von Huppert, A. S.] war, hinwegzuretten. Vergeblich."

40. Zoja N. Petrova: *Žurnal ,Das Wort' organ nemeckoj antifašistskoj literaturnoj emigracii. ijul' 1936-mart 1939 g.* Phil. Diss. Moskau, 1973, S. 114 zitiert einen Brief des Verlags „Das internationale Buch" an das *Wort* vom 31. 3. 1939: „Nach gründlichem Studium der Möglichkeiten einer besseren Verbreitung der Zeitschrift ,Das Wort', besonders nach der Okkupation Österreichs und der Tschechoslowakei, und auch ihres Absatzes in anderen Ländern, muß der Verlag leider ernsthafte Zweifel an ihrer Rentabilität äußern. Deshalb wird die Zeitschrift, beginnend mit der Nummer vier, mit der deutschen Ausgabe der ,Internationalen Literatur' verschmolzen ... Die materielle Basis der ,Internationalen Literatur' wird verstärkt, der Honorarfonds des ,Wortes' wird ihr überstellt. Die Manuskripte, die dem ,Wort' zur Veröffentlichung eingereicht wurden, werden der ,Internationalen Literatur' übergeben"; zitiert nach Barck: *Johannes R. Bechers Publizistik in der Sowjetunion 1935–1945,* S. 64.

41. Becher schreibt die Gründung der *Neuen Deutschen Blätter* seiner eigenen Initiative zu (Johannes R. Becher: „Bericht über die Tätigkeit während meiner Reise vom 5. Juli bis 27. September 1933." In: *Zur Tradition der sozialistischen Literatur in Deutschland,* S. 587 ff.). Herzfelde erwähnt in seinem Bericht Becher nicht (*Der Malik-Verlag 1916–1947.* Hrsg. v. Wieland Herzfelde [Ausstellungskatalog]. Berlin: Deutsche Akademie der Künste o. J., S. 43 ff.).

42. Die Angabe ,Faust-Verlag' auf dem Titelblatt der Zeitschrift sollte das Unternehmen vor Eingriffen der tschechischen Behörden schützen (a. a. O., S. 43 f.).

43. Johannes R. Becher: „Bericht über die Tätigkeit während meiner Reise vom 5. Juli bis 27. September 1933." In: *Zur Tradition der sozialistischen Literatur in Deutschland,* S. 587, 588, 589.

44. Herzfelde beschränkt sich darauf, die Einstellung des Blattes mit dem „Ausfall an wesentlichem redaktionellem Material" nach der Verhaftung der Berliner Mitarbeiter zu erklären („Vorwort." In Praschek: *Neue Deutsche Blätter,* S. 11).

45. Johannes R. Becher: „Bericht über die Tätigkeit während meiner Reise vom 5. Juli bis 27. September 1933." In: *Zur Tradition der sozialistischen Literatur in Deutschland,* S. 589.

46. *Neue Deutsche Blätter* 1/1933, S. 1. (Der Verlag Rütten & Loening hat einen fotomechanischen Nachdruck der *Neuen Deutschen Blätter* vorgelegt [Berlin, 1975]; Zitate folgen dem Original.)

47. A. a. O., S. 2.

48. Kießling: *Alemania Libre in Mexiko.* Bd. 1, S. 97.

49. Der Verfassungstext mit Heinrich Manns Vorwort wurde vom Verlag der *Demokratischen Post* auch als Broschüre (Auflage: 4000) vertrieben (a. a. O., S. 252 f.).

50. A. a. O., S. 96. Bei einer Auflage zwischen „einigen hundert Exemplaren" (*Freies Deutschland [Mexiko]* 6/1942, S. 5) und 3300 bis 4000 (Alexander Abusch: „Vorwort." In Riedel: *Freies Deutschland,* S. 17) scheint diese Zahl allerdings etwas hoch gegriffen. Georg Heintz: *Index des ,Freien/Neuen Deutschland' (Mexico) 1941–1946.* Worms: Heintz 1975 (= Deutsches Exil 1933–45. Eine Schriftenreihe, 5) macht keine Angaben zu diesem Thema.

51. Kießling: *Alemania Libre in Mexiko.* Bd. 1, S. 99 f.

52. „Kriegsgefangene über unsere Zeitschrift." In: *Neues Deutschland (Freies Deutschland)* 2/1946, S. 2.

53. Vgl. Alexander Abusch: „Thomas Mann und das ‚Freie Deutschland'." In A. A.: *Literatur im Zeitalter des Sozialismus. Beiträge zur Literaturgeschichte 1921 bis 1966.* Berlin: Aufbau 1967, S. 253–69.

54. Abusch: „Vorwort." In Riedel: *Freies Deutschland,* S. 10.

55. *Freies Deutschland* (Mexiko) 1/1941, S. 3. (Zitate folgen dem Kraus-Reprint [Nendeln, 1975].)

56. Albrechtová: *Die Tschechoslowakei als Asyl der deutschen antifaschistischen Literatur,* S. 184.

57. *Lexikon sozialistischer deutscher Literatur,* S. 383.

58. Kurt Hiller: „Aufstieg, Glanz und Verfall der Weltbühne." In: *Konkret* 6/1962, S. 17; ders.: *Leben gegen die Zeit [Logos].* Reinbek: Rowohlt 1969, S. 302 ff.

59. Walter: *Deutsche Exilliteratur 1933–1950.* Bd. 7, S. 31 ff.

60. Eckert: *Die Beiträge der deutschen emigrierten Schriftsteller in der ‚Neuen Weltbühne' von 1934–1939,* S. 58; zitiert a. a. O., S. 54.

61. Hermann Budzislawski: „Ein Jahr Emigration." In: *Neue Weltbühne* 11 v. 15. 3. 1934, S. 317–21.

62. Georg Heintz hat zur *Neuen Weltbühne* einen Index erarbeitet, der als Band 1 seiner Schriftenreihe „Deutsches Exil 1933–45" erschienen ist (Worms: Heintz 1972).

63. Hermann Budzislawski: „Die europäische Tragödie." In: *Neue Weltbühne* 35 v. 31. 8. 1939, S. 1086.

64. Thomas Mann, Brief an Hermann Hesse v. 23. 2. 1937. In Th. M.: *Briefe 1937–1947.* O. O.: Fischer 1963, S. 16.

65. Klaus Mann: *Der Wendepunkt. Ein Lebensbericht.* O. O.: Fischer 1952, S. 316.

66. *Sammlung* 1/1933, S. 1–2. (Zitiert wird im folgenden nach dem Original; Kraus Reprint [Nendeln, 1970] hat einen Nachdruck hergestellt.)

67. *Börsenblatt für den Deutschen Buchhandel* 236 v. 10. 10. 1933, S. 771; vgl. auch W. V. (d. i. Will Vesper) u. Werner Adolf Krüger: „Unsere Meinung." In: *Die Neue Literatur* 11/1933, S. 655.

68. Klaus Mann, Brief an Hermann Kesten v. 15. 5. 1933. In: *Deutsche Literatur im Exil,* S. 26.

69. *Sammlung* 1/1933, S. 2.

70. Alfred Kantorowicz: „Die Einheitsfront in der Literatur." A. a. O. 7/1935, S. 344.

71. Franz Schoenberner: „Der Antichrist. – Das neue Buch von Joseph Roth." A. a. O. 3/1934, S. 165.

72. Klaus Mann, Brief an Walter A. Berendsohn; zitiert nach Walter: *Deutsche Exilliteratur 1933–1950.* Bd. 7, S. 269. Bei Berendsohns Aufsatz handelt es sich um „Deutsche Humanität". In: *Sammlung* 7/1934, S. 374–9.

73. Franz Schoenberner, Brief an Hermann Kesten v. 6. 9. 1933. In: *Deutsche Literatur im Exil,* S. 46.

74. Menno ter Braak: „Geist und Freiheit." In: *Sammlung* 8/1934, S. 398 u. 393 f.

75. Außer den bisher angeführten Darstellungen der *Sammlung* liegt noch eine von Reinhardt Gutsche bearbeitete Bibliographie in der Reihe Analytische Bibliographien deutschsprachiger literarischer Zeitschriften vor (Bd. 2. Berlin: Aufbau

1974). Wilfried Dirschauer: *Klaus Mann und das Exil.* Worms: Heintz 1973, S. 46–54 (= Deutsches Exil 1933–45. Eine Schriftenreihe, 2.) bietet keine neuen Informationen.

76. Ludwig Marcuse: *Mein zwanzigstes Jahrhundert. Auf dem Weg zu einer Autobiographie.* München: List 1960, S. 204.

77. Klaus Mann, Brief an Eva Hermann v. 23. 11. 1939. In K. M.: *Briefe und Antworten.* Bd. 2. München: Ellermann 1975, S. 91.

78. Zur Affäre um das *Pariser Tageblatt* vgl. Ursula Langkau-Alex: „Deutsche Emigrationspresse (Auch eine Geschichte des ‚Ausschusses zur Vorbereitung einer deutschen Volksfront' in Paris)." In: *International Review of Social History* 2/1970, S. 175–86; das SS-Leitheft *Emigrantenpresse und Schrifttum* (Nachdruck in Tutas: *NS-Propaganda,* S. 162–5); Grossmann: *Emigration,* S. 98–104.

79. Golo Mann: „Vorwort." In Leopold Schwarzschild: *Die letzten Jahre vor Hitler. Aus dem ‚Tagebuch' 1929–1933.* Hrsg. v. Valerie Schwarzschild. Hamburg: Wegner 1966, S. 7.

80. Leopold Schwarzschild: „Rückbildung der Gattung Mensch" (15. 7. 1933). In L. S.: *Die Lunte am Pulverfaß. Aus dem ‚Neuen Tagebuch' 1933–1940.* Hrsg. v. Valerie Schwarzschild. Hamburg: Wegner 1965, S. 24, 27.

81. Leopold Schwarzschild: „Die Erschaffung des Wirtschafts-Soldaten." A.a.O., S. 58.

82. „Ein Abschnitt." In: *Das Neue Tage-Buch* 13 v. 23. 9. 1933, S. 300. (Zitiert wird im folgenden nach dem Original; von Kraus Reprint [Nendeln, 1975] liegt ein Nachdruck des *Neuen Tage-Buchs* vor.)

83. Leopold Schwarzschild: „Feuchtwangers Botschaft." A.a.O. 32 v. 7. 8. 1937, S. 754. Nach Kriegsausbruch bezeichnete Schwarzschild seinen früheren Mitarbeiter gar als „Laureatus unter den deutschen Sowjet-Agenten" (a.a.O. 43 v. 21. 10. 1939, S. 990).

84. Klaus Mann, Brief an Leopold Schwarzschild v. 24. 8. 1937. In K. M.: *Briefe und Antworten.* Bd. 1. München: Ellermann 1975, S. 313 f.

85. Klaus Mann: „Erklärung." In K. M.: *Heute und Morgen. Schriften zur Zeit.* München: Nymphenburger 1969, S. 268–73.

86. „Affäre des deutschen ‚Schutzverbands'." A.a.O. 44 v. 28. 10. 1939, S. 1023. Siegfried Sudhof: „Leopold Schwarzschilds ‚Neues Tage-Buch' im Winter 1939. Eine Korrespondenz Berthold Viertels mit Oskar Maria Graf." In: *Jahrbuch der Schillergesellschaft* 17 (1973), S. 122 schreibt diesen anonymen Aufsatz Schwarzschild zu.

87. *Das Neue Tage-Buch* 36 v. 2. 9. 1939, S. 845.

88. Wolf R. Marchand: *Joseph Roth und völkisch-nationalsozialistische Wertbegriffe. Untersuchungen zur politisch-weltanschaulichen Entwicklung Roths und ihrer Auswirkung auf sein Werk.* Bonn: Bouvier 1974, S. 325–7 (= Bonner Arbeiten zur Deutschen Literatur, 23.) hat ein Verzeichnis von Roths Beiträgen im *Neuen Tage-Buch* zusammengestellt.

89. Wegner: *Exil und Literatur,* S. 73.

90. Paetel: „Die Presse des deutschen Exils 1933– 1945", S. 251 (meine Hervorhebungen, A.S.).

91. A.a.O., S. 244.

92. Zur Rolle von Konrad Falke bei *Maß und Wert* merkt Klaus Hermsdorf: „Vor-

wort." In Riedel: *Maß und Wert*, S. 6 an: „Da ,Maß und Wert' – auch aus Rücksicht auf die Schweizer Behörden – kein reines ,Emigrantenorgan' sein sollte,
wurde der alsbald durch weitgehende Untätigkeit auffallende schweizerische
Schriftsteller Konrad Falke als Mitherausgeber gewonnen."

93. Thomas Mann: „Maß und Wert." In: *Maß und Wert* 1/1937, S. 1 u 4. (Zitiert wird
im folgenden nach dem Original; von Kraus Reprint [Nendeln, 1970] liegt ein
Nachdruck von *Maß und Wert* vor.) Thomas Manns Vorworte zu den drei Jahrgängen sind auch in Th. M.: *Reden und Aufsätze*. Bd. 2. O. O.: Fischer 1965,
S. 529–51 (= Stockholmer Gesamtausgabe.) abgedruckt.

94. Ferdinand Lion: „Maß und Wert." In: *Akzente* 1/1963, S. 38.

95. A. a. O., S. 37.

96. Hans-Albert Walter: „,Maß und Wert' – Porträt einer Kulturzeitschrift des Exils
(II)." In: *Frankfurter Hefte* 4/1968, S. 267.

97. *Maß und Wert* 5/1939, S. 642.

98. Anon.: „Gegenwärtiges Theater I. Was ist das epische Theater?" A. a. O. 6/1939,
S. 840.

99. Thomas Mann: „Zum neuen Jahrgang." A. a. O. 1/1938, S. 3.

100. Thomas Mann: „Maß und Wert". A. a. O. 1/1937, S. 11–12.

101. Thomas Mann: „Zum neuen Jahrgang." A. a. O. 1/1938, S. 7.

102. Thomas Mann: „Zu diesem Jahrgang." A. a. O., 1/1939, S. 5.

103. Hermsdorf: „Vorwort." In Riedel: *Maß und Wert*, S. 9.

104. [Kuno Fiedler:] „Die Schuld des Bürgers. Von einem deutschen Theologen." In:
Maß und Wert 3/1940, S. 378.

105. Walter: „,Maß und Wert'", S. 272.

106. Bis 1939 hatte Mme. Aline Mayrisch de St. Hubert, eine luxemburgische Industrielle, *Maß und Wert* subventioniert. Danach sprangen Agnes und Eugene
Meyer von der *Washington Post* mit $ 4000 und Oprecht mit einer ähnlich hohen
Summe ein. Allerdings war die Auflage des Blattes in dieser Zeit von 6000 auf 2000
gesunken (Stahlberger: *Der Zürcher Verleger Emil Oprecht*, S. 260f.). Allem Anschein nach waren sowohl die Meyers als auch Oprecht trotzdem bereit, das
Unternehmen weiter zu finanzieren (Thomas Mann, Brief an Agnes E. Meyer v.
16. 2. 1941. In Th. M.: *Briefe 1937–1947*. O. O.: Fischer 1963, S. 179). *Maß und
Wert* fiel also nicht so sehr finanziellen Schwierigkeiten, als den Zeitumständen
zum Opfer.

107. Winfried Seelisch: „Das Andere Deutschland: eine politische Vereinigung deutscher Emigranten in Südamerika." Diplomarbeit Otto-Suhr-Institut Berlin, 1969,
S. 27.

108. Kießling: *Alemania Libre in Mexiko*. Bd. 1, S. 154.

109. Vgl. *Das Andere Deutschland* 18 v. 15. 10. 1938, S. 1–2; 19 v. 15. 11. 1938, S. 7–9.

110. Anon.: „Die Einheitsfront ist in Gefahr." A. a. O. 64 v. 1. 5. 1943, S. 2.

111. A. S. (d. i. August Siemsen): „Brief an einen jungen Aestheten." A. a. O. 27 v.
15. 6. 1940, S. 15.

112. Anon.: „Ein Sieg auf der Kulturfront." A. a. O. 29 v. 15. 8. 1940, S. 14.

113. J: „Bücher und Zeitschriften." A. a. O. 62 v. 1. 4. 1943, S. 9.

114. Ralph Peter Vander Heide: *Deutsche Blätter für ein europäisches Deutschland/
Gegen ein deutsches Europa. A Cultural-Political Study*. Phil. Diss. Albany, 1975,
S. 49f. Albert Theiles Ziffer von zeitweilig 5000 Heften monatlich (A. Th.: „Die

,Deutschen Blätter'." In: *Börsenblatt für den Deutschen Buchhandel* (Frankfurt) 74 v. 16. 9. 1958, S. 1106 ist nach Vander Heide zu hoch gegriffen.

115. *Deutsche Blätter* 24/1945, S. 68. (Zitiert wird im folgenden nach dem Original; von Kraus Reprint [Nendeln, 1970] liegt ein Nachdruck der *Deutschen Blätter* vor.)

116. *Deutsche Blätter* 23/1945, S. 63.

117. Theile: „Die ,Deutschen Blätter'", S. 1102 f. berichtet, daß Rukser Bilder von Chagall, Malewisch und Archipenko aus seiner Privatsammlung veräußert habe, um den *Deutschen Blättern* ihre finanzielle Unabhängigkeit zu erhalten.

118. *Deutsche Blätter* 1/1943, S. 1 und 2/1943, S. 1.

119. Vander Heide: *Deutsche Blätter*, S. 197 resümiert: „With the end of the war near, Rukser and Theile saw that Germany must resume its traditional cultural leadership ... "

120. Vgl. *Deutsche Blätter* 3/1944, S. 34; 7/1944, S. 1; 29/1946, S. 4–11; Theile: „Die ,Deutschen Blätter'", S. 1102 schreibt von einem „donquichotesken Unterfangen".

121. A. a. O., S. 1103.

122. Berendsohn: *Die humanistische Front.* T. 2, S. 152 spricht von „überwiegend bürgerlich, mit starkem katholischem und konservativem Einschlag".

123. Joseph Kaskel, Brief an Udo Rukser v. 15. 11. 1943; zitiert nach Vander Heide: *Deutsche Blätter*, S. 164.

124. Udo Rukser, Brief an Joseph Kaskel v. 2. 1. 1944; zitiert a. a. O., S. 10.

125. Udo Rukser, Brief an Joseph Kaskel v. 16. 3. 1945; zitiert a. a. O., S. 16.

126. Theile: „Die ,Deutschen Blätter'", S. 1102.

127. *Neues Deutschland* v. 30. 8. 1958.

128. Walter: *Deutsche Exilliteratur 1933–1950.* Bd. 7, S. 7 meint, daß die von der Exilpresse im Ausland unternommenen „Aufklärungsversuche" „allenfalls eine minimale Wirkung" hatten. Paetel: „Die Presse des deutschen Exils 1933–1945", S. 245 schätzt den Einfluß der Exilblätter womöglich noch pessimistischer ein: „ ... so muß man von vornherein eine Illusion beiseite lassen: daß sie oder die deutsche Emigration überhaupt jemals die *offizielle* Politik ausländischer Regierungen ,deutschfeindlich' oder ,deutschfreundlich' beeinflußt haben."

129. *Emigrantenpresse und Schrifttum.* Nachdruck in Tutas: *NS-Propaganda*, S. 152–3.

3.4. Exilorganisationen und Exilkongresse

1. Kurt Hiller: „Emigranten, vereinigt euch!" In: *Neue Weltbühne* 22 v. 30. 5. 1935, S. 683.

2. Ludwig Marcuse: *Mein zwanzigstes Jahrhundert. Auf dem Weg zu einer Autobiographie.* München: List 1960, S. 244.

3. Der bedeutende Council for a Democratic Germany etwa verfügte über ein „Hauptquartier", das aus einem „nicht einmal völlig separaten Zimmer mit nur einer Halbtagssekretärin, einer geliehenen Schreibmaschine und ein paar sonstigen Utensilien" bestand (Nachlaß Paul Hertz, zitiert nach Radkau: *Die deutsche Emigration in den USA*, S. 197–8). Der Freie Deutsche Kulturbund mußte sich für seine Kleine Bühne sämtliches Gerät leihen (Freund: „Deutsches Theater im Londoner Exil", S. 20). Der European Film Fund buchte als Erfolg, daß er für Alfred

Döblins unmöblierte Wohnung in Los Angeles nach langen Telefonaten „ein altes Feldbett" (Alfred Döblin, Brief an Elvira u. Arthur Rosin v. 5. 11. 1941. In A.D.: *Briefe.* Olten: Walter 1970, S. 262) auftrieb. Und die Deutsche Sektion des Sowjetischen Schriftstellerverbandes sah in ihrem Rechenschaftsbericht für das Jahr 1938 ihr Bestehen durch das Fehlen einer Schreibmaschine ernsthaft gefährdet (Barck: *Johannes R. Bechers Publizistik in der Sowjetunion 1935–1945*, S. 245). Ähnlich war es um die meisten Exilorganisationen bestellt.

4. Walter: *Deutsche Exilliteratur 1933–1950.* Bd. 2, S. 275 gibt die Schuld dafür der „schwierigen Quellenlage gerade auf diesem Sondergebiet". Sein Eindruck wird bestätigt von den Spezialuntersuchungen, die Helmut Müssener, Wolfgang D. Elfe und E. Bond Johnson in jüngster Zeit über eine Reihe von Exilorganisationen vorgelegt haben.

5. Den österreichischen Exilvereinigungen kann hier kein eigener Abschnitt gewidmet werden (vgl. u.a. Franz Goldner: *Die österreichische Emigration 1938 bis 1945.* Wien: Herold 1972 [= Das einsame Gewissen, 4.]).

6. Lenka Reinerová: „Die Farbe der Sonne und der Nacht." In: *Neue Deutsche Literatur* 11/1964, S. 98 ff.

7. Johannes R. Becher: „Bericht über die Tätigkeit während meiner Reise vom 5. Juli bis 27. September 1933." In: *Zur Tradition der sozialistischen Literatur in Deutschland*, S. 573.

8. Karl Hans Bergmann: *Die Bewegung ‚Freies Deutschland' in der Schweiz 1943–1945.* O. O.: Hanser 1974, S. 7.

9. *Freie Deutsche Kultur*, September 1941, S. 1; zitiert nach *Exil-Literatur 1933–1945*, S. 185.

10. Röder: *Die deutschen sozialistischen Exilgruppen in Großbritannien*, S. 86.

11. Wächter: *Theater im Exil*, S. 72–4.

12. Kurt Hiller: *Leben gegen die Zeit [Logos].* Reinbek: Rowohlt 1969, S. 322 ff.

13. Müssener: *Exil in Schweden*, S. 118.

14. H. Diament: „Erwin Piscator – Präsident des RTB." In: *Das internationale Theater* 5–6/1934, S. 8.

15. Barck: *Johannes R. Bechers Publizistik in der Sowjetunion*, S. 57 ff.

16. Bergmann: *Die Bewegung ‚Freies Deutschland' in der Schweiz;* Karlheinz Pech: *An der Seite der Résistance. Zum Kampf der Bewegung ‚Freies Deutschland' für den Westen in Frankreich (1943–1945).* Frankfurt: Röderberg 1974.

17. *Das Neue Tage-Buch* 25 v. 16. 12. 1933, S. 602.

18. h.o.s. (d.i. H.O. Simon): „Brief aus Südafrika." In: *Wort* 9/1937, S. 80.

19. Alfred Dreifuß: „Theater in Shanghai." In: *Aufbau* 33 v. 16. 8. 1940, S. 7.

20. „Mexiko – Sitz des Lateinamerikanischen Komitees." In: *Freies Deutschland* (Mexiko) 5/1943, S. 31.

21. Rudolf Hirsch: „Vorwort." In Riedel: *Orient*, S. 7.

22. Roloff: *Die Erforschung der deutschen Exilliteratur*, S. 4–5.

23. Röder: *Die deutschen sozialdemokratischen Exilgruppen in Großbritannien*, S. 89.

24. Gruber: „Willi Münzenberg: Propagandist For and Against the Comintern", S. 193 ff.

25. Dem Deutschen Kulturkartell gehörten der SDS, der Freie Künstlerbund 1938, der Verband deutscher Journalisten in der Emigration, die Vereinigung deutscher Bühnenangehöriger, der Volkschor, die Freie Deutsche Hochschule und die Deut-

sche Volkshochschule an. Sein Mitteilungsblatt, *Freie Kunst und Literatur*, wurde von Paul Westheim herausgegeben.

26. Walter: *Deutsche Exilliteratur 1933–1950*. Bd. 2, S. 261–94.

27. Jaroslav Cesar u. Bohumil Černý: „Die deutsche antifaschistische Emigration in der Tschechoslowakei (1933–1934)." In: *Historica* 12 (1966), S. 171–5.

28. Dieses PEN-Zentrum existiert heute noch „als geschlossene lebendige Organisation" (Sudhof: „Germanistik und Exilliteratur", S. 132).

29. Leo Lania: „Die unpolitischen Schriftsteller." In: *Das Neue Tage-Buch* 1 v. 1. 7. 1933, S. 25–6; Mitar Papić: „Ernst Toller auf dem PEN-Kongreß in Jugoslawien 1933." In: *Weimarer Beiträge* (Sonderheft 2) 1968, S. 73–7.

30. Alfred Kantorowicz: „Fünf Jahre Schutzverband deutscher Schriftsteller im Exil." In: *Wort* 12/1938, S. 62. (Nachdruck in A. K.: *Im 2. Drittel unseres Jahrhunderts. Illusionen. Irrtümer. Widersprüche. Einsichten. Voraussichten.* Köln: Verlag Wissenschaft und Politik 1967, S. 56.)

31. Heinrich Mann, Brief an Arnold Zweig v. 2. 8. 1935. In: *Heinrich Mann 1871–1950. Werk und Leben in Dokumenten und Bildern.* Hrsg. v. Sigrid Anger. Berlin: Aufbau ²1977, S. 261 f.

32. *Die Neue Weltbühne* 3 v. 14. 1. 1937, S. 65. (Nachdruck in Wilhelm Pieck: *Im Kampf um die Arbeitereinheit und die deutsche Volksfront 1936–1938.* Berlin: Dietz 1955, S. 83.) Von den neueren Arbeiten zu den – kulturpolitischen – Leistungen der Volksfront siehe besonders Langkau-Alex: *Volksfront für Deutschland?*, Schiller: ‚... von Grund auf anders'. *Programmatik der Literatur im antifaschistischen Kampf während der dreißiger Jahre* und Sigrid Bock: „Einheitsund Volksfront und Literatur (Über Entwicklungsbedingungen deutscher antifaschistischer Literatur im Ausland 1933–1945)." In: *Protokoll des II. internationalen Symposiums*, S. 301–28.

33. Langkau-Alex: „Deutsche Emigrationspresse", S. 170 ff.

34. „Aufruf zur Bildung der deutschen Volksfront" (21. 12. 1936); zitiert nach *Geschichte der deutschen Arbeiterbewegung*. Hrsg. v. Institut für Marxismus-Leninismus beim ZK der SED. Bd. 5. Berlin: Dietz 1966, S. 489.

35. Heinrich Mann, Brief an Max Braun v. 25. 10. 1937: „Ihre Mitteilungen vom 23. Oktober zeigen mir, daß Ulbricht tatsächlich eine eigene Volksfront, die ihm unterstehen soll, ins Werk setzen möchte. So ungern ich Mitglieder der deutschen Opposition als Gegner ansehe, einige wollen es offenbar nicht anders"; zitiert nach ‚„Ein Ausweg: Der europäische Völkerbund.' Briefe Heinrich Manns aus der Emigration." In: *Frankfurter Allgemeine Zeitung* v. 29. 3. 1958.

36. Hans-Albert Walter: „Heinrich Mann im französischen Exil." In: *Text + Kritik*. Sonderband: Heinrich Mann (1971), S. 128 ff.

37. Heinrich Mann, Brief an Thomas Mann v. 25. 5. 1939. In Thomas Mann – Heinrich Mann: *Briefwechsel*. O. O.: Fischer 1969, S. 185.

38. Alfred Kantorowicz: „Fünf Jahre Schutzverband deutscher Schriftsteller im Exil." In: *Wort* 12/1938, S. 61. Vgl. zuletzt auch ders.: *Politik und Literatur im Exil*, S. 147–95.

39. Bruno Frei: „Fünf Jahre Schutzverband Deutscher Schriftsteller im Exil." In: *Internationale Literatur* 10/1938, S. 142–8.

40. Johannes R. Becher, Brief an die IVRS v. 15. 12. 1934. In: *Zur Tradition der sozialistischen Literatur in Deutschland*, S. 684.

41. Stormann (d. i. Willi Bredel): „Brief aus Paris." In: *Wort* 9/1937, S. 78–9; vgl. auch Maximilian Scheer: *So war es in Paris*. Berlin: Verlag der Nation o. J., S. 173 ff.

42. *Freie Kunst und Literatur. Mitteilungsblatt des deutschen Kulturkartells* 2/1938, S. 10; w. f. (d. i. Wolf Franck): „Paris (Die Kulturwoche des SDS)." In: *Wort* 2/1939, S. 134–9; Max Esch: „Die ‚Deutsche Kulturwoche' in Paris." In: *Rundschau über Politik, Wirtschaft und Arbeiterbewegung* 59 v. 8. 12. 1938, S. 2048–9.

43. *₊*₊(d. i. Leopold Schwarzschild): „Affaire des deutschen ‚Schutzverbands'." In: *Das Neue Tage-Buch* 44 v. 28. 10. 1939, S. 1022.

44. *Lexikon sozialistischer deutscher Literatur*, S. 453.

45. Allem Anschein nach war Heinrich Mann Mitte der 40er Jahre nur noch im Vorstand von drei bedeutenden Organisationen: dem Council for a Democratic Germany, dem World Committee Against War and Fascism und dem Freien Deutschen Kulturbund (London) (Ulrich Weisstein: „Heinrich Mann." In: *Deutsche Exilliteratur seit 1933*. Bd. I, T. 1, S. 454).

46. Der GAWA, Amguild und dem Council for a Democratic Germany werden in Band 2 („Die deutsche Literatur ab 1933 im Osten der Vereinigten Staaten") der von John M. Spalek und Joseph Strelka herausgegebenen *Deutschen Exilliteratur seit 1933* Aufsätze gewidmet werden (Arbeitsplan).

47. Wolfgang D. Elfe: „Das Emergency Rescue Committee." In: *Deutsche Exilliteratur seit 1933*. Bd. I, T. 1, S. 214–9.

48. Zur New School of Social Research und der University in Exile vgl. Monika Plessner: „Die deutsche ‚University in Exile' in New York und ihr amerikanischer Gründer." In: *Frankfurter Hefte* 3/1964, S. 181–6.

49. E. Bond Johnson: „Der European Film Fund und die Exilschriftsteller in Hollywood." In: *Deutsche Exilliteratur seit 1933*. Bd. I, T. 1, S. 135–46.

50. Rudolf Brandl: *That Good Old Fool, Uncle Sam: A Refugee Sounds a Warning*. New York, 1940, S. 17.

51. „Culture Front." In: *Direction* 8/1939, S. 30.

52. *₊*₊ (d. i. Leopold Schwarzschild): „Affaire des deutschen ‚Schutzverbands'." In: *Das Neue Tage-Buch* 44 v. 28. 10. 1939, S. 1023.

53. Oskar Maria Graf: „Rede an die Schriftsteller." In: *Wort* 1/1939, S. 131.

54. Unklarheit besteht über das Datum von Manns Austritt. Während die *Neue Volkszeitung* schon am 23. 12. 1939 davon berichtet, setzen Klaus und Erika Mann ihn auf 1940 fest (Radkau: *Die deutsche Emigration in den USA*, S. 187–8, 328).

55. Das lag nicht zuletzt daran, daß Thomas Mann diesmal den mit der GAEC auf Kriegsfuß stehenden antikommunistischen German American Congress for Democracy unterstützte.

56. *Freies Deutschland* (Mexiko) 6/1942, S. 25; 9/1942, S. 29; 4/1943, S. 24; 5/1943, S. 23; vgl. auch Cazden: *German Exile Literature in America 1933–1950*, S. 156–7.

57. Rede von Paul Tillich auf der Zusammenkunft der New Yorker Unterzeichner der Deklaration des Council for a Democratic Germany (17. 6. 1944); zitiert nach Paetel: „Zum Problem einer deutschen Exilregierung", S. 290–1.

58. Einzige Ausnahme scheint eine Schrift über „The Reconstruction of the Trade Union Movement in Germany" gewesen zu sein (a. a. O., S. 296).

59. Zitiert nach Radkau: *Die deutsche Emigration in den USA*, S. 202.

60. Nachlaß Paul Hertz; zitiert a. a. O., S. 199.

61. A. a. O., S. 197.
62. Hans Jacob: „Es gibt kein ‚anderes‘ Deutschland.“ In: *Aufbau* 20 v. 19. 5. 1944, S. 26. Ähnlich schrieb William Shirer im *New York Herald Tribune* vom 2. 7. 1944: „Kein Wort des Bedauerns gibt es bei diesen Deutschen über die Verbrechen, die Deutschland gegenüber den besetzten Ländern verübt hat, noch ein Wort über Wiedergutmachung dieser Verbrechen“; zitiert nach Paetel: „Zum Problem einer deutschen Exilregierung“, S. 294.
63. Max Beer: „Geheimbericht an Goebbels.“ In: *The Jewish Way* v. 21. 5. 1944; zitiert a. a. O.
64. A. a. O., S. 295. Paetel zitiert hier eine auf der Straße verteilte Erklärung Ruth Fischers, in der es u. a. heißt: „Kürzlich gelang es den professionellen Agenten des stalinistischen Apparats, auch in New York so etwas wie ein Freideutsches Komitee unter dem Decknamen ‚Council for a Democratic Germany‘ zustande zu bringen. Eine buntscheckige Gesellschaft ... setzte sich mit den GPU-Leuten an einen Tisch.“ Nicht viel zimperlicher verfuhren die Sozialdemokraten Gerhart Seeger und Rudolf Katz mit dem Council in der *Neuen Volks-Zeitung* v. 6. 1. 1945.
65. Herber Lehnert: „Bert Brecht und Thomas Mann im Streit über Deutschland.“ In: *Deutsche Exilliteratur seit 1933*. Bd. I. T. 1, S. 77 ff. Daß es neben diesen recht weit hergeholten Motiven für Manns Rückzieher auch noch handfeste politische und persönliche Gründe gab, belegen die Eintragungen vom August 1943 in Brechts *Arbeitsjournal* zu den heftigen Auseinandersetzungen um eine gemeinsame Grußbotschaft der in Los Angeles ansässigen Exilanten an das Moskauer Nationalkomitee ‚Freies Deutschland‘. Radkau: *Die deutsche Emigration in den USA*, S. 201 spekuliert ferner, daß Mann über eine negative Besprechung seiner Rundfunkreden *Deutsche Hörer* durch Reinhold Niebuhr aufgebracht war. Andererseits sollte nicht übersehen werden, daß sowohl Mann als z. B. auch Hubertus Prinz von Löwenstein bereits im Juli 1943 der sowjetischen Nachrichtenagentur Tass Grußbotschaften übergeben hatte (*Freies Deutschland* [Mexiko] 12/1943, S. 16 u. *Freies Deutschland* [Moskau] 3 v. 6. 8. 1943, S. 3; Nachdruck in *Verrat hinter Stacheldraht. Das Nationalkomitee ‚Freies Deutschland‘ und der Bund Deutscher Offiziere in der Sowjetunion 1943–1945*. Hrsg. v. Bodo Scheurig. München: Deutscher Taschenbuchverlag 1965, S. 120–1 [= dtv, 270.]).
66. Daran kann auch die Polemik von Bruno Frei gegen Marianne O. de Bopp (Frei schreibt noch nicht einmal den Namen richtig) nichts ändern („Einige Bemerkungen zum Mexiko-Exil“, Vortrag auf dem Internationalen Symposium zur Erforschung des österreichischen Exils von 1933–1945, Wien, Juni 1975).
67. Ludwig Renn, Brief an antifaschistische Freunde in Montevideo v. 5. 6. 1942; zitiert nach Kießling: *Alemania Libre in Mexiko*. Bd. 1, S. 63.
68. [Alexander Abusch]: „Die Bewegung ‚Freies Deutschland‘.“ In: *Freies Deutschland* [Mexiko) 4/1942, S. 5.
69. Allein der Briefwechsel zwischen Heinrich Mann und dem LAK, den Kießling: *Alemania Libre in Mexiko*. Bd. 2, S. 361–431 vorstellt, umfaßt 66 Dokumente (Teilvorabdruck in *Beiträge zur Geschichte der deutschen Arbeiterbewegung* 1/1967, S. 64–105). Vgl. auch Alexander Abusch: „Thomas Mann und das ‚Freie Deutschland‘.“ In A. A.: *Literatur im Zeitalter des Sozialismus. Beiträge zur Literaturgeschichte 1921 bis 1966*. Berlin: Aufbau 1967, S. 253–69.

70. Seelisch: *Das Andere Deutschland.*
71. Anon.: „Das Andere Deutschland und die antifaschistische deutsche Bewegung in Südamerika." In: *Das Andere Deutschland* 59/1943, S. 17.
72. Zitiert nach Sigrid Bock: „Einheits- und Volksfront und Literatur (Über Entwicklungsbedingungen deutscher antifaschistischer Literatur im Ausland 1933–1945)." In: *Protokoll des II. internationalen Symposiums,* S. 320.
73. Vgl. u.a. die Berichte im *Neuen Tage-Buch* 1 v. 1.7. 1933, S. 25–6; *Sammlung* 12/1934, S. 667–9 u. 11/1935, S. 662–4; *Neue Weltbühne* 48 v. 28. 11. 1935, S. 1514–7 u. 44 v. 29. 10. 1936, S. 1374–8 und *Wort* 9/1938, S. 141–2.
74. Ehrhard Bahr: „Der Schriftstellerkongreß 1943 an der Universität von Kalifornien." In: *Deutsche Exilliteratur seit 1933.* Bd. I, T. 1, S. 40–61.
75. August Siemsen: „Zur Begrüßung" (1. Kongreß der deutschen Antifaschisten, Montevideo, 29.–31. Januar 1943). In: *Das Andere Deutschland* 59 v. Februar 1943, S. 1–2.
76. Balder Olden: „Nachwort zur Tagung in Montevideo." In: *Freies Deutschland* (Mexiko) 5/1943, S. 32.
77. Ergebnislos waren auch die Ende 1942 abgehaltenen Beratungen des als eine Art Schiedskommission einberufenen, paritätisch besetzten Koordinierungsausschusses Deutscher Demokraten in Argentinien gewesen.
78. Klaus Mann: „Notizen in Moskau." In: *Sammlung* 2/1934, S. 72–83. (Nachdruck in *Sozialistische Realismuskonzeptionen,* S. 407–15.)
79. Ernst Toller: „Vom Werk des Dramatikers." In: *Internationale Literatur* 5/1934, S. 42–4. (Nachdruck a.a.O., S. 283–5.)
80. Oskar Maria Graf: *Reise in die Sowjetunion 1934.* Hrsg. v. Hans-Albert Walter. Darmstadt: Luchterhand 1974. (= Sammlung Luchterhand, 167.)
81. In: *Sozialistische Realismuskonzeptionen,* S. 221, 222, 224.
82. A.a.O., S. 239–40.
83. A.a.O., S. 214–9; Willi Bredel: „Einen Schritt weiter. Ein Diskussionsbeitrag über unsere Wendung an der Literaturfront." In: *Linkskurve* 1/1932, S. 20–22.
84. In die Beteiligung deutscher Exilanten am 2., 3. und 4. Plenum des Sowjetischen Schriftstellerverbandes, an der 1936 in Moskau abgehaltenen Formalismus-Naturalismus Debatte und an den Sitzungen der Deutschen Sektion im Sowjetischen Schriftstellerverband hat Simone Barck: *Johannes R. Bechers Publizistik in der Sowjetunion 1935–1945,* S. 29ff. u. 242–9 erste Einblicke gewährt.
85. Zur Position des Moskauer und Pariser Kongresses in der internationalen marxistischen Literaturdiskussion der frühen 30er Jahre vgl. Horst F. Müller: „Antifaschistisches Bündnis und Verteidigung der Kultur." In: *Multinationale Sowjetliteratur. Kulturrevolution. Menschenbild. Weltliterarische Leistung 1917–1972.* Hrsg. v. Gerhard Ziegengeist, Edward Kowalski u. Anton Hiersche. Berlin: Aufbau 1975, S. 416–48. Zum Pariser Kongreß liegen – außer einem Abschnitt in Alfred Kantorowicz: *Politik und Literatur im Exil,* S. 205–24 – bislang nur fremdsprachige Bücher vor: *Les Humbles. Au Congrès des écrivains pour la défense de la culture.* Paris, 1935 (= Les Humbles, 20. sér. cahier no. 7.); *La literatura moderna y la cultura (Congreso Internacional de Escritores).* Versión castellana de E. Alejandro Laureiro. Montevideo: Ediciones Mundo 1935; *Meždunarodnyj kongress pisatelej v zaščitu kul'tury/Doklady i vystuplenija.* Redakcija i predislovie I [van] Luppol. Moskau, 1936. Einzelne Vorträge sind mehr oder weniger verstümmelt an

verschiedenen Orten nachgedruckt. Berichte zum Kongreß brachten, zum Teil in Sonderheften, fast alle Exilzeitschriften und zahlreiche bedeutende ausländische Tageszeitungen. Der detaillierte Kommentar der Baseler *Rundschau über Politik, Wirtschaft und Arbeiterbewegung* 28 u. 29/1935 ist nachgedruckt in *Zur Tradition der sozialistischen Literatur in Deutschland*, S. 802–39.

86. Die häufig angegebene Zahl von 37 Länderabordnungen beruht darauf, daß die Sowjetdelegierten verschiedene Nationalitäten angaben.

87. *Das Neue Tage-Buch* 25 v. 22. 6. 1935, S. 600.

88. Johannes R. Becher: „Bericht über die Tätigkeit während meiner Reise vom 5. Juli bis 27. September 1933." In: *Zur Tradition der sozialistischen Literatur in Deutschland*, S. 585: „Die gründliche Vorbereitung einer Weltkonferenz aller antifaschistischen Schriftsteller. Innerhalb dieses Vorbereitungsstadiums müßten unter den antifaschistischen Schriftstellern bestimmte organisatorische Formen entstehen, die dann auf der Konferenz selbst sichtbar und dauernd werden."

89. „Der Schutzverband Deutscher Schriftsteller." In: *Sammlung* 5/1935, S. 280.

90. Becher, Brief an die IVRS v. 15. 12. 1934. In: *Zur Tradition der sozialistischen Literatur in Deutschland*, S. 684–5. Weitere Briefe und ein Bericht Bechers zum Ablauf des Kongresses befinden sich im Zentralen Parteiarchiv in Moskau – ihre Veröffentlichung steht noch aus.

91. „Schriftsteller in Paris." In: *Das Neue Tage-Buch* 26 v. 29. 6. 1935, S. 622.

92. Dieses Fazit zieht, mehr oder weniger offen, auch die bislang gründlichste Studie zum Pariser Kongreß (Kändler: „Im Zeichen der antifaschistischen Einheit", S. 68–98).

93. Heinrich Mann: „Die Verteidigung der Kultur." In: *Neue Weltbühne* 28 v. 11. 7. 1935, S. 864. (Nachdruck in *Zur Tradition der sozialistischen Literatur in Deutschland*, S. 728.)

94. Bertolt Brecht: „Eine notwendige Feststellung zum Kampf gegen die Barbarei. Entwurf der Rede, gehalten auf dem ‚Internationalen Schriftsteller-Kongreß', Paris." In: *Neue Deutsche Blätter* 6/1935, S. 342. (Nachdruck unter anderem a. a. O., S. 718 und in *Deutsche Literatur im Exil 1933–1945*. Bd. I, S. 90.)

95. Egon Erwin Kisch: „Reportage als Kunstform und Kampfform." In: *Zur Tradition der sozialistischen Literatur in Deutschland*, S. 720.

96. „Der Internationale Schriftstellerkongreß für die Verteidigung der Kultur." A. a. O., S. 812.

97. Den Text dieses „Der Kampf um den jungen Menschen" überschriebenen Vortrags hat Martin Gregor-Dellin erst kürzlich in Klaus Manns Nachlaß gefunden und im *kürbiskern* 2/1975, S. 39–44 abgedruckt.

98. „Der Internationale Schriftstellerkongreß für die Verteidigung der Kultur." In: *Zur Tradition der sozialistischen Literatur in Deutschland*, S. 831.

99. Johannes R. Becher: „Im Zeichen des Menschen und der Menschheit." In: *Internationale Literatur* 9/1935, S. 29. (Nachdruck a. .a. O., S. 689.)

100. „Zum Kongreß" (Thomas Mann). In: *Wort* 10/1938, S. 109.

101. Heinrich Mann: „Gruß an den II. Internationalen Kongreß der Schriftsteller." In H. M.: *Verteidigung der Kultur. Antifaschistische Streitschriften und Essays*. Hamburg: Claassen 1960, S. 466.

102. Klaus Völker: *Brecht-Chronik. Daten zu Leben und Werk*. München: Hanser 1971, S. 68 f. (= Reihe Hanser, 74.)

4. Die Literatur im Exil

4.1. Allgemeine Schaffensprobleme

1. Hilde Spiel: „Psychologie des Exils. Ein Vortrag, gehalten auf der Tagung der Exilforscher in Wien im Juni 1975." In: *Neue Rundschau* 3/1975, S. 429.
2. Lion Feuchtwanger: „Die Arbeitsprobleme des Schriftstellers im Exil." In: *Sinn und Form* 3/1954, S. 349.
3. A. a. O., S. 350.
4. A. a. O., S. 351.
5. Klaus Mann: „Die Kriegs- und Nachkriegs-Generation." In K. M.: *Heute und Morgen. Schriften zur Zeit.* München: Nymphenburger 1969, S. 222.
6. Klaus Mann: „Das Sprach-Problem." A. a. O., S. 287.
7. Albert Goldberg: „The Sounding Board. The Transplanted Composer." In: *Los Angeles Times* v. 14. 5. 1950.
8. Hermann Kesten: „Fünf Jahre nach unserer Abreise." In: *Verbannung*, S. 267.
9. F. C. Weiskopf: „Novel Writing in Exile." In: *Direction* 6/1940, S. 31.
10. Ernst Bloch: „Ansprache auf dem Congress of American Writers (New York 1939)." In E. B.: *Politische Messungen. Pestzeit, Vormärz.* Frankfurt: Suhrkamp 1970, S. 261.
11. Theodor W. Adorno: *Minima Moralia. Reflexionen aus dem beschädigten Leben.* Frankfurt: Suhrkamp 1951, S. 32.
12. Günther Anders: „Der Emigrant." In: *Merkur* 7/1962, S. 606.
13. Johannes R. Becher: „Bericht über die Tätigkeit während meiner Reise vom 5. Juli bis 27. September 1933." In: *Zur Tradition der sozialistischen Literatur in Deutschland*, S. 581.
14. Johannes R. Becher, Brief an Hans Carossa v. 27. 2. 1947. In J. R. B.: *Lyrik. Prosa. Dokumente. Eine Auswahl.* Hrsg. v. Max Niedermayer. Wiesbaden: Limes 1965, S. 147. (= Limes Nova, 9.)
15. Alexander Granach, Brief v. 24. 9. 1935; zitiert nach Ahrens: „Bericht über Alexander Granachs sowjetische Exiljahre 1935–37", S. 129.
16. Spiel: „Psychologie des Exils", S. 424.
17. Walter Hasenclever: „Die Rechtlosen." In W. H.: *Gedichte, Dramen, Prosa.* Hrsg. v. Kurt Pinthus. Reinbek: Rowohlt 1963, S. 407.
18. Stefan Zweig: *Die Welt von Gestern. Erinnerungen eines Europäers.* Stockholm: Bermann-Fischer 1944, S. 466f.
19. Ernst Bloch: „Feuchtwangers ‚Moskau 1937'." In: *Neue Weltbühne* 30 v. 22. 7. 1937, S. 936.
20. Stern: *Die Emigration als psychologisches Problem*, S. 73.
21. A. a. O., S. 75.
22. A. a. O., S. 78.
23. A. a. O., S. 81.
24. In der Tat kommt kaum einer der Versuche, den Typ des repräsentativen Exilautoren zu umreißen, zu handfesten Ergebnissen (Vordtriede: „Vorläufige Gedanken zu einer Typologie der Exilliteratur"; Paucker: „Exil und Existentialismus"; Spiel: „Psychologie des Exils"; Rudolph S. Kieve: „The Lord's Song in a Strange

Land." In: *Books Abroad* 2/1941, S. 151-5 und Joseph Wittlin: „Sorrow and Grandeur of Exile." In: *The Polish Review* 2-3/1957, S. 99-111). Zudem ist verschiedentlich davor gewarnt worden, ob der „abstrakten und darum unfruchtbaren Typologien" die politischen Hintergründe der Exils aus dem Griff zu verlieren (Jost Hermand: „Schreiben in der Fremde. Gedanken zur deutschen Exilliteratur seit 1789." In: *Exil und innere Emigration*, S. 10; Herden: „Positionsbestimmung des Exils," S. 49f.).

25. Zitiert nach Lehnert: „Thomas Mann in Exile 1933-1938", S. 291.

26. Alfred Kerr: „Exil." In: *Neue Weltbühne* 45 v. 4. 11. 1937, S. 1423.

27. Im Verlauf dieser Debatte hielt Balder Olden dem über 70jährigen Kerr vor, daß derartiger „gereimter Journalismus" (B. O.: „Gedichte von Alfred Kerr." A. a. O. 1 v. 5. 1. 1939, S. 13) angesichts des Faschismus verantwortungslos sei. Kerr replizierte daraufhin nicht nur mit der gewohnten Schärfe (A. K.: „Dichtungen von Balder Olden." A. a. O. 3 v. 19. 1. 1939, S. 77-80), er erhielt auch Schützenhilfe u. a. von Egon Erwin Kisch (a. a. O. 2 v. 12. 1. 1939, S. 56-7), Siegfried Marck und Kurt Kersten (a. a. O., S. 60).

28. Klaus Mann: „Deutsche Stimmen." In K. M.: *Heute und Morgen. Schriften zur Zeit.* München: Nymphenburger 1969, S. 311-2.

29. „ . . . heimlich, zäh geradezu listig tat er alles, um sich die Qual des Wartens [in der Emigration, A. S.] zu verkürzen. Das Leben war ihm in einem Maße unerträglich geworden, daß er den Schmerz nur durch die konstante Zufuhr von Alkohol beschwichtigen konnte" (Hans Natonek: „Joseph Roth." In: *Neue Weltbühne* 22 v. 1. 6. 1939, S. 683).

30. Golo Mann: „Erinnerungen an meinen Bruder Klaus." In: *Neue Rundschau* 3/1975, S. 384f., 399.

31. [Bodo Uhse]: „Zum Tode von Stefan Zweig." In: *Freies Deutschland* (Mexiko) 5/1942, S. 5.

32. Franz Theodor Csokor, Brief an Ferdinand Bruckner v. 17. 5. 1939. In F. Th. C.: *Zeuge einer Zeit. Briefe aus dem Exil 1933 bis 1950.* München: Langen 1964, S. 234.

33. Kurt Hiller: „Nachruf für Ernst Toller." In: *Deutsche Blätter* 9/10 (1944), S. 9.

34. Klaus Mann: „Ernst Toller." In K. M.: *Prüfungen. Schriften zur Literatur.* München: Nymphenburger 1968, S. 323.

35. Joseph Roth: „Statt eines Artikels." In: *Das Neue Tage-Buch* 42 v. 17. 10. 1936, S. 996.

36. Arnold Zweig: „Joseph Roth gestorben." In A. Z.: *Über Schriftsteller.* Berlin: Aufbau 1967, S. 138.

37. [Bodo Uhse]: „Zum Tode von Stefan Zweig." In: *Freies Deutschland* (Mexiko) 5/1942, S. 5.

38. „Lion Feuchtwanger, Heinrich Mann, Bruno Frank über den Toten." A. a. O.

39. Carl Zuckmayer: „Aufruf zum Leben." In C. Z.: *Aufruf zum Leben. Porträts und Zeugnisse aus bewegten Zeiten.* Frankfurt: Fischer 1976, S. 7-14. Zuckmayer selbst bekannte allerdings: „Ich konnte nicht schreiben. Der Krieg und das wachsende Unheil in unserer Heimat zersetzten die Phantasie. In einem Krieg wird das Wort machtlos. Man macht ihn mit oder man schweigt" (a. a. O., S. 7).

40. Arnold Zweig: „Nachruf auf Stefan Zweig." In A. Z.: *Über Schriftsteller.* Berlin: Aufbau 1967, S. 155.

41. Thomas Mann, Brief an Friederike Zweig v. 15.9. 1942. In Th.M.: *Briefe 1937–1947.* O. O.: Fischer 1963, S. 280–1. Vgl. dazu Thomas Manns Wendung in „Stefan Zweig zum zehnten Todestag." In Th. M.: *Reden und Aufsätze.* Bd. 2. Frankfurt: Fischer 1960, S. 524–5. (= Gesammelte Werke, 10.)

42. Arnold Zweigs Essay war 1932 entstanden. Gedruckt wurde er in *Orient* 21/1942, S. 3–6, 22/1942, S. 5–8 und 23–24/1942, S. 3–5.

43. Alfred Döblin: „Jakob Wassermanns letztes Buch." In: *Sammlung* 10/1934, S. 518.

44. Hermann Broch, Brief an Egon Vietta v. 14. 11. 1947. In H. B.: *Briefe von 1929 bis 1951.* Zürich: Rhein-Verlag 1957, S. 290. (= Gesammelte Werke.)

45. Franz Werfel: *Stern der Ungeborenen.* Frankfurt: Fischer 1967, S. 14. Marta Mierendorff hat darauf hingewiesen, daß diese und andere Passagen in der Taschenbuchausgabe der Fischer Bücherei (1958) fehlen (M. M.: „Spekulierende Einbildungskraft und historische Analyse. Franz Werfels Exilroman ‚Stern der Ungeborenen'." In: *Die deutsche Exilliteratur 1933–1945,* S. 480f.).

46. Hans Sahl: *Die hellen Nächte. Gedichte aus Frankreich.* New York: Fles 1942, S. 46.

47. Zitiert nach Robert van Gelder: *Writers and Writing.* New York: Scribner 1946, S. 87–8. Die Übersetzung dieser Passage in *Internationale Literatur* 1/1941, S. 39 lautet: „Dazu kommen die inneren, die psychologischen Schwierigkeiten; wo bleibt die künstlerische Vollkommenheit in Stunden, in denen das Schicksal unserer wirklichen und geistigen Welt für Jahrhunderte auf dem Spiel steht? ... Ich hatte nicht mehr den Mut, an privaten, psychologischen Fakten Anteil zu nehmen, und jede Fabel steht für mein Empfinden heute in striktem Gegensatz zur Geschichte ... Würde man irgendeine dieser Lebensgeschichten ohne jede Veränderung in Druck geben, würde man die Dokumente der Flüchtlinge veröffentlichen, die sich in den Büros der Hilfsorganisationen, bei den Gesellschaften der Freunde und im Home Office in London befinden, sie würden hundert Bände einer Geschichte ergeben, ergreifender und unwahrscheinlicher als die Werke Jack Londons und Maupassants ... Aus diesem Grund wird die Literatur meiner Meinung nach in den kommenden Jahren mehr Dokumentar-Charakter tragen, die erdachte, imaginäre Welt wird der Wirklichkeit weichen müssen." Andererseits finden sich bei Zweig bis kurz vor dem Selbstmord auch Durchhalteparolen (z. B. St. Z.: „Das große Schweigen." In: *Das Neue Tage-Buch* 18 v. 4. 5. 1940, S. 426); vgl. dazu Klaus Jarmatz: „Stefan Zweigs Auseinandersetzung mit Krieg und Faschismus, sein Eintreten für Frieden, Humanismus und menschlichen Fortschritt im Exil 1934–1942." Vortrag auf dem Internationalen Symposium zur Erforschung des österreichischen Exils von 1934–1945, Wien, Juni 1975.

48. Wie wichtig Becher dieser Dialog war, belegt, daß er 1943 unter der Überschrift „Eine Betrachtung über Kunst im Krieg." In: *Internationale Literatur* 9/1943, S. 46–8 noch einmal auf ihn zurückkommt.

49. Barck: *Johannes R. Bechers Publizistik in der Sowjetunion 1935–1945,* S. 157 hat Becher deshalb kritisiert: „Becher ... gesteht ... letztlich reportagehafter und dokumentarischer Literatur doch nur Materialwert zu. Damit reproduziert er noch einmal das Lukácssche Schema ... und engt so – auf andere Weise als Stefan Zweig – den Literaturbegriff in unzulässiger Weise ein."

50. Johannes R. Becher: „Standhaftigkeit"; zitiert nach J. R. B.: *Von der Größe unse-*

rer Literatur. Reden und Aufsätze. Leipzig: Reclam 1971, S. 195. (= Reclams Universal-Bibliothek, 186.)

51. A.a.O., S. 198, 210.

52. A.a.O., S. 207.

53. Hermann Kesten: „Fünf Jahre nach unserer Abreise." In: *Verbannung*, S. 267.

54. Wobei Kesten weniger um ideologische Positionen besorgt ist, als um den internationalen Ruf von Autoren wie den Brüdern Mann, Joseph Roth und Leonhard Frank.

55. Vgl. zum Beispiel Ulrich Weisstein: „Heinrich Mann in America: A Critical Survey." In: *Books Abroad* 3/1959, S. 281–4.

56. Karl Wolfskehl, Brief an Emil Preetorius v. 23. 1. 1948. In K. W.: *Zehn Jahre Exil. Briefe aus Neuseeland 1938–1948.* Heidelberg: Schneider 1959, S. 378.

57. Heinrich Mann, Brief an Kurt Sontheimer v. 9. 4. 1943; zitiert nach Walter Dietze: „Nachwort." In H. M.: *Ein Zeitalter wird besichtigt.* Reinbek: Rowohlt 1976, S. 396. (= rororo, 1986.)

58. Karl Wolfskehl, Brief an Emil Preetorius v. 23. 1. 1948. In K. W.: *Zehn Jahre Exil. Briefe aus Neuseeland 1938–1948.* Heidelberg: Schneider 1959, S. 378.

59. „Die größten Möglichkeiten boten die Studios in Hollywood, und aus diesem Grunde spielen die Dramen Kaisers und auch die Filmexposés, die er in diesen Jahren schrieb, in ausländischen, hauptsächlich englischen und amerikanischen Milieus, und die Charaktere tragen englische Namen" (Ernst Schürer: „Verinnerlichung, Protest und Resignation. Georg Kaisers Exil." In: *Die deutsche Exilliteratur 1933–1945*, S. 269).

60. Dabei handelt es sich keineswegs nur um Folgen des Exils, wie die reiche Literatur über die Sowjetunion aus den Jahren vor 1933 belegt.

61. Weiskopf: *Unter fremden Himmeln*, S. 99 führt eine Reihe solcher „Reisebücher und Reportagen" auf.

62. Ernst Bloch: „Zerstörte Sprache – zerstörte Kultur." In: *Verbannung*, S. 184.

63. Benjamin W. Huebsch, Brief an Clara Sturges Johnson v. 29. 5. 1942; zitiert nach *Deutsche Exilliteratur seit 1933*. Bd. I, T. 1, S. 122.

64. Pross: *Die deutsche akademische Emigration nach den Vereinigten Staaten 1933–1941*; Radkau: *Die deutsche Emigration in den USA*, S. 23 ff.

65. Alfred Döblin: *Die Zeitlupe. Kleine Prosa.* Hrsg. v. Walter Muschg. Freiburg: Olten 1962, S. 195.

66. Klaus Jarmatz: „Stefan Zweigs Auseinandersetzung mit Krieg und Faschismus, sein Eintreten für Frieden, Humanismus und menschlichen Fortschritt im Exil 1934–1942." Vortrag auf dem Internationalen Symposium zur Erforschung des österreichischen Exils von 1934–1945, Wien, Juni 1975, S. 10f.

67. George Grosz, Briefe an Bertolt Brecht und Erwin Piscator v. 22. 5., 23. 5. u. Anfang 1935; zitiert nach Herbert Knust: „Grosz, Piscator und Brecht: Notizen zum Theater im Exil." In: *Deutsches Exildrama und Exiltheater*, S. 57.

68. Charles Whitney Carpenter: *Exiled German Writers in America, 1932–1950.* M. A. Thesis Los Angeles, 1952; Wulf Koepke: „Die Exilschriftsteller und der amerikanische Buchmarkt." In: *Deutsche Exilliteratur seit 1933*. Bd. I, T. 1, S. 89–116.

69. Max Herrmann-Neiße: „Ein deutscher Dichter bin ich einst gewesen." In M. H.-N.: *Um uns die Fremde.* Zürich: Oprecht 1936, S. 84.

70. Eberhard Frey: „Ethisches Theater: Berthold Viertels Theatertätigkeit im Exil." In: *Deutsches Exildrama und Exiltheater, S. 83.*

71. Bander: *The Reception of Exiled German Writers in the Nazi and Conservative German-Language Press of California: 1933–1950;* dies.: „Exilliteratur und Exil im Spiegel der deutschsprachigen Presse der Westküste: 1933–1949." In: *Deutsche Exilliteratur seit 1933.* Bd. I, T. 1, S. 194–213.

72. Gudrun Düwel: *Friedrich Wolf und Wsewolod Wischnewski. Eine Untersuchung zur Internationalität sozialistisch-realistischer Dramatik.* Berlin: Akademie 1975. (= Literatur und Gesellschaft.)

73. Barck: *Johannes R. Bechers Publizistik in der Sowjetunion 1935–1945.*

74. Georges Lukács: *Écrits de Moscou.* Hrsg. v. Claude Prévost. Paris: Ferenc Jánossy 1974. (= editions sociales.)

75. *Internationale Literatur* 5/1936, S. 55.

76. Anders: „Der Emigrant", S. 619 ff.

77. Alfred Döblin: „Als ich wiederkam." In: *Verbannung,* S. 303.

78. Alfred Döblin: *Schicksalsreise. Bericht und Bekenntnis.* Frankfurt: Knecht 1949, S. 138.

79. Leonhard Frank: *Links wo das Herz ist.* München: Nymphenburger 1952, S. 191.

80. Carl Zuckmayer: *Gedichte 1916–1948.* Amsterdam: Bermann-Fischer 1948, S. 119.

81.   *Nacht der Verzweiflung*

    Was spricht die Nacht mir zu, wenn ich allein,
    Ich Fremder, der die Sprache nicht versteh,
    Die Nacht befragend, durch die Straßen geh?!
    Wird auch die Nacht, mir schweigend, sprachlos sein?!

    Wird sie mir schweigen, wenn ich frag: ‚Warum—?'
    Und wird sie schweigen, wenn ich frag: ‚Wie lang —?!'
    Frag ich umsonst sie viele Nächte lang,
    Und bleibt die Nacht auf alle Fragen stumm?!

    Was spricht die Nacht zu mir, und kann ich ihr,
    Wie einst der heimatlichen Nacht, vertraun?
    Wird diese Nacht auf mich herniederschaun
    Voll Sternenklarheit, leuchtend auch in mir?

    Was spricht die Nacht zu mir? Ist alles Wahn,
    Und hör ich nur mein eigenes Gelall?
    Hör mich im Wind, hör mich im Blätterfall?
    Ich ruf die Nacht ... Es fängt der Tag schon an ...

    Was spricht die Nacht zu mir? Die Nacht schweigt still.
    In mir, in mir liegt alles wund und bloß.
    Auf alle Fragen bin ich antwortlos.
    Ich bin die Nacht, die ewig Nacht sein will.

    In Johannes R. Becher: *Gedichte 1926–1935.* Berlin: Aufbau 1966, S. 643. (= Gesammelte Werke, 3.)

82. Wolf R. Marchand: *Joseph Roth und völkisch-nationalistische Wertbegriffe. Un-*

tersuchungen zur politisch-weltanschaulichen Entwicklung Roths und ihrer Auswirkung auf sein Werk. Bonn: Bouvier 1974, S. 166. (= Bonner Arbeiten zur
deutschen Literatur, 23.)

83. Paul Mayer: *Exil. Gedichte*. Mexico: Editiorial „El Libro Libre" 1944, S. 40.
84. Ludwig Marcuse: „Die Anklage auf Flucht." In: *Das Neue Tage-Buch* 6 v. 8. 2.
   1936, S. 132.
85. Alfred Polgar: „Der Emigrant und die Heimat." In A. P.: *Anderseits. Erzählungen und Erwägungen*. Amsterdam: Querido 1948, S. 232.
86. F. C. Weiskopf: „Bekenntnis zur deutschen Sprache." In: *Freies Deutschland*
   (Mexiko) 3/1942, S. 29.
87. Ernst Bloch: „Zerstörte Sprache – zerstörte Kultur." In: *Verbannung*, S. 182. Vgl.
   auch Blochs Antwort auf eine Umfrage von *Books Abroad* zur internationalen
   Exilliteratur (4/1942, S. 389–90).
88. Ernst Bloch: „Zerstörte Sprache – zerstörte Kultur." In: *Verbannung*, S. 183.
89. Vgl. Klaus Kipphan: *Deutsche Propaganda in den Vereinigten Staaten 1933–1941*.
   Heidelberg: Winter 1971. (= Beihefte zum Jahrbuch für Amerikastudien, 31.)
90. Ernst Bloch: „Zerstörte Sprache – zerstörte Kultur." In: *Verbannung*, S. 184.
91. Johannes Urzidil: „Die Sprache im Exil." In: *Deutsche Blätter* 32/1946, S. 21.
92. Anders: „Der Emigrant", S. 621.
93. Thomas Mann, Brief an Agnes E. Meyer v. 22. 5. 1948; zitiert nach *Deutsche
   Exilliteratur seit 1933*. Bd. I, T. 1, S. 495.
94. Zitiert nach Helene Homeyer: „Sprache der Vertriebenen." In: *Deutsche Rundschau* 1/1948, S. 46.
95. Petra Goder: „Moralist der Appelle. Zur Exilproblematik im Werk Fritz von
   Unruhs." In: *Deutsche Exilliteratur 1933–1945*, S. 504.
96. Klaus Weissenberger: „Alfred Döblin im Exil. Eine Entwicklung vom historischen Relativismus zum religiösen Bekenntnis." In: *Colloquia Germanica* 1/2
   (1974), S. 37.
97. Thomas A. Kamla: „Die Sprache der Verbannung. Bemerkungen zu dem Exilschriftsteller Konrad Merz." In: *Zur deutschen Exilliteratur in den Niederlanden
   1933–1940*, S. 133–46.
98. Jürgen von Hollander: „‚Süddeutsche Zeitung' besucht Alfred Neumann." In:
   Süddeutsche Zeitung v. 5. 5. 1951.
99. Manfred Durzak: „Laokoons Söhne. Zur Sprachproblematik im Exil." In: *Akzente* 1/1974, S. 61.
100. Thomas Mann: „Brief über das Hinscheiden meines Bruders Heinrich." In
   Th. M.: *Reden und Aufsätze*. Bd. 2. O. O.: Fischer 1960, S. 522. (= Gesammelte
   Werke, 10.)
101. Heinrich Mann, Brief an Klaus Pinkus v. 5. 4. 1942. In H. M.: *Briefe an Karl
   Lemke und Klaus Pinkus*. Hamburg: Claassen o. J., S. 148–9.
102. Heinrich Mann: *Ein Zeitalter wird besichtigt*. Reinbek: Rowohlt 1976, S. 154.
   (= rororo, 1986.)
103. Hans-Albert Walter: „Deutsche Literatur im Exil. Ein Modellfall für die Zusammenhänge von Literatur und Politik." In: *Merkur* 1/1971, S. 84.
104. Hans Mayer: „Lion Feuchtwanger oder Die Folgen des Exils." In: *Neue Rundschau* 1/1965, S. 127–8. Vgl. auch Kapitel 4.4.
105. Anders: „Der Emigrant", S. 620: „Auffällig war, daß sich diejenigen, die ein

unverkennbares Idiom und einen unbestreitbaren Sprachrang erarbeitet hatten, viel stärker vor den Fremdsprachen, mindestens vor dem Fremdsprechen, gehemmt fühlten, als diejenigen, auch als diejenigen Schriftsteller, die auch früher nie etwas anderes gekannt hatten als das durchschnittliche Mitmachen der Sprache."

106. Heinrich Mann, Brief an Maximilian Brantl v. 11. 1. 1910. Zitiert nach André Banuls: *Heinrich Mann.* Stuttgart: Kohlhammer 1970, S. 95. (= Sprache und Literatur, 62.)

107. André Banuls: „Vom süßen Exil zur Arche Noah. Das Beispiel Heinrich Mann." In: *Die deutsche Exilliteratur 1933–1945,* S. 212.

108. Manfred Durzak: „Exil-Motive im Spätwerk Heinrich Manns. Bemerkungen zu dem Roman ‚Der Atem‘." In: *Heinrich Mann 1871/1971. Bestandsaufnahme und Untersuchung. Ergebnisse der Heinrich-Mann-Tagung in Lübeck.* Hrsg. v. Klaus Matthias. München: Fink 1973, S. 208 f.

109. Winfried Giesen: *Heinrich Manns Roman ‚Empfang bei der Welt‘ – Interpretation eines Spätwerks.* Bern: Lang 1976, S. 80–4. (= Europäische Hochschulschriften. Reihe I: Deutsche Literatur und Germanistik, 161.)

110. Gustav Huonker: „Einleitung." In Kurt Tucholsky: *Briefe aus dem Schweigen 1932–1935. Briefe an Nuuna.* Reinbek: Rowohlt 1977, S. 24 f.

111. Karl Wolfskehl, Brief an Margarete Susman v. 11. 4. 1946. In K. W.: *Zehn Jahre Exil. Briefe aus Neuseeland 1938–1948.* Heidelberg: Lambert Schneider 1959, S. 260. (= Veröffentlichungen der Deutschen Akademie für Sprache und Dichtung, Darmstadt, 13.)

112. Sinsheimer: „‚Emigranto‘", S. 34–7.

113. Karl Wolfskehl, Brief an Siegfried Guggenheim v. 26. 2. 1946. In K. W.: *Zehn Jahre Exil. Briefe aus Neuseeland 1938–1948.* Heidelberg: Lambert Schneider 1959, S. 248. (= Veröffentlichungen der Deutschen Akademie für Sprache und Dichtung, Darmstadt, 13.)

114. Bertolt Brecht: „Ich lese von der Panzerschlacht." In B. B.: *Gesammelte Werke.* Bd. 9. Frankfurt: Suhrkamp 1967, S. 821.

115. Erich A. Frey: „Thomas Mann." In: *Deutsche Exilliteratur seit 1933.* Bd. I, T. 1, S. 495 hat auf den Einfluß des Amerikanischen auf die Sprache des *Erwählten* hingewiesen. In Manns Briefen gehören Sätze wie „ ... daß die Screen Writers Guild dem Engagement der ausländischen Autoren opposed sei" oder „mein Sekretär ... hat ... mit dem Schreiben von diktierten Briefen, messages, statements ... zu tun" (Th. M.: *Briefe 1937–1947.* O. O.: Fischer 1963, S. 212 f.) zum Alltäglichen.

116. Nach F. C. Weiskopf: „Sprache im Exil." In F. C. W.: *Über Literatur und Sprache.* Berlin: Dietz 1960, S. 492.

117. Zitiert nach Lotte Paepcke: „Sprache und Emigration." In: *Frankfurter Hefte* 3/1963, S. 186.

118. Klaus Mann, Brief an Hubertus Prinz zu Löwenstein v. 9. 4. 1940. In K. M.: *Briefe und Antworten.* Bd. 2. München: Ellermann 1975, S. 107.

119. Mascha Kaleko: *Verse für Zeitgenossen.* Cambridge: Schoenhof 1945, S. 17.

120. Harold von Hofe: „Ludwig Marcuse." In: *Deutsche Exilliteratur seit 1933.* Bd. I, T. 1, S. 532. Herbert Lederer hat in einer Rezension von *Mein zwanzigstes Jahrhundert* darauf hingewiesen, daß Marcuse nicht nur zwischen den Sprachen stand,

sondern die Wahlsprache häufig auch noch falsch gebrauchte (*German Quarterly* 2/1961, S. 203).

121. Marcel Reich-Ranicki: *Literatur der kleinen Schritte. Deutsche Schriftsteller heute.* München: Piper 1967, S. 166–72.

122. Guy Stern: „Hertha Pauli." Vortrag auf dem Internationalen Symposium zur Erforschung des österreichischen Exils von 1934–1945, Wien, Juni 1975.

123. Ernest Borneman: „Deutschlands Emigranten schrieben nicht nur deutsch." In: *Frankfurter Rundschau* v. 9. 8. 1977; vgl. auch ders.: „, ... aber wenn Brecht brüllt, hast du unrecht!'" In: *tat* 1/2 v. 7. 1. 1977, S. 11.

124. Michael Hamburger: „Niemandsland-Variationen." In M. H.: *Zwischen den Sprachen. Essays und Gedichte.* Frankfurt: Fischer 1966, S. 33.

125. Hans Mayer: „Und saßen an den Ufern des Hudson. Anmerkungen zur deutschen literarischen Emigration." In: *Akzente* 5/1976, S. 443.

126. Hans-Bernhard Moeller: „Stefan Heym: Das Wagnis der literarischen Exilantentugenden und -versuchungen in alter und neuer Welt." In: *Deutsche Studien* 52/ 1975, S. 403–10; Reinhard K. Zachau: *Stefan Heym in Amerika.* Phil. Diss. Pittsburgh (in Vorb.)

127. Klaus Mann: „Das Sprach-Problem." In K. M.: *Heute und Morgen. Schriften zur Zeit.* München: Nymphenburger 1969, S. 291.

128. Leo Spitzer: „Erlebnisse mit der Adoptiv-Muttersprache." In: *Wandlung* 2/1948, S. 169.

129. Alexander Weiss: „Fragment." In: *Akzente* 2/1972, S. 144.

130. Peter Weiss: „Laokoon oder Über die Grenzen der Sprache." In P. W.: *Rapporte.* Frankfurt: Suhrkamp 1968, S. 186–7. (= edition suhrkamp, 276.)

131. Dieter Hensing: „Die Position von Peter Weiss in den Jahren 1947–1965 und der Prosatext ‚Der Schatten des Körpers des Kutschers'." In: *Amsterdamer Beiträge zur Neueren Germanistik* 2/1973, S. 156.

132. A. a. O., S. 163.

133. Peter Weiss: „Laokoon oder Über die Grenzen der Sprache." In P. W.: *Rapporte.* Frankfurt: Suhrkamp 1968, S. 180. (= edition suhrkamp, 276.)

134. Lion Feuchtwanger: „Die Arbeitsprobleme des Schriftstellers im Exil." In: *Sinn und Form* 3/1954, S. 348. Vgl. auch Lion Feuchtwanger: „Größe und Erbärmlichkeit des Exils." In: *Wort* 6/1938, S. 6: „Viele engte das Exil ein, aber den Bessern gab es auch Weite, Elastizität, es gab ihnen Blick für das Große, Wesentliche ... Viele von diesen Emigranten wurden innerlich reifer, erneuerten sich, wurden jünger ... "

135. Klaus Mann: *Der Wendepunkt. Ein Lebensbericht.* O. O.: Fischer 1952, S. 311.

136. Günther Anders: *Die Schrift an der Wand. Tagebücher 1941 bis 1966.* München: Beck 1967, S. 93.

137. Heinrich Mann, Brief an den Kongreß der Sowjetschriftsteller v. 13. 6. 1934. In: *Sozialistische Realismuskonzeptionen*, S. 400.

138. Ulrich Weisstein: „Bertolt Brecht. Die Lehren des Exils." In: *Die deutsche Exilliteratur 1933–1945*, S. 392.

139. A. a. O., S. 385.

140. A. a. O., S. 383.

141. Bertolt Brecht: „Flüchtlingsgespräche." In B. B.: *Gesammelte Werke.* Bd. 14. Frankfurt: Suhrkamp 1967, S. 1462.

142. Hermann Kesten, Brief an Oliver La Farge v. 2. 6. 1947. In: *Deutsche Literatur im Exil*, S. 250.
143. Hermann Kesten: „Erinnerungen und Erfahrungen." In: *Deutsche Universitätszeitung* 5/1953, S. 15.
144. Stefan Zweig: „Thomas Mann: ‚Lotte in Weimar‘." In St. Z.: *Zeit und Welt*. Stockholm: Bermann-Fischer 1943, S. 394.
145. Manfred Schlösser: „Deutsch-jüdische Dichtung des Exils. Jüdische Dichtung – notwendig Exildichtung?" In: *Emuna* 4 v. 4. 11. 1968, S. 250–65. Eine christliche Interpretation legt Arvid de Bodisco dem Exil unter in „Emigrationen und ihre tiefere Bedeutung".
146. Egbert Krispyn: „Exil als Lebensform." In: *Exil und innere Emigration II*, S. 101–118.
147. Klaus Mann: „Appell an die Freunde." In K. M.: *Heute und Morgen. Schriften zur Zeit*. München: Nymphenburger 1969, S. 148.
148. Der Versuch von Richard Christ, Klaus Mann auf dem Umweg über den Radikaldemokratismus als bürgerlichen Mitläufer des Sozialismus zu retten, überzeugt nicht. Dazu setzt die auch von Christ zugestandene frühe „Fin-de-siècle-Morbidität" des Klaus Mann dessen „kritisch-realistischer Position" zu enge Grenzen („Das unausweichliche Entweder-Oder!" In: *Neue Deutsche Literatur* 1/1970, S. 171).
149. Klaus Mann: *Der Wendepunkt. Ein Lebensbericht*. O. O.: Fischer 1952, S. 356.
150. Hermann Kesten, Brief an Paul Lüth v. 21. 2. 1948. In: *Deutsche Literatur im Exil*, S. 275.
151. Ernst Bloch: „Ansprache auf dem Congress of American Writers (New York 1939)." In E. B.: *Politische Messungen. Pestzeit, Vormärz*. Frankfurt: Suhrkamp 1970, S. 261. (= Gesamtausgabe, Bd. 11.)
152. A. a. O., S. 262.
153. Uwe Schweikert: „Flucht ohne Ende. Joseph Roth in seinen Briefen." In: *Neue Rundschau* 2/1971, S. 337: „Joseph Roth war schon ein Exilierter, noch ehe Hitler ihn endgültig in die Verbannung trieb."
154. Klaus Matthias: „Humanismus in der Zerreißprobe. Stefan Zweig im Exil." In: *Die deutsche Exilliteratur 1933–1945*, S. 297 spricht von mehreren Stufen des Exils bei Zweig zwischen 1914 und 1938: „Zweigs Exilsituation datierte von weiter her als von 1938 oder 1933."
155. Karl Corino beginnt seinen Musil-Aufsatz mit der lakonischen Feststellung: „Robert Musil ist auch als Exulant ein Außenseiter" (a. a. O., S. 253).
156. Manfred Durzak schreibt über Hermann Broch: „Brochs Reaktion auf seine Exilierung ist ... weniger ein Ausdruck von Entwurzelung und umfassender Orientierungslosigkeit als eine Verschärfung jener Haltung, die bereits seit Ende der zwanziger Jahre charakteristisch für ihn war" (a. a. O., S. 433).
157. „Exil in Permanenz" überschreibt Viktor Suchy einen Beitrag zu „Elias Canetti und der unbedingte Primat des Lebens" (a. a. O., S. 282).
158. Alfred Döblin: „Der historische Roman und wir." In: *Wort* 4/1936, S. 70; vgl. auch Auer: *Das Exil vor der Vertreibung*, S. 175–78.
159. Klaus Weissenberger bezieht bei Leonhard Frank das Problem der „persönlichen Identitätssuche" ausdrücklich nicht nur auf die Jahre 1933 bis 1945 (K. W.: „Leonhard Frank. Zwischen sozialem Aktivismus und persönlicher Identitätssuche."

In: *Zeitkritische Romane des 20. Jahrhunderts. Die Gesellschaft in der Kritik der deutschen Literatur*. Hrsg. v. Hans Wagener. Stuttgart: Reclam 1975, S. 54).

160. „Man möge die These, daß eigentlich das Exil die ihm adäquate Lebensform war, nicht als Frevel auslegen" (Hans Wolffheim: „Von Dionysos zu Hiob. Karl Wolfskehls Spätwerk." In: *Die deutsche Exilliteratur 1933–1945*, S. 335).

161. André Banuls: „Vom süßen Exil zur Arche Noah. Das Beispiel Heinrich Mann." A. a. O., S. 201 f.

162. Herden: „Positionsbestimmung des Exils", S. 48.

163. Heinrich Mann: *Ein Zeitalter wird besichtigt*. Reinbek: Rowohlt 1976, S. 241. (= rororo, 1986.)

4.2. Debatten über die Exilliteratur

1. Ernst Ottwalt: „In diesen Tagen." In: *Internationale Literatur* 5/1936; zitiert nach *Deutsche Literatur im Exil 1933–1945*. Bd. 1, S. 135.

2. Bernhard Ziegler (d. i. Alfred Kurella): „‚Schlußwort'." In: *Die Expressionismusdebatte*, S. 234.

3. Kurt Kersten: „Strömungen der expressionistischen Periode." A. a. O., S. 98.

4. Zwei weitere Debatten, die das *Wort* anregen wollte, kamen nie recht in Gang: zum Humanismus (1/1936, S. 54–75 u. 110) und zum historischen Roman (4–5/1937, S. 38 ff.).

5. Menno ter Braak: „Emigranten-Literatur." In: *Das Neue Tage-Buch* 52 v. 29. 12. 1934, S. 1244–5; Erich Andermann (d. i. Joseph Bornstein): „Größere Strenge gegen die Dichter?" A. a. O. 1 v. 5. 1. 1935, S. 1267–8; Ludwig Marcuse: „Zur Debatte über die Emigranten-Literatur." A. a. O. 2 v. 12. 1. 1935, S. 43–5; Hans Sahl: „Emigration – eine Bewährungsfrist." A. a. O., S. 45; Menno ter Braak: „Zum Thema Emigranten-Literatur. Antwort an Andermann und Marcuse." A. a. O. 3 v. 19. 1. 1935, S. 67–8; Leo Matthias: „Die Gleichgültigkeit gegenüber den Problemen." A. a. O. 4 v. 26. 1. 1935, S. 91–2. Die Debatte ist bis auf ter Braaks zweiten Beitrag und die Zuschrift von Matthias nachgedruckt in *Deutsche Literatur im Exil 1933–1945*. Bd. 1, S. 59–70. Zu ter Braak „als Kritiker der deutschen Emigrantenliteratur" vgl. den Aufsatz von Hans Würzner in *Zur deutschen Exilliteratur in den Niederlanden 1933–1940*, S. 216–41.

6. Wegner: *Exil und Literatur*, S. 131–4 übergeht mit Sahls Stellungnahme in seiner Analyse der Debatte einen der wichtigsten Beiträge.

7. Menno ter Braak: „Emigranten-Literatur." In: *Deutsche Literatur im Exil 1933–1945*. Bd. 1, S. 61.

8. A. a. O.

9. Menno ter Braak: „Zum Thema Emigranten-Literatur. Antwort an Andermann und Marcuse." In: *Das Neue Tage-Buch* 3 v. 19. 1. 1935, S. 67.

10. Menno ter Braak: „Emigranten-Literatur." In: *Deutsche Literatur im Exil 1933–1945*. Bd. 1, S. 62.

11. Leo Matthias: „Die Gleichgültigkeit gegenüber den Problemen." In: *Das Neue Tage-Buch* 4 v. 26. 1. 1935, S. 91.

12. Ludwig Marcuse: „Zur Debatte über die Emigranten-Literatur." In: *Deutsche Literatur im Exil 1933–1945*. Bd. 1, S. 66–7.

13. A. a. O., S. 67.

14. Erich Andermann: „Größere Strenge gegen die Dichter?" A. a. O., S. 63.

15. A. a. O., S. 65.

16. Menno ter Braak: „Zum Thema Emigranten-Literatur. Antwort an Andermann und Marcuse." In: *Das Neue Tage-Buch* 3 v. 19. 1. 1935, S. 68.

17. Hans Sahl: „Emigration – eine Bewährungsfrist." In: *Deutsche Literatur im Exil 1933–1945*. Bd. 1, S. 69; Erich Andermann: „Größere Strenge gegen die Dichter?" A. a. O., S. 64.

18. Menno ter Braak hatte seinerseits diesem Thema im April 1934 in der *Sammlung* einen längeren Beitrag unter der Überschrift „Geist und Freiheit" gewidmet.

19. Unter dem Titel *Der Sinn dieser Emigration* hatten Heinrich Mann und „ein junger Deutscher" (d. i. Paul Roubiczek) 1934 im Pariser Verlag Europäischer Merkur eine Broschüre herausgegeben, die gewissermaßen zur Vorgeschichte der *Neuen Tage-Buch*-Debatte gehört. Die Zweifel von Bornstein und Marcuse an der Existenz einer Exilliteratur kommen hier allerdings nie auf: „Die Emigration steht für Deutschland und für sich selbst, sie enthält menschliche Werte von höherem Lebensrecht als alles, was in dem niedergeworfenen Lande sich breit machen darf ... Die Emigration ... ist die Stimme ihres stumm gewordenen Volkes. Sie sollte es sein vor aller Welt" (S. 28 u. 33). Schon damals hatten jedoch Rezensenten des Bandes Bedenken angemeldet. Heinz Raabe erklärte im *Neuen Tage-Buch* klipp und klar, daß es für ihn „keinen lebenden Organismus Emigration gibt und geben kann" (17 v. 28. 4. 1934, S. 404). Und Werner Türk klagte in der *Neuen Weltbühne* 19 v. 10. 5. 1934 über Manns „liberalistische" (S. 590) Argumentationsweise: „Heinrich Mann betrachtet die geistigen und geistfeindlichen Erscheinungen losgelöst von jenen Untergründen, in denen die verborgenen Triebkräfte wirken. So kommt es, daß er speziell in der vorliegenden Untersuchung nur selten zu jenen [ökonomischen, A. S.] Bezirken vordringt, in denen allein die Bloßlegung der entscheidenden Ursachen gelingen kann" (S. 589).

20. Hans Sahl: „Emigration – eine Bewährungsfrist." In: *Deutsche Literatur im Exil 1933–1945*. Bd. 1, S. 70.

21. Vgl. Kapitel 3.3.1.

22. In: *Das Neue Tage-Buch* 2 v. 11. 1. 1936, S. 30–1; Thomas Mann, Hermann Hesse, Annette Kolb: „Erklärung." In: *Neue Zürcher Zeitung* v. 18. 1. 1936; Leopold Schwarzschild: „Antwort an Thomas Mann." In: *Das Neue Tage-Buch* 4 v. 25. 1. 1936, S. 82–6; Eduard Korrodi: „Deutsche Literatur im Emigrantenspiegel." In: *Neue Zürcher Zeitung* v. 26. 1. 1936; Thomas Mann: „Antwort an Eduard Korrodi." A. a. O. v. 3. 2. 1936; Eduard Korrodi: „Vom deutschen Literaturschicksal." A. a. O. v. 8. 2. 1936; Leopold Schwarzschild: „Literatur." In: *Das Neue Tage-Buch* 7 v. 15. 2. 1936, S. 154–7; Ernst Ottwalt: „In diesen Tagen." In: *Internationale Literatur* 5/1936, S. 3–15. Sämtliche Beiträge sind nachgedruckt in *Deutsche Literatur im Exil 1933–1945*. Bd. 1, S. 95–141.

23. Die Materialien im Politischen Archiv des Auswärtigen Amtes in Bonn belegen, daß vor allem wegen der Reaktion der internationalen Presse auf Thomas Manns Erklärung die Bedenken des Auswärtigen Amtes gegen die Ausbürgerung wegfielen (Schreiben der Preußischen Geheimen Staatspolizei an den Reichs- und Preußischen Minister des Inneren v. 25. 3. 1936; Ref. Deutschland, Inland II AB, 83–76, Bd. 1 [1933–1936]). Lehnert: „Thomas Mann in Exile 1933–1938", S. 287 spekuliert, daß die Ausbürgerung wegen der Olympischen Spiele in Berlin dann

doch noch bis zum Dezember 1936 hinausgeschoben wurde. Eine Rolle mag auch die Friedensnobelpreisverleihung im Herbst 1936 gespielt haben, für die Ossietzky vorgeschlagen war.

24. Leopold Schwarzschild: „Antwort an Thomas Mann." In: *Deutsche Literatur im Exil 1933–1945.* Bd. 1, S. 98.

25. Eduard Korrodi: „Deutsche Literatur im Emigrantenspiegel." A.a.O., S. 106.

26. Thomas Mann: „Antwort an Eduard Korrodi." A.a.O., S. 107.

27. Thomas Mann, Brief an Hermann Hesse v. 9.11. 1936. In Th. M.: *Briefe 1889–1936.* O. O.: Fischer 1962, S. 414. Daß Manns Abneigung gegen die *Neue Zürcher Zeitung* weiter zurückreicht, belegt ein Brief an René Schickele v. 16. 12. 1935 (a.a.O., S. 406); vgl. auch Ludwig Marcuse: „Die Anklage auf Flucht." In: *Das Neue Tage-Buch* 6 v. 8. 2. 1936, S. 131–3.

28. Thomas Mann: „Antwort an Eduard Korrodi." In: *Deutsche Literatur im Exil 1933–1945.* Bd. 1, S. 110.

29. Vgl. Wegner: *Exil und Literatur,* S. 120.

30. Ottwalt: „In diesen Tagen." In: *Deutsche Literatur im Exil 1933–1945.* Bd. 1, S. 129.

31. A.a.O., S. 133.

32. A.a.O., S. 136.

33. Werner Mittenzwei: „Die Brecht-Lukács-Debatte." In: *Sinn und Form* 1/1967, S. 236.

34. Die bislang vollständigste Sammlung von Beiträgen zur Expressionismusdebatte hat Hans-Jürgen Schmitt 1973 bei Suhrkamp herausgegeben: *Die Expressionismusdebatte. Materialien zu einer marxistischen Realismuskonzeption.* Allerdings druckt Schmitt weder die Beiträge in den kleineren deutschsprachigen Zeitschriften der Sowjetunion noch die auf Russisch veröffentlichten Aufsätze in den sowjetischen Literatur- und Parteiblättern ab. Auch fehlen Lukács' Essay „Größe und Verfall des Expressionismus" (*Internationale Literatur* 1/1934, S. 153–73) sowie Zuschriften von Willy Haas, Béla Balázs, Fritz Erpenbeck, Herwarth Walden und Georg Lukács.

35. Außer in Schmitts Anthologie zur Expressionismusdebatte ist dieser Briefwechsel in Anna Seghers: *Über Kunstwerk und Wirklichkeit.* Bd. 1. Berlin: Akademie 1970, S. 173–85 (= Deutsche Bibliothek, 3.) und in *Marxismus und Literatur.* Hrsg. v. Fritz J. Raddatz. Bd. 2. Reinbek: Rowohlt 1969, S. 110–38 nachgedruckt.

36. Brechts Aufsätze sind ebenfalls in Schmitts *Die Expressionismusdebatte* und in Bertolt Brecht: *Gesammelte Werke.* Bd. 19. Frankfurt: Suhrkamp 1967, S. 290ff. abgedruckt. Walter Benjamins Aufzeichnungen hat Rolf Tiedemann unter der Überschrift *Versuche über Brecht.* Frankfurt: Suhrkamp 1966 (= edition suhrkamp, 172.) herausgegeben.

37. Erpenbeck zufolge soll Becher sich sogar ausdrücklich gegen die Durchführung der Debatte ausgesprochen haben (Gesprächsprotokoll Fritz Erpenbeck-Simone Barck v. 28. 4. 1973; in Barck: *Johannes R. Bechers Publizistik in der Sowjetunion 1935–1945,* S. 77). Vgl. auch die Rechenschaftsberichte der von Becher geleiteten Deutschen Sektion des Sowjetischen Schriftstellerverbandes für 1938, 1939 und 1940 (a.a.O., S. 242–9); Bechers Polemik gegen Eislers Beitrag zur Debatte in „Von den großen Prinzipien in unserer Literatur." In: *Deutsche Zentral-Zeitung* 45 v. 24. 2. 1938 (Nachdruck a.a.O., S. 218–23); Bechers Aufsätze „Im Exil" und

„Literatur im Exil" in: *Literaturnaja gazeta* 29 v. 26. 5. 1939 und 34 v. 20. 6. 1939 (Nachdruck a. a. O., S. 224–31) sowie seine Rezension von Julius Hays *Der Putenhirt* aus dem Jahre 1940, die u. a. von Polemiken gegen Brecht durchsetzt war: „Gerade in der linksgerichteten Literatur des Westens gab es zahlreiche Anhänger des ‚epischen' oder des revuehaft ausgestatteten dokumentarischen Dramas, die unter einem revolutionären Vorzeichen auf diese Weise sich den Auflösungstendenzen des Kapitalismus anpaßten … Jede Kunstrichtung [!], die die Menschengestaltung außer Wert setzt, muß zu einem Tummelplatz des Dilettantischen und des Stümperhaften werden … " (a. a. O., S. 232). Zu den in Moskau hoch bewerteten Stücken von Julius Hay zitiert Barck auch – meines Wissens zum ersten Mal – einen Brecht-Brief an Becher vom 11. 3. 1937, in dem Brecht davor warnt, „daß jetzt in der Emigration ein öffentlicher literarischer Formenstreit entsteht, der unbedingt größte Schärfe annehmen würde … Kurz, wir können keinen Hay-Schnupfen brauchen" (a. a. O., S. 93).

38. Bernhard Ziegler (d. i. Alfred Kurella): „‚Nun ist dies Erbe zuende … '" In: *Expressionismusdebatte*, S. 50.

39. Georg Lukács: „Es geht um den Realismus." In: *Expressionismusdebatte*, S. 205.

40. Kurt Batt: „Der Dialog zwischen Anna Seghers und Georg Lukács." In: *Weimarer Beiträge* 5/1975, S. 109–10 (Vorabdruck aus *Dialog und Kontroverse mit Georg Lukács*) leitet in merkwürdiger Personalisierung der Problematik Lukács' Position allein aus dessen „vormarxistischer Periode" ab.

41. Ernst Bloch: „Diskussionen über Expressionismus." In: *Expressionismusdebatte*, S. 186.

42. A. a. O., S. 187. Blochs Ungleichzeitigkeitstheorie hatte bereits 1935/36 zu einer Minidiskussion über sein Buch *Erbschaft dieser Zeit* (1934) geführt (vgl. u. a. *Internationale Literatur* 3/1936, S. 85–101; 6/1936, S. 122–35; 8/1936, S. 112–24; *Sammlung* 4/1934, S. 206–8; *Das Neue Tage-Buch* 50 v. 14. 12. 1935, S. 1196–7).

43. Ernst Bloch: „Diskussionen über Expressionismus." In: *Expressionismusdebatte*, S. 184.

44. A. a. O., S. 185.

45. Ernst Bloch, Hanns Eisler: „Die Kunst zu erben." In: *Expressionismusdebatte*, S. 260.

46. Bertolt Brecht: „Volkstümlichkeit und Realismus." A. a. O., S. 333.

47. Anna Seghers, Brief an Georg Lukács v. 28. 6. 1938. A. a. O., S. 266 (meine Hervorhebungen, A. S.).

48. Hans-Jürgen Schmitt, a. a. O., S. 28–30 und Jan Knopf: *Bertolt Brecht. Ein kritischer Forschungsbericht. Fragwürdiges in der Brecht-Forschung.* Frankfurt: Athenäum 1974, S. 195–6 (= Schwerpunkt Germanistik.) haben ausführliche Bibliographien zur Expressionismusdebatte zusammengestellt. Hinzuzufügen sind neuere Arbeiten wie Heinz Brüggemann: *Literarische Technik und soziale Revolution. Versuche über das Verhältnis von Kunstproduktion, Marxismus und literarischer Tradition in den theoretischen Schriften Bertolt Brechts.* Reinbek: Rowohlt 1973, S. 178 ff. (= das neue buch, 33.); Walter: *Deutsche Exilliteratur 1933–1950.* Bd. 7, S. 326 ff.; Wagner: ‚ … *der Kurs auf die Realität'. Das epische Werk von Anna Seghers (1935–1945),* S. 94 ff.; Klatt: *Arbeiterklasse und Theater,* S. 80 ff.; Werner Mittenzwei: „Der Streit zwischen nichtaristotelischer und aristotelischer Kunstauffassung. Die Brecht-Lukács-Debatte" und Kurt Batt: „Erlebnis des Um-

bruchs und harmonische Gestalt. Der Dialog zwischen Anna Seghers und Georg Lukács." In: *Dialog und Kontroverse mit Georg Lukács,* S. 153–203 u. 204–48; Schiller: „... *von Grund auf anders',* S. 224–53; Barck: *Johannes R. Bechers Publizistik in der Sowjetunion 1935–1945,* S. 69ff.

49. Halina Stephan: „The Rediscovery of the Left Front of the Arts in the 1960's and 1970's." In: *Canadian-American Slavic Studies* (in Vorb., 1979).

50. Andererseits wäre es an der Zeit, daß die Slawistik endlich die sowjetische Literaturpolitik der 30er Jahre aufarbeitet und jene lähmende These von der totalen Uniformität des sozialistischen Realismus während der ersten Ära Shdanow revidiert (vgl. etwa Peter Hübner: „Die absolute Parteihegemonie 1934–1941." In: *Kulturpolitik der Sowjetunion.* Hrsg. v. Oskar Anweiler und Karl-Heinz Ruffmann. Stuttgart: Kröner 1973, S. 221–5 [= Kröners Taschenausgabe, 429.]).

51. Noch zu wenig Information liegt vor über die Rolle von Lukács in der bedeutenden Literaturzeitschrift *Literaturnyj kritik* (1933–1940). Barck: *Johannes R. Bechers Publizistik in der Sowjetunion 1935–1945,* S. 115 nennt Lukács „einen der führenden Theoretiker dieser Zeitschrift", „in der ein großer Teil seiner Arbeiten erstveröffentlicht wird" (Johanna Rosenberg: „Das Leben Georg Lukács' – Eine Chronik." In: *Dialog und Kontroverse mit Georg Lukács,* S. 410).

52. Johannes R. Becher: „Poetičeskaja diskussija v Leningrade." In: *Literaturnaja gazeta* v. 10. 2. 1936; zitiert nach Fritz Mierau: *Revolution und Lyrik. Probleme sowjetischer Lyrik der zwanziger und dreißiger Jahre.* München: Damnitz 1973, S. 10. (= Marxistische Ästhetik + Kunstpolitik.)

53. Johannes R. Becher: „Aus der Welt des Gedichts." In: *Internationale Literatur* 6/1936, S. 25–30. (Nachdruck in J. R. B.: *Von der Größe unserer Literatur. Reden und Aufsätze.* Leipzig: Reclam 1971, S. 161–71. [= Reclams Universal- Bibliothek, 186.] Zuerst russischer Text in *Literaturnaja gazeta* v. 24. 2. 1936.)

54. Hugo Huppert (?): „Sammlung, Klärung." In: *Internationale Literatur* 5/1936, S. 83.

55. A. a. O. (meine Hervorhebungen, A. S.)

56. „Stat'i Pravdy ob iskusstve i ich značenie." In: *Literaturnyj kritik* 3/1936. Deutsch als N. N.: „Gegen Formalismus und Naturalismus. Zu den ‚Prawda'- Artikeln über Kunstfragen." In: *Internationale Literatur* 6/1936, S. 76. Vgl. auch den redaktionellen Bericht a. a. O., S. 151.

57. A. a. O., S. 79.

58. M. Rosenthal: „Von pseudomarxistischen Kritikern und sozialer Analyse." In: *Internationale Literatur* 5/1936, S. 67–81; zuerst russ. in *Liternaturnyj kritik* 1/1936.

59. Die Voprekisten (russ. vopreki = trotz) waren der Meinung, daß ein Autor *trotz* seiner bürgerlichen Weltanschauung realistische Literatur produzieren könne. Die Blagodaristen (russ. blagodarja = infolge) betonten dagegen die absolute Notwendigkeit des richtigen Klassenstandpunktes. Lukács gehörte natürlich der ersten Gruppe an.

60. Johannes R. Becher: „Begegnung mit Puschkin (Zum 100. Todestag von A. S. Puschkin)." In: *Deutsche Zentral-Zeitung* 33 v. 13. 2. 1937.

61. Johannes R. Becher: „Aus Heines Vermächtnis." A. a. O. 292/1937. (Nachdruck in J. R. B.: *Von der Größe unserer Literatur. Reden und Aufsätze.* Leipzig: Reclam 1971, S. 297–8 [= Reclams Universal-Bibliothek, 186.]).

62. Johannes R. Becher: „Begegnungen mit Gorki." In: *Internationale Literatur* 6/1936. (Nachdruck in *Neue Deutsche Literatur* 4/1953, S. 144–5.)
63. Johannes R. Becher: „Predislovie" (Vorwort). In Gejnrich Mann: *Golova* (Der Kopf). Moskau, 1937. (Deutsche Rückübersetzung in Barck: *Johannes R. Bechers Publizistik in der Sowjetunion 1935–1945*, S. 214–8.)
64. Karl Stürmer: „Die deutsche Sektion des Schriftstellerverbandes, so wie sie ist." In: *Deutsche Zentral-Zeitung* v. 10. 2. 1938.
65. „Rechenschaftsbericht der Deutschen Sektion des Sowjetischen Schriftstellerverbandes für das Jahr 1938." (Nachdruck in Barck: *Johannes R. Bechers Publizistik in der Sowjetunion 1935– 1945*, S. 244.)
66. G. N. Pospelov: „Metodologičeskoe razvitie sovetskogo literaturovedenija." In: *Sovetskoe literaturovedenie za pjat'desjat' let.* Moskau: Izdatel'stvo Moskovskogo universiteta 1967, S. 69. Vgl. auch Georges Lukács: *Écrits de Moscou.* Hrsg. v. Claude Prévost. Paris: Ferenc Jańossy 1974, S. 36ff. (= Editions sociales.)
67. *O partijnoj i sovetskoj pečati. Sbornik dokumentov.* Moskau, 1954, S. 487–90.
68. Georg Lukács: „Es geht um den Realismus." In: *Expressionismusdebatte,* S. 227.
69. Brecht hat in „Volkstümlichkeit und Realismus." A. a. O., S. 329–36, Hanns Eisler und Ernst Bloch haben in „Avantgarde-Kunst und Volksfront." In: *Neue Welt-bühne* 50 v. 9. 12. 1937, S. 1568–73 (Nachdruck in H. E.: *Materialien zu einer Dialektik der Musik.* Leipzig: Reclam 1976, S. 140–7 [= Reclams Universal-Bibliothek, 538.] ausführlich dazu Stellung genommen.
70. Peter Wieden (d. i. Ernst Fischer): „Einige Bemerkungen über die Zeitschrift IL." In: *Deutsche Zeitung* v. 22. 1. 1939.
71. Georg Lukács: „Grenzen des Realismus? (Antwort an Peter Wieden)." In: *Deutsche Zeitung* v. 27. 2. 1939.
72. Barck: *Johannes R. Bechers Publizistik in der Sowjetunion 1935–1945,* S. 97.
73. Stefan Hermlin: „Bemerkungen zur Situation der zeitgenössischen Lyrik." In St. H. u. Hans Mayer: *Ansichten über einige Bücher und Schriftsteller.* Berlin: Volk und Wissen o. J., S. 191.
74. Bernhard Ziegler (d. i. Alfred Kurella): „‚Schlußwort'." In: *Expressionismusdebatte,* S. 234.

4.3. Exil als Thema und Flucht vor dem Thema Exil

4.3.1. Exil als Thema

1. Thomas A. Kamla: *Confrontation with Exile: Studies in the German Novel.* Bern: Lang 1975 (= Europäische Hochschulschriften. Serie I: Deutsche Sprache und Literatur, 137.). Der Aufsatz von Guy Stern und Dorothy Wartenberg: „Flucht und Exil. Werkthematik und Autorenkommentar." In: *Gegenwartsliteratur und Drittes Reich. Deutsche Autoren in der Auseinandersetzung mit der Vergangenheit.* Hrsg. v. Hans Wagener. Stuttgart: Reclam 1977, S. 111–132 ist nach Abschluß dieses Kapitels erschienen. Er basiert auf einer Umfrage unter deutschsprachigen Autoren zu den Themen Flucht und Exil und erwähnt 78, zumeist nach 1945 erschienene Werke.
2. Zum Beispiel in der Anthologie *The Torch of Freedom. Twenty Exiles of History.* New York: Farrar & Rinehart 1943.

3. John M. Spalek: „Literature in Exile: The Comparative Approach." In: *Deutsches Exildrama und Exiltheater*, S. 19. Die Hamburger Arbeitsstelle für deutsche Exilliteratur hatte im Rahmen der sogenannten Dokumentation III bis 1973 „rund 500 ... Autobiographien, Tagebücher und Briefsammlungen" in Buchform zusammengetragen (Gerda Neumann: „Gedrucktes und Ungedrucktes aus der Emigration. Überblick über die Exilforschung in der Bundesrepublik." In: *Frankfurter Allgemeine Zeitung* v. 21. 5. 1973).

4. So erhielt Lord Crenshaw seinen Namen von „einer Straße und Autobuslinie in Hollywood im westlichen Amerika, welche auf verzwickte Weise die breite La Brea Avenue mit dem unendlichen Wilahwie Boulevard [d.i. Wilshire Boulevard, A.S.] ... verbindet" (Alfred Döblin: *Hamlet oder Die lange Nacht nimmt ein Ende.* Olten: Walter 1966, S. 40).

5. Vgl. z.B. Eberhard Hilscher: „Johannes R. Bechers Exiljahre." In *Weimarer Beiträge* 4/1958, S. 487–512 und Horst Haase: *Johannes R. Bechers Deutschland-Dichtung. Zu dem Gedichtband ‚Der Glücksucher und die sieben Lasten' (1938).* Berlin: Rütten & Loening 1964 (= Germanistische Studien.).

6. Erich Kahler: „Franz Werfel's Poetry." In: *Commentary* 2/1948, S. 187: „Even worse is the announcement of that pledge which, according to another preface, moved Werfel to write *The Song of Bernadette.* A pledge is a very serious private circumstance and anyone who took it as seriously as it deserved would feel some natural shyness about making it the sensational leadhorse of a new books [!]." Thomas Mann spricht in *Die Entstehung des Doktor Faustus* von einem „intellektuell nicht ganz reinlichen Spiel mit dem Wunder in ‚Bernadette'" (O. O.: Fischer 1966, S. 54 [= Stockholmer Gesamtausgabe.]).

7. Anon.: „Emigration als Schundroman." In: *Neue Weltbühne* 5 v. 2. 2. 1939, S. 153–4.

8. Manfred Durzak: „Zeitgeschichte im historischen Modell. Hermann Brochs Exilroman ‚Der Tod des Vergil'." In: *Die deutsche Exilliteratur 1933–1945,* S. 430–42.

9. So findet sich z.B. in der *Sammlung* nur Klaus Manns „Letztes Gespräch" (6/1934, S. 297–305) und Hans Sochaczewer: „Die Botschaft der Ermüdeten" (4/1934, S. 182–200). Ebenso sind im *Wort* nach Walter: *Deutsche Exilliteratur 1933–1950.* Bd. 7, S. 354 „literarische Gestaltungen des Lebens im Exil ... nur ganz selten aufgetaucht".

10. Hans Reinow (d.i. Hans Reinowski): „Unvermeidliche Vorrede." In H. R.: *Lied am Grenzpfahl. Gedichte.* Darmstadt: Reba 1960, S. 5.

11. Ödön von Horváth, Vorwort für die Erstfassung von *Figaro läßt sich scheiden.* In Ö. v. H.: *Gesammelte Werke.* Bd. 4. Frankfurt: Suhrkamp 1972, S. 653.

12. Zu Horváth und Weiß vgl. die Beiträge von Walter Huder und Wolfgang Wendler in *Die deutsche Exilliteratur 1933–1945,* S. 232–44 u. 245–52. Zu Noth vgl. Hans Natonek: „Die Wüste." In: *Das Neue Tage-Buch* 9 v. 2. 3. 1940, S. 212–3.

13. Zu *Ein Zeitalter wird besichtigt* s. Gotthard Erler: „Entstehung, Überlieferung, Textgestaltung." In Heinrich Mann: *Ein Zeitalter wird besichtigt.* Reinbek: Rowohlt 1976, S. 416–31. (= rororo, 1986.)

14. So schwärmte etwa Klaus Mann 1937 im *Neuen Tage-Buch:* „Übrigens verdankt dem Umstand von Ludwigs fürstlicher Herkunft das Buch einen Teil seiner poetischen Reize –: in den realistisch-politischen Roman kommt durch dieses Prinzen-

Motiv ein Element und Einschlag von Märchenhaftem und von abenteuerlicher Helden-Chronik" (23 v. 5. 6. 1937, S. 547).

15. Dagegen kritisierte Golo Mann – und jüngst wieder Christa Rotzoll in der *Zeit* v. 14. 5. 1976 – daß dieser Prinz Ludwig „soziologisch in der Luft" hängt: „Daher treibt ihn sein Protest auch nicht auf die wirkliche Gegenseite, sondern in die Arme der hoffnungslosesten, unverständigsten aller Opposition, der konservativen ... " (*Neue Weltbühne* 27 v. 1. 7. 1937, S. 846).

16. Heinz Graber: „Politisches Postulat und autobiographischer Bericht. Zu einigen im Exil entstandenen Werken Alfred Döblins." In: *Deutsche Exilliteratur 1933–1945*, S. 420f.

17. Thomas Mann: *Gesammelte Werke*. Bd. 12. Berlin: Aufbau 1955, S. 423.

18. Heinrich Mann, Brief vom 30. 11. 1938 an Klaus Pinkus. In H. M.: *Briefe an Karl Lemke und Klaus Pinkus*. Hamburg: Claassen 1963, S. 137.

19. Thomas Mann: „Vorwort." In Max Herrmann-Neiße: *Um uns die Fremde. Gedichte*. Zürich: Oprecht 1936, S. ii.

20. Klaus Mann: *Der Wendepunkt. Ein Lebensbericht*. O. O.: Fischer 1952, S. 399–400.

21. Etwa Lion Feuchtwanger: *Moskau 1937. Ein Reisebericht für meine Freunde*. Amsterdam: Querido 1937 und Oskar Maria Graf: *Reise in die Sowjetunion 1934*. Hrsg. v. Hans-Albert Walter. Darmstadt: Luchterhand 1974 (= Sammlung Luchterhand, 167.). (Nachdruck u. d. T. *Reise nach Sowjetrußland 1934. Ein Bericht*. Berlin: Verlag der Nation 1977.)

22. Martin Gumpert: *Hölle im Paradies. Selbstdarstellung eines Arztes*. Stockholm: Bermann-Fischer 1939.

23. Wieland Herzfelde: *Immergrün. Merkwürdige Erlebnisse und Erfahrungen eines fröhlichen Waisenknaben*. Berlin: Aufbau 1949.

24. Wilhelm Herzog: *Hymnen und Pamphlete. 30 Jahre Arbeit und Kampf*. Paris: Ed. Nouvelles Internationales 1939.

25. Egon Erwin Kisch: *Marktplatz der Sensationen*. México: Das freie Buch 1942.

26. Annette Kolb: *Festspieltage in Salzburg* und *Abschied von Österreich*. Amsterdam: de Lange 1937, 1938.

27. René Schickele: *Die Heimkehr*. Straßburg: Ed. Sebastian Brant 1939.

28. Gerhart Seger: *Reisetagebuch eines deutschen Emigranten*. Zürich: Europa 1936.

29. Carl Sternheim: *Vorkriegs-Europa im Gleichnis meines Lebens*. Amsterdam: Querido 1936.

30. Walther Victor: *Kehre wieder über die Berge. Eine Autobiographie*. New York: Willard 1945.

31. Theodor Wolff: *Der Marsch durch zwei Jahrzehnte*. Amsterdam: Allert de Lange 1936.

32. Gottfried Bermann-Fischer. *Bedroht – bewahrt. Weg eines Verlegers*. Frankfurt: Fischer 1967.

33. Max Brod: *Streitbares Leben. Autobiographie*. München: Kindler 1960.

34. Hilde Domin: *Von der Natur nicht vorgesehen. Autobiographisches*. München: Piper 1974. (= Serie Piper, 90.)

35. Leonhard Frank: *Links wo das Herz ist*. München: Nymphenburger 1952.

36. Bruno Frei: *Der Papiersäbel. Autobiographie*. Frankfurt: Fischer 1972.

37. Hans Habe: *Ich stelle mich. Meine Lebensgeschichte*. Wien: Desch 1954.

38. Kurt Hiller: *Leben gegen die Zeit [Logos]*. Reinbek: Rowohlt 1969.

39. Fritz Kortner: *Aller Tage Abend*. München: Deutscher Taschenbuch Verlag 1969. (= dtv, 556.)

40. Robert Neumann: *Ein leichtes Leben. Bericht über mich selbst und Zeitgenossen*. Wien: Desch 1963.

41. Werner Vordtriede: *Das verlassene Haus. Tagebuch aus dem amerikanischen Exil 1938–1947*. München: Hanser o. J.

42. Zuletzt Ernest Bornemann: *Die Urszene. Eine Selbstanalyse*. Frankfurt: Fischer 1977.

43. Oskar Maria Graf: *Wir sind Gefangene. Ein Bekenntnis aus diesem Jahrzehnt*. München: Drei Masken 1927 und ders.: *Gelächter von außen. Aus meinem Leben 1918–1933*. München: Desch 1966. Die Arbeit am dritten Band, zu dem bereits „ein Arbeitsplan, einige Entwürfe und Teilstücke" (Walter: „Nachwort." In O. M. G.: *Reise in die Sowjetunion 1934*, S. 230) vorlagen, ist durch Grafs Tod am 28. 6. 1967 unterbrochen worden.

44. Wolfgang Frühwald: „Exil als Ausbruchsversuch. Ernst Tollers Autobiographie." In: *Die deutsche Exilliteratur 1933–1945*, S. 488.

45. Otto Zoff: *Tagebücher aus der Emigration (1939–1949)*. Heidelberg: Schneider 1968.

46. Harry Graf Kessler: *Tagebücher 1918–37*. Frankfurt: Insel 1961.

47. Rudolf Leonhard: *Spanische Gedichte und Tagebuchblätter*. Paris: Edition Prométhée 1938.

48. Günther Anders: *Die Schrift an der Wand. Tagebücher 1941 bis 1966*. München: Beck 1967.

49. Thomas Mann: *Tagebücher 1933–1934*. Frankfurt: Fischer 1977; ders.: *Tagebücher 1935–1936*. Frankfurt: Fischer 1978.

50. Bertolt Brecht: *Arbeitsjournal*. 2 Bde. Frankfurt: Suhrkamp 1973 u. ders.: *Tagebücher 1920–1922. Autobiographische Aufzeichnungen 1920–1954*. Frankfurt: Suhrkamp 1975.

51. Kurt Tucholskys *Q-Tagebücher*, von denen sich 220 Blätter bei Hedwig Müller („Nuuna") fanden (Gustav Huonker: „Einleitung." In Kurt Tucholsky: *Briefe aus dem Schweigen 1932–1935*. Reinbek: Rowohlt 1977, S. 8), sind 1978 bei Rowohlt erschienen.

52. Vgl. etwa Bodo Uhses Kritik an Renns *Adel im Untergang* (*Freies Deutschland* [Mexiko] 1/1944, S. 29) und Georg Lukács' Essay „Johannes R. Bechers ,Abschied'" (*Internationale Literatur* 5/1941, S. 54–62).

53. Peter Weiss: *Abschied von den Eltern*. Frankfurt: Suhrkamp 1961; ders.: *Fluchtpunkt*. Frankfurt: Suhrkamp 1962.

54. Alexander Weiss: „Fragment." In: *Akzente* 2/1972, S. 140–6.

55. Jakov Lind: *Counting My Steps. An Autobiography*. London: Macmillan 1969; ders.: *Numbers. A Further Autobiography*. New York: Harper & Row 1972.

56. Ernst Fischer: *Erinnerungen und Reflexionen*. Reinbek: Rowohlt 1969, S. 383.

57. Ludwig Marcuse: *Mein zwanzigstes Jahrhundert. Auf dem Weg zu einer Autobiographie*. München: List 1960, S. 387.

58. Hans-Albert Walter: „Die Grenze des Erinnerungsvermögens. Kritische Anmerkungen zur Autobiographie von Julius Hay." In: *Frankfurter Hefte* 2/1972, S. 107–16.

59. Gerhard Mack: *Der spanische Bürgerkrieg und die deutsche Exilliteratur.* Phil. Diss. Los Angeles, 1971, S. 318 ff.
60. Nachdruck und Fortsetzung dieses Berichts finden sich in Franz Theodor Csokor: *Auf fremden Straßen 1939–1945.* Wien: Desch 1955.
61. Grete Fischer: *Dienstboten, Brecht und andere Zeitgenossen in Prag, Berlin, London.* Olten: Walter 1966.
62. Erna M. Moore: „Exil in Hollywood: Leben und Haltung deutscher Exilautoren nach ihren autobiographischen Berichten." In: *Deutsche Exilliteratur seit 1933.* Bd. I, T. 1, S. 21–39.
63. Alfred Döblin. *Schicksalsreise. Bericht und Bekenntnis.* Frankfurt: Knecht 1949.
64. Curt Goetz u. Valérie von Martens: *Wir wandern, wir wandern ... Der Memoiren dritter Teil.* Berlin: Deutsche Buch-Gemeinschaft 1963.
65. Fritz Kortner: *Aller Tage Abend.* München: Kindler 1959.
66. Alma Mahler-Werfel: *Mein Leben.* Frankfurt: Fischer 1965.
67. Thomas Mann: *Die Entstehung des Doktor Faustus. Roman eines Romans.* Frankfurt: Fischer 1967.
68. Berthold Viertel: *Dichtungen und Dokumente. Gedichte, Prosa und autobiographische Fragmente.* München: Kösel 1956.
69. Salka Viertel: *The Kindness of Strangers.* New York: Holt, Rinehart & Winston 1969.
70. Carl Zuckmayer: *Als wär's ein Stück von mir. Horen der Freundschaft.* Frankfurt: Fischer 1966.
71. Inzwischen müßten noch Katia Mann: *Meine ungeschriebenen Memoiren.* O. O.: Fischer 1974 und Walter Wicclair: *Von Kreuzburg bis Hollywood.* Berlin: Henschel 1975 herangezogen werden.
72. Neben Arthur Koestler und Wolfgang Leonhard wären hier etwa Ruth Fischer: *Stalin und der deutsche Kommunismus* (1948), Hede Massing: *Die große Täuschung* (engl. 1951, dt. 1967) und Gustav Regler: *Das Ohr des Malchus* (1958) zu nennen. Alfred Kantorowicz nahm für die 1966 in Westdeutschland erschienene Ausgabe seines *Spanischen Tagebuchs* ideologische Korrekturen an dem 1948 vom Aufbau Verlag in Ost-Berlin besorgten Erstdruck vor.
73. Alfred Döblin: *Schicksalsreise. Bericht und Bekenntnis.* Frankfurt: Knecht 1949, S. 15.
74. B. U. (d. i. Bodo Uhse): „Vom Teufel in Frankreich." In: *Freies Deutschland* (Mexiko) 2/1943, S. 31.
75. Roy Pascal: *Die Autobiographie. Gehalt und Gestalt.* Stuttgart: Kohlhammer 1965, S. 21.
76. Heinrich Mann: *Ein Zeitalter wird besichtigt.* Reinbek: Rowohlt 1976, S. 104. (= rororo, 1986.)
77. Walter Dietze: „Nachwort." A. a. O., S. 403.
78. Vordtriede: „Vorläufige Gedanken zu einer Typologie der Exilliteratur", S. 558.
79. Stefan Zweig: *Die Welt von Gestern. Erinnerungen eines Europäers.* Stockholm: Bermann-Fischer 1944, S. 16.
80. Hans-Albert Walter: „Vom Liberalismus zum Eskapismus. Stefan Zweig im Exil." In: *Frankfurter Hefte* 6/1970, S. 427–37.
81. A. Lazar: „Zwischen Konzilianz und Verzweiflung. Gedanken einer Wienerin über den Untergang der Wiener Bürgerkultur." In: *Neue Deutsche Literatur*

8/1955, S. 98. Schon 1943 hatte F. C. Weiskopf angesichts von Zweigs „Lamentationen", „Plaudereien" und „belanglosen Feuilletonbemerkungen" festgestellt: „Mir schien es bisweilen, als läse ich ein Buch nicht über die Welt von gestern, sondern von anno Jean Paul" (*Freies Deutschland* [Mexiko] 10/1943, S. 28).

82. Stefan Zweig: *Die Welt von Gestern. Erinnerungen eines Europäers.* Stockholm: Bermann-Fischer 1944, S. 9, 11–12.

83. Heinrich Mann, Brief vom 11. 11. 1943; zitiert nach Walter Dietze: „Nachwort." In H. M.: *Ein Zeitalter wird besichtigt.* Reinbek: Rowohlt 1976, S. 399. (= rororo, 1986.)

84. A. a. O., S. 356.

85. A. a. O., S. 355.

86. A. a. O., S. 350–51.

87. Daran können auch die Versuche der DDR-Germanistik, Manns spontanes Bekenntnis zur Sowjetunion in das sozialistische Perspektivedenken einzuordnen, nichts ändern (Walter Dietze: „Bilanz und Perspektive eines Zeitalters. Das Bild der Sowjetunion in Heinrich Manns Memoirenwerk." In: *Heinrich Mann am Wendepunkt der deutschen Geschichte.* Internationale wissenschaftliche Konferenz aus Anlaß des 100. Geburtstages von Heinrich Mann. März 1971. Berlin: Deutsche Akademie der Künste 1971, S. 165–80; ders.: „Nachwort." In Heinrich Mann: *Ein Zeitalter wird besichtigt.* Reinbek: Rowohlt 1976, S. 394–415 [= rororo, 1986.]).

88. A. a. O., S. 135.

89. Jan Hans: „Historische Skizze zum Exilroman." In: *Der deutsche Roman im 20. Jahrhundert. Analysen und Materialien zur Theorie und Soziologie des Romans.* Bd. 1. Hrsg. v. Manfred Brauneck. Bamberg: Buchners 1976, S. 252.

90. Klaus Mann: *Der Vulkan. Roman unter Emigranten.* München: Nymphenburger 1968, S. 357–8.

91. Klaus Mann: *Der Wendepunkt. Ein Lebensbericht.* O. O.: Fischer 1952, S. 400.

92. Erika Mann, Brief an Gisela Berglund v. 17. 1. 1969; zitiert nach Berglund: *Deutsche Opposition gegen Hitler in Presse und Roman des Exils,* S. 154.

93. A. M. F. (d. i. Alexander M. Frey): „Klaus Mann: ‚Der Vulkan'. Roman." In: *Maß und Wert* 3/1940, S. 407.

94. A. a. O., S. 408.

95. Thomas Mann: „[An Klaus Mann über den Roman ‚Der Vulkan']." In Th. M.: *Reden und Aufsätze.* Bd. 1. O. O.: Fischer 1965, S. 398. (= Stockholmer Gesamtausgabe.)

96. Klaus Mann: *Der Vulkan. Roman unter Emigranten.* München: Nymphenburger 1968, S. 397.

97. Richard Christ: „Das unausweichliche Entweder-Oder!" In: *Neue Deutsche Literatur* 1/1970, S. 171.

98. Balder Olden: „Der Vulkan." In: *Neue Weltbühne* 32 v. 10. 8. 1939, S. 1014.

99. *Der Wartesaal.* Bd. 1: *Erfolg.* Berlin: Kiepenheuer 1930, Amsterdam: Querido 1934; Bd. 2: *Die Geschwister Oppenheim.* Amsterdam: Querido 1933; Bd. 3: *Exil.* Amsterdam: Querido 1940; ein vierter Band, der unter der Überschrift „Rückkehr" den Epilog bilden sollte, wurde nie fertiggestellt.

100. Lion Feuchtwanger: „Nachwort des Autors 1939." In L. F.: *Exil.* Berlin: Aufbau 1964, S. 775. (= Gesammelte Werke in Einzelausgaben, 12.)

101. A. a. O., S. 778.

102. Joseph Pischel: *Lion Feuchtwangers Wartesaal-Trilogie. Zur Entwicklung des deutschen bürgerlich-kritischen Romans in den Jahren 1919–1945.* Phil. Diss. Rostock, 1966, S. 444–6.

103. Lion Feuchtwanger: *Exil.* Berlin: Aufbau 1964, S. 11. (= Gesammelte Werke in Einzelausgaben, 12.)

104. Mayer: „Lion Feuchtwanger oder Die Folgen des Exils", S. 128.

105. Lion Feuchtwanger: *Exil.* Berlin: Aufbau 1964, S. 690. (= Gesammelte Werke in Einzelausgaben, 12.)

106. Lion Feuchtwanger: „Nachwort des Autors 1939." A. a. O., S. 779.

107. Hans Wagener: „Erich Maria Remarque." In: *Deutsche Exilliteratur seit 1933.* Bd. I, T. 1, S. 599.

108. Hans Habe, Brief an Gisela Berglund v. 26. 7. 1970. In Berglund: *Deutsche Opposition gegen Hitler in Presse und Roman des Exils,* S. 232.

109. Helmut Rudolf: „Helden in der Krise. Zu Erich Maria Remarques Emigrationsromanen." In: *Német Filológiai Tanulmányok/Arbeiten zur deutschen Philologie* 3 (1966), S. 90. (= Veröffentlichungen des Lehrstuhls für deutsche Sprache und Literatur an der Kossuth-Lajos-Universität Debrecen.)

110. Thomas Mann: „[An Klaus Mann über den Roman ‚Der Vulkan']." In Th. M.: *Reden und Aufsätze.* Bd. 1. O. O.: Fischer 1965, S. 397–8. (= Stockholmer Gesamtausgabe.)

111. Peter Paul Schwarz: „Legende und Wirklichkeit des Exils. Zum Selbstverständnis der Emigration in den Gedichten Brechts." In: *Wirkendes Wort* 4/1969, S. 267–76.

112. Christa Wolf: „Nachwort." In Anna Seghers: *Glauben an Irdisches. Essays aus vier Jahrzehnten.* Hrsg. v. Chr. W. Leipzig: Reclam 1969, S. 381. (= Reclams Universal-Bibliothek, 469.)

113. Bertolt Brecht: „Flüchtlingsgespräche." In B. B.: *Gesammelte Werke.* Bd. 14. Frankfurt: Suhrkamp 1967, S. 1462.

114. Bertolt Brecht: „Die Auswanderung der Dichter." A. a. O. Bd. 9, S. 495.

115. Bertolt Brecht: „Das letzte Wort." A. a. O. Bd. 18, S. 219.

116. Bertolt Brecht: „[Geburtstagsbrief an Karin Michaelis]." A. a. O. Bd. 19, S. 478.

117. Bertolt Brecht: „Flüchtlingsgespräche." A. a. O. Bd. 14, S. 1495.

118. Ulrich Weisstein: „Bertolt Brecht. Die Lehren des Exils." In: *Die deutsche Exilliteratur 1933–1945,* S. 385.

119. A. a. O., S. 392.

120. Anna Seghers: *Transit.* O. O.: Rowohlt 1966, S. 9. (= rororo, 867.)

121. Hans-Albert Walter: „Eine deutsche Chronik. Das Romanwerk von Anna Seghers aus den Jahren des Exils." In: *Anna Seghers aus Mainz.* Hrsg. v. Walter Heist. Mainz: Krach 1973, S. 33 ff. (= Kleine Mainzer Bücherei, 5.)

122. Paul Rilla: „Die Erzählerin Anna Seghers." In P. R.: *Essays.* Berlin: Henschel 1955, S. 320–1.

123. Anna Seghers: *Transit.* O. O.: Rowohlt 1966, S. 9. (= rororo, 867.)

124. A. a. O., S. 185.

125. A. a. O., S. 89.

126. Georg Lukács: „Es geht um den Realismus." In: *Marxismus und Literatur.* Bd. 2. Hrsg. v. Fritz J. Raddatz. Reinbek: Rowohlt 1969, S. 69.

127. Anna Seghers: *Briefe an Leser.* Berlin: Aufbau 1970, S. 43 ff. Später, im mexikani-

schen Exil, hat Anna Seghers dann noch einmal direkt auf die eigene Biographie zurückgegriffen – in der Erzählung *Der Ausflug der toten Mädchen* (1946).

128. Anna Seghers: *Transit*. O. O.: Rowohlt 1966, S. 18–9. (= rororo, 867.)

129. Anna Seghers: „Reise ins Elfte Reich." In: *Neue Weltbühne* 3 v. 19. 1., S. 80–3, 4 v. 26. 1., S. 114–7 und 7 v. 16. 2. 1939, S. 206–9. (Nachdruck in A. S.: *Über Kunstwerk und Wirklichkeit*. Bd. 3. Hrsg. v. Sigrid Bock. Berlin: Akademie 1971, S. 184–93. [= Deutsche Bibliothek, 5.])

130. Anna Seghers, Brief an Georg Lukács v. 28. 6. 1938. In: *Marxismus und Literatur*. Bd. 2. Hrsg. v. Fritz J. Raddatz. Reinbek: Rowohlt 1969, S. 112.

131. Kurt Batt: *Anna Seghers. Versuch über Entwicklung und Werke*. Leipzig: Reclam 1973, S. 159. (= Reclams Universal-Bibliothek, 531.)

4.3.2. *Politische Literatur*

1. „Rückblick und Ausblick." In: *Neue Deutsche Blätter* 1/1933, S. 1.

2. Wieland Herzfelde: „Wir wollen deutsch reden." In: *Verbannung*, S. 248.

3. Werner Vordtriede: *Das verlassene Haus. Tagebuch aus dem amerikanischen Exil. 1938–1947*. München: Hanser o. J., S. 188.

4. Rudolf Olden: „Politische Literatur der Emigration." In: *Wort* 4–5/1937, S. 26–33.

5. Klaus Mann, Brief an Hermann Kesten v. 15. 5. 1933. In: *Deutsche Literatur im Exil*, S. 26.

6. *Wort* 10/1937, S. 78.

7. Zitiert nach Günter Caspar: „Nachbemerkung." In Bodo Uhse: *Leutnant Bertram*. Berlin: Aufbau 1974, S. 734. (= Gesammelte Werke in Einzelausgaben, 2.)

8. Thomas Mann: „Kultur und Politik." In Th. M.: *Reden und Aufsätze*. Bd. 4. O. O.: Fischer 1960, S. 857. (= Gesammelte Werke, 12.)

9. Thomas Mann: „Bruder Hitler." A. a. O., S. 848.

10. Thomas Mann: „Kultur und Politik." A. a. O., S. 859, 860.

11. Döblin: *Die deutsche Literatur (im Ausland seit 1933)*, S. 18.

12. Robert Minder: „Begegnungen mit Alfred Döblin in Frankreich." In: *Text + Kritik* 13/14 (1966), S. 61 f.

13. Döblin: *Die deutsche Literatur (im Ausland seit 1933)*, S. 29, 33.

14. Hermann Kesten: „Der Preis der Freiheit. Zur Lage der deutschen Literatur." In: *Sammlung* 5/1934, S. 239.

15. „Rückblick und Ausblick." In: *Neue Deutsche Blätter* 1/1933, S. 1.

16. Manfred Durzak: „Der ‚Zwang zur Politik': Georg Kaiser und Stephan Hermlin im Exil." In: *Monatshefte* 4/1976, S. 374.

17. A. a. O., S. 384.

18. Herden: „Positionsbestimmung des Exils", S. 49.

19. Walter Benjamin: „Der Autor als Produzent." In W. B.: *Versuche über Brecht*. Frankfurt: Suhrkamp 1966, S. 96. (= edition suhrkamp, 172.)

20. Anna Seghers: „Aufgaben der Kunst." In A. S.: *Über Kunstwerk und Wirklichkeit*. Bd. 1. Hrsg. v. Sigrid Bock. Berlin: Akademie 1970, S. 197–8. (= Deutsche Bibliothek, 3.)

21. Strelka: „Probleme der Erforschung der deutschsprachigen Exilliteratur seit 1933", S. 150.

22. Manfred Durzak: „Deutschsprachige Exilliteratur. Vom moralischen Zeugnis zum literarischen Dokument." In: *Die deutsche Exilliteratur 1933–1945*, S. 17.

23. Wagner: „Exilliteratur – antifaschistische Literatur", S. 102–28.

24. Leonore Krenzlin: „Zur ästhetischen Wertung der antifaschistischen Literatur." In: *Weimarer Beiträge* 4/1975, S. 130–47.

25. Laemmle: „Vorschläge für eine Revision der Exilforschung", S. 517.

26. Heinz Gittig: *Illegale antifaschistische Tarnschriften 1933 bis 1945*. Leipzig: Bibliographisches Institut 1972. (= Beiheft zum Zentralblatt für Bibliothekswesen, 87.)

27. Karl Hans Bergmann: „Vom Bismarck in der Schweiz." In Otto von Bismarck: *Im Kampf um das Reich*. Leipzig: Reclam 1944, S. 3 f. (= Reclams Universal-Bibliothek, 7211.). (Nachdruck der Tarnschrift Erlangen: Verlag für zeitgeschichtliche Dokumente und Curiosa 1975.)

28. Thomas Mann: *Deutsche Hörer. 25 Radiosendungen nach Deutschland*. Stockholm: Bermann-Fischer 1942.

29. Hans Teubner: „Der deutsche Freiheitssender 29.8 als Führungsorgan der KPD im antifaschistischen Kampf." In: *Beiträge zur Geschichte der deutschen Arbeiterbewegung* 6 (1964), S. 1022–36.

30. Marc Schweyer: „Theodor Plivier im Exil. Bibliographie seiner Schriften (1933–1945)." In: *Recherches Germaniques* 2/1972, S. 185 schätzt Pliviers Rundfunkbeiträge auf insgesamt „etwa 500".

31. *Freies Deutschland* (Mexiko) 10/1943, S. 33; 3/1944, S. 34.

32. Alfred Kantorowicz: „Kulturleben in New York." In: *Freies Deutschland* (Mexiko) 4/1943, S. 24.

33. A. a. O. 2/1945, S. 32.

34. Vgl. Gerhard Zirke: *Im Tosen des Krieges geschrieben. Zur publizistischen Tätigkeit der deutschen Kommunisten und des Nationalkomitees ‚Freies Deutschland' in der Sowjetunion während des Großen Vaterländischen Krieges*. Velten: Druckerei Osthavelland 1964. (= Schriftenreihe des Verbandes der deutschen Journalisten, 25.)

35. Ruth Mayenburg: „Einige Erfahrungen aus der Kriegsgefangenen- und Frontarbeit in der Sowjetunion." Vortrag auf dem Internationalen Symposium zur Erforschung des österreichischen Exils von 1934–1945, Wien, Juni 1975; vgl. auch dies.: *Blaues Blut und rote Fahnen. Ein Leben unter vielen Namen*. Wien: Molden 1969, S. 273 ff.

36. *Nemeckie antifašistskie pisateli – bojcam Krasnoj Armii*. Moskau 1941.

37. *Weinert. Ein Lesebuch für unsere Zeit*. Hrsg. v. Franz Leschnitzer und Li Weinert. Berlin: Aufbau ⁷1975, S. 331.

38. Damir K. Sebrow: „Deutsche Schriftsteller im Kampf gegen den Faschismus 1941/42. Politisch-literarische Aktivität in den Jahren vor der Gründung des Nationalkomitees ‚Freies Deutschland'." In: *Weimarer Beiträge*. Sonderheft 2 (1968), S. 185 f.

39. Simone Barck: „Interview mit Fritz Erpenbeck." In: *Weimarer Beiträge* 4/1975, S. 12.

40. Zur Spanienliteratur vgl. unter andern Gerhard Mack: *Der spanische Bürgerkrieg und die deutsche Exil-Literatur*. Phil. Diss. Los Angeles, 1971; Hans-Albert Walter: „No pasarán! Deutsche Exilschriftsteller im Spanischen Bürgerkrieg"; Helga

Herting: „Spanien und die antifaschistische deutsche Literatur." In: *Neue Deut-*
sche Literatur 7/1966, S. 13–24; Edgar Kirsch: „Der spanische Freiheitskampf
(1936–1939) im Spiegel der antifaschistischen deutschen Literatur." In: *Wissen-*
schaftliche Zeitschrift der Martin-Luther-Universität Halle-Wittenberg. Gesell-
schafts- und Sprachwissenschaftlichen Reihe 1/1954, S. 99–120.

41. Alois Hofmann: „Kuba in der tschechischen Emigration." In: *Sinn und Form*
    2/1972, S. 357 ff.

42. Walther Huder: „Die politischen und sozialen Themen der Exil-Dramatik Georg
    Kaisers." In: *Sinn und Form* 4/1961, S. 596–614.

43. Wulf Köpke: „Die Wirkung des Exils auf Ferdinand Bruckners aktuelle Dramen."
    In: *Deutsches Exildrama und Exiltheater,* S. 109.

44. Walter: „Heinrich Mann im französischen Exil", S. 121.

45. Heinrich Mann: „Die erniedrigte Intelligenz." In H. M.: *Verteidigung der Kultur.*
    Antifaschistische Streitschriften und Essays. Hamburg: Claassen 1960, S. 319.

46. A.a.O., S. 313.

47. Heinrich Mann: „Einig gegen Hitler!" A.a.O., S. 361.

48. A.a.O., S. 366.

49. Heinrich Mann: „Anklage." A.a.O., S. 340.

50. Herden: *Geist und Macht. Heinrich Manns Weg an die Seite der Arbeiterklasse.*
    Berlin: Aufbau 1971, S. 169 hilft sich über diesen unbequemen Tatbestand weg,
    indem er eine ‚höhere Autorität' zitiert, nämlich Walter Ulbricht: „In der letzten
    Zeit ... sind in Deutschland die Stimmungen für die Volksfront gewachsen ... das
    ist auch ein Ergebnis ... *des begeisterten Auftretens des großen deutschen Schrift-*
    stellers Heinrich Mann." Vgl. dazu auch Karl Pawek: *Heinrich Manns Kampf*
    gegen den Faschismus im französischen Exil 1933–1940. Hamburg: Hamburger
    Arbeitsstelle für deutsche Exilliteratur 1972 (= Veröffentlichung der Hamburger
    Arbeitsstelle für deutsche Exilliteratur, 1.) und Robert Stanford: *The Patriot in*
    Exile: A Study of Heinrich Mann's Political and Journalistic Activity from 1933 to
    1950. Phil. Diss. Los Angeles, 1970.

51. Georg Lukács: „Aktualität und Flucht." In G. L.: *Schicksalswende. Beiträge zu*
    einer neuen deutschen Ideologie. Berlin: Aufbau 1948, S. 97.

52. Georg Lukács: „Die verbannte Poesie." A.a.O., S. 243.

53. A.a.O., S. 248–9.

54. A.a.O., S. 248–9.

55. Anna Seghers, Brief an Georg Lukács v. 28. 6. 1938. In: *Marxismus und Literatur.*
    Bd. 2. Hrsg. v. Fritz J. Raddatz. Reinbek: Rowohlt 1969, S. 112.

56. Zuerst in *Internationale Literatur* 9/1943, S. 46–8.

57. Johannes R. Becher: „Eine Betrachtung über Kunst im Krieg." In: *Freies Deutsch-*
    land (Mexiko) 10/1944, S. 28.

58. Ernst Bloch: „Diskussionen über Expressionismus." In: *Expressionismusdebatte,*
    S. 185.

59. Johannes R. Becher: *Gedichte 1926–1935.* Berlin: Aufbau 1966, S. 577. (= Ge-
    sammelte Werke, 3.)

60. Johannes R. Becher: *Gedichte 1942–1948.* Berlin: Aufbau 1967, S. 230. (= Ge-
    sammelte Werke, 5.)

61. Bertolt Brecht: *Arbeitsjournal.* Bd. 2. Frankfurt: Suhrkamp 1973, S. 408.

62. Johannes R. Becher: „Die Hohe Warte. Einleitung." In J. R. B.: *Von der Größe*

unserer Literatur. Reden und Aufsätze. Leipzig: Reclam 1971, S. 222. (= Reclams Universal-Bibliothek, 186.)

63. Ilse Siebert: „Zur Problematik des Becherschen Werkes in den Jahren des Zweiten Weltkrieges." In: ... *den Freunden aber öffnen wir das Herz. Johannes R. Becher und die Sowjetunion.* Berlin 1971, S. 149.

64. Bertolt Brecht: „Fünf Schwierigkeiten beim Schreiben der Wahrheit." In B. B.: *Gesammelte Werke.* Bd. 18. Frankfurt: Suhrkamp 1967, S. 222.

65. Vgl. die unveröffentlichten Akten im Politischen Archiv des Auswärtigen Amts (Bonn), Ref. Deutschland, Inland II AB, 83–76, Bd. I (1933–1936).

66. Vgl. Tutas: *NS-Propaganda und deutsches Exil 1933–39,* S. 135 ff.

67. Wolfgang Emmerich: „Die Literatur des antifaschistischen Widerstandes in Deutschland." In: *Die deutsche Literatur im Dritten Reich. Themen – Traditionen – Wirkungen.* Hrsg. v. Horst Denkler u. Karl Prümm. Stuttgart: Reclam 1976, S. 435.

68. Jan Hans: „Historische Skizze zum Exilroman", S. 256.

69. Walter: „Bemerkungen zu einigen Problemen bei der Erforschung der deutschen Exilliteratur", S. 105.

70. Willi Bredel: *Die Prüfung. Roman aus einem Konzentrationslager.* London: Malik 1935, S. 60–1.

71. A. a. O., S. 211.

72. Willi Bredel: *Dein unbekannter Bruder* (1937); zitiert nach Lilli Bock: *Willi Bredel. Leben und Werk.* Berlin: Volk und Wissen 1967, S. 57. (= Schriftsteller der Gegenwart, 12.)

73. Berglund: *Deutsche Opposition gegen Hitler in Presse und Roman des Exils,* S. 199.

74. A. a. O., S. 251.

75. Alfred Neumann: *Es waren ihrer sechs.* Berlin: Deutsche Buchgemeinschaft 1948, S. 205.

76. Willi Bredel: „Schlußbemerkung." In W. B.: *Die Prüfung.* Berlin 1953; nach Lilli Bock: *Willi Bredel. Leben und Werk.* Berlin: Volk und Wissen 1967, S. 45. (= Schriftsteller der Gegenwart, 12.)

77. Paetel: „Deutsche im Exil", S. 578.

78. Alfred Neumann, Brief an Lavinia Mazzucchetti v. 9. 7. 1946; zitiert nach Guy Stern: „Alfred Neumann." In: *Deutsche Exilliteratur seit 1933.* Bd. I, T. 1, S. 555.

79. Friedrich Wolf: *Professor Mamlock.* Leipzig: Reclam 1974, S. 64. (= Reclams Universal-Bibliothek, 234.)

80. Wächter: *Theater im Exil,* S. 120.

81. Brief v. 9. 3. 1935 an Friedrich Wolf. In F. W.: *Briefwechsel.* Berlin: Aufbau 1968, S. 79.

82. Ähnlich schreibt Wolf noch 1945 in „Ein ‚Mamlock'? – Zwölf Millionen Mamlocks!" In F. W.: *Professor Mamlock.* Leipzig: Reclam 1974, S. 70 (= Reclams Universal-Bibliothek, 234.): „Er [Mamlock, A.S.] müßte nicht der Mensch sein mit einem heißen Gerechtigkeitsgefühl, der am Schluß des Schauspiels ... den offenen Kampf aufnimmt gegen die ganze Nazimeute und das Heer der Feiglinge vor ihm."

83. In dieselbe Richtung, wenn auch geschmackloser formuliert, zielte Arthur Koestlers Kritik im *Neuen Tage-Buch* 13 v. 30. 3. 1935, S. 307: „Friedrich Wolf läßt

seine Helden nicht auf den Abort gehen, er läßt sie Leitartikel reden ... aus Mund und Poren und allen Leibesöffnungen quillt ihnen bedrucktes Papier ... nein, es ist keine *Kunst.*"

84. Friedrich Wolf: *Briefwechsel.* Berlin: Aufbau 1968, S. 75 ff.

85. Wilfried Adling: „Nachwort." In Friedrich Wolf: *Professor Mamlock.* Leipzig: Reclam 1974, S. 77. (= Reclams Universal-Bibliothek, 234.)

86. Friedrich Wolf, Brief an die Theatre Union v. 22. 6. 1933; zitiert nach Düwel: *Friedrich Wolf und Wsewolod Wischnewski,* S. 73.

87. Friedrich Wolf, Brief an die Theatre Union v. 16. 9. 1930 (gemeint ist wohl 1933, A.S.). A.a.O.

88. Nach Berglund: *Deutsche Opposition gegen Hitler in Presse und Roman des Exils,* S. 222.

89. Marcel Reich-Ranicki: „Der Preußische Jude Arnold Zweig." In M. R.–R.: *Deutsche Literatur in West und Ost. Prosa seit 1945.* München: Piper 1963, S. 333.

90. Arnold Zweig: *Das Beil von Wandsbek.* Berlin: Aufbau ⁷1976, S. 255. (= Ausgewählte Werke in Einzelausgaben, 9.)

91. A.a.O., S. 267.

92. A.a.O., S. 235.

93. Georg Lukács: „Arnold Zweigs Romanzyklus über den imperialistischen Krieg 1914–1918. Nachwort 1952." In G. L.: *Schicksalswende. Beiträge zu einer neuen deutschen Ideologie.* Berlin: Aufbau 1956, S. 194 f.

94. Hans-Albert Walter: „Das Bild Deutschlands im Exilroman." In: *Neue Rundschau* 3/1966, S. 451.

95. Arnold Zweig: „Emigranten-Literatur. Ein Dialog." In: *Wort* 4–5/1937, S. 18.

96. Anna Seghers: *Das siebte Kreuz.* Darmstadt: Luchterhand 1973, S. 288. (= Werke in zehn Bänden, 3.)

97. Georg Lukács: *Deutsche Literatur im Zeitalter des Imperialismus. Eine Übersicht ihrer Hauptströmungen.* Berlin: Aufbau 1950, S. 78.

98. Anna Seghers: *Das siebte Kreuz.* Darmstadt: Luchterhand 1973, S. 10, 9–10. (= Werke in zehn Bänden, 3.)

99. Anna Seghers, Brief an Georg Lukács v. 28. 6. 1938. In: *Marxismus und Literatur.* Bd. 2. Hrsg. v. Fritz J. Raddatz. Reinbek: Rowohlt 1969, S. 112.

100. Heeg: *Die Wendung zur Geschichte,* S. 110ff.; Franz Norbert Mennemeier: *Modernes Deutsches Drama. Kritiken und Charakteristiken.* Bd. 2. München: Fink 1975, S. 42 ff.; Burkhardt Lindner: „Avantgardistische Ideologiezertrümmerung. Theorie und Praxis des Brechtschen Theaters am Beispiel der Faschismusparabeln." In: *Arbeitsfeld: Materialistische Literaturtheorie. Beiträge zu ihrer Gegenstandsbestimmung.* Hrsg. v. Klaus-Michael Bogdal, Burkhardt Lindner und Gerhard Plumpe. Wiesbaden: Athenaion 1975, S. 229–66.

101. Bertolt Brecht: *Arbeitsjournal.* Bd. 1. Frankfurt: Suhrkamp 1973, S. 186.

102. Aus ganz anderen Gründen – nämlich „um Fabel und Figuren auf eine bedeutsame literarische Ebene zu heben" – bedient sich Johannes R. Becher in *Winterschlacht* der „Königsdramenform", „des großen Monologs und ... der gebundenen Sprache" (Karl Heinz Schmidt: „Begegnung mit Autoren und Stücken." In: *Stücke gegen den Faschismus. Deutschsprachige Autoren.* Berlin: Henschel 1970, S. 602–3). Erfolg war ihm dabei so wenig wie Erich Weinert beschieden (Hans Richter: „Um Traumbesitz ringend: Johannes R. Becher." In: *Schriftsteller und*

literarisches Erbe. Zum Traditionsverhältnis sozialistischer Autoren. Hrsg. v. Hans
Richter. Berlin: Aufbau 1976, S. 179 ff. u. ders.: „Der Sprech-Dichter als Volks-
dichter: Erich Weinert." A. a. O., S. 118).

103. Bertolt Brecht: „Hinweis für die Aufführung." In B. B.: *Gesammelte Werke.*
Bd. 4. Frankfurt: Suhrkamp 1967, S. 1838.

104. Bertolt Brecht: „Zu ‚Der aufhaltsame Aufstieg des Arturo Ui'. Anmerkungen."
A. a. O. Bd. 17, S. 1179.

105. Theodor W. Adorno: „Engagement." In Th. W. A.: *Noten zur Literatur* III.
Frankfurt: Suhrkamp 1965, S. 119. (= Bibliothek Suhrkamp, 146.)

106. Vgl. Johannes R. Becher, Brief an Georgi Dimitroff v. 22. 3. 1935. In Barck:
Johannes R. Bechers Publizistik in der Sowjetunion 1935–1945, S. 210–4.

107. „Schlußwort Karl Radeks." In: *Sozialistische Realismuskonzeptionen,* S. 268.

108. Bertolt Brecht: „Unpolitische Briefe." In B. B.: *Gesammelte Werke.* Bd. 20.
Frankfurt: Suhrkamp 1967, S. 187.

109. Kurt Kersten: „Vier Jahre Exil." In: *Verbannung,* S. 244.

4.3.3. Flucht vor dem Thema Exil? Der historische Roman

1. Zitiert nach Berendsohn: *Die humanistische Front.* T. 1, S. 155 ff. Feuchtwanger
allein soll bis 1959 nur in der Sowjetunion über 3,5 Millionen Kopien verkauft
haben (Sergej Turajew: „Lion Feuchtwangers Bücher in der UdSSR." In: *Sowjet-*
literatur 5/1964, S. 183).

2. Wulf Koepke: „Die Exilschriftsteller und der amerikanische Buchmarkt." In:
Deutsche Exilliteratur seit 1933. Bd. I, T. 1, S. 104.

3. „In einer Baracke, in der 180 Mann reden, singen, hämmern, hin und her rennen
bzw. über dich hinwegklettern, ist der ‚Beaumarchais' entstanden, oft allerdings in
Nachtschicht bei einer ‚Lampe' – Sardinenbüchse mit Öl-Schmalz-Gemisch und
einem Stückchen geflochtener Schnur als Docht. Dabei immer die liebliche Nähe
der Bullen und Achtgroschenjungen. Wenn Louis XVI. den Beaumarchais fragt:
Sind Sie eigentlich Spekulant oder Schriftsteller?, so könnte man den heutigen
Dichter fragen: was waren Sie eigentlich, Indianer oder Schriftsteller? Ja, der olle
Lederstrumpf könnte bei dem jetzigen Beaumarchais in die Schule gehen" (Fried-
rich Wolf, Brief an Else Wolf v. 13. 1. 1941; zitiert nach Walther Pollatschek:
Friedrich Wolf. Leben und Schaffen. Leipzig: Reclam 1974, S. 199 [= Reclams
Universal-Bibliothek, 555.]).

4. Vgl. Horst Haase: *Johannes R. Bechers Deutschland-Dichtung. Zu dem Gedicht-*
band ‚Der Glücksucher und die sieben Lasten' (1938). Berlin: Rütten & Loening
1964, bes. S. 191–212.

5. Weitere Beispiele geben Berendsohn: *Die humanistische Front.* T. 1, S. 115–22 und
Weiskopf: *Unter fremden Himmeln,* S. 79–81.

6. Georg Lukács: „Der Kampf zwischen Liberalismus und Demokratie im Spiegel
des historischen Romans der deutschen Antifaschisten." In: *Deutsche Literatur im*
Exil 1933–1945. Bd. 1, S. 186. Klaus Schröter ist jüngst von einer anderen Richtung aus zu einem ähnlichen Urteil gekommen: „Wenn wir hier ein erstes Resümee ziehen, so können wir feststellen, daß der historische Roman von 1918 bis
1933 von bürgerlichen und bourgeoisen Autoren geschrieben wird, deren weltan-
schaulich-politische Haltung sich als Liberalismus, als Konservatismus, als Mon-

archismus zeigt ... " (K. S.: „Der historische Roman. Zur Kritik seiner spätbürgerlichen Erscheinung." In: *Exil und innere Emigration*, S. 118).

7. Alfred Döblin, Brief an Elvira und Arthur Rosin v. 12. 6. 1934. In A. D.: *Briefe*. Olten: Walter 1970, S. 193.

8. Paul Wilhelm Wenger: „Unsterbliche deutsche Mythologie." In: *Das goldene Tor* 11/12 (1947), S. 1102.

9. Wolf R. Marchand: *Joseph Roth und völkisch-nationalistische Wertbegriffe. Untersuchungen zur politisch-weltanschaulichen Entwicklung Roths und ihrer Auswirkung auf sein Werk.* Bonn: Bouvier 1974, S. 304. (= Bonner Arbeiten zur deutschen Literatur, 23.)

10. Vgl. Siegfried Mews: „Die unpolitischen Exildramen Carl Zuckmayers." In: *Deutsches Exildrama und Exiltheater*, S. 139–48.

11. Als „Stützen der Barbarei" werden u. a. auch Stefan Zweig (von Ludwig Marcuse im *Neuen Tage-Buch* 33 v. 18. 8. 1934, S. 789), Max Brod (von Martin Grebly in den *Neuen Deutschen Blättern* 10/1934, S. 636), Alfred Döblin (von Albin Stübs a. a. O., S. 641), Joseph Roth (von F. C. Weiskopf a. a. O., S. 643), Valeriu Marcu (von Otto Heller a. a. O., S. 645) und Georg Lukács (von Nyssen: *Geschichtsbewußtsein und Emigration*, S. 47 f.) gesehen. Stefan Zweig kommt mit dem – kaum weniger treffenden – Vorwurf weg, mit „seiner Geschichts-Philosophie" der „Romantik des neunzehnten Jahrhunderts entsprungen" zu sein (Defensor Fidei: „Die Geschichts-Romantik Stefan Zweigs." In: *Das Neue Tage-Buch* 25 v. 20. 6. 1936, S. 594).

12. Zum historischen Roman der inneren Emigration und der Nationalsozialisten siehe vor allem Schnell: *Literarische Innere Emigration 1933–1945;* Nyssen: *Geschichtsbewußtsein und Emigration*, S. 95–108; Schröter: „Der historische Roman." In: *Exil und innere Emigration*, S. 134–41; Wolfgang Wippermann: „Geschichte und Ideologie im historischen Roman des Dritten Reiches." In: *Die deutsche Literatur im Dritten Reich. Themen – Traditionen – Wirkungen.* Hrsg. v. Horst Denkler u. Karl Prümm. Stuttgart: Reclam 1976, S. 183–206.

13. Alfred Döblin: „Der historische Roman und wir." In: *Wort* 4/1936, S. 70.

14. Fischer: *Ludwig Marcuses schriftstellerische Tätigkeiten im französischen Exil 1933–1939*, S. 58–74.

15. Zitiert nach Karl Obermann: „Zur Schlußsitzung des II. Schriftstellerkongresses." In: *Wort* 10/1937, S. 5. Aufschlußreich ist, daß Obermann Blochs recht radikale Aussage sofort abschwächte: „,Nicht Geschichte schreiben, sondern Geschichte machen' – damit sollte gesagt werden: den Inhalt so gestalten, daß er der Entwicklung dient, sie fördert ... " (a. a. O.).

16. „Rechenschaftsbericht der Deutschen Sektion des Sowjetischen Schriftstellerverbandes für das Jahr 1938" und „Rechenschaftsbericht der Deutschen Sektion für das Jahr 1939." In Barck: *Johannes R. Bechers Publizistik in der Sowjetunion 1935–1945*, S. 244 u. 247.

17. Alexander Abusch: „Begegnungen und Gedanken 1933–1940." In A. A.: *Literatur im Zeitalter des Sozialismus. Beiträge zur Literaturgeschichte 1921 bis 1966.* Berlin: Aufbau 1967, S. 219–220; vgl. auch w. f. (d. i. Wolf Franck): „Paris (Die Kulturwoche des SDS)." In: *Wort* 2/1939, S. 137 f.

18. Kurt Hiller: *Profile. Prosa aus einem Jahrzehnt.* Paris: Ed. Nouvelles Internationales 1938, S. 236 f.; zitiert nach Berendsohn: *Die humanistische Front*. T. 1,

S. 117–9. Vgl. auch Kurt Hiller: „Zwischen den Dogmen." In K. H.: *Köpfe und Tröpfe. Profile aus einem Vierteljahrhundert.* Hamburg: Rowohlt 1950, S. 238 ff.

19. Lion Feuchtwanger: „Vom Sinn und Unsinn des historischen Romans." In L. F.: *Centum Opuscula. Eine Auswahl.* Rudolstadt: Greifenverlag 1956, S. 508. Noch offener beschreibt Feuchtwanger die Schwächen seiner (frühen) Romane im Nachwort zu einer geplanten, aber nie realisierten russischen Gesamtausgabe seiner Werke: „An meine Sowjetleser." A. a. O., S. 537. Vgl. Uwe Karl Faulhaber: „Lion Feuchtwanger's Theory of the Historical Novel" und Manfred Keune: „‚Das Haus der Desdemona': Lion Feuchtwanger's Apologia for a Mimesis of History." In: *Lion Feuchtwanger. The Man, His Ideas, His Work.* Hrsg. v. John M. Spalek. Los Angeles: Hennessey & Ingalls 1972, S. 67–81 und 83–98. (= University of Southern California Studies in Comparative Literature, 3.)

20. Lion Feuchtwanger: „Vom Sinn und Unsinn des historischen Romans." In L. F.: *Centum Opuscula. Eine Auswahl.* Rudolstadt: Greifenverlag 1956, S. 509.

21. A. a. O., S. 510.

22. Ludwig Marcuse: „Die Anklage auf Flucht." In: *Das Neue Tage-Buch* 6 v. 8. 2. 1936, S. 131.

23. Alfred Neumann: *Kaiserreich.* Amsterdam: de Lange 1936, S. 161.

24. Heinrich Mann: *Ein Zeitalter wird besichtigt.* Reinbek: Rowohlt 1976, S. 108–9. (= rororo, 1986.)

25. A. a. O., S. 280.

26. Ludwig Marcuse: „Geschichte, Dichtung, Geschichtsdichtung." In: *Wort* 5/1938, S. 138.

27. „Istoričeskij roman 1: Klasičeskaja forma istoričeskogo romana." In: *Literaturnyj kritik* 7/1937, S. 46–109; 9/1937, S. 27–54; 12/1937, S. 118–47.

28. Georg Lukács: „Der Kampf zwischen Liberalismus und Demokratie im Spiegel des historischen Romans der deutschen Antifaschisten." In: *Deutsche Literatur im Exil 1933–1945.* Bd. 1, S. 173.

29. A. a. O., S. 193.

30. A. a. O., S. 174.

31. Georg Lukács: *Der historische Roman.* Neuwied: Luchterhand 1965, S. 410. (= Werke, 6.) Um das Dilemma der ungleichzeitigen Entwicklung in der Sowjetunion und in den kapitalistischen Ländern kommt Lukács also auch hier nicht herum: „Der heutige historische Roman entsteht und entwickelt sich inmitten der *Morgenröte* einer *neuen* Demokratie. Dies bezieht sich nicht nur auf die Sowjetunion, wo die stürmische Entwicklung und der energische Aufbau des Sozialismus eine neue, in der Menschheitsgeschichte noch nicht dagewesene Blüte der höchsten Form der Demokratie, die sozialistische Demokratie, hervorgebracht hat. Auch der Kampf der revolutionären Demokratie der Volksfront ist nicht einfach eine Verteidigung der vorhandenen Errungenschaften der demokratischen Entwicklung gegen die Angriffe der faschistischen oder faschisierenden Reaktion. Es ist auch dies, er geht aber in der Verteidigung der Demokratie über diese Grenzen hinaus und muß, um sie wirksam zu verteidigen, sehr oft über diese Grenzen hinausgehen; er muß der revolutionären Demokratie neue, höhere, entwickeltere, allgemeinere, demokratischere und sozialere Inhalte geben" (a. a. O., S. 422).

32. Georg Lukács: „Der Kampf zwischen Liberalismus und Demokratie im Spiegel

des historischen Romans der deutschen Antifaschisten." In: *Deutsche Literatur im Exil 1933–1945*. Bd. 1, S. 195.

33. Georg Lukács: *Der historische Roman*. Neuwied: Luchterhand 1965, S. 427. (= Werke, 6.)

34. A.a.O., S. 424.

35. Georg Lukács: „Der Kampf zwischen Liberalismus und Demokratie im Spiegel des historischen Romans der deutschen Antifaschisten." In: *Deutsche Literatur im Exil 1933–1945*. Bd. 1, S. 195.

36. Zur Erbekonzeption vgl. Kapitel 4.4 sowie die Ausführungen zur Expressionismusdebatte in Kapitel 4.2. Nicht eingegangen werden kann auf die Bedeutung der während der 30er und 40er Jahre in der Sowjetunion geführten Diskussion über die historische Literatur für Lukács' Konzeption.

37. Als cause célèbre seien hier einige marxistische Reaktionen auf Thomas Manns ‚historischen' *Joseph*-Roman angeführt: Ernst Ottwalt: „Der Turm zu Babel. Thomas Mann: ‚Die Geschichten Jaakobs'." In: *Neue Deutsche Blätter* 4/1933, S. 253–8; Paul Reimann: „Über einige Probleme der antifaschistischen Literatur." In: *Internationale Literatur* 2/1934, S. 7–11; Alfred Kurella: „Die Dekadenz Thomas Manns." A.a.O., S. 155–8; Ernst Ottwalt: „In diesen Tagen." A.a.O., 5/1936, S. 3–15; Alfred Kurella: „Thomas Mann und die Gegenwart." In: *Wort* 6/1937, S. 88–92.

38. F[erdinand] Lion: „Biographien ohne Ende." In: *Maß und Wert* 4/1938, S. 657.

39. Klaus Schröter: „Der historische Roman. Zur Kritik seiner spätbürgerlichen Erscheinung." In: *Exil und innere Emigration*, S. 122.

40. A.a.O., S. 130.

41. Ludwig Marcuse: „Geschichte, Dichtung, Geschichtsdichtung." In: *Wort* 5/1938, S. 132.

42. Thomas Mann, Brief an Gottfried Bermann-Fischer v. 24. 10. 1936. In T. M.: *Briefwechsel mit seinem Verleger Gottfried Bermann Fischer 1932–1955*. Frankfurt: Fischer 1975, S. 128. (= Fischer Taschenbuch, 1566.)

43. Georg Lukács: „Der Kampf zwischen Liberalismus und Demokratie im Spiegel des historischen Romans der deutschen Antifaschisten." In: *Deutsche Literatur im Exil 1933–1945*. Bd. 1, S. 196.

44. Rudolf Majut: „Der deutsche Roman vom Biedermeier bis zur Gegenwart." In: *Deutsche Philologie im Aufriß*. Bd. 2. Hrsg. v. Wolfgang Stammler. 2., überarb. Aufl. Berlin: Schmidt 1960, Sp. 1776 spricht anläßlich von Bruno Franks *Trenck* (1925) weniger umständlich von „historischem Klatsch".

45. Georg Lukács: „Der Kampf zwischen Liberalismus und Demokratie im Spiegel des historischen Romans der deutschen Antifaschisten." In: *Deutsche Literatur im Exil 1933–1945*. Bd. 1, S. 177.

46. A.a.O., S. 188. Feuchtwanger berichtet dazu: „Den verlorenen Teil in der ursprünglichen Form wiederherzustellen, erwies sich als unmöglich. Ich hatte zu dem Thema der ‚Josephus', Nationalismus und Weltbürgertum, manches zugelernt, der Stoff sprengte den früheren Rahmen, und ich war gezwungen, ihn in drei Bände aufzuteilen"; zitiert nach *Lion Feuchtwanger*. Berlin: Volk und Wissen 1959, S. 36. (= Schriftsteller der Gegenwart, 2.)

47. Lion Feuchtwanger: „Vom Sinn und Unsinn des historischen Romans." In L. F.: *Centum Opuscula. Eine Auswahl*. Rudolstadt: Greifenverlag 1956, S. 515.

48. Georg Lukács: *Der historische Roman.* Neuwied: Luchterhand 1965, S. 357.
    (= Werke, 6.)

49. Georg Lukács: „Der Kampf zwischen Liberalismus und Demokratie im Spiegel
    des historischen Romans der deutschen Antifaschisten." In: *Deutsche Literatur im
    Exil 1933–1945.* Bd. 1, S. 189.

50. Heinrich Mann: *Die Vollendung des Königs Henri Quatre.* Berlin: Aufbau ²1974,
    S. 668. (= Gesammelte Werke, Bd. 12.)

51. Heinrich Mann: *Ein Zeitalter wird besichtigt.* Reinbek: Rowohlt 1976, S. 318
    (= rororo, 1986.). Lukács spricht lieber von „wirklicher und konkreter Vorge-
    schichte des heutigen Volkslebens" („Der Kampf zwischen Liberalismus und De-
    mokratie im Spiegel des historischen Romans der deutschen Antifaschisten." In:
    Deutsche Literatur im Exil 1933–1945. Bd. 1, S. 197).

52. Heinrich Mann: *Ein Zeitalter wird besichtigt.* Reinbek: Rowohlt 1976, S. 315.
    (= rororo, 1986.)

53. Georg Lukács: „Die Jugend des Königs Henri Quatre." In: *Wort* 8/1938, S. 128.

54. A.a.O., S. 131.

55. Heinrich Mann: *Die Jugend des Königs Henri Quatre.* Reinbek: Rowohlt 1964,
    S. 352 (= rororo, 689.). Hermann Kesten: „Heinrich Mann und sein Henri
    Quatre." In: *Maß und Wert* 4/1939, S. 557 klagt gar – mit völlig anderen Intentio-
    nen – über den „einfältigen, naiven Stil des Volksmärchens", nennt Manns Katha-
    rina von Medici „eine Hexe", König Philipp II. einen „wollüstigen bigotten Trot-
    tel", einen „Phantasie-Philipp, Karikatur und Vision", die Jesuiten „Gespenster
    hinter Thronstühlen" usw.

56. Georg Lukács: „Die Jugend des Königs Henri Quatre." In: *Wort* 8/1938, S. 125.

57. A.a.O., S. 132.

58. Georg Lukács: „Der Kampf zwischen Liberalismus und Demokratie im Spiegel
    des historischen Romans der deutschen Antifaschisten." In: *Deutsche Literatur im
    Exil 1933–1945.* Bd. 1, S. 198 (meine Hervorhebung, A.S.).

59. Bertolt Brecht: *Arbeitsjournal.* Bd. 1. Frankfurt: Suhrkamp 1973, S. 12.

60. Lukács klammerte die sowjetrussische historische Literatur aus seinen Studien aus,
    weil ihm sein „wissenschaftliches Gewissen" nicht erlaubte, mit dem „dürftigen und
    lückenhaften" Übersetzungsmaterial zu arbeiten (Lukács: „Vorwort" [1937]. In
    G. L.: *Der historische Roman.* Neuwied: Luchterhand 1965, S. 22 [= Werke, 6.]).

61. Johannes R. Bechers Roman *Abschied* und Arnold Zweigs Grischa-Zyklus kön-
    nen kaum, wie Elke Nyssen es tut, der historischen Literatur zugeschlagen
    werden.

62. Jarmatz: *Literatur im Exil,* S. 135–6.

63. Heeg: *Die Wendung zur Geschichte,* S. 87.

64. Bertolt Brecht: „Über den formalistischen Charakter der Realismustheorie." In:
    Die Expressionismusdebatte, S. 310.

65. Bertolt Brecht: „Die Geschäfte des Herrn Julius Caesar." In B.B.: *Gesammelte
    Werke.* Bd. 14. Frankfurt: Suhrkamp 1967, S. 1205.

66. A.a.O., S. 1176.

67. Hans Dahlke: *Cäsar bei Brecht. Eine vergleichende Betrachtung.* Berlin: Aufbau
    1968, S. 159ff. argumentiert nicht ohne Grund, daß der fragmentarische, auf Cä-
    sars frühe Jahre beschränkte Charakter des Romans den negativen Ton noch
    unterstreicht.

68. Bertolt Brecht: „Autobiographie." In: *Internationale Literatur* 6/1938, S. 153.
69. Alfred Antkowiak: „Der historische Roman bei Lion Feuchtwanger." In A. A.: *Begegnungen mit Literatur.* Weimar: Thüringer Volksverlag 1953, S. 228.
70. Edgar Kirsch: „Heinrich Manns historischer Roman ‚Die Jugend und Vollendung des Königs Henri Quatre'. Beiträge zur Analyse des Werkes." In: *Wissenschaftliche Zeitschrift der Martin-Luther-Universität Halle-Wittenberg.* Gesellschafts- und Sprachwissenschaftliche Reihe 5 (1955/56), S. 632; Ernst Hinrichs: „Die Legende als Gleichnis. Zu Heinrich Manns Henri-Quatre-Romanen." In: *Text + Kritik.* Sonderband: Heinrich Mann (^{2}1974), S. 103.
71. „Nachlaß zum ‚Caesar'-Fragment." In Herbert Claas: *Die politische Ästhetik Bertolt Brechts vom Baal zum Caesar.* Frankfurt: Suhrkamp 1977, S. 233. (= edition suhrkamp, 832.)
72. Bertolt Brecht: „Die Geschäfte des Herrn Julius Caesar." In B. B.: *Gesammelte Werke.* Bd. 14. Frankfurt: Suhrkamp 1967, S. 1206–7. Thomas Mann wendet zur gleichen Zeit – und mit anderer Zielsetzung – in *Lotte in Weimar* eine ironische Erzählweise an, die ebenfalls durch Verfremdung Modernität ohne Stilbruch erlaubt. Wegen ihrer persönlichen bzw. mythologischen Ausrichtung gehören *Lotte in Weimar* und die *Joseph*–Tetralogie allerdings weniger in den Zusammenhang der historischen Exilliteratur (vgl. Klaus Schröter: „Resultate des Exils. Vom ‚Zauberberg' zu ‚Joseph, der Ernährer'." In: *Akzente* 4/1975, S. 367–82).
73. Hans Dahlke: *Geschichtsroman und Literaturkritik im Exil.* Habilitationsschrift Berlin, 1971; als Buch unverändert Berlin: Aufbau 1976; Jarmatz: *Literatur im Exil,* S. 114–59. (Nachdruck in K. J.: *Forschungsfeld Realismus. Theorie, Geschichte, Gegenwart.* Berlin: Aufbau 1975, S. 100–134.)
74. Ein besonders eklatanter Fall ist Christian Jenssens Buch *Der historische Roman. Möglichkeiten und Gefahren des historischen Romans.* Rendsburg: Verein für das Bücherwesen in Schleswig-Holstein 1954 (= Veröffentlichung der Bücherkundlichen Arbeits- und Auskunftsstelle für die Erwachsenenbildung in Schleswig-Holstein.), in dem Hans Friedrich Blunck und Erwin Guido Kolbenheyer gelobt, die historischen Romane des Exils dagegen völlig verschwiegen werden. Neue Wege gehen erst die Arbeiten von Herbert Claas, Günther Heeg, Klaus Schröter und Elke Nyssen wie auch die in den USA entstandenen Dissertationen von Carl Steiner: *Untersuchungen zum historischen Roman der deutschen Emigrantenliteratur nach 1933.* Phil. Diss. Washington, 1966 und Bruce M. Broerman: *The German Historical Novel in Exile After 1933.* Phil. Diss. Albany, 1976.
75. Bluncks Bücher werden von einer „Gesellschaft zur Förderung des Werkes von Hans Friedrich Blunck e. V." verbreitet.
76. Frank Thiess: „Sind ‚Historische Romane' noch möglich?" In: *Wort in der Zeit* 2/1958, S. 33–5; Franz Theodor Csokor: „Ist der historische Roman noch möglich?" A. a. O. 9/1962, S. 46–50; vgl. u. a. auch Max Brod: „Von Sinn und Würde des historischen Romans." In: *Neue Rundschau* 2–3/1956, S. 491–502.
77. Walter Benjamin: „Geschichtsphilosophische Thesen." In W. B.: *Illuminationen. Ausgewählte Schriften.* Hrsg. v. Siegfried Unseld. Frankfurt: Suhrkamp 1961, S. 272.

4. 4. Auswirkungen des Exils auf formale Aspekte der Literatur

1. (Viktor Suchy) „Diskussionsbeiträge zum Länderbericht der BRD." In: *Protokoll des II. internationalen Symposiums*, S. 40.

2. Dirschauer: *Klaus Mann und das Exil*, S. 42.

3. Manfred Schlösser: „Einleitung." In: *An den Wind geschrieben. Lyrik der Freiheit. Gedichte der Jahre 1933–1945*. Hrsg. v. M. S. u. H. R. Ropertz. Darmstadt: Agora 1960, S. 18. (= Agora. Eine humanistische Schriftenreihe, 13/14.)

4. Manfred Durzak: „Deutschsprachige Exilliteratur. Vom moralischen Zeugnis zum literarischen Dokument." In: *Die deutsche Exilliteratur 1933– 1945*, S. 13.

5. Krenzlin: „Zur ästhetischen Wertung der antifaschistischen Literatur", S. 144.

6. Walter: „Emigrantenliteratur und deutsche Germanistik", S. 319.

7. Von Walters ursprünglich auf neun Bände veranschlagten Darstellung *Deutsche Exilliteratur 1933–1950* sind seit 1972 nur drei Bände fertiggestellt worden. Seit das Projekt von Luchterhand zu Metzler überwechselte, erschien 1978 ein erheblich erweiterter Neudruck des ehemaligen Bandes 7.

8. Ernst Bloch: „Ansprache auf dem Congress of American Writers (New York 1939)." In E. B.: *Politische Messungen. Pestzeit, Vormärz*. Frankfurt: Suhrkamp 1970, S. 263. (= Gesamtausgabe, 11.)

9. Eberhard Frey: „Stilwandlung in Berthold Viertels Gedichten." In: *Modern Austrian Literature* 3/4 (1975), S. 134.

10. Hans Sahl: *Die hellen Nächte. Gedichte aus Frankreich*. New York: Fles Verlag 1942, S. 5.

11. Bertolt Brecht: „Weite und Vielfalt der realistischen Schreibweise." In B. B.: *Gesammelte Werke*. Bd. 19. Frankfurt: Suhrkamp 1967, S. 349.

12. Otto F. Best: „Leonhard Frank." In: *Deutsche Exilliteratur seit 1933*. Bd. I, T. 1, S. 380–1.

13. Wolfgang D. Elfe: „Curt Goetz." A. a. O., S. 391: „Die Amerikajahre haben sein Werk zwar stofflich beeinflußt. An ihrem [!] Wesen haben sie jedoch nichts geändert."

14. Klaus Weissenberger: „Alfred Döblin." A. a. O., S. 318: „ ... muß man zugeben, daß Amerika selber keinen großen Einfluß auf Döblins geistige Entwicklung und sein Werk gehabt hat."

15. Erich Auerbach: „Nachwort." In E. A.: *Mimesis. Dargestellte Wirklichkeit in der abendländischen Literatur*. Bern: Francke ³1964, S. 518.

16. Mayer: „Lion Feuchtwanger oder Die Folgen des Exils", S. 120–9.

17. Hans Mayer: „Die Folgen des Exils." In H. M.: *Zur deutschen Literatur der Zeit. Zusammenhänge. Schriftsteller. Bücher*. Reinbek: Rowohlt 1967, S. 297.

18. A. a. O., S. 298.

19. A. a. O., S. 300.

20. Lion Feuchtwanger: „An meine Sowjetleser." In L. F.: *Centum Opuscula. Eine Auswahl*. Rudolstadt: Greifenverlag 1956, S. 536.

21. Hans Dahlke: „Das Zeugnis des Erfolgs. Nachtrag zum 90. Geburtstag Lion Feuchtwangers." In: *Weimarer Beiträge* 4/1975, S. 167–178.

22. Wegner: *Exil und Literatur*, S. 210.

23. Marcel Reich-Ranicki: „Lion Feuchtwanger oder Der Weltruhm des Emigranten." In: *Die deutsche Exilliteratur 1933–1945*, S. 454. Zu einem ähnlichen Urteil

gelangte Erich Kahler anläßlich der Dramen und Prosa von Franz Werfel (*Commentary* 2/1948, S. 186–8).

24. Hermann Kesten: „Fragen und Antworten." In: *Akzente* 2/1974, S. 191.

25. Heinrich Mann, Brief an Karl Lemke v. 10. 2. 1948. In H. M.: *Briefe an Karl Lemke und Klaus Pinkus*. Hamburg: Claassen o. J., S. 65.

26. Heinrich Vormweg: „Eine sterbende Welt. Heinrich Manns Altersromane." In: *Akzente* 5/1969, S. 408.

27. Thomas Mann, Brief an Heinrich Mann v. 14. 7. 1949. In Th. M.: *Briefe 1948–1955 und Nachlese*. O. O.: Fischer 1965, S. 92–3.

28. Thomas Mann: „Brief über das Hinscheiden meines Bruders Heinrich." In Th. M.: *Reden und Aufsätze*. Bd. 2. O. O.: Fischer 1960, S. 522. (= Ges. Werke, 10.)

29. So ist etwa in einem Brief an Thomas Mann v. 28. 2. 1941 zu lesen: „Schon bin ich anonym angerufen worden: ich hätte sofort das Land zu verlassen. Telefon und Haus stehen unter Polizeiaufsicht. In 7¹/₂ Jahren Frankreich ist dieser Fall nie eingetreten, trotz Krieg und Niederlage. Dafür ist Los Angeles mit seinen Waffenfabriken überfüllt mit Nazi-Spionen" (Thomas Mann/Heinrich Mann: *Briefwechsel 1900–1949*. O. O.: Fischer 1969, S. 204).

30. Heinrich Vormweg: „Eine sterbende Welt. Heinrich Manns Altersromane." In: *Akzente* 5/1969, S. 408 ff.

31. Durzak: „Exil-Motive im Spätwerk Heinrich Manns", S. 219.

32. Herden: *Geist und Macht. Heinrich Manns Weg an die Seite der Arbeiterklasse*. Berlin: Aufbau 1971, S. 295 f.

33. Lorenz Winter: *Heinrich Mann und sein Publikum: Eine literatursoziologische Studie zum Verhältnis von Autor und Öffentlichkeit*. Köln: Westdeutscher Verlag 1965, S. 86. (= Kunst und Kommunikation, 10.)

34. Durzak: „Exil-Motive im Spätwerk Heinrich Manns", S. 207– 8. Schärfer formulierte Alfred Döblin in einem Brief an Hermann Kesten v. 5. 1. 1947: „... ich bin dafür, den aufgeblasenen Hermann Broch zu entlarven als literarischen Hochstapler ... Brandmarken Sie ruhig die Inzucht der Emigration ... " (in: *Deutsche Literatur im Exil*, S. 233).

35. Goldberg: „The Sounding Board. The Transplanted Composer." In: *Los Angeles Times* v. 14. 5. 1950. Gegenbeispiele wären hier etwa Paul Zech (Ward B. Lewis: „Literature in Exile: Paul Zech." In: *German Quarterly* 3/1970, S. 536) und Oskar Maria Graf (Pfeiler: *German Literature in Exile*, S. 81 ff.).

36. Baxandall: „Brecht in America, 1935", S. 69–87.

37. Walter Benjamin: *Versuche über Brecht*. Frankfurt: Suhrkamp 1966, S. 125. (= edition suhrkamp, 172.)

38. Bertolt Brecht: *Arbeitsjournal*. Bd. 1. Frankfurt: Suhrkamp 1973, S. 134.

39. Bertolt Brecht: „Über reimlose Lyrik mit unregelmäßigen Rhythmen." In B. B.: *Gesammelte Werke*. Bd. 19. Frankfurt: Suhrkamp 1967, S. 403.

40. Bertolt Brecht: „Anmerkung zu ‚Furcht und Elend des Dritten Reiches‘." A. a. O., Bd. 17, S. 1099.

41. Bertolt Brecht: *Arbeitsjournal*. Bd. 1. Frankfurt: Suhrkamp 1973, S. 18.

42. A. a. O., S. 97.

43. Bertolt Brecht, Brief an Walter Benjamin v. April 1936. In: *Zur Aktualität Walter Benjamins*. Hrsg. v. Siegfried Unseld. Frankfurt: Suhrkamp 1972, S. 38. (= suhrkamp taschenbuch, 150.)

44. Salka Viertel: *The Kindness of Strangers*. New York: Holt, Rinehart and Winston 1969, S. 283f.; vgl. auch Lyon: „Bertolt Brecht's Hollywood Years: The Dramatist as Film Writer", S. 147f., 162, 172.
45. Vgl. etwa die Entstehung vom *Kaukasischen Kreidekreis* (Bertolt Brecht: *Arbeitsjournal*. Bd. 2. Frankfurt: Suhrkamp 1973, S. 410f., 415, 421 passim).
46. A. a. O., Bd. 1, S. 328.
47. Bertolt Brecht: „Silent Witness/Der stumme Zeuge." In B. B.: *Texte für Filme*. Bd. 2. Frankfurt: Suhrkamp 1969, S. 597.
48. Bertolt Brecht: *Arbeitsjournal*. Bd. 1. Frankfurt: Suhrkamp 1973, S. 121.
49. Heeg: *Die Wendung zur Geschichte*, S. 183–4.
50. Bertolt Brecht: „Anmerkung" [Zu ‚Die Gewehre der Frau Carrar']. In B. B.: *Gesammelte Werke*. Bd. 17. Frankfurt: Suhrkamp 1967, S. 1100.
51. Bertolt Brecht: *Arbeitsjournal*. Bd. 1. Frankfurt: Suhrkamp 1973, S. 32.
52. A. a. O., S. 34.
53. Georg Lukács: „Es geht um den Realismus." In: *Wort* 6/1938, S. 138. Lukács hat diese Stelle später gestrichen. Bezeichnenderweise drucken Fritz J. Raddatz in *Marximus und Literatur*. Bd. 2 Reinbek: Rowohlt 1969 und die Luchterhand-Ausgabe von Lukács' Werken (G. L.: *Essays über Realismus*. Neuwied: Luchterhand 1971 [= Werke, 4.]) die zensierte Version nach.
54. Bertolt Brecht: *Arbeitsjournal*. Bd. 1. Frankfurt: Suhrkamp 1973, S. 18.
55. Wächter: *Theater im Exil*, S. 165.
56. Heiner Müller, Brief an *Theater der Zeit*. In: *Theater der Zeit* 8/1975, S. 59: „Wir können uns aus unserer Arbeit nicht mehr heraushalten, was für Brecht, in der Spätzeit seiner Emigration, isoliert von den wirklichen Klassenkämpfen, eine Arbeitshaltung sein mochte. Der *Kreidekreis* steht (das macht ihn zum Repertoirestück) dem Naturalismus näher als das *Fatzer*-Fragment oder *Woyzeck*, den es tradiert."
57. Bertolt Brecht: *Arbeitsjournal*. Bd. 2. Frankfurt: Suhrkamp 1973, S. 409.
58. Willi Bredel: „Ein ‚Aufklärer' unserer Epoche." In: *Erinnerungen an Johannes R. Becher*. Leipzig: Reclam 1974, S. 272. (= Reclams Universal-Bibliothek, 445.)
59. Diese Beziehungen werden von der westlichen Exilforschung durchweg übersehen. Typisch dafür sind z. B. Adrienne Ash: *German Poetry in Exile 1933–1945*. Phil. Diss. Austin, 1971 und Hans Dieter Schäfer: „Stilgeschichtlicher Ort und historische Zeit in Johannes R. Bechers Exildichtungen." In: *Die deutsche Exilliteratur 1933–1945*, S. 360: „Nach der Übersiedlung Bechers in die Sowjetunion setzte ein starker Wirklichkeitsschwund ein ... Zweifellos teilt er damit das Schicksal vieler Emigranten, die ohne Echo, von der deutschen Sprache abgeschnitten, im Ausdruck unsicher wurden und ihre Zuflucht in abstrakter Redeweise und gelegentlichen Stilisierungen suchten."
60. Sergej Tretjakow, Brief an Bertolt Brecht v. 8. 9. 1934. In Fritz Mierau: *Erfindung und Korrektur. Tretjakows Ästhetik der Operativität*. Berlin: Akademie 1976, S. 263. (= Literatur und Gesellschaft.)
61. Das erkennt auch – ins Positive verkehrt – die DDR-Literaturgeschichtsschreibung an. Wenn Becher dagegen einen Teil jenes Lernprozesses, der der „linken Literatur" das „Experimentieren" austrieb, ins Exil verlegt, irrt er: „Die Überwindung dieser Verfalls- und Isolierungstendenzen vollzieht sich nunmehr unter den schwierigsten Umständen der Emigration. Die harte und bittere Lehre, die eine

Emigration auch der Literatur erteilt, hat bei den freiheitlichen deutschen Schrift-
stellern die realistischen Züge ihres Schaffens verstärkt" (Johannes R. Becher:
„Von den großen Prinzipien in unserer Literatur [1938]." In Barck: *Johannes
R. Bechers Publizistik in der Sowjetunion 1935–1945*, S. 219).

62. Alexander Stephan: *Konkretisierte Utopie: Die Politisierung der Dichtung bei
Johannes R. Becher*. Phil. Diss. Princeton, 1973.

63. Alfred Klein: „Nachwort." In Johannes R. Becher: *Gedichte 1926–1935*. Berlin:
Aufbau 1966, S. 815. (= Gesammelte Werke, 3.)

64. Stephan Hermlin: „Bemerkungen zur Situation der zeitgenössischen Lyrik." In
Stephan Hermlin und Hans Mayer: *Ansichten über einige Bücher und Schriftsteller*. Berlin: Volk und Welt o. J., S. 191.

65. Eine – natürlich ganz anders gemeinte – Klassizität glaubt auch Werner Vordtriede
im Exil zu entdecken: „So ist denn der Weg ins Exil eine Nekryia, Reise des
Lebenden zu den Toten, in doppeltem Sinn: der Dichter fährt dem gefährlichen
Verstummen, der eigenen Erstarrung entgegen, gleichzeitig aber auch fährt er, wie
Pounds Odysseus im ersten Canto (der es Dante nachtut), zu den Ursprüngen der
Tradition, zur eigentlichen Klassizität . . . " (Vordtriede: „Vorläufige Gedanken zu
einer Typologie der Exilliteratur", S. 575).

66. Ernst Stein: „Nachwort." In Johannes R. Becher: *Gedichte 1936–1941*. Berlin:
Aufbau 1966, S. 865 (= Gesammelte Werke, 4.). Vgl. auch Horst Haase: *Johannes
R. Bechers Deutschland-Dichtung. Zu dem Gedichtband ‚Der Glücksucher und
die sieben Lasten' (1938)*. Berlin: Rütten & Loening 1964. (= Germanistische
Studien.)

67. Heinrich Mann: „Auf der Suche nach Deutschland. (Gedanken über zwei Bü-
cher)." In: *Erinnerungen an Johannes R. Becher*. Leipzig: Reclam 1974, S. 146.
(= Reclams Universal-Bibliothek, 445.) Becher greift Manns Formulierung in der
Folgezeit immer wieder auf, so etwa in „Von den großen Prinzipien in unserer
Literatur" (*Deutsche Zentral-Zeitung* 45 v. 24. 2. 1938). Vgl. Hans Richter: „Um
Traumbesitz ringend: Johannes R. Becher." In: *Schriftsteller und literarisches
Erbe. Zum Traditionsverhältnis sozialistischer Autoren*. Hrsg. v. H. R. Berlin:
Aufbau 1976, S. 179–203.

68. Hans Günther: „Rezension über Johannes R. Becher: ‚Der Glücksucher und die
sieben Lasten', Moskau, den 1. August 1936"; zitiert nach Johannes R. Becher:
Gedichte 1936–1941. Berlin: Aufbau 1966, S. 873–4 (= Gesammelte Werke, 4.).
Eine Abschrift des Gutachtens befindet sich im Johannes R. Becher-Archiv
(Berlin-DDR).

69. Theodore Ziolkowski: „Form als Protest. Das Sonett in der Literatur des Exils
und der Inneren Emigration." In: *Exil und innere Emigration*, S. 167.

70. Johannes R. Becher: *Gedichte 1926–1935*. Berlin: Aufbau 1966, S. 703. (= Gesammelte Werke, 3.)

71. Johannes R. Becher: „Kenntnis und Aufrichtigkeit. Zu dem neuen Stück von
Julius Hay ‚Der Putenhirt' [1940]." In Barck: *Johannes R. Bechers Publizistik in
der Sowjetunion 1935–1945*, S. 232.

72. Bertolt Brecht, Brief an Johannes R. Becher v. 11. 3. 1937; zitiert nach a.a.O.,
S. 93.

73. Friedrich Wolf: „Das zeitgenössische Theater in Deutschland." In F. W.: *Gesammelte Werke*. Bd. 15. Berlin: Aufbau 1968, S. 341.

74. Johannes R. Becher: „Kenntnis und Aufrichtigkeit. Zu dem neuen Stück von Julius Hay ‚Der Putenhirt‘ [1940].“ In Barck: *Johannes R. Bechers Publizistik in der Sowjetunion 1935–1945*, S. 232.

75. Friedrich Wolf: „Das zeitgenössische Theater in Deutschland.“ In F. W.: *Gesammelte Werke*. Bd. 15. Berlin: Aufbau 1968, S. 341.

76. Gudrun Düwel: *Friedrich Wolf und Wsewolod Wischnewski*, S. 76 f.

77. Peter Wieden [d. i. Ernst Fischer]: „Einige Bemerkungen über die Zeitschrift IL.“ In: *Deutsche Zeitung* v. 22. 1. 1939.

78. Ernst Bloch und Hanns Eisler: „Die Kunst zu erben.“ In: *Marxismus und Literatur*. Bd. 2. Hrsg. v. Fritz J. Raddatz. Reinbek: Rowohlt 1969, S. 105 ff.

79. Johannes R. Becher: „Von den großen Prinzipien in unserer Literatur.“ In Barck: *Johannes R. Bechers Publizistik in der Sowjetunion 1935–1945*, S. 219.

80. Friedrich Wolf, in: *Sozialistische Realismuskonzeptionen*, S. 220–1.

81. Hermann Kesten: „Fünf Jahre nach unserer Abreise.“ In: *Verbannung*, S. 265: „Es gibt in dem Sinne, wie dieses Wort heute gebraucht wird, keine deutsche Emigrantenliteratur. Wo wäre das Kennzeichen einer solchen? Welches wäre das einigende Band? Was für … ästhetische … Interessen einte sie … ? Weder Hitler und seine Trabanten noch die ‚Emigranten‘ … noch ausländische Kritiker haben ja ein einziges gültiges und gemeinsames Prinzip der sogenannten ‚Emigrantenliteratur‘ aufzustellen vermocht.“

82. Laemmle: „Vorschläge für eine Revision der Exilforschung“, S. 518: „Müßte die Exilforschung nicht auch einmal sagen, daß das Exil bzw. das Erlebnis des Exils Texte qualitativ verändert hat und zwar in einem negativen Sinn?“

83. Hermann Kesten, in: *Klaus Mann zum Gedächtnis*. Amsterdam: Bermann-Fischer/Querido 1950, S. 85.

84. Wagner: „Exilliteratur – antifaschistische Literatur“, S. 125. Krenzlin: „Zur ästhetischen Wertung der antifaschistischen Literatur“, S. 130 ff.

85. Herbert Ihering: „Die neue Illusion.“ In: *Das Tagebuch* 16 v. 19. 4. 1930, S. 629.

86. Ernst Robert Curtius: *Deutscher Geist in Gefahr*. Stuttgart: Deutsche Verlags-Anstalt 1932.

87. Walter: „Emigrantenliteratur und deutsche Germanistik“, S. 316.

88. Johannes R. Becher: „Bericht über eine Reise nach Prag, Zürich und Paris (Oktober/November 1934).“ In: *Zur Tradition der sozialistischen Literatur in Deutschland*, S. 676.

89. Frank Trommler: „Emigration und Nachkriegsliteratur. Zum Problem der geschichtlichen Kontinuität.“ In: *Exil und innere Emigration*, S. 189.

90. A. a. O., S. 174.

5. Nachleben des Exils in der Bundesrepublik und in der Deutschen Demokratischen Republik

5. 1. Entwürfe für eine nachkriegsdeutsche Kultur und Literatur

1. Frank Trommler: „Der ‚Nullpunkt 1945‘ und seine Verbindlichkeit für die Literaturgeschichte.“ In: *Basis* 1 (1970), S. 9–25; Heinrich Vormweg: „Deutsche Literatur 1945–1960: Keine Stunde Null.“ In: *Die deutsche Literatur der Gegenwart*.

Aspekte und Tendenzen. Hrsg. v. Manfred Durzak. Stuttgart: Reclam 1971, S. 13–30; Dieter Lattmann: „Stationen einer literarischen Republik." In: *Die Literatur der Bundesrepublik Deutschland.* 2., neu durchges. Aufl. Zürich: Kindler 1973, S. 10 ff. Vgl. dagegen Wehdeking: *Der Nullpunkt.*

2. Thomas Mann: *Die Entstehung des Doktor Faustus.* O. O.: Fischer 1966, S. 43. (= Stockholmer Gesamtausgabe.)

3. Kurt R. Grossmann und Hans Jacob: „The German Exiles and the ‚German Problem‘." In: *Journal of Central European Affairs* 2/1944, S. 185.

4. Prince Hubertus zu Loewenstein: „Union Now with Germany." In: *American Mercury* 215/1941, S. 547 f.

5. „‚Free Germany‘ in USA." In: *Aufbau* 42 v. 15. 10. 1943, S. 1: „‚Die Alliierten haben eine dreifache Wahl für ein Nachkriegs-Deutschland‘, schreibt Albert C. Grzesinski in einem Artikel, den der ‚International News Service‘ verbreitet. Auf der einen Seite wäre ein militärisch-reaktionäres Regime mit *Schacht* und *Louis Ferdinand* als Fassade möglich, auf der anderen Seite ein kommunistisches mit Männern wie *Wilhelm Pieck* und *Walter Ulbricht* an der Spitze. Als Leiter einer dritten, demokratisch-republikanischen Gruppe, werden laut Grzesinski besonders genannt: *Thomas Mann, Heinrich Brüning* und *Otto Braun.*"

6. Am 1. April 1941 berichtete Thomas Mann anläßlich der Verleihung der Ehrendoktorwürde durch die University of California, Berkeley, an Agnes Meyer: „Da die Zeit drängte, wurden wir mit Polizei-Eskorte vom Flugplatz abgeholt ... Es war als wäre Hitler gestürzt, und ich würde als Präsident nach Deutschland geholt. Was wollen Sie, alles ist möglich ... "; zitiert nach Erich A. Frey: „Thomas Mann." In: *Deutsche Exilliteratur seit 1933.* Bd. I, T. 1, S. 477. Und noch einmal, am 17. 2. 1943, an dieselbe Adressatin: „Ein Los Angeles Paper schrieb neulich über mich: ‚Some months ago high government officials invited him to Washington as a consultant on German matters. (!) There is every reason to believe that when the Nazis collapse Th. M. will be the cultural and political leader of the new Germany.‘ – Eine schöne Konfusion!" (Th. M.: *Briefe 1937–1947.* O. O.: Fischer 1963, S. 299–300.) Dagegen heißt es wenige Wochen später, ebenfalls in einem Brief an Agnes Meyer: „Nur unter stärkstem Druck würde ich mich jemals dazu verstehen, eine politische Rolle zu spielen und mir dabei bewußt sein, das schwerste Opfer zu bringen"; zitiert nach Herbert Lehnert: „Bert Brecht und Thomas Mann im Streit über Deutschland." In: *Deutsche Exilliteratur seit 1933.* Bd. I, T. 1, S. 64. Vgl. auch Thomas Mann: *Die Entstehung des Doktor Faustus.* O. O.: Fischer 1966, S. 48. (= Stockholmer Gesamtausgabe.)

7. So heißt es in Thomas Manns „Bericht über meinen Bruder." In: *Neues Deutschland/Freies Deutschland* (Mexiko) 3–4/1946, S. 3: „Wäre in Deutschland beizeiten die rettende Revolution ausgebrochen, ihn hätte man zum Präsidenten der Zweiten Republik berufen müssen, ihn und keinen anderen."

8. Zitiert nach Herbert Lehnert: „Bert Brecht und Thomas Mann im Streit über Deutschland." In: *Deutsche Exilliteratur seit 1933.* Bd. I, T. 1, S. 79.

9. Alfred Döblin: *Briefe.* Olten: Walter 1970, S. 256.

10. Emil Ludwig: „Fourteen Rules for the American Occupation Officer in Germany." In: *Prevent World War III* 3/1944, S. 15–16; siehe auch *Freies Deutschland* (Mexiko) 12/1944, S. 4.

11. Radkau: *Die deutsche Emigration in den USA,* S. 191.

12. Emil Oprecht, Brief an Herbert Lang v. 18. 11. 1942; zitiert nach Stahlberger: *Der Zürcher Verleger Emil Oprecht*, S. 291.
13. H[einrich] G[eorg] Rietzel: „Wir müssen nicht untergehen!" In Hans Bauer/H. G. R.: *Von der eidgenössischen zur europäischen Föderation.* Zürich: Europa 1940, S. 139.
14. *Das Neue Tage-Buch* 29 v. 15. 7., S. 682–6; 31 v. 29. 7., S. 737–41; 32 v. 5. 8. 1939, S. 761–64.
15. *Deutsche Volkszeitung* v. 16. 4. 1939. (Nachdruck in Klaus Mann: *Heute und Morgen. Schriften zur Zeit.* München: Nymphenburger 1969, S. 240–44.)
16. Oskar Maria Graf: „Rede an die Schriftsteller." In: *Wort* 1/1939, S. 131.
17. *Freies Deutschland* (Mexiko) 8/1943, S. 25–6; 4/1945, S. 25–6 [!], 10/1945, S. 27; 11/1945, S. 13–5.
18. Wehdeking: *Der Nullpunkt*, S. 136.
19. Schon 1940 fragte sich der *Aufbau* in diesem Zusammenhang: „Die Führer der freiheitlichen Länder haben allen unterdrückten Völkern die Wiederherstellung ihrer Freiheit zugeschworen. Dem deutschen Volk nicht. Denn wo ist die Vertretung eines freiheitlichen Deutschland?" (46 v. 15. 11. 1940, S. 4). Thomas Mann berichtete im Herbst 1943 nach einer Unterredung mit dem Assistant Secretary of State, Adolf Berle, in Washington: „... von vornherein sprach ich starke Zweifel aus, ob das State Department irgendeiner Einrichtung geneigt sein werde, die auch nur entfernt einem deutschen Government in Exile ähnlich sähe" (Th. M.: *Die Entstehung des Doktor Faustus.* O. O.: Fischer 1966, S. 48 [= Stockholmer Gesamtausgabe.]).
20. Frederick Haussmann: „Europäische Schicksalsgemeinschaft." In: *Deutsche Blätter* 8/1944, S. 6, 8. Vgl. hierzu auch Erika u. Klaus Mann: *The Other Germany.* New York: Modern Age Books 1940, S. 288 ff.
21. Udo Rukser, Brief an Joseph Kaskell v. 11. 6. 1943; zitiert nach Vander Heide: *Deutsche Blätter*, S. 73.
22. Udo Rukser: „Neue Methoden!" In: *Deutsche Blätter* 10/1943, S. 13–15.
23. Anon.: „Wiedergeburt oder Untergang der Abendlandes? Grundsätzliches zu den Potsdamer Beschlüssen." A. a. O. 27/1945, S. 8 ff.
24. A. a. O., S. 12 und anon.: „Die Russen in Deutschland!" A. a. O. 7/1944, S. 1.
25. *Bulletin of the Council for a Democratic Germany* 4 v. 4. 2. 1945, S. 1 f.
26. Heinrich Mann: *Ein Zeitalter wird besichtigt.* Reinbek: Rowohlt 1976, S. 354. (= rororo, 1986.)
27. Bertolt Brecht: *Arbeitsjournal.* Bd. 2. Frankfurt: Suhrkamp 1973, S. 408.
28. Lion Feuchtwanger: „Die Zukunft Deutschlands." In: *Freies Deutschland* (Mexiko) 12/1944, S. 6–7.
29. Neben zahlreichen Briefstellen sind hier besonders Manns Radiobeiträge „Deutsche Hörer". In Th. M.: *Reden und Aufsätze.* Bd. 2. O. O.: Fischer 1965, S. 168–310 (= Stockholmer Gesamtausgabe.) (zuerst als Th. M.: *Deutsche Hörer. 25 Radiosendungen nach Deutschland.* Stockholm: Bermann-Fischer 1942), der Vortrag „Deutschland und die Deutschen". In Th. M.: *Reden und Aufsätze.* Bd. 2. O. O.: Fischer 1965, S. 313–35 und *Die Entstehung des Doktor Faustus.* O. O.: Fischer 1966 (= Stockholmer Gesamtausgabe.) anzuführen. Vgl. auch Herbert Lehnert: „Bert Brecht und Thomas Mann im Streit über Deutschland." In: *Deutsche Exilliteratur seit 1933.* Bd. I, T. 1, S. 68 ff. und Ehrhard Bahr:

„Goethe und Schiller in Hollywood: The Thomas Mann/Bertolt Brecht Contro-
versy and the German Question." Vortrag auf dem internationalen Symposium
„Thomas Mann in Exile in America", University of California, Los Angeles,
November 1975.

30. Thomas Mann, Brief an Hermann Kesten v. 17. 10. 1942. In: *Deutsche Literatur
im Exil*, S. 172.

31. Röder: *Die deutschen sozialistischen Exilgruppen in Großbritannien;* ders.:
„Deutschlandpläne der sozialdemokratischen Emigration in Großbritannien
1942–1945." In: *Vierteljahrshefte für Zeitgeschichte* 1/1969, S. 72–86.

32. Müssener: *Exil in Schweden;* Klaus Misgeld: *Die ‚Internationale Gruppe Demokratischer Sozialisten' in Stockholm 1942–1945. Zur sozialistischen Friedensdiskus-
sion während des Zweiten Weltkrieges.* Stockholm: Almqvist & Wiksell International 1976. (= Acta Universitatis Upsaliensis. Studia Historica Upsaliensia, 79.)

33. Wo überhaupt die Kulturpolitik gestreift wurde, wie in Otto Fridéns (d.i. Otto
Friedländer) *Tyskland efter Hitler.* Stockholm: Bonnier 1944, stand gewöhnlich
die Rückkehr zur Weimarer Kultur im Zentrum.

34. Alexander Stephan: „Zwischen Verbürgerlichung und Politisierung. Arbeiterlite-
ratur in der Weimarer Republik." In: *Handbuch zur deutschen Arbeiterliteratur.*
Bd. 1. Hrsg. v. Heinz Ludwig Arnold. München: edition text + kritik 1977,
S. 47 ff.

35. Paetel: „Zum Problem einer deutschen Exilregierung", S. 287.

36. In Mexiko, seit 1940 das zweite kommunistische Exilzentrum, waren der politischen und kulturellen Planung aufgrund der Entfernung zur Moskauer Zentrale
und der Isolierung der Exilanten enge Grenzen gesetzt: „Im Programm [des Lateinamerikanischen Komitees der Freien Deutschen, A. S.] dürfen die unmittelbaren Ziele, d.h. die bis zum Sturze Hitlers, detailliert sein. Darüber aber, wie das
kommende freie Deutschland aussehen soll, kann man heute, ohne der Entscheidung des deutschen Volkes vorzugreifen, nicht viel mehr sagen, als daß die kommende Ordnung ... demokratisch sein soll ..." (Ludwig Renn: „Ein Lateinameri-
kanisches Komitee der Freien Deutschen." In: *Freies Deutschland* [Mexiko]
3/1943, S. 31); vgl. dagegen die recht vielseitigen Deutschlandpläne der Bewegung
‚Freies Deutschland' für den Westen in Frankreich, dargestellt von Pech: *An der
Seite der Résistance*, S. 263–79.

37. Radkau: *Die deutsche Emigration in den USA*, S. 169.

38. Sebrow: „Deutsche Schriftsteller im Kampf gegen den Faschismus 1941/42".

39. Aus der umfangreichen Literatur zum NKFD können hier nur einige weiterfüh-
rende Titel genannt werden. Aus der BRD Alexander Fischer: *Sowjetische
Deutschlandpolitik im Zweiten Weltkrieg 1941–1945.* Stuttgart: Deutsche Verlags-
Anstalt 1975 (= Studien zur Zeitgeschichte.); Walther von Seydlitz: *Stalingrad.
Konflikt und Konsequenz. Erinnerungen.* Oldenburg: Stalling 1977; Bergmann:
Die Bewegung ‚Freies Deutschland' in der Schweiz 1943–1945; Gert Robel: *Die
deutschen Kriegsgefangenen in der Sowjetunion. Antifa.* Bielefeld: Gieseking 1974,
S. 59 ff. (= Zur Geschichte der deutschen Kriegsgefangenen des Zweiten Welt-
krieges, 8.); Horst Duhnke: *Die KPD von 1933 bis 1945.* Köln: Kiepenheuer &
Witsch 1972; *Verrat hinter Stacheldraht? Das Nationalkomitee ‚Freies Deutsch-
land' und der Bund Deutscher Offiziere in der Sowjetunion 1943–1945.* Hrsg. v.
Bodo Scheurig. München: Deutscher Taschenbuch Verlag 1965 (= dtv doku-

mente, 270.); Peter Straßner: *Verräter. Das Nationalkomitee ,Freies Deutschland'* – *Keimzelle der sogenannten DDR.* Siegburg: Cramer ²1963; Bodo Scheurig: *Freies Deutschland. Das Nationalkomitee und der Bund Deutscher Offiziere in der Sowjetunion 1943–1945.* 2., überarb. u. ergänz. Aufl. München: Nymphenburger, 1961; Paetel: „Das Nationalkomitee ,Freies Deutschland'." In der DDR entstanden Kießling: *Alemania Libre in Mexiko; Christen im Nationalkomitee ,Freies Deutschland'. Eine Dokumentation.* Hrsg. v. Klaus Drobisch. Berlin: Union 1973; Willy Wolff: *An der Seite der Roten Armee. Zum Wirken des Nationalkomitees ,Freies Deutschland' an der sowjetisch-deutschen Front 1943 bis 1945.* Berlin: Militärverlag 1973; Pech: *An der Seite der Résistance;* Erich Weinert: *Das Nationalkomitee ,Freies Deutschland' 1943–1945. Bericht über seine Tätigkeit und seine Auswirkung.* Berlin: Rütten & Loening 1957. Weitere bibliographische Angaben macht Kurt Klotzbach: *Bibliographie zur Geschichte der deutschen Arbeiterbewegung 1914–1945. Sozialdemokratie, Freie Gewerkschaften, Christlich-Soziale Bewegungen, Kommunistische Bewegung und linke Splittergruppen.* Bonn-Bad Godesberg: Neue Gesellschaft 1974, S. 245–54. (= Archiv für Sozialgeschichte, Beiheft 2.)

40. *Postwar Foreign Policy Preparation 1939–1945.* Washington, D.C., 1949, S. 558 ff. (= Department of State Publication. General Foreign Policy Series, 15.)

41. Daß sich das NKFD dabei auf bereits bestehende Thesen stützte, belegt etwa Ernst Fischers Rundfunkansprache vom 4. 12. 1942, „Der Ausweg", in der es heißt: *„Zurück in die Heimat,* mit allen Mitteln, mit ungeheurer Entschlossenheit ... das ist der Boden, auf dem die deutsche Nation ihr Recht, ihre Kraft und einen ehrenvollen Frieden findet" (*Internationale Literatur* 3/1943, S. 71). Vgl. auch Lothar Berthold: „Der Kampf gegen das Hitlerregime – der Kampf für ein neues demokratisches Deutschland." In: *Beiträge zur Geschichte der deutschen Arbeiterbewegung* 6/1964, S. 1013–7.

42. Johannes R. Becher: *Deutsche Sendung. Ein Ruf an die deutsche Nation.* Moskau: Verlag für fremdsprachige Literatur 1943; zitiert nach *Internationale Literatur* 5/1943, S. 78.

43. Johannes R. Becher: *Deutsche Lehre.* London: Free German League of Culture in Great Britain o. J. (= Hefte Deutscher Forschung.); zitiert nach *Internationale Literatur* 4/1943, S. 38.

44. Wolfgang Leonhard: *Die Revolution entläßt ihre Kinder.* Köln: Kiepenheuer & Witsch 1955, S. 293 ff.; Horst Duhnke: *Die KPD von 1933 bis 1945.* Köln: Kiepenheuer & Witsch 1972, S. 383 ff.; Alexander Fischer: *Sowjetische Deutschlandpolitik im Zweiten Weltkrieg 1941–1945.* Stuttgart: Deutsche Verlags-Anstalt 1975, S. 38–45, 53 und andere Quellen führen die neue Linie im NKFD vor allem auf das Scheitern geheimer sowjetisch-deutscher Kontaktversuche in Stockholm zurück.

45. Gleb Struve: *Geschichte der Sowjetliteratur.* München: Goldmann o. J., S. 413 ff. (= Goldmanns Gelbe Taschenbücher, 1395–7); Harold Swayze: *Political Control of Literature in the USSR, 1946–1959.* Cambridge: Harvard University Press 1962, S. 29 ff.

46. Wolff: *An der Seite der Roten Armee,* S. 81–93.

47. „Sowjetisch-tschechoslowakischer Vertrag." In: *Freies Deutschland* (Moskau) 23 v. 19. 12. 1943, S. 4; „Schritte zur Freiheit." A. a. O. 25 v. 18. 6. 1944, S. 4; Andreas

v. Kirschhofer: „Demokratische Agrarreform begründet ein neues Polen." A.a.O. 32 v. 6. 8. 1944, S. 3; „Die wahre Neuordnung Europas." A.a.O. 45 v. 5. 11. 1944, S. 3; Anton Ackermann: „Acht Länder – eine Lehre." A.a.O. 9 v. 25. 2. 1945, S. 3.

48. Nachdruck in *Geschichte der deutschen Arbeiterbewegung.* Bd. 5. Berlin: Dietz 1966, S. 597, 595. Obwohl die operative Leitung der KPD relativ unabhängig von der Moskauer Zentrale agierte und diese an Radikalität bisweilen übertraf, entspricht der Ton dieser Passage durchaus der Stimmung, die sich damals auch unter den Moskauer Exilanten breitzumachen begann (vgl. George Kennan/Hermann Weber: „Aus dem Kadermaterial der illegalen KPD 1943." In: *Vierteljahrshefte für Zeitgeschichte* 4/1972, S. 422–46).

49. Zitiert nach Horst Laschitza: *Kämpferische Demokratie gegen Faschismus. Die programmatische Vorbereitung auf die antifaschistisch-demokratische Umwälzung in Deutschland durch die Parteiführung der KPD.* Berlin: Deutscher Militärverlag 1969, S. 90.

50. Johannes R. Becher: „Bemerkungen zu unseren Kulturaufgaben." Abgedruckt in Karl-Heinz Schulmeister: *Zur Entstehung und Gründung des Kulturbundes zur demokratischen Erneuerung Deutschlands.* Berlin: Deutscher Kulturbund 1965, S. 135–7. (Teilnachdruck in *Sonntag* 5/1970, S. 8.)

51. Ernst Deuerlein: *Die Einheit Deutschlands.* Bd. 1. 2., durchges. u. erweit. Aufl. Frankfurt: Metzner 1961, S. 60–78; Hans-Günter Kowalski: „Die ,European Advisory Commission' als Instrument alliierter Deutschlandplanung 1943–1945." In: *Vierteljahrshefte für Zeitgeschichte* 3/1971, S. 261–93.

52. Da über die Beratungen der Kulturkommission wenig Material vorliegt, kann nicht mit Sicherheit gesagt werden, ob alle diese Entwürfe unter Bechers Leitung entstanden sind. Fest steht, daß sie die damalige Position der KPD repräsentieren.

53. Anton Ackermann: „Aktionsprogramm des Blockes der kämpferischen Demokratie." In Laschitza: *Kämpferische Demokratie,* S. 203.

54. A.a.O., S. 206–9.

55. *Weltbühne* 16 v. 19. 4. 1961, S. 501. Problematisch ist die Datierung von Bechers Vortrag. Die Redaktion der *Weltbühne* spricht reichlich unpräzise von „den letzten Kriegsjahren" (a.a.O., S. 497). Der *kürbiskern* 2/1975, S. 68 erwähnt anläßlich eines Neuabdrucks Ende 1944/Anfang 1945. Karl-Heinz Schulmeister: *Zur Entstehung und Gründung des Kulturbundes zur demokratischen Erneuerung Deutschlands.* Berlin: Deutscher Kulturbund 1965, S. 24 setzt Februar 1945 an. Die bislang wohl zuverlässigste Quelle bezieht sich auf einen Brief vom 25. 1. 1945, in dem Wilhelm Pieck Becher auffordert, „einen Vortrag zum Thema *Der Kampf um die politisch-moralische Vernichtung des Faschismus* ... auszuarbeiten" (Rolf Harder: *Studien zum Anteil Johannes R. Bechers an der Herausarbeitung der antifaschistischen demokratischen Kulturpolitik [1933–1945].* Unveröff. Diplomarbeit Berlin, 1974, S. vii; zitiert nach Barck: *Johannes R. Bechers Publizistik in der Sowjetunion 1935–1945,* S. 204).

56. Johannes R. Becher: „Zur Frage der politisch-moralischen Vernichtung des Faschismus." In: *Weltbühne* 17 v. 26. 4. 1961, S. 520–1.

57. Vgl. Kapitel 4. 2.

58. Johannes R. Becher: „Zur Frage der politisch-moralischen Vernichtung des Faschismus." In: *Weltbühne* 20 v. 17. 5. 1961, S. 630.

59. Abdruck in Laschitza: *Kämpferische Demokratie*, S. 224–8 und 238–47. Dazu kommt eine – bislang unveröffentlichte – Studie „Zur Klassentheorie des deutschen Faschismus", für die neben Becher Edwin Hoernle, Ernst Noffke und ein gewisser Schneider (Pseud.?) zeichneten.

60. A. a. O., S. 242.

61. A. a. O., S. 246.

62. Frei von ideologischem Ballast blieben allein Friedrich Wolfs „Vorschläge für den Film" vom 28. 2. 1945. Wolf scheint auch das einzige Mitglied der Kulturkommission gewesen zu sein, das weiterhin eine gesamtdeutsche Kulturpolitik dem Aufbau einer territorial begrenzten sozialistischen Kultur vorzog. Das Ergebnis ist ein Filmprogramm, das sich sehen lassen kann: Dokumentarfilme und Wochenschaumontagen aus der Sowjetunion stehen da neben der Brecht/Wexley/Lang-Verfilmung des Heydrich-Attentats in *Hangmen Also Die;* russische Spielfilme, zum Teil unter Mitarbeit von Exilanten gedreht, wie *Die Wiborger Seite* und *Tschapajew* werden durch den amerikanischen HJ-Film *Emil Bruckner* und die Hollywoodversion von Stuart Engstrånds *Norwegischer Frühling* ergänzt. „Das sind nur die bis Mitte 1944 uns hier bekannt gewordenen ausgesprochenen Antinazifilme, die Hollywood drehte; sie dürften inzwischen um viele neue Antinazifilme vermehrt sein. Jedenfalls vermag die amerikanische Produktion und Propaganda mit einer ganzen Reihe guter Antinazifilme in Deutschland anzutreten. Auch die sowjetische Filmproduktion ist dazu in der Lage, wenn das Nötige jetzt energisch in Angriff genommen wird" (a. a. O., S. 239–40).

63. Mit welcher Erleichterung man diese Entwicklung im NKFD aufnahm, belegt die Sonderseite, die das *Freie Deutschland* (Moskau) 11 Tage nach dem *Prawda*-Artikel brachte: „‚Die Hitler kommen und gehen, aber das deutsche Volk, der deutsche Staat bleibt'" (17 v. 25. 4. 1945, S. 3).

64. Zitiert nach Deuerlein: *Die Einheit Deutschlands.* Bd. 1. 2., durchges. u. erweit. Aufl. Frankfurt: Metzner 1961, S. 190.

65. *Geschichte der deutschen Arbeiterbewegung.* Bd. 5. Berlin: Dietz 1966, S. 420f.

66. Karl-Heinz Schulmeister: *Zur Entstehung und Gründung des Kulturbundes zur demokratischen Erneuerung Deutschlands.* Berlin: Deutscher Kulturbund 1965, S. 138–40 zieht durch Zitatgegenüberstellungen einen „Vergleich des Inhalts der kulturpolitischen Schriften Johannes R. Bechers aus den Jahren 1943/44 mit dem Programm und den Leitsätzen des Kulturbundes 1945".

67. Hansjörg Gehring: *Amerikanische Literaturpolitik in Deutschland 1945–1953. Ein Aspekt des Re-Education-Programms.* Stuttgart: Deutsche Verlags-Anstalt 1976. (= Schriftenreihe der Vierteljahrshefte für Zeitgeschichte, 32.)

68. Karl-Heinz Schulmeister: *Zur Entstehung und Gründung des Kulturbundes zur demokratischen Erneuerung Deutschlands.* Berlin: Deutscher Kulturbund 1965, S. 46ff., 77ff.; ders.: *Auf dem Wege zu einer neuen Kultur. Der Kulturbund in den Jahren 1945–1949.* Berlin: Dietz 1977, S. 169ff.

69. Kapitel 5.1 ist in veränderter Form zuerst in *Basis* 7 (1977) erschienen. Jost Hermand sei für die Erlaubnis zum Nachdruck gedankt.

5. 2. Nachleben des Exils in West und Ost

1. Friedrich Luft: „Prolog, im Februar 1946 gesprochen." In F.L.: *Stimme der Kritik. Berliner Theater seit 1945.* Velber: Friedrich 1965, S. 10.

2. Edward C. Breitenkamp: *The U.S. Information Control Division and Its Effect on German Publishers and Writers 1945 to 1949.* Grand Forks: Breitenkamp 1953, S. 40.

3. Hans Jahn: „Heimkehr der Emigranten." In: *Das Andere Deutschland* 9/1945, S. 4.

4. Arnold/Walter: „Die Exil-Literatur und ihre Erforschung", S. 507. Andere Quellen sprechen von über 80% Exilanten, die zu Emigranten wurden (Walter A. Berendsohn: „Neues Vorwort des Verfassers." In W. A. B.: *Die humanistische Front.* T. 2, S. xi; ders.: „Die deutsche Literatur der Flüchtlinge aus dem Dritten Reich und ihre Hintergründe", S. 1).

5. Paul Merker: „Rückkehr in das befreite Deutschland." In: *Vereint sind wir alles. Erinnerungen an die Gründung der SED.* Berlin: Dietz 1966, S. 149. Vgl. auch Ludwig Renn: „Nach Hause mit Hindernissen." In: *Sinn und Form* 6/1977, S. 1158–94.

6. Bruno Frei: *Der Papiersäbel. Autobiographie.* Frankfurt: Fischer 1972, S. 261–71.

7. Herbert A. Strauss u. Leonard Liggio: „Einwanderung und Radikalismus in der politischen Kultur der Vereinigten Staaten von Amerika." In: *Deutsche Exilliteratur seit 1933.* Bd. I, T. 1, S. 187.

8. Müssener: *Exil in Schweden,* S. 101.

9. Lion Feuchtwanger: „Nachwort des Autors 1939." In L. F.: *Exil.* Berlin: Aufbau 1964, S. 779. (= Gesammelte Werke in Einzelausgaben, 12.)

10. Diese Statistik folgt – leicht verändert – dem „Vorwort" zu Bd. I, T. 2 von *Deutsche Exilliteratur seit 1933,* S. VII. In diesen Zusammenhang gehört auch der „Fall" eines weiteren ‚Südkaliforniers': Walter Wicclair (W. W.: *Von Kreuzburg bis Hollywood.* Berlin: Henschel 1975, S. 217 ff.).

11. Alfred Döblin: „Tage des Exils, 1935 und 1953." In: *Akzente* 6/1973, S. 556–9; Minder: „Begegnungen mit Alfred Döblin in Frankreich."

12. Frank Thieß: „Abschied von Thomas Mann." In: *Deutsche Literatur im Exil 1933–1945.* Bd. I, S. 257.

13. Alfred Kantorowicz: „Deutsche Schriftsteller im Exil." In: *Ost und West* 4/1947; zitiert nach ‚*Als der Krieg zu Ende war'. Literarisch-politische Publizistik 1945–1950.* Hrsg. v. Gerhard Hay, Hartmut Rambaldo u. Joachim W. Storck. Stuttgart: Klett 1973, S. 223. (= Sonderausstellungen des Schiller-Nationalmuseums, Katalog, 23.)

14. Hermann Kesten: „Die gevierteilte Literatur." In H. K.: *Der Geist der Unruhe. Literarische Streifzüge.* Köln: Kiepenheuer & Witsch 1959, S. 121.

15. Oskar Maria Graf: „Warum ich nicht nach Deutschland zurückkehre." In: *Ich lebe nicht in der Bundesrepublik.* Hrsg. v. Hermann Kesten. München: List 1963, S. 61. (= List Taschenbücher, 256.)

16. Kurt Pinthus: „Wohlmeinender Besucher." A.a.O., S. 133.

17. Erich Fried: „Ein Versuch, Farbe zu bekennen." A.a.O., S. 46.

18. Hans Sahl: „Gast in fremden Kulturen." A.a.O., S. 144.

19. Karl-Heinz Schulmeister: *Auf dem Wege zu einer neuen Kultur. Der Kulturbund in den Jahren 1945–1949.* Berlin: Dietz 1977, S. 41 ff.

20. Klaus Mann: *Der Wendepunkt. Ein Lebensbericht.* O.O.: Fischer 1952, S. 514 ff. Zwei Jahre später scheint dann allerdings auch Klaus Mann Probleme mit der Reisegenehmigung für Deutschland gehabt zu haben: „Was macht Ihr deutscher Nachkriegs-Roman?" schrieb er am 1. 8. 1947 an Hermann Kesten. „Ich habe den meinen noch immer nicht angefangen, weil ich bis jetzt noch nicht wieder ins Nachkriegsdeutschland durfte. Irgend jemand traut mir nicht in Washington. Ich muß zum Katholizismus übertreten, sonst darf ich nicht nach Berlin" (*Deutsche Literatur im Exil*, S. 254).

21. Ernst Lothar: *Das Wunder des Überlebens. Erinnerungen und Ergebnisse.* Wien: Zsolnay o. J., S. 294 ff.

22. Carl Zuckmayer: *Als wär's ein Stück von mir. Horen der Freundschaft.* O.O.: Fischer 1966, S. 461.

23. Heinrich Fraenkel: *Lebewohl, Deutschland.* Hannover: Verlag für Literatur und Zeitgeschehen 1960, S. 78 ff.

24. Willy Brandt: *Mein Weg nach Berlin.* München: Kindler 1960, S. 231.

25. Hans Habe: *Im Jahre Null: Ein Beitrag zur Geschichte der deutschen Presse.* München: Desch 1966.

26. Lehmann: *In Acht und Bann*, S. 162.

27. Frank Trommler: *Sozialistische Literatur in Deutschland. Ein historischer Überblick.* Stuttgart: Kröner 1976, S. 686. (= Kröners Taschenausgabe, 434.)

28. Die „Determinanten der westdeutschen Restauration" allein auf den Gegensatz amerikanische Machtpolitik – sowjetisches Sicherheitsbedürfnis zurückzuführen, heißt dagegen, über das Klassenziel hinausschießen (Ernst-Ulrich Huster, Gerhard Kraiker, Burkhard Scherer, Friedrich-Karl Schlotmann, Marianne Welteke: *Determinanten der westdeutschen Restauration 1945–1949.* Frankfurt: Suhrkamp 1972, S. 21 [= edition suhrkamp, 575.]).

29. Zitiert nach Roloff: *Exil und Exilliteratur*, S. 249.

30. Zitiert nach Müssener: *Exil in Schweden*, S. 102.

31. Roloff: *Exil und Exilliteratur*, S. 130 ff. Vgl. auch *Freies Deutschland* (Mexiko) 12/1945, S. 2 u. *Freies Deutschland/Neues Deutschland* (Mexiko) 5/1946, S. 2.

32. Lehmann: *In Acht und Bann*, S. 240.

33. Frank Trommler: „Nachkriegsliteratur – eine neue deutsche Literatur?" In: *Literaturmagazin* 7 (1977), S. 179. (= das neue buch, 87.)

34. Lehmann: *In Acht und Bann*, S. 240.

35. Karl Wolfskehl, Brief an Kurt v. 13. 9. 1946. In K. W.: *Zehn Jahre Exil. Briefe aus Neuseeland 1938–1948.* Heidelberg: Lambert Schneider 1959, S. 286. (= Veröffentlichungen der Deutschen Akademie für Sprache und Dichtung, 13.)

36. Lehmann: *In Acht und Bann*, S. 163.

37. *Spiegel* 41 v. 4. 10. 1976, S. 77.

38. Gehring: *Amerikanische Literaturpolitik in Deutschland 1945–1953*, S. 40. Eine von Gerhard Hay in *Zur literarischen Situation 1945–1949.* Kronberg: Athenäum 1977 (= Athenäum-Taschenbücher. Literaturwissenschaft, 2117.) abgedruckte Seminararbeit übernimmt diese Passage verbaliter aus Gehrings Druckfahnen – ohne Quellenangabe (Bernhard Adam u. Dieter Müller: „Amerikanische Literaturpolitik und Literatur," S. 152 f.).

39. Gehring: *Amerikanische Literaturpolitik in Deutschland*, S. 58. Da die sowjetzonalen Verlage sich anfangs weniger um Fragen des Copyrights sorgten, gewannen

sie bei der Produktion progressiver bürgerlicher Literatur zusätzlich an Vorsprung.

40. Aus derselben Richtung blies der Wind schon 1944, als der linkslastige *German American* in den POW-Lagern der Amerikaner verboten wurde: „The Office of Censorship expresses the feeling that the extreme anti-Nazi views expressed in your publication might be more misunderstood than helpful to German prisoners in this country ...“; zitiert nach Cazden: *German Exile Literature in America 1933–1950*, S. 123.

41. Zitiert nach Gehring: *Amerikanische Literaturpolitik in Deutschland*, S. 49.

42. A. a. O., S. 56.

43. Zitiert nach *Theater in der Zeitenwende. Zur Geschichte des Dramas und des Schauspieltheaters in der Deutschen Demokratischen Republik 1945–1968*. Bd. 1. Berlin: Henschel 1972, S. 31.

44. Wilhelm Pieck: „Um die Erneuerung der deutschen Kultur. Rede auf der Ersten Zentralen Kulturtagung der KPD in Berlin am 3. Februar 1946.“ In W. P.: *Reden und Aufsätze. Auswahl aus den Jahren 1908–1950*. Bd. 2. Berlin: Dietz 1950, S. 46.

45. Edward C. Breitenkamp: *The U.S. Information Control Division and Its Effect on German Publishers and Writers 1945 to 1949*. Grand Forks: Breitenkamp 1953, S. 11 ff.

46. Anonyme Rezensionen v. 29. 11. bzw. 19. 12. 1945; zitiert nach Roloff: *Exil und Exilliteratur*, S. 190, 191.

47. Magda Gilles-Dumoulin: „Wohin führt der Weg der städtischen Bühnen?“ In: *Kölnische Rundschau* v. 13. 12. 1946; zitiert a. a. O., S. 203.

48. Hans Ulrich Eylau: „Im Trommelfeuer der Kulturen.“ In: *Tägliche Rundschau* v. 1. 12. 1946; zitiert a. a. O., S. 167 (meine Hervorhebung, A. S.).

49. A. a. O., S. 173 ff.

50. *Theater in der Zeitenwende. Zur Geschichte des Dramas und des Schauspieltheaters in der Deutschen Demokratischen Republik 1945–1968*. Bd. 1. Berlin: Henschel 1972, S. 61 f. (vgl. dagegen die Angabe auf S. 103).

51. Wolfgang Harich in *Tägliche Rundschau* v. 17. 7. 1948; zitiert nach Roloff: *Exil und Exilliteratur*, S. 206.

52. A. a. O., S. 213.

53. Georg Heintz: „Vorwort des Herausgebers.“ A. a. O., S. X.

54. Klaus Völker: *Brecht-Chronik. Daten zu Leben und Werk*. München: Hanser 1971, S. 126. (= Reihe Hanser, 74.)

55. Alfred Döblin, Brief an Hermann Kesten v. 3. 12. 1948. In: *Deutsche Literatur im Exil*, S. 287.

56. A. a. O., S. 286 f.

57. *Ich lebe nicht in der Bundesrepublik*. Hrsg. v. Hermann Kesten. München: List 1963, S. 127. (= List Taschenbücher, 256.)

58. Johannes R. Becher: *Auf andere Art so große Hoffnung. Tagebuch 1950. Eintragungen 1951*. Berlin: Aufbau 1969, S. 742.

59. Thomas Mann: „Schicksal und Aufgabe.“ In Th. M.: *Reden und Aufsätze*. Bd. 4. O. O.: Fischer 1960, S. 928–9. (= Gesammelte Werke, 12.)

60. Thomas Mann: „Ansprache im Goethejahr 1949.“ A. a. O. Bd. 3, S. 488. (= Gesammelte Werke, 11.)

61. Thomas Mann, Brief an die Redaktion des *Sonntag* v. 19. 2. 1955. In Th. M.:

Briefe 1948–1955 und Nachlese. O. O.: Fischer 1965, S. 380. Dieselben Worte finden sich an verschiedenen Stellen der Rede „Versuch über Schiller".

62. Frank Thieß, Brief an Johannes R. Becher v. 20. 3. 1946. In: *Die große Kontroverse. Ein Briefwechsel um Deutschland.* Hrsg. v. J. F. G. Grosser. Hamburg: Nagel 1963, S. 106–7.

63. Roloff: *Exil und Exilliteratur,* S. 158. Wenn Gerhard Roloff bei 6855 Texteinheiten, die zwischen 1945 und 1949 „entweder aus der Feder von Emigranten selbst stammen, oder in den Zusammenhang der Berichterstattung über die Emigration und ihre kulturelle Leistung gehören", eine von jährlich 358 auf 2349 Artikel ansteigende Linie feststellt, verzerrt das dagegen die Tatsachen, da 1948/49 kaum einer der meistgenannten Autoren (Thomas Mann, Becher, Brecht) noch als Exilant auftrat (a.a.O., S. 57f.). Roloff hat das an anderer Stelle selbst revidiert: „Läßt man die hohen und stark schwankenden Ziffern für Thomas Mann außer Betracht, so ist eine generell abfallende Tendenz [der Nennungen für die zweiten bis zwölften Autoren der ‚Rangliste', A. S.] zu beobachten" (S. 76).

64. Walter Ulbricht: „Zweijahrplan und Kulturarbeit. Aus der Rede auf der Arbeitstagung der Kulturarbeiter der SED" (7. 9. 1948). In W. U.: *Zur Geschichte der deutschen Arbeiterbewegung. Aus Reden und Aufsätzen.* Bd. 3. Berlin: Dietz 1971, S. 576; vgl. auch ders.: „Der Künstler im Zweijahrplan. Diskussionsrede auf der Arbeitstagung der SED-Schriftsteller und Künstler 2. 9. 1948." In W. U.: *Zur Geschichte der deutschen Arbeiterbewegung.* Berlin: Dietz 1954, S. 312 f.

65. Kurt Desch, Brief an Emil Oprecht v. 11. 6. 1947. In Berendsohn: *Die humanistische Front.* T. 2, S. 229–30.

66. Vgl. Hugo Dittberner: *Heinrich Mann. Eine kritische Einführung in die Forschung.* Frankfurt: Athenäum Fischer 1974, S. 9–14, S. 205–10 (= Fischer Athenäum Taschenbücher, 2053.) und die dort angeführte Sekundärliteratur sowie Werner Herden: „Anmerkungen zur Heinrich-Mann-Rezeption in der BRD." In: *Weimarer Beiträge* 8/1974, S. 144–55 und Deborah J. Engländer: „Heinrich Mann in East and West. A ‚Forschungsbericht'." In: *German Life & Letters* 2/1975, S. 97–107.

67. Walter: „Nachwort." In Graf: *Reise in die Sowjetunion,* S. 229 f.

68. Hans-Albert Walter: „Alfred Döblin – Wege und Irrwege. Hinweise auf ein Werk und eine Edition." In: *Frankfurter Hefte* 12/1964, S. 866–78.

69. Walter Jens: „Völkische Literaturbetrachtung – heute." In: *Bestandsaufnahme. Eine deutsche Bilanz 1962. Sechsunddreißig Beiträge deutscher Wissenschaftler, Schriftsteller und Publizisten.* Hrsg. v. Hans Werner Richter. München: Desch 1962, S. 346 gibt mit Bezug auf die von Heinz Otto Burger herausgegebenen *Annalen der deutschen Literatur.* Stuttgart: Metzler 1952 folgende Statistik: „9 Zeilen für Musil, aber 192 für Paul Ernst; 5 Zeilen für Hermann Broch und 80 für Wiechert, keine Zeile für Joseph Roth und für Kolbenheyer 100; 23 Zeilen für Brecht und 55 für Wilhelm von Scholz, 2 Zeilen für Karl Kraus, und für Tucholsky keine einzige!" Vgl. auch Ernst Loewy: *Literatur unterm Hakenkreuz. Das Dritte Reich und seine Dichtung.* Frankfurt: Europäische Verlagsanstalt 1966, S. 309 ff.

70. Zitiert nach *Versäumte Lektionen. Entwurf eines Lesebuchs.* Hrsg. v. Peter Glotz u. Wolfgang Langenbucher. Gütersloh: Mohn 1965, S. 12. Vgl. auch Gerlinde Braun: „Exilliteratur und bayerische Lehrpläne." In: *kürbiskern* 2/1975, S. 88–90

und die Skizze von Johann Holzner zur „Exilliteratur im österreichischen Schulbuch." Vortrag auf dem Internationalen Symposium zur Erforschung des österreichischen Exils von 1934–1945, Wien, Juni 1975.

71. „Bis zu mir reichende Wirkungen." In: *Akzente* 5/1969, S. 403.

72. Stern, Wartenberg: „Flucht und Exil", S. 113.

73. A.a.o., S. 121.

74. Vgl. auch Guy Stern: „Über das Fortleben des Exilromans in den sechziger Jahren." In: *Revolte und Experiment. Die Literatur der sechziger Jahre in Ost und West*. Hrsg. v. Wolfgang Paulsen. Heidelberg: Stiehm 1972, S. 165–85.

75. Hans Sahl: *Wir sind die Letzten*. Heidelberg: Lambert Schneider 1976, S. 13. (= Veröffentlichungen der Deutschen Akademie für Sprache und Dichtung, 50.)

76. Hans Dieter Schäfer: „Zur Periodisierung der deutschen Literatur seit 1930." In: *Literaturmagazin* 7 (1977), S. 96–7 (= das neue buch, 87.): „Zweifellos verstärkten die Schrecken der Diktatur, die Not der Ausbürgerung und des Krieges die Restauration, doch die Krise von 1930 ist – übrigens auch international – das entscheidende Ereignis, das der antimodernen Bewegung die Bahn öffnete." Trommler: „Nachkriegsliteratur – eine neue deutsche Literatur?", S. 183–4: „Was nach 1945 geschah, ist nicht ohne das zu denken, was sich vor 1945 ausprägte; die in der Weltwirtschaftskrise um 1930 einsetzende Entwicklung kam erst um 1960/65 zu einem Abschluß ... Die literarisch-ästhetische Restauration zwischen den dreißiger und den fünfziger Jahren war nicht auf Mitteleuropa beschränkt." Ders.: „Emigration und Nachkriegsliteratur. Zum Problem der geschichtlichen Kontinuität." In: *Exil und innere Emigration*, S. 173–97.

77. Die Frage der Vergangenheitsbewältigung ist in der DDR erst in jüngster Zeit wieder ins Gespräch gekommen mit Prosaarbeiten von Helga Schütz (*Vorgeschichten oder Schöne Gegend Probstein*), Christa Wolf (*Kindheitsmuster*) und Hermann Kant (*Der Aufenthalt*). „Ein wenig stört mich", meinte Christa Wolf dazu, „daß viele unserer Bücher über diese Zeit enden mit Helden, die sich schnell wandeln, mit Helden, die eigentlich schon während des Faschismus zu ziemlich bedeutenden und richtigen Einsichten kommen, politisch, menschlich ... Ich glaube nicht, daß wir die Zeit des Faschismus in diesem Sinne ‚bewältigt' haben ... Ich spreche jetzt von einer anderen Art der Bewältigung: der Auseinandersetzung des einzelnen mit seiner ganz persönlichen Vergangenheit ..." („Diskussion mit Christa Wolf." In: *Sinn und Form* 4/1976, S. 861, 865).

78. Vergleiche z.B. die Arbeit von Karl G. Esselborn: *Gesellschaftskritische Literatur nach 1945. Politische Resignation und konservative Kulturkritik, besonders am Beispiel Hans Erich Nossacks*. München: Fink 1977.

79. Walter: *Deutsche Exilliteratur 1933–1950*. Bd. 1, S. 12.

Bibliographie

Die Bibliographie führt wichtige Arbeiten zum Exil an – unabhängig davon, ob sie im Text zitiert sind oder nicht. Untersuchungen zu einzelnen Exilautoren und Exilwerken werden in Auswahl aufgenommen, ebenso Rückblicke, Würdigungen und Aufsätze aus den ersten beiden Nachkriegsjahrzehnten. Sammelbände zum Exil sind nicht nach Einzelbeiträgen aufgeschlüsselt; Zeitungsartikel, Anthologien sowie Vor- und Nachworte nur in Ausnahmefällen nachgewiesen.

Los Angeles, im Herbst 1978

Ahn, Sam-Huan: *Exilliterarische Aspekte in Thomas Manns Roman ‚Doktor Faustus‘*. Phil. Diss. Bonn, 1975.

Ahrens, Ursula: „Bericht über Alexander Granachs sowjetische Exiljahre 1935–37. Aus Briefen im Archiv der Westberliner Akademie der Künste erstellt." In: *europäische ideen* 14/15 (1976), S. 127–30.

Aktionen Bekenntnisse Perspektiven. Berichte und Dokumente vom Kampf um die Freiheit des literarischen Schaffens in der Weimarer Republik. Berlin: Aufbau 1966.

„Zur Aktualität der Literatur des Exils. Gespräch der Redaktion mit Dr. Sigrid Bock, Professor Dr. Klaus Jarmatz, Professor Dr. Horst Haase, Professor Dr. Dieter Schiller und Dr. Fritz-Georg Voigt." In: *Weimarer Beiträge* 4/1975, S. 16–40.

Alan, Clarke: *Die Rolle des Theaters des ‚Freien Deutschen Kulturbundes in Großbritannien‘ im Kampf gegen den deutschen Faschismus 1938–1947. Ein Beitrag zur Untersuchung des deutschen antifaschistischen Exiltheaters*. Phil. Diss. Berlin, 1972.

Albrecht, Friedrich: „Eine literarische Zeitschrift im Dienst der antifaschistischen Einheitsfront." In: *Neue Deutsche Blätter* (Reprint). Berlin: Rütten & Loening 1975, S. III–XXII.

Albrechtová, Gertruda: *Die Tschechoslowakei als Asyl der deutschen antifaschistischen Literatur*. Phil. Diss. Prag, 1960.

–: „K otázke tlače nemeckej protifašistickej emigrácie v Československu v rokoch 1933–1938/39." In: *Otázky novinárstva* (1961), S. 177–201.

–: „Probleme der deutschen antifaschistischen Emigrationsliteratur." In: *Výskumný ústav pedagogický v Bratislave*. Bratislav: Slovenské pedagogické nakl. 1962, S. 33–71.

–: „Zur Frage der deutschen antifaschistischen Emigrationsliteratur im tschechoslowakischen Asyl." In: *Historica* 8 (1964), S. 177–233.

Anders, Günther: „Der Emigrant." In: *Merkur* 7/1962, S. 601–22.

Antifaschistische Literatur. Programme Autoren Werke. 2 Bde. Hrsg. v. Lutz Winkler. Kronberg: Scriptor 1977. (= Literatur im historischen Prozeß, 10, 11.)

Arnold, Heinz Ludwig u. Hans-Albert Walter: „Die Exil-Literatur und ihre Erforschung. Ein Gespräch." In: *Akzente* 6/1973, S. 481–508.

Ash, Adrienne: *German Poetry in Exile 1933–1945*. Phil. Diss. Austin, 1971.

Auer, Manfred: *Das Exil vor der Vertreibung. Motivkontinuität und Quellenproblematik im späten Werk Alfred Döblins*. Bonn: Bouvier 1977. (= Abhandlungen zur Kunst-, Musik- und Literaturwissenschaft, 254). (Zuerst Phil. Diss. Bonn, 1977.)

Aufbau. Reconstruction. Dokumente einer Kultur im Exil. Hrsg. v. Will Schaber. Köln: Kiepenheuer & Witsch 1972.

Auszug des Geistes. Bericht über eine Sendereihe. Bremen: Heye 1962. (= Bremer Beiträge, 4.)

Bahr, Ehrhard: „Exilforschung an der University of California, Los Angeles (UCLA)." In: *Jahrbuch für Internationale Germanistik* 2 (1974), S. 125–8.

Bander, Carol Jean: *The Reception of Exiled German Writers in the Nazi and Conservative German-Language Press of California: 1933–1950.* Phil. Diss. Los Angeles, 1972.

Barck, Simone: „Nicht nur Exilland – sondern ‚Heimat für die Heimat'. Zu einigen Aspekten antifaschistischer Aktivität deutscher sozialistischer Schriftsteller in der Sowjetunion." In: *Verteidigung der Menschheit*, S. 339–48.

–: *Johannes R. Bechers Publizistik in der Sowjetunion 1935–1945.* Berlin: Akademie 1976. (= Literatur und Gesellschaft.)

Baumgart, Hans: *Der Kampf der sozialistischen deutschen Schriftsteller gegen den Faschismus 1933–1935.* Phil. Diss. Berlin, 1962.

Baxandall, Lee: „Brecht in America, 1935." In: *The Drama Review* 1/1967, S. 69–87.

Beck, Miroslav: „Krise der Exilforschung?" In: *Weltbühne* 21 v. 27. 5. 1975, S. 647–50.

Beck, M[iroslav], G[abriela] Ducháčková, K[věta] Hyršlová u. J[iří] Veselý: „Zur Frage der deutschen antifaschistischen Emigration in der ČSR 1933–1939." In: *Philologica pragensia* 1/1975, S. 4–24.

Begegnung und Bündnis. Sowjetische und deutsche Literatur. Historische und theoretische Aspekte ihrer Beziehungen. Hrsg. v. Gerhard Ziegengeist. Berlin: Akademie 1972.

Bell, Robert Fred: „German Exile Literature in the Undergraduate Curriculum." In: *Unterrichtspraxis* 1/1974, S. 38–48.

Bender, Hans: „Das Maß verehren, den Wert verteidigen. Thomas Mann und seine Zeitschrift ‚Maß und Wert'." In: *Weltwoche* v. 18. 6. 1965.

Benjamin, Uri: „Der Antiquar und die Exilliteratur oder: Der noch unentdeckte Anteil des Buchhandels am Aufbau der seltenen Sammlungen." In: *Börsenblatt für den Deutschen Buchhandel* (Frankfurt) 49 v. 19. 6. 1970, S. A 82–4. (= Beilage „Aus dem Antiquariat".)

–: „Buchhändler in der Emigration. Eine Anregung zur Forschung." In: *Börsenblatt für den Deutschen Buchhandel* (Frankfurt) 97 v. 7. 12. u. 99 v. 14. 12. 1971, S. 2904–6, 2908 u. 2940–3.

–: „Die Rolle der Emigration als Brücke zwischen Kulturen." In: *Börsenblatt für den Deutschen Buchhandel* (Frankfurt) 25 v. 28. 3. 1972, S. 585–9.

–: „Die Rettung der emigrierten Literatur." In: *Börsenblatt für den Deutschen Buchhandel* (Frankfurt) 33 v. 25. 4. 1972, S. 795–8.

–: „Palästina und die literarische Emigration." In: *Israel-Forum* 3/1973, S. 56–7.

Berendsohn, Walter A.: *Die humanistische Front. Einführung in die deutsche Emigranten-Literatur.* T. 1. Zürich: Europa 1946; T. 2 Worms: Heintz 1976. (= Deutsches Exil 1933–45. Eine Schriftenreihe, 6.)

–: „Probleme der Emigration aus dem Dritten Reich." In: *Aus Politik und Zeitgeschichte* v. 6. 8., S. 497–512 u. 15. 8. 1956, S. 513–26. (= Beilage zu *Das Parlament.*)

–: „Emigrantenliteratur 1933–47." In: *Reallexikon der deutschen Literaturgeschichte.* Bd. 1. Hrsg. v. Werner Kohlschmidt u. Wolfgang Mohr. Berlin: de Gruyter ²1958, S. 336–43.

–: „Die deutsche Literatur der Flüchtlinge aus dem Dritten Reich und ihre Hintergründe." In: *Colloquia Germanica* 1/2 (1971), S. 1–156.

–: „Die Massenflucht aus dem Dritten Reich und ihre Literatur. Probleme und Aufgaben künftiger Forschung." In W. A. B.: *Aufsätze und Rezensionen.* Stockholm: Stockholmer Koordinationsstelle zur Erforschung der deutschsprachigen Exil-Literatur 1975. (= Veröffentlichungen der Stockholmer Koordinationsstelle zur Erforschung der deutschsprachigen Exil-Literatur, 17.)

Berglund, Gisela: *Deutsche Opposition gegen Hitler in Presse und Roman des Exils. Eine Darstellung und ein Vergleich mit der historischen Wirklichkeit.* Stockholm: Almqvist & Wiksell o. J. (1972). (= Acta Universitatis Stockholmiensis. Stockholmer Germanistische Forschungen, 11.) (Zuerst Phil. Diss. Stockholm, 1968.)

–: „„, ... Wann wird es bei unseren Nachbarn tagen? ...' Will Vespers ‚Neue Literatur' über den Erfolg der Exilliteratur im Ausland." In: *Impulse. Dank an Gustav Korlén zu seinem 60. Geburtstag, dargebracht von Kollegen, Schülern und anderen Freunden.* Hrsg. v. Helmut Müssener u. Hans Rossipal. Stockholm: Deutsches Institut der Universität Stockholm 1975, S. 31–58.

Bergmann, Karl Hans: *Die Bewegung ‚Freies Deutschland' in der Schweiz 1943–1945.* O. O.: Hanser 1974.

Berichte I–X. Stockholmer Koordinationsstelle zur Erforschung der deutschsprachigen Exil-Literatur. Hrsg. v. Deutschen Institut der Universität Stockholm (Helmut Müssener). Stockholm: Deutsches Institut 1970–1975.

Bernard, Charlotte: „Deutsche Exilliteratur in der BRD-Forschung." In: *kürbiskern* 2/1975, S. 91–100.

Berthold, Werner: „Die Sondersammlung Exil-Literatur 1933–1945." In: *Die Deutsche Bibliothek 1945–1965. Festgabe für Hanns Wilhelm Eppelsheimer zum 75. Geburtstag.* Hrsg. v. Kurt Köster. Frankfurt: Klostermann 1966, S. 136–48. (= Zeitschrift für Bibliothekswesen und Bibliographie, Sonderheft 3.)

–: „Literatur im Exil. 2. Internationales Symposium zur Erforschung des deutschsprachigen Exils nach 1933." In: *Börsenblatt für den Deutschen Buchhandel* (Frankfurt) 95 v. 28. 11. 1972, S. 2735–8, 2740.

–: „Exil-Literatur der Jahre 1933–1945 in der Deutschen Bibliothek, Frankfurt/Main. Hans (!) W. Eppelsheimers ‚Emigrantenbibliothek' in ihrem 25. Jahr." In: *Jahrbuch für Internationale Germanistik* 2 (1974), S. 108–24.

–: „Neues aus der Exilforschung. Exilforschung – Schwerpunktprogramm der Deutschen Forschungsgemeinschaft." In: *Börsenblatt für den Deutschen Buchhandel* (Frankfurt) 54 v. 9. 7. 1974, S. 1158–61.

–: „Krise der Exilforschung?" In: *Börsenblatt für den Deutschen Buchhandel* (Frankfurt) 39 v. 16. 5. 1975, S. 662–4, 666.

–: „Der deutsche PEN-Club im Exil 1933–1940. Bericht aus ungedruckten Materialien der Deutschen Bibliothek." In: *Bibliothek, Buch, Geschichte. Kurt Köster zum 65. Geburtstag.* Hrsg. v. Günther Pflug, Brita Eckert u. Heinz Friesenhahn. Frankfurt: Klostermann 1977, S. 531–57. (= Sonderveröffentlichungen der Deutschen Bibliothek, 5.)

Bilke, Jörg B.: „,Wirklich, wir leben in finsteren Zeiten.' Stockholmer Tagung über Exilliteratur." In: *Deutsche Studien* 28/1969, S. 415–7.

–: „Wo das Exil endet, beginnt die Emigration. Deutsche Exilliteratur in der amerikanischen Germanistik/Der Kongreß in St. Louis." In: *Frankfurter Allgemeine Zeitung* v. 28. 4. 1972.

–: „Auf den Spuren von Anna Seghers. Deutsche Kommunisten im mexikanischen Exil." In: *horen* 93/1974, S. 31–4.

–: „Exilliteratur und DDR-Germanistik. Zur Ideologiekritik ,parteilicher' Wissenschaft." In: *Deutsche Studien* 50/1975, S. 277–92.

Birnbaum, Henrik: *Doktor Faustus und Doktor Schiwago. Versuch über zwei Zeitromane aus Exilsicht.* Lisse: de Ridder 1976. (= PdR press publications on Boris Pasternak, 2.)

Blank, Aleksander S. u. B. Level: ,*Naša cel' – svobodnaja Germanija. Iz istorii antifašistskogo dviženija ,Svobodnaja Germanija' (1943–1945 gg.).* Moskau: Mysl' 1969.

Bock, Sigrid: „Internationaler Treffpunkt Kopenhagen. Gedanken zum II. Internationalen Symposium zur Erforschung des deutschsprachigen Exils nach 1933." In: *Weimarer Beiträge* 6/1973, S. 165–85.

–: „Revolutionäre Welterfahrung und Erzählkunst. Der Einfluß des Exils auf das Schaffen der Anna Seghers." In: *Verteidigung der Menschheit*, S. 394–419.

–: „Zur bürgerlichen Exilforschung." In: *Weimarer Beiträge* 4/1975, S. 99–129.

–: „Exilliteratur in Österreich. Bericht von einem internationalen Symposium in Wien. In: *Sonntag* 39 v. 28. 9. 1975, S. 11.

Bodisco, Arvid de: „Emigrationen und ihre tiefere Bedeutung." In: *Deutsche Rundschau* 4/1952, S. 381–6.

Bormann, Alexander von: „,Wohltönend, aber dumm'? Die Stimme der Kultur im Widerstand." In: *Amsterdamer Beiträge zur Neueren Germanistik* 1 (1972), S. 149–72.

Braun, Gerlinde: „Exilliteratur und bayerische Lehrpläne." In: *kürbiskern* 2/1975, S. 88–90.

Brekle, Wolfgang: *Das antifaschistische schriftstellerische Schaffen deutscher Erzähler in den Jahren 1933–1945 in Deutschland.* Phil. Diss. Berlin (Ost), 1967.

Brenner, Hildegard: „Deutsche Literatur im Exil 1933–1947." In: *Handbuch der deutschen Gegenwartsliteratur.* Hrsg. v. Hermann Kunisch. München: Nymphenburger 1965, S. 677–94.

–: *Ende einer bürgerlichen Kunst-Institution. Die politische Formierung der Preußischen Akademie der Künste ab 1933.* Stuttgart: Deutsche Verlags-Anstalt 1972. (= Schriftenreihe der Vierteljahrshefte für Zeitgeschichte, 24.)

Brett, Doris: *Alfred Neumanns Romane: Exil als Wendepunkt.* Phil. Diss. Cincinnati, 1975.

Breycha-Vauthier, A. C.: *Die Zeitschriften der österreichischen Emigration 1934–1946.* Wien: Österreichische Nationalbibliothek 1960. (= Biblos-Schriften, 26.)

„Briefe aus dem Exil." In: *alternative* 52/1967, S. 1–45.

Broermann, Bruce Martin: *The German Historical Novel in Exile After 1933.* Phil. Diss. Albany, 1976.

Bruhns, Maike: *Das Amerika-Bild deutscher Emigranten.* Magisterarbeit Hamburg, 1970.

Cazden, Robert E.: „The Free German Book Trade in the United States, 1933–45." In: *Library Quarterly* 4/1967, S. 348–65.

–: *German Exile Literature in America 1933–1950. A History of the Free German Press and Book Trade.* Chicago: American Library Association 1970. (Zuerst Phil Diss. Chicago, 1965.)

Cesar, Jaroslav u. Bohumil Černý: „Die deutsche antifaschistische Emigration in der Tschechoslowakei (1933–1934)." In: *Historica* 12 (1966), S. 147–84.

Clarke, Allen: *Die Rolle des Theaters des ‚Freien Deutschen Kulturbundes in Großbritannien' im Kampf gegen den deutschen Faschismus (1938–1947).* Phil. Diss. Berlin (Ost), 1972.

The Cultural Migration. The European Scholar in America. Hrsg. v. William Rex Crawford. Philadelphia: University of Pennsylvania Press 1953.

Dahlke, Hans: *Geschichtsroman und Literaturkritik im Exil.* Berlin: Aufbau 1976. (Zuerst Phil. Diss. Leipzig, 1971.)

Delling, Manfred: „Auf einer Geige aus Stein. Das Exil-Motiv und Probleme eines Ausnahmezustandes." Hessischer Rundfunk, 27. 10. 1961 (Typoskript).

Die deutsche Exilliteratur 1933–1945. Hrsg. v. Manfred Durzak. Stuttgart: Reclam 1973.

Deutsche Exilliteratur seit 1933. Bd. I, T. 1–2 (Kalifornien). Hrsg. v. John M. Spalek u. Joseph Strelka. Bern: Francke 1976. (= Studien zur deutschen Exilliteratur.)

Deutsche Literatur im Exil. Briefe europäischer Autoren 1933–1949. Hrsg. v. Hermann Kesten. Frankfurt: Fischer 1973. (= Fischer Taschenbuch, 1388.)

Deutsche Literatur im Exil 1933–1945. 2 Bde. Hrsg. v. Heinz Ludwig Arnold. Frankfurt: Athenäum Fischer 1974. (= Fischer Athenäum Taschenbücher, 2035, 2085.)

Deutsche Literatur im Exil 1933–1945. Texte und Dokumente. Hrsg. v. Michael Winkler. Stuttgart: Reclam 1977. (= Reclams Universal-Bibliothek, 9865/6.)

Deutsche Nationalbibliographie. Ergänzungen I. Verzeichnis der Schriften, die 1933–1945 nicht angezeigt werden durften. Bearb. u. hrsg. v. d. Deutschen Bücherei in Leipzig. Leipzig: Verlag der Börsenhändler zu Leipzig 1949. (Nachdruck Leipzig: Zentralantiquariat 1974.)

Zur deutschen Exilliteratur in den Niederlanden 1933–1940. Hrsg. v. Hans Würzner. Amsterdam: Rodopi 1977. (= Amsterdamer Beiträge zur Neueren Germanistik, 6.)

Deutsches Exildrama und Exiltheater. Akten des Exilliteratur-Symposiums der University of South Carolina 1976. Hrsg. v. Wolfgang Elfe, James Hardin u. Günther Holst. Bern: Lang 1977. (= Jahrbuch für Internationale Germanistik. Reihe A. Kongreßberichte, 3.)

Devekin, Valentin N.: *Nemeckaja antifašistskaja literatura 1933–1945 gg.* Moskau: Vysšaja škola 1965.

Dial, Joseph: „Brecht in den USA. Zur Stellung der New Yorker Aufführung der ‚Mutter' (1935) und des ‚Galilei' (1947) in der Geschichte des epischen Theaters." In: *Weimarer Beiträge* 2/1978, S. 160–72.

Dialog und Kontroverse mit Georg Lukács. Der Methodenstreit deutscher sozialistischer Schriftsteller. Hrsg. v. Werner Mittenzwei. Leipzig: Reclam 1975. (= Reclams Universal-Bibliothek, 643.)

Dickson, Paul: *Das Amerikabild in der deutschen Emigrantenliteratur seit 1933.* Phil. Diss. München, 1951.

Diezel, Peter: *Exiltheater in der Sowjetunion 1932–1937.* Berlin: Henschel 1978.

Dirschauer, Wilfried: *Klaus Mann und das Exil.* Worms: Heintz 1973. (= Deutsches Exil 1933–45. Eine Schriftenreihe, 2.)

Döblin, Alfred: *Die deutsche Literatur (im Ausland seit 1933). Ein Dialog zwischen Politik und Kunst.* Paris: Science et Litterature 1938. (= Schriften zu dieser Zeit, 1.)

Dokumentation Deutsche Literatur im Exil. Literatur und Dokumente der deutschen Emigration nach 1933. Wormser Ausstellung „verboten, verbrannt – verdrängt?" Zusammengest. v. Karl-Heinz Danner. Hrsg. v.d. Fachrichtung Germanistik u.d. Pressestelle der Universität des Saarlandes. Saarbrücken 1973.

Domin, Hilde: „Exilerfahrungen. Untersuchungen zur Verhaltenstypik." In: *Frankfurter Hefte* 3/1974, S. 185–192.

Düwel, Gudrun: *Friedrich Wolf und Wsewolod Wischnewski. Eine Untersuchung zur Internationalität sozialistisch-realistischer Dramatik.* Berlin: Akademie 1975. (= Literatur und Gesellschaft.) (Zuerst Phil. Diss. Berlin [Ost], 1970.)

Durzak, Manfred: „Exil-Motive im Spätwerk Heinrich Manns. Bemerkungen zu dem Roman ‚Der Atem'." In: *Heinrich Mann 1871/1971. Bestandsaufnahme und Untersuchung. Ergebnisse der Heinrich-Mann-Tagung in Lübeck.* Hrsg. v. Klaus Matthias. München: Fink 1973, S. 203–19.

–: „Laokoons Söhne. Zur Sprachproblematik im Exil." In: *Akzente* 1/1974, S. 53–63.

–: „Das Elend der Exilliteratur-Forschung." In: *Akzente* 2/1974, S. 186–88.

–: „Ein Berg von Karteileichen. Ideologische Querelen beeinträchtigen die Forschung zur deutschen Exilliteratur." In: *Welt* v. 27. 11. 1974.

–: „Elias Canettis Weg ins Exil. Vom Dialektstück zur philosophischen Parabel." In: *Literatur und Kritik* 108 (1976), S. 455–70.

–: „Der ‚Zwang zur Politik': Georg Kaiser und Stephan Hermlin im Exil." In: *Monatshefte* 4/1976, S. 373–86.

Eckert, Horst: *Die Beiträge der deutschen emigrierten Schriftsteller in der ‚Neuen Weltbühne' von 1934–1939. Ein Beitrag zur Untersuchung der Beziehungen zwischen Volksfrontpolitik und Literatur.* Phil. Diss. Berlin (Ost), 1962.

Eidem, Odd: *Digtere i Landsflyktighet.* Oslo: Tiden Norsk 1937.

Einführung in die deutsche Literatur des 20. Jahrhunderts. Bd. 2. Hrsg. v. Erhard Schütz, Jochen Vogt u.a. Opladen: Westdeutscher Verlag 1978. (= Grundkurs Literaturgeschichte, 2.)

Eisenberg-Bach, Susi: „Deutsche Exil-Literatur in Südamerika." In: *Börsenblatt für den Deutschen Buchhandel* (Frankfurt) 103 v. 29. 12. 1972, S. A 437–9. (= Beilage „Aus dem Antiquariat".)

Emigrantenpresse und Schrifttum. Der Reichsführer-SS. Der Chef des Sicherheitshauptamtes. O.O., 1937. (= Leitheft, 9.) (Nachdruck in Tutas: *NS-Propaganda*, S. 135–188.)

Engberg, Harald: *Brecht auf Fünen. Exil in Dänemark 1933–1939.* Wuppertal: Hammer 1974.

Eppert, Franz: *Der politische und religiöse Flüchtling in seiner sprachlichen Bezeichnung im Deutschen. Beiträge zur Wortgeschichte eines Begriffsfeldes.* Phil. Diss. Köln, 1964.

Erfahrung Exil. Antifaschistische Romane 1933–1945. Analysen. Hrsg. v. Sigrid Bock u. Manfred Hahn. Berlin: Aufbau ca. 1979.

Erhardt, Jacob: *Alfred Döblins Amazonas-Trilogie.* Worms: Heintz 1974. (= Deutsches Exil 1933–45. Eine Schriftenreihe, 3.)

Exil in der UdSSR. Leipzig: Reclam ca. 1979. (= Reclams Universal-Bibliothek. Sonderreihe, 806.)

‚Exil'. Literarische und politische Texte aus dem deutschen Exil 1933–1945. Hrsg. v. Ernst Loewy. Stuttgart: Metzler ca. 1979.

Exil und innere Emigration. Third Wisconsin Workshop. Hrsg. v. Reinhold Grimm u. Jost Hermand. Frankfurt: Athenäum 1972. (= Wissenschaftliche Paperbacks Literaturwissenschaft, 17.)

Exil und innere Emigration II. Internationale Tagung in St. Louis. Hrsg. v. Peter Uwe Hohendahl u. Egon Schwarz. Frankfurt: Athenäum 1973. (= Wissenschaftliche Paperbacks Literaturwissenschaft, 18.)

Exile Literature 1933–1945. Bad Godesberg: Inter Nationes 1968.

Exil-Literatur 1933–1945. Eine Ausstellung aus Beständen der Deutschen Bibliothek Frankfurt am Main (Sammlung Exil-Literatur). Ausstellung u. Katalog v. Werner Berthold. 3., erw. u. verb. Aufl. Frankfurt: Deutsche Bibliothek 1967. (= Sonderveröffentlichungen der Deutschen Bibliothek, 1.)

Die Expressionismusdebatte. Materialien zu einer marxistischen Realismuskonzeption. Hrsg. v. Hans-Jürgen Schmitt. Frankfurt: Suhrkamp 1973. (= edition suhrkamp, 646.)

Eyssen, Jürgen: „Deutsche Literatur im Exil/Ältere und neue Darstellungen und Dokumente." In: *Buch und Bibliothek* 9/1973, S. 758–62.

Fabian, Walter u. Werner Berthold: „Exilliteratur in der Deutschen Bibliothek in Frankfurt a. M. Ein Gespräch." In: *Arbeiterbewegung, Erwachsenenbildung, Presse. Festschrift für Walter Fabian zum 75. Geburtstag.* Hrsg. v. Anne-Maria Fabian. Köln: Europäische Verlangsanstalt 1977, S. 212–27.

Feilchenfeldt, Konrad: „‚Protokoll des II. Internationalen Symposiums zur Erforschung des deutschsprachigen Exils nach 1933 in Kopenhagen 1972'." In: *Studia Rosenthaliana* 1/1975, S. 169–82.

–: „Zur Erforschung der Exilliteratur. Nach Erscheinen des ersten Bandes der von John M. Spalek und Joseph Strelka herausgegebenen Studien." In: *Euphorion* 4/1977, S. 406–20.

Fermi, Laura: *Illustrious Immigrants. The Intellectual Migration from Europe 1930–1941.* Chicago: University of Chicago Press 1968.

Finkelnburg, Renate: *‚Die Sammlung' Klaus Manns als Instrument des politischen Widerstands in der Emigration.* Magisterarbeit Bonn, 1967.

Fischer, Ernst: „Stimme aus dem Exil." In: *Wissenschaftliche Zeitschrift der Friedrich-Schiller-Universität Jena. Gesellschafts- und Sprachwissenschaftliche Reihe* 3 (1960/61), S. 421–5.

Fischer, Klaus-Uwe: *Ludwig Marcuses schriftstellerische Tätigkeit im französischen Exil 1933–1939.* Kronberg: Scriptor 1976. (= Scriptor Hochschulschriften. Literaturwissenschaft, 16.)

Fradkin, Il'ja M.: „Golos drugoj Germanii." In I. M. F.: *Literatura novoj Germanii.* Moskau: Sovetskij pisatel' 1961, S. 11–73.

Franck, Wolf: *Führer durch die deutsche Emigration.* Paris: Éditions du Phénix 1935. (= Phoenix Bücher, 4.)

Fraser, James H.: „German Exile Publishing: The Malik-Aurora Verlag of Wieland Herzfelde." In: *German Life & Letters* 2/1974, S. 115–24.

Frei, Bruno: „Die deutsche antifaschistische, literarische Emigration in Prag

1933–1936." In: *Weltfreunde. Konferenz über die Prager deutsche Literatur.* Hrsg. v. Eduard Goldstücker. Prag: Academia 1967, S. 361–71.

– u. Lutz Winckler: „Zum Stand der Exilliteraturforschung." In: *Argument* 99 (1976), S. 796–804.

Um uns die Fremde. Die Vertreibung des Geistes 1933–45. Berlin: Haude & Spener 1969. (= Buchreihe des Senders Freies Berlin, 9.)

Freund, Erich: „Deutsches Theater im Londoner Exil." In: *Theater der Zeit* 4/1946, S. 20–4.

Frey, Erich: „Thomas Mann's Exile Years in America." In: *Modern Language Studies* 1/1976, S. 83–92.

Fuegi, John: „The Soviet Union and Brecht: The Exile's Choice." In: *Brecht heute. Brecht Today* 2 (1972), S. 209–221.

Gehring, Hansjörg: *Amerikanische Literaturpolitik in Deutschland. Ein Aspekt des Re-Education-Programms.* Stuttgart: Deutsche Verlags-Anstalt 1976. (= Schriftenreihe der Vierteljahrshefte für Zeitgeschichte, 32.)

Geiger, Heinz: *Widerstand und Mitschuld. Zum deutschen Drama von Brecht bis Weiss.* Düsseldorf: Westdeutscher Verlag 1973. (= Literatur in der Gesellschaft, 9.)

Gersch, Wolfgang: „Antifaschistische Filmarbeit deutscher Emigranten." In: *Filmwissenschaftliche Beiträge* 1/1975, S. 40–62.

Geschichte der deutschen Literatur 1917 bis 1945. Berlin: Volk und Wissen 1973. (= Geschichte der deutschen Literatur von den Anfängen bis zur Gegenwart, 10.)

Aus der Geschichte der internationalen Vereinigung revolutionärer Schriftsteller (MORP). Hrsg. v. Institut für Weltgeschichte. Moskau, 1969.

Gilman, Sander L.: „‚Man schenkt mir große Aufmerksamkeit'. Notes to the F. B. I. File on Bertolt Brecht." In: *German Life & Letters* 3/1976, S. 322–9.

Gittig, Heinz: *Illegale antifaschistische Tarnschriften 1933–1945.* Leipzig: Verlag für Buch- und Bibliothekswesen 1972. (= Beiheft zum Zentralblatt für Bibliothekswesen, 87). (Zuerst Phil. Diss. Berlin [Ost], 1970.)

Goguel, Rudi: *Antifaschistischer Widerstand und Klassenkampf. Die faschistische Diktatur 1933 bis 1945 und ihre Gegner. Bibliographie deutschsprachiger Literatur aus den Jahren 1945 bis 1973.* Berlin: Militärverlag 1976.

Goldberg, Albert: „The Sounding Board: The Transplanted Composer." In: *Los Angeles Times* v. 14., 21. u. 28. 5. 1950.

Goldmann, Bernd: „Akademie der Wissenschaften und der Literatur – Arbeitsstelle für Exilliteratur." In: *Jahrbuch für Internationale Germanistik* 1 (1974), S. 127–9.

Goldner, Franz: *Die österreichische Emigration 1938 bis 1945.* Wien: Herold 1972. (= Das einsame Gewissen, 4.)

Grossberg, Mimi: *Österreichs literarische Emigration in den Vereinigten Staaten 1938.* Wien: Europa 1970. (= Monographien zur Zeitgeschichte.)

Die große Kontroverse. Ein Briefwechsel um Deutschland. Hrsg. v. J. F. G. Grosser. Hamburg: Nagel 1963.

Grossmann, Kurt R.: *Emigration. Geschichte der Hitler-Flüchtlinge 1933–1945.* Frankfurt: Europäische Verlagsanstalt 1969.

Gruber, Helmut: „Willi Münzenberg: Propagandist For and Against the Comintern." In: *International Review of Social History* 2/1965, S. 188–210.

Gutsche, Reinhardt: *Die Sammlung. Amsterdam 1933–1935. Bibliographie einer Zeitschrift.* Berlin: Aufbau 1974. (= Analytische Bibliographien deutschsprachiger literarischer Zeitschriften, 2.)

Haarmann, Hermann, Lothar Schirmer u. Dagmar Walach: *Das ,Engels' Projekt. Ein antifaschistisches Theater deutscher Emigranten in der UdSSR (1936–1941).* Worms: Heintz 1975. (= Deutsches Exil 1933–45. Eine Schriftenreihe, 7.)

Haase, Horst: „Probleme der sozialistischen Parteiliteratur in der Emigrationsdichtung Johannes R. Bechers." In: *Weimarer Beiträge* 2/1961, S. 278–89.

Häsler, Alfred A.: *Das Boot ist voll. Die Schweiz und ihre Flüchtlinge 1933–1945.* Zürich: Fretz & Wasmuth 1967.

Halfmann, Horst: „Das Schrifttum der Emigration in der Deutschen Bücherei." In: *Deutsche Bücherei 1912–1962. Festschrift zum fünfzigjährigen Bestehen der Deutschen Nationalbibliothek.* Leipzig: Verlag für Buch- und Bibliothekswesen 1962, S. 197–217.

–: „Bibliographien und Verlage der deutschsprachigen Exil-Literatur 1933 bis 1945." In: *Beiträge zur Geschichte des Buchwesens* 4 (1969), S. 189–294.

–: „Literatur des Exils." In: *Neue Deutsche Literatur* 11/1969, S. 183–6.

–: *Zeitschriften und Zeitungen des Exils 1933–1945. Bestandsverzeichnis der Deutschen Bücherei.* 2., ergänzte und erweiterte Auflage. Leipzig: Deutsche Bücherei 1975. (= Bibliographischer Informationsdienst der Deutschen Bücherei, 19.)

Hans, Jan: „Exilforschung in der Bundesrepublik." In: *Mitteilungen des Deutschen Germanisten-Verbandes* 3/1973, S. 26–8.

– u. Werner Röder: „Emigrationsforschung." In: *Akzente* 6/1973, S. 580–91.

–: „Die Erforschung der Exilliteratur steckt keineswegs in der Krise. Hintergründe der Auflösung der Stockholmer Koordinationsstelle und die Absage des Wiener Symposions." In: *Frankfurter Rundschau* v. 31. 1. 1975.

–: „Historische Skizze zum Exilroman." In: *Der deutsche Roman im 20. Jahrhundert. Analysen und Materialien zur Theorie und Soziologie des Romans.* Bd. 1. Hrsg. v. Manfred Brauneck. Bamberg: Buchner 1976, S. 240–59.

Harder, Rolf: *Studien zum Anteil Johannes R. Bechers an der Herausarbeitung der antifaschistischen demokratischen Kulturpolitik (1933–1945).* Diplomarbeit Berlin (Ost), 1974.

Hardt, Hanno: „Exilpublizistik als Forschungsdilemma." In: *Publizistik* 3/1976, S. 313–9.

Hartung, Günter: „Klaus Manns Zeitschrift ,Die Sammlung'." In: *Weimarer Beiträge* 5/1973, S. 37–59 u. 6/1973, S. 95–117.

Hatvani, Paul: „Nicht da, nicht dort: Australien." In: *Akzente* 6/1973, S. 564–71.

Heeg, Günther: *Die Wendung zur Geschichte. Konstitutionsprobleme antifaschistischer Literatur im Exil.* Stuttgart: Metzler 1977. (= Metzler Studienausgabe.)

Heinrich Mann am Wendepunkt der deutschen Geschichte. Internationale wissenschaftliche Konferenz aus Anlaß des 100. Geburtstages von Heinrich Mann, März 1971. Berlin: Deutsche Akademie der Künste 1971. (= Schriftenreihe des Präsidiums der Deutschen Akademie der Künste zu Berlin.)

Heintz, Georg: „Deutsche Exilliteratur. Bericht über eine Tagung." In: *Muttersprache* 80/1970, S. 171–9.

–: *Index der ,Neuen Weltbühne' von 1933–39.* Worms: Heintz 1972. (= Deutsches Exil 1933–1945. Eine Schriftenreihe, 1.)

–: *Index des ‚Freien/Neuen Deutschland' (Mexiko) 1941–1946.* Worms: Heintz 1975.
(= Deutsches Exil 1933–45. Eine Schriftenreihe, 5.)

Herden, Werner: „Aufruf und Bekenntnis. Zu den essayistischen Bemühungen Heinrich Manns im französischen Exil." In: *Weimarer Beiträge* 3/1965, S. 323–49.

–: „Positionsbestimmung des Exils." In: *Weimarer Beiträge* 4/1975, S. 41–67.

–: *Wege zur Volksfront. Schriftsteller im antifaschistischen Bündnis.* Berlin: Akademie 1978. (= Literatur und Gesellschaft.)

Hermlin, Stephan u. Hans Mayer: „Die Literatur der deutschen Emigration." In St. H. u. H. M.: *Ansichten über einige Bücher und Schriftsteller.* O. O.: Volk und Welt o. J., S. 18–37.

Hermsdorf, Klaus: „Brechts Prosa im Exil." In: *Weimarer Beiträge* 2/1978, S. 30–41.

Herting, Helga: „Spanien und die antifaschistische deutsche Literatur." In: *Neue Deutsche Literatur* 7/1966, S. 13–24.

–: „Die Widerspiegelung des Kampfes deutscher Interbrigadisten in der deutschen sozialistischen Literatur." In: *Interbrigadisten. Der Kampf deutscher Kommunisten und anderer Antifaschisten im nationalrevolutionären Krieg des spanischen Volkes 1936 bis 1939.* Berlin: Militärverlag 1966, S. 439–47.

Hertz, Richard: „Literature in Exile: Adele Gerhard." In: *German Quarterly* 1/1945, S. 32–5.

Herz, Ulrich: *Literatur und Politik im Exil.* Sendung des NDR am 14. 12. 1972. O. O., o. J. (1973). (= Veröffentlichungen der Stockholmer Koordinationsstelle zur Erforschung der deutschsprachigen Exil-Literatur, 2.)

Herzfelde, Wieland: „Erfahrungen im Exil zu Prag 1933–1938." In: *Weltfreunde. Konferenz über die Prager deutsche Literatur.* Hrsg. v. Eduard Goldstücker. Prag: Academia 1967, S. 373–8.

Hilscher, Eberhard: „Arnold Zweig in Palästina." In: *Neue Deutsche Literatur* 11/1957, S. 145–8.

–: „Johannes R. Bechers Exiljahre." In: *Weimarer Beiträge* 4/1958, S. 487–512.

Hofe, Harold von: „German Literature in Exile: Alfred Döblin." In: *German Quarterly* 1/1944, S. 28–31.

–:„ German Literature in Exile: Heinrich Mann." In: *German Quarterly* 2/1944, S. 88–92.

–: „German Literature in Exile: Thomas Mann." In: *German Quarterly* 3/1944, S. 145–54.

–: „German Literature in Exile: Franz Werfel." In: *German Quarterly* 4/1944, S. 263–72.

–: „German Literature in Exile: Bruno Frank." In: *German Quarterly* 2/1945, S. 86–92.

–: „German Literature in Exile: Leonhard Frank." In: *German Quarterly* 2/1947, S. 122–8.

Hofmann, Alois: „Heinrich Mann a Československo." In *Philologica pragensia* 1/1972, S. 49–63.

–: „Kuba in der tschechischen Emigration." In: *Sinn und Form* 2/1972, S. 352–75.

–: „Volksfrontbewegung in der ČSR im Kampfbündnis von tschechischen und deutschen Antifaschisten." In: *Verteidigung der Menschheit,* S. 349–58.

–: „Die deutsche Emigration in der Tschechoslowakei (1933–1938)." In: *Weimarer Beiträge* 4/1975, S. 148–67.

Hohendahl, Peter Uwe: „Das Symposium in Stockholm über deutsche Exilliteratur." In: *German Quarterly* 1/1970, S. 151–4.

Holborn, Louise W.: „Deutsche Wissenschaftler in den Vereinigten Staaten in den Jahren nach 1933." In: *Jahrbuch für Amerikastudien* 10 (1965), S. 15–26.

Holzner, Johann: „‚Schriftsteller im Exil'. Zur Vermittlung deutschsprachiger Literatur durch den Rundfunk in New York während des 2. Weltkrieges." In: *Dichter zwischen den Zeiten. Festschrift für Rudolf Henz zum 80. Geburtstag.* Hrsg. v. Viktor Suchy. Wien: Braumüller 1977, S. 88–99.

Homeyer, Helene: „Sprache der Vertriebenen." In: *Deutsche Rundschau* 1/1948, S. 46–9.

Huder, Walther: „Die politischen und sozialen Themen der Exil-Dramatik Georg Kaisers." In: *Sinn und Form* 4/1961, S. 596–614.

–: „Dokumente der Exilliteratur in den Archiven, Sammlungen und Bibliotheken der Westberliner Akademie der Künste." In: *Jahrbuch für Internationale Germanistik* 1 (1974), S. 120–6.

Hyršlova, Květa: „Thomas Mann – vom ‚Weltbürger' zum ‚Mitbürger' (ČSR 1933–1938)." In: *Philologica pragensia* 1/1975, S. 64–77.

–: „Zur Entstehung der antifaschistischen Front tschechischer und deutscher Schriftsteller in der ČSR 1933–1939." In: *Weimarer Beiträge* 10/1976, S. 129–48.

Illés, László: „Lukács' Ringen im antifaschistischen Kampf. Bündnisproblem und Realismuskonzeption." In: *Weimarer Beiträge* 2/1976, S. 172–6.

The Intellectual Migration. Europe and America, 1930–1960. Hrsg. v. Donald Fleming u. Bernard Bailyn. Cambridge: Harvard University Press 1969.

Iskusstvo, kotoroe ne pokorilos'. Nemeckie chudožniki v period fašizma 1933–1945. Hrsg. v. S. D. Komarov. Moskau: Iskusstvo 1972.

Jaretzky, Reinhold u. Helmut Taubald: „Das Faschismusverständnis im Deutschlandroman der Exilierten." In: *Sammlung* 1 (1978), S. 12–36.

Jarmatz, Klaus: „Aktivität und Perspektive im historischen Roman des kritischen Realismus 1933 bis 1945." In: *Weimarer Beiträge* 3/1965, S. 350–76.

–: *Literatur im Exil.* Berlin: Dietz 1966. (Zuerst Phil. Diss. Berlin [Ost], 1964.)

Jens, Inge: *Dichter zwischen rechts und links. Die Geschichte der Sektion für Dichtkunst der Preußischen Akademie der Künste.* München: Piper 1971.

Jöckel, Wolf: „Revolution und Einigkeit. Zum Verhältnis Heinrich Manns zu Sozialdemokratie und Kommunismus im französischen Exil." In: *Orbis litterarum* 4/1975, S. 317–21.

–: *Heinrich Manns ‚Henri Quatre' als Gegenbild zum nationalsozialistischen Deutschland.* Worms: Heintz 1977. (= Deutsches Exil 1933–45. Eine Schriftenreihe, 9.)

Jonas, Klaus W.: „Amerikas Beitrag zur Erforschung der deutschsprachigen Exilliteratur." In: *Börsenblatt für den Deutschen Buchhandel (Frankfurt)* 9 v. 27. 9. 1974, S. A 281–6. (= Beilage „Aus dem Antiquariat".)

–: „Musil geteilt durch Bredel. Deutsche Exilliteraturforscher geraten ins ideologische Abseits." In: *Rheinischer Merkur* v. 2. 5. 1975.

Kändler, Klaus: „Im Zeichen der antifaschistischen Einheit. Über die weltweite Zusammenarbeit sozialistischer und anderer progressiver Schriftsteller am Vorabend des zweiten Weltkrieges." In: *Weimarer Beiträge* 4/1975, S. 68–98.

Kamla, Thomas A.: *Confrontation with Exile: Studies in the German Novel.* Bern:

Lang 1975. (= Europäische Hochschulschriften. Serie I: Deutsche Literatur und Germanistik, 137.)

–: „Bruno Frank's ‚Der Reisepaß': the Exile as an Aristocrat of Humanity." In: *Monatshefte* 1/1975, S. 37–47.

Kamnitzer, Heinz: „Essays im Exil." In: *Neue Deutsche Literatur* 3/1960, S. 91–103.

Kantorowicz, Alfred: „Deutsche Schriftsteller im Exil." In: *Ost und West* 4/1947, S. 42–51.

–: *Deutsche Schicksale. Intellektuelle unter Hitler und Stalin.* Wien: Europa 1964.

–: „Der deutsche Geist in der Diaspora." In: *Moderna språk* 3/1968, S. 259–84.

–: *Die Geächteten der Republik. Alte und neue Aufsätze.* Berlin: europäische ideen 1977.

–: *Politik und Literatur im Exil. Deutschsprachige Schriftsteller im Kampf gegen den Nationalsozialismus.* Hamburg: Christians 1978. (= Hamburger Beiträge zur Sozial- und Zeitgeschichte, 14.)

Kasack, Hermann: „Zum Gedenken der in der Verbannung gestorbenen Dichter." In: *Deutsche Rundschau* 2/1955, S. 147–51.

Kauf, Robert: „Ernst Waldinger im Exil." In: *Literatur und Kritik* 108 (1976), S. 474–89.

Kent, Donald P.: *The Refugee Intellectual. The Americanization of the Immigrants 1933–1941.* New York: Columbia University Press 1953.

Kerker, Elke: *Weltbürgertum – Exil – Heimatlosigkeit. Die Entwicklung der politischen Dimension im Werk Klaus Manns von 1924–1936.* Meisenheim: Hain 1977. (= Hochschulschriften. Literaturwissenschaft, 26.)

Kesten, Hermann: „Deutsche Literatur im Exil. Von der Verantwortung des Schriftstellers." In: *Deutsche Universitätszeitung* 22/1956, S. 14–9.

–: „Das ewige Exil." In: *Ich lebe nicht in der Bundesrepublik.* Hrsg. v. H. K. München: List 1963, S. 9–28. (= List Taschenbücher, 256.)

–: „Fragen und Antworten." In: *Akzente* 2/1974, S. 189–91.

Kieser, Harro: *Die Verzeichnung des Schrifttums von Emigranten aus dem deutschen Sprachbereich 1933–1950.* Prüfungsarbeit am Bibliothekar-Lehrinstitut Köln, 1968 (Typoskript).

Kießling, Wolfgang: *Alemania Libre in Mexiko.* 2 Bde. Berlin: Akademie 1974. (= Literatur und Gesellschaft.) (Zuerst Phil. Diss. Berlin [Ost], 1967.)

–: „An der Seite Mexikos und aller Völker der Antihitlerkoalition." In: *Verteidigung der Menschheit,* S. 359–78.

Kirsch, Edgar: „Der spanische Freiheitskampf (1936–1939) im Spiegel der antifaschistischen deutschen Literatur." In: *Wissenschaftliche Zeitschrift der Martin-Luther-Universität Halle-Wittenberg. Gesellschafts- und Sprachwissenschaftliche Reihe* 1/1954, S. 99–119.

Klarmann, Adolf D.: „Franz Werfels Weltexil." In: *Wort und Wahrheit* 1/1973, S. 45–58.

Klatt, Gudrun: *Arbeiterklasse und Theater. Agitprop-Tradition – Theater im Exil – Sozialistisches Theater.* Berlin: Akademie 1975. (= Literatur und Gesellschaft.) (Zuerst Phil. Diss. Berlin [Ost], 1973.)

Knütter, Hans-Helmut: „Emigration und Emigranten als Politikum im Nachkriegsdeutschland." In: *Politische Studien* 216 (1974), S. 413–26.

Kowalowa, Bożena: „Die politischen Romane von Lion Feuchtwanger auf dem Hintergrund antifaschistischen Romanschaffens der deutschen Emigration in den Jahren 1933–1945." In: *Roczniki humanistyczne* 3/1967, S. 131–9.

Kraushaar, Luise: „Zur Tätigkeit und Wirkung des ‚Deutschen Volkssenders‘ (1941–1945)." In: *Beiträge zur Geschichte der deutschen Arbeiterbewegung* 1/1964, S. 116–33.

Krenzlin, Leonore: „Zur ästhetischen Wertung der antifaschistischen Literatur." In: *Weimarer Beiträge* 4/1975, S. 130–47.

Kretz, Anita: *Die Buchproduktion deutschsprachiger Emigranten in Schweden 1933–1945.* O. O., o. J. (1973). (= Veröffentlichungen der Stockholmer Koordinationsstelle zur Erforschung der deutschsprachigen Exil-Literatur, 4.)

Krispyn, Egbert: „Exile as a Way of Life." In: *Germanic Notes* 3/1972, S. 58–60.

–: *Anti-Nazi Writers in Exile.* Athens: University of Georgia Press 1978.

„L. Fejchtvanger. Pis'ma v MORP i v redakciju ‚Das Wort‘ (1934–1936)." In: *Iz istorii meždunarodnogo ob'edinenija revoljucionnych pisatelej (MORP).* Moskau: Nauka 1969, S. 181–220. (= Literaturnoe nasledstvo, 81.)

Laemmle, Peter: „Vorschläge für eine Revision der Exilforschung." In: *Akzente* 6/1973, S. 509–19.

Langkau-Alex, Ursula: „Deutsche Emigrationspresse (Auch eine Geschichte des ‚Ausschusses zur Vorbereitung einer deutschen Volksfront‘ in Paris). In: *International Review of Social History* 2/1970, S. 167–201.

–: *Volksfront für Deutschland?* Bd. 1. Frankfurt: Syndikat 1977. (Vgl. Phil. Diss. Köln, 1975.)

Larsen, Egon: „Deutsches Theater in London 1939–1945. Ein unbekanntes Kapitel Kulturgeschichte." In: *Deutsche Rundschau* 4/1957, S. 378–83.

Laschitza, Horst: *Kämpferische Demokratie gegen Faschismus. Die programmatische Vorbereitung auf die antifaschistisch-demokratische Umwälzung in Deutschland durch die Parteiführung der KPD.* Berlin: Deutscher Militärverlag 1969. (Zuerst Phil. Diss. Berlin [Ost], 1966.)

The Legacy of the German Refugee Intellectuals. Hrsg. v. Robert Boyers. Sonderheft v. *Salmagundi* 10–11 (1969–70). (Nachdruck New York: Schocken 1972.)

Lehmann, Hans Georg: *In Acht und Bann. Politische Emigration, NS-Ausbürgerung und Wiedergutmachung am Beispiel Willy Brandts.* München: Beck 1976.

Lehner, Frederick: „Literatur in [!] Exil: Franz Theodor Csokor." In: *German Quarterly* 4/1947, S. 209–13.

Lehnert, Herbert: „Thomas Mann in Exile 1933–1938." In: *Germanic Review* 4/1963, S. 277–94.

–: „Thomas Mann in Princeton." In: *Germanic Review* 1/1964, S. 15–32.

Leje, Christiana: *Der Lektor und Verleger Max Tau 1942–1946 in der schwedischen Emigration.* Stockholm: Universität Stockholm 1969.

Lerg, Winfried B.: „Schicksal in der Emigration. Aufgaben und Aussichten der Exilforschung." Westdeutscher Rundfunk, 3. Programm, 9. 4. 1977 (Typoskript).

Lesser, Jonas: „Die Literatur der Emigration." In: *Deutschland. Kulturelle Entwicklung seit 1945.* Hrsg. v. Paul Schallück. München: Hueber 1969, S. 47–61.

Lester, Conrad H.: *Probleme der österreichischen Literatur in der Emigration (Frankreich 1938–1940).* O. O., o. J. (1973). (= Veröffentlichungen der Stockholmer Koordinationsstelle zur Erforschung der deutschsprachigen Exil-Literatur, 1.)

In letzter Stunde. 1933–1945. Hrsg. v. Diether Schmidt. Dresden: Verlag der Kunst
1964. (= Fundus-Bücherei, 10/11.)

Lewis, Ward B.: „Literature in Exile: Paul Zech." In: *German Quarterly* 3/1970,
S. 535–8.

–: *Poetry and Exile: An Annotated Bibliography of the Works and Criticism of Paul
Zech.* Bern: Lang 1975. (= Europäische Hochschulschriften. Reihe 1: Literatur und
Germanistik, 140.)

–: „Message from America: the Verse of Walt Whitman as Interpreted by German
Authors in Exile." In: *German Life & Letters* 2/1976, S. 215–27.

*Lexikon sozialistischer deutscher Literatur von den Anfängen bis 1945. Monographisch-
biographische Darstellungen.* Leipzig: Bibliographisches Institut 1964.

Lindt, Peter M.: *Schriftsteller im Exil. Zwei Jahre deutsche literarische Sendung am
Rundfunk in New York.* New York: Willard 1944.

Link, Benjamin: *Die österreichische Emigrantenpresse in den Subkulturen von New
York City 1942 bis 1948.* Phil. Diss. Salzburg, 1972.

Lion, Ferdinand: „Maß und Wert." In: *Akzente* 1/1963, S. 36–40.

Lohse, Helmut u. Horst Halfmann: *Die Sammlung der Exilliteratur 1933 bis 1945 der
Deutschen Bücherei. Ein Beitrag aus Anlaß des 40. Jahrestages der faschistischen
Bücherverbrennung am 10. Mai 1933.* Leipzig: Deutsche Bücherei 1973. (= Sonder-
druck aus dem Jahrbuch der Deutschen Bücherei, 9.)

–: „Die Arbeit mit der Exil-Literatur in der Deutschen Bücherei – Aufgabe und
Verantwortung." In: *Jahrbuch für Internationale Germanistik* 1 (1974), S. 133–
42.

Ludwig, Carl: *Die Flüchtlingspolitik der Schweiz in den Jahren 1933–1955. Beilage
zum Bericht des Bundesrates an die Bundesversammlung über die Flüchtlingspolitik
der Schweiz seit 1933 bis zur Gegenwart.* O. O., o. J. (1957).

Ludwig, Karl-Heinz: *Bertolt Brecht: Tätigkeit und Rezeption von der Rückkehr aus
dem Exil bis zur Gründung der DDR.* Kronberg: Scriptor 1976. (= Monographien
Literaturwissenschaft, 31.)

Lützeler, Paul Michael: „Hitler als Metapher. Zur Faschismuskritik im Exilroman
(1933–1945)." In: *Akten des V. Internationalen Germanisten-Kongresses. Cambridge 1975.* H. 4. Hrsg. v. Leonard Forster u. Hans-Gert Roloff. Bern: Lang 1976,
S. 251–7. (= Jahrbuch für Internationale Germanistik. Reihe A. Kongreßberichte,
2.)

Lyon, James K.: „Bertolt Brecht's Hollywood Years: The Dramatist as Film Writer."
In: *Oxford German Studies* 6 (1971–72), S. 145–74.

Maas, Lieselotte: *Handbuch der deutschen Exilpresse 1933–1945.* Bde. 1, 2. München:
Hanser 1976, 1978. (= Sonderveröffentlichungen der Deutschen Bibliothek, 2. 3.)

–: *Deutsche Exilpresse in Lateinamerika.* Frankfurt: Buchhändler-Vereinigung ca.
1979. (= Kleine Schriften der Deutschen Bibliothek, 3.)

Mack, Gerhard: *Der spanische Bürgerkrieg und die deutsche Exil-Literatur.* Phil. Diss.
Los Angeles, 1971.

Malone, Dagmar E.: *Literarische Kontroversen innerhalb der Exil-Literatur der dreißiger Jahre.* Phil. Diss. Los Angeles, 1970.

Mann, Golo: „Deutsche Literatur im Exil. (Rede, gehalten in Luxemburg am 17. Januar 1968.)" In: *Neue Rundschau* 1/1968, S. 38–49.

Marcuse, Herbert: „Der Einfluß der deutschen Emigration auf das amerikanische Geistesleben: Philosophie und Soziologie." In: *Jahrbuch für Amerikastudien* 10/1965, S. 27–33.

Marell, Anders: *Dokumentation zur Geschichte des Bermann-Fischer-Verlages in Stockholm.* Stockholm: Stockholmer Koordinationsstelle zur Erforschung der deutschsprachigen Exil-Literatur o. J. (1974). (= Veröffentlichungen der Stockholmer Koordinationsstelle zur Erforschung der deutschsprachigen Exil-Literatur, 6.)

Marx, Henry: „Exiltheater in den USA 1933–1945." In: *Theater heute* 2/1974, S. 1–4.

Matusowa, N.: „Die Literatur der deutschen Emigration." In: *Sowjetwissenschaft. Kunst und Literatur* 1/1970, S. 95–9.

Mayer, Hans: „Die Literatur der deutschen Emigration." In Stephan Hermlin u. H. M.: *Ansichten über einige Bücher und Schriftsteller* O. O.: Volk und Welt o. J., S. 18–24.

–: „Die deutsche Literatur und der Scheiterhaufen." In H. M.: *Deutsche Literatur und Weltliteratur.* Berlin: Rütten & Loening 1957, S. 194–205.

–: „Lion Feuchtwanger oder Die Folge des Exils." In: *Neue Rundschau* 1/1965, S. 120–9.

–: „Die Folgen des Exils." In H. M.: *Zur deutschen Literatur der Zeit. Zusammenhänge. Schriftsteller. Bücher.* Reinbek: Rowohlt 1967, S. 290–300.

–: „Und saßen an den Ufern des Hudson. Anmerkungen zur deutschen literarischen Emigration." In: *Akzente* 5/1976, S. 439–46.

Melzwig, Brigitte: *Deutsche sozialistische Literatur 1918–1945. Bibliographie der Buchveröffentlichungen.* Berlin: Aufbau 1975. (= Veröffentlichungen der Akademie der Künste der Deutschen Demokratischen Republik.)

Meždunarodnyj kongress pisatej v zaščitu kul'tury (Doklady i vystuplenija). Hrsg. v. Ivan Luppol. Moskau 1936.

Mierendorff, Marta: „Von der Notwendigkeit zweigleisiger Exilforschung." In: *Frankfurter Rundschau* v. 30. 5. 1970.

–: „Unersetzliches geht täglich verloren. Kritisches zur Exilforschung." In: *Frankfurter Rundschau* v. 8. 8. 1970.

–: „Immer fand ich den Namen falsch, den man uns gab: Emigranten." In: *Colloquia Germanica* 1/2 (1971), S. 179–82.

–: „Exilliteratur-Forschung an der University of Southern California in Los Angeles (USC)." In: *Jahrbuch für Internationale Germanistik* 2/1974, S. 129–33.

Minder, Robert: „Begegnungen mit Alfred Döblin in Frankreich." In: *Text + Kritik* 13/14 (1966), S. 57–64.

Mitchell, Janis D.: *Exile and Historical Existence in the Writings of Franz Werfel, Alfred Döblin and Hermann Broch.* Phil. Diss. University Park, 1976.

Mittenzwei, Werner: *Exil in der Schweiz.* Leipzig: Reclam 1978. (= Reclams Universal-Bibliothek, 768.)

–: *Das Schicksal des deutschen Theaters im Exil (1933 bis 1945).* Berlin: Akademie 1978. (= Sitzungsberichte der Akademie der Wissenschaften der DDR. Gesellschaftswissenschaften.)

–: *Das Zürcher Schauspielhaus 1933–1945. Deutsches Theater im Exil.* Berlin: Henschel 1979.

Moeller, Hans-Bernhard: „Opposition und Resignation. Deutsche Schriftsteller im Exil. Ein Symposium der Modern Language Association of America (St. Louis, Missouri, April 1972)." In: *Colloquia Germanica* 1/1973, S. 59–67.

–: „Das Kopenhagener Zweite Internationale Symposium zur Erforschung des deutschsprachigen Exils nach 1933. In: *German Quarterly* 2/1973, S. 234–40.

–: „Stefan Heym: Das Wagnis der literarischen Exilantentugenden und -versuchungen in alter und neuer Welt." In: *Deutsche Studien* 52 (1975), S. 403–10.

Morse, Arthur D.: *While Six Million Died. A Chronical of American Apathy.* New York: Random House 1968.

Motyleva, Tamara: *Nemeckaja literatura v bor'be protiv fašizma.* Taschkent 1942.

Muehlen, Norbert: „Das Exil war keine Volksfront. Wie man die Geschichte der literarischen Emigration von 1933–1945 verfälscht." In: *Welt* v. 18. 1. 1975.

Müller, Horst F.: „Antifaschistisches Bündnis und Verteidigung der Kultur." In: *Multinationale Sowjetliteratur. Kulturrevolution. Menschenbild. Weltliterarische Leistung 1917–1972.* Hrsg. v. Gerhard Ziegengeist, Edward Kowalski u. Anton Hiersche. Berlin: Aufbau 1975, S. 416–48.

Müssener, Helmut: *Die deutschsprachige Emigration nach 1933. Aufgaben und Probleme ihrer Erforschung.* Stockholm: Moderna språk 1970. (= Language Monographs, 10.)

–: „Von Bertolt Brecht bis Peter Weiss. Die kulturelle deutschsprachige Emigration in Schweden 1933–1945." In: *Moderna språk* 12/1971, S. 123–42. (= Language Monographs, 12.)

–: *Exil in Schweden. Politische und kulturelle Emigration nach 1933.* München: Hanser 1974. (Zuerst Phil. Diss. Stockholm, 1971.)

–: „Die Stockholmer Koordinationsstelle zur Erforschung der deutschsprachigen Exil-Literatur." In: *Jahrbuch für Internationale Germanistik* 1 (1974), S. 109–13.

–: „Ernst Harthern (1884–1969). Miszellen zu einem deutsch-jüdischen Schicksal und zur Geschichte der deutschsprachigen Exil-Literatur." In: *Impulse. Dank an Gustav Korlén zu seinem 60. Geburtstag, dargebracht von Kollegen, Schülern und anderen Freunden.* Hrsg. v. Helmut Müssener u. Hans Rossipal. Stockholm: Deutsches Institut der Universität Stockholm 1975, S. 97–114.

–: „,Über ein Bündnis zwischen Bild und Gedicht'. Bertolt Brecht und Hans Tombrock im schwedischen Exil." In: *Studier i modern språkvetenskap* 5/1975, S. 37–49.

Nathan, Hans: „Der Simpl in der Emigration." In: *Weltbühne* 31 v. 1. 8. 1967, S. 979–84.

Naumann, Uwe: „Arbeitsstelle für Exilliteratur. Berufungsverfahren an der Hamburger Universität." In: *tat* 5 v. 1. 2. 1975.

Neue Sachlichkeit. Literatur im ‚Dritten Reich' und im Exil. Hrsg. v. Henri R. Paucker. Stuttgart: Reclam 1974. (= Reclams Universal-Bibliothek, 9657–60.)

Neumann, Gerda: „Gedrucktes und Ungedrucktes aus der Emigration." In: *Frankfurter Allgemeine Zeitung* v. 21. 5. 1973.

Nyssen, Elke: *Geschichtsbewußtsein und Emigration. Der historische Roman der deutschen Antifaschisten 1933–1945.* München: Fink 1974. (Zuerst Phil. Diss. Berlin, 1974.)

Oehme, Walter: „Brecht in der Emigration." In: *Neue Deutsche Literatur* 6/1963, S. 180–5.

–: „Der Funke blieb lebendig. Die antifaschistische deutsche Literatur in der Pariser Emigration." In: *Neue Deutsche Literatur* 12/1963, S. 167–71.

Österreicher im Exil 1934 bis 1945. Protokoll des Internationalen Symposiums zur Erforschung des österreichischen Exils von 1934 bis 1945, abgehalten vom 3. bis

6. Juni 1975 in Wien. Hrsg. v. Dokumentationsarchiv des österreichischen Widerstandes und der Dokumentationsstelle für Neuere Österreichische Literatur. Wien: Österreichischer Bundesverlag für Unterricht, Wissenschaft und Kunst 1977.

Österreichische Autoren in Amerika. Geschick und Leistung der österreichischen literarischen Emigration ab 1938 in den Vereinigten Staaten (Ausstellungskatalog). Hrsg. v. Mimi Grossberg und Viktor Suchy. Wien: Bundesministerium für Unterricht 1970.

Olbricht, Harald: „Antifaschistische Kunst in der Emigration." In: *Wissenschaftliche Zeitschrift der Ernst-Moritz-Universität Greifswald.* Gesellschafts- und Sprachwissenschaftliche Reihe 4/1966, S. 431–46.

Olsson, Jan E.: *Bertolt Brechts schwedisches Exil.* Phil. Diss. Lund, 1971.

Osterle, Heinz Dieter: *Die Deutschen im Spiegel des sozialkritischen Romans der Emigranten 1933–1950.* Phil. Diss. Providence, 1964.

Paepcke, Lotte: „Sprache und Emigration." In: *Frankfurter Hefte* 3/1963, S. 185–92.

Paetel, Karl O.: „Das deutsche Exil." In: *Deutsche Rundschau* 5/6 (1947), S. 95–102.

–: „Das deutsche Buch in der Verbannung." In: *Deutsche Rundschau* 9/1950, S. 755–60.

–: „Deutsche im Exil. Randbemerkungen zur Geschichte der politischen Emigration." In: *Außenpolitik* 9/1955, S. 572–85.

–: „Das Nationalkomitee ‚Freies Deutschland'." In: *Politische Studien* 69 (1956), S. 7–26.

–: „Zum Problem einer deutschen Exilregierung." In: *Vierteljahrshefte für Zeitgeschichte* 3/1956, S. 286–301.

–: „Die Presse des deutschen Exils 1933–1945." In: *Publizistik* 4/1959, S. 241–52.

–: „Die deutsche Emigration der Hitlerzeit." In: *Neue politische Literatur* 6/1960, Sp. 465–82.

Papić, Mitar: „Ernst Toller auf dem PEN-Kongreß in Jugoslawien 1933." In: *Weimarer Beiträge.* Sonderheft 2 (1968), S. 73–7.

Park, William M.: *Ernst Toller: The European Exile Years 1933–1936.* Phil. Diss. Boulder, 1976.

Paucker, Henri: „Exil und Existentialismus. Schwierigkeiten einer Wiederbegegnung." In: *Neue Zürcher Zeitung* v. 15./16. 11. 1975.

Paul, Carol Louise: *The Relationship Between the American Liberal Press and the German Writers in Exile 1933–45.* Phil. Diss. Los Angeles, 1971.

Pawek, Karl: *Heinrich Manns Kampf gegen den Faschismus im französischen Exil 1933–1940.* Hamburg: Hamburger Arbeitsstelle für deutsche Exilliteratur 1972. (= Veröffentlichung der Hamburger Arbeitsstelle für deutsche Exilliteratur, 1.) (Zuerst Phil. Diss. Hamburg, 1972.)

Pech, Karlheinz: *An der Seite der Résistance. Zum Kampf der Bewegung ‚Freies Deutschland' für den Westen in Frankreich (1943–1945).* Berlin: Militärverlag 1974.

Pechstedt, Eckbert: „Zu einigen Fragen der Erbe-Debatte und produktiven Erberezeption im Exil." In: *Wissenschaftliche Zeitschrift der Friedrich-Schiller-Universität Jena.* Gesellschafts- und Sprachwissenschaftliche Reihe 1/1974, S. 113–8.

Petrova, Zoja N.: *Žurnal ‚Das Wort' – organ nemeckoj antifašistskoj emigracii, iiun' 1936 – mart 1939 g.* Phil. Diss. Moskau, 1973.

Pfanner, Helmut F.: „Oskar Maria Graf's ‚Rußlandreise'. An Unpublished Manuscript." In: *Modern Language Quarterly* 4/1969, S. 564–81.

Pfeiler, WM. K.: *German Literature in Exile. The Concern of the Poets.* Lincoln: University of Nebraska 1957. (= University of Nebraska Studies: New Series, 16.)

Pike, David: *Prolegomena to the Study of German Writers in Soviet Exile 1929–1945.* Phil. Diss. Stanford, 1978.

Plessner, Monika: „Die deutsche ‚University in Exile‘ in New York und ihr amerikanischer Gründer." In: *Frankfurter Hefte* 3/1964, S. 181–6.

Praschek, Helmut: *Neue Deutsche Blätter. Prag 1933–1935. Bibliographie einer Zeitschrift.* Berlin: Aufbau 1973. (= Analytische Bibliographien deutschsprachiger literarischer Zeitschriften, 6.)

Pross, Helge: *Die deutsche akademische Emigration nach den Vereinigten Staaten 1933–1941.* Berlin: Duncker & Humblot 1955.

–: „Deutsche Emigranten in den Vereinigten Staaten." In: *Deutsche Rundschau* 7/1955, S. 693–9.

Protest – Form – Tradition. Essays on German Exile Literature. Hrsg. v. Joseph Strelka, Robert F. Bell u. Eugene Dobson. O. O.: University of Alabama Press 1979.

Protokoll des II. internationalen Symposiums zur Erforschung des deutschsprachigen Exils nach 1933 in Kopenhagen 1972. Stockholm: Deutsches Institut der Universität Stockholm 1972.

Pyšnovskaja, Zinaida S.: *Nemeckie chudožniki-antifašisty: Kul'turno-istoričeskij očerk.* Moskau: Nauka 1976.

Raddatz, Fritz J.: „Exil contra Emigration." In: *Merkur* 2/1978, S. 148–52.

Radkau, Joachim: „Die Exil-Ideologie vom ‚anderen Deutschland‘ und die Vansittartisten. Eine Untersuchung über die Einstellung der deutschen Emigration nach 1933 zu Deutschland." In: *Aus Politik und Zeitgeschichte* v. 10. 1. 1970, S. 31–48. (= Beilage zu *Das Parlament.*)

–: *Die deutsche Emigration in den USA. Ihr Einfluß auf die amerikanische Europapolitik 1933–1945.* Düsseldorf: Bertelsmann 1971. (= Studien zur modernen Geschichte, 2.)

Reich-Ranicki, Marcel: *Die Ungeliebten. Sieben Emigranten.* Pfullingen: Neske 1968. (= Opuscula aus Wissenschaft und Dichtung, 39.)

Reinhold, Ernest: „German Exile Literature: Problems and Proposals." *Western Canadian Studies in Modern Languages and Literatures* 2/1970, S. 75–87.

Rieck, Werner: „Zur Pflege des literarischen Erbes in der antifaschistischen Exilzeitschrift ‚Das Wort‘." In: *Wissenschaftliche Zeitschrift der Pädagogischen Hochschule Potsdam* 1/1972, S. 389–99.

Riedel, Volker: *Maß und Wert. Zürich 1937–1940. Bibliographie einer Zeitschrift.* Berlin: Aufbau 1973. (= Analytische Bibliographien deutschsprachiger literarischer Zeitschriften, 3.)

–: *Orient. Haifa 1942–1943. Bibliographie einer Zeitschrift.* Berlin: Aufbau 1973. (= Analytische Bibliographien deutschsprachiger literarischer Zeitschriften, 5.)

–: *Freies Deutschland. México 1941–1946. Bibliographie einer Zeitschrift.* Berlin: Aufbau 1975. (= Analytische Bibliographien deutschsprachiger literarischer Zeitschriften, 4.)

Ritter, Alexander: „Reichsdeutsche Emigranten und sowjetdeutsche Minderheit. Anmerkungen zu einer kulturgeschichtlich wirksamen Begegnung." In: *europäische ideen* 14/15 (1976), S. 124–7.

Röder, Werner: *Die deutschen sozialistischen Exilgruppen in Großbritannien. Ein Bei-*

trag zur Geschichte des Widerstandes gegen den Nationalsozialismus. Hannover: Verlag für Literatur und Zeitgeschehen 1968. (= Schriftenreihe des Forschungsinstituts der Friedrich-Ebert-Stiftung, 58.)

–: „Die Dokumentation zur Emigration 1933–1945." In: *Internationale Wissenschaftliche Korrespondenz zur Geschichte der deutschen Arbeiterbewegung* 11/12 (1971), S. 54–7.

–: „Quellen zur Geschichte der deutschsprachigen Emigration 1933–1945 im Archiv des Instituts für Zeitgeschichte München (IfZ)." In: *Jahrbuch für Internationale Germanistik* 2 (1975), S. 142–70.

Rötzsch, Helmut: „Stimmen aus der Emigration. Die Sammlung der Emigrationsliteratur in der Deutschen Bücherei." In: *Börsenblatt für den Deutschen Buchhandel* (Leipzig) 19 v. 7. 5. 1960, S. 291–4.

Rogalski, Aleksander: *Pasażerowie arki Noego. O niektórych antyhitlerowskich pisarzach niemieckich.* Poznań: Wydawnictwo Poznańskie 1965.

Roger-Henrichsen, Gudmund: *To slags tysk Litteratur. Introduktion til det tredje Riges Litteratur og Emigrantlitteraturen.* Kopenhagen: Gyldendal 1937.

Roloff, Gerhard: *Die Erforschung der deutschen Exilliteratur. Stand – Probleme – Aufgaben.* Hamburg: Arbeitsstelle für deutsche Exilliteratur 1973. (= Veröffentlichung der Hamburger Arbeitsstelle für deutsche Exilliteratur, 2.)

–: *Exil und Exilliteratur in der deutschen Presse 1945–1949 – Ein Beitrag zur Rezeptionsgeschichte –.* Worms: Heintz 1976. (= Deutsches Exil 1933–45. Eine Schriftenreihe, 10.) (Zuerst Phil. Diss. Siegen, 1976.)

Rose, William: „German Literary Exiles in England." In: *German Life & Letters* 1/1949, S. 175–85.

Rudolf, Helmut: „Helden in der Krise. Zu Erich Maria Remarques Exilromanen." In: *Német Filológiai Tanulmányok. Arbeiten zur deutschen Philologie* 3 (1966), S. 83–93. (= Veröffentlichungen des Lehrstuhls für deutsche Sprache und Literatur an der Kossuth-Lajos-Universität Debrecen.)

Rühle, Jürgen: *Literatur und Revolution. Die Schriftsteller und der Kommunismus.* München: Droemersche Verlagsanstalt 1963. (= Knaur, 10.)

Rundschreiben. Stockholmer Koordinationsstelle zur Erforschung der deutschsprachigen Exil-Literatur. Hrsg. v. Deutschen Institut der Universität Stockholm (Helmut Müssener). Stockholm: Deutsches Institut 1969–1975.

Sahl, Hans: „Versunken, wie die Kultur der Indianer. Eine Tagung über deutsche Exilliteratur in Alabama." In: *Welt* v. 4. 4. 1975.

Schäfer, Hans Dieter: „Zur Periodisierung der deutschen Literatur seit 1930." In: *Literaturmagazin* 7 (1977), S. 95–115. (= das neue buch, 87.)

Schebera, Jürgen: *Hanns Eisler im USA-Exil. Zu den politischen, ästhetischen und kompositorischen Positionen des Komponisten 1938 bis 1948.* Meisenheim: Hain 1978. (Zuerst Berlin: Akademie 1978 [= Literatur und Gesellschaft.].)

Über das Scheitern des III. Internationalen Symposiums zu Fragen des deutschsprachigen Exils. Eine Dokumentation. Stockholm: Stockholmer Koordinationsstelle zur Erforschung der deutschsprachigen Exil-Literatur 1975. (= Veröffentlichungen der Stockholmer Koordinationsstelle zur Erforschung der deutschsprachigen Exil-Literatur, 15.)

Scheuffelen, Thomas: *Hans Henny Jahnn im Exil: Exilmotive in seinem Roman ‚Fluß ohne Ufer'.* Phil. Diss. München, 1972.

Scheurig, Bodo: *Freies Deutschland. Das Nationalkomitee und der Bund Deutscher Offiziere in der Sowjetunion 1943–1945.* 2., überarb. u. ergänz. Aufl. München: Nymphenburger 1960.

Schiller, Dieter: „... *von Grund auf anders'. Programmatik der Literatur im antifaschistischen Kampf während der dreißiger Jahre.* Berlin: Akademie 1974. (= Literatur und Gesellschaft.)

–: „Erbe-Debatte im Exil. Probleme und Auffassungen sozialistischer Schriftsteller bei der Aneignung des Erbes." In: *Wissenschaftliche Zeitschrift der Friedrich-Schiller-Universität Jena.* Gesellschafts- und Sprachwissenschaftliche Reihe 1/1974, S. 77–90.

–: „Die sozialistische Nationalliteratur der DDR und das Erbe der Literatur des antifaschistischen Exils." In: *Verteidigung der Menschheit,* S. 420–37.

–: „Literatur des antifaschistischen Exils – lebendig wirkendes Erbe." In: *Einheit* 1/1975, S. 71–80.

–: „Positionen der sozialistischen Literaturbewegung im Exil." In: *kürbiskern* 2/1975, S. 69–79.

–: „Kühnheit und Verantwortung. Überlegungen zur antifaschistischen deutschen Literaturtradition." In: *Weimarer Beiträge* 2/1976, S. 24–40.

Schlenstedt, Silvia: „Tätiger Widerstand im Gedicht." In: *kürbiskern* 2/1975, S. 80–7.

–: „Lyrik im Gesamtplan der Produktion. Ein Arbeitsprinzip Brechts und Probleme der Gedichte im Exil." In: *Weimarer Beiträge* 2/1978, S. 5–29.

Schlösser, Manfred: „Deutsch-jüdische Dichtung des Exils. Jüdische Dichtung – notwendig Exildichtung?" In: *Emuna* 4 v. 4. 11. 1968, S. 250–65.

Schmidt, Günter: „Nachtrag zu Brechts schwedischem Exil." In: *Moderna språk* 1/1978, S. 33–5.

Schmidt, Karl Heinz: „Begegnung mit Autoren und Stücken." In: *Stücke gegen den Faschismus. Deutschsprachige Autoren.* Hrsg. v. Christoph Trilse. Berlin: Henschel 1970, S. 589–608.

Schneider, Hansjörg: *Exiltheater in der Tschechoslowakei 1933–1938. Deutsches Theater im Exil.* Berlin: Henschel ca. 1979.

Schnell, Ralf: *Literarische Innere Emigration 1933–1945.* Stuttgart: Metzler 1976. (= Metzler Studienausgabe.)

Schoop, Günther: *Das Zürcher Schauspielhaus im zweiten Weltkrieg.* Zürich: Oprecht 1957.

Schramm, Hanna: *Menschen in Gurs. Erinnerungen an ein französisches Internierungslager (1940–1941)* mit einem dokumentarischen Beitrag zur französischen Emigrantenpolitik (1933–1944) von Barbara Vormeier. Worms: Heintz 1977. (= Deutsches Exil 1933–45. Eine Schriftenreihe, 13.)

Schröter, Klaus: „Positionen und Differenzen. Brecht, Heinrich Mann, Thomas Mann im Exil." In: *Akzente* 6/1973, S. 520–35.

–: „Resultate des Exils. Vom ‚Zauberberg' zu ‚Joseph, der Ernährer'." In: *Akzente* 4/1975, S. 367–82.

Schultze, Hans-Jürgen: *Die Exildramen Georg Kaisers. Untersuchungen zur antifaschistischen Grundhaltung des spätbürgerlichen Künstlers und ihrer Problematik.* Phil. Diss. Jena, 1971.

Schwarz, Peter Paul: „Legende und Wirklichkeit des Exils. Zum Selbstverständnis der Emigration in den Gedichten Brechts." In: *Wirkendes Wort* 4/1969, S. 267–76.

–: *Lyrik und Zeitgeschichte. Brecht: Gedichte über das Exil und späte Lyrik.* Heidelberg: Stiehm 1978. (= Literatur und Geschichte, 12.)

Schweikert, Uwe: „‚Öfter als die Schuhe die Länder wechselnd'. Notizen zur deutschen Exilliteratur, ihrer Rezeption und Erforschung." In: *Neue Rundschau* 3/1974, S. 489–501.

Schweyer, Marc: „Theodor Plievier im Exil. Bibliographie seiner Schriften (1933–1945)." In: *Recherches Germaniques* 2/1972, S. 167–203.

Sebrow, Damir K.: „Deutsche Schriftsteller im Kampf gegen den Faschismus 1941/42. Politisch-literarische Aktivität in den Jahren vor der Gründung des Nationalkomitees ‚Freies Deutschland'." In: *Weimarer Beiträge.* Sonderheft 2 (1968), S. 160–88.

Seelisch, Winfried: „Das Andere Deutschland: eine politische Vereinigung deutscher Emigranten in Südamerika." Diplomarbeit, Otto-Suhr Institut, Berlin, 1969.

Seelmann-Eggebert, Ulrich: „Wege und Irrwege der Exilforschung." In: *Neue Zürcher Zeitung* v. 8./9. 1. 1977.

Seidel, Gerhard: *Das Wort. Moskau 1936–1939. Bibliographie einer Zeitschrift.* Berlin: Aufbau 1975. (= Analytische Bibliographien deutschsprachiger literarischer Zeitschriften, 1.)

Serke, Jürgen: *Die verbrannten Dichter. Berichte, Texte, Bilder einer Zeit.* Weinheim: Beltz ²1977.

Sevin, Dieter: „Theodor Plievier's Double Exile in Russia." In: *Colloquia Germanica* 2 (1976/77), S. 154–67.

Sinsheimer, Hermann: „‚Emigranto'." In: *Deutsche Rundschau* 4/1948, S. 34–7.

Soffke, Günther: *Deutsches Schrifttum im Exil (1933–1950). Ein Bestandsverzeichnis.* Bonn: Bouvier 1965. (= Bonner Beiträge zur Bibliotheks- und Büchereikunde, 11.)

Sozialistische Realismuskonzeptionen. Dokumente zum 1. Allunionskongreß der Sowjetschriftsteller. Hrsg. v. Hans-Jürgen Schmitt u. Godehard Schramm. Frankfurt: Suhrkamp 1974. (= edition suhrkamp, 701.)

Spalek, John u. Wolfgang Frühwald: „Ernst Tollers amerikanische Vortragsreise 1936/37." In: *Literaturwissenschaftliches Jahrbuch i. A. der Görresgesellschaft.* N.F., 6 (1965), S. 267–311.

–: „Exilliteratur und Exilliteraturforschung in den USA." In: *Colloquia Germanica* 1/2 (1971), S. 157–66.

–: *Guide to the Archival Materials of the German-Speaking Emigration to the United States After 1933.* Charlottesville: University Press of Virginia 1979.

Spiel, Hilde: „Das vertauschte Werkzeug. Schriftsteller in zwei Sprachen." In: *Literatur und Kritik* 10/1973, S. 549–52.

–: „Die Krise der Exilforschung. Der geplatzte Kongreß: Was wird?" In: *Frankfurter Allgemeine Zeitung* v. 22. 1. 1975.

–: „Psychologie des Exils. Ein Vortrag, gehalten auf der Tagung der Exilforscher in Wien im Juni 1975." In: *Neue Rundschau* 3/1975, S. 424–39.

–: „Dunkelstellen und etliche Wahrheiten." In: *Frankfurter Allgemeine Zeitung* v. 19. 6. 1975.

Spitta, Arnold: *Paul Zech im südamerikanischen Exil 1933–1946. Ein Beitrag zur Geschichte der deutschen Emigration in Argentinien.* Berlin: Colloquium 1978. (= Bibliotheca Ibero-Americana, 24.) (Zuerst Phil. Diss. Frankfurt, 1975.)

Spitzer, Leo: „Erlebnisse mit der Adoptiv-Muttersprache." In: *Wandlung* 2/1948, S. 167–71.

Stahlberger, Peter: *Der Zürcher Verleger Emil Oprecht und die deutsche politische Emigration 1933–1945.* Zürich: Europa 1970.

Stanford, Robert M.: *The Patriot in Exile: a Study of Heinrich Mann's Political and Journalistic Activity from 1933 to 1950.* Phil. Diss. Los Angeles, 1970.

Steffensen, Steffen: „Bericht über das 2. internationale Symposium zur Erforschung des deutschsprachigen Exils nach 1933, Kopenhagen 1972." In: *Arbeitskreis Heinrich Mann. Mitteilungsblatt* 2/1973, S. 16–9.

–: „Exil-Literatur-Forschung in Dänemark. Über ein Projekt des Instituts für germanische Philologie der Universität Kopenhagen." In: *Jahrbuch für Internationale Germanistik* 1 (1974), S. 130–2.

Steiner, Carl: *Untersuchungen zum historischen Roman der deutschen Emigrantenliteratur nach 1933.* Phil. Diss. Washington, 1966.

Stephan, Alexander: „Pläne für ein neues Deutschland. Die Kulturpolitik der Exil-KPD vor 1945." In: *Basis* 7 (1977), S. 54–74. (= suhrkamp taschenbuch, 420.)

Stern, Dagmar C.: *Hilde Domin. From Exile to Ideal.* Phil. Diss. Bloomington, 1977.

Stern, Erich: *Die Emigration als psychologisches Problem.* Boulogne-sur-Seine: E. Stern 1937.

Stern, Guy: „Exile-Literature: Sub-Division or Misnomer?" In: *Colloquia Germanica* 1/2 (1971), S. 167–78.

–: „The Plight of the Exile. A Hidden Theme in Brecht's ‚Galileo Galilei'." In: *Brecht heute. Brecht Today* 1 (1971), S. 110–6.

–: „Über das Fortleben des Exilromans in den sechziger Jahren." In: *Revolte und Experiment. Die Literatur der sechziger Jahre in Ost und West.* Hrsg. v. Wolfgang Paulsen. Heidelberg: Stiehm 1972, S. 165–85. (= Poesie und Wissenschaft, 35.)

–: „Das Amerikabild der Exilliteratur. Zu einem unveröffentlichten Filmexposé von Alfred Neumann." In: *Amerika in der deutschen Literatur. Neue Welt – Nordamerika – USA.* Hrsg. v. Sigrid Bauschinger, Horst Denkler u. Wilfried Malsch. Stuttgart: Reclam 1975, S. 323–8.

– u. Dorothy Wartenberg: „Flucht und Exil. Werkthematik und Autorenkommentare." In: *Gegenwartsliteratur und Drittes Reich. Deutsche Autoren in der Auseinandersetzung mit der Vergangenheit.* Hrsg. v. Hans Wagener. Stuttgart: Reclam 1977, S. 111–32.

Stern, Kurt: „Eine Bühne im Exil. Deutsches Theater in Mexiko." In: *Theater der Zeit* 4/1947, S. 23–6.

Sternfeld, Wilhelm: „Die ‚Emigrantenpresse'." In: *Deutsche Rundschau* 4/1950, S. 250–9.

– u. Eva Tiedemann: *Deutsche Exil-Literatur 1933–1945. Eine Bio-Bibliographie.* 2., verbess. u. stark erw. Aufl. Heidelberg: Lambert Schneider 1970. (= Veröffentlichung der Deutschen Akademie für Sprache und Dichtung, Darmstadt.)

Stourzh, Gerald: „Die deutschsprachige Emigration in den Vereinigten Staaten: Geschichtswissenschaft und Politische Wissenschaft." In: *Jahrbuch für Amerikastudien* 10 (1965), S. 59–77.

–: „Bibliographie der deutschsprachigen Emigration in den Vereinigten Staaten, 1933–1936: Geschichte und Politische Wissenschaft." In: *Jahrbuch für Amerikastudien* 10 (1965), S. 232–66 u. 11 (1966), S. 260–317.

Strelka, Joseph: „Der Kongreß zur Exilforschung in Kopenhagen." In: *Colloquia*

Germanica 2/1973, S. 171–3. (Antwort v. Gustav Korlén, Helmut Müssener u. Steffen Steffensen 1/2 [1974], S. 108; „Erwiderung", a.a.O., S. 108–9.)

–: „Hermann Broch als Exil-Autor." In: *Modern Austrian Literature* 3/4 (1975), S. 100–12.

–: „Probleme der Erforschung der deutschsprachigen Exilliteratur seit 1933." In: *Colloquia Germanica* 2 (1976/77), S. 140–53.

–: „Zum Roman in der deutschen Exil-Literatur seit 1933." In J.S.: *Auf der Suche nach dem verlorenen Selbst. Zu deutscher Erzählprosa des 20. Jahrhunderts.* Bern: Francke 1977, S. 95–105.

–: „Hermann Broch als Exil-Autor." In J.S.: *Auf der Suche nach dem verlorenen Selbst. Zu deutscher Erzählprosa des 20. Jahrhunderts.* Bern: Francke 1977, S. 106–17.

–: „Materialsammler, Ideologen und Dilettanten. Methodologische Gegenwartsprobleme des Studiums der deutschen Exilliteratur." In: *Podium* 26 (1977), S. 6–11.

Suchy, Viktor: „Materialien zur ‚Exilforschung' und deren Auswertung in der ‚Dokumentationsstelle für neuere österreichische Literatur' in Wien." In: *Jahrbuch für Internationale Germanistik* 1 (1974), S. 114–9.

Sudhof, Siegfried: „Germanistik und Exilliteratur." In: *Akzente* 2/1972, S. 130–9.

–: „Leopold Schwarzschilds ‚Neues Tage-Buch' im Winter 1939. Eine Korrespondenz Berthold Viertels mit Oskar Maria Graf." In: *Jahrbuch der Deutschen Schillergesellschaft* 17 (1973), S. 117–35.

–: „Literatur des Exils 1933–1945." In: *Akten des V. Internationalen Germanisten-Kongresses. Cambridge 1975.* H. 4. Hrsg. v. Leonard Forster u. Hans-Gert Roloff. Bern: Lang 1976, S. 242–50. (= Jahrbuch für Internationale Germanistik. Reihe A, Kongreßberichte, 2.)

–: „Exilforschung in den Vereinigten Staaten." In: *Arbeitskreis Heinrich Mann. Mitteilungsblatt* 10/1977, S. 24–9.

Szyrocki, Marian: „Niemieccy pisarze emigracyjni w latach 1933–1947." In: *Germanica Wratislaviensia* 10 (1966), S. 233–55.

– u. Ewa Golińska: „Die Rezeption der deutschen Exilliteratur in Polen." In: *Germanica Wratislaviensia* 27 (1976), S. 197–206.

Tabori, Paul: *The Anatomy of Exile. A Semantic and Historical Study.* London: Harrap 1972.

Tassi-Müller, Claudia: *L'esilio degli 1933 segg.: scrittiori tedeschi e di lingua tedesca. Situazione della letterature d'esilio e problemi nello studio di essa.* Phil. Diss. Florenz, 1972.

Taylor, Ransom T.: „Literatur im Exil: Alfred Neumann." In: *German Quarterly* 4/1972, S. 800–6.

Teubner, Hans: „Der deutsche Freiheitssender 29.8 als Führungsorgan der KPD im antifaschistischen Kampf." In: *Beiträge zur Geschichte der deutschen Arbeiterbewegung* 6 (1964), S. 1022–36.

–: *Exilland Schweiz. Dokumentarischer Bericht über den Kampf emigrierter deutscher Kommunisten 1933–1945.* Berlin: Dietz 1975.

Theater im Exil 1933–1945. Katalog der gleichnamigen Ausstellung der Akademie der Künste. Zusammengest. v. Walter Huder. Berlin: Akademie der Künste 1973.

Theile, Albert: „Die ‚Deutschen Blätter'." In: *Börsenblatt für den Deutschen Buchhandel* (Frankfurt) 74 v. 16.9. 1958, S. 1101–1106. (Leicht veränderter Nachdruck in

Deutsche Blätter. Für ein Europäisches Deutschland – gegen ein deutsches Europa. Bd. 1. Nendeln: Kraus Reprint 1970, o. S.)

Thiele, Dieter: „Proletarier und Intellektuelle. Brechts ‚Flüchtlingsgespräche' als Beitrag zur Bündnispolitik." In: *Weimarer Beiträge* 2/1978, S. 43–68.

Zur Tradition der sozialistischen Literatur in Deutschland. Eine Auswahl von Dokumenten. 2., durchges. u. erweit. Aufl. Berlin: Aufbau 1967.

Trepte, Curt: „Freies Deutsches Theater in Schweden 1938–1945." In: *Theater der Zeit* 2/1946, S. 22–4.

–: „Deutsches Theater in der Sowjetunion." In: *Theater der Zeit* 20/1967, S. 25–7, 30.

Trommler, Frank: „Der ‚Nullpunkt 1945' und seine Verbindlichkeit für die Literaturgeschichte." In: *Basis* 1 (1970), S. 9–25.

–: *Sozialistische Literatur in Deutschland. Ein historischer Überblick.* Stuttgart: Kröner 1976. (= Kröners Taschenausgabe, 434.)

–: „Nachkriegsliteratur – eine neue deutsche Literatur?" In: *Literaturmagazin* 7 (1977), S. 167–86. (= das neue buch, 87.)

Tutas, Herbert E.: *NS-Propaganda und deutsches Exil 1933–39.* Worms: Heintz 1973. (= Deutsches Exil 1933–45. Eine Schriftenreihe, 4.)

–: „Nationalsozialismus und Exil. Aspekte zum Stellenwert des Exils in der nationalsozialistischen Politik." In: *Akzente* 6/1973, S. 572–9.

–: *Nationalsozialismus und Exil. Die Politik des Dritten Reiches gegenüber der deutschen politischen Emigration 1933–1939.* München: Hanser 1975. (Zuerst Phil. Diss. München, 1974.)

1933/1945: Nemetskie chudožniki v period fašizma. Hrsg. v. S. D. Komarov. Moskau: Iskusstvo 1972.

Uhlendahl, Heinrich: „Bücher der Emigration. Ansprache zur Eröffnung der Ausstellung der Deutschen Bücherei." In: *Zentralblatt für Bibliothekswesen* 1/2 (1947), S. 32–8.

Usinger, Fritz: „Der Dichter in der Verbannung. Karl Wolfskehl." In: *Castrum Peregrini* 121/122 (1976), S. 6–10.

Vander Heide, Ralph Peter: *Deutsche Blätter für ein europäisches Deutschland/Gegen ein deutsches Europa: A Cultural-Political Study.* Phil. Diss. Albany, 1975.

Verbannung. Aufzeichnungen deutscher Schriftsteller im Exil. Hrsg. v. Egon Schwarz und Matthias Wegner. Hamburg: Wegner 1964.

Verboten und verbrannt. Deutsche Literatur 12 Jahre unterdrückt. Hrsg. v. Richard Drews u. Alfred Kantorowicz. Berlin: Ullstein 1947.

Verteidigung der Menschheit. Antifaschistischer Kampf und Aufbau der sozialistischen Gesellschaft in der multinationalen Sowjetliteratur und in Literaturen europäischer sozialistischer Länder. Studien und Werkstattgespräche zur Dialektik von Nationalem und Internationalem sozialistischer Literaturentwicklung. Hrsg. v. Edward Kowalski. Berlin: Akademie 1975. (= Slawistische Studien und Texte.)

Veselý, Jiří: „Zur Geschichte einer Prager Emigrantenzeitschrift (Der Simplicus/Der Simpl)." In: *Weltfreunde. Konferenz über die Prager deutsche Literatur.* Hrsg. v. Eduard Goldstücker. Prag: Academia 1967, S. 379–90.

–: „Die Mánes-Affären 1934–1937." In: *Philologica pragensia* 1/1975, S. 35–45.

–: „Thomas Theodor Heine in Prag." In: *Philologica pragensia* 1/1975, S. 46–55.

–: „Der Simplicus – Der Simpl. Zur gesellschaftlichen Funktion eines Witzblattes in den dreißiger Jahren." In: *Weimarer Beiträge* 4/1975, S. 185–9.

Vordtriede, Werner: „Vorläufige Gedanken zu einer Typologie der Exilliteratur." In: *Akzente* 6/1968, S. 556–75.

Wächter, Hans-Christof: *Theater im Exil. Sozialgeschichte des deutschen Exiltheaters 1933–1945.* München: Hanser 1973. (Zuerst Phil. Diss. Köln, 1973.)

Wagner, Frank: „... *der Kurs auf die Realität'. Das epische Werk von Anna Seghers (1935–1943).* Berlin: Akademie 1975. (= Literatur und Gesellschaft.) (Zuerst Phil. Diss. Berlin (Ost), 1974.)

–: „‚Autor und Leser sind im Bunde ...' Anna Seghers über den antifaschistischen Auftrag sozialistischer Literatur im Exil." In: *Funktion der Literatur. Aspekte – Probleme – Aufgaben.* Berlin: Akademie 1975, S. 205–12. (= Literatur und Gesellschaft.)

–: „Exilliteratur – antifaschistische Literatur. Das Exil als Bedingung der antifaschistischen Literatur." In: *Weimarer Beiträge* 12/1975, S. 102–28.

Walter, Hans-Albert: „‚Die Helfer im Hintergrund'. Zur Situation der deutschen Exilverlage 1933–1945." In: *Frankfurter Hefte* 2/1965, S. 121–32.

–: „‚Öfter als die Schuhe die Länder wechselnd ...' Die deutschen Schriftsteller im Exil." In: *Frankfurter Allgemeine Zeitung* v. 3. 7. 1965.

–: „Schwierigkeiten beim Schreiben einer Geschichte der deutschen Exil-Literatur." In: *Frankfurter Allgemeine Zeitung* v. 12. 11. 1965.

–: „Das Bild Deutschlands im Exilroman." In: *Neue Rundschau* 3/1966, S. 437 bis 58.

–: „Leopold Schwarzschild und das ‚Neue Tage-Buch'." In: *Frankfurter Hefte* 8/1966, S. 549–58.

–: „Der Streit um die ‚Sammlung'. Porträt einer Literaturzeitschrift im Exil." In: *Frankfurter Hefte* 12/1966, S. 850–60 u. 1/1967, S. 49–58.

–: *Deutsche Literatur im Exil von 1933 bis 1945.* (Wochenendtagung der Volkshochschule der Stadt Viersen am 20./21. November 1965 in Kellen.) Viersen: Volkshochschule der Stadt 1967.

–: „No pasarán! Deutsche Exilschriftsteller im Spanischen Bürgerkrieg." In: *kürbiskern* 1/1967, S. 5–27.

–: „‚Maß und Wert' – Porträt einer Kulturzeitschrift des Exils." In: *Frankfurter Hefte* 3/1968, S. 189–98 u. 4/1968, S. 267–74.

–: „‚Internationale Literatur/Deutsche Blätter'. Eine Exilzeitschrift in der Sowjetunion." In: *Frankfurter Hefte* 8/1969, S. 580–93 u. 9/1969, S. 648–58.

–: „Internierung in Frankreich. Zur Situation der exilierten deutschen Schriftsteller, Politiker und Publizisten nach Beginn des zweiten Weltkriegs." In: *Jahresring* 1970/71. Stuttgart: Deutsche Verlags-Anstalt 1970, S. 281–310.

–: „Vom Liberalismus zum Eskapismus. Stefan Zweig im Exil." In: *Frankfurter Hefte* 6/1970, S. 427–37.

–: „Noch immer: Draußen vor der Tür. An der deutschen Exilliteratur könnte die Germanistik den Ausweg aus der Krise proben." In: *Frankfurter Rundschau* v. 17. 10. 1970.

–: „Heinrich Mann im französischen Exil." In: *Text + Kritik.* Sonderband: Heinrich Mann (1971), S. 115–140.

–: „Deutsche Literatur im Exil. Ein Modellfall für die Zusammenhänge von Literatur und Politik." In: *Merkur* 1/1971, S. 77–84.

–: „Emigrantenliteratur und deutsche Germanistik. An der Exilliteratur könnte die deutsche Germanistik den Ausweg aus der Krise proben." In: *Colloquia Germanica* 3/1971, S. 313–20.

–: *Deutsche Exilliteratur 1933–1950.* Bde. 1, 2, 7. Darmstadt: Luchterhand 1972, 1974. (= Sammlung Luchterhand, 76, 77, 136.)

–: „Die Exilzeitschrift ‚Das Wort'." In: *Basis* 3 (1972), S. 7–60.

–: „Eine deutsche Chronik. Das Romanwerk von Anna Seghers aus den Jahren des Exils." In: *Anna Seghers aus Mainz.* Hrsg. v. Walter Heist. Mainz: Krach 1973, S. 13–47. (= Kleine Mainzer Bücherei, 5.)

–: „Nachwort." In Oskar Maria Graf: *Reise in die Sowjetunion 1934.* Hrsg. v. H.-A. W. Darmstadt: Luchterhand 1974, S. 209–44. (= Sammlung Luchterhand, 167.)

–: „Bemerkungen zu einigen Problemen bei der Erforschung der deutschen Exilliteratur." In: *Jahrbuch für Internationale Germanistik* 1/1974, S. 86–108.

–: „Flucht aus Frankreich. Die Situation der exilierten deutschen Schriftsteller, Politiker und Publizisten nach dem deutsch-französischen Waffenstillstandsvertrag. Ein Beitrag zum Hintergrund des Romans ‚Transit'." In: *Über Anna Seghers. Ein Almanach zum 75. Geburtstag.* Herausgegeben v. Kurt Batt. Berlin: Aufbau 1975, S. 98–140.

–: *Deutsche Exilliteratur 1933–1950.* Bd. 4. Stuttgart: Metzler 1978.

– im Gespräch mit Ulla Hahn: „‚Exilliteratur – kein rein akademisches Problem'." In: *Sammlung* 1 (1978), S. 125–31.

Wegner, Matthias: *Exil und Literatur. Deutsche Schriftsteller im Ausland 1933–1945.* 2., durchges. u. ergänz. Aufl. Frankfurt: Athenäum 1968. (Zuerst Phil. Diss. Hamburg, 1967.)

Wehdeking, Volker Christian: *Der Nullpunkt. Über die Konstituierung der deutschen Nachkriegsliteratur (1945–1948) in den amerikanischen Kriegsgefangenenlagern.* Stuttgart: Metzler 1971. (= Metzler Studienausgabe.)

Weinert, Erich: *Das Nationalkomitee ‚Freies Deutschland' 1943–1945. Bericht über seine Tätigkeit und seine Auswirkung.* Berlin: Rütten & Loening 1957.

Weiskopf, F(ranz) C(arl): *Unter fremden Himmeln. Ein Abriß der deutschen Literatur im Exil 1933–1947.* Berlin: Dietz 1948.

–: „Sprache im Exil." In F. C. W.: *Über Literatur und Sprache.* Berlin: Dietz 1960, S. 483–93. (= Gesammelte Werke, 8.)

Weissbecker, Manfred: „Humanistisches Bekenntnis und aktive Tat. Zu Heinrich Manns Kampf an der Seite der KPD für die antifaschistische deutsche Volksfront in den dreißiger Jahren." In: *Wissenschaftliche Zeitschrift der Friedrich-Schiller-Universität Jena.* Gesellschafts- und Sprachwissenschaftliche Reihe 2/1972, S. 321–30.

Weissenberger, Klaus: „Alfred Döblin im Exil. Eine Entwicklung von historischem Relativismus zum religiösen Bekenntnis." In: *Colloquia Germanica* 1/2 (1974), S. 37–51.

Wenzel, Georg: „Thomas Mann im amerikanischen Exil." In: *Germanica Wratislawiensia* 29 (1977), S. 33–45.

Werner, Renate: „Transparente Kommentare. Überlegungen zu historischen Romanen deutscher Exilautoren." In: *Poetica* 3–4 (1977), S. 324–51.

Weyrauch, Wolfgang: „Verraten und verkauft. (Deutsche Emigranten)." In: *Tribüne* 42/1972, S. 4693–4702 u. 44/1972, S. 4990–9.

Widerstand, Verfolgung und Emigration. Hrsg. v. d. Friedrich-Ebert-Stiftung. Bad Godesberg: Friedrich-Ebert-Stiftung 1967.

Widmann, Horst: *Exil und Bildungshilfe. Die deutschsprachige akademische Emigration in die Türkei nach 1933.* Bern: Lang 1973.

Willmann, Heinz: „Antifaschistische Tribüne: ‚Internationale Literatur'." In: *Neue Deutsche Literatur* 11/1975, S. 159–72.

Winkler, Andreas: *Hermann Kesten im Exil (1933–1940). Sein politisches und künstlerisches Selbstverständnis und seine Tätigkeit als Lektor in der deutschen Abteilung des Allert de Lange Verlages.* Hamburg: Lüdke 1977. (= Geistes- und sozialwissenschaftliche Dissertationen, 45.)

Wittig, Roland: *Die Versuchung der Macht: Essayistik und Publizistik Heinrich Manns im französischen Exil.* Bern: Lang 1976. (= Tübinger Studien zur deutschen Literatur, 1.)

Wolff, Willy: *An der Seite der Roten Armee. Zum Wirken des Nationalkomitees ‚Freies Deutschland' an der sowjetisch-deutschen Front 1943 bis 1945.* Berlin: Militärverlag 1973.

Würzner, Hans: „Exilliteratur und NS-Literatur." In: *Akten des V. Internationalen Germanisten-Kongresses. Cambridge 1975.* H. 4. Hrsg. v. Leonard Forster u. Hans-Gert Roloff. Bern: Lang 1976, S. 258–62. (= Jahrbuch für Internationale Germanistik. Reihe A. Kongreßberichte, 2.)

Zenker, Edith: *Veröffentlichungen deutscher sozialistischer Schriftsteller in der revolutionären und demokratischen Presse 1918–1945. Bibliographie.* Berlin: Aufbau 1966.

Nachtrag

Betz, Albrecht: „Deutsche Exil-Literatur in Frankreich und ihre Erforschung." In: *Méditations ou le métier de germaniste. Mélanges offerts à Pierre Bertaux.* Paris: Université de Paris III, Institut d'Allemand d'Asnières 1977, S. 106–10. (= Publications de l'Institut d'Allemand d'Asnières, T. 1.)

Exil. Hrsg. v. Hans-Albert Walter. Stuttgart: Metzler ca. 1980. (= Manifeste und Dokumente zur deutschen Literatur.)

Exil in den USA. Leipzig: Reclam 1979. (= Kunst und Literatur im antifaschistischen Exil 1933–1945, 3; Reclams Universal-Bibliothek, 799).

Fabian, Ruth u. Corinna Coulmas: *Die deutsche Emigration in Frankreich nach 1933.* München: Saur 1978.

Fischer, Klaus-Uwe: „Exilliteratur im Lesebuch – Exilliteratur ins Lesebuch." In: *Diskussion Deutsch* 41 (1978), S. 388–90.

Fischer, Wolfgang Georg: „Zur Sprache des Emigranten." In: *Literatur und Kritik* 128 (1978), S. 475–80.

Hamburger, Michael: „Einige Bemerkungen zur Kategorie Exil-Literatur." In: *Literatur und Kritik* 128 (1978), S. 481–4.

Lefevre, Manfred: *Von der proletarisch-revolutionären zur antifaschistisch-sozialistischen Literatur. Die Entwicklung der Literaturkonzeption deutscher kommunistischer Schriftsteller von der End-Phase der Weimarer Republik bis zum Jahr 1935.* Stuttgart: Akademie-Verlag Heinz 1979. (= Stuttgarter Arbeiten zur Germanistik, 51.)

Literatur unterm Faschismus: NS – Innere Emigration – Exil (1933–1945). Hrsg. v. Wolfgang Emmerich u. Jan Hans. München: Hanser ca. 1980. (= Hansers Sozialgeschichte der deutschen Literatur, 9.)

Maas, Liselotte: „Jüdische Exilpresse." In: *Neue Deutsche Hefte* 2/1978, S. 310–27.

Mádl, Antal: „Der deutsche antifaschistische historische Roman." In: *Acta Litteraria Academiae Scientiarum Hungaricae* 19 (1977), S. 309–26

Peters, J.: *Exilland Schweden. Deutsche und schwedische Antifaschisten 1933–1945.* Berlin: Akademie ca. 1980.

Roggausch, Werner: *Das Exilwerk von Anna Seghers 1933–1939. Volksfront und antifaschistische Literatur.* München: Minerva-Saur 1979. (= Minerva-Fachserie-Geisteswissenschaften.) (Zuerst Phil. Diss. Bremen, 1977.)

Schumacher, Horst: „Hitler-Emigranten in Frankreich. Situation und Wirken der deutschen und österreichischen Bühnenkünstler von 1933 bis zum Kriegsausbruch." In: *Méditations ou le métier de germaniste. Mélanges offerts a Pierre Bertaux.* Paris: Université de Paris III, Institut d'Allemand d'Asnières 1977, S. 192–204. (= Publications de l'Institut d'Allemand d'Asnières, T. 1.)

Weissenberger, Klaus: „Dissonanzen und neugestimmte Saiten. Eine Typologie der Exillyrik." In: *Literaturwissenschaftliches Jahrbuch* 17 (1976), S. 321–42.

Abkürzungsverzeichnis

AEAR	Association des Ecrivains et Artistes Révolutionnaires
AIZ	Arbeiter-Illustrierte-Zeitung
AmGuild	American Guild for Cultural Freedom
BBC	British Broadcasting Corporation
BDO	Bund Deutscher Offiziere
BFD	Bewegung Freies Deutschland
BPRS	Bund proletarisch-revolutionärer Schriftsteller
BRD	Bundesrepublik Deutschland
ČSR	Československá Republiká (Tschechoslowakei)
DAD	Das Andere Deutschland
DAKV	Deutsch-amerikanischer Kulturverband
DDR	Deutsche Demokratische Republik
DFG	Deutsche Forschungsgemeinschaft
EFF	European Film Fund
ERC	Emergency Rescue Committee
FDB	Freie Deutsche Bühne
FDKB	Freier Deutscher Kulturbund
GAEC	German American Emergency Conference
GAWA	German-American Writers Association
Gestapo	Geheime Staatspolizei
GPU	Gosudarstvennoe političeskoe upravlenie (Sowjetrussische staatliche Geheimpolizei)
HJ	Hitlerjugend
IAH	Internationale Arbeiterhilfe
IRTB	Internationaler revolutionärer Theaterbund (russ. MORT)
ISK	Internationaler sozialistischer Kampfbund
IVRS	Internationale Vereinigung revolutionärer Schriftsteller (russ. MORP)
KI	Kommunistische Internationale
KP	Kommunistische Partei
KPČ	Kommunistische Partei der Tschechoslowakei
KPdSU	Kommunistische Partei der Sowjetunion
KPD	Kommunistische Partei Deutschlands
KPF	Kommunistische Partei Frankreichs
KPÖ	Kommunistische Partei Österreichs
KZ	Konzentrationslager
LAK	Lateinamerikanisches Komitee der Freien Deutschen
LEF	Levyj front iskusstv (Linke Front der Künste)
MGM	Metro-Goldwyn-Mayer
MORP	s. IVRS
MORT	s. IRTB
NBC	National Broadcasting Corporation

NKFD	Nationalkomitee ,Freies Deutschland'
NS	Nationalsozialismus
NSDAP	Nationalsozialistische Deutsche Arbeiterpartei
PEN	Poets, Essayists, Novelists
POW	Prisoner of War
PURRKA	Političeskoe Upravlenie Raboče-krest' janskoj Krasnoj Armii (Politische Hauptverwaltung der Roten Armee)
RAPP	Rossijskaja associacija proletarskich pisatelej (Russische Assoziation proletarischer Schriftsteller)
RDS	Reichsverband deutscher Schriftsteller
SA	Sturm-Abteilung
SAP	Sozialistische Arbeiterpartei Deutschlands
SBZ	Sowjetische Besatzungszone
SDS	Schutzverband deutscher Schriftsteller
SED	Sozialistische Einheitspartei Deutschlands
SMAD	Sowjetische Militäradministration in Deutschland
Sopade	Sozialdemokratische Partei Deutschlands (im Exil)
SP	Sozialdemokratische Partei
SPD	Sozialdemokratische Partei Deutschlands
SPÖ	Sozialdemokratische Partei Österreichs
SS	Schutzstaffel
SSV	Schweizerischer Schriftstellerverein
UCLA	University of California, Los Angeles
UdSSR	Union der Sozialistischen Sowjetrepubliken
USA	United States of America
USC	University of Southern California
VEGAAR	Verlagsgenossenschaft ausländischer Arbeiter der UdSSR
ZK	Zentralkomitee

Namenregister

Pseudonyma werden nur dann angeführt, wenn sie im Text erwähnt sind.